मर्यादा पुरुषोत्तम
भगवान राम

डॉ. जयराम मिश्र

जन्म - सन् 1915, मदरा मुकुन्दपुर, जिला इलाहाबाद में। पिता एवं आध्यात्मिक गुरुआत्मज्ञ विभूति पं. रामचन्द्र मिश्र।

शिक्षा - एम.ए., एम.एड., पी.एच.डी., उपाधियाँ प्राप्त कीं। हिन्दी, संस्कृत, अंग्रेजी के साथ-साथ बँगला और पंजाबी भाषा-साहित्य का गहन अध्ययन किया तथा उनके अनेक ग्रंथों का हिन्दी अनुवाद किया।

गतिविधियाँ - युवावस्था में स्वाधीनता संग्राम में सक्रिय रहे तथा सन् 42 के आन्दोलन में भाग लेने पर राजद्रोह का मुकदमा चला और छः वर्ष का कारावास दण्ड मिला। जेल में रहकर आध्यात्मिक ग्रंथों-गीता, उपनिषद, ब्रह्मसूत्र आदि का गहन चिंतन-मनन किया फलतः दिव्य आध्यात्मिक अनुभूतियाँ प्राप्त कीं।

कृतियाँ - इलाहाबाद डिग्री कालेज में अध्यापन करते हुए अनेक ग्रंथों का प्रणयन किया। 'श्रीगुरु ग्रंथ-दर्शन' तथा 'नानक वाणी' कृतियों ने हिन्दी तथा पंजाबी में स्थायी प्रतिष्ठा प्रदान की। लोकभारती प्रकाशन, इलाहाबाद से प्रकाशित जीवन-ग्रंथों, जैसे - गुरु नानक, स्वामी रामतीर्थ, आदि गुरु शंकराचार्य, मर्यादापुरुषोत्तम भगवान राम, लीलापुरुषोत्तम भगवान कृष्ण, शक्तिपुंज हनुमान ने अपनी कथात्मक ललित शैली, सहज भाषा-प्रवाह तथा स्वयं एक संत की लेखनी से प्रणीत होने के कारण अत्यधिक लोकप्रियता प्राप्त की।

नैष्ठिक ब्रह्मचारी डॉ. मिश्र मूलतः आत्मस्वरुप में स्थित उच्चकोटि के संत और धार्मिक विभूति थे। एषणाहीन, निरन्तर नामजप एवं नित्य चैतन्यामृत में लीन, परम लक्ष्य संकल्पित उनका जीवन आज के युग में एक दुर्लभ उदाहरण है।

निधन - सन् 1987 में।

आवरण : लोकभारती स्टूडियो

डॉ. जयराम मिश्र

मर्यादा पुरुषोत्तम
भगवान राम

(जीवन और दर्शन)

लोकभारती पेपरबैक्स

पहला पुस्तकालय संस्करण
1986 में प्रकाशित

पहला पेपरबैक संस्करण : 2010
दूसरा पेपरबैक संस्करण : 2014

लोकभारती पेपरबैक्स : उत्कृष्ट साहित्य के लोकप्रिय संस्करण

लोकभारती प्रकाशन
पहली मंजिल, दरबारी बिल्डिंग, महात्मा गांधी मार्ग
इलाहाबाद-211 001

वेबसाइट : www.lokbharatiprakashan.com
ईमेल : info@lokbharatiprakashan.com
शाखाएँ : 1-बी, नेताजी सुभाष मार्ग, दरियागंज, नई दिल्ली-110 002
अशोक राजपथ, साइंस कॉलेज के सामने, पटना-800 006

आवरण : लोकभारती स्टूडियो

इंडियन प्रेस प्रा. लिमिटेड
इलाहाबाद-211 001
द्वारा मुद्रित

मूल्य : ₹ 150

MARYADA PURUSHOTTAM BHAGVAN RAM
by Dr. Jai Ram Mishra

प्राक्कथन

बौद्धिक प्रगति के वर्तमान वैज्ञानिक युग में पारलौकिक शक्तिसम्पन्न पौराणिक चरित्रों और अवतारों तक को मनुष्य के रूप में प्रस्तुत करने की एक परंपरा-सी चल पड़ी है। यथार्थ के आग्रही रचनाकार ऐसी दैवी विभूतियों को सहज मानवीय कमियों-कमजोरियों के सहित चित्रित करने का साहसिक कार्य कर रहे हैं। इसमें संदेह नहीं कि महामानव और आदर्शमानव के रूप में चित्रित ऐसी दिव्य विभूतियाँ मानव मात्र के लिए अजस्र सद्प्रेरणा-स्रोत हैं। परंतु मेरी दृढ़ धारणा है कि जीवन का चरम पुरुषार्थ मोक्ष को मानने और उसकी वांछा रखनेवाला आस्तिकबुद्धि-सम्पन्न ईश्वरवादी ही अवतारतत्व को ठीक-ठीक समझ सकता है। मेरी यह पुस्तक विशेष रूप से इन्हीं लोगों के लिए है, जो श्रीराम को मर्यादा पुरुषोत्तम तो मानते ही हैं, उन्हें पूर्ण ब्रह्म का अवतार भी समझते हैं। अवतार सहृदय की भावभगति का आश्रय होता है, जिसके चरित्र के लौकिक तथा पारलौकिक दोनों पक्ष भक्त के भावाभ्यास का ही नहीं प्रत्युत उसकी अनुभूति और चेतना के भी अंग बनते हैं, क्योंकि भक्त भगवान् को 'कर्तुं अकर्तुं अन्यथा कर्तुं' मानता है।

आज नाना प्रकार की विसंगतियों, अनेक क्षेत्रों में दिन-प्रतिदिन बढ़ते संक्रमण तथा जटिल होते युगबोध से मानवीय चेतना संत्रस्त है। आस्था, विश्वास एवं मूल्यों के तीव्र क्षरण तथा विघटनकारी शक्तियों की सक्रियता से मनुष्य की संवेदनशीलता निष्क्रिय होती जा रही है। एक बड़ा प्रश्नचिह्न हमारे सामने खड़ा हो गया है कि क्या यह कुंठा और हताशा ही हमारा चिरंतन सत्य बनेगी ?

आज के पंकिल कुहासे को नष्ट करने के लिए अवतार श्रीराम जैसे चंदन चर्चित चरित्र में अवगाहन की महती आवश्यकता मानवता को है। वह श्रीराम, जो समस्त भारतीय साधना और ज्ञान-परंपरा के वाग्द्वार हैं, जिसका दृढ़ चरित्र लोकमर्यादा के कठोर अंकुश से अनुशासित है और जिनका पावन चरित्र दुखी-टूटे मनों को सहारा देकर उन्हें विगत-श्रम बना सकता है, जन-जन के मन को 'रस-विशेष' से आप्लावित कर सकता है।

वस्तुतः श्रीराम भारतीय धर्म-संस्कृति के अनिवार्य और अपरिहार्य अंग हैं। इसीलिए ईश्वर के विभिन्न नामों में साधना की दृष्टि से राम-नाम का महत्व सर्वोपरि है। जन्म से मरणपर्यंत राम हमारे संगी बने रहते हैं। जन्म पर रामजन्म-संबंधी गीत गाए जाते हैं, यज्ञोपवीत और विवाहोत्सव पर भी उन्हीं की जीवनगाथा गायी जाती है और अंत में शरीरान्त होने पर कुटुम्बी और सुहृद्जन 'रामनाम सत्य है' कहकर हमें इस असार संसार से विदा करते हैं।

लोकभारती प्रतिष्ठान के श्री रमेश जी ने मुझसे आग्रह करके यह पुस्तक लिखवायी है। उन्होंने मुझसे कहा—'ऊपरवाले से मुझे यह आदेश मिला है कि मैं भगवान् राम पर एक पुस्तक प्रकाशित करूँ, जिसे आप लिखें।' श्री रमेश और श्री दिनेश के अनुरोध

पर मैंने गुरुनानक, स्वामी रामतीर्थ और आदिगुरु शंकर पर पुस्तकें लिखीं। इन संतों का जीवन और दर्शन लिखकर मुझे अपार संतोष प्राप्त हुआ, मेरी श्रम-साधना पूर्ण आनंदमयी रही। फिर भी, पुस्तक-लेखन-काल में विद्यार्थी-जीवन अपनाना पड़ता है, जो 'सहजावस्था' में कुछ बाधक अवश्य होता है। इसी कारण इधर कई वर्षों से अपनी हर पुस्तक लिख चुकने के बाद मैं विचार करता था कि अब यही मेरी लिखी अंतिम पुस्तक होगी, परंतु "कतनेच्छसि यन्मोहात्करिष्यस्यवशोऽपि तत्।"

इस अवसर पर मैं अपने घनिष्ठ और प्रेरणा देनेवाले मित्र श्रीगोपीनाथ जी, पूर्व माननीय न्यायाधीश, इलाहाबाद हाईकोर्ट, को हार्दिक धन्यवाद देता हूँ। अपने अग्रज श्री परमात्माराम मिश्र को सादर प्रमाण करता हूँ तथा अनुज श्री भृगुराम मिश्र को हृदय से आशीष देता हूँ, जिनके सहयोग और प्रेरणा का संबल मुझे निरंतर प्राप्त है। भतीजा चि० सर्वज्ञराम तथा चि० कैवल्यराम और उसकी धर्मपत्नी चि० मंजु निष्ठा से मेरी सेवा-शुश्रूषा करते हैं, इन तीनों को मेरा स्नेहाशीष।

मेरी पुस्तकों का प्रथम सुधी पाठक और परामर्शदाता मेरा भतीजा चि० डा० विभुराम मिश्र मेरे कोटिशः आशीर्वाद का पात्र है। अपने पूज्य पिता और आध्यात्मिक गुरु ब्रह्मलीन श्रीरामचंद मिश्र, जो मेरी आत्मा में बसे हैं और जिनकी निरंतर बनी रहनेवाली बहुरंगी पावनस्मृति मुझे अनिर्वचनीय आनंद में निमग्न रहती है, के चरणों में साष्टांग प्रणाम निवेदित करता हूँ।

कृष्ण-कुंज, २४५, मुट्ठीगंज, इलाहाबाद
मकर संक्रांति, १९८५ ई०

—जयराम मिश्र

अनुक्रम

अध्याय—एक

आसुरी तत्व की प्रधानता और रामावतार की आवश्यकता

भगवान् श्रीराम के आविर्भाव के पूर्व वसुंधरा आसुरी भाव से त्रस्त और आक्रांत थी। सारी मानवता विपन्न होकर त्राहि त्राहि कर रही थी। श्रीमदभगवद्गीता के सोलहवें अध्याय में ऐसी विश्रृङ्खलित, विघटित और घोर निराशापूर्ण स्थिति का वर्णन किया गया है। श्रीकृष्ण अर्जुन को बताते हैं कि ऐसी विषम मूल्यहीन स्थिति में मनुष्य की आसुरी प्रवृत्ति का बर्बर उन्माद भयावह रूप में प्रकट होता है—

आसुरी स्वभाव वाले मनुष्य कर्तव्य कर्म में प्रवृत्ति और अकर्तव्य कर्म से निवृत्ति नहीं जानते हैं। इसलिए उनमें न तो बाहर-भीतर की शुद्धि होती है और न श्रेष्ठ आचरण ही। वे आसुरी प्रकृति वाले मनुष्य कहते हैं कि जगत् आश्रयरहित और सर्वथा झूठा है। यह जगत् बिना ईश्वर के अपने आप ही स्त्री-पुरुष के संयोग से उत्पन्न हुआ है। इसलिए यह केवल भोगों को भोगने के लिए है। ऐसे मनुष्य दंभ, मान और मद से युक्त होकर कभी न पूर्ण होनेवाली कामनाओं का आश्रय लेकर तथा अज्ञान से मिथ्या सिद्धांतों को ग्रहण कर संसार में भ्रष्ट आचरण करते हैं। वे मरण पर्यन्त रहनेवाली अनंत चिंताओं से घिरे हुए और विषय-भोगों को भोगने में तत्पर रहते हैं। समझते हैं कि मात्र यही आनंद है। वे अन्यायपूर्वक धनादि सांसारिक वस्तुओं के संग्रह में लगे रहते हैं। उन पुरुषों के विचार इस प्रकार के होते हैं कि 'मैंने आज यह पाया, भविष्य में वह पाऊँगा। यह शत्रु मेरे द्वारा मारा गया, दूसरे शत्रुओं को अभी मारा जाना है। मैं ईश्वर हूँ और ऐश्वर्य को भोगने वाला हूँ। मैं सभी सिद्धियों से युक्त, बलवान और सुखी हूँ। मैं बड़ा धनवान और बड़े कुटुम्बवाला हूँ। मेरे समान दूसरा कौन है? मैं यज्ञ करूँगा, दान दूंगा, हर्ष को प्राप्त दूंगा।' इस प्रकार वे अज्ञान से मोहित हैं। इसलिए वे अनेक प्रकार से भ्रमित चित्तवाले अज्ञानीजन मोहरूपी जाल में फँसे हुए एवं विषयों में अत्यंत आसक्त होकर घोर नरक में गिरते हैं। वे अपने आपको ही माननेवाले घमंडी पुरुष धन और मान के मद से युक्त, शास्त्रविधि से रहित केवल नाममात्र के यज्ञों द्वारा पाखण्ड से यजन करते हैं। अहंकार, बल, कामना और क्रोधादि के परायण हुए एवं सदैव दूसरों की निंदा करने वाले पुरुष अपने और दूसरों के शरीर में स्थित मुझ अंतर्यामी से द्वेष करने वाले हैं।

रावण आसुरी वृत्ति का साक्षात् विग्रह था । उपर्युक्त समस्त आसुरी प्रवृत्तियाँ रावण के चरित्र में विद्यमान थीं ।

रावण आदि की उत्पत्ति

राक्षस-प्रवर सुमाली अपनी परम सुन्दरी कन्या के विवाह के लिये चिन्तित था । पर उसकी सुन्दरता के अनुरूप वर न पाकर, सुमाली कैकसी का विवाह टालता जाता था । कैकसी की युवावस्था ढलान पर आ गयी । आखिरकार उसने महर्षि पुलस्त्य के पुत्र विश्रवा ऋषि से विवाह करने का निश्चय किया । सुमाली ने अपनी पुत्री कैकसी से कहा, "पुत्री, तुम प्रजापति के कुल में उत्पन्न, श्रेष्ठ गुण-सम्पन्न, पुलस्त्यनन्दन मुनिवर विश्रवा का स्वयं चलकर पति के रूप में वरण करो और उनकी सेवा में रहो । पुत्री, ऐसा करने से निस्सन्देह तुम्हारे ऐसे ही पुत्र होंगे, जैसे धनेश्वर कुबेर हैं । तुमने तो देखा ही है कि कुबेर जी (रावण के बड़े भाई) किस प्रकार अपने तेज से सूर्य की भाँति उद्दीप्त हो रहे थे ।"

अपने पिता सुमाली की यह बात सुनकर, उनके गौरव पर गंभीरतापूर्वक विचारकर कैकसी उस स्थान पर गयी, जहाँ मुनिवर विश्रवा तपस्या करते थे । वहाँ जाकर वह एक जगह खड़ी हो गयी । इसी बीच पुलस्त्य-नन्दन ब्राह्मण विश्रवा सायं-काल का अग्निहोत्र करने लगे । वे तेजस्वी मुनि उस समय तीन अग्नियों के साथ स्वयं भी चतुर्थ अग्नि के समान देदीप्यमान हो रहे थे ।

कैकसी ने उस सांध्यवेला का विचार नहीं किया और मुनिवर के निकट जाकर उनके चरणों पर दृष्टि गड़ाये, नीचा मुँह किये सामने खड़ी हो गयी । परम उदार ऋषि ने उससे प्रश्न किया, "भद्रे, तुम किसकी कन्या हो ? यहाँ किस निमित्त आयी हो ? मुझसे तुम्हारा क्या प्रयोजन है ? शोभने, ये सारी बातें ठीक-ठीक बताओ ।"

कैकसी ने उत्तर दिया, "भगवन्, मेरा नाम कैकसी है । राक्षसपति सुमाली मेरे पिता हैं । शेष सारी बातें आप स्वयं जान लें ।" मुनि विश्रवा ने ध्याननिमग्न हो सारी बातें जान लीं और कैकसी से कहा, "भद्रे, तुम्हारे मन का सारा भाव विदित हो गया । तुम मुझसे पुत्र प्राप्त करना चाहती हो । परन्तु इस दारुण वेला में जैसी सन्तानों को जन्म दोगी, वह भी सुन लो । तुम्हारे पुत्र क्रूर स्वभाव वाले और शरीर से भी भयंकर होंगे । तुम क्रूरकर्मा राक्षसों को जन्म दोगी ।"

मुनिवर विश्रवा की बात सुनकर कैकसी ने कहा, "भगवन्, आप ब्रह्मवादी महात्मा हैं । मैं आपसे ऐसे दुराचारी पुत्रों के पाने की अभिलाषा नहीं रखती । अतः आप मुझ पर कृपा कीजिये ।"

कैकसी की प्रार्थना पर मुनिवर विश्रवा दयार्द्र होकर बोले, "शुभानने, तुम्हारा सबसे छोटा और अन्तिम पुत्र मेरे वंश के अनुरूप धर्मात्मा होगा । इसमें रंचमात्र संशय नहीं है ।" मुनि के ऐसा कहने पर कुछ काल के अनन्तर कैकसी ने अत्यन्त भयानक और क्रूरकर्मा राक्षस को जन्म दिया, जिसके दस मस्तक, बड़ी-बड़ी दाढ़ें,

ताँबे जैसे ओठ, बीस भुजाएँ, विशाल मुख, चमकीले केश थे। उसके शरीर का रंग कोयले के समान काला था। उसके पैदा होते ही मुँह में अंगारों का कौर लिये गीदड़ियाँ और मांसभक्षी गृध्र आदि पक्षी दायीं ओर घूमने लगे। इन्द्रदेव रुधिर की वर्षा करने लगे। मेघ भयंकर स्वर में गरजने लगे। सूर्य की प्रभा फीकी पड़ गयी। पृथ्वी पर उल्कापात होने लगा, धरती काँपने लगी, भयानक आँधी चलने लगी तथा जो किसी के द्वारा क्षुब्ध नहीं किया जा सकता, वह सरिताओं का स्वामी समुद्र विक्षुब्ध हो उठा।

उस समय ब्रह्मा जी के समान तेजस्वी पिता विश्रवा मुनि ने पुत्र का नामकरण किया – यह दस ग्रीवाएँ लेकर उत्पन्न हुआ है, इसलिए 'दशग्रीव' नाम से प्रसिद्ध होगा। उसके बाद महाबली कुम्भकर्ण का जन्म हुआ। उसके शरीर से बड़ा और विशाल शरीर इस जगत् में कोई नहीं था। इसके बाद विकराल मुखवाली शूर्पणखा उत्पन्न हुई। तदनन्तर धर्मात्मा विभीषण का जन्म हुआ। वह कैकसी के अन्तिम पुत्र थे। उस महान् बलशाली पुत्र का जन्म होने पर आकाश से फूलों की वर्षा हुई और आकाश में देवों की दुन्दुभियाँ बज उठीं। उस समय अन्तरिक्ष में 'साधु साधु' की ध्वनि सुनाई देने लगी। कुंभकर्ण और दशग्रीव, दोनों महाबली राक्षस लोक में उद्वेग पैदा करने-वाले थे। वे दोनों विशाल जंगल में पालित होने और बढ़ने लगे। कुम्भकर्ण बड़ा ही उन्मत्त निकला। वह भोजन से कभी तृप्त ही नहीं होता था; अतः वह तीनों लोकों में घूम-घूम कर धर्मात्मा ऋषियों को खाता फिरता था।

विभीषण बचपन से ही महात्मा थे। वे सदा धर्म में स्थित रहते, स्वाध्याय, करते और नियमित आहार करते हुए इन्द्रियों को अपने वश में रखते थे।

रावण आदि की तपस्या एवं वर-प्राप्ति

कुछ काल बीतने पर धन के स्वामी वैश्रवण (कुबेर) पुष्पक विमान पर आरूढ़ हो अपने पिता, विश्रवा का दर्शन करने के लिये वहाँ आये। वे अपने तेज से देदीप्य-मान हो रहे थे। उन्हें देखकर राक्षस-कन्या कैकसी अपने पुत्र, दशग्रीव (रावण) के पास आयी और बोली, "बेटा, अपने भाई कुबेर की ओर तो देखो। वे कैसे तेजस्वी जान पड़ते हैं। भाई होने के नाते तुम भी उन्हीं के समान हो। परन्तु अपनी अवस्था देखो, कैसी दयनीय है ? अमित पराक्रमी दशग्रीव, मेरे बेटे, तुम भी ऐसा कोई यत्न करो, जिससे कुबेर की ही भाँति तेज और वैभव से सम्पन्न हो जाओ।" माता की यह बात सुनकर प्रतापी दशग्रीव को अत्यधिक अमर्ष हुआ। उसने तत्काल प्रतिज्ञा की, "माँ, तुम अपने हृदय की चिन्ता छोड़ो। मैं तुमसे सच्ची बात प्रतिज्ञापूर्वक कहता हूँ कि अपने पराक्रम से भाई वैश्रवण (कुबेर) के समान या उनसे भी बढ़कर होऊँगा।" इसके पश्चात् उसी अमर्ष एवं आवेश में भाइयों सहित रावण ने मन में दुष्कर कर्म की इच्छा लेकर सोचा, "मैं अपनी उग्र और भीषण तपस्या से ही अपना मनोरथ पूर्ण करूँगा।" ऐसा विचार कर उसने मन में घनघोर तपस्या करने का निश्चय किया

और अपनी अभीष्ट सिद्धि के निमित्त वह गोकर्ण के पवित्र आश्रम पर गया। भाइयों के साथ उस भयंकर पराक्रमी राक्षस ने अनुपम तपस्या प्रारम्भ की। उस तपस्या द्वारा उसने भगवान् ब्रह्माजी को सन्तुष्ट किया जिन्होंने प्रसन्न होकर उसे विजय दिलानेवाले वरदान प्रदान किये।

उन तीनों भाइयों ने वहाँ पृथक्-पृथक् धर्मविधियों का अनुष्ठान किया। कुम्भकर्ण अपनी इन्द्रियों को संयमित कर, धर्म के मार्ग में प्रतिष्ठित ग्रीष्म ऋतु में अपने चारों ओर अग्नि प्रज्वलित कर धूप में बैठ कर पंचाग्नि सेवन करने लगा। वर्षा ऋतु में खुले मैदान में वीरासन से बैठकर भीषण जलवृष्टि में भीगता रहा और जाड़े के दिनों में प्रतिदिन जल में रहने लगा। इस प्रकार एकनिष्ठ होकर उसने दस हजार वर्ष तक अन्तर्मुख होकर तपस्या की।

विभीषण तो सदा से ही धर्मात्मा थे। वे नित्य धर्मपरायण रह कर शुद्ध आचार-विचार का पालन करते हुए पाँच हजार वर्षों तक एक पैर से खड़े रहे। उनका नियम समाप्त होने पर अप्सराएँ नृत्य करने लगीं। उनके ऊपर आकाश से पुष्पवृष्टि हुई और देवताओं ने उनकी स्तुति की। तदनन्तर विभीषण ने अपनी दोनों बाँहें और मस्तक ऊपर उठाकर स्वाध्यायपरायण हो पाँच हजार वर्षों तक सूर्यदेव की आराधना की। इस प्रकार मन को वश में करने वाले विभीषण के भी दस हजार वर्ष बड़े सुख से बीत गये, मानो वे स्वर्ग के नन्दनवन में निवास करते हों।

दशमुख रावण ने दस हजार वर्षों तक लगातार उपवास किया। प्रत्येक सहस्र वर्ष के पूर्ण होने पर वह अपना एक मस्तक काटकर अग्नि में आहुति दे देता था। इस प्रकार एक-एक करके उसके नौ हजार वर्ष बीत गये और नौ मस्तक भी अग्निदेव की भेंट हो गये। जब दसवाँ सहस्र पूरा हुआ और दशग्रीव अपना दसवाँ मस्तक काटने को तत्पर हुआ, उसी समय पितामह ब्रह्मा जी वहाँ आ पहुँचे। उनके साथ अन्य देवता भी थे। ब्रह्मा जी ने कहा, "दशग्रीव, मैं तुम पर अत्यधिक प्रसन्न हूँ। धर्मज्ञ, तुम्हारे मन में जिस वर को पाने की इच्छा हो, उसे शीघ्र माँगो। बोलो, आज मैं तुम्हारी किस अभिलाषा को पूर्ण करूँ? तुम्हारी तपस्या व्यर्थ नहीं होगी।"

ब्रह्मा की यह वाणी सुनकर दशग्रीव की अन्तरात्मा प्रसन्न हो गयी। उसने मस्तक झुका कर ब्रह्मा जी को प्रणाम किया और गद्गद स्वर से कहा, "भगवन्, प्राणियों को मृत्यु के अतिरिक्त और किसी का सदा भय नहीं रहता है। अतएव मैं अमर होना चाहता हूँ, क्योंकि मृत्यु के समान दूसरा कोई शत्रु नहीं है।"

उसके ऐसा कहने पर ब्रह्मा जी ने दशग्रीव रावण से कहा, "तुम्हें सर्वथा अमरत्व नहीं प्राप्त हो सकता। इसलिये दूसरा कोई वर माँगो।" लोकस्रष्टा ब्रह्माजी के ऐसा कहने पर, दशग्रीव ने हाथ जोड़ कर उनसे निवेदन किया, "सनातन प्रजापते, मैं गरुड़, नाग, यक्ष, दैत्य, दानव, राक्षस तथा देवताओं के लिये अबध्य हो जाऊँ। देववन्द्य पितामह, प्राणियों से मुझे तनिक भी चिन्ता नहीं है। मनुष्य आदि अन्य जीवों को तो मैं तिनके के समान गिनता हूँ।"

ब्रह्माजी ने कहा, "राक्षसप्रवर, तुम्हारा यह वचन अक्षरशः सत्य होगा। इसके अतिरिक्त मैं तुम्हें अन्य वर भी प्रदान कर रहा हूँ। तुम्हारे आहुति किये हुए नवों मस्तक पूर्ववत् प्रकट हो जायेंगे। तुम जब भी, जिस प्रकार का रूप धारण करना चाहोगे, वैसा ही रूप धारण करने में समर्थ होगे।" पितामह ब्रह्मा जी के ऐसा कहते ही, उसके आहुति किए सभी नौ सिर पुनः प्रकट हो गए।

तत्पश्चात् ब्रह्मा जी विभीषण से बोले, "वत्स विभीषण, तुम्हारी बुद्धि सदा धर्म में रहनेवाली है। अतः मैं तुमसे बहुत संतुष्ट हूँ। उत्तम व्रत का पालन करनेवाले धर्मात्मन्, तुम भी अपनी अभिरुचि के अनुसार कोई वर माँगो।" ब्रह्मा जी के ऐसा कहने पर किरणमालामण्डित चन्द्रमा की भाँति, सदा समस्त गुणों से सम्पन्न धर्मात्मा विभीषण ने हाथ जोड़ कर कहा, "भगवन्, यदि साक्षात् लोकगुरु आप मुझ पर प्रसन्न हैं, तो मैं कृतार्थ हूँ। मुझे कुछ भी पाना शेष नहीं रहा। उत्तम मन को धारण करनेवाले पितामह जी, यदि आप प्रसन्न होकर मुझे वर देना ही चाहते हैं, तो सुनिये। भगवन्, बड़ी से बड़ी आपत्ति में पड़ने पर भी मेरी बुद्धि धर्म में ही आरूढ़ रहे और रंचमात्र भी विचलित न हो और बिना सीखे ही मुझे ब्रह्मास्त्र का ज्ञान हो जाय। जिस-जिस आश्रम के विषय में मेरा जो भी विचार हो, वह धर्म के अनुकूल ही हो और उस-उस धर्म का मैं पालन करूँ। यही मेरे लिए सबसे उत्तम और अभीष्ट वरदान है। उसका प्रमुख कारण यह है कि जो धर्म में पूर्णतया अनुरक्त हैं, उनके लिये कुछ भी दुर्लभ और अलभ्य नहीं है।"

विभीषण की बात सुनकर ब्रह्मा जी पुनः प्रसन्न होकर बोले, "वत्स तुम धर्म में स्थित रहनेवाले हो, अतः जो कुछ चाहते हो, सब पूर्ण होगा। शत्रुनाशन, राक्षस योनि में उत्पन्न होकर भी तुम्हारी बुद्धि अधर्म में नहीं लगती है, इसलिए मैं तुम्हें अमरत्व प्रदान करता हूँ।"

विभीषण से ऐसा कहकर ब्रह्मा जी कुम्भकर्ण को वर देने के लिये उद्यत हुए, तब समस्त देवता उनसे हाथ जोड़ कर बोले, "प्रभो, आप कुम्भकर्ण को वरदान न दीजिये, क्योंकि आप जानते हैं कि यह दुर्बुद्धि निशाचर किस तरह समस्त लोकों को त्रास देता है। ब्रह्मन्, इसने नन्दनवन की सात अप्सराओं, देवराज इन्द्र के दस अनुचरों तथा बहुत से ऋषियों और मनुष्यों को भी खा लिया है। पहले वर न पाने पर भी इस राक्षस ने जब इस प्रकार प्राणियों के भक्षण का क्रूरतापूर्ण कर्म कर डाला है, तब इसे यदि वर भी प्राप्त हो जायगा तो यह तीनों लोकों का भक्षण कर जायगा। अमित तेजस्वी देव, आप इसे वर के बहाने मोह प्रदान कीजिये। इससे समस्त लोकों का कल्याण होगा और इसका भी सम्मान हो जायगा।"

देवताओं के ऐसा कहने पर कमलयोनि ब्रह्मा जी ने सरस्वती का स्मरण किया। उनके चिन्तन करते ही देवी सरस्वती पास आ गयीं। ब्रह्माजी के पार्श्वभाग में खड़ी हो सरस्वती ने हाथ जोड़ कर कहा, "देव, यह मैं आ गयीं मेरे लिये क्या आज्ञा है? मैं कौन सा कार्य करूँ?" तब प्रजापति ने कहा, "वाणि, तुम राक्षसराज कुम्भकर्ण की

जिह्वा पर विराजमान होकर देवताओं के अनुकूल वाणी के रूप में प्रकट होओ।" तब 'बहुत अच्छा' कह कर सरस्वती कुम्भकर्ण के मुँह में समा गयीं। इसके बाद प्रजापति ने उस राक्षस से कहा, "महाबाहु कुम्भकर्ण, तुम भी अपने मन के अनुकूल कोई वर माँगो।" उनकी बात सुनकर कुम्भकर्ण बोला, "देवाधिदेव, मैं अनेकानेक वर्षों तक सोता रहूँ। यही मेरी इच्छा है और यही वरदान मैं माँगता हूँ।" तब 'एवमस्तु' कह कर ब्रह्माजी देवताओं के साथ चले गये।

तत्पश्चात् सरस्वतीजी ने उस राक्षस को छोड़ दिया, और तब कुम्भकर्ण को चेत हुआ। वह दुखी होकर इस प्रकार चिन्ता करने लगा—"अहो, मेरे मुंह से ऐसी बात क्यों निकल गयी? मैं समझता हूँ कि ब्रह्माजी के साथ आये हुए देवताओं ने ही उस समय मुझे मोह में डाल दिया था।"

रावण के अनाचार एवं क्रूर कर्म

इस प्रकार वर-प्राप्ति के अनन्तर वे तीनों तेजस्वी भाई श्लेष्मांतक वन (लसोड़े के जंगल) में गये और वहाँ सुखपूर्वक रहने लगे। इसके पश्चात् रावण की प्रचण्ड आसुरी वृत्ति का उदय हुआ और उसमें मातृकुल के भाव का पूर्ण जागरण हुआ। नाना सुमाली एवं प्रहस्त के समझाने से रावण की आसुरी वृत्ति और भी उद्दीप्त हुई। कुबेर यक्षों के अधिपति थे। वे यक्षों के साथ लंकापुरी में निवास करते थे। सबसे पहले रावण ने अपने भाई विश्रवण (कुबेर) को लंकपुरी छोड़ने के लिये बाध्य किया। विवश होकर कुबेर को लंकापुरी छोड़नी पड़ी। अपने पिता विश्रवा की सम्पत्ति से उन्होंने अलकापुरी बसायी और यक्षों सहित वहीं निवास करने लगे। रावण के अत्याचार उत्तरोत्तर बढ़ने लगे। उसने बार-बार देवताओं पर आक्रमण करके उनके नन्दनवन को उजाड़ डाला। साथ ही साथ उसने ऋषियों को त्रस्त करना प्रारम्भ किया।

रावण को समझाने के लिये धनाध्यक्ष कुबेर ने अपना विशेष दूत उसके पास भेजा। पर कुबेर की सीख दूत के मुख से सुनकर, रावण ने दूत को अपनी तलवार से टुकड़े-टुकड़े करके राक्षसों को खाने को दे दिया। तत्पश्चात् गर्वोन्मत्त होकर रावण ने कुबेर पर आक्रमण किया और यक्षों को बुरी तरह पराजित किया। कुबेर के विशेष यान—पुष्पक विमान पर भी अधिकार कर लिया। पुष्पक विमान में सोने के खम्भे और वैदूर्यमणि के फाटक लगे थे। उसके भीतर ऐसे-ऐसे वृक्ष लगे थे, जो सभी ऋतुओं में फल देनेवाले थे। पुष्पक विमान मनोगामी था। वह अपने ऊपर बैठे हुए लोगों को उनकी इच्छा के अनुकूल सर्वत्र ले जा सकता था। वह सब प्रकार की मनोवांछित वस्तुओं से सम्पन्न, मनोहर और परम उत्तम था।

कुबेर पर विजय-प्राप्ति और पुष्पक विमान के अपहरण के पश्चात्, दशग्रीव कैलाशपुरी की ओर से जाने लगा। वहाँ जाते ही पुष्पक विमान सहसा रुक गया। उसके रोकनेवाली भगवान् शंकर के प्रमुख गण नन्दीश्वर थे। नन्दीश्वर का मुख परम विकराल और बन्दर के गुख के समान था। दशग्रीव ने नन्दीश्वर की मुखाकृति का उपहास

किया और उन पर अत्यधिक कुपित हुआ। इस पर नन्दीश्वर ने उसे शाप दिया, "तुम मेरी मुखाकृति पर हँस रहे हो, पर स्मरण रखो, मेरी ही मुखाकृति वाले बन्दर युद्ध में तुम्हारा दर्प चूर्ण करेंगे।" परन्तु उन्मत्त दशग्रीव ने नन्दीश्वर के कथन पर तनिक भी ध्यान नहीं दिया। तत्पश्चात् उसने शंकर जी के आवास कैलाशपर्वत को उठा कर उसे विक्षुब्ध कर दिया। पार्वती जी काँपने लगीं। इस पर आशुतोष शंकर भगवान् ने खेल-खेल में अपने बायें पैर के अँगूठे से पर्वत को दबा दिया। दशग्रीव की दसों भुजाएँ दब गयीं। वह पीड़ा से आर्तनाद करने लगा। उसका करुण-क्रन्दन दशों दिशाओं में गूंज उठा। समस्त लोग भयभीत हो गये। रोती हुई अवस्था में दशग्रीव ने एक हजार वर्ष तक आशुतोष शंकर भगवान् की श्रद्धा और भक्तिपूर्वक स्तुति की। भगवान् शिव उसकी स्तुति के दयार्द्र हो गये। उन्होंने दशग्रीव का नया नामकरण किया—'रावण' जिसका अर्थ होता है, दशों दिशाओं को रुलाने वाला। उन्होंने रावण की आयु में वृद्धि कर दी और उसके माँगने पर 'चन्द्रहास' नामक तलवार भी प्रदान कर दी। शिवजी द्वारा नये वरों की प्राप्ति से रावण का अहंभाव एवं नृशंसता और अधिक बढ़ गयी। वह परम निर्मय होकर और भी अनाचार करने लगा। तीनों लोक उसके अत्याचार से 'त्राहि-त्राहि करने लगे।

रावण की दिग्विजय

इसके बाद रावण समूची पृथ्वी पर दिग्विजय के लिये भ्रमण करने लगा। उसने इधर-उधर जाकर बहुत से महापराक्रमी क्षत्रिय-राजाओं को वशवर्ती बनाकर उन्हें अत्यधिक पीड़ा पहुँचायी। बहुत से क्षत्रिय राजाओं का संहार दिया।

रावण की कामवृत्ति अपनी पराकाष्ठा पर पहुँच गयी। उसने ब्रह्मर्षि कुशध्वज की कन्या वेदवती के साथ बलात्कार किया। अपने शरीर को अशुद्ध मानकर वेदवती ने अग्नि में प्रवेश करके उसे भस्मीभूत कर दिया। अग्नि में प्रविष्ट होते समय वेदवती ने रावण से कहा, "पापात्मा, दुरात्मा तूने इस वन में मेरा अपमान किया है। इसलिये मैं तेरे वध के लिये फिर उत्पन्न होऊँगी।" वही वेदवती पहले सतयुग में प्रकट हुई थी, फिर त्रेतायुग आने पर उस राक्षस रावण के वध के लिये मिथिलानरेश राजा जनक के कुल में सीता के रूप में अवतीर्ण हुई। सीता (हल जोतने से भूमि पर बनी हुई रेखा) से उत्पन्न होने के कारण इस देवी को सीता कहते हैं।

तत्पश्चात रावण ने माहेश्वर यज्ञ करनेवाले राजा मरुत को पराजित किया। उनके यज्ञ में पधारे हुए देवताओं ने विविध पक्षियों का रूप धारण करके अपनी प्राण-रक्षा की। उस यज्ञ में इन्द्र ने मोर, धर्मराज ने कौआ, कुबेर ने गिरगिट और वरुण ने हंस का रूप धारण कर अपने-अपने प्राणों की रक्षा की थी। राजा मरुत को जीतने के पश्चात् राक्षसराज रावण अन्य नरेशों के नगरों में युद्ध की इच्छा से गया। इक्ष्वाकु वंशी, अयोध्या-नरेश अनरण्य का भी युद्ध में रावण ने वध कर दिया। प्राण जाते समय राजा अनरण्य ने रावण को इस प्रकार शाप दिया, मेरे ही इक्ष्वाकु-वंश में

ही दशरथनन्दन श्रीराम प्रकट होंगे, जो तेरे प्राणों का अपहरण करेंगे। वे युद्ध में पग-पग पर तेरे अभिमान, दर्प और मद को चूर-चूर कर हँस-हँस कर तुझे नगण्य समझ कर तेरे प्राणहर्ता होंगे।"

रावण का अमर्ष, दर्प और क्रोध उत्तरोत्तर बढ़ता ही गया। वह यमराज से युद्ध करने गया। ब्रह्माजी ने यमराज को युद्ध से विरत कर दिया। रावण इसे अपनी विजय मानकर अपनी विजय यात्रा में आगे बढ़ा उसने वरुणपुत्रों को पराजित किया, कालकेयों का संहार किया और निवात-कवचों के साथ मित्रता की। उसने अनेकानेक नरेशों, ऋषियों, देवताओं और दानवों की कन्याओं का अपहरण किया। वे अत्यन्त दुखी थीं और उनकी प्रत्येक आह में रावण के प्रति शाप निकलता था, तत्पश्चात् अपने पुत्र मेघनाद-सहित रावण ने इन्द्रलोक पर आक्रमण किया। देवताओं और राक्षसों में तुमुल युद्ध हुआ। मेघनाद ने अपनी माया द्वारा इन्द्रदेव को बन्दी बना कर लंकापुरी ले गया। ब्रह्माजी ने इन्द्र को मुक्त कराया और इसके बदले उन्होंने मेघनाद को कई वरदान दिये। इन्द्र को बन्दी बनाने के कारण मेघनाद का 'इन्द्रजीत' नाम पड़ गया।

इन्द्रपुरी पर आक्रमण करते समय एक महत्वपूर्ण घटना और घटी थी। रावण ने अपनी सेना का पड़ाव अलकापुरी के समीप डाला। परदारामर्षक रावण रम्भा के रूप पर मुग्ध हो गया। रम्भा ने उस पापात्मा रावण से मुक्ति पाने के लिये बड़ी अनुनय-विनय की, "कुबेर के पुत्र नलकूबर के पास मुझे पहुँचना है। कुबेर आपके बड़े भाई हैं। अतः आप अपनी पुत्रवधू समझकर मुझपर कुदृष्टि मत डालिये।" पर रावण कामान्ध हो गया था। उसने रम्भा के साथ बलात्कार किया। नलकूबर ने सारी घटना जानकर रावण को शाप दिया, "भद्रे, तुम्हारी इच्छा के प्रतिकूल भी रावण ने तुम पर बलपूर्वक अत्याचार किया है। अतः वह आज से दूसरी किसी ऐसी युवती से समागम नहीं कर सकेगा, जो उसे चाहती न हो। यदि वह कामपीड़ित होकर न चाहनेवाली स्त्री से बलात्कार करेगा, तो तत्काल उसके मस्तक के सात टुकड़े हो जायँगे।" उस रोमांचकारी शाप को सुनकर रावण ने स्त्रियों के साथ बलात्कार करना छोड़ दिया। वह जिन-जिन पतिव्रता स्त्रियों को हर कर ले गया था, उन सबके मन को नलकूबर का दिया हुआ वह शाप बड़ा प्रिय लगा। उसे सुनकर वे सबकी सब बहुत प्रसन्न हुईं।

इस दिग्विजय यात्रा में कहीं-कहीं रावण को अपने मुँह की भी खानी पड़ी। सहस्रबाहु अर्जुन को रावण ने पराजित करना चाहा। दोनों के बीच घमासान युद्ध हुआ पर उस युद्ध में अर्जुन ने रावण को बुरी तरह पराजित करके उसे बन्दी बना लिया। तत्पश्चात् पुलस्त्य महर्षि ने अर्जुन के पास पहुँच कर रावण को बन्दीगृह से मुक्त कराया।

ऐसी ही घटना वानरराज बालि के साथ भी हुई। रावण ने मदोन्मत्त होकर बालि को द्वन्द्वयुद्ध के लिये ललकारा। बालि उस समय चारों समुद्रों के तट पर सन्ध्योपासन करने गये थे। उनके मंत्री तार के यह कहने पर 'बालि अभी आते ही होंगे,

तब तक आप रुक जाइये। वे आपकी अभिलाषा भलीभाँति पूरी करेंगे।" रावण युद्धोन्माद में पुष्पकविमान पर समुद्र के दक्षिणवर्ती तट पर पहुँचा। वहाँ बालि सन्ध्योपासन में निमग्न थे। रावण ने बिना किसी आहट के बालि के समीप पहुँच कर उन्हें दबोचना चाहा। बालि ने उसके मन्तव्य को समझकर निश्शंक भाव से उसे अपनी काँख में दबोच लिया। उसे काँख में दबोचे ही पश्चिमी, उत्तरी और पूर्वी समुद्र तटों पर जाकर संध्योपासन किया। बालि को आश्चर्यजनक बलशाली समझकर रावण का सारा मद काफूर हो गया। तत्पश्चात् उस राक्षसराज ने उन वानरराज से इस प्रकार कहा, "महेन्द्र के समान पराक्रमी वानरेन्द्र, मैं राक्षसेन्द्र रावण हूँ और आपसे युद्ध करने की इच्छा से यहाँ आया था, सो वह युद्ध तो आपसे मिल ही गया। अहो, आपमें अद्‌भुत बल है, अद्‌भुत पराक्रम है और आश्चर्यजनक गंभीरता है। आपने मुझे पशु की तरह पकड़कर चारों समुद्रों पर घुमाया है। वानरवीर, तुम्हारे अतिरिक्त कौन ऐसा शूरवीर होगा, जो मुझे इस प्रकार बिना थके शीघ्रतापूर्वक ढो सके। वानरराज, ऐसी गति मन, वायु और गरुड़—इन तीन भूतों की सुनी गयी है। निस्सन्देह इस जगत् में चौथे आप ही ऐसे तीव्र वेगवाले हैं। कपिश्रेष्ठ, मैंने आपका बल भलीभाँति देख लिया। अब मैं अग्नि को साक्षी बनाकर आपके साथ सदैव के लिये स्नेहपूर्ण मित्रता कर लेना चाहता हूँ।" तब वानरराज और राक्षसराज दोनों ने अग्नि प्रज्वलित करके एक दूसरे को हृदय से लगाया और आपस में भाइचारे का सम्बन्ध जोड़ा।

समस्त जगत् पर रावण का आतंक

ब्रह्माजी और शंकर भगवान् के वरदान के कारण रावण की भौतिक विभूति, ऐश्वर्य, मद, क्रूरता, दर्प, अभिमान में उत्तरोत्तर वृद्धि होने लगी। ऋषिकुल में उत्पन्न होने पर भी मातृकुल के राक्षसी-कुल का प्रबल संस्कार उसके व्यक्तित्व में पूर्णरूप से समाहित हो गया। नित्य नई-नई विभूतियों की प्राप्ति से यह इतना मदोन्मत्त हो गया कि अपने विभूतिप्रदाता को भूलकर वह अपने को ही ईश्वर और सर्वनियन्ता मानने लगा। गोस्वामी तुलसीदासजी ने उसके ऐश्वर्य की प्राप्ति के सम्बंध में इस प्रकार संकेत किया है—

"सुख संपति सुत सेन सहाई। जय प्रताप बल बुद्धि बड़ाई॥
नित नूतन सब बाढ़त जाई। जिमि प्रति लाभ लोभ अधिकाई॥"

परन्तु उसका सारा ऐश्वर्य, समस्त विभूतियाँ लोक और प्राणियों को दुःख ही देने के लिये थीं। लोगों के उत्पीड़न और दुःख को ही उसने अपना सुख समझ लिया था। आसुरी-वृत्ति की सबसे बड़ी विडम्बना यही थी। आश्चर्य यह भी है कि रावण अपनी इसी आसुरी एवं राक्षसी प्रवृत्ति को सारे जगत् पर लाद देना चाहता था। उसकी हार्दिक कामना और अभिलाषा थी कि जगत् से सत्वगुण का पूर्णतया लोप हो जाय। वह त्रिगुणात्मक प्रकृति के सर्वोच्च गुण (सत्वगुण) का नामनिशान ही मिटा देना चाहता था। वह अपना आतंकपूर्ण प्रभाव समस्त सृष्टि पर जबर्दस्ती

थोपना चाहता था। गोस्वामी तुलसीदासजी ने रामचरितमानस के बालकाण्ड में इसका हृदयग्राही चित्रण किया है।

"देखत भीमरूप सब पापी। निसिचर निकर देव परितापी।।
करहिं उपद्रव असुर निकाया। नाना रूप धरहिं करि माया।।
जेहि बिधि होइ धर्म निर्मूला। सो सब करहिं देव प्रतिकूला।।
जेहिं जेहिं देस धेनु द्विज पावहिं। नगर गाउँ पुर आगि लगावहिं।।
सुभ आचरन कतहुँ नहिं होई। देव बिप्र गुरु मान न कोई।।
नहिं हरिभगति जग्य तप ग्याना। सपनेहुँ सुनिअ न बेद पुराना।।
जप जोग बिरागा तप मख भागा श्रवन सुनइ दससीसा।
आपुन उठि धावइ रहै न पावइ धरि सब घालइ खीसा।।
अस भ्रष्ट अचारा भा संसारा धर्म सुनिअ नहिं काना।
तेहि बहु बिधि त्रासइ देस निकासइ जो कह बेद पुराना।।
बरनि न जाइ अनीति, घोर निसाचर जो करहिं।
हिंसा पर अति प्रीति, तिन्ह के पापन कवन मिति।। १८३।।
बाढ़े खल बहु चोर जुआरा। जे लंपट परधन परदारा।।
मानहिं मातु पिता नहिं देवा। साधुन्ह सन करवावहिं सेवा।।

तात्पर्य यह कि रावण की आसुरी वृत्ति का प्रभाव अत्यधिक प्रबल हो गया। देवताओं, ऋषियों और ब्राह्मणों को संतप्त करनेवाले राक्षसों के समुदाय की प्रमुखता हो गई। वे सब भयानक स्वरूपवाले और अत्यन्त पापी थे। वे माया का सहारा लेकर नाना प्रकार के रूप धारण करते और विविध प्रकार के उपद्रव करते थे। उनके कर्म सदैव ही वेदों के प्रतिकूल होते थे। जिस-जिस क्रिया से धर्म का सर्वथा उन्मूलन हो, उसी-उसी क्रिया में वे तत्पर होते थे। जिस नगर, गाँव अथवा पुर में वे निशाचर ब्राह्मणों और गौवों का निवास सुन लेते थे, उस स्थल पर पहुँच कर आग लगा कर ब्राह्मणों और गायों को भस्मीभूत कर देते थे। वसुन्धरा शुभ आचरणों से सर्वथा विहीन हो गयी। देवताओं, विप्रों और गुरुओं के प्रति आस्था और निष्ठा समाप्त हो गयी। हरिभक्ति, यज्ञ, तप, स्वाध्याय, ज्ञान-वैराग्य सभी लुप्त हो गये। वेदों-पुराणों के श्रवण का सर्वथा अभाव हो गया। यदि दशग्रीव रावण इन्हें कभी सुनता था, तो स्वयं उठ कर दौड़ पड़ता और श्रोता तथा वक्ता दोनों को काल के हवाले कर देता था। इस प्रकार संसार शुभ आचारों से विहीन हो गया। जो वेद-पुराणों का कथन और श्रवण करते थे, उन्हें वह नाना प्रकार की यातनाएँ देता था और अपने राज्य से निष्कासित कर देता था। इस प्रकार निशाचरों के अत्याचार, अनीति का वर्णन वाणी द्वारा नहीं किया जा सकता है। उनकी प्रीति सदैव परपीड़न और हिंसा में ही थी। दूसरों के धन और दूसरों की सुन्दर स्त्रियों के अपहरण करनेवालों का बोलबाला हो गया। दुष्टों, चोरों और लम्पटों का साम्राज्य हो गया।

यहाँ एक प्रश्न उठना बिलकुल स्वाभाविक है कि क्या सात्विक गुणों एवं

सत्पुरुषों का उस समय सर्वथा लोप हो गया ? वह तो त्रेता युग था, फिर कलियुग की घनघोर तामसी वृत्तियों की इतनी व्यापकता क्यों हो गयी ? इसका उत्तर यह है कि सभी युगों में सभी युग व्याप्त रहते हैं। कभी-कभी विशुद्ध सतयुग में यत्र-तत्र कलियुग की घोर तामसी वृत्ति की प्रबलता हो जाती है और कभी-कभी भीषण कलियुग में यत्र-तत्र सतयुग और त्रेतायुग के शुभ आचरण परिलक्षित होते हैं। बात यह है कि त्रिगुणात्मक प्रकृति में सत्व, रजस् और तमोगुण तीनों व्याप्त रहते हैं और तीनों ही बर्तते हैं।

दूसरा प्रश्न यहाँ यह भी उठ सकता है कि रावण के समय में क्या सामर्थ्यवान् और शक्तिशाली ऋषियों का अभाव था, जो उसकी क्रूरता और अत्याचार का नियन्त्रण और दमन नहीं कर सकते थे ? इसका उत्तर यह है कि उस समय भी तेजस्वी, शक्तिशाली ब्राह्मण और ऋषि विद्यमान थे। अगस्त्य, अत्रि और विश्वामित्र ऋषि परम शक्तिसम्पन्न थे। उनमें वर-शाप प्रदान करने की अद्भुत छमता थी। रावण ऐसे ऋषियों के पास फटकने तक का साहस नहीं करता था। उसने ऐसे ही ब्राह्मणों और ऋषियों का भक्षण किया था, जो साधक कोटि के थे, सिद्ध नहीं थे। दूसरी बात यह है कि ऐसे सिद्धकोटि के ऋषि अपनी तपश्चर्या वर-शाप प्रदान करने में नष्ट नहीं करना चाहते थे। वे त्रिकालज्ञ थे। उन्हें इस बात का पूर्ण ज्ञान था कि रावण की आसुरी और तामसी वृत्तियों का उन्मूलन अवतार ही पूर्ण रूप से कर सकता है। पूर्ण ब्रह्म का अवतार ही नये सिरे से धर्म-संस्थापन और दुष्टों का विनाश कर सकता है। वे उत्सुकतापूर्वक रामावतार की प्रतीक्षा कर रहे थे। वशिष्ठ, विश्वामित्र, भारद्वाज, अत्रि, अगस्त्य इसी कोटि के ऋषियों में थे। उन्होंने मर्यादापुरुषोत्तम भगवान् श्रीरामचन्द्र का साक्षात्कार किया और उनके निकटतम सम्पर्क में आकर भगवान् के अवतार की महत्ता पर प्रकाश डाला और साथ ही धर्मसंस्थापन में उनके साथ सहयोग किया।

अध्याय—दो

पूर्ण ब्रह्म भगवान् श्रीराम का आविर्भाव

अवतार का स्वरूप

वास्तव में पूर्ण ब्रह्म परमात्मा की न उत्पत्ति होती है और न विनाश। वह तो ज्यों का त्यों अपने स्वरूप में प्रतिष्ठित रहता है। पूर्णावतार के स्वरूप और गुणों संबंध में पुराणों और अन्य ग्रंथों में जहाँ-तहाँ संकेत किया गया है—

ऐश्वर्यस्य समग्रस्य धर्मस्य यशसः श्रियः।
ज्ञानवैराग्योश्चैव षण्णा भग इतीरणा॥

विष्णुपुराण (६-५, ७४)

अर्थात्, "भगवान् के अवतार में समस्त ऐश्वर्य, धर्म, यश, श्री, ज्ञान, वैराग्य—इन छः गुणों का पूर्ण समावेश रहता है।"

उत्पत्तिं प्रलयं चैव भूतानामगतिं गतिं।
वेत्ति विद्यामविद्यां च स वाच्यो भगवानिति॥

विष्णुपुराण (६-५, ७८)

अर्थात्, "समस्त सृष्टि की उत्पत्ति और विनाश तथा समस्त जीवों की गति और अगति का जो स्वामी हो और समस्त विद्या तथा अविद्या को जानता हो वह भगवान् कहा जाता है।"

ज्ञानशक्ति बलैश्वर्यं वीर्यं तेजांस्यशेषतः।
भगवच्छब्द-वाचानि बिना हेयैर्गुणादिभिः॥

विष्णुपुराण (६-५, ७९)

अर्थात्, "ज्ञानशक्ति, बल, ऐश्वर्य, वीर्य, सम्पूर्ण तेज—ये समस्त गुण भगवान् के लक्षण माने जाते हैं। उसमें अवगुणों का सदैव अभाव रहता है।"

भरणः पोषणाधारः शरण्यः सर्वव्यापकः।
करुणः षड्गुणैः पूर्णो रामस्तु भगवान् स्वयम्॥

(महारामायण)

अर्थात्, "जो सभी प्राणियों का भरण करनेवाला, सभी का पोषण करने-वाला, समस्त जड़सृष्टि, चेतनसृष्टि का आधार, शरणवत्सल, सर्वव्यापी और करुणा-सागर हो—इन गुणों से परिपूर्ण राम स्वयं भगवान् हैं।"

अवतार अपनी विद्यागत माया का सहारा लेकर और साथ ही उसे अपने वशीभूत कर प्रकट होते हैं। उस अवतार पर किसी का भी नियंत्रण नहीं रहता, क्योंकि वह सर्वनियन्ता है। समस्त प्रकृति उसके अधीन रहती है वह "कर्तुं अकर्तुं अन्यथा कर्तुं है। अर्थात् "वह करने में, न करने में और अन्यथा (जो कुछ कल्पना भी न की जाय) करने में पूर्ण समर्थ है।" आजकल तो कुछ भावुक लोग, किसी व्यक्ति विशेष में कुछ विशेष गुण देखकर, उसे अवतार मानने लगते हैं। पर वास्तविक रहस्य तो यह है—

रामो न गच्छति न तिष्ठति नानुशोच—
—त्याकांक्षते त्यजति नो न करोति किंचित्।
आनन्दमूर्तिरचलः परिणामहीनो
मायागुणाननुगतो हि तथा विभाति॥

अध्यात्म रामायण, बालकाण्ड सर्ग १,४४

अर्थात्, "ये राम तो वास्तव में न चलते हैं, न खड़े रहते हैं, न शोक करते हैं, न इच्छा करते हैं, न त्यागते हैं और न कोई अन्य क्रिया ही करते हैं। ये आनन्द-स्वरूप, अविचल और परिणामहीन हैं, केवल माया के गुणों से व्याप्त होने के कारण ही, ये वैसे प्रतीत होते हैं।"

अवतार का आविर्भाव तब होता है, जब—

यदा यदा हि धर्मस्य ग्लानिर्भवति भारत।
अभ्युत्थानमधर्मस्य तदात्मानं सृजाम्यहम्॥
परित्राणाय साधूनां विनाशाय च दुष्कृताम्।
धर्मसंस्थापनार्थाय संभवामि युगे युगे॥

श्रीमद्भगवद्गीता, अध्याय ४, श्लोक ७-८

अर्थात्, "हे भारत, जब-जब धर्म की हानि और अधर्म की वृद्धि होती है, तब-तब ही मैं अपने रूप को रचता हूँ अर्थात् प्रकट होता हूँ। साधु पुरुषों का उद्धार करने के लिये और दूषित कर्म करनेवालों का नाश करने के लिये तथा धर्म की संस्थापना करने के लिये मैं युग-युग में प्रकट होता हूँ।"

गोस्वामी तुलसीदासजी ने बालकाण्ड में अवतार-ग्रहण के मुख्य प्रयोजन का स्पष्टीकरण किया है—

जब जब होइ धरम कै हानी। बाढ़हिं असुर अधम अभिमानी।,
करहिं अनीति जाइ नहिं बरनी। सीदहिं बिप्र धेनु सुर धरनी॥
तब तब प्रभु धरि बिबिध सरीरा। हरहिं कृपानिधि सज्जन पीरा॥
असुर मारि थापहिं सुरन्ह, राखहिं निज श्रुति-सेतु।
जग बिस्तारहिं बिमल जस, राम जनम कर हेतु॥

रामचरितमानस, बालकाण्ड, दोहा १२

रामावतार-संबंधी विविध आख्यान

रामावतार के संबंध में पुराणों में यत्र-तत्र अनेक आख्यान मिलते हैं। इन पर एक विहंगम दृष्टि डाल लेना समीचीन प्रतीत होता है। वसुन्धरा रावण के अत्याचारों से उत्पीड़ित होकर देवताओं की शरण में गयी। देवताओं ने अपने द्वारा वसुन्धरा के भार को उतारना अशक्य बतलाया। तब देवगण, ऋषिसमुदाय और गन्धर्व आदि सब ब्रह्मा की शरण में गये। ब्रह्मा ने कहा कि यह मेरे वश की भी बात नहीं है। तत्पश्चात् शंकर भगवान् की सम्मति से घटघटव्यापी, सर्वनियन्ता, अविनाशी, अव्यक्त, अगोचर, सच्चिदानन्द, परम ब्रह्म परमेश्वर की स्तुति ब्रह्माजी ने की। उस स्तुति में रावण के भीषण अत्याचारों की ओर संकेत करके परमात्मा से अवतरित होने के लिए प्रार्थना की। ब्रह्माजी तो इस बात को पूर्णरूप से जानते थे कि मेरे और भगवान् शंकर के दिये हुए वरदानों के कारण रावण अवध्य है। पूर्ण ब्रह्म परमेश्वर के सिवा कोई भी उस क्रूर रावण का वध नहीं कर सकेगा।

ब्रह्माजी की भक्तियुक्त, श्रद्धामयी और प्रेम से परिपूर्ण प्रार्थना से सर्वव्यापी परमात्मा ने दयार्द्र होकर, आकाशवाणी की, "ऐ ऋषियों, ब्राह्मणों, देवताओं, सिद्धों, गन्धर्वों, भयभीत मत हो। मैं पूर्ण ब्रह्म परमेश्वर तुम लोगों के दुःखों को दूर करने के लिये, साधु पुरुषों की रक्षा के निमित्त, पृथ्वी से आसुरी और राक्षसी कुप्रवृत्तियों को मिटाने के लिये एवं आदर्श धर्म-संस्थापना के लिये उदार दिनकर-वंश में अवतीर्ण हूँगा। मैं अपने अंशों-सहित चार भाइयों (राम, लक्ष्मण, भरत और शत्रुघ्न) सहित मनुष्य-रूप में प्रकट हूँगा। पहले कश्यप और उनकी पत्नी अदिति ने मेरे आविर्भाव के निमित्त महती तस्या की थी। उन्हें मैं अपने अवतार ग्रहण करने का वरदान भी दे चुका हूँ। अब दोनों ने कोशलपुरी (अयोध्या) में दशरथ और कौशल्या के रूप में जन्म धारण किया है। इसके अतिरिक्त देवर्षि नारद ने मनुष्य-रूप में अवतरित होने का मुझे महान् शाप दिया है। देवर्षि नारद के दिये हुए शाप को भी मैं अक्षरशः चरितार्थ करूँगा। मैं अपनी परा शक्ति—आद्या शक्ति (सीता) के साथ अवतरित होकर, पृथ्वी के समस्त भारों (आसुरी वृत्तियों) कों दूर कर दूंगा। अतएव अब तुम सब निर्भय हों जाओ।" आकाश में ब्रह्मवाणी का उद्घोष सुन सभी अत्यधिक आह्लादित हुए, उनके हृदय कों परम शान्ति प्राप्त हुई। वे पूर्ण सन्तुष्ट होकर अपने-अपने स्थानों पर चले गये। ब्रह्माजी ने भी पृथ्वी को समझा-बुझा कर आश्वस्त किया।

एक बार भगवान् विष्णु की ड्योढ़ी पर जय और विजय दोनों द्वारपाल के रूप में पहरा दे रहे थे। इतने में सनकादिक (सनक, सनन्दन, सनातन और सनत्कुमार) आ पहुँचे। वे चारों शीघ्रातिशीघ्र विष्णु भगवान् का दर्शन करना चाहते थे। जय और विजय को उनकी उतावली अच्छी नहीं लगी। उन दोनों ने अपनी छड़ी से सनकादिकों को रोक दिया। उनकी यह अशिष्टता सनकादिकों से सहन नहीं हुई। उन्होंने आवेग में आकर जय-विजय को शाप दिया, "तुम दोनों ने हम लोगों का घोर अपमान किया है और अपनी आसुरीवृत्ति का परिचय दिया है। अतएव असुर योनि में जन्म

धारण करो।" इसी शाप के कारण उन्होंने हिरण्यकशिपु और हिरण्याक्ष के रूप में जन्म धारण किया। वाराह (शूकर) रूप धारण करके भगवान् ने हिरण्याक्ष का वध किया और नृसिंह रूप धारण करके हिरण्यकशिपु का संहार किया। वे ही दोनों भाई बाद में रावण और कुंभकर्ण के रूप में प्रकट हुए। तब भगवान् मर्यादा पुरुषोत्तम राम ने उन दोनों का वध किया।

कश्यप और अदिति ने महती तपस्या करके परब्रह्म परमेश्वर को अपने पुत्र-रूप में अवतरित होने का वरदान माँगा। परमात्मा ने उन्हें वरदान दिया, "तुम दोनों कोशलपुरी (अयोध्या) में दशरथ और कौशल्या के रूप में प्रकट होगे। तब मैं तुम लोगों का पुत्र होऊँगा।"

एक बार जालन्धर दैत्य की पत्नी के शाप के कारण विष्णु भगवान् को मनुष्य रूप में अवतरित होना पड़ा। जालन्धर दैत्य ने तपस्या करके वरदान प्राप्त किया। वह अपनी पत्नी के पतिव्रतधर्म से सुरक्षित था। भगवान् शंकर भी उस दैत्य से लड़े पर उसका संहार न कर सके। अंत में विष्णु भगवान् ने जालन्धर का ही रूप धारण करके उसके सतीत्व को भंग करके, उस असुर का वध किया। जब उसकी पत्नी को यह बात मालूम हुई, तो उसने उन्हें शाप दिया, "जाओ, तुम मनुष्य-रूप में जन्म लो, मनुष्य की कपटलीला करो, नारि-विरह में व्याकुल होकर दर-दर भटको और उसकी प्राप्ति के लिये विलाप करो।" विष्णु भगवान् ने उसके शाप को स्वीकार कर भगवान् राम के रूप में अवतार लिया।

प्रत्येक कल्प में भगवान् श्रीराम विभिन्न कारणों से मनुष्य रूप में अवतीर्ण हो असुरों का संहार तथा सन्तपुरुषों की रक्षा करते हैं। देवर्षि नारद भगवान् के अनन्य भक्त हैं। वे महाविष्णु के मन समझे जाते हैं। एक बार वे हिमालय की एक गुफा में तपस्या करने लगे। वे समाधि में स्थित हो गये। देवाधिपति इन्द्र को शंका हो गयी कि वे मुझे इन्द्रासन से हटाकर स्वयं इन्द्र बनना चाहते हैं। उन्होंने कामदेव का विधिवत् सत्कार करके नारद को विचलित करने के लिए उनके पास भेजा। कामदेव अपनी सारी क्रियाओं को करके हार गया पर भगवान् की कृपा से नारद को अपने पथ से डिगा न सका। कामदेव ने भयभीत होकर नारदजी की स्तुति की और वह इन्द्र के पास लौट गया। उसने विस्तारपूर्वक नारद की स्थितप्रज्ञता का इन्द्र से वर्णन किया। देवताओं सहित इन्द्र को नारद की इस स्थिति को जानकर बहुत आश्चर्य हुआ।

इधर नारदजी के मन में अहंकार हुआ कि मैंने कामदेव को जीत लिया है। उन्होंने यह गाथा भगवान् शिवजी को बतलायी। भगवान् शिवजी ने नारद से कहा, "देवर्षि नारद, इस प्रसंग को विष्णु भगवान् से भूल कर भी मत कहियेगा। यदि प्रसंग चले, तो भी इसे उनसे मत कहियेगा।" नारदजी को शिवजी की कही हुई बात अच्छी नहीं लगी। हाथ में वीणा लिये वह भगवन्नाम का कीर्तन करते हुए क्षीरसागर

पहुँचे। उन्होंने अभिमानपूर्वक काम पर विजय-प्राप्ति की गाथा विष्णु भगवान् को सुनाई। नारद की बात सुनकर भगवान् विष्णु ने कहा, "नारद जी, आपके स्मरण करने से काम, मोह, मद और मान मिट जायेंगे। ऐ मुनि, उसी के मन मोह की उत्पत्ति हो सकती है, जिसके हृदय में ज्ञान-वैराग्य का अभाव है। आप तो ब्रह्मचर्य-व्रत में रत हैं, साथ ही आपकी बुद्धि स्थिति है। ऐसी स्थिति में काम आपका क्या बिगाड़ सकता है?"

विष्णु भगवान् की बात सुनकर नारद का अभिमान और भी बढ़ गया और उन्होंने हँस के कहा, "भगवन् यह सब आपकी कृपा है।"

इधर भक्तवत्सल भगवान् ने सोचा, "नारद मेरे अनन्य भक्त हैं। किन्तु इस समय इनके मन में अहंकार उत्पन्न हो गया है। मैं इनके इस अहंकार का उन्मूलन कर दूंगा। भक्त के लिये अभिमान और अहंकार अत्यन्त विनाशकारी हैं। मेरी प्रतिज्ञा है—अपने भक्तों और सेवकों की रक्षा करना। अतः मैं उनकी रक्षा अवश्य करूँगा।"

नारद जी ने विष्णु भगवान् से विदा ली। उनका काम पर विजय प्राप्त करने का अहंकार अपनी चरमसीमा पर था। विष्णु भगवान् ने अद्भुत लीला रची। उनकी माया ने सौ योजन वाले एक नगर का निर्माण किया। वह सभी प्रकार की विभूतियों और ऐश्वर्यों से सम्पन्न था। वहाँ का राजा शीलनिधि था। उसकी कन्या थी विश्वमोहनी। शीलनिधि राजा ने अपनी कन्या की हस्तरेखा देवर्षि नारद को दिखलायी। उसकी हस्तरेखा में यह योग पड़ा था, "जो इस कन्या का वरण करेगा, वह अमर होगा। उस व्यक्ति को संग्राम में कोई भी जीत नहीं सकेगा। सारे चराचर उसकी उपासना और परिचर्या करेंगे।" कन्या के अनुपम सौन्दर्य और अलौकिक गुणों को जानकर नारदजी को प्रबल मोह ने आ दबोचा। उनके सारे ज्ञान-वैराग्य काफूर हो गये। उन्होंने शीलनिधि से यह कह कर छुटकारा लिया, "आपकी कन्या बड़ी सुलक्षणा है।"

नारद जी मोह के वशीभूत हो गये। वे स्वयं कन्या का वरण करने के लिये आतुर हो गये। वे विष्णु भगवान् के समान स्वरूप चाहते थे, ताकि स्वयंवर में उनके रूप पर मुग्ध होकर वह उन्हीं को वरण करे। नारद जी ने आर्त होकर विष्णु भगवान् की प्रार्थना की। कौतुकी भगवान् तत्क्षण प्रकट हो गये। नारद जी ने अत्यन्त आर्तस्वर में विष्णु जी से सारी बातें बता दीं और उनसे उनके स्वरूप की प्राप्ति की प्रार्थना की। भगवान् ने कहा, "हे नारद, जिसमें आपका कल्याण होगा, वही मैं करूँगा। मेरी बात असत्य नहीं होगी। रोगी, वैद्य से कुपथ्य की याचना करता है, पर सुयोग्य वैद्य उस रोगी को कुपथ्य नहीं देगा।" नारद मोह से इतने ग्रस्त थे कि भगवान् की स्पष्ट बातें भी उनकी समझ में नहीं आयीं।

नारद जी के कल्याण के निमित्त विष्णु भगवान् ने उन्हें बन्दर की आकृति दे दी। अभिमान में उन्मत्त होकर और यह समझ कर कि विष्णु भगवान् ने उन्हें अपना

स्वरूप प्रदान कर दिया है, नारद जी विश्वमोहनी के स्वयंवर में जा विराजे। अन्य उपस्थित लोगों ने तो उन्हें नारद समझ कर प्रणाम किया। पर राजकन्या ने उन्हें 'मर्कट बदन भयंकर देही' के रूप में देखा। उसे उनके स्वरूप को देखकर परम क्रोध उत्पन्न हुआ और जिस स्थल पर नारद जी अभिमान में उन्मत्त होकर बैठे थे, उस दिशा में उसने भूलकर भी दृष्टिपात नहीं किया। नारद जी बार-बार उस कन्या की ओर झाँकते और परम व्यग्र हो रहे थे। रुद्र के दो गण सारा रहस्य जानते थे। वे ब्राह्मण के वेश में बैठे हुए सारा दृश्य देख रहे थे। वे दोनों रह-रह कर नारद का उपहास करते थे, "भगवान् ने इन्हें अत्यधिक सुन्दर बनाया है। इन्हें छोडकर राजकन्या किसी अन्य व्यक्ति का वरण कैसे करेगी?" नारद जी उनकी अटपट वाणी अवश्य सुनते थे पर मोहग्रस्त होने के कारण उनकी समझ में कुछ नहीं आता था। अन्त में उस राजकन्या ने स्वयंवर में विष्णु भगवान् को वर के रूप में प्राप्त किया। अपनी अभीष्ट-सिद्धि में भगवान् विष्णु को बाधक समझकर नारदजी को विष्णु के ऊपर अपार क्रोध उत्पन्न हुआ। अब नारदजी के मन में काम के स्थान पर क्रोध आ उपस्थित हुआ। वे विष्णु को शाप देने की उतावली में आगे बढ़ रहे थे कि इतने ही में दोनों रुद्रगण दिखायी पड़े। उन्होंने नारद से कहा "महाराज, जरा अपने मुख को तो देखिये।" नारदजी ने जल में अपनी आकृति का अवलोकन किया। बन्दर की आकृति देखकर उनका क्रोध और भी अधिक बढ़ गया और उन्होंने उन दोनों को उग्र शाप दिया, "तुम दोनों कपटी और पापी हो। अपने इस आचरण के कारण दोनों ही निशाचर हो जाओ। तुम दोनों ने मेरा जो उपहास किया है, उसका प्रत्यक्ष फल भोगो।"

नारदजी क्रोधावेश में आगे बढ़े जा रहे थे। इतने में विष्णु भगवान् उसी राजकुमारी को दुल्हन के रूप में लिए हुए मार्ग में मिल गये। विष्णु भगवान् ने उनसे प्रश्न किया, 'मुनिवर, व्याकुल होकर आप किधर पदार्पण कर रहे हैं?" विष्णु के इस प्रश्न ने क्रोधाग्नि में घृत का काम किया। उन्होंने तत्काल भगवान् विष्णु को शाप दिया, "आप में ईर्ष्या और कपट की मात्रा बहुत अधिक है। दूसरों की अभिवृद्धि को नहीं देख सकते। समुद्रमंथन के समय, आपने असुरों को तो सुरा प्रदान की, भगवान् शंकर को हलाहल विष का पान कराया और स्वयं लक्ष्मी तथा कौस्तुभमणि ग्रहण की। अब आपने अच्छे घर में बायन दिया है। मनुष्य शरीर धारण करके आपने अभीष्ट सिद्धि में बाधा पहुँचायी है, अतएव आप भी मनुष्य शरीर धारण करें। नारी के वियोग में जिस प्रकार मुझे तड़पाया है, उसी भाँति आप भी स्त्री-वियोग में व्याकुल होकर विलाप करें। मेरी आकृति बन्दर के समान बना दी, स्मरण रखिये, वे ही बन्दर आपकी सहायता करेंगे।"

नारदजी के शाप को विष्णु भगवान् ने शिरोधार्य कर लिया और अपनी माया की प्रबलता भी खींच ली। न रमा रह गयीं और न वह राजकुमारी ही। नारद का मोह अब पूर्णरूप से भंग हो गया। उन्हें अपने दिये हुए शाप पर पछतावा होने लगा।

वे अत्यन्त दैन्यभाव से आर्त होकर भगवान् के चरणों से लिपट गये। वे कहने लगे, "भगवन्, मेरा शाप मिथ्या हो।" किन्तु भगवान् ने कहा, "यह मेरी इच्छा पर है। आप शंकर को जपिये, इससे आपकी आन्तरिक ग्लानि मिट जायगी। अब आपके समीप माया नहीं आयेगी।"

नारद को अपने सत्-स्वरूप में स्थित होकर पाते और प्रसन्न मुद्रा में देखकर दोनों रुद्रगण भी उपस्थित हुए। उन्होंने करुण स्वर में याचना की, "भगवन्, हमारे अपराधों को क्षमा कीजिये। हे कृपालु, ऐसी कृपा कीजिये कि आपका दिया हुआ शाप अनुग्रह रूप में परिवर्तित हो जाय।"

नारद जी दयार्द्र होकर बोले, "तुम दोनों महा पराक्रमी निशाचर होगे। विपुल वैभव, असीम बल और तेज से सम्पन्न होगे। तुम त्रिलोक-विजयी होगे। भगवान् राम तुम्हारा वध करेंगे। उनके हाथों से मरकर तुम दोनों मुक्त हो जाओगे और संसार के आवागमन के चक्कर से छूट जाओगे।" इस प्रकार एक कल्प में नारद के शाप के कारण भगवान् श्रीराम को पृथ्वी पर अवतीर्ण होना पड़ा।

एक दूसरे कल्प में मनु और उनकी सहधर्मिणी शतरूपा ने पवित्र तीर्थ नैमिषारण्य में जाकर भगवान् की संतुष्टि के लिये महान् तपस्या की। उन दोनों ने राज्य के अलौकिक भोगों का परित्याग कर, शुद्ध वैराग्य से सम्पन्न हो, भगवान् के द्वादस अक्षर मंत्र 'ॐ नमो भगवते वासुदेवाय' का अनुष्ठान किया। शाक, फल-मूल आदि सात्विक फलाहार करके सच्चिदानन्द पूर्ण ब्रह्म की आराधना प्रारम्भ की। जो निर्गुण ब्रह्म अखण्ड, अनन्त, अनादि, निरुपाधि, अनूप, अद्वितीय है, जिसके अंशमात्र से ब्रह्मा, विष्णु, महेश आदि त्रिदेवों की उत्पत्ति होती है, वेदों ने जिसका 'नेति-नेति' कहकर निरूपण किया है, ऐसा महान् प्रभु भी अनन्य सेवक के भाव से वशीभूत होकर सगुण रूप से अवतरित होता है। उसी निर्गुण ब्रह्म का सगुण रूप में दर्शन और साक्षात्कार करने के लिये मनु और शतरूपा कटिबद्ध हुए। उनकी तपस्या उत्तरोत्तर बढ़ती गयी। बाह्य वृत्ति नितान्त कम हो गयी। आन्तरिक वृत्ति की प्रगाढ़ता अपनी पराकाष्ठा पर पहुँच गयी। खाने-पीने की सारी क्रियायें स्वतः छूट गयीं। वे परम तत्व में स्थित हो गये। ब्रह्मा, विष्णु, महेश का आसन डोल गया। वे त्रिदेव, मनु और शतरूपा को वर माँगने के लिये प्रलोभन देने लगे। पर वे दोनों परम तत्त्व के मर्म को भलीभाँति समझते थे। अतः अपनी स्थिति से रंचमात्र भी विचलित नहीं हुए। वे तो साक्षात् निर्गुण ब्रह्म को सगुण रूप में देखना चाहते थे, जिसके अंशमात्र से त्रिदेवों की उत्पत्ति होती है। उनकी इस अविचल स्थिति से आकाश में परम गंभीर कृपामृत वाणी का उद्घोष हुआ, "माँगों, माँगो, जो कुछ इच्छा हो उसे बताओ, वह पूर्ण होगी।"

ऐसी कृपामृत वाणी ने जब मनु और शतरूपा के श्रवणरंध्र से हृदय में प्रवेश किया, तो उनके शरीर में नवचेतना का संचार हुआ। उनका सारा शरीर पहले की भाँति हृष्ट-पुष्ट हो गया। उन दोनों ने निवेदन किया, "हे अनाथों के नाथ, दीनबन्धु, अपने अनन्य सेवकों के कल्पतरु और कामधेनु, यदि आप हमारे ऊपर सचमुच प्रसन्न

हैं, तो हमें अपने उस स्वरूप का दर्शन कराइये, जो स्वरूप भगवान् शिव और काकभुशुण्डि के मन में निवास करता है।" दम्पति की इस प्रार्थना पर समस्त विश्व में व्याप्त, सर्वव्यापी परमात्मा ने अपने अलौकिक सगुणस्वरूप का दर्शन कराया। राम के अद्भुत स्वरूप के साथ आद्याशक्ति सीताजी भी विराजमान थीं। वे दोनों अपलक दृष्टि से श्रीराम और सीताजी को देखते रहे। सगुण स्वरूप में भगवान् का दर्शन समस्त इच्छाओं की पूर्ति का कारण होता है। अतः श्री रामजी ने कहा, "संकोच त्याग कर अपनी इच्छा के अनुरूप वर माँग लो।"

मनु जी ने निवेदन किया, "हे प्रभो, जो वर मैं माँगना चाहता हूँ, वह आपके लिये तो अत्यधिक सुगम है, पर मेरे लिये परम दुर्लभ है। मैं यही चाहता हूँ कि आपके ही समान मेरे पुत्र हो।" भक्तवत्सल भगवान् श्रीराम ने मनु से कहा, "मैं अपने समान कहाँ खोजूँ, पुत्र-रूप में मैं तुम्हारे यहाँ स्वयं अवतीर्ण हूँगा।" तत्पश्चात् शतरूपा को हाथ जोड़े हुए देख कर भगवान् ने कहा, "देवि, तुम भी अपने मनोनुकूल वर माँग लो।"

इस पर शतरूपा ने कहा, "चतुर राजा ने आपसे जिस वर की याचना की है, वह मुझे भी अभीष्ट है। पर मेरी एक इच्छा और है। आपके अनन्य भक्त जिस सुख और जिस गति को पाते हैं, वही सुख और वही गति मुझे भी प्राप्त हो। साथ ही पराभक्ति, आपके चरणों में अनन्य प्रीति, विवेक और भक्तों की आदर्श स्थिति भी मुझे प्रदान करने की अनुकम्पा करें।" श्री भगवान् ने कहा, "हे माँ, तुम्हारे मन में जो भी अभिलाषा है, उसे मैंने पूर्णरूप से दे दिया है। हे माँ, मेरे अनुग्रह से तुम्हारा अलौकिक विवेक कभी नहीं मिटेगा, वह चिरस्थायी होगा।"

इस प्रकार मनु और शतरूपा के वरदान-स्वरूप भगवान् श्रीराम एवं उनकी पराशक्ति सीता को जगत्-कल्याण के निमित्त अवतार ग्रहण करना पड़ा। मनु और शतरूपा ने क्रमशः दशरथ और कौशल्या के रूप में जन्म धारण किया।

यहाँ इस बात को स्पष्ट कर देना आवश्यक प्रतीत होता है कि मनु और शतरूपा की तपस्या अत्यधिक सात्विक थी। उनकी साधना आत्मकल्याण और जगत्-कल्याण दोनों के निमित्त थी। इसलिए उनकी साधना से दोनों का ही हित परिपूर्ण हुआ। यदि हम रावण की तपस्या पर दृष्टिपात करें तो यह बात और भी स्पष्ट हो जायेगी। उसकी साधना संकीर्ण, भौतिक और लोगों को त्रस्त करने के लिए थी। इससे संसार में 'त्राहि-त्राहि' मच गयी। पर इसके विपरीत मनु और शतरूपा की साधना से जगत् के जड़ तत्त्व और चेतन तत्त्व दोनों में ही आनन्द की व्याप्ति हो गयी।

एक कल्प में भगवान् श्रीराम का पृथ्वी पर अवतरण प्रतापभानु के कारण हुआ। राजा प्रतापभानु और उसके कनिष्ठ भ्राता अत्यन्त धर्मात्मा और प्रजावत्सल थे। एक बार प्रतापभानु वन में आखेट करने गया। संयोगवश उसे एक विशाल शूकर दिखलायी पड़ा। राजा ने उसका पीछा किया। शूकर अत्यन्त चतुर था। वह लुकता-

छिपता बहुत दूर निकल गया। शूकर ने चतुराई से अपने प्राण बचा लिये। वह गुफा में छिप गया। राजा के लिये उसका पाना असंभव हो गया। हताश और विवश होकर राजा वन में भटकने लगा। वह मार्ग भूल गया। भटकते-भटकते वह एक कपट मुनि के आश्रम में पहुँच गया। वह मुनि वही व्यक्ति था, जिसके राज्य का अपहरण प्रतापभानु ने कर लिया था। ग्लानि और रोष से युक्त होकर वह वन में तपस्या करने आ गया। उस कपटी मुनि ने राजा प्रतापभानु को भलीभाँति पहचान लिया। पर प्रतापभानु उसे न पहचान सका।

कपटी मुनि ने अपने कपटपूर्ण व्यवहार और छल से प्रतापभानु को अपने वश में कर लिया। राजा को वरदान माँगने के लिये कहा। राजा ने वरदान माँगा, "भगवन्, यदि आप मुझ पर प्रसन्न हैं तो मुझे यह वरदान दीजये—मेरा शरीर सौ कल्पों तक जरा-मरण के दुःख से रहित हो, संग्राम में मुझ पर कोई विजय न पा सके और मेरा शत्रुविहीन एकच्छत्र राज्य हो।

कपटी मुनि ने कहा, "यदि तुम ब्राह्मणों को वशीभूत कर लो, तो यह वर संभव हो सकेगा। एक लाख ब्राह्मणों को नित्य आदरपूर्वक एक वर्ष भोजन कराओ। मैं दूसरा वेश धारण कर उन ब्राह्मणों का भोजन बनाऊँगा। उसे तुम परसना।" राजा ने कपटी मुनि की बात स्वीकार कर ली। अत्यधित श्रमित होने के कारण राजा को गहरी नींद आ गयी। इतने ही में आखेट में राजा भानुप्रताप को भटकाने वाला शूकर आ गया। वह शूकर कालकेतु निशाचर था। उसके दस भाइयों और सौ पुत्रों का युद्धभूमि में राजा प्रतापभानु ने संहार कर दिया था। विवश होकर कालकेतु छिप गया। कालकेतु राक्षस और कपटी मुनि घनिष्ठ मित्र थे। उन दोनों ने गुप्त मंत्रणा की और राजा के समस्त परिवार के नाश का उपाय सोच लिया। कालकेतु ने पिछली रात्रि में घोड़े के सहित राजा को उसकी राजधानी में पहुँचा दिया। उसके लिए इस प्रकार का कार्य बहुत आसान था। राजा के पुरोहित का अपहरण करके कालकेतु ने उसे गुफा में छिपा दिया और उसने स्वयं पुरोहित का रूप धारण कर लिया। तीन दिन पश्चात् पूर्व षड्यंत्र के अनुसार पुरोहित राजा से मिला। राजा प्रतापभानु उसे देखकर अत्यधिक प्रसन्न हुआ।

कालकेतु राक्षस ने पुरोहित के वेश में सुस्वादु भोजन तैयार किया। भोजन करने के लिये एक लाख ब्राह्मण बुलाये गये। ज्योंही राजा प्रतापभानु ने ब्राह्मणों को भोजन परोसना प्रारम्भ किया, त्योंही आकाशवाणी हुई, "ऐ ब्राह्मणों, सावधान हो जाओ। यह भोजन अत्यन्त दूषित है। इसमें ब्राह्मणों का मांस पकाया गया है।"

ब्राह्मणों ने तत्क्षण राजा को शाप दिया, "हे नीच क्षत्रिय राजा, तूने हमारे धर्म का नाश करने का प्रयास किया है। परमात्मा ने ही हमारी रक्षा की है। एक वर्ष के अन्तर्गत तुम्हारे वंश में कोई भी नहीं रहेगा और तुम लोग राक्षसकुल में उत्पन्न होगे।" फिर आकाशवाणी हुई, "ब्राह्मणों, आप लोगों ने विचारपूर्वक शाप नहीं दिया। इसमें राजा का तनिक भी दोष नहीं है।" फिर भोजन का स्थल देखा

गया। उस स्थल पर न कोई खाद्य वस्तु थी और न उसे बनाने वाला पुरोहित ही था। सब कुछ मायामय और मिथ्या था। परन्तु ब्राह्मणों का शाप असत्य नहीं हुआ।

कपटीमुनि और कालकेतु निशाचर ने राजा के सभी शत्रुओं को आमंत्रित किया। परिणाम यह हुआ कि एक वर्ष तक निरन्तर घमासान युद्ध होता रहा। राजा प्रतापभानु के वंश के सभी प्राणी युद्धभूमि में मारे गये और वर्ष के अन्त तक उसके वंश का नामनिशान मिट गया। कालान्तर में राजा प्रतापभानु रावण के रूप में, उसका भाई अरिमर्दन कुंभकर्ण के रूप, और उसका मंत्री विभीषण के रूप में तथा उसके वंश के अन्य प्राणी और बन्धु-बांधव राक्षसों के रूप में प्रकट हुए।

भगवान् श्रीराम का प्राकट्य

अयोध्या के धर्मात्मा नरेश दशरथ वृद्ध हो गये पर उनको कोई सन्तान न हुई। अत्यंत ग्लानि एवं दुःख से युक्त हो वे अपने कुल-गुरु वशिष्ठ ऋषि के पास पहुँचे और उन्होंने अपनी मनोव्यथा वशिष्ठ जी को सुनाई। वशिष्ठ जी ने तत्काल शृंगी ऋषि को बुलवा कर उनसे सन्तान-प्राप्ति के लिये पुत्रेष्टि यज्ञ करने का आग्रह किया।

मंत्रियों के सहित पवित्र होकर निष्पाप मुनिजनों की सहायता से यज्ञानुष्ठान प्रारंभ किया गया। यज्ञानुष्ठान के समय अग्नि में श्रद्धापूर्वक आहुति देने पर तप्त सुवर्ण के समान दीप्तिमान हव्यवाहन भगवान् अग्निदेव एक स्वर्णपात्र में पायस लेकर प्रकट हुए और बोले, "हे राजन्, यह देवताओं की बनायी हुयी पुत्रदायिनी दिव्य पायस (खीर) लो। इसके द्वारा तुम निस्सन्देह साक्षात् परमात्मा को पुत्र-रूप में प्राप्त करोगे।"

अग्निदेव ऐसा कहकर और वह खीर राजा को देकर अन्तर्धान हो गये। तदनन्तर राजा ने सफलमनोरथ हो मुनिश्रेष्ठ वशिष्ठ और ऋष्यशृंग (शृंगी ऋषि) की चरण-वन्दना की और उन दोनों की आज्ञा से बड़ी सावधानी से वह हवि महारानी कौशल्या और कैकेयी में आधी-आधी बाँट दी। तदनन्तर उस पुत्रदायिनी चरु को लेने की इच्छा से सुमित्राजी भी वहाँ आ पहुँचीं। इस पर कौशल्या जी ने प्रसन्नतापूर्वक अपने भाग में से आधा उन्हें दे दिया। इसके पश्चात् कैकेयी जी ने भी प्रीतिपूर्वक अपने भाग में से आधा सुमित्राजी को दे दिया। इस प्रकार उस हवि को खाकर सभी रानियाँ गर्भवती हो गयीं!

वे तीनों रानियाँ अपनी अलौकिक कान्ति से देवताओं के समान शोभा पाने लगीं। फिर दसवाँ महीना लगने पर कौशल्या ने एक अद्भुत बालक को जन्म दिया। चैत्रमास के शुक्ल पक्ष की नवमी के दिन शुभ कर्क लग्न में पुनर्वसु नक्षत्र के समय जब कि पाँच ग्रह उच्च स्थान में तथा सूर्य मेषराशि पर थे तब मध्याह्न काल में सनातन परमात्मा जगन्नाथ का आविर्भाव हुआ। उस समय आकाश दिव्य पुष्पों की वर्षा से पूर्ण हो गया। वे नीलकमल के समान श्यामवर्ण के थे। वे चार भुजाओं वाले पीताम्बर पहने हुए थे। उनके नेत्रों के भीतर का भाग अरुण कमल के समान कान्तियुक्त था और

उनके कानों में कांतिमान कुंडल सुशोभित थे। सहस्रों सूर्यों के समान उनका प्रकाश था। उनके सिर पर प्रकाशमान मुकुट और घुघराली केशराशि थी। हाथों में शंख, चक्र, गदा, पद्म तथा गले में वैजयन्ती माला विराजमान थी। उनके मुखकमल पर हृदयस्थ अनुग्रह रूप चन्द्रमा की सूचना देनेवाली मुसकानरूप चन्द्रिका छिटक रही थी। उनके करुणा-रस-पूर्ण नयन कमलदल के समान विशाल थे। वे श्रीवत्स, हार, केयूर और नूपुर आदि आभूषणों से विभूषित थे।

पुत्ररूप में प्रकट हुए उन परमात्मा को देखकर कौशल्या ने विस्मय-व्याकुल हो, नेत्रों में आनन्दाश्रु भर, हाथ जोड़ कर नमस्कार करते हुए कहा, "हे देवदेव, आपको नमस्कार है। हे शंख-चक्र-गदाधर, आप अच्युत और अनन्त परमात्मा हैं तथा सर्वत्र पूर्ण पुरुषोत्तम हैं। वेदवादीगण आपको मन, बुद्धि और वाणी आदि से परे, इन्द्रियों से अतीत, सत्तामात्र और एकमात्र ज्ञान स्वरूप कहते हैं। आप ही अपनी माया, सत्त्व, रज और तम—इन तीनों गुणों से युक्त होकर इस विश्व की रचना, पालन और संहार करते हैं। किन्तु वास्तव में आप सदा निर्मल तुरीय पद में स्थित हैं। आप कर्ता नहीं हैं तथापि करते से प्रतीत होते हैं, चलते नहीं हैं, फिर भी चलते से मालूम पड़ते हैं, न सुनते हुए भी, सुनते से दिखायी पड़ते हैं और न देखकर भी देखते हुए से प्रतीत होते हैं। भगवती श्रुति भी कहती है कि 'आप प्राण और मन से रहित तथा शुद्ध हैं।' आप समस्त प्राणियों में समान भाव से स्थित हैं, तथापि जिनका अन्तःकरण अज्ञानान्धकार से ढँका हुआ है, उन्हें आप दिखायी नहीं देते। आपका साक्षात्कार सुबुद्धि-पुरुषों को ही होता है। हे भगवन्, आपके उदर में अनेकानेक ब्रह्माण्ड परमाणुओं के समान दिखायी देते हैं। तथापि "आपने मेरे पेट से जन्म लिया" ऐसा जो आप लोगों को प्रकट कर रहे हैं, इससे मैंने आज आपकी भक्त-वत्सलता भलीभाँति देख ली। हे प्रभो, मैं आपकी माया से मोहित होकर संसार-सागर में डूबी हुई पति, पुत्र और धन आदि के चक्कर में पड़ी थी; आज परम सौभाग्यवश आपके चरण-कमलों की शरण में आयी हूँ। हे देव, आपकी यह मनोहर मूर्ति सदा मेरे हृदय में विराजमान रहे और आपकी विश्वमोहिनी माया मुझे न व्यापे। हे विश्वात्मन्, अपने इस अलौकिक रूप का उपसंहार कीजिये और परम आनन्ददायक सुकोमल बालरूप धारण कीजिये, जिसके अति मुखर आलिङ्गन और संभाषणादि से मैं घोर अज्ञानान्धकार को पार कर जाऊँ।"

माता कौशल्या की विनययुक्त वाणी सुनकर भगवान् बोले, "हे माता, आप जो-जो चाहती हैं; वही हो; उसके विरुद्ध कुछ भी न हो। पूर्वकाल में मुझसे पृथ्वी का भार उतारने के लिये ब्रह्माजी ने प्रार्थना की थी। अतः रावणादि निशाचरों का संहार करने के लिये मैंने मनुष्य रूप में अवतार ग्रहण किया है। हे आनन्दिते, दशरथजी के सहित तुमने भी मुझे पुत्ररूप में प्राप्त करने की इच्छा से तपस्या करते हुए मेरी आराधना की थी। उसी को मैंने इस समय प्रकट होकर पूर्ण किया है। तुमने अपनी पूर्व तपस्या के फल से ही मेरा यह दिव्य स्वरूप देखा है। मेरा दर्शन मोक्ष-पद देनेवाला होता है। पुण्यविहीन जनों के लिये इस प्रकार का दर्शन अत्यन्त दुर्लभ है।"

माता से इस प्रकार कहकर भगवान् बालरूप होकर रोने लगे। उनका बालरूप भी इन्द्रनील मणि के समान श्यामवर्ण, बड़े-बड़े नेत्रोंवाला और अति सुन्दर था। वह प्रभातकालीन बालसूर्य के समान अरुण-ज्योतिर्मय था। भगवान् ने अवतरित होकर उस सुमनोहर बालरूप से सभी लोकपालों को परम आनन्दित कर दिया। तत्पश्चात् जब महाराज दशरथजी ने पुत्रोत्पतिरूप शुभ समाचार सुना, तो वे आनन्दसमुद्र में डूब गये। उन्होंने तत्काल गुरु वशिष्ठजी को बुलवाया। वे गुरु वशिष्ठजी के साथ राजभवन में आये। वहाँ आकर कमलनयन राम को देखकर वे आनन्दाश्रुओं से पूर्ण हो गये और गुरुजी द्वारा उनके जातकर्म आदि आवश्यक संस्कार कराये।

तदनन्तर कमलनयनी कैकेयी के गर्भ से भरतजी का जन्म हुआ। सुमित्रा के गर्भ से पूर्णचन्द्र के समान दो यमज (लक्ष्मण और शत्रुघ्न) हुए। उस समय महाराज दशरथ ने अति उत्साहपूर्वक सहस्रों ग्राम, बहुत-सा सुवर्ण, अनेक रत्न, नाना प्रकार के वस्त्र और शुभ लक्षणों वाली अनेक गौएँ ब्राह्मणों को दीं।

अध्याय—तीन

बाल्यकाल, विद्यार्जन और विश्वामित्र का साहचर्य

समय आने पर शुभ मुहूर्त में महर्षि वशिष्ठ ने उन चारों बालकों का नामकरण-संस्कार किया। विज्ञान के द्वारा अज्ञान के नष्ट हो जाने पर मुनिजन जिनमें रमण करते हैं अथवा जो अपने अलौकिक सौन्दर्य से भक्तजनों के चित्त को अपने में रमाते हैं (आनन्दमय करते) हैं, उनका नाम गुरु वशिष्ठ जी ने 'राम' रखा। इसी प्रकार गुरुजी ने संसार का पोषण करनेवाले दूसरे पुत्र का नाम 'भरत', समस्त सुलक्षण-सम्पन्न होने से तीसरे का नाम 'लक्ष्मण' और शत्रुओं का संहारक होने से चौथे पुत्र का नाम 'शत्रुघ्न' रखा। कौशल्या और कैकेयी के दिये हुए पायसांशों के अनुसार लक्ष्मण जी रामचन्द्रजी के और शत्रुघ्नजी भरत के जोड़ीदार होकर रहने लगे। लक्ष्मण जी के साथ विचरते हुए श्रीरामचन्द्र जी अपनी बाललीलाओं, चेष्टाओं और भोलीभाली बातों से माता-पिता को आनन्दित करने लगे। जिसके ललाट पर मोतियों से सुसज्जित अश्वत्थपत्र (पीपल का पत्ता) तथा गले में रत्न और मणिसमूह के साथ बीच-बीच में व्याघ्रनख सजाकर गुँथी हुई लड़ियाँ सुशोभित हैं, कानों में अर्जुन वृक्ष के कच्चे फलों के समान रत्नजटित सुवर्ण के आभूषण लटक रहे हैं तथा जो झनकारते हुए मणिमय नूपुर, सुवर्णमेखला और बाजूबन्द से विभूषित हैं, उस इन्द्रनीलमणि की सी आभावाले तथा स्वल्प दाँतों से युक्त मुसकाते हुए मुखवाले बालक को राजभवन के आँगन में बछड़े के पीछे-पीछे सब ओर बालगति से दौड़ते देख महाराज दशरथ और माता कौशल्या अत्यधिक आनन्दित होते थे। जिस समय महाराज भोजन करने बैठते तो 'राम आ' ऐसा कह-कह कर अति हर्ष और प्रेमपूर्वक उन्हें बारम्बार बुलाते। जब खेल में लगे रहने के कारण वे न आते तो वे कौशल्या से 'इसे पकड़ ला' ऐसा कहकर उन्हें लाने के लिये कहते। किन्तु जो योगीजनों के चित्त के एकमात्र आश्रय हैं, ऐसे पुत्र को कौशल्या जी हँसकर दौड़ती हुई भी न पकड़ पातीं। उस समय माता को थकी देखकर वह स्वयं ही बीच में सने हुए हाथों से हँसते-हंसते वहाँ आ जाते और एकाध ग्रास खाकर फिर भाग जाते।

माता कौशल्या राम को भलीभाँति वस्त्राभूषण पहनाकर प्रतिमास नाना प्रकार की मिठाई बनाकर उत्सव मनाया करती थीं। वर्षगाँठ के दिन भी पुआ, लड्डू, जलेबी, कचौड़ी, आदि विविध व्यंजन बनाकर उत्सव मनाती थीं। राम की

चपलता के कारण कौशल्या ने घर का काम करना छोड़ दिया था। एक दिन राम जी माता के पास गये और उन्होंने कहा, "माँ, मुझे कुछ खाने को दे।" कुछ कार्य में व्यस्त होने के कारण, उन्होंने रामजी की बात पर ध्यान न दिया। तब क्रुद्ध होकर उन्होंने डंडे से सब बर्तन फोड़ डाले। छींके पर रखे हुए गोरस और माखन को गिरा दिया और उसे तथा वहाँ रखे हुए समस्त दूध-दही को भी लक्ष्मण, भरत और शत्रुघ्न में बाँट दिया। तब रसोइये ने जाकर सारी बातें कौशल्या जी से बतलायीं। वह हँसती हुई रामजी को पकड़ने दौड़ीं। माता को आती देखकर सब बालक भाग गये। माता कौशल्या भी उनके पीछे दौड़ीं, पर वे पग-पग पर फिसलने लगीं। अन्त में उन्होंने राम को पकड़ लिया, पर कहा कुछ भी नहीं। उस समय रामजी बालभाव से धीरे-धीरे रोने लगे। तब उन सबको भयभीत देखकर माता ने उन्हें बड़े प्रेम से हृदय लगा कर प्यार किया। इस प्रकार जगदानन्दकारक, आनन्दघन भगवान् राम मायामय बाल रूप धारण कर राजदम्पति दशरथ और कौशल्या को आनन्दित करने लगे। तदुपरान्त उन चार भाइयों ने कुमारावस्था में प्रवेश किया।

चारों भाइयों में रामचन्द्रजी ज्येष्ठ होने के कारण अपने कुल की कीर्ति-ध्वजा को फहरानेवाली पताका के समान थे। वे अपने माता-पिता की प्रसन्नता को बढ़ाने वाले थे। सभी प्राणियों के लिये स्वयम्भू ब्रह्माजी के समान विशेष प्रिय थे। चारों भाई लोकहितकारी कार्यों में संलग्न रहते थे। सभी ज्ञानवान् और समस्त सद्गुणों से सम्पन्न थे। उनमें भी सत्यपराक्रमी श्री रामचन्द्रजी सबसे अधिक तेजस्वी और सब लोगों के विशेष प्रिय थे। वे निष्कलंक चन्द्रमा के समान शोभा पाते थे। उन्होंने हाथी के कन्धे और घोड़े की पीठ पर बैठने तथा रथ हाँकने की कला में दक्षता प्राप्त की थी। वे सदा धनुर्वेद का अभ्यास करते और पिता की सेवा में लगे रहते थे।

धीरे-धीरे उपनयन संस्कार का समय आया। गुरु वशिष्ठजी ने उन चारों का विधिवत् साङ्गोपाङ्ग उपनयन संस्कार किया। तत्पश्चात् वे कुलगुरु वशिष्ठ के पास विद्याध्ययन के निमित्त गये। अल्पकाल में उन्हें समस्त विद्याएँ स्वतः प्राप्त हो गयीं।

लक्ष्मी की वृद्धि करने वाले लक्ष्मणजी बाल्यावस्था से ही श्रीरामचन्द्रजी के प्रति अत्यन्त अनुराग और श्रद्धा रखते थे। वे अपने बड़े भाई लोकाभिराम श्रीराम का सदा ही प्रिय करते थे। शरीर से भी उनकी सेवा में सदैव तत्पर रहते थे। शोभा-सम्पन्न लक्ष्मण श्रीरामचन्द्र के लिये बाहर विचरनेवाले दूसरे प्राण के समान थे। पुरुषोत्तम श्रीराम को भी लक्ष्मण के बिना नींद नहीं आती थी। यदि उनके पास उत्तम सुस्वादु भोजन लाया जाता, तो श्रीरामचन्द्रजी उसमें से लक्ष्मण को दिए बिना नहीं खाते थे। जब श्रीरामचन्द्रजी घोड़े पर सवार होकर शिकार खेलने के लिये जाते, उस समय लक्ष्मण धनुष धारणकर उनके शरीर की रक्षा के लिये उनके पीछे अनुगमन करते थे। इसी प्रकार लक्ष्मण के छोटे भाई शत्रुघ्न भरतजी को प्राणों के समान प्रिय थे

और वे भी भरतजी को सदा प्राणों से भी अधिक प्रिय मानते थे। इन चार महान पुत्रों से राजा दशरथ को बड़ी प्रसन्नता प्राप्त होती थी, ठीक वैसे ही जैसे चार दिक्पालों से ब्रह्मा जी को प्रसन्नता होती है।

वे सब बालक जब समझदार हुए, तब सद्गुणों से सम्पन्न हो गये। वे सभी लज्जाशील, यशस्वी, सर्वगुण-सम्पन्न, दूरदर्शी, प्रभावशाली अत्यन्त तेजस्वी थे। उनकी प्राप्ति से महाराज दशरथ लोकेश्वर ब्रह्माजी की भाँति अत्यन्त प्रसन्न थे। वे पुरुषसिंह राजकुमार प्रतिदिन वेदों के अध्ययन, पिता की सेवा तथा धनुर्वेद के अभ्यास में दत्तचित्त रहते थे।

विश्वामित्र का आगमन

एक दिन धर्मात्मा राजा दशरथ, पुरोहित वशिष्ठ जी तथा अन्य बन्धु-बान्धवों के साथ बैठकर अपने पुत्रों के विवाह के सम्बन्ध में विचार कर रहे थे। उसी समय उन महामना नरेश के यहाँ महातेजस्वी मुनि विश्वामित्रजी पधारे। वे राजा से मिलना चाहते थे। उन्होंने द्वारपालों से कहा, "तुम लोग शीघ्र जाकर महाराज को सूचना दो कि कुशिकवंशी गाधिपुत्र विश्वामित्र आये हैं।"

उनकी यह बात सुनकर वे द्वारपाल दौड़े हुए महाराज के दरबार में पहुँचे। उन्होंने इक्ष्वाकुकुलनन्दन अवधनरेश से निवेदन किया, "महाराज, महर्षि विश्वामित्रजी पधारे हैं। वे आपसे शीघ्रातिशीघ्र मिलना चाहते हैं।" द्वारपालों की यह बात सुनकर राजा दशरथ सावधान हो गये। उन्होंने वशिष्ठजी को साथ लेकर बड़े हर्ष के साथ उनकी अगवानी की, मानों देवराज इन्द्र ब्रह्माजी का स्वागत कर रहे हों। विश्वामित्रजी कठोर व्रत का पालन करने वाले महान् तपस्वी थे। वे अपने तेज से प्रज्वलित हो रहे थे। उनका दर्शन करके राजा दशरथ का मुख प्रसन्नता से खिल उठा और उन्होंने महर्षि को अर्घ्य निवेदन किया। राजा का वह अर्घ्य शास्त्रीय विधि के अनुसार स्वीकार करके महर्षि ने उनसे कुशल-मंगल पूछा। राजा दशरथ ने पुलकित होकर महामुनि विश्वामित्र की प्रशंसा करते हुए कहा, "महामुने, जैसे किसी मरणधर्मा मनुष्य को अमृत की प्राप्ति हो जाय, निर्जल प्रदेश में पानी बरस जाय, किसी संतानहीन को अपने अनुरूप पत्नी के गर्भ से पुत्र प्राप्त हो जाय, खोई हुई निधि मिल जाय तथा किसी महान् उत्सव से हर्ष का उदय हो, उसी प्रकार आपका यहाँ शुभागमन हुआ है। आपका स्वागत है। आपके मन में कौन-सी ऐसी उत्तम कामना है, जिसे मैं हर्ष के साथ पूर्ण करूँ। ब्रह्मन्, आप मुझसे सब प्रकार की सेवा लेने योग्य उत्तमोत्तम पात्र हैं। मानद, मेरा अहोभाग्य है, जो आपने यहाँ तक पधारने का कष्ट उठाया है। आज मेरा जन्म सफल और जीवन धन्य हो गया। पूर्वकाल में आप राजर्षि शब्द से उपलक्षित होते थे, फिर तपस्या से अपनी अद्भुत प्रभा को प्रकाशित करके आपने ब्रह्मर्षि पद प्राप्त किया। अतएव आप राजर्षि और ब्रह्मर्षि दोनों ही रूपों में मेरे पूजनीय हैं। आपका जो यहाँ मेरे समक्ष शुभागमन हुआ है, वह परम पवित्र और अद्भुत है।

"प्रभो, आपके दर्शन से मेरा घर तीर्थ हो गया। मैं अपने आपको पुण्यक्षेत्रों की यात्रा करके आया हुआ मानता हूँ। बताइये, आप क्या चाहते हैं ? आपके शुभागमन का शुभ उद्देश्य क्या है ? उत्तम व्रत का पालन करने वाले महर्षे, मैं चाहता हूँ कि आपकी कृपा से अनुगृहीत होकर आपके अभीष्ट मनोरथ को जान लूँ और अपने अभ्युदय के लिये उसकी पूर्ति करूँ। 'काम सिद्ध होगा या नहीं' ऐसे संशय को अपने मन में स्थान न दीजिये। आप जो भी आज्ञा देंगे, मैं उसका पूर्ण रूप से पालन करूँगा, क्योंकि सम्माननीय अतिथि होने के नाते आप मुझ गृहस्थ के लिये देवता हैं। ब्रह्मन, आज आपके आगमन से मुझे सम्पूर्ण धर्मों का उत्तम फल प्राप्त हो गया। यह मेरे महान् अभ्युदय का अवसर आया है।"

मनस्वी नरेश के कहे हुए ये विनययुक्त वचन, जो हृदय और कानों को सुख देने वाले थे, सुनकर विख्यात गुण और यश वाले, शम-दम आदि सद्गुणों से सम्पन्न महर्षि विश्वामित्रजी बहुत प्रसन्न हुए और बोले, "राजसिंह, ये बातें आपके ही योग्य हैं। इस भूमण्डल में दूसरे के मुख से ऐसे उदार वचन निकलने की संभावना नहीं है। क्यों न हो, आप महान् कुल में उत्पन्न हैं और वशिष्ठ जैसे ब्रह्मर्षि आपके उपदेशक हैं।"

विश्वामित्रजी की यज्ञ-रक्षा-निमित्त राम की याचना

विश्वामित्रजी ने महाराज दशरथ से कहा, "राजन्, अब जो बात मेरे मन में है, उसे सुनिये। नृपश्रेष्ठ, सुनकर उस कार्य को अवश्य पूर्ण करने का निश्चय कीजिये। आपने मेरा कार्य सिद्ध करने की प्रतिज्ञा की है। इस प्रतिज्ञा को सत्य कर दिखाइये। पुरुषप्रवर, मैं सिद्धि के लिये एक नियम का अनुष्ठान कर रहा हूँ। उसमें इच्छानुसार रूप धारण करनेवाले दो राक्षस विघ्न डाल रहे हैं। मेरे इस नियम का अधिकांश भाग पूर्ण हो चुका है। अब उसकी समाप्ति के समय वे दो राक्षस आ धमके हैं। उनके नाम हैं—मारीच और सुबाहु। वे दोनों बलवान्, उग्र और पराक्रमी हैं। उन्होंने मेरी यज्ञवेदी पर रक्त और मांस की वर्षा कर दी है। इस प्रकार समाप्तप्राय नियम में विघ्न पड़ जाने के कारण मेरा परिश्रम व्यर्थ गया। मैं उत्साहहीन होकर उस स्थान से चला आया। पृथ्वीनाथ, उनके ऊपर अपने क्रोध का प्रयोग करूँ, उन्हें शाप दे दूँ, ऐसा विचार मेरे मन में नहीं आता है। इसका मुख्य कारण यही है कि वह नियम ही ऐसा है, जिसे प्रारम्भ करके किसी को शाप नहीं दिया जाता। अतएव हे नृपश्रेष्ठ, अपने काकपच्छधारी, सत्यपराक्रमी, शूरवीर ज्येष्ठ पुत्र श्रीराम को मुझे दे दें। ये मुझसे सुरक्षित रहकर अपने दिव्य तेज से उन विघ्नकारी राक्षसों का नाश करने में सर्वथा समर्थ हैं। मैं श्रीराम को अनेक प्रकार का श्रेय प्रदान करूँगा। इसमें रंचमात्र संशय नहीं है। उस श्रेय को प्राप्तकर ये तीनों लोकों में विख्यात होंगे। श्रीराम के सामने आकर वे दोनों राक्षस किसी तरह ठहर नहीं सकते। इन रघुनन्दन के सिवा दूसरा कोई पुरुष उन राक्षसों के मारने का साहस नहीं कर सकता। नृपश्रेष्ठ, अपने

बल का घमण्ड करने वाले वे दोनों पापी निशाचर कालपाश के अधीन हो गये हैं, अतः वे महात्मा राम के सामने टिक नहीं सकते। भूपाल, आप पुत्रविषयक स्नेह को सामने न लाइये। मैं आपसे प्रतिज्ञापूर्वक कहता हूँ कि उन दोनों राक्षसों को इनके हाथ से मरा हुआ ही समझिये। सत्यपराक्रमी महात्मा श्रीराम क्या हैं, यह मैं पूर्णरूप से जानता हूँ। महातपस्वी वशिष्ठजी तथा कुछ अन्य विशेष ऋषि श्रीराम को पूर्णरूप से जानते हैं। राजेन्द्र, यदि आप इस भूमण्डल में धर्मलाभ और उत्तम यश को स्थिर रखना चाहते हों, तो श्रीराम को मुझे दे दीजिये। मुझे राम को ले जाना अभीष्ट है। ये भी बड़े होने के कारण अब आसक्ति-रहित हो गये हैं। अतः अब आप यज्ञ के अवशिष्ट दस दिनों के लिये अपने पुत्र कमलनयन श्रीराम को मेरे साथ विदा कर दीजिये। रघुनन्दन, आप ऐसा कीजिये जिससे मेरे यज्ञ का समय व्यतीत न हो जाय। आपका कल्याण हो। आप अपने मन को शोक और चिन्ता में न डालिये।''

धर्म और अर्थ से युक्त वचन कहकर धर्मात्मा, महातेजस्वी और परम बुद्धिमान् विश्वामित्रजी चुप हो गये। विश्वामित्र का यह शुभ वचन सुनकर, महाराज दशरथ को भावी पुत्रवियोग की आशंका से महान् दुःख हुआ। वे उससे पीड़ित होकर सहसा काँप उठे और बेहोश हो गये। थोड़ी देर बाद जब उन्हें होश आया, तब वे भयभीत हो विषाद करने लगे। विश्वामित्र मुनि का वचन राजा के हृदय और मन को विदीर्ण करनेवाला था। उसे सुनकर उनके मन में बड़ी व्यथा हुई। वे महामनस्वी महाराज अपने आसन से विचलित हो मूर्च्छित हो गये। वे दो घड़ी तक संज्ञाशून्य रहे। तत्पश्चात् चेतनावस्था में आकर इस प्रकार बोले, ''महर्षे, मेरा कमलनयन राम अभी पूरे सोलह वर्ष का भी नहीं हुआ है। मैं इसमें राक्षसों के साथ युद्ध करने की क्षमता नहीं देखता। यह मेरी अक्षौहिणी सेना है, जिसका मैं पालक और स्वामी भी हूँ। इस सेना के साथ मैं स्वयं ही चलकर उन निशाचरों के साथ युद्ध करूँगा। ये मेरे शूरवीर सैनिक, जो अस्त्रविद्या में निपुण और पराक्रमी हैं, राक्षसों के साथ जूझने की क्षमता रखते हैं। अतः आप इन्हें ही ले जाइये; राम को ले जाना उचित नहीं होगा। मैं स्वयं ही हाथ में धनुष धारण कर युद्ध के मुहाने पर स्थित होकर आपके यज्ञ की रक्षा करूँगा और जब तक इस शरीर में प्राण रहेंगे, तब तक निशाचरों के साथ लड़ता रहूँगा। मेरे द्वारा सुरक्षित होकर आपका नियमानुष्ठान बिना किसी विघ्न-बाधा के पूर्ण होगा। अतः सेनासहित मैं ही वहाँ आपके साथ चलूँगा। आप राम को कदापि न ले जाइये। मेरा राम अभी बालक है। यह दूसरे के बलाबल को नहीं जानता। न तो यह अस्त्र-बल से सम्पन्न है और न युद्ध-कला में निपुण ही। अतः यह राक्षसों से युद्ध करने योग्य नहीं है। राक्षस माया से—छलकपट से युद्ध करते हैं। इसके अतिरिक्त राम का वियोग हो जाने पर मैं दो घड़ी भी जीवित नहीं रह सकता। मुनिश्रेष्ठ, इसलिये आप मेरे राम को न ले जाइये। धर्मप्रधान राम मेरे चारों पुत्रों में ज्येष्ठ है, इसलिये उस पर मेरा प्रेम सबसे अधिक है, अतः आप राम को न ले जाइये।''

राजा दशरथ के एक-एक शब्द में पुत्र के प्रति अगाध स्नेह भरा हुआ था।

उसे सुनकर महर्षि विश्वामित्र आगबबूला हो गये और राजा दशरथ से इस प्रकार बोले, "राजन्, पहले मेरी माँगी हुई वस्तु के देने की प्रतिज्ञा करके अब तुम उसे तोड़ना चाहते हो। प्रतिज्ञा का यह त्याग रघुवंशियों के योग्य नहीं है। यह बर्ताव तो इस कुल के विनाश का सूचक है। नरेश्वर, यदि तुम्हें ऐसा ही उचित प्रतीत होता है, तो मैं जैसे आया था, वैसे ही लौट जाऊँगा। ककुत्स्थ कुल के रत्न, अब तुम अपनी प्रतिज्ञा झूठी करके हितैषी सुहृदों से घिरे रहकर सुखी रहो।"

बुद्धिमान् विश्वामित्र के कुपित होते ही पृथ्वी काँप उठी और देवताओं के मन में महान् भय समा गया।

राजा दशरथ को वशिष्ठ जी का समझाना

विश्वामित्र जी के रोष से सारे संसार को ध्वस्त हुआ जान कर उत्तम व्रत पालन करनेवाले धीरचित्त महर्षि वशिष्ठ जी ने राजा से इस प्रकार कहा, "महाराज आप इक्ष्वाकुवंशी राजाओं के कुल में साक्षात् दूसरे धर्म के समान उत्पन्न हुए हैं। धैर्यवान्, आप उत्तम व्रत के पालक तथा श्रीसम्पन्न हैं। आपको अपने धर्म का परित्याग नहीं करना चाहिए। यह बात तीनों लोकों में विख्यात है कि 'रघुकुलभूषण बड़े धर्मात्मा हैं'। अतः आप अपने धर्म का ही पालन कीजिये; अधर्म का भार सिर पर न उठाइये। 'मैं अमुक कार्य करूँगा'—ऐसी प्रतिज्ञा करके भी जो उस व्रत का पालन नहीं करता, उसके यज्ञ आदि के पुण्यों का नाश हो जाता है। अतएव आप विश्वामित्र जी के साथ श्रीराम को भेज दीजिये। ये अस्त्र विद्या जानते हों अथवा न जानते हों, राक्षस इनका सामना नहीं कर सकते। जैसे प्रज्वलित अग्नि द्वारा सुरक्षित अमृत पर कोई हाथ नहीं लगा सकता, उसी प्रकार कुशिकनन्दन विश्वामित्र से सुरक्षित हुए श्रीराम का वे राक्षस कुछ भी बिगाड़ नहीं सकते। महर्षि विश्वामित्र धर्म की साक्षात् मूर्ति हैं। ये बलवानों में श्रेष्ठ हैं। विद्या के द्वारा ही ये संसार में सबसे बढ़े-चढ़े हैं। तपस्या के ये विशाल भण्डार ही हैं। चराचर प्राणियों-सहित तीनों लोकों में जो नाना प्रकार के अस्त्र हैं, उन सबको ये जानते हैं।

"देवता, ऋषि, राक्षस, गन्धर्व, यक्ष, किन्नर तथा बड़े-बड़े नाग भी इन दोनों के प्रभाव को नहीं जानते हैं। प्रायः सभी अस्त्र प्रजापति कृशाश्व के परम धर्मात्मा पुत्र हैं। उन्हें प्रजापति ने पूर्वकाल में कुशिकनन्दन विश्वामित्र को, जबकि वे राज्यशासन करते थे, समर्पित कर दिया था। कृशाश्व के वे पुत्र प्रजापति दक्ष की दो पुत्रियों की संतानें हैं। उनके अनेक रूप हैं। वे सब के सब महान् शक्तिशाली, प्रकाशमान और विजय-प्रदाता हैं। प्रजापति दक्ष की दो सुन्दरी कन्याएँ हैं, उनके नाम हैं जया और सुप्रभा। उन दोनों ने सौ परम प्रकाशमान अस्त्रशस्त्रों को उत्पन्न किया है। उनमें से जया ने वर पाकर श्रेष्ठ पुत्रों को प्राप्त किया है, जो अपरिमित शक्तिशाली और रूपरहित हैं। वे सब के सब असुरों के सेनाओं का वध करने के लिये प्रकट हुए हैं। फिर सुप्रभा ने भी संहार नामक पचास पुत्रों को जन्म दिया जो अत्यंत दुर्जय हैं। उन

पर आक्रमण करना किसी के लिये भी सर्वथा कठिन है तथा वे सब के सब अत्यन्त बलिष्ठ हैं। ये धर्मज्ञ कुशिकनन्दन उन सब अस्त्र-शस्त्रों को अच्छी तरह जानते हैं। जो अस्त्र अब तक उत्पन्न नहीं हुए हैं, उनको भी उत्पन्न करने की इनमें पूर्ण शक्ति है। महाराज, इसलिए इन मुनिश्रेष्ठ धर्मज्ञ महात्मा विश्वामित्र जी से भूत या भविष्य की कोई भी बात छिपी नहीं है। राजन्, ये महातेजस्वी और परम यशस्वी ऐसे प्रभावशाली हैं। अतः इनके साथ राम को भेजने में आप किसी प्रकार का संशय न करें। महर्षि कौशिक स्वयं भी उन राक्षसों का संहार करने में सर्वथा समर्थ हैं; किन्तु ये आपके पुत्र का महान् कल्याण करना चाहते हैं, इसीलिये यहाँ .आकर आपसे याचना कर रहे हैं।"

राजा दशरथ द्वारा राम-लक्ष्मण की विदाई

महर्षि वशिष्ठ के उपर्युक्त वचनों से महाराज दशरथ का संताप दूर हो गया। वे आनन्दमग्न हो गये और बुद्धि से विचार करने पर विश्वामित्र जी की प्रसन्नता के लिये उनके साथ श्रीराम का जाना उन्हें रुचि के अनुकूल प्रतीत होने लगा। उन्होंने स्वयं ही लक्ष्मण-सहित श्रीराम को अपने पास बुलाया। फिर माता कौशल्या और पुरोहित वशिष्ठ के स्वस्तिवाचन करने के पश्चात् उनका यात्रासंबंधी मंगलकार्य सम्पन्न किया। श्रीराम को मंगलसूचक मंत्रों से अभिमंत्रित किया गया। तदनन्तर राजा दशरथ ने पुत्रों का मस्तक सूँघकर प्रसन्नचित्त से उन्हें विश्वामित्र को सौंप दिया। उस समय धूलरहित सुखदायिनी वायु चलने लगी। कमलनयन श्रीराम को विश्वामित्र जी के साथ जाते देख देवताओं ने आकाश से वहाँ फूलों की भारी वर्षा की। देवदुन्दुभियाँ बजने लगीं। यात्रा करते समय शंखों और नगाड़ों की तुमुल ध्वनि होने लगी। आगे-आगे विश्वामित्रजी, उनके पीछे काकपक्षधारी महायशस्वी श्रीरामजी तथा उनके पीछे परम पराक्रमी सुमित्राकुमार लक्ष्मण जी जा रहे थे। उन दोनों भाइयों ने पीठ पर तरकस बाँध रखे थे। उनके हाथों में धनुष शोभा पा रहे थे तथा वे दोनों दशों दिशाओं को सुशोभित करते हुए महात्मा विश्वामित्र के पीछे तीन-तीन फनों वाले दो सर्पों के समान चल रहे थे। एक ओर कंधे पर धनुष, दूसरी ओर पीठ पर तूणीर और बीच में मस्तक—इन्हीं तीनों की तीन फन से उपमा दी गयी है।

श्रीराम को बला और अतिबला नामक विद्या की प्राप्ति

अयोध्या से डेढ़ योजन दूर जाकर सरयू के दक्षिण तट पर विश्वामित्र जी ने मधुर वाणी में राम को सम्बोधित कर कहा, "वत्स राम, अब सरयू के पवित्र जल से आचमन करो। इस आवश्यक कार्य में विलम्ब न हो। बला और अतिबला नाम से प्रसिद्ध इस मन्त्र-समुदाय को ग्रहण करो। इसके प्रभाव से तुम्हें कभी श्रम (थकावट) का अनुभव नहीं होगा। ज्वर (रोग अथवा चिन्ताजनित कष्ट) नहीं होगा। तुम्हारे रूप में किसी भी प्रकार विकार नहीं होने पायेगा। सोते समय या असावधानी की अवस्था में भी राक्षस तुम्हारे ऊपर आक्रमण नहीं कर सकेंगे। इस भूतल पर बाहुबल में तुम्हारी समानता करनेवाला कोई भी न होगा। तात, श्रीराम, बला और अतिबला

का अभ्यास करने से तीनों लोकों में तुम्हारे समान कोई नहीं रह जायगा। अनघ राम, सौभाग्य, चातुर्य, ज्ञान और बुद्धि-संबंधी निश्चय में तथा किसी प्रश्न का उत्तर देने में भी कोई तुम्हारी तुलना नहीं कर सकेगा, क्योंकि ये बला और अतिबला नामक विद्याएँ सब प्रकार के ज्ञान की जननी हैं। नरश्रेष्ठ राम, तात रघुनन्दन, बला और अतिबला का अभ्यास कर लेने पर तुम्हें भूख-प्यास का भी कष्ट नहीं होगा। तुम सम्पूर्ण जगत् की रक्षा करने के लिये इन विद्याओं को ग्रहण करो। इन दोनों विद्याओं का अभ्यास कर लेने पर इस भूतल पर तुम्हारे यश का विस्तार होगा। ये दोनों विद्याएँ ब्रह्माजी की तेजस्विनी पुत्रियाँ हैं। राजकुमार, तुम इन दोनों विद्याओं की प्राप्ति के पूर्ण पात्र हो। मैंने तपोबल से इनका अर्जन किया है। अतः मेरी तपस्या से परिपूर्ण होकर, ये तुम्हारे लिये बहुरूपिणी होंगी और अनेक प्रकार के फल प्रदान करेंगी।"

विश्वामित्रजी के कथन पर श्रीराम ने आचमन किया। वे पवित्र हो गये। उनका मुख प्रसन्नता से खिल उठा। तदुपरान्त उन्होंने विश्वामित्रजी से वे दोनों विद्याएँ ग्रहण कीं। विद्या से सम्पन्न होकर भयंकर पराक्रमी राम सहस्रों किरणों से युक्त शरत्कालीन भगवान् सूर्य के समान शोभा पाने लगे। तत्पश्चात् श्रीराम ने विश्वामित्र जी की सारी गुरुजनोचित सेवाएँ करके हर्ष का अनुभव किया। फिर उन तीनों ने रात भर सरयू के तट पर सुखपूर्वक विश्राम किया। राजा दशरथ के वे दोनों श्रेष्ठ राजकुमार उस समय वहाँ तृण की शय्या पर, जो उनके योग्य नहीं थी, सोये थे। महर्षि विश्वामित्र अपनी वाणी द्वारा उन दोनों के प्रति लाड़प्यार प्रकट कर रहे थे। इससे उन्हें वह रात बड़ी सुखमयी प्रतीत हुई।

श्रीराम द्वारा ताटका (ताड़का) का वध और अन्य दिव्यास्त्रों की प्राप्ति

विश्वामित्रजी रामजी और लक्ष्मण को लिये हुए आगे बढ़ रहे थे। वे रात में श्री सरयू-गंगा के पवित्र संगम पर रुके। वहाँ के मुनियों ने उन तीनों अतिथियों का भव्य स्वागत किया। उन्होंने वहाँ रात भर विश्राम किया। तत्पश्चात् आगे बढ़ने पर एक भयंकर वन दिखलाई पड़ा। वह जनविहीन और डरावना था। श्रीरोमजी ने उसकी नीरवता का कारण पूछा। इस पर विश्वामित्र जी ने बतलाया, "भयंकर यक्षिणी ताटका की क्रूरता के कारण यह वन सुनसान और भयावना हो गया है। वह इसके समीप आने वाले समस्त मनुष्यों का भक्षण कर जाती है। तपस्या के कारण उसमें एक हजार हाथियों का बल है। अतः वह अबला होते हुए भी परम सबला है। उसके भय से कोई भी मनुष्य इधर फटकने का साहस नहीं कर सकता। हे राम, जन-कल्याण के लिये उसको मारना आवश्यक है।"

विश्वामित्रजी की बात सुन कर श्रीराम ने संशययुक्त वाणी में उनसे प्रश्न किया, गुरुप्रवर, ब्रह्मर्षि जी, क्या स्त्री का वध न्यायोचित और शास्त्रों द्वारा अनुमोदित है? मैं इसका वध करके लोक में निन्दनीय तो नहीं हूँगा?"

राम को संशययुक्त समझ कर विश्वामित्र जी ने उनका सन्देह निवारण करते

हुए कहा, "भद्र श्रीराम, तुम स्त्री-हत्या का विचार करके इसके प्रति दया मत प्रदर्शित करना। एक राजपुत्र को चारों वर्णों के हित के लिये स्त्री-हत्या भी करनी पड़े, तो उससे मुँह नहीं मोड़ना चाहिये। प्रजापालक नरेश को प्रजाजनों की रक्षा के लिये क्रूरता-पूर्ण या क्रूरतारहित, पातकयुक्त अथवा सदोष कर्म भी करना पड़े, तो कर लेना चाहिये। यह बात उसे सदा ही ध्यान में रखनी चाहिये। ताटका महा पापिनी है। वह अत्यंत क्रूरकर्मिणी है। उसमें धर्म का लेश भी नहीं है। पूर्वकाल में राजकुमारों ने पापाचारिणी स्त्रियों का वध किया है। अतः तुम भी मेरी आज्ञा से दया अथवा घृणा त्याग कर इस राक्षसी को मार डालो। श्रीराम, इस शापग्रस्त ताटका (ताड़का) को मारने के लिये तीनों लोकों में तुम्हारे सिवा दूसरा कोई पुरुष समर्थ नहीं है।"

विश्वामित्रजी के ये उत्साह भरे वचन सुनकर सत्यपराक्रमी एवं दृढ़प्रतिज्ञ श्रीराम ने इस प्रकार उत्तर दिया, "भगवन्, अयोध्या में मेरे पिता महामना महाराज दशरथ ने अन्य गुरुजनों के बीच मुझे यह उपदेश दिया था कि 'बेटा, तुम पिता के कहने से पिता के वचनों का गौरव रखने के लिये कुशिकनन्दन विश्वामित्र जी की आज्ञा का निश्शंक होकर पालन करना। कभी भी उनकी बात की अवहेलना मत करना।' अत: मैं पिता जी के उस उपदेश को सुनकर आप ब्रह्मवादी महात्मा की आज्ञा से ताटका-बध-संबंधी कार्य को उत्तम मान कर करूँगा। गौ, ब्राह्मण तथा समूचे देश का हित करने के लिये मैं आप जैसे प्रभावशाली महात्मा के आदेश का पालन करने को सब प्रकार से तैयार हूँ।"

ऐसा कहकर शत्रुदमन श्रीराम ने धनुष के मध्यभाग में मुट्ठी बाँधकर उसे जोर से पकड़ा और उसकी प्रत्यंचा पर तीन टंकार दी। उसकी आवाज से सम्पूर्ण दिशाएँ गूँज उठीं। उस शब्द को सुनकर ताटका क्रोध से अचेत सी हो गयी। जहाँ से आवाज आई थी, उसी दिशा की ओर वह परम क्रोध में दौड़ी। उसके शरीर की ऊँचाई बहुत अधिक थी। उसकी आकृति परम भयाविनी और विकृत थी। वह एक बाँह उठा कर क्रोध में गर्जना करती हुई श्रीराम की ओर झपटी। उसने भयंकर रूप से धूल उड़ाना प्रारम्भ किया। दो घड़ी तक उसने श्रीराम और लक्ष्मणजी को मोह में डाल दिया। तत्पश्चात् वह दोनों भाइयों के ऊपर माया का आश्रय लेकर पत्थरों की वर्षा करने लगी। यह देखकर श्रीरामजी ने कुपित होकर बाणों की झड़ी लगा दी और उसके दोनों हाथों को काट दिया। दोनों भुजाओं के कट जाने पर उसका क्रोध अपनी पराकाष्ठा पर पहुँच गया। वह दोनों राजकुमारों को निगल जाने के लिये झपटी। इतने में लक्ष्मण जी ने उसके नाक और कान काट लिये।

परन्तु वह इच्छानुसार रूप धारण करनेवाली थी, अत: अदृश्य होकर पत्थरों की भीषण वृष्टि करते हुए आकाश में विचरने लगी। पत्थरों की वृष्टि होते देखकर श्रीविश्वामित्रजी ने इस प्रकार कहा, "श्रीराम, इसके ऊपर दया करना व्यर्थ है। यह बड़ी पापिनी और दुराचारिणी है। सदा यज्ञों में विघ्न डाला करती है। यह अपनी माया से पुन: प्रबल हो उठे, इसके पहले ही इसे मार डालो। अभी संध्याकाल

आना चाहता है, इसके पहले ही यह कार्य हो जाना चाहिये, क्योंकि संध्या के समय राक्षस दुर्जय हो जाते हैं।"

विश्वामित्रजी के ऐसा कहने पर श्रीराम ने शब्दवेधी बाण मारकर पत्थरों की वर्षा करनेवाली उस यक्षिणी को सब ओर से अवरुद्ध कर दिया। उनके बाणसमूह से घिर जाने पर माया बल से युक्त ताटका भीषण गर्जना करती हुई श्रीराम और लक्ष्मण के ऊपर टूट पड़ी। इन्द्र के वज्र की भाँति वेग से आती हुई देखकर श्रीराम ने एक बाण मारकर उसकी छाती विदीर्ण कर दी। तब ताटका पृथ्वी पर गिरी और मर गयी।

उस भयंकर राक्षसी को मृत देखकर देवराज इन्द्र तथा देवताओं ने श्रीराम को साधुवाद देते हुए उनकी भूरि-भूरि प्रशंसा की और उन्होंने महर्षि विश्वामित्रजी से कहा, "मुने, कुशिकनन्दन आपका कल्याण हो। आपने इस कार्य से इन्द्रसहित सम्पूर्ण देवताओं को अत्यधिक सन्तुष्ट किया है। अब रघुकुलतिलक श्रीराम पर अपना स्नेह प्रकट कीजिये। ब्रह्मन्, प्रजापति-कृशाश्व के अस्त्ररूपधारी पुत्रों को, जो सत्य-पराक्रमी तथा तपोबल से सम्पन्न हैं, उन्हें श्रीराम को समर्पित कीजिये। विप्रवर, ये आपके अस्त्रदान के सुयोग्य पात्र हैं तथा आपके अनुसरण (सेवा-शुश्रूषा) में रहते हैं। राजकुमार श्रीराम के द्वारा देवताओं का महान् कार्य सिद्ध होगा।"

ऐसा कहकर इन्द्रसहित सभी देवता विश्वामित्रजी की प्रशंसा करते हुए आकाशमार्ग से चले गये। तदनन्तर ताटका-वध से सन्तुष्ट हुए मुनिवर विश्वामित्र ने श्रीराम का मस्तक सूँघकर उनसे यह बात कही, "शुभदर्शन राम, आज की रात हम लोग यहीं निवास करें। कल सवेरे अपने आश्रम पर चलेंगे।"

विश्वामित्रजी की यह बात सुनकर दशरथकुमार श्रीराम बड़े प्रसन्न हुए। उन्होंने ताटकावन में रहकर वह रात्रि बड़े सुख से व्यतीत की। उस दिन वह वन शापमुक्त होकर रमणीय शोभा से सम्पन्न हो गया और चैत्रपावन की भाँति अपनी मनोहर छटा दिखाने लगा। ताटका वन में वह रात बिताकर महायशस्वी विश्वामित्र जी हँसते हुए मीठे स्वर से श्रीरामचन्द्रजी से बोले, "महायशस्वी राजकुमार, तुम्हारा कल्याण हो। ताटकावध के कारण मैं तुमसे बहुत प्रसन्न और संतुष्ट हूँ। अतः बड़ी प्रसन्नता और अत्यधिक उत्साह के साथ तुम्हें सब प्रकार के अस्त्र दे रहा हूँ। इनके प्रभाव से तुम अपने शत्रुओं पर, चाहे वे देवता, असुर, यक्ष, किन्नर, अथवा नाग ही क्यों न हों, रणभूमि में बलपूर्वक अपने अधीन करके उन पर विजय पा जाओगे। रघुनन्दन, तुम्हारा कल्याण हो। आज मैं तुम्हें वे सभी दिव्यास्त्र प्रदान कर रहा हूँ। वीर, मैं तुम्हें दिव्य एवं महान् दण्डचक्र, धर्मचक्र, कालचक्र, विष्णुचक्र, अत्यन्त भयंकर ऐन्द्रचक्र, वज्र, शिव का श्रेष्ठ त्रिशूल, ब्रह्माजी का ब्रह्मशिरा अस्त्र, ब्रह्मास्त्र, मोदकी और शिखरी नामक गदाएँ, धर्मपाश, कालपाश, वरुणपाश, सम्मोहन, प्रस्वापन, प्रशमन, वर्षण, शोषण, संतापन, विलापन, मादन, मानवास्त्र, मोहनास्त्र,आदि अनेक अस्त्रों को तुम्हें प्रदान करता हूँ। तुम शीघ्र ही इन्हें धारण करो।"

ऐसा कहकर मुनिवर विश्वामित्रजी उस समय स्नानादि से शुद्ध होकर पूर्वाभिमुख होकर बैठ गये और अत्यन्त प्रसन्नतापूर्वक उन्होंने श्रीरामचन्द्रजी को सभी उत्तम अस्त्रों का उपदेश दिया। बुद्धिमान विश्वामित्रजी ने ज्यों ही जप प्रारम्भ किया त्योंही वे सभी परम पूज्य दिव्यास्त्र स्वतः आकर श्रीरघुनाथजी के पास उपस्थित हो गये और अत्यन्त हर्ष में भरकर उस समय श्रीरामचन्द्रजी से कहने लगे, "परम उदार रघुनन्दन, आपका कल्याण हो। हम सब आपके किंकर हैं। आप हमसे जो-जो सेवा लेना चाहेंगे, वह सब करने को तैयार रहेंगे।"

उन महान् प्रभावशाली अस्त्रों के इस प्रकार कहने पर श्रीरामचन्द्र जी मन ही मन बहुत प्रसन्न हुए और उन्हें ग्रहण करने के पश्चात् हाथ से उनका स्पर्श करके बोले, "आप सब मेरे मन में निवास करें।" तदनन्तर महातेजस्वी श्रीराम ने प्रसन्न चित्त होकर महामुनि विश्वामित्रजी को प्रणाम किया। उन अस्त्रों को ग्रहण करके परम पवित्र श्रीराम का मुख प्रसन्नता से खिल उठा। वे विश्वामित्रजी से बोले, "भगवन्, आपकी कृपा से इन अस्त्रों को ग्रहण करके मैं देवताओं के लिये दुर्जय हो गया हूँ। मुनिश्रेष्ठ, अब मैं अस्त्रों की संहारविधि भी जानना चाहता हूँ।" श्रीराम के ऐसा कहने पर पवित्र विश्वामित्र मुनि ने उन्हें अस्त्रों की संहार-विधि का भी विधिवत् उपदेश दिया। इसके अतिरिक्त पचास और दिव्यास्त्रों को भी श्रीरामजी को प्रदान किया। वे दिव्यास्त्र जगत को सुख देने वाले थे। वे सबके सब हाथ जोड़कर श्रीराम के सम्मुख खड़े हुए और उन्होंने प्रार्थना की, "पुरुषसिंह, हम सबके सब आप के दास हैं। आज्ञा कीजिये, हम आप की क्या सेवा करें?" तब रघुकुलनन्दन श्रीराम ने उनसे कहा, "इस समय तो आप लोग अपने अभीष्ट स्थान को जायँ। परन्तु आवश्यकता के समय मेरे मन में स्थित होकर सदा मेरी सहायता करते रहें।" तत्पश्चात् वे श्रीराम की परिक्रमा करके उनसे विदा लेकर जैसे आये थे, वैसे ही चले गये।

श्रीराम द्वारा विश्वामित्रजी के यज्ञ की रक्षा

विश्वामित्रजी के साथ श्रीराम और लक्ष्मणजी उनके आश्रम पर पहुँचे। वह 'सिद्धाश्रम' कहलाता था। कश्यप और अदित की तपस्या से प्रसन्न होकर अदिति के गर्भ से भगवान् विष्णु वामन के रूप में यहीं प्रकट हुए थे। वामन भगवान ने दैत्यराज बलि को बाँधकर देवताओं का अपहृत राज्य उससे वापस दिलवाया था। इसी स्थान से वामन वेशधारी विष्णु बलि को छलने पाताल लोक गये थे। सिद्धों की अति प्राचीन स्थली होने के कारण विश्वामित्र जी का आश्रम 'सिद्धाश्रम' कहलाता था। विश्वामित्र जी के वहाँ पहुँचने पर उनके सभी अनुचर मुनियों ने श्रीराम और लक्ष्मण के साथ विश्वामित्र जी का भव्य स्वागत और सेवा-सत्कार किया।

वहाँ पहुँचने पर थोड़ी ही देर के पश्चात् विश्वामित्रजी यज्ञ की दीक्षा लेकर मौन हो गये। निशाचरों के संहार का भार श्रीराम और लक्ष्मण को सौंपकर विश्वामित्रजी यज्ञकार्य में लग गए। वे दोनों यशस्वी राजकुमार लगातार छः दिन और छः

रात तक उस तपोवन की रक्षा करते रहे । इस बीच उन्होंने नींद भी नहीं ली । वे परम वीर सतत सावधान रहकर मुनिवर विश्वामित्र के निकट खड़े हो उनकी और उनके यज्ञ की रक्षा में लगे रहे ।

अकस्मात् आकाश में भयंकर शब्द हुआ । मारीच और सुबाहु राक्षसी और तामसी माया का आश्रय लेकर प्रकट हुए । उनके अनुचर भी साथ थे । उन भयंकर राक्षसों ने वहाँ आकर रक्त की धाराओं की भयंकर वृष्टि की । श्रीराम ने लक्ष्मणजी को सावधान किया और अपने धनुष पर 'मानवास्त्र' का प्रयोग किया । वह अस्त्र अत्यन्त वेग से मारीच के वक्षस्थल पर लगा । उसके गहरे आघात से मारीच पूरे सौ योजन की दूरी पर समुद्र के जल में जा गिरा । तत्पश्चात् उन्होंने 'आग्नेयास्त्र' का प्रयोग सुबाहु पर किया । वह अस्त्र उसकी छाती में लगा और वह तत्क्षण मर गया । 'वायव्यास्त्र' द्वारा उन्होंने शेष निशाचरों का भी संहार कर दिया ।

यज्ञ समाप्त होने पर महामुनि विश्वामित्र ने सम्पूर्ण दिशाओं को विघ्न-बाधाओं से रहित देखकर श्रीरामचन्द्रजी से कहा, "महाबाहो, मैं तुम्हें पाकर कृतार्थ हो गया । तुमने गुरु की आज्ञा का पूर्णरूप से पालन किया है । महायशस्वी वीर, तुमने इस 'सिद्धाश्रम' का नाम सार्थक कर दिया ।"

विश्वामित्रजी का श्रीराम, लक्ष्मण तथा ऋषियों सहित मिथिला को प्रस्थान

विश्वामित्रजी की यज्ञरक्षा करके कृतकृत्य हुए श्रीराम और लक्ष्मण ने उस यज्ञ-शाला में ही रात बितायी । उस समय वे दोनों वीर बहुत प्रसन्न थे । उनका हृदय हर्षोल्लास से परिपूर्ण था । प्रातःकाल नित्य-नियम से निवृत्त हो दोनों भाई विश्वामित्र मुनि तथा अन्य ऋषियों के पास गये । वहाँ जाकर उन्होंने प्रज्वलित अग्नि के समान तेजस्वी मुनिश्रेष्ठ विश्वामित्र को प्रणाम किया और मधुर वाणी में बोले; "मुनिप्रवर, हम दोनों किंकर आपकी सेवा में उपस्थित हैं; आज्ञा दीजिये; हम आपकी क्या सेवा करें ?"

उन दोनों के ऐसा कहने पर सभी ऋषि विश्वामित्र को आगे करके श्रीरामचन्द्रजी से बोले, "नरश्रेष्ठ; मिथिला के राजा जनक का परम धर्ममय यज्ञ प्रारम्भ होने वाला है । उसमें हम सब लोग जायँगे । पुरुषसिंह, तुम्हें भी हमारे साथ वहाँ चलना है । वहाँ एक अद्भुत धनुषरत्न है । तुम्हें उसे अवश्य देखना चाहिये । पुरुषप्रवर, पहले कभी यज्ञ में पधारे हुए देवताओं ने जनक के किसी पूर्वज को वह धनुष दिया था । वह कितना प्रबल और भारी है, इसका कोई माप-तोल नहीं है । वह बहुत ही प्रकाशमान और भयंकर है । मनुष्यों की तो बात ही क्या है, देवता, गन्धर्व, यक्ष, असुर तथा राक्षस भी किसी तरह उसकी प्रत्यंचा तक नहीं चढ़ा पाते । उस धनुष की शक्ति का पता लगाने के लिए कितने ही महाबली राजा और राजकुमार आये, किन्तु कोई भी उसे चढ़ा न सके । पुरुषसिंह राम, वहाँ चलने से तुम महामना मिथिला नरेश

के उस धनुष को तथा उनके परम अद्भुत यज्ञ को भी देख सकोगे। नरश्रेष्ठ, मिथिला-नरेश ने अपने यज्ञ के फलरूप में उस उत्तम धनुष को माँगा था। अतएव सम्पूर्ण देवताओं तथा भगवान् शंकर ने उन्हें वह धनुष प्रदान किया था। उस धनुष का मध्यभाग बहुत ही सुन्दर है। वह धनुष राजा जनक के महल में पूजनीय देवताओं की भाँति प्रतिष्ठित है और नाना प्रकार के गन्ध, धूप तथा अगुरु आदि सुगन्धित पदार्थों से उसकी पूजा होती है।'' ऐसा कहकर मुनिवर विश्वामित्रजी ने वन देवताओं से आज्ञा ली और ऋषिमण्डली तथा राम-लक्ष्मण के साथ वहाँ से प्रस्थान किया। मार्ग में विश्वामित्रजी राम-लक्ष्मण को अनेकानेक दिव्य कथाएँ सुनाते गये।

———

अध्याय—चार

मिथिलापुरी-गमन, धनुषभंग एवं विवाह

मुनियो और श्रीराम-लक्ष्मण के साथ विश्वामित्रजी उत्तरोत्तर आगे बढ रहे थे। वे गंगा जी के निकट मुनिश्रेष्ठ गौतम जी के उस पवित्र आश्रम पर पहुँचे जो दिव्य और पवित्र फलों वाले वृक्षों से घिरा हुआ था और वहाँ अहल्या तप कर रही थी। कमलनयन श्रीमान् रामजी ने उस आश्रम को मृग, पक्षी तथा नाना प्रकार के जीवों से रहित देखकर मुनिवर कौशिकजी से पूछा, ''भगवन्, यह पत्र, पुष्प और फल आदि से सम्पन्न, किन्तु जीव-जन्तु से शून्य आश्रम किसका है? भगवन्, इसे देख कर मेरा चित्त अति आह्लादित हो रहा है। आप इसका सब वृत्तान्त यथावत् कहने की अनुकम्पा कीजिये।''

श्री विश्वामित्रजी ने कहा, ''हे राम, इस आश्रम का पूर्व वृत्तान्त सुनो। पहले इस आश्रम में विख्यात धार्मिक और श्रेष्ठ मुनिवर श्री गौतम ऋषि रहते थे। उनकी तपस्या और आराधना से प्रसन्न और संतुष्ट होकर ब्रह्मा जी ने अपनी अति सुन्दरी कन्या अहल्या को गौतम जी की सेवा में समर्पित कर दिया। तापस-प्रवर गौतम जी अहल्या के साथ सुखपूर्वक रहने लगे। इधर देवराज इन्द्र अहल्या के रूप-लावण्य पर मुग्ध होकर नित्यप्रति उसके साथ रमण करने का अवसर ढूंढ़ने लगे। एक दिन मुनिवर गौतम के बाहर चले जाने पर वह गौतम का वेश धारण कर, अहल्या के साथ रमण कर जल्दी से वहाँ से चलते बने। उसी समय मुनि भी वहाँ लौट आये। इन्द्र को अपना रूप धारण कर वहाँ से जाते देख गौतम ऋषि ने अत्यन्त कुपित होकर पूछा, ''अरे दुष्टात्मन्, हे अधम, मेरे रूप को धारण करने वाला तू कौन है? सच-सच बता, नहीं तो मैं तुझे अभी भस्म कर दूँगा।''

गौतम ऋषि की क्रोधयुक्त कठोर वाणी सुनकर इंद्र ने भयभीत होकर कहा, ''भगवन्, मैं काम के वशीभूत देवराज इन्द्र हूँ। मेरी रक्षा कीजिये। मुझ पापात्मा ने अत्यन्त जघन्य कर्म किया है। मैंने अहल्या के सतीत्व को नष्ट कर दिया है।'' इन्द्र की बात सुनकर गौतम ऋषि ने उन्हें क्रोध में शाप दिया, ''हे दुष्टात्मन्, तू योंनिलम्पट है। अतः तेरे शरीर में सहस्र भग हो जायँ।'' इस प्रकार देवराज इन्द्र को शाप देकर मुनि ने अपने आश्रम में प्रवेश किया, तो देखा कि अहल्या भय से काँपती हुई हाथ जोड़े खड़ी है। उसे देखकर गौतम ऋषि ने कहा, ''हे दुष्टे, तू मेरे आश्रम में शिला में

निवास कर। यहाँ तू निराहार रह कर धूप, वायु और वर्षा आदि को सहन करती हुई दिन-रात तपस्या कर और एकाग्रचित्त से हृदय में विराजमान परमात्मा राम का ध्यान कर। अब से मेरा यह आश्रम विविध प्रकार के जीव-जन्तुओं से रहित हो जायगा। कई हजार वर्ष बीत जाने पर यहाँ दशरथनन्दन श्रीरामचन्द्र जी भाई लक्ष्मण सहित आयेंगे। जिस समय वे तेरी आश्रयभूत शिला पर अपने दोनों चरण रखेंगे, उसी समय तू पापमुक्त हो जायगी तथा भक्तिपूर्वक श्रीरामचन्द्र का पूजन कर उनकी परिक्रमा और नमस्कारपूर्वक स्तुति कर शाप से मुक्त हो जायगी और फिर पूर्ववत् मेरी सुखपूर्वक सेवा करने लगेगी।'' ऐसा कह कर मुनिश्रेष्ठ गौतम पर्वतश्रेष्ठ हिमालय पर तपस्या करने चले गये। हे रघुश्रेष्ठ रामजी, उसी दिन से यह अहल्या वायु भक्षण करती हुई कठोर तपस्या में स्थित होकर आपके चरण-रज के स्पर्श की कामना से प्राणियों से अलक्षिता रह कर अपने शुभ आश्रम में रहती है। हे राम, अब तुम ब्रह्मा जी की पुत्री अहल्या का उद्धार करो।''

अहल्योद्धार

मुनिवर विश्वामित्र ने ऐसा कह कर श्रीरामचन्द्रजी का हाथ पकड़ उन्हें उग्र तपस्या में रत अहल्या को दिखलाया। तब श्रीराम ने अपने चरणों से उस शिला का स्पर्श कर तपस्विनी अहल्या को देखा। उसे देखकर भगवान् राम ने 'मैं राम हूँ' ऐसा कह कर प्रणाम किया। अहल्या ने रेशमी पीताम्बर धारण किये श्रीरामचन्द्र को देखा। उनकी चारों भुजाओं में शंख, चक्र, गदा और पद्म सुशोभित थे। कंधे पर धनुष-बाण विराजमान थे। साथ में लक्ष्मण जी भी थे। उनका मुख मुसकानयुक्त, नेत्र कमलदल के समान और वक्षस्थल श्रीवत्स से सुशोभित था। अपने नीलमणि-सदृश श्याम विग्रह से वे दशों दिशाओं को प्रकाशित कर रहे थे। रमानाथ श्रीरामचन्द्र को देखकर अहल्या के नेत्र हर्ष से खिल गये और उसे मुनिवर गौतम के वाक्यों का स्मरण हो आया। तब उन्हें साक्षात् श्रीनारायण जानकर उसने अर्घ्यादि से उनका विधिवत् पूजन किया और नेत्रों में आनन्दाश्रु भर साष्टांग दण्डवत् प्रणाम किया। तत्पश्चात् खड़ी होकर वह कमलनयन भगवान् श्रीराम को देखकर सर्वाङ्ग-पुलकित हो गद्-गद वाणी से उनकी स्तुति करने लगी—

''हे जगन्निवास, आपके चरणकमलों के रजकण का स्पर्श कर मैं आज कृतार्थ हो गयी। अहो, बड़े सौभाग्य की बात है कि आपके जिन पदारविन्दों का ब्रह्मा और शंकर आदि एकाग्रचित्त से सर्वदा अनुसन्धान किया करते हैं, उन्हीं का मैं आज स्पर्श कर रही हूँ। हे राम, आपकी लीलाएँ बड़ी विचित्र हैं। आपके मानुष-भाव से सम्पूर्ण जगत् मोहित हो रहा है। आप पूर्णानन्दमय और अति मायावी हैं, क्योंकि चरणादिहीन होकर भी आप निरन्तर चलते रहते हैं। जिनके चरणकमल के पराग से पवित्र हुई गंगाजी, शिव और ब्रह्मा आदि जगदीश्वरों को भी पवित्र करती हैं, आज साक्षात् वे ही मेरे नेत्रों के विषय हो रहे हैं; अतः मैं अपने पूर्वकृत पुण्यकर्मों का किस प्रकार वर्णन

करूँ ? जिन्होंने परम सुन्दर मानव देह से मर्त्यलोक में अवतार लिया है, मैं उन धनुष-धारी कमलदल-लोचन भगवान् राम को सदा भजती हूँ और किसी को भी नहीं भजना चाहती। जिनके चरणकमलों की रज को वेद की श्रुतियाँ भी ढूँढ़ती रहती हैं, जिनकी नाभि से उत्पन्न हुए कमल से ब्रह्माजी प्रकट हुए हैं तथा जिनके नामामृत के भगवान् शंकर रसिक हैं, उन श्रीरामचन्द्रजी का मैं अपने हृदय में अहर्निश ध्यान करती हूँ। जिनके अवतार-चरित्रों का नारदादि देवर्षिगण, ब्रह्मा और महादेवादि देवेश्वरगण तथा आनन्दाश्रुओं से जिनके कुचमंडल भीगे हुए हैं वे सरस्वती जी भी ब्रह्मलोक में निरन्तर गान किया करती हैं, उन प्रभु की मैं शरण लेती हूँ। उन्हीं पुराण-पुरुष परमात्मा श्रीराम ने संसार पर परम अनुग्रह करने के लिये एक, स्वयं प्रकाश, अनन्त और सबके आदि कारण होते हुए भी यह जगन्मोहन मायामय रूप धारण किया है। जो अकेले ही संसार की उत्पत्ति, स्थिति और संहार के लिये अपनी त्रिगुणात्मक माया के गुणों का आश्रय लेकर ब्रह्मा, विष्णु और महादेव नामक विभिन्न रूप धारण करते है वह स्वतंत्र और परिपूर्ण आत्मा आप ही हैं।

"हे राम, आपके जिन चरण-कमलों को श्रीलक्ष्मीजी अपने वक्षस्थल पर रख कर बड़े प्रेम से लाड़ लड़ाती हैं, जिन्होंने पूर्वकाल में (बलिबंधन के समय) एक ही पग में सम्पूर्ण त्रिलोक नाप लिया था तथा अभिमानहीन मुनिजन जिनका निरन्तर ध्यान किया करते हैं, उन आपके चरण-कमलों को मैं नमस्कार करती हूँ। हे प्रभो, आप ही जगत् के आदि कारण, आप ही जगत् के रूप और आप ही उसके आश्रय हैं, तथापि आप समस्त प्राणियों से पृथक् हैं और अद्वितीय परम ब्रह्म रूप से प्रकाशमान हैं। हे राम, आप ओंकार के वाच्य है तथा आप ही वाणी के अगाचर परम पुरुष हैं। हे प्रभो, वाच्य-वाचक (शब्द-अर्थ) भेद से आप ही सम्पूर्ण जगत्-रूप हैं। हे राम, आप अकेले ही बहु-रूपमयी माया के आश्रय से कार्य, कारण, कर्तृत्व, फल और साधना के भेद से अनेक रूपों में भासमान हो रहे हैं। आपकी माया से जिनकी बुद्धि मोहित हो रही है, वे लोग आपका वास्तविक रूप नहीं जान सकते। आप मायापति परमेश्वर को वे मूढ़जन साधारण मनुष्य समझते हैं। आप आकाश के समान बाहर-भीतर सब ओर विराजमान, निर्मल, असंग, अचल, नित्य, शुद्ध, बुद्ध सत्यस्वरूप और अव्यय हैं। हे विभो, मैं मूढ़ और अज्ञानी स्त्री जाति भला आपके परम-तत्त्व को क्या जानूँ ? अतः हे राम, मैं अनन्य भाव से आपको सैकड़ों बार केवल नमस्कार ही करती हूँ। जो संसार का भय दूर करने वाले हैं, करोड़ों सूर्य के समान प्रकाशमान हैं, करकमलों में धनुष और बाण धारण किये हैं, श्याम मेघ के समान आभा वाले हैं, सुवर्ण के समान पीत वस्त्र धारण किये हैं, रत्न-जटित कुंडलों से सुशोभित हैं तथा जिनके कमल-दल के समान अति सुन्दर विशाल नेत्र हैं, भाई लक्ष्मण-सहित उन श्रीरामचन्द्रजी की मैं स्तुति करती हूँ।"

इस प्रकार सम्मुख खड़े हुए साक्षात् परमपुरुष श्रीरामचन्द्रजी की स्तुति, परि-

क्रमा और वन्दना कर अहल्या उनकी आज्ञा लेकर शीघ्र ही अपने पति महर्षि गौतम के पास चली गयी।

धनुर्भङ्ग

इसके पश्चात् विश्वामित्र जी ने लक्ष्मण के सहित श्रीरामचन्द्र जी से कहा, "वत्स, अब हम महाराज जनक-पालित मिथिलापुरी चलेंगे। वहाँ यज्ञोत्सव देख कर फिर तुम अयोध्यापुरी को लौट सकते हो।" ऐसा कह कर राम और लक्ष्मण के सहित विश्वामित्रजी मिथिलापुरी की ओर अग्रसर हुए। प्रातःकाल होते ही वे विदेहनगर में पहुँच कर ऋषियों के निवासस्थान में ठहर गये। उसी समय, विश्वामित्रजी के आगमन की सूचना पाकर जनक जी अत्यन्त प्रसन्नतापूर्वक पूजन-सामग्री लिये अपने पुरोहित शतानन्द के साथ वहाँ उपस्थित हुए और साष्टांग दण्डवत्-प्रणाम कर उन्होंने मुनिवर विश्वामित्र जी की विधिवत् पूजा की। फिर साक्षात् दूसरे सूर्य और चन्द्रमा के समान अपने तेज से सम्पूर्ण दिशाओं को देदीप्यमान करते हुए उन सर्व-लक्षणसम्पन्न रघुकुमारों को देखकर पूछा, "ये देवपुत्रों के समान नरशार्दूल किसके पुत्र हैं? ये मेरे हृदय में इस समय नर और नारायण के समान प्रीति उत्पन्न कर रहे हैं। भगवन्, कृपा करके मेरे इस कुतूहल को शीघ्रातिशीघ्र शान्त कीजिये।"

तब मुनिवर विश्वामित्रजी ने महाराज जनक को आनन्दित करते हुए प्रसन्नतापूर्वक कहा, "महाराज, ये दोनों भाई राम और लक्ष्मण अयोध्या-नरेश दशरथजी के पुत्र हैं। मैं इन्हें अपनी यज्ञ-रक्षा के लिये अयोध्या से ले आया था। मार्ग में आते समय मेरी प्रेरणा से इन अति पराक्रमी श्रीराम ने एक ही बाण से विश्वघातिनी ताटका को मार डाला। तत्पश्चात् मेरे आश्रम में पहुंच कर मेरा यज्ञ विध्वंस करने वाले सुबाहु आदि राक्षसों को मार डाला तथा मारीच को समुद्र में फेंक दिया। तदनन्तर ये गंगा तट पर महर्षि गौतम के पुनीत आश्रम में आये और वहाँ शिलारूप से स्थित गौतम-पत्नी अहल्या को देखकर अपने चरण-कमल से स्पर्श कर उसे मानवी रूप प्रदान किया। अहल्या को देखकर रामजी ने उसे नमस्कार किया। तत्पश्चात् उससे भली प्रकार पूजा ग्रहण कर इस समय तुम्हारे यहाँ शंकर का धनुष देखने के लिये आये हैं। हमने सुना है कि उस धनुष की तुम्हारे यहाँ बड़ी पूजा होती है और अनेक राजागण उसे देख गये हैं। अतः हे राजेन्द्र, आप महादेव जी का वह उत्तम धनुष इन्हें दिखा दीजिये, क्योंकि ये उसे देखकर शीघ्र ही अपने माता-पिता से मिलने के लिए अयोध्या जाना चाहते हैं।"

मुनिवर विश्वामित्रजी के ऐसा कहने पर धर्मज्ञ राजा जनक ने राम और लक्ष्मण को पूजनीय समझ कर उनकी विधिपूर्वक पूजा की। फिर अपने बुद्धिमान् मंत्री को यह कह कर भेजा, "आप शीघ्र ही श्री विश्वेवर महादेवजी के धनुष को यहाँ पहुँचाने की व्यवस्था करें।"

मंत्री के चले जाने पर राजा जनक ने विश्वामित्र से कहा, "यदि रामचन्द्रजी उस धनुष को उठाकर उसकी कोटियों पर रोंदा चढ़ा देंगे, तो निश्चय ही मैं उन्हें ही

अपनी कन्या सीता विवाह दूँगा। एक दिन मैं यज्ञ के लिए भूमिशोधन करते समय खेत में हल चला रहा था। उसी समय हल के अग्रभाग से जोती गयी भूमि (हराई या सीता) से एक कन्या प्रकट हुई। सीता (हल द्वारा खींची गई रेखा) से उत्पन्न होने के कारण उसका नाम सीता रखा गया। पृथ्वी से प्रकट हुई मेरी यह कन्या क्रमशः बढ़कर सयानी हुई। अपनी इस अयोनिजा कन्या के विषय में मैंने यह निश्चय किया कि जो अपने पराक्रम से इस धनुष को चढ़ा देगा, उसी के साथ मैं इसका व्याह करूँगा। इस तरह इसे वीर्यशुल्का (पराक्रम रूप शुल्कवाली) बनाकर अपने घर में रख छोड़ा है। मुनिश्रेष्ठ, भूतल से प्रकट होकर दिनोंदिन बढ़नेवाली मेरी पुत्री सीता को कई राजाओं ने यहाँ आकर माँगा। परन्तु भगवन्, कन्या को वरण करने वाले उन सभी राजाओं को मैंने बता दिया कि मेरी कन्या वीर्यशुल्का है। अतः उचित पराक्रम प्रकट करने पर ही कोई वीर पुरुष उसके साथ विवाह करने का अधिकारी हो सकता है। यही कारण है कि मैंने अभी तक किसी को अपनी कन्या नहीं दी। इस धनुष को समस्त देवता, असुर, राक्षस, गन्धर्व, बड़े-बड़े यक्ष-किन्नर और महानाग भी नहीं चढ़ा सके हैं।"

इतनी वार्ता के समाप्त होते राजा जनक के मंत्री ने शंकर जी के विश्व-विख्यात धनुष को वहाँ पहुँचाने की व्यवस्था की। वह धनुष आठ पहियों वाली लोहे की बहुत बड़ी सन्दूक में रखा गया था। उसे हृष्ट-पुष्ट, मोटे-ताजे पाँच हजार मनस्वी वीर किसी तरह ठेलकर वहाँ तक ला सके। धनुष के वहाँ पहुँचने पर बुद्धिमान मंत्री ने राजा जनकजी से निवेदन किया, "राजन्, मिथिलापते, यह समस्त राजाओं द्वारा सम्मानित श्रेष्ठ धनुष है। यदि इसे आप इन दोनों राजकुमारों को दिखलाना चाहते हैं, तो दिखलाने की कृपा कीजिये।"

मंत्री की बात सुनकर राजा जनक ने हाथ जोड़कर महात्मा विश्वामित्र तथा दोनों भाई श्रीराम और लक्ष्मण से कहा, 'भगवन्, यही वह धनुष है, जिसका जनक-वंशी नरेशों ने सदा ही पूजन किया है। उन महापराक्रमी पुरुषों ने भी इसका पूर्वकाल में सम्मान किया है, जो इसे चढ़ाने में समर्थ न हो सके थे। इस धनुष को उठाने, खींचने, चढ़ाने, इस पर बाण संधान करने, इसकी प्रत्यंचा पर टंकार देने तथा उठाकर इधर-उधर हिलाने की किसी महापराक्रमी में भी शक्ति नहीं है। मुनिप्रवर, यह श्रेष्ठ धनुष यहाँ लाया गया है। इसे इन दोनों राजकुमारों को दिखलाइये।" जनक का यह कथन सुनकर विश्वामित्रजी ने राम से कहा, "वत्स राम, इस धनुष को देखो।"

महर्षि की आज्ञा पाकर श्रीराम ने सन्दूक खोलकर उस श्रेष्ठ धनुष को देखा और कहा, "भगवन्, आपके आदेश से अब मैं इस दिव्य और श्रेष्ठ धनुष पर हाथ लगाता हूँ। मैं इसे उठाने और चढ़ाने का भी प्रयास करूँगा।"

इस पर राजा जनक एवं विश्वामित्रजी ने एक स्वर से कहा, "हाँ, ऐसा ही करो।" प्रसन्नचित्त श्रीराम ने उसे देखते ही दृढ़ता से कमर कसकर बायें हाथ से उसे उठाकर थाम लिया और सब राजाओं तथा अन्य दर्शकों के देखते-देखते खेल सा खेलते

हुए उस पर प्रत्यंचा चढ़ा दी। तत्पश्चात् भगवान् राम ने अपने दायें हाथ से उस धनुष को थोड़ा खींचा और दशों दिशाओं को गुंजायमान करते हुए तोड़ डाला। दिशा, विदिशा, स्वर्गलोक, मर्त्यलोक और रसातल आदि समस्त पातालों में वह शब्द गूंज उठा। स्वर्गलोक में देवताओं के देखते हुए यह एक महान् आश्चर्य हो गया। देवताओं ने पुष्पवृष्टि करके भगवान् श्रीराम को ढंक दिया। दुन्दुभि आदि बजाते हुए उन्होंने श्रीराम की स्तुति की। अप्सराएँ नृत्य करने लगीं।

मुनिवर विश्वामित्र, राजा जनक तथा रघुकुलभूषण दोनों राजकुमारों श्रीराम और लक्ष्मण को छोड़कर शेष जितने लोग वहाँ खड़े थे, वे सब धनुष टूटने के उस भयंकर शब्द से मूर्च्छित होकर गिर पड़े थे। थोड़ी देर में जब सबको चेत हुआ, तब निर्भय होकर राजा जनक ने मुनिवर विश्वामित्रजी से कहा, "भगवन्, मैंने दशरथनन्दन श्रीराम का पराक्रम आज अपनी आँखों से प्रत्यक्ष देख लिया। महादेवजी के धनुष को उठाना, उस पर प्रत्यंचा चढ़ाना और उसे तोड़ना, यह अत्यंत अद्भुत, अचिन्त्य और अतर्कित घटना है। मेरी पुत्री सीता दशरथकुमार श्रीराम को पतिरूप में प्राप्त करके जनकवंश की कीर्ति का विस्तार करेगी। कुशिकनन्दन, मैंने सीता को वीर्यशुल्का (पराक्रमरूपी शुल्क से ही प्राप्त होने वाली) बता कर जो प्रतिज्ञा की थी, वह आज सत्य एवं सफल हो गयी। सीता मेरे लिये प्राणों से भी बढ़ कर है। अपनी यह पुत्री मैं श्रीराम को समर्पित करता हूँ।"

अन्तःपुर के आँगन में स्थित सीताजी की माताएँ धनुषभंग की बात जानकर अत्यंत विस्मित हुईं। तत्पश्चात् सर्वालंकारविभूषिता, सुवर्णवर्णा सीताजी अपने दाहिने हाथ में स्वर्णमयी माला लिये, मन्द-मन्द मुसकाती हुईं वहाँ आईं। वे मुक्ताहार, कर्णफूल और झमझमाते हुए पायजेब आदि आभूषणों से विभूषित और अति उत्तम साड़ी पहने थीं। नम्रतापूर्वक मुसकाते हुए वह जयमाल श्रीरामजी को पहना कर सीताजी अत्यधिक आह्लादित हुईं। उस समय श्रीरामचन्द्रजी के सर्वालंकारविभूषित भुवनमोहन रूप को झरोखों में से देखकर समस्त रानियाँ अति आनन्दित हुईं।

तदनन्तर सर्वशास्त्रज्ञ महाराज जनक ने मुनिवर विश्वामित्र से कहा, "ब्रह्मन्, कौशिकनन्दन, आपका कल्याण हो। यदि आपकी आज्ञा हो तो मेरे मंत्री रथ पर सवार होकर बड़ी उतावली के साथ शीघ्र ही अयोध्या जायँ और विनयपूर्वक महाराज दशरथ को मेरे नगर में लिवा लायें। साथ ही यहाँ का सब समाचार बताकर यह निवेदन करें कि जिसके लिये पराक्रम का ही शुल्क नियत किया गया था, उस जनककुमारी सीता का विवाह श्रीरामचन्द्रजी के साथ होने जा रहा है। ये लोग महाराज दशरथ से यह भी कह दें कि आपके दोनों पुत्र श्रीराम और लक्ष्मण विश्वामित्रजी के द्वारा जनकपुरी में सुरक्षित हैं।" विश्वामित्र ने 'तथास्तु' कह कर राजा की बात का समर्थन किया। तब धर्मात्मा नरेश ने मंत्रियों को सारी बातें ठीक-ठीक समझा कर महाराज दशरथ को मिथिलापुरी ले आने को अयोध्या भेज दिया।

श्रीराम के विवाह की तैयारी

राजा जनक की आज्ञा पाकर उनके दूत अयोध्या के लिये प्रस्थित हुए। वे लोग चौथे दिन अयोध्यापुरी जा पहुँचे। राजा दशरथ की आज्ञा से उनका राजमहल में प्रवेश हुआ। वहाँ जाकर उन्होंने देवतुल्य तेजस्वी वृद्ध महाराज दशरथ का दर्शन किया। उन सभी दूतों ने हाथ जोड़कर निर्भय हो राजा से मधुर वाणी में यह बात कही, "महाराज, मिथिलापति राजा जनक ने अग्निहोत्र की अग्नि को सामने रखकर स्नेहयुक्त मधुर वाणी से सेवकों सहित आपका तथा आपके पुरोहित (वशिष्ठजी) एवं अन्य सुहृदों का बारंबार कुशलमंगल पूछा है। मिथिलापति विदेहराज ने महर्षि विश्वामित्र की आज्ञा से यह संदेश दिया है—"राजन्, आपको मेरी पहले की हुई प्रतिज्ञा का हाल मालूम होगा। मैंने अपनी पुत्री के विवाह के लिये पराक्रम का ही शुल्क नियत किया था। उसे सुनकर कितने ही राजा अमर्ष में भरे हुए आये; किन्तु यहाँ पराक्रमहीन सिद्ध हुए और विमुख होकर घर लौट गये। नरेश्वर, मेरी इस कन्या को विश्वामित्रजी के साथ आये हुए आपके पुत्र यशस्वी श्रीराम ने अपने पराक्रम से जीत लिया है। महाबाहो, महात्मा श्रीराम ने महान् जन-समुदाय के बीच मेरे यहाँ रखे हुए भगवान् शंकर के रत्नस्वरूप दिव्य धनुष को बीच से तोड़ डाला है। अतः मैं इन महात्मा श्रीरामचन्द्र जी को अपनी वीर्यशुल्का कन्या सीता प्रदान करूँगा। ऐसा करके मैं अपनी प्रतिज्ञा से पार होना चाहता हूँ। आप इसके लिये मुझे आज्ञा देने की कृपा करें। आपका भला हो। राजेन्द्र, यहाँ पधार कर मेरी प्रतिज्ञा पूरी करें। यहाँ आने से आपको अपने दोनों पुत्रों के विवाहजनित आनन्द की प्राप्ति होगी।" राजन्, इस तरह विदेहराज ने आपके पास यह मधुर सन्देश भेजा है। इसके लिये उन्हें विश्वामित्रजी की आज्ञा तथा शतानन्द जी की सम्मति भी प्राप्त हुई है।"

सन्देशवाहक मंत्रियों का यह वचन सुनकर राजा दशरथ आनन्द के महासागर में निमज्जित हो गये। उन्होंने महर्षि वशिष्ठ, वामदेव आदि ऋषियों एवं मंत्रियों से कहा, "परम तेजस्वी महर्षि विश्वामित्रजी से सुरक्षित हो कौशल्या का आनन्दवर्द्धन करने वाले श्रीराम अपने छोटे भाई लक्ष्मण के साथ विदेह देश में निवास कर रहे हैं। वहाँ महात्मा जनक ने ककुत्स्थकुलभूषण श्रीराम के पराक्रम को प्रत्यक्ष देखा है। इसलिये अपनी पुत्री सीता का विवाह रघुकुलरत्न राम के साथ करना चाहते हैं। यदि आप लोगों की रुचि और सम्मति हो, तो हम लोग शीघ्र ही महात्मा जनक की मिथिलापुरी को चलें। इसमें विलम्ब न हो।"

यह सुनकर समस्त महर्षियोंसहित मंत्रियों ने 'बहुत अच्छा' कह कर एकस्वर से चलने की सम्मति दी। राजा दशरथ बहुत प्रसन्न हुए और मंत्रियों से बोले, "कल सबेरे ही यात्रा आरम्भ कर देनी चाहिये।" महाराज दशरथ के सभी मंत्री समस्त सद्गुणों से सम्पन्न थे। बारात चलने की बात सुनकर उन्होंने बड़े आनन्द से वह रात्रि व्यतीत की।

रात्रि व्यतीत होने पर बन्धुबान्धवों सहित राजा दशरथ हर्ष में भरकर सुमंत्र से इस प्रकार बोले, "आज हमारे सभी धनाध्यक्ष (खजांची) बहुत सा धन लेकर नाना प्रकार के रत्नों से सम्पन्न होकर सबसे आगे चलें। उनकी रक्षा के लिये हर तरह की सुव्यवस्था होनी चाहिये। सारी चतुरंगिणी सेना भी यहाँ से शीघ्र कूच कर दे। अभी मेरी आज्ञा सुनते ही सुन्दर-सुन्दर पालकियाँ और अच्छे-अच्छे घोड़े आदि वाहन सुसज्जित होकर चल दें। वशिष्ठ, वामदेव, जाबालि, कश्यप, दीर्घजीवी मार्कण्डेय मुनि तथा कात्यायन ये सभी महर्षि आगे-आगे चलने की कृपा करें। मेरा रथ भी तैयार हो जाय। देर नहीं होनी चाहिये। राजा जनक के दूत मुझे जल्दी करने के लिये प्रेरित कर रहे हैं।"

राजा दशरथ की इस आज्ञा के अनुसार चतुरंगिणी सेना तैयार हो गयी। ऋषियों के साथ यात्रा करते हुए महाराज दशरथ के पीछे-पीछे वह चल पड़ी। चार दिन का मार्ग तय करके वे सब लोग विदेहदेश में जा पहुँचे। उनके आगमन का समाचार सुनकर श्रीमान् राजा जनक ने स्वागत-सत्कार की तैयारी की। आनन्दमग्न हुए राजा जनक वृद्ध महाराज दशरथ के पास पहुँचे। उनसे मिलकर उन्हें बहुत हर्ष हुआ।

राजाओं में श्रेष्ठ मिथिलानरेश ने आनन्दमग्न हुए पुरुषप्रवर राजा दशरथ से कहा, "नरश्रेष्ठ रघुनन्दन, आपका स्वागत है। मेरे बड़े भाग्य हैं, जो आप यहाँ पधारे। आप यहाँ अपने दोनों पुत्रों की प्रीति प्राप्त करेंगे, जो उन्होंने अपने पराक्रम से जीतकर पायी है। महातेजस्वी भगवान् वशिष्ठ मुनि ने भी हमारे परम सौभाग्य से यहाँ पदार्पण किया है। ये सभी श्रेष्ठ ब्राह्मणों के साथ वैसे ही शोभा पा रहे हैं, जैसे देवताओं के साथ इन्द्र सुशोभित होते हैं। सौभाग्य से मेरी सारी विघ्न-बाधाएँ दूर हो गयी हैं। रघुकुल के महापुरुष महान् बल से सम्पन्न और पराक्रम में सबसे श्रेष्ठ होते हैं। इस कुल के साथ संबंध होने के कारण आज मेरे कुल का सम्मान अत्यधिक बढ़ गया है। नरश्रेष्ठ, कल प्रातःकाल इन सभी महर्षियों के साथ उपस्थित हो मेरे यज्ञ की समाप्ति के पश्चात् आप श्रीराम के विवाह का कार्य सम्पन्न करने की कृपा करें।'

ऋषियों की मंडली में राजा जनक की यह बात सुनकर बोलने की कला में निपुण, विद्वानों में श्रेष्ठ एवं वाक्य-मर्मज्ञ महाराज दशरथ ने मिथिलानरेश को इस प्रकार उत्तर दिया, "धर्मज्ञ, मैंने पहले से यह सुन रखा है कि प्रतिग्रह दाता के अधीन होता है। अतः आप जैसा कहेंगे, हम वैसा ही करेंगे।" सत्यवादी राजा दशरथ का धर्मानुकूल तथा यशोवर्द्धक वचन सुनकर विदेहराज को अत्यधिक विस्मय हुआ।

सभी महर्षि एक दूसरे से मिलकर बहुत प्रसन्न हुए। इधर महातेजस्वी श्रीराम विश्वामित्रजी को आगे करके लक्ष्मण के साथ पिताजी के पास गये और उनके चरणों की भक्तिपूर्वक वन्दना की। श्रीराम को कुशल और आनन्दपूर्वक देखकर राजा दशरथ इतने अधिक आह्लादित हुए, मानो मृत शरीर में नवीन प्राणों का संचार हो गया हो।

विवाह

धर्मज्ञ राजा जनक ने इस विवाह के पवित्र अवसर पर अपने कनिष्ठ भ्राता कुशध्वज को बुलवाया। वे सांकाश्या नगरी में रहते थे। राजा जनक के आदेशानुसार वे शीघ्र ही मिथिलापुरी आ गये। फिर शुभ दिन में शुभ लग्न और शुभ मुहूर्त के समय धर्मज्ञ जनकजी ने भाइयों सहित श्रीराम को बुलवाया। एक सर्वशोभासम्पन्न विस्तीर्ण मण्डप में जिसमें रत्नजटित स्तम्भ, सुन्दर वितान, मनोहर तोरण तथा मोतियों के पुष्प और फल लगे हुए थे तथा जो सुवर्ण-भूषण-भूषित युवा वेदपाठी ब्राह्मणों से खचाखच भरा हुआ था और सुन्दर वस्त्र धारण किये सुहागिन नारियों से समाकुल था, श्रीरामचन्द्र जी को एक दिव्य रत्न-जटित सुवर्ण सिंहासन पर बैठाया गया। उस समय भेरी और दुन्दुभि आदि बाजों तथा नृत्य और गान आदि की तुमुल ध्वनि हो रही थी। तब पुरोहित शतानन्द ने श्रीवशिष्ठ और विश्वामित्रजी का क्रमशः पूजन करके उन्हें श्री रामचन्द्रजी की दोनों ओर बैठा दिया। फिर वहाँ विधिपूर्वक अग्नि प्रज्वलित की गयी तथा नाना रत्न-विभूषिता सीताजी को लेकर महारानीसहित महाराज जनकजी कमलनयन श्रीराम के पास आये और विधिपूर्वक उनके चरण धोकर अपने सिर पर चरणोदक रखा। उस चरणोदक को शिव, ब्रह्मा और अन्यान्य मुनिजन भी सदा अपने मस्तक पर धारण करते हैं। इसके पश्चात् सीताजी का हाथ पकड़कर उन्हें जल और अक्षत सहित पाणिग्रहण की विधि से श्रीरामचन्द्रजी के करकमलों में समर्पित कर दिया और कहा, "रघुश्रेष्ठ श्रीराम, मैं सुवर्ण और मुक्ता आदि से विभूषिता अपनी पुत्री कमललोचना सीता आपको सौंपता हूँ। आप प्रसन्न होकर उसे स्वीकार कीजिये।"

सीताजी को श्रीरामचन्द्रजी के करकमलों में सौंप कर जनकजी ऐसे आनन्दित हुए जैसे क्षीरसागर श्री विष्णु भगवान् के करकमलों में लक्ष्मी को सौंपकर हुआ था। फिर उन्होंने अपनी सगी कन्या उर्मिला लक्ष्मणजी को व्याह दी। अपने भाई कुशध्वज की कन्याएँ मांडवी और श्रुतिकीर्ति क्रमशः भरत और शत्रुघ्न को दीं। इस प्रकार सुलक्षण-सम्पन्न चारों भाई पत्नियों सहित साक्षात् दूसरे लोकपालों के समान अपने प्रकाश से सुशोभित हुए।

तदनन्तर, मिथिलापति महाराज जनक ने, पुत्री जानकी के सम्बन्ध मे देवर्षि नारदजी ने जो कुछ कहा था वह सब वृत्तान्त वशिष्ठजी और विश्वामित्रजी को सुनाया। वे बोले—"एक बार मैं यज्ञभूमि की शुद्धि के लिये हल जोत रहा था, उसी समय मेरे हल के सीता (अग्रभाग) से यह शुभलक्षणा कन्या प्रकट हुई। उस समय मैंने उसे देखा और इसमें मुझे पुत्रीवत् प्रीति उत्पन्न हो गयी। इसीलिये मैंने इस चन्द्रमुखी को अपनी प्रिय पत्नी को सौंप दिया। एक दिन जब मैं एकान्त में बैठा हुआ था, मेरे पास देवर्षि नारदजी अपनी 'महती' नामक वीणा बजाते और व्यापक श्रीहरि का गुणगान करते हुए आये। मेरे पूजा-सत्कारादि कर चुकने पर वे सुखपूर्वक बैठकर प्रसन्नतापूर्वक मुझसे बोले—"राजन्, अपने कल्याण का कारणरूप यह परम गुप्त वचन सुनो।

परमात्मा हृषीकेश भक्तों पर कृपा, देवताओं की कार्यसिद्धि और रावण का वध करने के लिये माया मानवरूप से अवतीर्ण हो 'राम' नाम से विख्यात हुए हैं। वे परमेश्वर अपने चार अंशों से दशरथ के पुत्र होकर अयोध्या में रहते हैं। इधर परमात्मा की आद्या शक्ति—योगमाया ने तुम्हारे यहाँ सीता के रूप में जन्म धारण किया है। अतः तुम प्रयत्नपूर्वक इस सीता का विवाह श्रीरामचन्द्रजी के साथ ही करना, और किसी से नहीं, क्योंकि यह पहले से ही परमात्मा श्रीराम की भार्या हैं। श्रीराम पूर्णब्रह्म परमेश्वर हैं और सीताजी उनकी आद्याशक्ति हैं।" ऐसा कहकर देवर्षि नारदजी आकाशमार्ग से चले गये। तब से इस सीता को मैं विष्णु भगवान् की भार्या लक्ष्मी ही समझता हूँ। तब से यह सोचते हुए कि शुभलक्षणा जानकी को किस प्रकार श्रीरामचन्द्रजी को दूँ, मैंने एक युक्ति निकाली। पूर्वकाल में श्रीमहादेवजी ने त्रिपुरासुर को भस्म करने के बाद यह धनुष मेरे दादा के यहाँ धरोहर के रूप में रखा था। मैंने यह सोचकर कि 'सीता के पाणिग्रहण के लिये सबके गर्वनाशक इस धनुष को ही पण (बाजी) बनाना चाहिये' वैसा ही किया। हे मुनिश्रेष्ठ, आपकी कृपा से यहाँ कमलनयन रामजी धनुष देखने आ गये; इसमे मेरा मनोरथ सिद्ध हो गया। हे रामजी, आज मेरा जन्म सफल हो गया, जो मैं सूर्य के समान देदीप्यमान और सीता के साथ विराजमान आपको देख रहा हूँ। प्रभो, आपके चरणोदक के सिर पर धारण करके ही ब्रह्माजी सृष्टि के प्रवर्तक हुए हैं। आपके चरणोदक के प्रताप से बलि को इन्द्र से बढ़कर पद प्राप्त हुआ है और आपकी चरण-रज के स्पर्श से अहल्या तुरन्त पति के शाप से मुक्त हो गयी। हमारा रक्षक आपसे बढ़कर और कौन है? जिनके चरण-कमल-पराग के रसिक, कालचक्र को जीतने वाले योगिजनों ने संसार-भय को भी जीत लिया हैं तथा जिनके नामकीर्तन में लगे रहकर देवगण दुःख और शोक को जीत लेते हैं, उन आपकी मैं निरन्तर शरण ग्रहण करता हूँ।"

जब रात बीती और सबेरा हुआ, तब महामुनि विश्वामित्र राजा जनक और अयोध्यानरेश दशरथ, दोनों राजाओं से पूछकर, उनकी स्वीकृति ले हिमालय पर्वत पर चले गये। विश्वामित्र के चले जाने पर महाराज दशरथ भी विदेहराज मिथिलानरेश से अनुमति लेकर शीघ्र अपनी पुरी अयोध्या को जाने के लिये तैयार हो गये। उस समय विदेहराज जनक ने अपनी कन्याओं के निमित्त दहेज में अपार सम्पत्ति दी। उन मिथिलानरेश ने कई लाख गौएँ, कितनी ही अच्छी-अच्छी कालीनें, रेशमी सूती वस्त्र, भाँति-भाँति के गहनों से सजे हुए बहुत से उत्तम हाथी, घोड़े, रथ और पैदल सैनिक भेंट किये। अपनी पुत्रियों के लिये पृथक्-पृथक् दास-दासियाँ, स्वर्णमुद्राएँ, विविध रत्न, मोती तथा मूंगे भी दिये।

अयोध्यापुरी को प्रस्थान

अयोध्यानरेश राजा दशरथ सम्पूर्ण महर्षियों को आगे करके अपने महात्मा पुत्रों, सैनिकों तथा सेवकों के साथ अपनी राजधानी की ओर प्रस्थित हुए। मिथिला-

पुरी से तीन योजन जाने पर नृपश्रेष्ठ दशरथ ने अत्यन्त घोर अपशकुन देखे। उन्होंने वशिष्ठजी को प्रणाम करके पूछा, "मुनिश्रेष्ठ, क्या कारण है कि चारों ओर भयंकर अपशकुन दिखायी पड़ रहे हैं ? भयंकर बोलीवाले पक्षी भीषण शब्द कर रहे हैं, जिनसे अकस्मात् महान् भय की उत्पत्ति हो रही है।" इस पर वशिष्ठजी ने उत्तर दिया, "इन अपशकुनों से किसी भावी भय की सूचना मिलती है। किन्तु साथ ही यह भी सूचित होता है कि शीघ्र ही अभय प्राप्त होगा। देखो, तुम्हारी दायीं ओर शुभसूचक मृगगण जा रहे हैं।"

परशुराम से भेंट

वशिष्ठजी के ऐसा कहते ही वहाँ बड़े जोरों की आँधी उठी। वह सारी पृथ्वी को कँपाती हुई बड़े-बड़े वृक्षों को धराशायी करने लगी। सूर्य अंधकार में आच्छन्न हो गया। किसी को दिशाओं का भान न रहा। धूल से ढँक जाने के कारण सारी सेना मूर्च्छित हो गयी। उस समय वशिष्ठ मुनि, ऋषियों तथा पुत्रों सहित राजा दशरथ को ही चेत रह गया था। शेष सभी लोग अचेत हो गये थे। उस घोर आँधी में राजा की सारी सेना धूल से आच्छादित हो गयी थी। उस समय राजा दशरथ ने देखा—क्षत्रिय राजाओं का मान-मर्दन करने वाले भृगुकुलनन्दन जमदग्निकुमार परशुरामजी सामने से आ रहे हैं। वे बड़े भयानक से दिखायी पड़ते थे। उन्होंने मस्तक पर बड़ी-बड़ी जटाएँ धारण कर रखी थीं। वे कैलाश के समान दुर्जय और कालाग्नि के समान दुःसह प्रतीत होते थे। तेजोमण्डल द्वारा जाज्वल्यमान से हो रहे थे। साधारण लोगों के लिये उनकी ओर देखना भी कठिन था। वे कंधे पर फरसा रखे और हाथ में विद्युद्गणों के समान दीप्तिमान धनुष एवं भयंकर बाण लिये त्रिपुरविनाशक भगवान् शिव के समान जान पड़ते थे।

भयंकर दिखायी देने वाले परशुराम की ऋषियों ने अर्घ्यादिक देकर पूजा की। उन्होंने ऋषियों की दी हुई पूजा को स्वीकार किया। तत्पश्चात् वे श्रीराम की ओर मुड़कर बोले, "दशरथनन्दन श्रीराम, वीरप्रवर, सुना जाता है कि तुम्हारा पराक्रम अद्भुत है। तुम्हारे द्वारा शिव-धनुष के तोड़े जाने का सारा समाचार भी मेरे कानों में पड़ चुका है। उस धनुष का तोड़ना अद्भुत और अचिन्त्य है। उसके टूटने की बात सुनकर मैं एक दूसरा उत्तम धनुष लेकर आया हूँ। यह वैष्णवी धनुष है। इस धनुष के चढ़ाने में तुम्हारे बल का अनुमान कर मैं तुमसे द्वन्द्वयुद्ध करूँगा। यह तुम्हारे पराक्रम के अनुरूप होगा।"

परशुरामजी के वचन सुनकर राजा दशरथ भय से काँपने लगे और वे उनकी प्रार्थना करने लगे। पर परशुरामजी ने राजा दशरथ की प्रार्थना अनसुनी कर दी। वे फिर श्रीरामजी से बोले, "हे श्रीराम, यह वैष्णवी धनुष जगत् में शिवधनुष से बढ़कर है। इस धनुष पर ऐसा बाण चढ़ाओ, जो शत्रुनगरी पर विजय पाने में समर्थ हो। यदि तुम ऐसा करने में समर्थ होगे, तो मैं तुम्हें द्वन्द्व युद्ध का अवसर दूँगा।"

परशुरामजी की चुनौती सुनकर श्रीराम ने गंभीर वाणी में उत्तर दिया, "भार्गव, मैं क्षत्रिय हूँ तो भी आप मुझे पराक्रमहीन और असमर्थ सा मानकर मेरा तिरस्कार कर रहे हैं। अच्छा, अब मेरा तेज और पराक्रम देखिये।" ऐसा कहकर श्रीरामचन्द्रजी ने कुपित हो परशुरामजी के हाथ से वह दिव्य वैष्णवी धनुष और बाण ले लिया। साथ ही उनसे अपनी वैष्णवी शक्ति भी वापस ले ली। उस धनुष को चढ़ाकर श्रीराम ने उसकी प्रत्यंचा पर बाण रखा। फिर कुपित होकर उन्होंने परशुरामजी से इस प्रकार कहा, "भृगुनन्दन राम, आप ब्राह्मण होने के नाते मेरे पूज्य हैं। साथ ही महर्षि विश्वामित्रजी से भी आपका संबंध है। इन सब कारणों से मैं इस प्राण-संहारक बाण को आपके शरीर पर नहीं छोड़ सकता। भगवान्, मेरा विचार है कि आपकी सर्वत्र गमन-शक्ति अथवा आपने अपने तपोबल से जिन अनुपम पुण्यलोकों को प्राप्त किया है, उन्हीं को नष्ट कर डालूँ, क्योंकि यह दिव्य वैष्णव बाण, जो शत्रुओं की नगरी पर विजय दिलाने वाला है, कभी निष्फल नहीं जाता है।"

उस समय श्रीरामचन्द्रजी को देखने के लिये देवता, ऋषि ब्रह्माजी को आगे करके वहाँ एकत्र हो गये। गन्धर्व, अप्सराएँ, सिद्ध, चारण, किन्नर, राक्षस और नाग भी उस अत्यन्त अद्भुत दृश्य को देखने के लिये वहाँ आ पहुँचे थे। जब श्रीरामचन्द्रजी ने उस श्रेष्ठ धनुष को हाथ में ले लिया, उस समय सब लोग आश्चर्य से जड़वत् हो गये। परशुरामजी का वैष्णव तेज निकल कर श्रीरामचन्द्रजी में मिल गया।

श्रीरामचन्द्रजी के ऐसा कहने पर परशुरामजी का मुख मलिन हो गया। उन्होंने कहा, "दशरथनन्दन श्रीराम, मैंने अपनी तपस्या से जिन पुण्यलोकों पर विजय पाई है, उन्हीं को आप इस श्रेष्ठ बाण से नष्ट कर दें। मेरी सर्वत्र गमन-शक्ति को जैसी की तैसी बनी रहने दें।"

तदनन्तर परशुराजी ने पूर्व-वृत्तान्त को स्मरण कर कहा, "हे राम, हे राम, हे महाबाहो, मैंने आप परमेश्वर को जान लिया। आप साक्षात् संसार की उत्पत्ति, स्थिति और प्रलय के कारण, पुराण-पुरुष भगवान् विष्णु हैं। मैं बाल्यवस्था में तप द्वारा विष्णु भगवान् की आराधना करने के लिये अकस्मात् परम पवित्र चक्रतीर्थ में पहुँचा। वहाँ प्रतिदिन अनन्यभव से आराधना करते हुए मैंने परमात्मा नारायण भगवान् विष्णु को प्रसन्न किया है। हे रघुश्रेष्ठ, उस समय शंख-चक्र, पद्म-गदाधारी प्रसन्नवदन देवेश्वर विष्णु ने मुझसे प्रसन्न होकर कहा, "हे ब्रह्मन्, तपस्या छोड़कर खड़े हो, तुम्हारा महान् तप सफल हो गया। तुम मेरे चिदंश से युक्त होकर, जिसके लिये यह तपस्या करने का कष्ट उठाया है, उस पितृभागी हैहयश्रेष्ठ कार्तवीर्य का वध करो। फिर इक्कीस बार समस्त क्षत्रियों का संहार कर संपूर्ण पृथ्वी कश्यपजी को देकर शान्ति लाभ करो। मैं अविनाशी परमात्मा त्रेतायुग में दशरथ के यहाँ 'राम' नाम से जन्म लूंगा। उस समय मेरी परम शक्ति (सीता) के सहित तुम मुझे देखोगे। तब (पहले) इस समय तुम्हें दिया हुआ अपना तेज फिर ग्रहण कर लूंगा। तब से तुम तपस्या

करते हुए कल्पान्तपर्यन्त पृथ्वी पर रहोगे।" ऐसा कहकर भगवान् विष्णु अन्तर्धान हो गये; और मैंने जैसा उन्होंने कहा था, वैसा ही किया।

"हे राम, आप वही विष्णु हैं। ब्रह्माजी की प्रार्थना से आपने जन्म लिया है। आपका जो तेज मुझमें स्थित था, उसे आज आपने फिर ले लिया। हे प्रभो, आज मेरा जन्म सफल हो गया, जो मैंने आपको पहचान लिया, क्योंकि आप ब्रह्मा आदि से अप्राप्य और प्रकृति से भी परे माने गये हैं। आपमें अज्ञानजन्य जन्मादि छः भाव-विकार नहीं हैं तथा आप गमनादि से रहित निर्विकार और पूर्ण हैं। आपके आश्रित और आपही को विषय करनेवाली माया नाना प्रकार के विचित्र कार्यों की रचना करती है। मनुष्य जब तक माया से आवृत्त रहते हैं, तब तक आपको नहीं जान सकते।

"अविद्याजन्य देहादि संघातों में प्रतिबिम्बित हुई चित्-शक्ति इस जीवलोक में 'जीव' कहलाती है। यह जीव जब तक देह, मन, प्राण और बुद्धि आदि में अभिमान करता है, तभी तक कर्तृत्व, भोक्तृत्व और सुख-दुःखादि को भोगना पड़ता है। वास्तव में आत्मा में जन्म-मरणादि संसार किसी भी अवस्था में नहीं है और बुद्धि में कभी ज्ञानशक्ति नहीं है। अविवेक से इन दोनों को मिलाकर जीव 'संसारी हूँ' ऐसा मानकर कर्म में प्रवृत्त हो जाता है।

"जल और अग्नि का मेल होने से जैसे जल में उष्णता और अग्नि में शीतलता उत्पन्न हो जाती है, उसी प्रकार जड़ (बुद्धि) का चेतन (आत्मा) से संयोग होने से उसमें चेतनता और चेतन आत्मा का जड़ बुद्धि से संयोग होने से उसमें (कर्तृत्व-भोक्तृत्व आदि) जड़ता प्रकट हो जाती है। हे राम, जब तक मनुष्य आपके चरण-कमलों के भक्तों का संगसुख निरन्तर अनुभव नहीं करता, तब तक संसार के दुःख समूह से पार नहीं होता। जब वह भक्तजनों के संग से प्राप्त हुई भक्ति द्वारा आपकी आराधना और उपासना करता है तब आपकी माया धीरे-धीरे चली जाती है और वह क्षीण होने लगती है। फिर उस साधक को आपके ज्ञान से सम्पन्न सद्गुरु की प्राप्ति होती है और उन सद्गुरु से महावाक्य का बोध पाकर वह आपकी कृपा से मुक्त हो जाता है। अतः आपकी भक्ति से शून्य पुरुषों को सौ करोड़ कल्पों में भी मुक्ति अथवा ब्रह्मज्ञान प्राप्त होने की संभावना नहीं है। अतः मेरी यही कामना है कि जन्म-जन्मान्तर में आपके चरण-युगल में मेरी भक्ति बनी रहे और मुझे आपके भक्तों का संग मिले, क्योंकि इन्हीं दो साधनों से अविद्या का नाश होता है।

"हे जगन्नाथ, आपको नमस्कार है। हे भक्तिभावन, आपको नमस्कार है। हे करुणामय, हे अनन्त, आपको नमस्कार है। हे रामचन्द्र, आपको बारंबार नमस्कार है।" इसके पश्चात् परशुरामजी ने श्रीरामचन्द्र की परिक्रमा कर उन्हें प्रणाम किया और उनसे पूजित हो, उनकी आज्ञा से महेन्द्र पर्वत पर तपस्या करने चले गये। राजा दशरथ ने राम को मृत्यु से लौटा समझकर अत्यंत हर्ष से बारंबार आलिंगन किया और नेत्रों से आनन्दाश्रुओं की वर्षा करने लगे।

इसके बाद वे सब प्रसन्नचित्त से अपनी अयोध्यापुरी में आये। वहाँ पहुँचकर श्रीराम, लक्ष्मण, भरत और शत्रुघ्न अपनी-अपनी पत्नियों के साथ देवताओं के समान अपने-अपने महलों में निवास करने लगे।

इस समय कैकेयी के भाई, भरतजी के मामा युधाजित भरत को प्रीतिपूर्वक अपने यहाँ ले जाने के लिये आये। महाराज दशरथ ने युधाजित का सत्कार कर उनके स्नेहवश भरत और शत्रुघ्न को उनके साथ भेज दिया।

●

अध्याय—पाँच

राज्याभिषेक की तैयारी और उसमें कैकेयी द्वारा विघ्न

अयोध्यापुरी के जन-जन के मुख से श्रीराम के सद्गुणों का बखान होता था। श्रीराम बड़े बुद्धिमान थे और सदा मीठे वचन बोलते थे। बल और पराक्रम से सम्पन्न होने पर भी उन्हें कभी गर्व नहीं होता था। वह वृद्ध पुरुषों का सदैव सम्मान करते थे। प्रजा के प्रति उनका अत्यधिक अनुराग था। वे परम दयालु, क्रोधजित, दीन-वत्सल, गुरु-ब्राह्मण में अनुरक्त, धर्मज्ञ इन्द्रयजित्, परम पवित्र, अपने कुलोचित आचार, दया, उदारता, शरणागत-वत्सलता से सम्पन्न थे। वे अपने क्षत्रियधर्म को अधिक महत्व देते और मानते थे। अमंगलकारी निषिद्ध कर्मों में कभी उनकी प्रवृत्ति नहीं होती थी। वे कुशल वक्ता और देशकाल के तत्व को समझने वाले थे। उन्हें देख कर ऐसा जान पड़ता था कि विधाता ने समस्त सदगुणी पुरुषों के सारतत्व को श्रीराम में पुंजीभूत कर दिया है। श्रीराम संपूर्ण विद्याओं के व्रत में निष्णात, छहों अंगों सहित सम्पूर्ण वेदों के ज्ञाता थे। वे कल्याण की जन्मभूमि, साधु, दैन्यरहित, सत्यवादी, सत्य-पराक्रमी, सत्यप्रतिज्ञ और सरल थे। धर्म और अर्थ के ज्ञाता वृद्ध ब्राह्मणों द्वारा उन्हें उत्तमोत्तम शिक्षा प्राप्त हुई थी। उन्हें धर्म, काम और अर्थ के तत्व का सम्यक् ज्ञान था। वे स्मरण शक्ति से सम्पन्न और अत्यन्त प्रतिभाशाली थे। वे लोक-व्यवहार के सम्पादन में समर्थ और समयोचित-धर्माचरण में अत्यन्त निपुण थे। वे विनयशील, अपने अभि-प्राय को छिपाने वाले, मंत्र को गुप्त रखने वाले और उत्तम सहायकों से संपन्न थे। उनका क्रोध अथवा हर्ष निष्फल नहीं होता था। वे वस्तुओं के त्याग और संग्रह के अवसर को भलीभाँति जानते थे। गुरजनों के प्रति उनकी दृढ़ भक्ति थी। वे स्थितप्रज्ञ थे और असद् वस्तुओं को कभी ग्रहण नहीं करते थे। उनके मुख से कभी दुर्वचन नहीं निकलते थे। आलस्यरहित, प्रमादशून्य तथा अपने और पराये मनुष्यों के दोषों को अच्छी प्रकार जानने वाले थे।

वे उपकारियों के प्रति कृतज्ञ थे। वे दूसरे पुरुषों के मनोभाव को जानने में कुशल थे। यथायोग्ग निग्रह और अनुग्रह करनेमें पूर्ण चतुर थे। संगीत, वाद्य और चित्र कारी आदि शिल्पों के भी वे विशेषज्ञ थे। वे हाथियों और घोड़ों पर चढ़ने और उन्हें भाँति-भाँति की चालों की शिक्षा देने में निपुण थे। श्रीरामजी इस लोक में धनुर्वेद के सभी विद्वानों में श्रेष्ठ थे। विश्वामित्रजो द्वारा समस्त दिव्यास्त्र भी उन्हें प्राप्त हुए थे।

शत्रुसेना पर आक्रमण और प्रहार करने में वे विशेष कुशल थे। सैन्य संचालन की नीति में उन्होंने अधिक दक्षता प्राप्त की थी। जैसे सूर्यदेव अपनी किरणों से प्रकाशित होते हैं, उसी प्रकार श्रीरामचन्द्रजी समस्त प्रजाओं को प्रिय लगने वाले तथा पिता की प्रीति बढ़ाने वाले सद्गुणों से प्रकाशित होते थे।

अपने पुत्र श्रीराम को अनुपम गुणों से युक्त देखकर राजा दशरथ ने मन ही मन विचार करना प्रारम्भ किया कि मेरे जीते-जी श्रीराम राजा हो जायँ और उनके राज्याभिषेक से प्राप्त होने वाली यह प्रसन्नता मुझे सुलभ हो। वे बारम्बार यही सोचने लगे, "श्रीराम बल और पराक्रम में यम और इन्द्र के समान, बुद्धि में बृहस्पति के समान और धैर्य में पर्वत के समान हैं। गुणों में तो वे मुझसे सर्वथा बढ़-चढ़ कर हैं। मैं इसी उम्र में अपने बेटे श्रीराम को इस पृथ्वी पर राज्य करते देख यथासमय सुख से स्वर्ग प्राप्त करूँ, यही मेरे जीवन की साध है।"

राजा दशरथ ने मन्त्रियों के साथ सलाह करके श्रीराम को युवराज बनाने का निश्चय कर लिया।

श्रीराम और नारदजी का मिलन

एक दिन श्रीरामचन्द्रजी अपने अन्तःपुर के आँगन में सुखपूर्वक बैठे थे। सीताजी उन्हें चँवर डुला रही थीं। उसी समय देवर्षि नारदजी का आगमन हुआ। वे अपने दिव्य तेज से दशों दिशाओं को उद्भासित कर रहे थे। इस प्रकार अचानक उन्हें आते देख श्रीरामजी अपने सिंहासन से उठ खड़े हुए। तत्पश्चात् सीताजी सहित भक्तिपूर्वक हाथ जोड़कर पृथ्वी पर सिर रखकर उन्हें प्रणाम किया। फिर भगवान् राम ने परम प्रीतिपूर्वक नारदजी से कहा, "हे मुनिश्रेष्ठ, हम जैसे विषयासक्त संसारी मनुष्यों के लिये आपका दर्शन अत्यन्त दुर्लभ है। आज मेरा अहोभाग्य है कि आपका पावन दर्शन सुलभ हुआ। मैं आपके दर्शन से कृतार्थ हो गया। अब मुझे यह बताने की कृपा कीजिये कि मुझे आपका क्या कार्य करना होगा? उसे मैं अविलम्ब पूर्ण करूँ।

तब नारदजी ने भक्तवत्सल श्रीरामजी से कहा, "हे राम, आप सामान्य मनुष्यों के से इन वाक्यों से मुझे क्यों मोहित कर रहे हैं? हे विभो, आपने जो यह कहा कि 'मैं संसारी हूँ यह बिलकुल ठीक है, क्योंकि सम्पूर्ण संसार का जो आदि कारण है, वह माया आपकी गृहिणी है। हे प्रभो, आपकी सन्निधिमात्र से ही उस माया से ब्रह्मा आदि सारी प्रजाएँ उत्पन्न होती हैं। वह सत्य-रज-तमोमयी त्रिगुणात्मिका माया सदा आपके आश्रित होकर ही भासमान होती है तथा स्वगुणानुरूप शुक्ल (सत्वगुणी), लोहित (रजोगुणी) और कृष्णवर्ण (तमोगुणी) प्रजा उत्पन्न करती है। इस त्रिलोकीरूपी महागृह के आप गृहस्थ और स्वामी हैं। आप भगवान् विष्णु, साक्षात् परम ब्रह्म हैं और सीताजी लक्ष्मजी और आपकी आद्याशक्ति हैं। आप शिव हैं और जानकीजी पार्वती हैं। आप वायु हैं और सीताजी सद्गति हैं। हे राघव, निस्सन्देह संसार में

जो कुछ पुरुषवाचक है, वह सब आप हैं और जो कुछ स्त्रीवाचक है, वह सब जानकी जी हैं। अतः हे देव, त्रिलोक में आप दोनों के अतिरिक्त और कुछ भी नहीं है।

"आपही के आभास से प्रकट हुआ अज्ञान अव्याकृत कहलाता है। उस अव्याकृत से महत्तत्त्व, महत्तत्त्व से सूत्रात्मा (हिरण्यगर्भ) और सूत्रात्मा से सर्वात्मक लिंगदेह उत्पन्न होता है। अहंकार, बुद्धि, पंचप्राण और दश इन्द्रियाँ—इनके समूह को ही प्राज्ञजन जन्म, मृत्यु और सुखदुःखादि धर्मोंवाला लिंग देह बताते हैं। वह (लिंगदेहाभिमानी चेतनाभास अथवा चिदाभास) ही जगत् में तन्मय हुआ 'जीव' नाम से विख्यात है। अनिर्वचनीय और अनादि अविद्या ही (इस जीव की) कारण-उपाधि कही जाती है। शुद्ध चेतन की स्थूल, सूक्ष्म और कारण—ये तीन उपाधियाँ हैं। इन उपाधिगों से मुक्त होने से वह जीव कहलाता है और इससे रहित होने से परमेश्वर कहा जाता है। हे रघुश्रेष्ठ, जाग्रत्, स्वप्न और सुषुप्ति—ऐसी जो तीन प्रकार की सृष्टि है, उससे आप विलक्षण हैं और उसके चेतन मात्र साक्षी हैं। यह सम्पूर्ण जगत् आपही से उत्पन्न हुआ है, आपही में स्थित है और आपही में लीन होता है। इसलिये आपही सबके कारण हैं। रज्जु में सर्पभ्रम के समान अपने को जीव मानने से मनुष्य को भय होता है। पर वही जब यह समझ लेता है कि 'मैं परमात्मा हूँ' तो सम्पूर्ण भय और दुःखों से छूट जाता है। चिन्मात्र ज्योतिस्वरूप आप ही सबके शरीरों में स्थित होकर उनकी बुद्धियों को प्रकाशित कर रहे हैं, इसलिये आप ही सबके आत्मा हैं। रज्जु में सर्पभ्रम के समान अज्ञान से ही आपमें सम्पूर्ण जगत् की कल्पना की जाती है, वह आपका ज्ञान होने से ही पूर्णतया लीन हो जाती है। अतएव मनुष्य को सदैव ज्ञान का अभ्यास करना चाहिये। आपके चरणकमलों की भक्ति से युक्त पुरुषों को ही क्रमशः ज्ञान की प्राप्ति होती है। अतः जो पुरुष आपकी भक्ति से युक्त हैं, वे ही वास्तव में मुक्ति के पात्र हैं। हे प्रभो, मैं आपके भक्तों के भक्त और उनके भी भक्तों का दास हूँ, अतः आप मुझे मोहित न कर मुझ पर अनुग्रह कीजिये। हे प्रभो, आपके नाभि-कमल से उत्पन्न हुए ब्रह्माजी मेरे पिता हैं, अतः मैं आपका पौत्र हूँ। हे राघव, आप मुझ भक्त की रक्षा कीजिये।"

इस प्रकार कहकर और बारंबार प्रणाम कर श्रीनारदजी ने नेत्रों में आनन्दाश्रु भरकर कहा, "हे रघुश्रेष्ठ, मुझे ब्रह्माजी ने आपके पास भेजा है। आपका अवतार रावण का वध करने के लिये हुआ है। किन्तु अब पिता दशरथ आपको राज्य-शासन के लिये अभिषिक्त करनेवाले हैं। हे राम, यदि राज्य में आसक्त होकर आप रावण को न मारेंगे, तो पृथ्वी का भार उतारने की जो आपने प्रतिज्ञा की थी, उसका क्या होगा? अतः हे राजेन्द्र, आप उसे सत्य सिद्ध कीजिये, क्योंकि आप सत्य-प्रतिज्ञ ही हैं।"

नारदजी के वचन सुनकर श्रीरामचन्द्रजी ने मुस्करा कर उत्तर दिया, "नारदजी, सुनिये, क्या कोई ऐसी बात भी है, जिसे मैं न जानता होऊँ? मैंने पहले जो कुछ प्रतिज्ञा की है, वह मैं निस्सन्देह पूर्ण करूँगा। किन्तु कालक्रम से जिन-जिनका प्रारब्ध

क्षीण होता जायगा, उन-उन दैत्यों को मारकर ही मैं क्रमशः पृथ्वी का भार उतारूँगा। रावण का वध करने के लिये मैं कल वन को प्रस्थान करूँगा और वहाँ चौदह वर्ष मुनिवेश धारण करके रहूँगा। उस दुष्ट को सीताहरण के बहाने मैं कुटुंबसहित नष्ट कर दूँगा।"

रामचन्द्रजी के इस प्रकार प्रतिज्ञा करने पर नारदजी अति प्रसन्न हुए। इसके बाद उन्होंने रामजी की तीन परिक्रमाएँ कीं और उन्हें दण्डवत्-प्रणाम करके उनकी आज्ञा से आकाशमार्ग से ब्रह्मलोक गये।

दशरथ के श्रीराम के राज्याभिषेक-प्रस्ताव का सभासदों द्वारा समर्थन

महाराज दशरथ श्रीरामजी का राज्याभिषेक शीघ्रातिशीघ्र कर देने की उतावली में थे। अतः उन्होंने सारे सभासदों को बुलवाया। उस सभा में सम्पूर्ण ब्राह्मण और सेनापति, नगर और जनपद के प्रमुख व्यक्ति, केकयनरेश और जनक को छोड़कर शेष सभी लोकप्रिय नरेश विराजमान थे। सभी नरेश नाना प्रकार के सिंहासनों पर विराजमान थे। वे सब राजा की ओर मुंह किये विनीतभाव से बैठे थे।

उस समय राज्यसभा में बैठे हुए सब लोगों को सम्बोधित करके, अयोध्यानरेश ने मृदु, गंभीर वाणी में कहा, "सज्जनों, समस्त संसार का हितसाधन करते हुए मैंने इस शरीर को श्वेत राजछत्र की छाया में बूढ़ा किया है। साठ हजार वर्षों की आयु पाकर जीवित रहते हुए अपने इस जराजीर्ण शरीर को अब मैं विश्राम देना चाहता हूँ। दीर्घकाल तक इस भारी भार को वहन करते-करते अब मैं बिलकुल शिथिल हो गया हूँ। अब मैं विश्राम लेना चाहता हूँ। यहाँ बैठे हुए इन सम्पूर्ण द्विजों की अनुमति लेकर प्रजाजनों के हितकार्य में अपने ज्येष्ठ पुत्र श्रीराम को नियुक्त करके अब मैं राजकार्य से पूर्ण विश्राम लेना चाहता हूँ।

"मेरे पुत्र श्रीराम मेरी अपेक्षा सभी गुणों में श्रेष्ठ हैं। ये श्रीराम कल्याणस्वरूप हैं, प्रजावत्सल और लोक-कल्याणकारक हैं। वे समस्त दैवी गुणों से सम्पन्न हैं। यदि मेरा यह प्रस्ताव आपलोगों को अनुकूल जान पड़े, तो आपलोग इसके लिये मुझे सहर्ष अनुमति दें, अन्यथा दूसरा विकल्प सोचें।"

महाराज दशरथ के वचन सुनकर सारे सभासदों ने हर्ष से युक्त होकर तुमुल ध्वनि की। वह ध्वनि इतनी गंभीर थी कि समस्त पृथ्वी को कँपाती सी प्रतीत हुई। तत्पश्चात् सारे सभासदों ने मिलकर विचारविमर्श किया और जिस निष्कर्ष पर पहुँचे, उसे राजा दशरथ के समक्ष इस प्रकार सुनाया, "धर्मज्ञ नरेश, आपने जगत् के कल्याण के लिये अत्यन्त शुभ संकल्प किया है। श्रीरामचन्द्रजी सभी क्षत्रियोचित गुणों से पूर्ण सम्पन्न हैं। इसके अतिरिक्त वे विशेष दैवी गुणों से भी युक्त हैं। राज्य की समस्त प्रजा को प्राणों से भी बढ़कर प्रिय हैं। सारी प्रजा मुक्तकंठ से उनके गुणों का गान करती है। सबकी यह हार्दिक अभिलाषा है कि रामचन्द्रजी शीघ्रातिशीघ्र युवराजपद पर अभिषिक्त हों। अतः इस शुभ संकल्प को शीघ्रातिशीघ्र क्रियान्वित करें। सारे

प्रजाजनों की यही सम्मति है । अतः वरदायक महाराज, आप देवाधिदेव श्रीविष्णु के समान यशस्वी और पराक्रमी, सम्पूर्ण लोकों के हित में संलग्न रहनेवाले और महापुरुषों द्वारा सेवित अपने पुत्र श्रीरामचन्द्रजी का, जितना शीघ्र हो सके, प्रसन्नतापूर्वक राज्याभिषेक कीजिये । इसी में हम सब लोगों का परम हित है ।"

राज्याभिषेक की तैयारी

सभासदों की वाणी का स्वागत करते हुए राजा दशरथ ने प्रिय वाणी में उत्तर दिया, "आपलोग जो मेरे परमप्रिय ज्येष्ठ पुत्र श्रीराम को युवराज के पद पर प्रतिष्ठित देखना चाहते हैं इससे मुझे बहुत प्रसन्नता हुई है तथा मेरा प्रभाव अनुपम हो गया है।"

इसके बाद राजा दशरथ ने वशिष्ठजी और वामदेव आदि ब्राह्मणों से निवेदन किया, "आपलोग इसी समय श्रीराम का युवराज पद पर अभिषेक करके के लिये सामग्री एकत्र करने की कृपा करें ।"

श्रीवशिष्ठजी के निर्देश से सारी मंगलमयी सामग्री एकत्र कर दी गयी। अन्तःपुर तथा समस्त नगर के सभी दरवाजों को चन्दन, मालाओं और अन्य मांगलिक वस्तुओं से सजा दिया गया । नगर में सब ओर पताकाएँ फहरायी गयीं। देवमन्दिरों और चौराहों पर पूजनीय देवताओं को सजाया गया। शूरवीर योद्धाओं की नियुक्ति चारों ओर कर दी गयी ।

इसके बाद सुमंत्र के द्वारा रामचन्द्रजी को बुलवा कर राजा दशरथ ने उन्हें अपने समक्ष रत्नजटित सिंहासन पर बैठाकर उनसे कहा, "बेटा, तुम अपनी माता के अनुरूप ही उत्पन्न हुए हो । श्रीराम, तुम गुणों में मुझसे भी बढ़कर हो । अतः मेरे परम प्रिय पुत्र हो । तुमने अपने सद्गुणों और शुभ आचरण से समस्त प्रजा को प्रसन्न कर लिया है । इसलिये कल पुष्य नक्षत्र के योग में युवराज का पद ग्रहण करो । यद्यपि मैं तुम्हें किसी भी प्रकार की शिक्षा और उपदेश नहीं देना चाहता; तुम सब कुछ जानते हो और उनका आचरण भी करते हो; तुम्हारी कथनी, करनी और रहनी में एकरूपता है, पर स्नेहवश तुमसे कुछ कहता हूँ । तुम और भी विनय का आश्रय लेकर सदा जितेन्द्रिय बने रहो । काम और क्रोध से उत्पन्न होनेवाले दुर्व्यसनों को सर्वथा त्याग दो । परोक्षवृत्ति से (अर्थात् गुप्तचरों द्वारा यथार्थ बातों का पता लगाकर) तथा प्रत्यक्षवृत्ति से (अर्थात् दरबार में सामने आकर कहनेवाली जनता के मुख से उसके वृत्तान्त को प्रत्यक्ष देख-सुनकर) ठीक-ठीक न्यायविचार में तत्पर रहो । मंत्री, सेनापति आदि समस्त अधिकारियों तथा प्रजाजनों को सदा प्रसन्न रखना । जो राजा कोष्ठागार, (भण्डारगृह) तथा शस्त्रागार आदि के द्वारा उपयोगी वस्तुओं का बहुत बड़ा संग्रह करके मंत्री, सेनापति और प्रजा आदि समस्त प्रकृतियों को प्रिय मानकर उन्हें अपने प्रति अनुरक्त एवं प्रसन्न रखते हुए पृथ्वी का पालन करता है, उसके मित्र उसी प्रकार आनन्दित होते हैं, जैसे अमृत को पाकर देवता प्रसन्न हुए थे । इसलिये बेटा,

तुम अपने चित्त को वश में रखकर इस प्रकार के उत्तम आचरणों का पालन करते रहो।"

इसके बाद श्रीरामचन्द्रजी राजा को प्रणाम करके रथ पर बैठे और प्रजाजनों को सम्मानित करते हुए वे अपने शोभाशाली भवन में चले गये। महारानी कौशल्या को जिन सुहृदों ने यह शुभ समाचार सुनाया, वे विविध प्रकार के उपहारों से पुरस्कृत हुए।

श्रीवशिष्ठजी और श्रीरामजी का मिलन

राज्याभिषेक की पूरी तैयारी हो जाने पर वशिष्ठ जी श्रीराम को कुछ विशेष शिक्षा देने के निमित्त उनके पास गये। आचार्य होने के कारण वे बिना किसी रोक-टोक के भीतर पहुँचे। उस समय गुरु जी को आया देखकर रामचन्द्र जी ने तुरंत हाथ जोड़ कर उनका स्वागत किया और भक्तिपूर्वक दण्डवत् प्रणाम किया। उसी समय सीता सुवर्ण के पात्र में जल ले आयीं। तब श्रीराम ने गुरु वशिष्ठ को रत्न-सिंहासन पर बैठा-कर उनके चरण धोये और सीता जी के सहित उस चरणोदक को भक्तिपूर्वक अपने सिर पर रख कर कहा, "हे मुने, आपके चरणोदक धारण कर मैं कृतकृत्य हो गया।" भगवान् राम के इस प्रकार कहने पर मुनिवर वशिष्ठ ने हँस कर कहा, "हे राम, आपके चरणोदक को मस्तक पर धारण कर पार्वती-वल्लभ भगवान् शंकर धन्य हो गये तथा मेरे पिता ब्रह्माजी भी आपके पादतीर्थ का सेवन करने से ही निष्पाप हो गये। इस समय केवल संसार को यह उपदेश देने के लिये ही कि 'गुरु के साथ किस प्रकार व्यवहार करना चाहिये, आप इस प्रकार का संभाषण कर रहे हैं। मैं भलीभांति जानता हूँ कि आप लक्ष्मी के सहित प्रकट हुए साक्षात् परमातमा विष्णु हैं। हे राघव, मैं जानता हूँ कि आपने देवताओं का कार्य सिद्ध करने के लिये, भक्तों की भक्ति सफल करने के लिये और रावण का वध करने के लिये ही अवतार लिया है। देवताओं की कार्य-सिद्धि के लिये मैं इस गुप्त रहस्य को प्रकट नहीं करता। हे रघुनन्दन, जिस प्रकार माया के आश्रय से आप सब कार्य करेंगे, उसी प्रकार मैं भी 'तुम शिष्य हो और मैं गुरु हूँ' इस संबंध के अनुकूल व्यवहार करूँगा। किन्तु हे देव, वास्तव में तो आप ही गुरुओं के गुरु, देवों के देव और पितृगणों के भी पितामह हैं। आप अन्तर्यामी, जगत्-व्यवहार के प्रवर्तक और मन-वाणी के अविषय हैं। स्वेच्छा से यह शुद्ध सत्त्वमय शरीर धारण कर इस लोक में अपनी योगमाया से मनुष्य के समान प्रतीत होते हैं। मैं यह जानता हूँ कि पुरोहिताई अति निन्दनीय और दूषित जीविका है। तो भी जब पूर्वकाल में ब्रह्माजी के कहने से मुझे यह मालूम हुआ कि इक्ष्वाकुवंश में पूर्णब्रह्म परमेश्वर अवतार लेंगे, तब हे राम, आपसे संबंध जोड़ने की इच्छा से, आपका आचार्य बनने के लिये इस निन्दनीय पद को भी मैंने स्वीकार कर लिया। हे रघुनन्दन, आज मेरी इच्छा पूरी हो गयी। अब यदि आप गुरुऋण से उऋण होना चाहते हैं, तो मुझे यही दीजिये कि आपके अधीन रहने वाली महामाया मुझे मोहित न कर सके। हे

रघुश्रेष्ठ, इस समय प्रसंगवश मैंने ये सब बातें आपसे कह दी हैं। मैं ऐसा और कभी भी न कहूँगा। हे राघव, महाराज दशरथ ने इस बात की सूचना देने के लिये कि कल वे आपको राजपद पर अभिषिक्त करेंगे—मुझे आपके पास भेजा है। आज आप सीता के सहित विधिपूर्वक उपवास और शुद्धता तथा इन्द्रियजयपूर्वक पृथ्वी पर शयन करें। अब मैं राजा दशरथ के पास जाता हूँ।''

श्रीराम का लक्ष्मण के साथ संभाषण

श्रीराम से ऐसा कह कर राजपुरोहित वशिष्ठजी रथ पर चढ़कर तुरन्त ही चले गये। तब श्रीरामजी ने लक्ष्मण की ओर उन्मुख होकर कहा, 'हे सुमित्रानन्दन, कल मेरा युवराज पद पर अभिषेक होगा। मैं तो केवल निमित्तमात्र होऊँगा, उसके कर्त्ता-भोक्ता तो तुम्हीं होगे। मेरे बाह्य-प्राण तो तुम्हीं हो। इसमें कोई विशेष-सोच-विचार की आवश्यकता नहीं है।'' तदनन्तर वशिष्ठजी जैसा कह गये थे, श्रीराम ने वैसा ही किया।

पुत्रवत्सला कौशल्या ने श्रीरामचन्द्रजी की इष्ट-सिद्धि के लिये लक्ष्मीदेवी का पूजन किया। 'राजा दशरथ सत्यवादी हैं और उनके विषय में यह प्रसिद्ध भी है कि वे अपनी प्रतिज्ञा का पालन करते हैं। इतने पर भी वे कामी और कैकेयी के वशीभूत हैं। ऐसी अवस्था में क्या वे इस प्रतिज्ञा को पूर्ण कर सकेंगे?' इस प्रकार की चिन्ता से व्याकुल होकर वह दुर्गादेवी का पूजन करने लगीं।

मंथरा और कैकेयी का संवाद

इसी समय देवताओं ने सरस्वती देवी से आग्रह किया, ''हे देवि, तुम यत्न-पूर्वक भूलोक में अयोध्यापुरी में जाओ। वहाँ ब्रह्माजी की आज्ञा से रामचन्द्रजी के राज्याभिषेक में विघ्न उपस्थित करो। प्रथम तो तुम मंथरा में प्रवेश करना और फिर कैकेयी में। हे शुभे, इस प्रकार विघ्न उपस्थित हो जाने पर तुम फिर स्वर्गलोक को लौट आना।'' देवताओं की इस विनय पर सरस्वती जी असमंजस में पड़ गयीं। उनकी स्वार्थ-परायणता देख कर मन ही मन वे उनकी भर्त्सना करने लगीं। सरस्वती जी को असमंजस में पड़ी देख कर देवताओं ने पुनः विनीत शब्दों में उनसे निवेदन किया, माता, इसमें तुम रंचमात्र भी कलंकित नहीं होगी। तुम्हारे इस पुनीत कार्य के द्वारा श्रीरामचन्द्र जी वन जाकर असुरों का संहार कर भूमंडल का भार उतारेंगे।'' उनकी विनय पर सरस्वती ने भूमंडल पर आकर मंथरा में प्रवेश किया। मंथरा रानी कैकेयी की दासी थी, जो उसके मायके से आयी हुई थी। वह सदा कैकेयी के ही साथ रहा करती थी। तीन स्थानों से टेढ़ी वह कुबड़ी मंथरा महल की अट्टालिका पर चढ़ी और उसने देखा कि नगर सब ओर से सजाया गया है। नाना प्रकार की बन्दनवारें बँधी हुई हैं, चित्र-विचित्र पताकाएँ सुशोभित हो रही हैं और सब ओर उत्सव हो रहे हैं। यह देख कर वह अत्यन्त विस्मित हो नीचे उतर आयी। उसने श्रीरामजी की धाय से पूछा, ''मैया, आज नगर क्यों सजाया गया है और महारानी

कौशल्या भी नाना प्रकार के उत्सव मनाती हुई अत्यन्त हर्षपूर्वक श्रेष्ठ ब्राह्मणों को विविध वस्त्राभूषण क्यों दे रही हैं ?" तब धाय ने उनसे कहा, "कल श्रीरामजी का राज्याभिषेक होगा, इसीलिये नगर सब ओर से सजाया गया है ।"

धाय का यह वचन सुनकर मंथरा मन ही मन कुढ़ गयी । मंथरा को इसमें कैकेयी का अनिष्ट दिखायी देता था । वह क्रोध में जलने लगी । उसने महल में लेटी हुई कैकेयी के पास जाकर इस प्रकार कहा, "अयि अभागिनि, अरी मूढ़े, उठ, लेटी क्या है ? तुझ पर भारी भय आ रहा है । अरी तेरे ऊपर विपत्ति का पहाड़ टूट पड़ा है । फिर भी तुझे इस दुरवस्था का बोध नहीं हो रहा है ? देवि, कल महाराज दशरथ श्रीराम को युवराज के पद पर अभिषिक्त कर देंगे । तुम्हारे स्वामी धर्म की बातें तो बहुत करते हैं, परन्तु हैं महान् कपटी । मुँह से चिकनी-चुपड़ी बातें करते हैं परन्तु हृदय के बड़े क्रूर हैं । तुम समझती हो कि वे सारी बातें शुद्ध भाव से ही करते हैं, इसलिये आज उनके द्वारा बेतरह ठगी गयी हो । उनका हृदय इतना कलुषित है कि भरत को तो उन्होंने तुम्हारे मायके भेज दिया और कल सबेरे ही अवध के निष्कंटक राज्य पर वे श्रीराम का अभिषेक करेंगे । उपेक्षित शत्रु अथवा सर्प जैसा बर्ताव कर सकता है, राजा दशरथ ने आज पुत्र सहित तुझ कैकेयी के साथ वैसा ही बर्ताव किया है ।"

मंथरा की बात सुनकर कैकेयी का हृदय हर्ष से भर गया । वह शरत्पूर्णिमा के चन्द्रमंडल की भाँति खिल उठी । कैकेयी मन ही मन अत्यन्त सन्तुष्ट हुई । आनन्द-विभोर और विस्मय-विमुग्ध हो मुस्कुराती हुई उसने मंथरा को पुरस्कार के रूप में एक बहुत सुन्दर दिव्य आभूषण प्रदान किया और कहा, "मन्थरे, यह तूने मुझे बड़ा ही प्रिय समाचार सुनाया, इसके लिये तेरा और कौन सा उपकार करूँ । मैं तो राम और भरत में कोई भेद नहीं समझती । अतः यह सुनकर कि राजा श्रीराम का अभिषेक करने वाले हैं, मुझे परम प्रसन्नता प्राप्त हुई । मंथरे, तू मुझसे प्रिय वस्तु पाने के योग्य हो । मेरे लिये श्रीराम के राज्याभिषेक-सम्बन्धी समाचार से बढ़कर और कोई भी प्रिय वस्तु न होगी । अतः इस प्रिय समाचार सुनाने के बदले तू कोई श्रेष्ठ वर माँग ले । मैं उसे अवश्य दूँगी ।"

कैकेयी की इस बात को सुनकर मंथरा ने क्रुद्ध होकर उसकी निन्दा की और उसके दिये हुए आभूषण को तृण के समान फेंक दिया । इसके बाद उसने कहा, "रानी तुम बड़ी नादान हो । तुम्हारी बुद्धि बड़ी कुन्द है । अहो, तुमने यह बेतुका हर्ष किसलिये प्रकट किया ? तुम्हें शोक के स्थान पर प्रसन्नता कैसे हो रही है ? अरी, तुम शोक के समुद्र में डूबी हुई हो, तो भी तुम्हें अपनी इस विपन्नावस्था का बोध नहीं हो रहा है । तुम्हारी दुर्बुद्धि और भोलेपन पर मुझे तरस आ रहा है । सौत का बेटा शत्रु होता है । वह सौतेली माता के लिये साक्षात् मृत्यु ही है । भला, उसके अभ्युदय का अवसर आया देख कौन बुद्धिमती स्त्री अपने मन में हर्ष मानेगी ? श्रीराम राजनीति के पूरे पंडित हैं । लक्ष्मण और शत्रुघ्न तो उनसे छोटे हैं, अतः उनके लिये राज्यप्राप्ति की संभावना दूर है । श्रीराम के बाद भरत का ही पहले राज्य पर अधिकार हो

सकता है। लक्ष्मण तो पूर्ण हृदय से अनुचर हैं। तुम जानती हो, क्या परिणाम होगा? लक्ष्मण तो श्रीराम के प्रमुख मंत्री बनेंगे और भरत बन्दीगृह में बन्दी बनाकर रखे जायेंगे। तुम्हारी क्या दशा होगी? तुम दासी की भाँति कौशल्या की सेवा करोगी, तो रहने पाओगी, अन्यथा तुम्हारे ऊपर जो अत्याचार होंगे, उसकी कल्पना मात्र से रोंगटे खड़े हो रहे हैं।''

मंथरा की बात सुनकर कैकेयी ने राम के प्रति अपना पूर्ण विश्वास व्यक्त करते हुए कहा, ''कुब्जे, श्रीराम धर्म के ज्ञाता, गुणवान, जितेन्द्रिय; सत्यवादी और पवित्र हैं। वे भरत को प्राणों से बढ़कर मानते हैं। श्रीराम की राज्यप्राप्ति के सौ वर्ष पश्चात् निश्चय ही भरत को राज्य प्राप्त होगा। ऐसी स्थिति में तू क्यों शोक में संतप्त हो रही है?'

कैकेयी की बात सुनकर क्रूर कुब्जा ने कहा, ''मूर्खरानी, जब श्रीरामचन्द्रजी राजा हो जायेंगे, तब उनके बाद उनका जो पुत्र होगा; उसी को राज्य मिलेगा। भरत तो राज्य पाने की परम्परा से बिलकुल अलग हो जायेंगे। पुत्रवत्सले, तुम्हारा पुत्र राज्य के अधिकार से एकदम वंचित हो जायगा, वह अनाथ की भाँति समस्त सुखों से भी विहीन हो जायगा। याद रखो; जब श्रीराम राज्य प्राप्त कर लेंगे, तब तुम्हारे पुत्र नष्टप्राय हो जायँगे।''

मंथरा के इस कथन पर कैकेयी का मुख क्रोध से तमतमा उठा। उसमें प्रतिहिंसा की प्रबल अग्नि प्रज्वलित हो गयी। वह रोष में बोली, ''कुब्जे, तूने मेरा बड़ा उपकार किया। इस षड्यंत्र को मैं कभी सफल नहीं होने दूँगी। मैं दासी बनकर नहीं रह सकती। मेरा पुत्र राजा होगा, अन्यथा मैं अपने प्राणों का त्याग कर दूँगी।''

कैकेयी की बात सुनकर मंथरा हर्षित होकर बोली, ''भामिनि, क्रोध और उद्वेग से काम पूरा नहीं होगा। कार्य-सिद्धि युक्ति और उपाय से होती है। अतः उपाय से काम लो। मैंने पहले से उपाय सोच रखा है। एक बार तुम्हीं ने मुझे बताया था कि देवासुर-संग्राम के अवसर पर महाराज दशरथ ने तुम्हें भी दो वरदान दिये थे। यह उपयुक्त अवसर है। उन दो वरों में पहला वर तो राम को चौदह वर्ष का वनवास और दूसरा भरत के लिये राजगद्दी माँगो। तुरन्त कोपभवन में जाओ। जब महाराज प्रतिज्ञा कर लें; तभी वरदान माँगना। अतः हे भामिनि, अब तुम शीघ्र ही रोषपूर्वक कोपभवन जाओ। अपने समस्त आभूषण उतार कर इधर-उधर फेंक दो। जब तक सत्यप्रतिज्ञापूर्वक राजा तुम्हारा अभीष्ट कार्य करने को तत्पर न हों, तब तक पृथ्वी पर चुपचाप पड़ी रहो।''

कुब्जा मंथरा की ये बातें सुनकर दुःसंगवश बुद्धि भ्रष्ट हो जाने के कारण और सरस्वतीजी की प्रेरणा से दुष्टा कैकेयी ने उस समय मंथरा का कथन सर्वथा ठीक मान लिया। उसने मंथरा से कहा, ''तुझमें ऐसी बुद्धि कहाँ से आ गयी? अरी बाँकी सुन्दरी, मैं तुझे इतनी बुद्धिमती नहीं समझती थी। यदि मेरा पुत्र राजा हो गया, तो मैं तुझे सौ गाँव दूँगी; तू तो मुझे प्राणों के समान प्यारी है।''

ऐसा कहकर कैकेयी ने रोषपूर्वक कोपभवन में प्रवेश किया। सब आभूषण उतार कर इधर-उधर बिखेर दिये तथा मैले-कुचैले वस्त्र पहनकर अति मलीन दशा में पृथ्वी पर पड़कर बोली, 'अरी कुब्जे, सुन, जब तक राम वन नहीं जायँगे, प्राण भले ही छूट जायँ, मैं इसी प्रकार पड़ी रहूँगी।'

तब मंथरा ने यह समझाकर कि, "हे कल्याणि, तुम निस्सन्देह ऐसा ही करना, इससे तुम्हारा कल्याण अवश्य होगा।" अपने घर चली गयी।

राजा दशरथ का कैकेयी को वर देना

महाराज दशरथ ने रामचन्द्रजी के अभ्युदय के लिये प्रजावर्ग और मंत्रियों (मांगलिक कार्यों के लिये) को आज्ञा देकर आनन्दपूर्वक अपने रनिवास में प्रवेश किया। वहाँ अपनी प्रिया कैकेयी को न देखकर वे अत्यन्त विह्वल होकर मन ही मन सोचने लगे "क्या कारण है जो पहले महल में घुसते ही सदा हँसती हुई मेरे सामने आती थी, वह सुमुखी आज दिखायी ही नहीं दे रही है?" अत्यन्त दुःखी होकर उन्होंने दासियों से पूछा, "आज तुम्हारी शुभलक्षणा स्वामिनी कहाँ है? वह प्रियदर्शना प्रिया आज पूर्ववत् मेरे सामने क्यों नहीं आयी?"

दासियों ने उत्तर दिया, "देव, महाराज, कारण तो मालूम नहीं किन्तु आज वे कोपभवन में गयी हुई हैं। आप स्वयं ही वहाँ जाकर सब हाल जान लीजिये।"

दासियों के इस प्रकार कहने पर राजा भयभीत होकर कैकेयी के पास गये और वहाँ बैठकर उसके शरीर पर धीरे-धीरे हाथ फेरते हुए बोले, "अयि भीरु, आज पलंग आदि छोड़ कर इस प्रकार पृथ्वी पर क्यों पड़ी हो? तुम मुझसे कुछ बोल नहीं रही हो, इससे मुझे बहुत क्लेश हो रहा है। समस्त आभूषण छोड़कर तुम मलिन वस्त्र पहने हुए पृथ्वी पर क्यों पड़ी हो? तुम्हारी जो इच्छा हो, उसे कहो। मैं तुम्हारी सारी इच्छाएँ पूरी करूँगा। तुम्हारा अनिष्ट करने वाला कौन है? वह स्त्री हो अथवा पुरुष, अवश्य मेरे दण्ड का पात्र होगा। इतना ही नहीं, उसका वध भी किया जा सकता है। हे देवि, जिस प्रकार तुम्हारी प्रसन्नता हो, वह मुझसे अवश्य कहो। वह कार्य अत्यन्त दुष्कर होने पर भी, मैं इसी समय एक क्षण में ही पूरा कर दूँगा। तुम मेरे हृदय को जानती ही हो, मैं तुम्हारा अत्यन्त प्रिय और तुम्हारे वशीभूत हूँ। फिर भी तुम मुझे खिन्न करती हो? बताओ, तुम्हारा प्रिय करने वाले किस कंगाल को मैं धनी कर दूँ, अथवा तुम्हारे अप्रियकारी किस धनपति को एक क्षण में ही कंगाल बना दूँ। बताओ, किस अवध्य को मार डालूँ और किस वध्य कोछोड़ दूँ। हे प्रिये, इस विषय में और अधिक क्या कहूँ, मैं तुम्हें अपने प्राण भी दे सकता हूँ। कमलनयन राम मुझे प्राणों से भी अधिक प्रिय हैं। मैं उनकी शपथ करके कहता हूँ कि तुम्हें जो कुछ भी प्रिय हो, मैं वही करूँगा।"

महाराज दशरथ के राम की सौगन्ध खाकर इस प्रकार कहने पर कैकेयी ने धीरे-धीरे अपने आँसू पोछ कर राजा से कहना प्रारंभ किया, "हे राजन्. यदि आप

सत्यप्रतिज्ञ हैं और शपथ भी करते हैं, तो शीघ्र ही मैं जो कुछ माँगूँ, उसे सफल कर देना चाहिए। पूर्वकाल में देवासुर-संग्राम में मैंने आपकी रक्षा की थी। उस समय प्रसन्न होकर आपने मुझे दो वर देने को कहा था। हे सुव्रत, मैंने वे दोनों वर आपके पास धरोहर के रूप में रख दिये थे। अब उनमें से एक वर से तो तुरंत ही मेरे प्रिय पुत्र भरत को इस एकत्र की हुई सामग्री से युवराज-पद पर अभिषिक्त कीजिये और दूसरे वर के अनुसार राम तुरंत ही चौदह वर्ष के लिये वन को चले जायँ। वहाँ राम को जटा-वल्कलादि धारण कर कंदमूल खाते हुए मुनिवेश में चौदह वर्ष तक रहना चाहिये। उसके पश्चात् अपनी इच्छा से चाहे वे अयोध्या में लौट आवें अथवा वन ही में रहें। परन्तु प्रत्येक स्थिति में श्रीराम को वन जाना अनिवार्य है। यदि इसमें कुछ देरी होगी, तो आपके सामने ही मैं अपने प्राण छोड़ दूँगी। आप अपनी प्रतिज्ञा सत्य सिद्ध कीजिये। मेरा प्रिय कार्य बस यही है।''

कैकेयी के ऐसे रोमांचकारी कठोर वचन सुनकर महाराज दशरथ वज्राहत पर्वत के समान गिर पड़े। तत्पश्चात् धीरे-धीरे नेत्र खोलकर अति भयपूर्वक आँसू पोंछे और मन ही मन कहने लगे, ''मैंने यह कोई दुःस्वप्न देखा है या मेरे चित्त को भ्रम हो गया है।''

उस समय अपने सामने सिंहिनी के समान बैठी हुई रानी कैकेयी को देखकर कहने लगे, ''हे भद्रे, मेरे प्राणों को हरनेवाली, तुम यह क्या कह रही हो? कमलनयन राम ने तुम्हारा क्या अपराध किया है? तुम तो अहर्निश मेरे सामने राम के शुभ गुण गाया करती थी। तुम तो पहले कहा करती थी कि ''राम मुझे और कौशिल्या को समान समझ कर सदा मेरी सेवा किया करते हैं।'' फिर इस समय तुम यह उल्टी बात कर रही हो? तुम अपने पुत्र भरत के लिए राज्य अवश्य ले लो। किन्तु राम को घर ही रहने दो। हे सुलोचनि, तुम मुझ पर कृपा करो। राम को मुझसे अलग कर मेरे प्राण मत लो। राम से तुम्हें कोई भय नहीं होना चाहिये। वह निःस्पृह है, साथ ही भरत उसे प्राणों से बढ़कर प्रिय हैं।''

ऐसा कहकर महाराज दशरथ नेत्रों में जल भरकर कैकेयी के चरणों में गिर पड़े। तब कैकेयी ने आँखें लाल कर क्रोधपूर्ण वाणी में राजा से इस प्रकार कहा, ''सत्यवादी राजन् क्या तुम्हारी बुद्धि में भ्रम हो गया है, जो अपने कथन के विपरीत बोल रहे हो? याद रखो, यदि तुमने अपनी प्रतिज्ञा भंग कर दी, तो तुम्हें नरक भोगना पड़ेगा। सुनो, यदि कल प्रातःकाल ही मृगचर्म और वल्कल वस्त्र धारण कर राम वन को न गये, तो मैं तुम्हारे सामने ही फाँसी लगाकर अथवा विष खाकर मर जाऊँगी। तुम संसार में सभी सभाओं में 'मैं सत्यप्रतिज्ञ हूँ' ऐसा कहकर लोगों को धोखे में डाला करते हो, अब तुम राम की शपथ करके की हुई प्रतिज्ञा को भी तोड़ रहे हो, अतः तुम्हें नरक में जाना पड़ेगा।''

अपनी प्रिया कैकेयी के ऐसे कठोर और रूखे वचन को सुनकर महाराज दुःख-समुद्र में डूबकर अत्यधिक व्याकुल हो गये और मृतक के समान मूर्च्छित और चेतना-

विहीन होकर पृथ्वी पर गिर पड़े । इस प्रकार अत्यन्त दुःख के कारण उनकी वह रात्रि एक कल्प के समान बीती ।

इधर अरुणोदय होते ही गायक और बन्दीजन स्तुतिगान करने लगे । प्रातः-काल होने पर ब्राह्मण, क्षत्रिय, वैश्य और ऋषिगण, कन्याएँ, दिव्य छत्र चामर तथा हाथी और घोड़े आदि सभी अभिषेकोपयोगी वस्तुएँ मध्य द्वार पर उपस्थित की गयीं । इनके अतिरिक्त वशिष्ठजी के आदेशानुसार मुख्य-मुख्य वारांगनाएँ तथा पुरवासी और जनपदवासी भी वहाँ उपस्थित हो गये । उस रात स्त्री, बालक, युवा और वृद्ध किसी को भी नींद नहीं आयी । सभी को यह व्याकुलता हो रही थी कि हम रेशमी पीताम्बर पहने भगवान् राम को कब राज्य-सिंहासन पर विराजमान देखेंगे । इस प्रकार सभी पुरवासियों का चित्त हर्ष से अति पुलकित और उत्कंठित हो रहा था ।

इस समय मंत्रिवर सुमंत्र यह सोचकर कि 'महाराज अभी तक कैसे नहीं उठे' धीरे से महाराज दशरथ के पास पहुँचे । वहाँ पहुँचकर उन्होंने जयजयकार कर राजा को सिर झुकाकर अभिवादन किया और उन्हें अत्यन्त व्याकुल और खिन्न देखकर कैकेयी से पूछा, "देवि कैकेयी, आपका अभ्युदय हो, कहिये, आज महाराज इतने विह्वल और खिन्न क्यों दिखाई पड़ रहे हैं ?"

इस पर कैकेयी ने कहा, "आज महाराज को रात्रि में बिलकुल नींद नहीं आयी । रात्रि भर राम का चिन्तन करते हुए 'राम राम राम' ही रटते रहे हैं । इस प्रकार जागते रहने के कारण ही राजा अस्वस्थ दिखायी पड़ रहे हैं । महाराज श्रीराम को यहाँ देखना चाहते हैं, इसलिये तुम शीघ्र ही उन्हें यहाँ लिवा लाओ ।"

सुमंत्र ने कहा, "भामिनि, महाराज की आज्ञा पाये बिना मैं कैसे जा सकता हूँ ?" मंत्री का यह वचन सुनकर महाराज बोले, 'सुमंत्र, मैं मनोहरमूर्ति राम को देखूंगा । तुम उन्हें शीघ्र ही ले आओ ।"

सुमंत्र के साथ श्रीरामचन्द्रजी तुरन्त राजा के पास उपस्थित हुए । श्रीराम ने उन्हें प्रणाम किया । उस समय राम को गले लगाने के लिये ज्योंही उठकर महाराज दशरथ ने हाथ बढ़ाये कि वे बीच में दुःखपूर्वक 'हा राम, हा राम' कहते हुए गिर पड़े । तब श्रीराम ने हाहाकार करते हुए अति शीघ्रता से उन्हें गले लगाकर अपनी गोदी में बैठाया ।

भगवान् राम ने कैकेयी से पूछा, "माता, महाराज के इस दुःख का क्या कारण है ?" उनके इस प्रकार पूछने पर कैकेयी बोली, "हे राम, महाराज के इस दुःख के कारण तुम्हीं हो । तुम्हें उनके दुःख की शान्ति के लिए कुछ प्रिय कार्य करना होगा । तुम सत्य-प्रतिज्ञ हो, महाराज दशरथ को भी सत्यवादी बनाओ । उन्होंने प्रसन्न होकर मुझे दो वर दिये हैं । किन्तु उनकी सफलता तुम्हीं पर आश्रित है । महाराज को तुमसे कहने में संकोच मालूम होता है । किन्तु तुम्हें सत्यपाश में बँधे हुए अपने पिताजी की अवश्य रक्षा करनी चाहिये, क्योंकि 'पुत्र' शब्द का अर्थ ही यह है कि जो पिता की नरक से रक्षा करे ।"

कैकेयी की बातें सुन कर शूल से विद्ध के समान राम ने व्यथित होकर पूछा, "मातः, आज मुझसे ऐसी बातें क्यों करती हो ? पिताजी के लिये मैं अपना जीवन दे सकता हूँ, भयंकर विष भी पी सकता हूँ। सीता, माता कौशल्या तथा राज्य को भी छोड़ सकता हूँ। जो पुत्र पिता की आज्ञा के बिना ही उनका अभीष्ट कार्य करता है, वह उत्तम पुत्र समझा जाता है। जो पिता के कहने पर करता है, उसकी गणना मध्यम कोटि के पुत्र में होती है और जो पुत्र आज्ञा देने पर भी नहीं करता, वह विष्ठा के समान है। अतः पिताजी ने मेरे लिये जो कुछ आज्ञा दी है, उसे मैं अवश्य पूर्ण करूँगा। यह सर्वथा सत्य है। राम दो बात कभी नहीं करता।"

राम की ऐसी प्रतिज्ञा सुनकर कैकेयी ने इस प्रकार कहना आरंभ किया, "हे राम, मेरे प्रथम वर के अनुसार तुम्हारे अभिषेक के लिये जो कुछ सामग्री एकत्र की गयी है, उसके द्वारा निश्चय ही मेरे प्रिय पुत्र भरत का अभिषेक होना चाहिये। दूसरे वर के अनुसार पिता की आज्ञा से आज तुरंत ही तुम वल्कल वस्त्र और जटा धारण कर वन को जाओ और वहाँ मुनिजनोचित भोजन करते हुए चौदह वर्ष तक रहो। बस, तुम्हारे पिता का यही कार्य है, जो तुम्हें करना चाहिये। किन्तु महाराज इन सब बातों को तुमसे कहने में संकोच करते हैं। वे जीते जी अपने मुँह से तुम्हें वन जाने को कभी नहीं कहेंगे।"

कैकेयी की बात सुन कर श्रीरामचन्द्रजी बोले, "माता, प्राणप्रिय भरत आनन्द से यह राज्य भोगें और मैं भी अभी वन को जाता हूँ। किन्तु इसका कारण नहीं मालूम होता कि महाराज मुझसे क्यों नहीं कहते ? यह तो बड़ी छोटी बात है। पिता जी इतनी छोटी बात के लिये इतने क्यों दुखी हो रहे हैं।"

श्रीराम के ये वचन सुनकर और उन्हें अपने सामने बैठे देखकर दुःखातुर महाराज दशरथ ने इस प्रकार कहा, "राम, मुझ स्त्रीवश, भ्रान्तचित्त, घनघोर कामी, कुमार्गगामी, पापात्मा को बाँधकर यह राज्य ले लो। इससे तुम्हें कोई भी पाप नहीं लगेगा। हे रघुनन्दन, ऐसा होने पर मुझे भी असत्य स्पर्श नहीं करेगा।" ऐसा कह कर राजा दशरथ दुःखातुर होकर विलाप करने लगे। "हा राम, हा राम, हा जगन्नाथ, हा प्राणप्यारे, मुझे छोड़ कर तुम वन में जाना कैसे उचित समझ रहे हो ?" ऐसा कहकर उन्होंने राम को गले लगा लिया और कातर होकर विलाप करने लगे। तब श्रीराम ने हाथ में जल लेकर पिताजी का मुँह धोया और उनके आँसू पोंछे। नीतिकुशल श्रीरामजी ने धीरे-धीरे उन्हें ढाढ़स बँधाया। वे कहने लगे, "प्रभो, यदि मेरे छोटे भाई भरत राज्यशासन करें, तो इसमें दुख की क्या बात है ? मैं भी इस प्रतिज्ञा का पालन कर फिर आपके पास अयोध्या लौट ही आऊँगा। हे राजन्, वन में रहने से तो मुझे राज्य-प्राप्ति से करोड़ गुना सुख होगा। इससे आपके सत्य की रक्षा होगी, देवताओं का कार्य सिद्ध होगा और कैकेयी का भी हित होगा। अतः हे राजन्, वनवास में सब प्रकार सुख ही सुख है। अब मैं शीघ्र ही जाना चाहता हूँ। माता कैकेयी की हार्दिक व्यथा शान्त हो। माता कौशल्या को सान्त्वना देकर

और जानकीजी को समझा-बुझा कर मैं अभी आता हूँ और आपके चरणों की वन्दना कर आनन्दपूर्वक वन को प्रस्थान करता हूँ।"

ऐसा कहकर उन्होंने पिता की परिक्रमा की और माता कौशल्या से मिलने आये। उस समय वे राम के मंगल के निमित्त श्री विष्णु भगवान् की पूजा कर रही थीं। अन्तर्यामी, चिद्घन स्वरूप, तेजोमय, निरतिशयस्वरूप, सदानन्दमय, भगवान् विष्णु के ध्यान में तन्मय होने के कारण वे श्रीराम को नहीं देख पायीं।

श्रीराम का माता कौशल्या से विदा होना तथा सीता-लक्ष्मण-सहित वनगमन की यतैारी

महारानी सुमित्रा ने श्रीराम को देखकर महारानी को चेतनावस्था में लाकर कहा, कि रामजी आपके पास खड़े हैं। 'राम' का नाम सुनते ही वे बहिर्जगत् में आयीं। उन्होंने स्नेहवश रामजी को गले लगा कर गोद में बैठा लिया, उनका सिर सूँघा और उनके शरीर पर हाथ फेरा और कहा, "बेटा, भूख लगी होगी, कुछ मिष्ठान्न खा लो।"

रामजी ने उत्तर दिया, "माता, मुझे भोजन करने का समय नहीं है। आज मेरे लिये यह समय शीघ्र ही वन जाने के लिये निश्चित किया गया है। मेरे सत्य-प्रतिज्ञ पिता ने माता कैकेयी को वर देकर भरत को राज्य और मुझे अति उत्तम वनवास दिया है। वहाँ मुनिवेश में चौदह वर्ष रहकर मैं शीघ्र ही लौट आऊँगा। आप किसी प्रकार की चिन्ता न करें।"

श्रीराम के मुख से ऐसी बातें सुनकर माता कौशल्या दुःख से अचेत हो गयीं। फिर चेत में आने पर वे राम से कहने लगीं, "राम, यदि सचमुच ही तुम वन को जाते हो, तो मुझे भी साथ ले चलो। तुम्हारे बिना मैं आधे क्षण भी कैसे जीवित रह सकती हूँ ? जिस प्रकार गौ अपने अल्पवयस्क बछड़े को छोड़ कर अन्यत्र नहीं रह सकती, उसी प्रकार मैं भी तुझ अपने प्राणप्रिय पुत्र को छोड़कर नहीं रह सकती। यदि राजा भरत से प्रसन्न हैं, तो उन्हें राज्य भले ही दें। परन्तु तुझ प्रिय पुत्र को वनवास की आज्ञा क्यों देते हैं। कैकेयी को वर देकर चाहे महाराज अपना सर्वस्व दे डालें, इसमें मुझे कोई आपत्ति नहीं है। किन्तु तुमने राजा और कैकेयी का क्या बिगाड़ा है। हे राम जिस प्रकार पिता तुम्हारे गुरु हैं, उसी प्रकार मैं भी तो उनसे अधिक तुम्हारी गुरु हूँ। यदि पिता ने तुमसे वन जाने को कहा है, तो मैं तुम्हें रोकती हूँ। यदि मेरे वाक्य का उल्लंघन कर तुम राजा की आज्ञा से वन को चले जाओगे, तो मैं अपना प्राण छोड़ कर इस संसार से चली जाऊँगी।

वहाँ पास खड़े हुए लक्ष्मणजी श्रीराम और कौशल्या की बात सुन रहे थे। उन्होंने शेषयुक्त वाणी में श्रीरामजी से कहा, "श्रीरामजी, मैं उन्मत्त, भ्रान्तचित्त और कैकेयी के वशवर्ती राजा दशरथ को बाँध कर भरत को उनके सहायक मामा आदि के सहित मार डालूंगा। आज सम्पूर्ण लोकों को दग्ध करने वाले कालानल के

समान मेरे पौरुष को पहले वे सब देख लें। हे शत्रुदमन राम, आप अभिषेक की तैयारी कीजिये। उसमें विघ्न उपस्थित करने वालों को मैं अपने हाथ में धनुष लेकर मार डालूँगा।"

लक्ष्मणजी के ऐसा कहने पर श्रीरामजी ने उन्हें गले लगा कर कहा, "हे रघुश्रेष्ठ लक्ष्मण! तुम अत्यन्त शूरवीर हो और मेरे परम हितकारी हो, तुम जो कुछ कहते हो, वह मैं सब सत्य मानता हूँ; किन्तु यह उसका समय नहीं है। यह जो कुछ राज्य और देह आदि दिखायी देता है, वह सब यदि सत्य होता, तो अवश्य तुम्हारा परिश्रम सफल होता। किन्तु ये भोग तो मेघरूपी वितान में चमकती हुई बिजली के समान चंचल हैं और आयु अग्नि में तपाये हुए लोहे पर पड़ी हुई जल की बूँद के समान क्षणिक है। जिस प्रकार सर्प के मुँह में पड़ा हुआ भी मेढक मच्छरों को ताकता रहता है, उसी प्रकार लोग कालरूप सर्प से ग्रस्त हुए भी अनित्य भोगों को चाहते रहते हैं। कैसा आश्चर्य है कि शरीर के भोगों के लिये ही मनुष्य रात-दिन अति कष्ट सह कर नाना प्रकार की क्रियाएँ करता रहता है। यदि यह समझ ले कि शरीर आत्मा से पृथक् है, तो फिर भला पुरुष कैसे किसी भोग को भोग सकता है? पिता, माता, पुत्र, भाई, स्त्री और बन्धु-बान्धवों का संयोग प्याऊ पर एकत्र हुए व्यक्तियों अथवा नदी-प्रवाह में इकट्ठी हुई लकड़ियों के समान चंचल है। यह स्पष्ट दिखाई पड़ता है कि लक्ष्मी छाया के समान चंचल, यौवन जलतरंग के समान अनित्य है, स्त्री-सुख स्वप्न के समान मिथ्या और आयु अत्यन्त अल्प है; तथापि प्राणियों का इनमें कितना अधिक अभिमान है। यह संसार सदा रोगादि संकुल तथा स्वप्न और गन्धर्व नगर के समान मिथ्या है, मूढ़ जन ही इसे सत्य समझ कर इसका अनुकरण करते हैं। नित्यप्रति दिन और रात आते और जाते रहते हैं, किन्तु मूढ़ पुरुष भोगों के पीछे ही दौड़ता है, काल की गति को नहीं देखता। वृद्धावस्था सिंहिनी के समान डराती हुई सामने खड़ी है और मृत्यु भी उसके साथ ही चलती हुई अन्त समय की प्रतीक्षा कर रही है। किन्तु देह में अहंभावना करनेवाला जीव इस कृमि, विष्ठा और भस्मरूप शरीर को ही 'मैं लोक-प्रसिद्ध राजा हूँ' ऐसा समझता है।

"हे लक्ष्मण, तुम कुछ सोचकर बताओ कि किस कारण तुम संसार को दग्ध करना चाहते हो? त्वचा, अस्थि, मांस, विष्ठा, मूत्र, शुक्र और रुधिर आदि से बना हुआ विकारी और परिणामी देह, आत्मा किस प्रकार हो सकता है? हे भाई, देहाभिमान से युक्त पुरुष में ही सम्पूर्ण दोष प्रकट हुआ करते हैं। 'मैं देह हूँ' इस बुद्धि का नाम ही अविद्या है और 'मैं देह नहीं, चेतन आत्मा हूँ' इसी को विद्या कहते हैं। अविद्या जन्ममरणरूप संसार का कारण है और विद्या उसको निवृत्त करने वाली है। अतः मोक्षकामियों को सदा विद्योपार्जन का प्रयत्न करना चाहिये।

"हे शत्रुदमन, काम-क्रोध आदि इस साधन में विघ्न करने वाले शत्रु हैं। उनमें भी मोक्ष में विघ्न उपस्थित करने के लिये तो एकमात्र क्रोध ही पर्याप्त है। क्रोध की उत्पत्ति होने से पुरुष पिता, माता, सुहृद और बन्धुओं का भी वध कर डालता है।

मन के संताप का मूल क्रोध ही है और क्रोध ही संसार का बन्धन तथा धर्म का क्षय करने वाला है। इसलिये तुम क्रोध का परित्याग कर दो। तुम सर्वदा अपने हृदय में 'बुद्धि आदि से आत्मा पृथक् है, इसे अनुभव करो। इस सम्पूर्ण बाह्य व्यवहार का अनुवर्तन करो। सुख अथवा दुःखरूप जैसा प्रारब्ध हो, उसी को भोगते हुए चित्त में खेद न मानो। हे रघुपुत्र, बाहर से इन्द्रिय आदि द्वारा कर्त्तृत्व प्रकट करते हुए जो कार्य प्रारब्धवश उपस्थित हो, उसे करते रहने से तुम बन्धन में नहीं पड़ोगे। भीतर से रागद्वेष-रहित और शुद्ध स्वभाव रहने के कारण तुम कर्मों से लिप्त न होगे। मेरे इस कथन को तुम सर्वदा अपने हृदय में धारण करो। ऐसा करने से तुम समस्त सांसारिक दुःखों से कभी बाधित न होगे।

"हे माता, तुम भी मेरे इस कथन पर सदैव विचार करना और मेरे मिलने की प्रतीक्षा करती रहना। माता, ये चौदह वर्ष की अवधि आधे क्षण के समान बीत जायगी। तुम अब दुःख दूर कर मुझे वन जाने की अनुमति दो। तुम्हारे ऐसा करने से मैं वन में सुखपूर्वक रह सकूँगा।"

ऐसा कहकर श्रीरामचन्द्रजी बहुत देर तक दण्ड के समान माता के चरणों में पड़े रहे। इसके पश्चात् माता ने उन्हें उठाकर गोद में बैठा लिया और आशीर्वाद देकर उनकी प्रशंसा की। वे बोलीं, "तुम्हारे चलते, बैठते और सोते समय गन्धर्वों-सहित ब्रह्माजी, विष्णु भगवान् और आशुतोष शंकर आदि सम्पूर्ण देवगण तुम्हारी सर्वदा रक्षा करें।"

इस प्रकार बारंबार हृदय से लगाकर माता कौशल्या ने श्रीरामजी को विदा किया। तब लक्ष्मणजी ने रामजी से आँखों में आनन्दाश्रु भरकर गद्गद वाणी से कहा, "हे रामजी, आपने मेरा आन्तरिक सन्देह दूर कर दिया। अब मैं आपकी सेवा करने के लिये आपके पीछे-पीछे चलूँगा। आप इसके लिए आज्ञा दीजिये। हे प्रभो, आप मुझ पर कृपा कीजिये, नहीं तो मैं प्राण छोड़ दूँगा।" तब रघुनाथजी ने लक्ष्मण से कहा, "बहुत अच्छा, चलो, देर न करो।"

तदनन्तर भगवान् राम सीताजी को समझाने के लिए चले और अपने महल में पहुँचे। सीताजी ने पति को आते देख एक सुवर्णपात्र में जल लेकर भक्तिपूर्वक उनके चरण धोये और स्वामी की ओर देखते हुए पूछा, "देव, इस समय सेना के बिना ही आप कैसे आये हैं? आप प्रातःकाल कहाँ गये थे? आपका श्वेत छत्र कहाँ है? बाजों का बजना क्यों बन्द हो गया है? आप किरीटादि राजोचित उपकरणों से रहित क्यों हैं? आप मंत्रियों और सैनिकों के साथ ठाटबाट से क्यों नहीं आये?"

सीताजी के इस प्रकार पूछने पर श्रीरामचन्द्रजी ने मुसकरा कर उत्तर दिया, "हे शुभे, पिताजी ने मुझे दण्डकारण्य का सम्पूर्ण राज्य दिया है। अतः हे भामिनि, मैं शीघ्र ही उनकी आज्ञा का पालन करने के लिये वहाँ प्रस्थान करूँगा। मैं अभी वन जाऊँगा। तुम अपनी सास के पास रहकर उनकी सेवा-शुश्रूषा में रहो।"

रामचन्द्रजी के इस प्रकार कहने पर सीताजी ने भयभीत होकर पूछा, "आपके धर्मज्ञ पिताजी ने आपको वन का राज्य क्यों दिया है ?"

तब श्रीरामजी ने उत्तर दिया, "हे अनघे, महाराज ने प्रसन्नतापूर्वक कैकेयी को वर देकर भरत को राज्य और मुझे वनवास दिया है। देवी कैकेयी ने मेरे लिये चौदह वर्ष तक वन में रहना माँगा था, उसे सत्यवादी महाराज ने देना स्वीकार कर लिया है। अतः हे सीते, मैं तुरन्त ही वहाँ जाऊँगा। तुम इसमें किसी प्रकार का विघ्न न उत्पन्न करना।" श्रीरामजी के ऐसे वचन सुनकर सीताजी ने प्रसन्नतापूर्वक कहा, "पहले मैं वन जाऊँगी, उसके पीछे आप आना। हे राघव, मुझे छोड़कर आपको वन में जाना किसी प्रकार उचित नहीं है।"

तदनन्तर श्रीराम ने प्रसन्न होकर अपनी प्राणप्रिया प्रियवादिनी जानकीजी से कहना आरम्भ किया, "मैं तुम्हें व्याघ्रादि हिंसक पशुओं से पूर्ण वन में कैसे साथ ले चलूँ ? वहाँ नरभक्षी भयंकर राक्षस रहते हैं तथा चारों ओर सिंह, बाघ तथा शूकर आदि हिंसक जीव फिरते रहते हैं। वहाँ भोजन के लिए कड़वे और खट्टे फल और मूलादि ही मिलते हैं। वन में कहीं-कहीं तो धूलि और काँटों से ढँके रहने के कारण मार्ग भी नहीं दिखायी पड़ता। वह दण्डकारण्य ऐसे ही अनेक दोषों से भरा हुआ है। उसमें अनेकानेक गड्ढे और कँकरीली-पथरीली भूमि है। वह वन झिल्ली और डाँसों आदि से भरा हुआ है। वन में शीत, घाम और वर्षा आदि के समय भी पैदल ही नंगे पाँव चलना पड़ता है। मुझे सन्देह है कि तुम वन में राक्षसादि के भयंकर रूप देखकर तुरन्त प्राण त्याग कर बैठोगी। इसलिए हे भद्रे, तुम घर ही रहो। मुझे शीघ्र ही फिर देख पाओगी।"

रामजी के उपर्युक्त वचन सुनकर सीताजी ने दुखी और आर्त होकर क्रोध से ओंठ कपाँते हुए कहा, "मुझे पतिव्रता धर्मपत्नी को आप घर क्यों छोड़ना चाहते हैं ? आप धर्मज्ञ और दयालु हैं; फिर अपनी अनन्यभक्ता और दोषहीन मुझ पत्नी को क्यों छोड़ते हैं ? हे प्राणप्रिय, वन में आप के पास रहते हुए मेरा कोई क्या बिगाड़ सकता है ? जो भी फल-मूलादि आपके खाने से बचेंगे, वे ही मेरे लिए अमृत के समान होंगे। उनसे पूर्ण सन्तुष्ट होकर मैं आनन्दपूर्वक रहूँगी। आपके साथ वन में विचरते हुए मेरे लिए कुश-काश, कंटकादि भी फूलों के बिछौने के समान होंगे। वनदेवी और वनदेवता तथा ऋषिगण और उनकी सहधर्मिणियाँ मेरे लिए सास-ससुर के समान होंगे। वहाँ मुझे किसका साहस है कि कुदृष्टि से देख पाये। क्या कभी सिंह-वधू को श्रृगाल बुरी दृष्टि से देखने का साहस कर सकता है ? मैं आपको किसी प्रकार कष्ट न दूंगी, बल्कि आपके कार्य में सहायिका हूँगी। बाल्यावस्था में एक ज्योतिषी शास्त्र-विशारद महात्मा ने मुझे देखकर कहा था कि तू अपने पति के साथ वन में रहेगी। उन ब्राह्मण महोदय का वाक्य सत्य हो। मैं आपके साथ वन में अवश्य चलूंगी। आप यदि मुझे छोड़कर वन जाने को तैयार होते हैं, तो अभी मैं आपके सामने ही अपने प्राण छोड़ दूंगी।"

सीताजी का ऐसा दृढ़ निश्चय देखकर श्रीरामजी ने कहा, ''देवि, तुम शीघ्र ही मेरे साथ वन चलो। अपने हार आदि सम्पूर्ण आभूषण वशिष्ठजी की स्त्री, अरुन्धती को दे दो। हम अपना सम्पूर्ण धन ब्राह्मणों को देकर चलेंगे।''

ऐसा कहने के पश्चात् श्रीराम ने लक्ष्मणजी द्वारा भक्तिपूर्वक ब्राह्मणों को बुलवाया। उन रघुकुलकेतु भगवान् श्रीराम ने प्रसन्नतापूर्वक सैकड़ों गाँवों के झुंड, बहुत सा धन, दिव्य वस्त्र और आभूषण कुटुम्बी तथा विद्वान् और शीलसम्पन्न ब्राह्मणों को दिये। सीताजी ने अपने मुख्य-मुख्य आभूषण अरुन्धतीजी को दे दिये। अपनी माता के सेवकों को श्रीराम ने बहुत सा धन दिया। इसी प्रकार अपने अन्तः पुरवासी सेवकों, पुरवासियों तथा अन्य ब्राह्मणों को भी उन्होंने बहुत सा धन दिया।

इधर लक्ष्मणजी ने भी अपनी माता सुमित्रा से श्रीराम के साथ वन जाने की आज्ञा लेकर उन्हें कौशिल्या को सौंप दिया। वे हाथ में धनुष लेकर श्रीराम के सामने उपस्थित हो गये। फिर श्रीराम, लक्ष्मण और सीता तीनों ही महाराज दशरथ के पास पहुँचे।

अध्याय—छह

वनगमन

जानकी और लक्ष्मण के सहित श्रीरामचन्द्रजी को मार्ग में आते देख और कैकेयी के वरदानादि का समाचर सुनकर समस्त नगर-निवासी दुखी और खिन्न होकर आपस में कहने लगे, "हाय, काम के वशीभूत होकर राजा ने अपने सत्यपरायण प्रिय पुत्र को स्त्री के कारण छोड़ दिया। दुष्ट कैकेयी ने भी सत्यवादी और प्रियकारी पुत्र को वनवास कैसे दिया? वह ऐसी क्रूरकर्मी और हतबुद्धि कैसे हो गयी? भाइयो, अब हमें यहाँ नहीं रहना चाहिए। हम भी आज ही श्रीराम के साथ वन को चलेंगे। देखो तो, आज जानकीजी पैदल चल रही हैं। हाय! जिस त्रिलोकसुन्दरी जानकी को पहले कभी किसी पुरुष ने शायद ही देखा हो, वही आज बिना किसी परदे के जनसमूह में पैदल चल रही हैं। भाइयो, इन सर्वलोकसुन्दर भगवान् राम की ओर भी देखो, ये भी आज बिना किसी हाथी-घोड़े के पैदल ही चल रहे हैं। यह कैकेयी नामक राक्षसी सबका का नाश करने के लिये उत्पन्न हुई है। भाई, इन सीताजी को पैदल चलते देख रामजी को भी बहुत दुःख होता होगा। किन्तु क्या किया जाय? इसमें दैव ही प्रबल है। पुरुष का प्र[illegible] । सर्वथा व्यर्थ है।

इस प्रकार साधु-समाज [illegible] दुःखातुर देखकर मुनिवर वामदेव उनके बीच आकर कहने लगे, "मैं आप लोगों को वास्तविक बात बताता हूँ। आप सब इन राम, सीता और लक्ष्मण के लिये किसी प्रकार की चिन्ता न करें। ये राम आदि-नारायण भगवान् विष्णु हैं और ये जानकीजी उनकी योगमाया हैं। ये साक्षात् लक्ष्मी हैं। इस समय जो लक्ष्मण नाम धारण कर इनका अनुगमन कर रहे हैं; ये शेषजी हैं। ये पुरुषोतम भगवान् ही माया के गुणों से युक्त होकर विभिन्न आकार वाले से प्रतीत हुआ करते हैं। रजोगुण से युक्त होकर ये ही विश्वरचयिता ब्रह्माजी हुए हैं और सत्त्वगुण विशिष्ट होने पर ये ही त्रिलोकरक्षक भगवान् विष्णु होते हैं। कल्पान्त में तमोगुण का आश्रय लेकर ये ही जगत् का प्रलय करने वाले रुद्र होते हैं। समय-समय पर ये साधुओं की रक्षा और दुष्टों का संहार करने के लिये विभिन्न अवतारों के रूप में प्रकट होते हैं। वे ही जगत्प्रभु इस समय रामरूप में प्रकट हुए हैं। अब ये रावण आदि असंख्य राक्षसों का वध करेंगे। उस दुरात्मा रावण की मृत्यु मनुष्य के ही हाथ होगी। महाराज दशरथ ने अपने पूर्व जन्म में तपस्या द्वारा भगवान् विष्णु

की इसलिये आराधना की थी कि वे उनके यहाँ पुत्र-रूप में अवतार लें। इसीलिये भगवान् इन दशरथ के पुत्र हुए हैं। इनके वनगमन में राजा या कैकेयी अणुमात्र भी कारण नहीं हैं। अतः भोले भाइयो, आप लोग श्रीराम के लिए कोई चिन्ता न करें। संसार में जो लोग नित्यप्रति 'राम राम' जपा करते हैं, उन्हें किसी समय मृत्यु के भय आदि नहीं होते। फिर उन पूर्णब्रह्म परमेश्वर राम के लिये तो दुःख की शंका ही कैसे हो सकती है?'' ऐसा कहकर महामुनि वामदेव मौन हो गये।

इसके पश्चात् श्रीरामजी ने पिता दशरथ के पास पहुँच कर कैकेयी से कहा, ''माताजी, आपके कथनानुसार हम तीनों वन को जाने के लिये तैयार होकर आ गये हैं। अब शीघ्र ही पिताजी हमें आज्ञा दें।''

राम के ऐसा कहने पर कैकेयी ने सहसा उठकर स्वयं ही राम, लक्ष्मण और सीता को अलग-अलग वस्त्र दिये। श्रीराम ने अपने राजोचित वस्त्रों को उतार कर वनवासियों के समान वल्कल-वस्त्र धारण किया, लक्ष्मण ने भी ऐसा ही किया। किन्तु सीताजी उन्हें पहना नहीं जानती थीं। अतः उन वस्त्रों को हाथ में लेकर वे लज्जा-पूर्वक रामजी की ओर देखने लगीं। तब रामचन्द्रजी ने उस वल्कल वस्त्र को लेकर सीताजी के वस्त्रों पर ही लपेट दिया। यह देखकर रनिवास की सभी स्त्रियाँ रोने लगीं। तब वशिष्ठजी ने उनके रोने का शब्द सुनकर क्रोधित हो कैकेयी को डाटते हुए कहा, ''अयि दुःशीले, अभागिन, तूने तो केवल राम के ही वन जाने का वर माँगा है न? फिर तू सीता को वन के वस्त्र कैसे देती है? यदि पतिव्रता सीता भक्तिवश राम के साथ वन जाना चाहता है, तो वह समस्त आभूषणों से विभूषित और दिव्य वस्त्र धारण किये हुए ही जायँ तथा नित्यप्रति राम के वनवास-दुःख को दूर करती हुई, उन्हें आनन्दित करें।''

इसके पश्चात् महाराज दशरथ ने सुमंत्र से कहा, ''सुमंत्र, तुम रथ ले आओ। वनवासियों के प्रिय ये राम आदि रथ पर चढ़कर ही वन को जायेंगे।'' ऐसा कहकर वे सीता और लक्ष्मण के सहित रामजी को देखकर दुःख से पृथ्वी पर गिर पड़े और आँखों में आँसू भरकर करुण-क्रन्दन करने लगे। तब रामजी के देखते-देखते शीघ्र ही सीताजी रथ पर चढ़ीं। रामचन्द्रजी भी पिता की परिक्रमा कर रथ पर आरूढ़ हुए और उनके पीछे दो खड्ग तथा दो धनुष और तरकस लेकर लक्ष्मण भी रथ पर सवार हुए। तब राजा दशरथ कहने लगे, 'सुमंत्र, ठहरो, ठहरो' किन्तु रामचन्द्रजी ने 'चलो, चलो' कहकर शीघ्रता करने को कहा। इसलिये सुमंत्र ने रथ हाँक दिया। राम के कुछ दूर जाने पर महाराज मूर्छित होकर पृथ्वी पर गिर पड़े। तदन्तर समस्त पुरवासी बालक-वृद्ध, वयोवृद्ध मुनिगण; 'हे राम, ठहरो, मत जाओ।' इस प्रकार चिल्लाते हुए रथ के पीछे-पीछे दौड़ने लगे।

राजा दशरथ बहुत देर के बाद चेतनावस्था में आये और रोते-रोते उन्होंने अपने सेवकों से कहा, ''मुझे पिशाचिनी कैकेयी के पास से हटाकर राम की माता कौशल्या के पास ले चलो। इस निष्ठुर, पिशाचिनी कैकेयी का मुंह मैं नहीं देखना

चाहता। राम से रहित अब मैं अधिक काल तक जीवित नहीं रह सकूँगा।'' कौशल्या के घर पहुँचते ही राजा अचेत होकर पृथ्वी पर गिर पड़े।

इधर श्रीरामचन्द्रजी तमसा नदी के तट पर पहुँच कर वहाँ सुखपूर्वक रहे और रात्रि के समय बिना कुछ आहार किये केवल जल पीकर सीताजी के सहित वृक्ष के नीचे सो गये। सुमंत्र के सहित धर्मात्मा लक्ष्मणजी धनुष धारण किये उनकी रक्षा में तत्पर रहे। उनके पास ही समस्त पुरवासी भी आकर ठहर गये। उन लोगों का यह दृढ़ निश्चय था कि हम या तो श्रीरामजी को अयोध्या लौटा ले चलेंगे, नहीं तो हम भी इनके साथ वन को ही चले जायँगे।

श्रीरामजी को उनके इस निश्चय का पता चलने पर अति विस्मय और क्लेश हुआ। उन्होंने यह सोचा कि मैं तो अयोध्या लौटूँगा नहीं, ये मेरे साथ वन में व्यर्थ कष्ट भोगेंगे। तत्क्षण उन्होंने सुमंत्र को बुलाया और कहा, ''सुमंत्र, शीघ्र ही रथ ले आओ, हम अभी चलेंगे।''

श्रीरामजी का ऐसा आदेश पाकर सुमंत्र ने रथ में घोड़े जोत दिये। श्रीरामजी, सीताजी और लक्ष्मणजी उस पर शीघ्रतापूर्वक सवार हो गये। उन्होंने अपना रथ कुछ दूर अयोध्या की ओर ले जाकर फिर वन की ओर बढ़ा दिया, ताकि लोग रथ की लीकों से यह अनुभव न लगा सकें कि वह किस ओर गया है। प्रातःकाल होने पर पुरवासियों ने उठकर जब राम को न देखा, तो वे अत्यंत व्याकुल हुए। रथ के पहियों की लीक के मार्ग को देखकर वे अयोध्यापुरी में लौट आये तथा प्रतिदिन हृदय में श्रीराम, सीताजी और लक्ष्मण का ध्यान करते हुए, उनके दर्शन की अभिलाषा से नियमपूर्वक रहने लगे।

इधर सुमंत्र ने तेजी से अपना रथ आगे बढ़ाया। कुछ देर के पश्चात वे गंगा-तट पर शृंगवेरपुर पहुँचे। गंगाजी को देखकर श्रीरामचन्द्रजी ने भक्तिपूर्वक उनको प्रणाम किया और इसके बाद स्नान कर उनका विधिवत् पूजन किया। फिर रघुश्रेष्ठ श्रीरामजी शिंशपा (सीसम) वृक्ष की छाया में बैठ गये। निषादराज गुह ने लोगों के मुख से रामजी के आगमन का शुभ समाचार सुना। यह सुनते ही वह तुरंत अपने एकमात्र सखा और स्वामी श्रीरामजी का दर्शन करने के लिये प्रसन्नचित्त से भक्तिपूर्वक फल, शहद और पुष्पादि लेकर उनके पास उपस्थित हुआ। भेंट की सामग्री रामजी के आगे रखकर वह दण्ड के समान पृथ्वी पर गिर पड़ा। तब श्रीरघुनाथजी ने उसे तुरंत ही उठाकर गले लगा लिया। रामजी के कुशल पूछने पर गुह ने हाथ जोड़कर कहा, ''हे लोकपावन श्रीरामजी, मैं धन्य हूँ। आज मेरा निषाद-जाति में जन्म लेना सफल हो गया। हे रघुश्रेष्ठ, आपके परम पावन अंग का स्पर्श पाकर मैं कृतकृत्य और धन्य हो गया। मेरे लोक और परलोक दोनों ही बन गये। हे रघुवर, आपके दास का यह निषाद-राज्य आपही का है। इसलिये हे रघुनाथजी, आप यहीं रहकर हम लोगों की रक्षा कीजिये। चलिये, नगर में पधार कर मेरा घर पवित्र कीजिये। हे सुरश्रेष्ठ, मैं आपका दास हूँ, आप मुझ पर कृपा कीजिये।'' तब श्रीराम ने अति प्रसन्न होकर

उससे कहा, "मित्र गुह, सुनो, मैं चौदह वर्ष तक किसी घर, गाँव अथवा नगर में नहीं जा सकता। मित्र, इसमें सन्देह नहीं कि तुम्हारा समस्त राज्य मेरा ही है और तुम भी मेरे अत्यन्त प्रिय सखा हो।"

तदनन्तर रघुनाथजी ने वट का दूध मँगाकर लक्ष्मण के सहित भली-भाँति सँवार कर जटाजूट बाँधे। गुह ने कुश और पत्तों की एक शय्या बना दी। उसी पर सीता के सहित श्रीरामचन्द्रजी विराजमान हुए। उनके पास ही धनुष, बाण और तरकस धारण किए हुए श्रीलक्ष्मणजी धनुषधारी गुह के सहित श्री[illegible]जी की रखवाली करने लगे।

लक्ष्मण और गुह-सम्वाद

श्रीरामचन्द्रजी को सोते देखकर गुह ने आँखों में अश्रु भरकर नम्रतापूर्वक लक्ष्मणजी से कहा, "भाई लक्ष्मण, देखते हो, जो श्रीरामचन्द्रजी अपने भव्य भवन में सुन्दर बिछौने से युक्त सुवर्ण निर्मित पलंग पर पौढ़ते थे, वे ही आज सीता के सहित कुश और पत्तों की साथरी पर पड़े हुए हैं। विधाता ने इस दुःख का कारण कैकेयी को बना दिया। मंथरा की बुद्धि पर विश्वास करके कैकेयी ने यह घोर जघन्य कर्म किया।"

गुह की बात सुनकर लक्ष्मणजी ने यह उत्तर दिया, "भाई, मेरी बात ध्यान देकर सुनो। किसी के दुःख और सुख का कारण दूसरा कौन है? अर्थात् कोई भी नहीं है। मनुष्य का पूर्वकृत कर्म ही उसके सुख अथवा दुःख का कारण होता है, सुख और दुःख देनेवाला कोई और नहीं है। 'कोई अन्य व्यक्ति सुख-दुःख देता है' यह समझना कुबुद्धि है। 'मैं करता हूँ' यह व्यर्थ अभिमान है, क्योंकि लोग अपने-अपने कर्मों की डोरी में बँधे हुए हैं। यह मनुष्य स्वयं ही पृथक्-पृथक् आचरण करके उसके अनुसार सुहृद, मित्र, शत्रु, उदासीन, द्वेष्य, मध्यस्थ और बन्धु आदि की कल्पना कर लेता है। अतः मनुष्य को चाहिये कि प्रारब्धानुसार सुख या दुःख जो कुछ भी जैसे-जैसे प्राप्त हो, उसे वैसे ही भोगते हुए सदा प्रसन्न-चित्त रहे। हमें न तो भोगों की प्राप्ति की इच्छा है और न त्यागने की। भोग आयें, या न आयें, हम भोगों के अधीन नहीं हैं।

"जिस देश अथवा जिस काल में जिस किसी के द्वारा शुभ अथवा अशुभ कर्म किया जाता है, उसे निस्सन्देह उसी प्रकार भोगना पड़ता है। अतः शुभ अथवा अशुभ कर्मफल के उदय होने पर हर्ष अथवा दुःख मानना व्यर्थ है। विधाता के विधान को देवता, मनुष्य अथवा दैत्य कोई भी उल्लङ्घन नहीं कर सकता है। मनुष्य सदा ही सुख-दुख से घिरा रहता है, क्योंकि मनुष्य-शरीर पाप और पुण्य के मेल से उत्पन्न होने के कारण सुख-दुःखमय ही है। सुख के पीछे दुःख और दुःख के पीछे सुख आता ही है। ये दोनों ही दिन और रात के समान आते-जाते रहते हैं। इनका अतिक्रमण कोई भी नहीं कर सकता। सुख के भीतर दुःख और दुःख के भीतर सुख सदैव

विराजमान रहता है। ये दोनों ही जल और कीचड़ के समान आपस में मिले हुए रहते हैं। इसलिए विद्वान् लोग 'सब कुछ माया ही है' इस भावना और धारणा के कारण इष्ट या अनिष्ट की प्राप्ति में धैर्य धारण कर हर्ष या शोक नहीं मानते।"

गुह और लक्ष्मण के इस प्रकार बातचीत करते-करते आकाश में उजाला हो गया। श्रीरामचन्द्रजी ने प्रात:क्रिया से निवृत्त होकर गुह से नाव की व्यवस्था करने को कहा। तुरंत ही सुदृढ़ और नयी नाव की व्यवस्था की गयी। लक्ष्मणजी और सीताजी सहित श्रीरामचन्द्रजी उस पर सवार हुए। जब नाव गंगाजी के मध्यधार में पहुँची, तो सीताजी ने गंगाजी से प्रार्थना की, "देवि गंगे, मैं तुम्हें प्रणाम करती हूँ। हमें तुम्हारा अमोघ आशीर्वाद प्राप्त हो। वनवास से सकुशल लौटने पर मैं विधिवत् तुम्हारी पूजा करूँगी।"

इस प्रकार प्रार्थना करने के पश्चात् वे शनैः शनैः पार उतरकर आगे चलने लगे। तब गुह ने अत्यन्त आर्तस्वर से श्रीरामचन्द्र से प्रार्थना की, "हे प्रभो, हे राजेन्द्र, मैं भी आपके साथ ही चलूँगा। आप मुझे आज्ञा दीजिये, नहीं तो मैं प्राण छोड़ दूँगा।"

गुह के वचन सुनकर श्रीरामचन्द्र ने कहा, "मैं चौदह वर्ष वनवास की अवधि व्यतीत कर फिर यहाँ आऊँगा। मैं जो कहता हूँ, सत्य ही कहता हूँ। राम की बात कभी मिथ्या नहीं हो सकती।" ऐसा कहकर श्रीराम ने गुह को ढाढस बँधाया और उसे गले लगाकर विदा किया। तब निषादराज गुह बड़ी कठिनाई से घर लौटे।

श्रीराम और महर्षि भरद्वाज का मिलन

जानकीजी और लक्ष्मण के सहित श्रीरामचन्द्रजी मुनिवर भरद्वाज के आश्रम के पास पहुँचकर बाहर खड़े हो गये। वहाँ एक ब्रह्मचारी को खड़े देखकर श्रीराम ने कहा, "हे वटु, मुनिवर से जाकर निवेदन करो कि महाराज दशरथ का पुत्र राम, सीता और लक्ष्मण के सहित बाहर खड़ा है।"

ब्रह्मचारी के मुख से सूचना पाकर महर्षि भरद्वाज तुरत उठ खड़े हुए और अर्घ्यादि लेकर रामजी के पास आ गये। उन्हें देखकर भरद्वाजजी ने लक्ष्मणसहित उनकी पूजा की और कहा, "हे रामचन्द्रजी, हे कमलनयन रघुनन्दन, आइये, अपनी चरण-रज से मेरी पर्णशाला को पवित्र कीजिये।" ऐसा कहकर वे सीताजी के सहित दोनों रघुकुमारों को अपने आश्रम में ले गये। फिर उनका भक्तिपूर्वक पूजन कर भली-भाँति आतिथ्य-सत्कार किया। तदनन्तर मुनिवर बोले, "राम, आज आपके समागम से मेरी तपस्या पूर्ण हो गयी। हे रघुनन्दन, मैं आपका भूत, भविष्य सब कुछ जानता हूँ। मैं यह भी जानता हूँ कि आप साक्षात् पूर्णब्रह्म नारायण हैं और कार्य-सिद्धि के निमित्त माया का आश्रय ले मनुष्यरूप में अवतरित हुए हैं। पूर्वकाल में ब्रह्माजी के प्रार्थना करने पर जिस निमित्त आपने अवतार लिया है, जिस लिये आपको वनवास हुआ है और जो कुछ आप भविष्य में करेंगे, वह सब आपकी उपासना द्वारा प्राप्त

हुई ज्ञान-दृष्टि से मैं जानता हूँ। हे रघुश्रेष्ठ, आपसे मैं अधिक क्या कहूँ? मैं तो आपके दर्शन से कृतार्थ हो गया। प्रकृति से परे साक्षात् पुरुषोत्तम आपका दर्शन कर मैं धन्य और कृतकृत्य हो गया।''

सीता और लक्ष्मण के सहित श्रीरामचन्द्रजी ने उन्हें प्रणाम करके कहा, ''ब्रह्मन्, महर्षि, हम क्षत्रियोकुलोत्पन्न हैं, अतः आपकी कृपा और आशीर्वाद के पात्र हैं।'' मुनिवर के आग्रह करने पर श्रीरामजी ने रात्रि उनके आश्रम में ही व्यतीत की। प्रातःकाल श्रीरामजी आदि उनके आश्रम से विदा होकर आगे बढ़े।

वाल्मीकि का दर्शन और सत्संग

आगे बढ़ने पर श्रीरामजी ने वाल्मीकि-ऋषि के आश्रम का दर्शन किया। उनका आश्रम ऋषिगणों और ब्रह्मचारियों से परिपूर्ण था। नाना मृग क्रीड़ा कर रहे थे। पक्षियों का कलरव गान हो रहा था। फल-फूलों से वृक्ष लदे थे। वाल्मीकिजी वहाँ एक आसन पर बैठे थे। श्रीरामजी ने लक्ष्मण और सीता-सहित उन्हें झुककर भक्तिपूर्वक प्रणाम किया। उन्हें प्रणाम करते देखकर वाल्मीकिजी अकस्मात् उठकर खड़े हो गये। उनके भुवनमोहक अलौकिक और दिव्य सौन्दर्य को देखकर वे भाव-विह्वल होकर नेत्रों से अश्रुधार बहाने लगे। तदनन्तर उन्होंने आनन्दविग्रह श्रीरामचन्द्रजी का गाढ़ आलिंगन किया। अति भक्तिभाव से जगत्पूज्य श्रीरामचन्द्रजी को अर्घ्यादि से पूजकर उन्हें अमृततुल्य मीठे-मीठे फल-मूलादि खिलाकर संतुष्ट किया।

श्रीरामचन्द्रजी ने नम्रतापूर्वक हाथ जोड़कर श्रीवाल्मीकिजी से निवेदन किया, ''हम पिताजी की आज्ञा मानकर वन में आये हैं। आप सब कुछ जानते ही हैं। आप मुझे इस समय कोई ऐसा उपयुक्त स्थान बतावें, जहाँ कुछ समय तक सुखपूर्वक निवास कर सकूँ।''

श्रीरामजी के इस प्रकार कहने पर मुनिवर ने मुसकरा कर कहा, ''हे राम, सम्पूर्ण प्राणियों के आपही एकमात्र उत्तम निवास-स्थान हैं और सब जीव भी आपके निवास-गृह हैं। हे रघुनन्दन, इस प्रकार यह मैंने आपका साधारण निवास-स्थान बताया। परन्तु आपने विशेषरूप से लक्ष्मण और सीता के सहित अपने रहने का स्थान पूछा है; इसलिये हे रघुश्रेष्ठ, अब मैं आपका जो निश्चित गृह है, वह बताता हूँ। जो शान्त, समदर्शी और सम्पूर्ण जीवों के प्रति द्वेषहीन हैं तथा अहर्निश आपका ही भजन करते हैं, उनका हृदय आपका प्रधान निवास-स्थान है। जो धर्म और अधर्म दोनों को छोड़कर निरन्तर आपका ही भजन और चिन्तन करता है, हे राम, उसके हृदय-मंदिर में सीता के सहित आप सुखपूर्वक निवास करें। जो आपके ही मंत्र का जप करता है, आपही की शरण में रहता है तथा द्वन्द्वहीन और निस्पृह है उसका हृदय आपका सुन्दर मन्दिर है। जो अहंकार शून्य, शान्तस्वभाव, रागद्वेषरहित और मृत्पिण्ड, पत्थर और सुवर्ण में समान दृष्टि रखने वाले हैं उनका हृदय आप तीनों का पवित्र गृह है। जो आप ही में मन, बुद्धि को लगाकर सदा सन्तुष्ट रहता है और अपने समस्त

कर्म आपही को अर्पित कर देता है, उसका मन ही आपका शुभ गृह है। जो अप्रिय को पाकर द्वेष नहीं करता और प्रिय को पाकर हर्षित नहीं होता तथा 'यह सम्पूर्ण प्रपंच मायामात्र है, ऐसा निश्चय कर सदा आपका भजन करता है उनका मन ही आपका घर है। जो सत्ता, जन्म लेना, बढ़ना, बदलना, क्षीण होना और नष्ट होना इन छः विकारों को शरीर में देखता है, आत्मा में नहीं तथा क्षुधा, तृषा, दुःख, और भय आदि को प्राण और बुद्धि के ही विकार देखता है, और स्वयं सांसारिक विकारों से मुक्त रहता है, उसका चित्त आपका निज गृह है। जो लोग चिद्घन, सत्य-स्वरूप, अनन्त, एक, निर्लेप, सर्वगत और स्तुत्य आप परमेश्वर को समस्त अंतः-करणों में विराजमान देखते हैं, हे राम, उनके हृदय-कमल में आप सीता और लक्ष्मण के सहित निवास कीजिये। हे राम, जिसके प्रभाव से मैंने ब्रह्मर्षि-पद प्राप्त किया है, आपके उस 'राम' नाम की महिमा कोई किस प्रकार वर्णन कर सकता है? निरन्तर अभ्यास करने से जिनका चित्त स्थिर हो गया है, जो सर्वदा आपकी चरण-सेवा में तत्पर रहते हैं तथा आपके नाम-संकीर्तन से जिनके पाप नष्ट हो गये हैं उनके हृदय-कमल में सीता के सहित आपका निवास-गृह हो।"

इसके पश्चात् वाल्मीकि ने फिर कहा, "हे राम, आपका मंगल हो, आइये, मैं आपको रहने के लिये स्थान दिखलाता हूँ।" ऐसा कहकर शिष्यों से घिरे हुए मुनिवर वाल्मीकिजी ने लक्ष्मण के सहित मन्दाकिनी और पर्वत के बीच के स्थल में जाकर वहाँ भगवान् श्रीराम के रहने के लिये एक सुन्दर पर्णशाला बनवायी। उस भव्य पर्णशाला में जानकीजी के सहित श्रीराम और लक्ष्मण देवताओं के समान रहने लगे।

वह मनोहर कुटी उपयुक्त स्थान पर बनी थी। उसे वृक्षों के पत्तों से छाया गया था और उसके भीतर वायु से बचने का पूरा प्रबन्ध था। चित्रकूट पर्वत बड़ा ही रमणीय था। उत्तम तीर्थों से सुशोभित मन्दाकिनी नदी बह रही थी। बहुत से पशु-पक्षी उस नदी का सेवन करते थे। उस चित्रकूट पर्वत और मन्दाकिनी नदी का सान्निध्य पाकर श्रीरामचन्द्र को बड़ा हर्ष और आनन्द हुआ। वे नगर से दूर वन में आने के कारण समस्त कष्टों को भूल गये।

अध्याय--सात

सुमंत्र की अयोध्या-वापसी

इधर सायंकाल के समय सुमंत्र ने वस्त्र से मुंह ढककर नेत्रों में अश्रुभरे हुए अयोध्यापुरी में प्रवेश किया। रथ को बाहर खड़ाकर वे महाराज दशरथ को देखने के लिये अन्त:पुर में गये और जय-शब्द से उनकी स्तुति कर उन्हें प्रणाम किया। राजा ने सुमंत्र को नमस्कार करते देख दु:ख से व्याकुल होकर कहा, "सीता और लक्ष्मण के सहित प्यारे राम कहाँ हैं ? तुमने राम को कहाँ छोड़ा है ? उन्होंने मुझ पापी को क्या कहा है ? सीता और लक्ष्मण ने भी मुझ निर्दयी के लिये क्या कहा है ? हा राम, हा गुणनिधे, हा प्रियवादिनि सीते, हा सर्वशुभलक्षण सम्पन्न लक्ष्मण, तुम लोग मुझे दु:ख-समुद्र में डूबकर मरते हुए नहीं देखते हो ?"

इस प्रकार राजा बहुत देर तक विलाप करते हुए मूर्च्छित हो गये। कौशल्या प्रयत्न करके उन्हें होश में ले आयीं। तब सुमंत्र ने हाथ जोड़कर राजा से निवेदन किया, "महाराज, मैं राम, सीता और लक्ष्मण को आपके रथ में बैठाकर ले गया था। वे श्रृङ्गवेरपुर के पास गंगाजी के किनारे जाकर टिके। वहाँ के राजा निषादराज गुह ने उनका बहुत आदर-सत्कार किया। उस रात लक्ष्मण और सीता सहित श्रीराम ने वहीं विश्राम किया। प्रात:काल होने पर उन्होंने गुह से वट का दूध मँगवाया और अपनी जटाओं का मुकुट बनाया। लक्ष्मण ने भी उस वट के दूध से अपनी जटाओं का मुकुट बनाया। अत्यन्त व्याकुल देखकर उन्होंने मुझे ढाढ़स बँधाया और कहा, "हे मंत्रिवर, पूज्य पिताजी से मेरा प्रणाम कहना और उनसे निवेदन करना कि वे मेरी तनिक भी चिन्ता न करें। आपकी महती कृपा और पुण्य-प्रताप से वन में मंगल ही मंगल है। आपकी आज्ञा का पालन कर मैं अवधि समाप्त होते ही तुरंत आपका दर्शन करूँगा। समस्त माताओं को ढाढ़स बँधाना और उनसे कहना कि वे ऐसा प्रयत्न करें, जिससे पूज्य पिताजी स्वस्थ और प्रसन्न रहें। गुरु वशिष्ठ जी को मेरा प्रणाम निवेदन करके यह निवेदन करना कि वे राजा को ऐसी शिक्षा दें कि वे मेरे वियोग में दुखी न हों। पुर के निवासियों, कुटुम्बियों से भी यही विनती सुना देना। वही मेरा परम हितैषी और प्रिय है, जिसके द्वारा राजा प्रसन्न हों। भरत के आने पर मेरा यह सन्देश कहना कि वे राजपद पाने पर नीति का परित्याग न करें। मनसा, वाचा और कर्मणा प्रजा-पालन में तत्पर रहें। सभी माताओं को समान समझकर उनकी परिचर्या करें। और

वे ऐसा उपाय करें कि जिससे पिताजी मेरे संबंध में तनिक भी चिन्तित न हों और मेरे वियोग में शोक न करें।"

सुमंत्र ने फिर कहा, "सीताजी भी कुछ कहना चाहती थीं, किन्तु स्नेहाधिक्य के कारण उनकी आँखों में अश्रु भर आये और वाणी गद्गद हो गयी। इससे कुछ कहने में असमर्थ रहीं। लक्ष्मणजी ने आपके लिये कुछ कटु शब्दों का प्रयोग किया। किन्तु श्रीराम ने अपनी सौगन्ध दिलाकर उन्हें अनुचित बतलाकर मुझे मना कर दिया कि लक्ष्मण के लड़कपन को पिताजी से न कहना।

तत्पश्चात् सुमंत्र ने कहा, "मैं अपनी व्यथा किस प्रकार कहूँ ? श्रीरामजी का सन्देश पहुँचाने किसी प्रकार आपकी सेवा में उपस्थित हो गया हूँ।" सुमंत्र के वचनों को सुनकर, राम का अपने लिये अद्भुत पितृभक्ति का सन्देश पाकर राजा दशरथ का मन ग्लानि, पश्चात्ताप और दुःख से भर गया। वे बारंबार श्रीराम के सद्गुणों को स्मरण कर तड़पने लगे। उनके विलाप को सुनकर अन्तःपुर की समस्त रानियां करुण क्रन्दन करने लगीं। उस विलाप को सुनकर दुःख भी दुखित हो गया और महान् से महान् धैर्यशाली का भी धैर्य-बाँध टूट गया।

राजा का प्राण कंठगत हो गया किन्तु अपनी आत्मचेतना संभालकर उन्होंने श्रवणकुमार के माता-पिता के शाप का वृत्तान्त कौशल्या को विस्तारपूर्वक सुनाया। अन्त में 'राम राम' रटते हुए उन्होंने अपना पार्थिव शरीर छोड़ दिया। शोक में विह्वल होकर रनिवास की समस्त रानियाँ महाराज के रूप, शील, बल, तेज, प्रताप, धर्मपरायणता आदि सद्गुणों को बखान-बखान कर भीषण करुण-क्रन्दन करने लगीं। दास और दासियाँ, पुर के समस्त निवासी विलाप करने लगे। सारी प्रजा कैकेयी की भर्त्सना करने लगी। सारी रात इसी प्रकार व्यतीत हो गयी। प्रातः होते ही श्रीवशिष्ठजी आदि समस्त ऋषि आ पहुँचे। श्री वशिष्ठ ने समयानुसार अनेक इतिहास-पुराणों की गाथा बतला कर सभी को धैर्य बंधाने का प्रयास किया।

ननिहाल से भरत का आगमन

वशिष्ठजी ने महाराज के मृत शरीर को तेल के नाद में रखवा कर चतुर दूतों को बुलाकर यह आदेश दिया, "तुरंत हो भरत के ननिहाल जाओ। राजा के देहान्त को भूलकर भी किसी से मत कहना। भरत के पास जाकर केवल इतना ही कहना कि आप और शत्रुघ्न को वशिष्ठजी ने बुलवाया है।"

इधर जब से अयोध्या में उत्पात होना आरम्भ हुआ, भरतजी अत्यधिक उद्विग्न हो गये। वे रात्रि भर भयानक दुःस्वप्न देखने लगे। जागने पर भयंकर अनिष्ट की कल्पना करते थे। वे उसकी निवृत्ति के लिये विप्रों को भोजन कराते थे, शिव की आराधना करके भाइयों, राजा दशरथ एवं परिवार के सदस्यों के कुशल-मंगल की कामना करते थे। भरतजी चिन्ता में व्याकुल थे कि दूतों ने उनके पास पहुँचकर निवे-

दन किया, "राजकुमार, वशिष्ठजी ने आप दोनों भाइयों को तुरंत अयोध्या पहुंचने की आज्ञा दी है।"

गुरु का सन्देश पाकर भरतजी तत्क्षण शत्रुघ्न-सहित अयोध्या को प्रस्थित हुए। उनका मन आशंकाओं और दुश्चिन्ताओं से भरा हुआ था। उन्हें एक-एक क्षण वर्ष के समान प्रतीत होने लगा। नगर में प्रविष्ट होते ही उन्हें नाना प्रकार के अपशकुन दिखायी पड़ने लगे। कौए, सियार, गधे भयानक डरावने शब्द करने लगे। भरतजी का मन अत्यधिक व्यथित हो गया। उन्हें अयोध्या के समस्त वन-बाग, उद्यान श्रीविहीन प्रतीत हुए। अयोध्यानगरी तो विशेष रूप से भयानक, सुनसान और भयावनी प्रतीत हुई। यहाँ के समस्त स्त्री-पुरुष परम दुखी दिखायी पड़ते थे। अयोध्या के निवासी मिलने पर भरतजी को अभिवादन कर चले जाते थे। भय और विषाद के आधिक्य के कारण भरतजी उनसे कुछ भी कुशल-मंगल न पूछ सकते थे। बाजारों, चौराहों की ओर देखा तक भी नहीं जा सकता था। ऐसा प्रतीत होता था, मानो अयोध्यापुरी की दशों दिशाओं में दावाग्नि जल गयी हो।

भरत और कैकेयी का मिलन

भरत का आगमन सुनकर कैकेयी हर्ष से फूली न समायी। दौड़कर कैकेयी ने प्रसन्नचित्त से भरत की आरती उतारी। भरतजी को दुखी, खिन्न और उद्विग्न देखकर कैकेयी ने उनसे प्रश्न किया, "तुम्हारे ननिहाल में तो सब कुशल-मंगल है? भरत ने 'हाँ' कहकर कैकेयी से प्रश्न किया, "बताओ, परिवार में सब कुशल है? पूज्य पिताजी कहाँ हैं? सारी माताएँ कहाँ हैं? श्रीराम लक्ष्मण और सीताजी कहाँ हैं?"

भरत की स्नेहमयी वाणी सुनकर कैकेयी ने नेत्रों में कपट के आँसू भर इस प्रकार कहना प्रारंभ किया, "हे तात भरत, मैंने सारी बातें भलीभाँति सम्हाल ली हैं। बेचारी मंथरा मेरे कार्यों की सिद्धि में बड़ी सहायिका सिद्ध हुई। हाँ, विधाता ने इस कार्य की सिद्धि में कुछ विघ्न अवश्य डाल दिया है। महाराजजी स्वर्गपुर पधार गये।"

कैकेयी की बात सुनकर भरत चीत्कार करके, "हे तात, हे पिताजी", कहकर भूमि पर गिर पड़े। तत्पश्चात् उन्होंने कहना प्रारंभ किया, "मैं सचमुच अत्यन्त अभागा हूँ। आपको स्वर्गप्रयाण करते हुए, आपका दर्शन न कर पाया। आपने मुझे राम को नहीं सौंपा।"

फिर धैर्य धारण कर उठ बैठे और उन्होंने कैकेयी से पूछा, "माता, महाराज के देहावसान का क्या कारण है?" भरत के इस प्रकार पूछने पर कैकेयी ने सारी गाथा आद्योपान्त विस्तार से सुनायी। यह सुनकर भरत के क्रोध, क्षोभ, ग्लानि की सीमा न रही। अपने को राम के वनवास का मुख्य कारण समझ कर आँसू बहाते हुए मौन होकर बैठ गये। कैकेयी ने शोकविह्वल भरत को इस प्रकार समझाना प्रारंभ किया "तात भरत, महाराज शोच करने योग्य नहीं हैं। उन्होंने महान् पुण्यार्जन किया है, नाना प्रकार के भोगों को भोगा है। संसार में अक्षय कीर्ति और यश का

उपार्जन किया है। जीते जी उन्होंने अर्थ, धर्म, और काम सभी की उपलब्धि की है। अंत में शरीर त्याग कर स्वर्गलोक की प्राप्ति की है। ऐसा विचार कर महाराज के लिये रंचमात्र भी शोक और चिन्ता मत करो। अब तुम्हारा कर्त्तव्य है कि महाराज के दिये हुए राज्य को भोगो।"

कैकेयी की इस वाणी को सुनकर भरतजी दुःख, क्षोभ, ग्लानि, पश्चात्ताप और क्रोध से कहने लगे, "हे पापिनि, तूने रघुकुल का सत्यानाश कर डाला। यदि तुम्हारे मन में राम के प्रति यही दुर्भावना थी, तुम्हारी यही कुबुद्धि थी, तो तूने जन्म लेते ही मुझे क्यों नहीं मौत के घाट उतार दिया। तूने मूल वृक्ष को तो काट डाला, अब उसके जीवित रहने के लिये पत्तों को सींच रही हो। मेरा कुल पवित्र सूर्यवंश, दशरथ ऐसे प्रतापी और धर्मात्मा मेरे पिता हैं, रामजी और लक्ष्मण सरीखे मेरे भाई हैं। पर तू अभागिन, कुटिल और निर्दयी मेरी माँ बनी। इससे प्रतीत होता है कि विधि के विधान पर किसी का वश नहीं है। हे दुर्बुद्धि, तूने इस षड्यंत्र को रचा, तो तेरे हृदय के टुकड़े-टुकड़े क्यों नहीं हो गये? महाराज दशरथ ने तेरा विश्वास ही कैसे किया? ज्ञात होता है कि विधाता ने मरते समय उनकी भी बुद्धि भ्रष्ट कर दी थी। राजा सरल, सुशील और धर्मात्मा थे। वह स्त्री के स्वभाव को कैसे जान पाते? भला बताओ, तुझे छोड़कर संसार में ऐसा कौन जीव-जन्तु है, जिसे श्रीरामचन्द्रजी प्राणप्रिय न हों? सभी प्राणियों के प्रिय श्रीरामजी तुझे शत्रु के समान क्यों प्रतीत हुए? तू कौन है, यह बात मुझे सत्य-सत्य बताओ? तू चाहे जो भी हो, मुँह में कालिख लगाकर मेरी आँखों के सामने से दूर हो जा। तुझ ऐसी राम विरोधी के गर्भ से मैं उत्पन्न हुआ, अतः मेरे समान कौन पातकी हो सकता है? अरी पापिनी, तू बात करने योग्य नहीं है। अरी घोरे, तू पति की हत्या करने वाली है। अरी पिशाचिनी, तेरे गर्भ से उत्पन्न होने के कारण मैं भी प्रत्यक्ष ही महापापी हूँ। मैं या तो अग्नि में प्रवेश कर जाऊँगा या विष खा लूँगा। अथवा खड्ग से आत्मघात करके यमलोक चला जाऊँगा। हे पति-हत्यारिणी, हे दुष्टे, तू भी कुंभीपाक नरक में पड़ेगी।"

भरतजी का कौशल्या से मिलन

कैकेयी की तीव्र भर्त्सना करके वे महारानी कौशल्या के पास पहुँचे। भरत को देखते ही कौशल्या स्नेह के वशीभूत होकर उनसे मिलने को दौड़ पड़ीं। पर वे पृथ्वी पर गिरकर मूर्च्छित हो गयीं। वे मलिन वस्त्र धारण किये थीं, व्याकुल, अत्यंत कृश, विवर्ण और अत्यंत दुखी थीं। उनकी ऐसी दशा देखकर भरत का दुःख और क्लेश और अधिक बढ़ गया। वे अपनी सुध-बुध खोकर माता कौशल्या के चरणों पर दण्ड के समान गिर पड़े और आर्तनाद करने लगे। तत्पश्चात् कहने लगे, "माता, पिताजी कहाँ हैं? मुझे उनका दर्शन करा दो। श्रीरामजी, सीताजी और लक्ष्मण कहाँ हैं? इस भूतल में दुष्टा कैकेयी ने क्यों जन्म लिया? यदि उसने जन्म ही लिया, तो बाँझ

क्यों न हो गयी ? उस कुटिला कैकेयी ने मुझ ऐसे कुल-विनाशक पुत्र को जन्म दिया। मैं महान् अपयशी और अपने परिवार एवं सुहृदों का भयंकर द्रोही हूँ। मेरे समान त्रिलोक में कौन अभागा है, जिसके कारण ऐसी महान् विपत्ति पड़ी। मेरे ही कारण पूज्य पिताजी स्वर्गधाम सिधारे, श्रीराम, सीता और लक्ष्मण को वनवास हुआ, पुरजनों और परिजनों को असह्य दुःख सहना पड़ा। वास्तव में मैं ही सब विपदाओं और अनर्थों का कारण हूँ। मैं ही इस पवित्र रघुवंश के वेणुवंश की दावाग्नि बन गया।'' भरत के इन करुण-वचनों को सुनकर माता कौशल्या ने उठकर भरत को गले से लगा लिया और उनके नेत्रों से अश्रु वर्षा होने लगी। उन्होंने स्नेहातिरेक से भरत को इस प्रकार बारंबार गले से लगाया, मानों श्रीरामचन्द्रजी को ही पा गयी हों। माता के इस अलौकिक स्नेह को देखकर समस्त दर्शक कौशल्या की मुक्तकंठ से प्रशंसा करके कहने लगे, ''श्रीराम की माता ऐसी क्यों न हों ? आखिरकार वे श्रीरामजी ही की तो माँ हैं।''

तत्पश्चात् कौशल्या ने धैर्य धारण कर भरत से इस प्रकार कहा, ''वत्स भरत, मैं तुम्हारी बलैया लेती हूँ। अधीर मत हो। बेटा, धैर्य धारण करो। कुसमय समझ कर धीरज धरो। चिन्ता और शोक का परित्याग करो। काल और कर्म की अघटित गति होती है। उसे कोई समझ नहीं सकता। तुम अपने मन में तनिक भी ग्लानि न करो। ऐ पुत्र, तुम किसी पर भी दोषारोपण मत करो। मेरे ऊपर विधाता ही टेढ़ा हो गया है। इतना वज्रपात होने पर भी दैव मुझे जीवित रखे हुए है।

''पिता की आज्ञा पाकर राम ने समस्त राजोचित आभूषणों और वस्त्रों का परित्याग कर दिया। हर्ष और विस्मय तथा राग-द्वेष-रहित राम ने वल्कल वस्त्र धारण कर लिया। वनवास जाते समय उनके मुख की कान्ति और भी अधिक बढ़ गयी। उन्होंने वन जाते समय सभी परिजनों और पुरजनों को पूर्ण आश्वासन देकर धैर्य बँधाया। पतिव्रता सीता तथा भ्रातृभक्त लक्ष्मण भी उनके साथ-साथ चल पड़ें। राम, लक्ष्मण और सीता वन को चले गये। मैं मूक की भाँति बैठी रही। न उनके साथ वन ही जा सकी और न उनके वियोग में प्राण ही दे सकी। वास्तव में महाराज ही जीने-मरने का वास्तविक रहस्य जानते थे। मेरा हृदय तो सैकड़ों वज्रों से भी अधिक कठोर है।''

कौशल्या के इन करुण वचनों को सुनकर रनिवास में कोलाहल मच गया। समस्त रानियाँ विलाप करने लगीं। साथ ही भरत भी करुण-क्रन्दन करने लगे। भरत और शत्रुघ्न को अत्यधिक विह्वल देखकर कौशल्या ने दोनों भाइयों को अति स्नेह से गले लगाकर उन्हें विवेकमयी वाणी में विविध प्रकार के सान्त्वना दी।

तत्पश्चात् भरतजी ने राम के वनवास और अपने लिये राज्यतिलक के संबंध में अपनी अनभिज्ञता प्रकट करते हुए इस प्रकार कहा, ''माता, मेरी बात सुनो, कैकेयी ने श्रीरामचन्द्रजी के राज्याभिषेक के समय जो कुछ करतूत की है अथवा उसने इस संबंध में और भी जो अनर्थ किया है, उसे यदि मैं जानता होऊँ अथवा उसमें मेरी

सम्मति हो, तो मुझे सौ ब्रह्महत्याओं का पाप लगे अथवा अरुन्धती-सहित श्रीवशिष्ठजी को खड्ग से मारने का जो पाप लगता हो, वही सारा पाप मुझे भी लगे।"

इस प्रकार पति और पुत्र से बिछुड़ी हुई कौशल्या को अनेक और शपथों द्वारा आश्वासन देते हुए राजकुमार भरत दुःख से व्याकुल होकर पृथ्वी पर गिर पड़े। उस समय दुष्कर शपथों द्वारा अपनी सफाई देते हुए शोक-संतप्त एवं अचेत भरत से कौशल्या ने इस प्रकार कहा, "बेटा, तुम अनेकानेक शपथ खाकर जो मेरे प्राणों को पीड़ा दे रहे हो, इससे मेरा यह दुःख और भी बढ़ता जा रहा है। बेटा, तुम मनसा, वाचा और कर्मणा राम के परम प्रिय हो। तुम्हें राम अपने प्राणों से भी बढ़कर प्रिय हैं और तुम भी राम को प्राणों से बढ़कर प्रिय हो। चाहे चन्द्रमा अमृत के स्थान पर विष की वर्षा करे, मछली जल से विहीन होने पर भी जीवित रहे, ब्रह्मज्ञान होने पर भी शोक और मोह की निवृत्ति न हो, पर बेटा भरत; तुम राम से विपरीत नहीं हो सकते। कैकेयी के इस कृत्य में जो व्यक्ति तुम्हारी मंत्रणा कहे, उसे स्वप्न में भी सुख और सुगति की प्राप्ति न हो।" इतना कहकर माता कौशल्या ने स्नेहवश भरत को गले से लगा लिया और वात्सल्य के आधिक्य से उनके स्तनों से दूध टपकने लगा और आँखों से अश्रुवर्षा होने लगी। महात्मा भरत दुःख से आर्त होकर विलाप करने लगे। उनका मन मोह और शोक से व्याकुल हो गया। वे पृथ्वी पर अचेत होकर गिर पड़े। बारंबार विलाप करते और लम्बी-लम्बी साँस खींचते रहे। इस तरह शोक में ही उनकी वह सारी रात बीत गयी।

राजा दशरथ का अन्त्येष्टि संस्कार

शोक से संतप्त हुए भरतजी से महर्षि वशिष्ठजी ने कहा, "महायशस्वी राजकुमार, तुम्हारा कल्याण हो। अब यह शोक छोड़ो, क्योंकि इससे कुछ होने-जाने वाला नहीं है, अब समयोचित कर्त्तव्य की ओर ध्यान दो। राजा दशरथ के शव को दाह-संस्कार के लिये ले चलने का उत्तम प्रबन्ध करो।"

वशिष्ठजी के वचन सुनकर धर्मज्ञ भरत ने पृथ्वी पर पड़ कर उन्हें साष्टांग प्रणाम किया और मंत्रियों द्वारा पिता के सम्पूर्ण प्रेतकर्म का प्रबन्ध करवाया। राजा दशरथ का शव तेल के कड़ाह से निकालकर भूमि पर रखा गया। तदनन्तर मृत राजा दशरथ के शव को धो-पोंछकर, नाना प्रकार के रत्नों से विभूषित उत्तम शय्या पर लिटाकर उनके पुत्र भरत अत्यन्त दुखी हुए, और विलाप करने लगे, 'राजन्, मैं परदेश में था और आपके पास पहुँचने भी नहीं पाया था, तब तक ही धर्मज्ञ श्रीराम, सीताजी और महाबली लक्ष्मण को वन भेजकर आपने इस प्रकार स्वर्ग में जाने का निश्चय कैसे कर लिया? महाराज, अनायास ही महान् कर्म करनेवाले पुरुषसिंह श्रीराम से हीन इस दुखी सेवक को छोड़कर आप कहाँ चले गये? तात, आप स्वर्ग चले गये और श्रीराम ने वन का आश्रय लिया। ऐसी दशा में आपके इस नगर में निश्चिन्तापूर्वक प्रजा के योगक्षेम की व्यवस्था कौन करेगा? राजेन्द्र, आपके बिना यह पृथ्वी विधवा

के समान हो गयी, अतः इसकी शोभा हीन हो गयी है। यह अयोध्यापुरी भी मुझे चन्द्रहीन रात्रि के समान श्रीहीन प्रतीत होती है।"

इस प्रकार दीनचित्त होकर विलाप करते हुए भरत से महामुनि वशिष्ठ ने फिर कहा, "महाबाहो, इन महाराज के लिये जो कुछ भी प्रेतकर्म करने हों, उन्हें बिना विचारे शान्तचित्त होकर करो।" तब 'बहुत अच्छा' कहकर भरतजी ने वशिष्ठजी की आज्ञा शिरोधार्य की। तत्पश्चात् चन्दन, देवदारु, पद्मक आदि लकड़ियों, गुग्गल तथा अन्य सुगन्धित द्रव्य, घृत, कपूर आदि से उनके पार्थिव शरीर का दाहसंस्कार भरतजी ने किया।

भरत के साथ रानियों, मंत्रियों और पुरोहितों ने भी राजा के लिये जलांजलि प्रदान की। फिर सबके सब नेत्रों से आँसू बहाते हुए नगर में आये। उन्होंने अत्यन्त दुःख से अपना समय व्यतीत किया।

भरतजी से राज्यग्रहण का प्रस्ताव

महाराज दशरथ के अन्त्येष्टि-संस्कार की समाप्ति के पश्चात् चौदहवें दिन प्रातःकाल एक राज्यसभा बैठी, जिसमें मंत्रीगण, गुरु वशिष्ठजी, राज्यकर्मचारी, प्रतिष्ठित पुरजन सभी सम्मिलित हुए। गुरु वशिष्ठजी ने भरतजी और शत्रुघ्न को उस सभा में बुलवाया। भरतजी के उपस्थित होने पर समस्त राजकर्मचारी मिलकर उनसे इस प्रकार बोले, "महायशस्वी राजकुमार भरत, जो हमारे श्रेष्ठ गुरु थे, वे महाराज दशरथ तो अपने ज्येष्ठ पुत्र श्रीराम तथा महाबली लक्ष्मणजी को वन में भेजकर स्वयं स्वर्गलोक चले गये। अब इस राज्य का कोई स्वामी नहीं है। इसलिये अब आप ही हमारे राजा हों। आपके बड़े भाई को स्वयं महाराज ने वन जाने की आज्ञा दी और आपको यह राज्य प्रदान किया। अतः आपका राजा होना न्यायसंगत है। राजकुमार भरत, ये मंत्री आदि स्वजन, पुरवासी तथा सेठ अभिषेक की सारी सामग्री लेकर आपकी राह देखते हैं। नरश्रेष्ठ, राजा के पद पर अपना अभिषेक कराइये और सब की रक्षा कीजिये।"

यह सुनकर उत्तम व्रतधारी भरत ने अभिषेक के लिये रखी हुई सब सामग्री की सादर प्रदक्षिणा की और वहाँ उपस्थित हुए सब लोगों को इस प्रकार उत्तर दिया, "सज्जनो, आप लोग सभी बुद्धिमान् हैं। आपको मुझसे ऐसी बात नहीं कहनी चाहिए। हमारे कुल में सदा ज्येष्ठ पुत्र ही राज्य का अधिकारी होता आया है और यही उचित है। श्रीरामचन्द्रजी हम लोगों के बड़े भाई हैं। अतः वे ही राजा होंगे। उसके बदले में मैं चौदह वर्षों तक वन में निवास करूँगा।" भरत के ऐसा कहने पर धर्मज्ञ श्रीवशिष्ठजी ने भरत को समझाना प्रारम्भ किया, "तात, राजा दशरथ ने यह धन-धान्य से परिपूर्ण राज्य तुम्हें देकर स्वयं धर्म का आचरण करते हुए अपनी प्रतिज्ञा पूरी की और स्वर्गवासी हुए। सत्यप्रतिज्ञ श्रीरामजी उनकी आज्ञा मानकर वन को चले गये। इस प्रकार पिता और ज्येष्ठ भ्राता दोनों ने ही तुम्हें यह अकंटक राज्य

प्रदान किया है। अतः तुम शीघ्र ही अपना अभिषेक कराकर राज्य-सिंहासन पर आसीन हो।"

गुरु वशिष्ठजी की यह बात सुनकर धर्मज्ञ भरतजी शोक में डूब गये और धर्मपालन की इच्छा से उन्होंने मन ही मन श्रीराम की शरण ली। नवयुवक भरत उस भरी सभा में आँसू बहाते हुए गद्गद वाणी द्वारा कलहंस के समान मधुर स्वर से विलाप करने और वशिष्ठजी को उपालम्भ देने लगे, "गुरुदेव, जिन्होंने ब्रह्मचर्य का पालन किया, जो सम्पूर्ण विद्याओं में निष्णात हुए तथा जो सदा ही धर्मपालन के लिये प्रयत्नशील रहते हैं, उन बुद्धिमान् श्रीरामचन्द्रजी के राज्य को मेरे जैसा कौन मनुष्य अपहरण कर सकता है ? महाराज दशरथ का कोई भी पुत्र बड़े भाई के राज्य का अपहरण कैसे कर सकता है ? यह राज्य और मैं स्वयं श्रीराम के हैं। यह समझ कर आपको इस सभा में धर्मसंगत बात करनी चाहिए, अन्याययुक्त नहीं। धर्मात्मा श्रीराम मुझसे अवस्था में बड़े हैं और गुणों में तो मैं उनका पासंग भी नहीं हूँ। यदि श्रीरामचन्द्रजी का राज्य लेकर मैं भी पापाचरण करूँ तो मैं महान् पापी समझा जाऊँगा और इक्ष्वाकुवंश का कलंक समझा जाऊँगा। मेरी माता ने जो पाप किया है, उसे मैं कभी पसन्द नहीं करता। इसलिये यहाँ रहकर भी मैं दुर्गम वन में निवास करने वाले श्रीरामचन्द्रजी को हाथ जोड़कर प्रणाम करता हूँ। मैं श्रीराम का ही अनुसरण करूँगा। पुरुषोत्तम श्रीराम ही इस राज्य के राजा हैं। वे तीनों ही लोकों के राजा होने योग्य हैं। मैं श्रीरामचन्द्रजी को वन से लौटा लाऊँगा। यदि लौटाने में सफल न हो सका, तो स्वयं भी नरश्रेष्ठ लक्ष्मण की भाँति उन्हीं के साथ वन में निवास करूँगा। मैं आप सभी पूजनीय श्रेष्ठ सभासदों के समक्ष श्रीरामजी को बलपूर्वक लौटा लाने के लिये सारे उपायों से चेष्टा करूँगा।"

भरतजी के इस निश्चय को जानकर सभी सभासद 'साधु, साधु' कहकर मुक्तकण्ठ से उनकी प्रशंसा करने लगे। हर्ष और उल्लास की व्यापक लहर चारों ओर फैल गयी। सारे परिजन, पुरजन भरतजी के इस निर्णय की सराहना करने लगे। अयोध्यावासियों के आनन्द की सीमा नहीं रही। सर्वत्र भरत के अलौकिक भ्रातृप्रेम की कीर्ति की धूम मच गयी। गुरु वशिष्ठजी भी भरत के इस निर्णय से परम संतुष्ट हुए। माताएँ भी अत्यधिक आह्लादित हुईं।

●

अध्याय—आठ

श्रीराम को लौटाने का भरतजी का प्रयास

भरतजी ने वनयात्रा करने के पूर्व राज्य की समस्त व्यवस्था सुयोग्य और विश्वासपात्र कर्मचारियों कों सौंप दी। उन्होंने अपने मन में अनुमान किया, "यह सारी सम्पत्ति श्रीराम की है। यदि इसे किसी सुचारु व्यवस्था के बिना छोड़ दूँगा, तो बड़ी गड़बड़ी हो सकती है। ऐसी स्थिति में मैं स्वामी-विरोधी सिद्ध हूँगा। श्रीरामचन्द्रजी इस प्रमाद से प्रसन्न न होंगे।" श्रीरामजी के राज्याभिषेक के लिये जो सामग्री एकत्र की गयी थी, उसे बड़े सम्मानपूर्वक ले चलने का निर्देश किया। तत्पश्चात् श्री वशिष्ठजी के लिये सर्वोत्तम श्रेष्ठ रथ की व्यवस्था करके उस पर उन्हें बैठाया। सभी माताओं को सुखद पालकियों पर बैठाया। सारे अयोध्यावासी रथ, हाथी, घोड़े आदि पर सवार होकर श्रीराम को वन से लौटाने के लिये चल पड़े। उनके मन में रामजी के दर्शन का अपूर्व उल्लास था। वे आपस में यह कहते जाते थे, "हम लोग दृढ़ता के साथ उत्तम व्रत का पालन करने वाले तथा संसार का दुःख दूर करने वाले, स्थितप्रज्ञ, श्यामवर्ण महाबाहु श्रीराम का कब दर्शन करेंगे ? जैसे सूर्यदेव उदय होते ही सारे जगत् का अन्धकार दूर कर देते हैं, उसी प्रकार श्रीरघुनाथजी हमारी आँखों के सामने पड़ते ही हम लोगों का सारा शोक-संताप दूर कर देंगे।" इस प्रकार की बातें कहते और अत्यन्त हर्ष से भरकर एक दूसरे का आलिंगन करते हुए अयोध्या के नागरिक उस समय यात्रा कर रहे थे।

श्रृंगवेरपुर में निषादरज गुह से भेंट

इस प्रकार रथ, पालकी, घोड़े और हाथियों के द्वारा बहुत दूर तक का मार्ग तय कर लेने के बाद वे सब लोग श्रृंगवेरपुर में गंगाजी के तट पर जा पहुँचे। वहीं निषादराज गुह रहते थे। भरत की विशाल वाहिनी को देखकर गुह के मन में शंका हुई, "भरतजी के मन में निश्चित ही दुर्भाव है। वे श्रीराम से भयभीत होकर उनके नाश के निमित्त वन जा रहे हैं। यदि उनके मन में किसी प्रकार का दुर्भाव न होता, तो इतने दलबल के साथ क्यों यात्रा करते ?" इतना सोचने के पश्चात् गुह ने अपने सैनिकों को आदेश दिया कि वे किसी भी स्थिति का सामना करने के लिये सन्नद्ध रहें। इसके पश्चात् कुछ सेवकों सहित वह फल, शहद आदि सामग्री उपहार लेकर भरतजी

से मिलने गया। सुमंत्रजी ने गुह का परिचय बताते हुए कहा, "यह निषादराज गुह श्रीरामजी के मित्र हैं।" गुह को राम का सखा जानकर भरतजी ने उसे अपनी बाँहों में भरकर गाढ़ आलिंगन किया और उनकी आँखों से अश्रुधार बहने लगी। वे कुछ देर तक भाव में ही तन्मय रहे। तत्पश्चात् गुह से कहा, "भैया, तुम यहाँ श्रीरामचंद्रजी के साथ रहे और निर्मलहृदय श्रीराम ने नेत्रों में जल भरकर तुम्हारा आलिंगन किया। तुम्हें उनके सेवा-सत्कार का भी अवसर मिला। तुमने सीताजी और लक्ष्मण-सहित कमलनयन श्रीराम से वार्ता की। अतः तुम धन्य हो; तुम्हारा जीवन सफल है। तुमने अपने समस्त कुल को पवित्र कर दिया है। तुम रामजी के प्रियतम सखा और भाग्यवान् भक्त हो। चलो, जहाँ वे सीता के सहित रात्रि में सोये थे, वह स्थान मुझे दिखाओ।" इस प्रकार पुनः पुनः रामचन्द्रजी का स्मरण करते हुए भरतजी के नेत्रों में जल भर आया।

इस प्रकार विरहाकुल भरत गुह के साथ उस स्थान पर पहुँचे, जहाँ रात्रि के समय भगवान् श्रीराम ने बिश्राम किया था। वहाँ जाकर उन्होंने कुशा बिछे हुए उस स्थान को देखा। वह सीताजी के आभूषणों से झड़े हुए सुवर्णकणों से सुशोभित था। उसे देखकर भरतजी का हृदय दुःख से भर आया और वे इस प्रकार विलाप करने लगे, "अहो, जो अति सुकुमारी जनकदुलारी सीता राजमहल में कोमल बिछौने से युक्त अति सुन्दर रत्नपर्यंक पर, श्रीरामजी के साथ शयन किया करती थीं, वे ही मेरे दोष से श्रीरामचन्द्र के साथ इस कुशाओं की साथरी पर किस प्रकार क्लेशपूर्वक सोती होंगी? मुझे धिक्कार है, बारंबार धिक्कार है। मैं मूर्तिमान पापपुंज के समान कैकेयी के गर्भ से उत्पन्न हुआ हूँ। मेरे ही कारण सारी विपदाएँ उपस्थित हुईं। मेरे ही लिये महात्मा राम को यह महान् क्लेश उठाना पड़ा। अहा, महात्मा लक्ष्मण का जन्म अत्यन्त सफल है, वे भगवान् राम के वन में रहते समय भी सदा प्रसन्न मन से उन्हीं का अनुसरण करते हैं। जो लोग राम के दास हैं, उनके दासों का दास भी यदि मैं हो जाऊँ, तो मेरा जन्म सफल हो जाय। भाई, यदि तुम्हें मालूम हो, तो मुझे यह सब बताओ कि राम कहाँ हैं? वे जहाँ भी होंगे, मैं उन्हें तुरंत लौटाने के लिए वहाँ जाऊँगा।"

गुह भरत के इन करुण वचनों को सुनकर द्रवीभूत हो गया और उसने कहा, "स्वामिन्, कमलनयन राम, सीताजी और लक्ष्मण में आपकी ऐसी विशुद्ध भक्ति और प्रीति है, अतः आपही धन्य हैं। भगवान् श्रीराम उस दिन यहाँ रात्रि भर आपके अलौकिक प्रेम और भक्ति की सराहना करते रहे। भगवान्, इस समय श्रीराम, लक्ष्मण और सीता सहित चित्रकूट पर्वत के पास मन्दाकिनी नदी के समीप मुनियों के निकट अपनी पर्णशाला में निवास कर रहे हैं। चलिये, शीघ्र ही हम लोग वहाँ प्रस्थान करें। पहले हम लोग यहाँ गंगाजी को पार कर लें।"

ऐसा कहकर उसने तुरंत ही सेना के सहित भरतजी को गंगाजी पार करने के लिए पाँच सौ नावें मंगवायीं और स्वयं एक राजनौका लेकर उपस्थित हुआ। उसमें

भरत, शत्रुघ्न, रामजी की माता कौशल्या और वशिष्ठजी को बैठाया तथा एक दूसरी नाव में कैकेयी आदि अन्य राजमहिलाओं को सवार किया। इस प्रकार शीघ्र ही वे सब गंगाजी के उस पार पहुँच गये।

प्रयाग में भरतजी द्वारा भरद्वाज ऋषि का दर्शन

शृंगवेरपुर से गंगाजी को पार कर भरतजी श्रीराम का स्मरण करते हुए आगे बढ़ने लगे। 'सीताराम सीताराम' का उच्चारण करते हुए उन्होंने रथ का परित्याग कर पैदल चलना प्रारम्भ किया। उनके स्वामिभक्त सेवक उनसे बार-बार आग्रह करने लगे, "स्वामिन्, पैदल मत चलिये। इससे हम सब लोगों को कष्ट हो रहा है।" भरतजी ने कहा, "श्रद्धेय श्रीरामचन्द्रजी तो वनयात्रा में पैदल चल रहे हैं। मुझे घोड़े, हाथी और रथ पर सवार होने को कह रहे हो? उचित तो यह है कि यदि वे पैदल चल रहे हैं, तो मुझ तुच्छ सेवक को सिर के बल उनके पास पहुँचना चाहिये, क्योंकि सेवक का धर्म अत्यन्त कठोर होता है।" भरत की उच्च भावावस्था, उनकी रहनी देखकर और उनकी मृदु वाणी सुनकर सभी सेवक-समुदाय ग्लानि से भर गये।

दिन के तीसरे प्रहर में उन्होंने प्रयाग मे प्रवेश किया। सर्वप्रथम त्रिवेणी में स्नान किया। त्रिवेणी में गंगाजी की श्वेत और यमुनाजी की श्यामल लहरों को देख कर भरतजी के सात्विक भावों से अत्यधिक उद्दीपन हुआ। वे तीर्थराज प्रयाग से करबद्ध प्रार्थना करने लगे, "हे तीर्थराज महाराज, मैं आपसे केवल एक ही वर की याचना करता हूँ। मुझे अर्थ, धर्म, काम अथवा मोक्ष की कामना नहीं है। मेरी यही आन्तरिक अभिलाषा है कि जन्म-जन्मान्तरों में मेरी अनन्य भक्ति श्रीरामचन्द्रजी के चरणकमलों में बनी रहे।"

त्रिवेणी-स्नान करने के पश्चात् भरतजी छोटे भाई शत्रुघ्न के साथ, श्रीभरद्वाज जी के आश्रम पर उनका दर्शन करने गये। प्रज्वलित अग्नि के समान तेजस्वी मुनिवर भरद्वाज को आश्रम में बैठे देखकर उन्हें अति भक्तिपूर्वक साष्टांग प्रणाम किया।

मुनीश्वर को जब ज्ञात हुआ कि वे दशरथनन्दन भरतजी हैं, तब उन्होंने प्रीतिपूर्वक उनकी पूजा की और उन्हें जटा-वल्कलादि धारण किये देख कुशल-प्रश्न के पश्चात् पूछा, "वत्स भरत, राज्यशासन करते हुए तुमने आज यह वल्कलादि कैसे धारण कर लिये और इस मुनिजनसेवित तपोवन में तुम किसलिये आये हो?" भरद्वाज के वचन सुनकर भरत ने नेत्रों में आँसू भरकर कहा, "भगवन्, आप सब कुछ जानते हैं, क्योंकि आप सर्वान्तर्यामी हैं। फिर भी आप जो कुछ पूछ रहे हैं, वह मेरे ऊपर आपकी कृपा ही है। कैकेयी ने श्रीरामजी के राज्याभिषेक में विघ्न उपस्थित करने वाला और वनवास-विषयक जो कुछ कार्य किया है, हे मुनिश्रेष्ठ, आपके चरणों को साक्षी करके कहता हूँ, मुझे उसके विषय में कुछ भी पता नहीं था।" ऐसा कहकर उन्होंने अति आर्तचित्त होकर मुनि के युगल चरण पकड़ कर कहा, "भगवन्, आप स्वयं जान सकते हैं कि मैं दोषी हूँ अथवा निर्दोष? हे स्वामिन्, महाराज श्रीरामचन्द्र

जी के रहते हुए मुझे राज्य से क्या प्रयोजन है ? हे मुनिश्रेष्ठ, मैं तो सदा से ही श्रीरामजी का दास हूँ । अतः हे मुनिनाथ, श्रीरामचन्द्र के पास जाकर उनके चरण-कमलों में पड़कर यह सारी राज्यसामग्री उन्हें यहीं वन में ही सौंप दूंगा । श्रीवशिष्ठ आदि पुरजन और जनपदवासियों के साथ मिलकर उनका राज्याभिषेक कर अयोध्या लौटा ले जाऊँगा और अति तुच्छ सेवक की भाँति उन लक्ष्मीपति श्रीरामजी की सेवा करना मैं अपना अहोभाग्य समझूँगा ।''

भरतजी की बात सुनकर महर्षि भरद्वाज ने उनसे कहना प्रारम्भ किया, ''हे वत्स भरत, तुम सर्वथा निर्दोष हो । विधाता के विधान पर किसका वश चल सकता है ? माता कैकेयी की करतूतों का स्मरण कर तुम अपने मन में तनिक भी ग्लानि मत करो । उस बेचारी का भी कुछ दोष नहीं है । बात यह है कि सरस्वती ने उसकी बुद्धि प्रेरित कर दी । इसमें तुम्हारा अपराध ही क्या है ? इसके अतिरिक्त लोक और वेद सभी का यही निर्णय है कि पिता जिस पुत्र को राज्याधिकारी बनावे, वही उचित है । वास्तव में सभी अनर्थों का मूल कारण श्रीरामजी का वनवास है । रानी कैकेयी भी इस कृत्य को करके अब अत्यधिक पश्चात्ताप कर रही है । यदि मान लो तुम राजा दशरथ द्वारा प्रदत्त राज्य करने भी लगते, तो तुम्हारा किंचित् दोष नहीं समझा जा सकता था । इस समाचार को सुनकर श्रीरामजी को भी परम सन्तोष होता । हे भरत, राजपाट का परित्याग कर अब तो तुमने परमोत्कृष्ट कार्य किया है । इस त्याग के द्वारा तो तुमने भ्रातृभक्ति और वैराग्य का अनुपम आदर्श संसार के सम्मुख उपस्थित किया है, इससे तुम्हारे विमल यश की कीर्ति सर्वत्र फैल गयी है । इसकी उत्तरोत्तर और भी वृद्धि होगी । तुमने रामभक्ति को अमृत लोक में उपस्थित कर दिया है ।

''हे भरत, तुम मन में किसी भी प्रकार की ग्लानि मत करो । तुमने रामभक्ति का पूर्ण रूप से आस्वादन कर लिया है । श्रीरामचन्द्र भी तुम्हें अत्यधिक स्नेह करते हैं । तुम उनके मन में सदैव निवास करते हो । यह रहस्य मैंने उस समय जाना, जब वे प्रयाग में स्नान कर रहे थे । वे तुम्हारे ही स्नेह में डूबे थे । हे भरत, हम तपस्वी हैं, जगत् के समस्त प्रपंचों से विरक्त हैं । हम मिथ्या भाषण से बचते हैं । ऐसी स्थिति में हम सच-सच अपने मनोभाव तुम्हें बता रहे हैं, उसे ध्यान से सुनो । मेरी समस्त साधनाओं का फल यह था कि मैंने श्रीराम, लक्ष्मण और सीता का साक्षात्कार किया । उसके फल के स्वरूप तुम्हें प्रत्यक्ष अपनी आँखों के सम्मुख देख रहा हूँ, क्योंकि श्रीरामजी का अनन्य उपासक उनसे भी बढ़कर होता है ।''इतना कहने के पश्चात् महर्षि भरद्वाज भरत के दिव्य और अलौकिक प्रेम में निमज्जित हो गये ।

श्रीरामजी के वनवास से भरतजी इतने क्षुब्ध और दुखी थे कि उनका दुःख मुनिवर भरद्वाज के समझाने पर भी कम न होता था । अन्त में भरद्वाजजी ने भरत को आश्वासन दिया, ''हे भरत, अब तुम्हें श्रीरामजी के वनवास के संबंध में

चिन्तित होने की तनिक भी आवश्यकता नहीं है। श्रीरामजी के चरणकमलों का दर्शन कर तुम्हारे समस्त दुःखों की निवृत्ति हो जायेगी।"

महर्षि भरद्वाज ने भरतजी से कहा, "वत्स भरत, तुम मेरे अतिथि हो, अतः आज अपनी सेना सहित मेरा आतिथ्य स्वीकार करो।" भरतजी ने मुनि की आज्ञा शिरोधार्य की। इधर भरद्वाजजी ने भरत के विधिवत् सत्कार के लिए ऋद्धियों और सिद्धियों का स्मरण किया। वे हाथ जोड़े हुए मुनिवर की सेवा में उपस्थित हुईं। भरद्वाजजी ने उनसे भरत के सेवा-सत्कार के करने का निर्देश किया। उन सिद्धियों ने भरतजी और उनके समस्त दलबल के लिए भोगों और ऐश्वर्यों का अम्बार लगा दिया। भरतजी उनकी चतुरंगिणी सेना उन भोगों को देखकर आश्चर्यचकित हो गयी। किन्तु उस स्थिति में भी भरत भोगों से विरक्त रहे। उन्होंने उनकी ओर दृष्टिपात तक नहीं किया। शेष सभी लोग उन भोगों को भोगकर परम सन्तुष्ट हुए।

इसके पश्चात् अत्यधिक विनय से भरतजी ने भरद्वाजजी को साष्टांग प्रणाम करके उनसे विदा माँगी। वे भगवान् श्रीरामजी से मिलने के लिए अत्यधिक अधीर हो रहे थे। निषादराज गुह उनके साथ-साथ चल रहा था। भरतजी ने न तो जूते पहने थे और न उनके सिर पर छाया ही थी। ऐसी स्थिति में पृथ्वी कोमल हो गयी, आकाश में बादल उन्हें छाया प्रदान करने लगे। शीतल, मंद, सुगन्ध वायु बहने लगी। भरतजी के इस प्रभाव को देखकर देवराज इन्द्र अत्यधिक व्यग्र और चिन्तित हो गये। उन्होंने यह विचार किया कि भरतजी निश्चय ही श्रीराम को वन से लौटा लावेंगे। इससे देवताओं की विपत्ति ज्यों की त्यों बनी रहेगी। यह सोचकर उन्होंने देवगुरु बृहस्पतिजी से निवेदन किया, "गुरुवर, ऐसी युक्ति कीजिये जिससे श्रीरामजी और भरतजी की मुलाकत न हो सके।"

देवराज इन्द्र की यह बात सुनकर बृहस्पतिजी इन्द्र के कथन पर मन ही मन हँसे और उनका तिरस्कार करते हुए बोले, "देवराज, तुम्हारे सहस्र नेत्र हैं। पर बड़े आश्चर्य की बात है कि तुम्हें उन नेत्रों से सुमेरु इतना महान् पर्वत भी नहीं दिखलायी पड़ रहा है। भरतजी श्रीराम भगवान् के अनन्य भक्त और उपासक हैं। अतः इस दुर्बुद्धि का तुरंत परित्याग कर दो कि भरत और राम का मिलन न हो। यह सर्वथा असंभव है। श्रीरामजी अपने भक्तों के अधीन रहते हैं। वे उनकी सम्पूर्ण इच्छाएँ पूरी करते हैं। अतः देवराज इन्द्र, मेरी बात ध्यानपूर्वक सुनो, श्रीरामजी भक्त वत्सल हैं। वे अपने अपराधी पर क्रुद्ध नहीं होते, किन्तु जो व्यक्ति उनके भक्त का अपराध करना चाहता है, वह उनकी क्रोधाग्नि में भस्मीभूत हो जाता है, इसमें संशय नहीं है। राम की इस महिमा को दुर्वासा ऋषि भलीभाँति समझते हैं इसे भलीभाँति समझकर अपनी कुटिलता छोड़ दो और भरतजी से प्रीति करो।" बृहस्पतिजी की बात सुनकर इन्द्रदेव को परम प्रसन्नता हुई और उनकी ग्लानि और चिन्ता मिट गयी। वे भरतजी पर पुष्पवृष्टि करने लगे।

इधर भरतजी श्रीरामजी की भक्ति में डूबे हुए आगे बढ़ रहे थे। जब वे

'श्रीराम' का उच्चारण प्रेमभाव से करते थे, तब समस्त जड़-चेतन में अद्भुत परिवर्तन हो जाता था। चारों ओर प्रेम की दिव्य लहर व्याप्त हो जाती थी। पाषाण भी उनके भक्ति का स्पर्श पाकर द्रवित हो उठते थे। मार्ग के समस्त नर-नारी उनकी श्रद्धा-भक्ति देखकर आत्म-विस्मृत हो जाते थे। जहाँ भी वे भरतजी राम के निवास का स्थल सुनते थे, वहाँ भक्तिपूर्वक नमन करते थे। वे मन ही मन यह वरदान माँगते थे कि श्रीरामचन्द्रजी और सीताजी के पवित्र चरणकमलों में अखण्ड भक्ति बनी रहे। वे मार्ग के सभी पथिकों से राम का समाचार पूछते जाते थे। जो व्यक्ति यह कहते थे, "हाँ, श्रीरामजी, सीताजी एवं लक्ष्मण को हमने कुशल से देखा है।" उन्हें वे श्रीरामजी के ही समान प्रिय प्रतीत होते थे।

सभी लोग श्रीरामचन्द्रजी से मिलने के लिए इतने आतुर थे कि थक जाने पर भी वे चलते ही रहते थे।

भरतजी पर लक्ष्मण का भयंकर कोप

इधर श्रीरामचन्द्रजी वनवास के जीवन से पूर्ण सन्तुष्ट थे। वे सीताजी को वन के विविध दृश्यों को दिखाते और उनका मनोरंजन करते थे। लक्ष्मण जी को धर्म, नीति और राजनीति की अनेक प्रकार की शिक्षाएँ देते थे। ऋषियों की मण्डली में अध्यात्म की नित्य वार्ता हुआ करती थी।

एक दिन रघुनन्दन सीताजी के साथ इस प्रकार की बातें कर रहे थे, "प्रिये, यह फल परम पवित्र है, यह बहुत स्वादिष्ट है तथा इस कन्द को अच्छी तरह आग पर सेंका गया है।" वे उस पर्वतीय प्रदेश में बैठे हुए थे कि भरत की सेना की धूल उठती दिखाई दी और कोलाहल सुनाई पड़ा। वन के पशु-पक्षी इधर-उधर भयभीत होकर भागने लगे। पक्षी भयंकर शब्द करने लगे। उसे सुनकर श्रीरामचन्द्र जी लक्ष्मण से बोले, "लक्ष्मण, देखो तो सही—यह भयंकर गर्जन के सहित कैसा भयंकर शब्द सुनायी पड़ रहा है?" भगवान् श्रीराम की आज्ञा पाकर लक्ष्मण जी तुरन्त ही फूलों से लदे हुए एक शाल-वृक्ष पर चढ़ गये। उन्हें एक विशाल सेना दिखायी पड़ी, जो हाथी, घोड़े और रथों से परिपूर्ण तथा पैदल सैनिकों से संयुक्त थी। लक्ष्मण ने श्रीराम से यह बात कही, "आर्य, अब आप आग बुझा दें, अन्यथा धुंआ देखकर यह सेना यहीं चली आयेगी। देवी सीता गुफा में जा बैठें। आप अपने धनुष पर बाण चढ़ा लें और तरकस ले लें तथा कवच भी धारण कर लें।"

यह सुनकर पुरुष सिंह श्रीराम ने कहा, "प्रिय सुमित्रानन्दन, अच्छी तरह देखो तो सही, तुम्हारी समझ में यह किसकी सेना हो सकती है?" श्रीराम से ऐसा कहने पर लक्ष्मण रोष से प्रज्वलित हुए अग्निदेव की भाँति उस सेना की ओर इस तरह देखने लगे, मानों उसे जलाकर भस्म कर देना चाहते हों और इस प्रकार बोले, "भैया, निश्चय ही यह कैकेयी का पुत्र भरत है, जो अयोध्या में राज्यपद पर अभिषिक्त होकर अपने राज्य को निष्कंटक बनाने की इच्छा से हम दोनों को मार डालने की प्रबल

आकांक्षा से यहाँ आ रहा है। ये घुड़सवार सैनिक शीघ्रगामी घोड़ों पर सवार होकर इधर ही आ रहे हैं और ये हाथी सवार भी बड़े हर्ष से हाथियों पर चढ़ कर आते हुए दिखायी पड़ रहे हैं। वीर, हम दोनों को धनुष चढ़ाकर पर्वत के शिखर पर चलना चाहिये अथवा कवच बाँधकर, अस्त्र-शस्त्र लेकर यहीं डटे रहना चाहिये। रघुनन्दन, आज यह कोविदार के चिह्न से युक्त ध्वजावाला रथ रणभूमि में हमारे अधिकार में आ जायगा और आज मैं अपनी इच्छा के अनुसार उस भरत को भी सामने देखूँगा, जिसके कारण आपको, सीताजी को और मुझे भी महान् संकट का सामना करना पड़ा है तथा जिसके कारण आप अपने सनातन राज्याधिकार से वंचित किये गये हैं। अरिमर्दन, यह भरत हमारा शत्रु है और सामने आ गया है; अतः वध के ही योग्य है। भरत का वध करने में मुझे कोई दोष नहीं दिखायी पड़ता। रघुनन्दन, जो पहले का अपकारी रहा हो, उसे मार डालने में, कोई अधर्म का भागी नहीं होता है। भरत ने पहले हमलोगों का अपकार किया है; अतः उसे मारने में नहीं, बल्कि जीवित छोड़ देने में ही अधर्म है। उसे छोड़ देना क्षात्रधर्म के सर्वथा प्रतिकूल है। इस भरत के मारे जाने पर आप सम्पूर्ण वसुधा का शासन करें; मैं कैकेयी का भी उसके सगे-संबंधियों एवं बन्धु-बांधवों के सहित वध कर डालूँगा। आज यह पृथ्वी कैकेयी रूपी महान् पाप से मुक्त हो जाय। आज मैं अपने रोके हुए क्रोध और तिरस्कार को शत्रु की सेनाओं पर उसी प्रकार प्रकट करूँगा, जैसे सूखे घास-फूस को अग्नि दग्ध कर देती है। अपने तीखे बाणों से शत्रुओं के शरीरों को टुकड़े-टुकड़े करके मैं अभी चित्रकूट के इस वन को रक्तरंजित कर दूँगा। मेरे बाणों से विदीर्ण हुए हृदयवाले हाथियों और घोड़ों को तथा मेरे हाथ से मारे गये मनुष्यों को भी गीदड़ आदि मांसभक्षी जन्तु इधर-उधर घसीटें। इस महान् वन में सेना सहित भरत का वध करके मैं अपने धनुष और बाण के ऋण से उऋण हो जाऊँगा।"

श्रीरामचन्द्रजी का लक्ष्मणजी को समझाना

लक्ष्मणजी भरत के प्रति रोषावेश के कारण अपना विवेक खो बैठे थे। इस अवस्था में श्रीराम ने उन्हें समझाना प्रारंभ किया, "प्रिय लक्ष्मण, महाबली और महान् उत्साही भरत जब स्वयं यहाँ आ गये हैं, तब इस समय धनुष अथवा ढाल-तलवार का क्या काम है? लक्ष्मण, पिता के सत्य की रक्षा के लिये प्रतिज्ञा करके यदि मैं युद्ध में भरत को मारकर उनका राज्य छीन लूँ, तो संसार में मेरी कितनी निन्दा और अपकीर्ति होगी। फिर उस कलंकित राज्य को लेकर मैं क्या करूँगा? अपने बन्धु-बांधवों या मित्रों का विनाश करके जिस धन की प्राप्ति होती हो, वह तो विषमिश्रित भोजन के समान सर्वथा त्याग देने योग्य है; उसे मैं कदापि ग्रहण नहीं करूँगा।

"लक्ष्मण, मैं तुमसे प्रतिज्ञापूर्वक सच-सच कह रहा हूँ कि—धर्म, अर्थ, काम और पृथ्वी का राज्य भी मैं तुम्हीं लोगों के लिये चाहता हूँ, अपने लिये नहीं। सुमित्रानंदन, मैं भाइयों के कल्याण और सुख के लिये ही राज्य की भी इच्छा करता हूँ। इस बात की सत्यता के लिये मैं अपना धनुष छूकर शपथ खाता हूँ। सौम्य लक्ष्मण,

समुद्र से घिरी हुई यह पृथ्वी मेरे लिए दुर्लभ नहीं है, परन्तु मैं अधर्म से इन्द्र का पद पाने की भी इच्छा नहीं कर सकता। मानद, भरत को, तुमको और शत्रुघ्न को छोड़कर यदि मुझे कोई सुख मिलता हो, तो उसे अग्निदेव जलाकर भस्म कर डालें।

"वीर, पुरुषप्रवर, भग्त महान् भ्रातृभक्त हैं। वे मुझे प्राणों से भी बढ़कर प्रिय हैं। मुझे तो ऐसा प्रतीत होता है कि भरत ने अयोध्या आने पर जब यह सुना कि मैं तुम्हारे और जानकी के साथ जटावल्कल धारण करके वन में आ गया हूँ, तब उनकी इन्द्रियाँ शोक से व्याकुल हो उठी हैं। अत्यधिक दुखी, खिन्न और व्यग्र हो गये हैं। वे कुलधर्म का विचार करके हमलोगों से मिलने आये हैं। इन भरत का इसके सिवा दूसरा कोई उद्देश्य नहीं हो सकता। माता कैकेयी के प्रति कुपित हो, उन्हें कठोर वचन सुनाकर और पिताजी को प्रसन्न करके श्रीमन् भरत मुझे राज्य देने के लिये आये हैं। भरत का हमलोगों से मिलने के लिये यहाँ आना सर्वथा समयोचित है। वे हमसे मिलने योग्य हैं। हमलोगों का कोई अहित करने का विचार तो वे कभी मन में ला भी नहीं सकते।

"तात, भरत ने तुम्हारे प्रति पहले कब कौन-सा अप्रिय बर्त्ताव किया है, जिससे आज तुम्हें उनसे ऐसा भय लग रहा है और तुम उनके विषय में इस प्रकार की आशंका कर रहे हो? भरत के आने पर तुम उनसे कोई कठोर या अप्रिय वचन न बोलना। यदि तुमने उनसे कोई प्रतिकूल बात कही, तो वह मेरे ही प्रति कही बात समझी जायगी। सुमित्रानन्दन, कितनी ही बड़ी आपति क्यों न आ जाय, पुत्र अपने पिता को कैसे मार सकते हैं? अथवा भाई अपने प्राणों के समान 'प्रिय भाई' की हत्या कैसे कर सकता है।"

"यदि तुम राज्य के लिये ऐसी कठोर बात कहते हो, तो मैं भरत से मिलने पर उनसे कह दूँगा कि तुम यह राज्य लक्ष्मण को दे दो। लक्ष्मण, यदि मैं भरत से यह कहूँ कि 'तुम यह राज्य लक्ष्मण को दे दो', तो वे 'बहुत अच्छा' कह कर अवश्य मेरी बात मान लेंगे।"

अपने धर्मपरायण भाई के ऐसा कहने पर उन्हीं के हित में सदैव तत्पर रहने वाले लक्ष्मण लज्जावश मानो अपने अंगों में ही समा गये—लाज से गड़ गये। "लक्ष्मण, अब मेरी बात मानो और पेड़ से नीचे उतर आओ।" श्रीरामचन्द्र का यह आदेश सुनकर लक्ष्मणजी शाल के वृक्ष से नीचे उतर आये और उनके समक्ष हाथ जोड़कर खड़े हो गये।

श्रीरामचन्द्रजी और भरतजी का मिलन

भरतजी गुरु वशिष्ठ, माताओं और सारी सेना को पीछे छोड़कर भाई शत्रुघ्न के साथ निषादराज गुह को लिये श्रीराम के आश्रम की ओर अग्रसर हुए। श्रीरामजी, सीता और लक्ष्मण के सहित वेदिका पर विराजमान थे। वह वेदिका भूमिमंडली से घिरी हुई थी। श्रीराम और लक्ष्मण वल्कल वस्त्र धारण किये थे, उनके सिर पर जटा

शोभायमान हो रही थी। उन्हें देखते ही भरतजी 'पाहि नाथ, पाहि नाथ' कहकर दण्ड के समान उनके चरणकमलों पर गिर पड़े। श्रीराम ने उन्हें बरबस उठाकर अपने गले से लगाकर गाढ़ आलिंगन किया। भरत और श्रीराम का मिलन अद्भुत था, दोनों भाई सात्विक प्रेम से परिपूर्ण थे। उनके इस दिव्य मिलन में मन, बुद्धि, चित्त और अहंकार का सर्वथा अभाव था। दो शरीर एक प्राण थे। द्वैत के लिये कोई स्थान नहीं था। सब कुछ अद्वैत, एक, अखण्ड और अनन्त था। वह आनन्द परमानन्द था। उसमें मन, बुद्धि, चित्त और अहंकार को कोई भी स्थान नहीं था।

श्रीराम और भरत के इस अपूर्व मिलन को देखकर देवराज इन्द्र और सभी देवता भय से त्रस्त हो गये। सभी की छाती धड़कने लगी। सभी इस चिन्ता में पड़ गये कि भरतजी अपने निरतिशय प्रेम और भक्ति के कारण श्रीरामचन्द्रजी को वन से अयोध्या लौटा ले जायेंगे और देवताओं का कार्य—राक्षसों का वध—अधर में पड़ा रह जायेगा। देवताओं के इस भय और त्रास को देखकर उनके गुरु बृहस्पतिजी ने उन्हें आश्वासन दिया और धैर्य बँधाया, तब वे प्रकृतिस्थ हुए। प्रकृतिस्थ होने पर देवतागण दोनों भाइयों की प्रीति की मुक्तकंठ से प्रशंसा और उन पर पुष्पवर्षा करने लगे।

तत्पश्चात् श्रीरामजी उसी भाव से शत्रुघ्न से मिले और प्रणाम करते हुए गुह को उठाकर उसे अपने गले से लगा लिया। इसके बाद भरत और लक्ष्मण तथा लक्ष्मण और शत्रुघ्न का मिलन हुआ। अंत में भरतजी ने सीता के चरणकमलों में साष्टांग प्रणाम किया। सीताजी से शुभाशीर्वाद पाकर भरतजी कृतकृत्य हो गये और उनकी सारी आशंकाओं की समाप्ति हो गयी। वे परमानन्द में निमज्जित हो गये। इस प्रकार सभी में दिव्य प्रेम का समुद्र उमड़ पड़ा।

इतने में कौशल्या आदि सभी माताओं को लिये वशिष्ठजी भी आकर उपस्थित हो गये। जिस प्रकार बछड़े से अलग की हुई गाय अपने बछड़े से मिलने के लिये आतुर होकर दौड़ती है, उसी प्रकार सभी माताएँ श्रीराम, सीताजी तथा लक्ष्मण से मिलने के लिये अति शीघ्रता से उनके पास पहुँची। रामजी ने अपनी माता को देखते ही शीघ्रता से उठकर चरणवन्दन किया और कौशल्या ने अत्यन्त दुःख से नेत्रों में जल भरकर श्रीराम को शुभाशीर्वाद देकर उन्हें अपने गले से लगाया। श्रीराम ने उसी प्रकार अन्य माताओं को भी प्रणाम किया। तदनन्तर वशिष्ठजी को आते देख उन्हें साष्टांग प्रणाम कर बारबार कहने लगे, "मैं धन्य हूँ, मैं धन्य हूँ। आपका दर्शन कर मैं कृतकृत्य हो गया।"

फिर श्रीरामचन्द्रजी ने सबको यथायोग्य बैठाकर पूछा, "कहिये, हमारे पिताजी कुशल से हैं? उन्होंने मेरे वियोग से अत्यन्त दुःखातुर होकर मेरे लिया क्या आज्ञा दी है?" तब वशिष्ठजी ने कहा, "हे रघुनन्दन, तुम्हारे पिताजी ने तुम्हारे वियोग में अति संतप्त होकर 'हे राम, हे सीते, हे लक्ष्मण' इस प्रकार तुम्हारा ही चिन्तन करते हुए अपने प्राण त्याग दिये।

कानों में शूल के समान लगने वाले गुरु के इन वचनों को सुनकर श्रीराम

और लक्ष्मण 'हाय, हम मारे गये' इस प्रकार रोते हुए सहसा पृथ्वी पर गिर पड़े। तब सारी माताएँ और अन्यान्य सभी उपस्थित लोग रोने लगे। श्रीरामचन्द्रजी बार-बार कहने लगे, "हे तात, हे दयामय, आप मुझे छोड़कर कहाँ चले गये ? हे महाबाहो, मैं अनाथ हो गया; अब मुझे कौन लाड़ लड़ावेगा ?" फिर इसी प्रकार सीता और लक्ष्मण भी बहुत विलाप करने लगे। वहाँ की सारी मण्डली भी भीषण करुण-क्रन्दन करने लगी। ऐसा आर्तनाद हुआ कि यही प्रतीत होने लगा कि मानो राजा दशरथ का अभी-अभी देहान्त हुआ है।

इसके बाद श्रीरामजी ने कहना प्रारंभ किया, "हाय, जो पिताजी मेरे ही शोक से मृत्यु को प्राप्त हुए, उनका मैं दाहसंस्कार तक न कर सका। मुझ जैसे व्यर्थ जन्म लेने वाले पुत्र से उन महात्मा का कौन-सा कार्य सिद्ध हुआ ? निष्पाप भरत, तुम्हीं कृतार्थ हो, तुम्हारा अहोभाग्य है, जिसमे तुमने और शत्रुघ्न ने सभी पारलौकिक कृत्यों में संस्कार-कर्म के द्वारा महाराज का पूजन किया है। परंतप भरत, वनवास की अवधि समाप्त करके यदि मैं अयोध्या लौटूँ, तो फिर कौन मुझे कर्त्तव्य का उपदेश देगा ? पहले जब मैं उनकी किसी आज्ञा का पालन करता था, तब वे मेरे सद्व्यवहार को देखकर मेरा उत्साह बढ़ाने के लिये जो-जो बातें कहा करते थे, कानों को सुख पहुँचाने वाली उन बातों को अब मैं किसके मुख से सुनूँगा ? सीते, तुम्हारे श्वशुर चल बसे। लक्ष्मण, तुम पितृविहीन हो गये।"

श्रीराम के ऐसा कहने पर उन सभी यशस्वी राजकुमारों के नेत्रों में बहुत अधिक आँसू उमड़ आये। इसके पश्चात् सभी भाइयों ने दुखी हुए श्रीराम को सांत्वना देते हुए कहा, "भैया, अब पृथ्वीपति पिताजी के लिये श्राद्ध-तर्पण और जलांजलि दान कीजिये।" उनकी बात सुनकर दुःखमग्न श्रीराम ने अत्यन्त दुखी लक्ष्मण से कहा, "भाई, तुम इंगुदी का पिता हुआ फल और चीर एवं उत्तरीय ले आओ। मैं महात्मा पिताजी को पिंडदान और जलदान देने के लिये चलूँगा। सीता आगे-आगे चलें; इनके पीछे तुम चलो और तुम्हारे पीछे मैं चलूँगा। शोक के समय की यही परिपाटी है, जो अत्यंत दारुण होती है।"

तत्पश्चात् उनके कुल के परम्परागत सेवक, श्रीराम के अनन्य भक्त सुमंत्र, समस्त राजकुमारों के साथ श्रीराम को धैर्य बँधाकर, उन्हें हाथ का सहारा दे कल्याणमयी मन्दाकिनी के तट पर ले गये। स्नान करने के पश्चात् श्रीराम ने राजा के लिये जलदान दिया। उस समय वे बोले, "मेरे पूज्य पिता राजशिरोमणि महाराज दशरथ, आज मेरा दिया हुआ यह निर्मल जल पितृलोक में गये हुए आपको अक्षय रूप में प्राप्त हो।"

इसके बाद मन्दाकिनी के जल से निकलकर किनारे पर आकर तेजस्वी श्रीरघुनाथजी ने अपने भाइयों के साथ मिलकर पिताजी के लिये पिंडदान किया। उन्होंने इंगुदी के गूदे में बेर मिलाकर उसका पिंड तैयार किया और बिछे हुए कुशों पर

रखकर अत्यंत दुःख से यह बात कही, "महाराज, प्रसन्नतापूर्वक यह भोजन स्वीकार कीजिये, क्योंकि आजकल यही हम लोगों का आहार है। मनुष्य स्वयं जो अन्न खाता है, वही उसके देवता भी ग्रहण करते हैं।"

श्रीराम से अयोध्या लौटने का भरत का आग्रह

सवेरा होने पर भरत आदि तीनों भाई सुहृदों के साथ मन्दाकिनी के तट पर गये और स्नान, होम एवं जप आदि करके पुनः श्रीराम के पास लौट आये। वहाँ आकर सभी चुपचाप बैठ गये। कोई कुछ नहीं बोल रहा था। तब सुहृदों के बीच में बैठे हुए भरत ने श्रीराम से इस प्रकार कहा, "भैया, पिताजी ने वरदान देकर मेरी माता को सन्तुष्ट कर दिया और माता ने वह राज्य मुझे दे दिया। अब मैं अपनी ओर से यह अकंटक राज्य आप ही की सेवा में समर्पित करता हूँ आप इसका पालन और उपभोग कीजिये। इस विशाल राज्य को संभालना आपके सिवा दूसरे के लिये अत्यंत कठिन है। पृथ्वीनाथ, जैसे गधा घोड़े की और अन्य साधारण पक्षी गरुड़ की चाल नहीं चल सकते, उसी प्रकार मुझमें आपकी गति का, आपकी पालन पद्धति का अनुसरण करने की शक्ति नहीं है। श्रीराम, जिसके पास आकर दूसरे लोग जीवन-निर्वाह करता है, उसका जीवन दुःखमय है। अतः आपके लिये राज्य करना ही उचित है। पिताजी ने आप जैसे सर्वगुणसम्पन्न पुत्र को लोकरक्षा के लिए ही उत्पन्न किया था। यदि आपने राज्यपालन का भार अपने हाथ में नहीं लिया, तो उनका वह उद्देश्य व्यर्थ हो जायगा।"

इस प्रकार श्रीराम से राज्यग्रहण के लिये प्रार्थना करते हुए भरतजी की बात सुनकर नगर के भिन्न-भिन्न श्रेष्ठ पुरुषों ने उसका भलीभाँति अनुमोदन किया। तब शिक्षित बुद्धिवाले, अत्यंत धीर भगवान् श्रीराम ने यशस्वी भरत को इस तरह दुखी हुए विलाप करते देख उन्हें सांत्वना देते हुए कहा, "भाई भरत, हमारे पिताजी धर्मात्मा थे। उन्होंने पर्याप्त दक्षिणाएँ देकर प्रायः सभी परम शुभकारक यज्ञों का अनुष्ठान किया था। उनके सारे पाप धुल गये थे। अतः वे महाराज स्वर्गलोक में गये हैं। हमारे पिता ने जराजीर्ण मानव-शरीर का परित्याग कर दैवी सम्पत्ति प्राप्त की है, जो ब्रह्मलोक में विहार करने वाली है। कोई भी ऐसा विद्वान् जो तुम्हारे और मेरे समान शास्त्रज्ञानसम्पन्न एवं परम बुद्धिमान् है, पिताजी के लिये शोक नहीं कर सकता। धीर और प्रज्ञावान् पुरुष को सभी अवस्थाओं में ये नाना प्रकार के शोक, विलाप तथा रोदन त्याग देना चाहिये। इसलिये तुम स्वस्थ हो जाओ, तुम्हारे मन में शोक नहीं होना चाहिये। तुम यहाँ से जाकर अयोध्यापुरी में निवास करो और प्रज्ञा का पालन करो, क्योंकि पूज्य पिताजी ने तुम्हारे लिये यही आदेश दिया है।"

"उन पुण्यकर्मा महाराज ने मुझे भी जहाँ रहने की आज्ञा दी है, वहीं रहकर मैं उन पूज्य पिता के आदेश का पालन करूँगा। शत्रुदमन भरत, पिताजी की आज्ञा

की अवहेलना करना मेरे लिये कदापि उचित नहीं है। वे तुम्हारे लिये भी सर्वथा सम्मान के योग्य हैं क्योंकि वे ही हम लोगों के परम हितैषी और जन्मदाता हैं। वत्स भरत, मैं इस वनवासरूपी कर्म द्वारा पिताजी के वचन का पूर्णतः पालन करूँगा।"

श्रीरामचन्द्रजी की बात सुनकर भरतजी ने कहा, "नरेश्वर, जिसे आपके समान आत्मा और अनात्मा का ज्ञान है, वही संकट में पड़ने पर भी विषाद नहीं कर सकता। रघुनन्दन, आप सत्वगुण से सम्पन्न, महात्मा, धर्मज्ञ, सत्यप्रतिज्ञ, सर्वज्ञ और सबके साक्षी हैं। जब मैं ननिहाल में था, उस समय मेरी कुटिल माता कैकेयी ने मेरे लिये जो पाप कर डाला, वह मुझे अभीष्ट नहीं है। अतः आप उसे क्षमा करके मुझ पर प्रसन्न हों। लोक में एक प्राचीन किंवदन्ती है कि अन्तकाल में सब प्राणी मोहित हो जाते हैं, उनकी बुद्धि नष्ट हो जाती है। मेरे पिता राजा दशरथ ने ऐसा कठोर कर्म करके उस किंवदन्ती की सत्यता को प्रत्यक्ष कर दिखाया। पिताजी ने मोह और आसक्ति के वशीभूत जो धर्म का उल्लंघन किया है, उसे आप पलट दें, उसका संशोधन कर दें। जो पुत्र पिता की, की हुई भूल को सुधार देता है, वही लोक में उत्तम पुत्र माना गया है। जो इसके विपरीत आचरण करता है, वह पिता की श्रेष्ठ सन्तति नहीं है। अतः आप पिता की योग्य संतान ही बने रहें। उसके अनुचित और निंद्य कर्म का समर्थन न करें। उनके इस कर्म का संसार के सभी धर्मज्ञ पुरुष निन्दा करते हैं। कैकेयी, पिताजी, सुहृद्गण, बन्धु-बान्धव, पुरवासी, राष्ट्र की प्रजा तथा मेरी—इन सबकी रक्षा के लिये आप मेरी प्रार्थना स्वीकार करें। कहाँ वनवास और कहाँ क्षात्र धर्म? कहाँ जटा-धारण और प्रजा-पालन? ऐसे परस्पर-विरोधी कर्म आपको नहीं करना चाहिये। महाप्राज्ञ श्रीराम, क्षत्रिय के लिये पहला धर्म यही है कि उसका राज्य पर अभिषेक हो, जिससे वह प्रजा का विधिवत् पालन कर सके। मैं शास्त्रज्ञान और अवस्था दोनों ही दृष्टियों से आपकी अपेक्षा बालक हूँ। फिर आपके रहते हुए मैं वसुधा का पालन कैसे करूँगा? मैं बुद्धि और गुण दोनों से हीन हूँ, बालक हूँ तथा मेरा स्थान आपसे बहुत छोटा है। अतः मैं आपके बिना जीवन धारण भी नहीं कर सकता, राज्य का पालन तो दूर की बात है। धर्मज्ञ और मंत्रज्ञ रघुवीर, मंत्रों के ज्ञाता महर्षि वशिष्ठ आदि सभी ऋत्विज, मंत्री, सेनापति और प्रजा आदि सारी प्रकृत्तियाँ यहाँ उपस्थित हैं। ये सब लोग यहीं आपका राज्याभिषेक करें। आर्य, आपका अभिषेक होने पर सुहृद्गण प्रसन्न हों और हमारे दुखदायी शत्रु भयभीत होकर दशों दिशाओं में भाग जायँ। पुरुषप्रवर श्रीराम, आज मेरी माता के कलंक को धो-पोंछकर पूज्य पिताजी को भी निन्दा तथा अपकीर्ति से बचाइये।

"मैं आपके चरणों पर माथा टेककर याचना करता हूँ कि आप मुझ पर दया कीजिये और मुझे प्राणभिक्षा देने की कृपा कीजिये। यदि आप मेरी प्रार्थना को ठुकराकर वन को जायेंगे, तो मैं भी आपके साथ वन चलूँगा।" भरत के इस आर्त वचन को सुनकर सभी ऋत्विज, पुरवासी, भिन्न-भिन्न समुदाय के नेता और माताएँ

अचेत सी होकर आँसू बहाती हुईं, उनकी भूरि-भूरि प्रशंसा करने लगीं और सबने श्रीरामजी के सामने विनत होकर उनसे अयोध्या लौट चलने की याचना की।

श्रीवशिष्ठजी ने भी श्रीराम को अयोध्या लौटने के लिये बहुत समझाया, पर सत्यप्रतिज्ञ श्रीराम अपनी प्रतिज्ञा पर हिमालय की भाँति अडिग अटल रहे। फिर भरतजी ने कहा, "जब तक आर्य मुझ पर प्रसन्न नहीं होंगे, तब तक मैं इसी कुशासन पर लेट कर धरना दूंगा। मैं उपवासपूर्वक मुख पर आवरण डालकर लेट जाऊँगा। जब तक मेरी बात मानकर आर्य अयोध्या नहीं लौट चलेंगे, तब तक मैं यहीं अनशन किये पड़ा रहूँगा।"

तब महातेजस्वी राजर्षि-शिरोमणि श्रीराम ने उनसे कहा, "तात भरत, मैं तुम्हारी क्या बुराई कर रहा हूँ, जो मेरे सामने धरना दोगे? ब्राह्मण धरना देकर मनुष्यों को अन्याय से रोक सकता है, परन्तु राजतिलक ग्रहण करनेवाले क्षत्रियों के लिये इस प्रकार धरना देने का विधान नहीं है। इसके अतिरिक्त मैं पिताजी के आदेशानुसार तुम्हें शास्त्रोक्त धर्म में लगाने की ही बात तो कर रहा हूँ। अतः तुम्हारा इस प्रकार का धरना देना सर्वथा अनुचित है।"

इसके पश्चात् भरतजी ने यह प्रस्ताव रखा, "हे भैया, हे सुव्रत, पिताजी के कथनानुसार मैं तो आपके समान चौदह वर्ष तक वल्कल-वस्त्र धारणकर वन में रहूँगा और आप सुखपूर्वक राज्य भोगिये। मैं आपका प्रतिनिधित्व कर लूंगा। अब तो आप प्रसन्न होकर अयोध्या लौट जायँ।"

इस पर श्रीराम ने उन्हें उत्तर दिया, "वत्स भरत, किसी अपरिहार्य कारणवश प्रतिनिधित्व सौंपा जाता है अथवा ऐसी परिस्थिति में जबकि कोई व्यक्ति कार्य का भार सँभालने में कमजोर हो। मैं कमजोर तो हूँ नहीं। अतः यहाँ प्रतिनिधित्व का कोई प्रश्न ही नहीं उठता। दूसरी बात यह है कि पिताजी ने तुम्हे यह राज्य और मुझे चौदह वर्ष का वनवास दिया है। अब यदि मैं इसका उलटा करूँ, तो असत्य ज्यों का त्यों बना रहेगा।" भरतजी की इतनी आतुरता और व्यग्रता देखकर श्रीरामचन्द्रजी ने अत्यन्त विस्मित हो गुरु वशिष्ठजी को नेत्रों से संकेत किया।

ज्ञानियों में श्रेष्ठ वशिष्ठजी ने भरत को एकान्त में ले जाकर कहा, "वत्स भरत, मैं जो कहता हूँ यह सुनिश्चित गुह्य रहस्य की बात सुनो। भगवान् राम साक्षात् नारायण हैं। पूर्वकाल में ब्रह्माजी के प्रार्थना करने पर उन्होंने रावण को मारने के लिये महाराज दशरथ के यहाँ पुत्र रूप में जन्म लिया है। इसी प्रकार योगमाया ने जनक नन्दिनी सीताजी के रूप में अवतार लिया है और शेषजी लक्ष्मण के रूप में उत्पन्न होकर उनका अनुगमन कर रहे है। वे रावण को मारने के लिये प्रतिज्ञाबद्ध हैं, अतः उनका वन में जाना अनिवार्य है। इसलिये निस्सन्देह वे वन को ही जायँगे। कैकेयी के जो कुछ वरदान आदि और निष्ठुर भाषण आदि कार्य हैं, वे सब देवताओं की प्रेरणा से ही हुए हैं। अन्यथा श्रीराम को इतना अधिक स्नेह करनेवाली कैकेयी ऐसे कठोर वचन कैसे बोल सकती थीं? इसलिये हे तात, तुम श्रीराम को लौटाने का आग्रह छोड़

दो। माताओं, परिजनों, पुरजनों, ऋत्विजों, मंत्रियों तथा महती सेना के सहित अयोध्या लौट चलो। श्रीराम भी कुलसहित रावण का संहार करके वहाँ शीघ्र ही आ जायेंगे।''

गुरु वशिष्ठ की बात सुनकर भरतजी को महान् विस्मय हुआ। उन्होंने आश्चर्यचकित होकर श्रीरामचन्द्रजी के पास जाकर कहा, ''हे राजेन्द्र, आप मुझे राज्य-शासन के लिये अपनी जगत्पूज्य चरण-पादुकाएँ दीजिये। जब तक आप लौटेंगे, तब तक मैं उन्हीं की सेवा करता रहूँगा और उन्हीं के प्रसाद से राज्यशासन भी चलता रहेगा।'' ऐसा कहकर भरतजी ने उनके चरणों में दो दिव्य पादुकाएँ (खड़ाऊँ) पहना दीं। श्रीरामचन्द्रजी ने भरत की भक्ति और श्रद्धा देखकर वे खड़ाऊँ उन्हें दे दीं। भरतजी ने वे रत्नजटित दिव्य पादुकाएँ अपने सिर पर रखकर श्रीरामजी की परिक्रमा की और उन्हें बार-बार प्रणाम किया।

तदनुसार भरतजी गद्गद वाणी से बोले, ''हे भगवन्, यदि चौदह वर्ष व्यतीत होने पर आप पहले दिन ही अयोध्या न पहुँचे, तो मैं प्रज्वलित अग्नि में प्रवेश कर जाऊँगा।''···श्रीराम ने 'बहुत अच्छा' कहकर भरत को विदा किया। तदुपरान्त बुद्धिमान् भरत सम्पूर्ण सेना, वशिष्ठजी, शत्रुघ्न, समस्त माताओं तथा मंत्रियों के साथ अयोध्या लौटने की तैयारी में लग गये।

कैकेयी का श्रीराम से एकान्त में मिलन और वार्तालाप

इसी समय कैकेयी ने एकान्त स्थान में नेत्रों में अश्रु भरकर हाथ जोड़कर श्रीरामचन्द्रजी से कहा, ''हे बेटा राम, मायामुग्धचित्त हो जाने के कारण मुझ कुबुद्धि ने तुम्हारे राज्याभिषेक में विघ्न डाल दिया, अतः तुम मेरी इस महान् कुटिलता को क्षमा करना। क्योंकि साधुजन सर्वदा क्षमाशील ही होते हैं। आप साक्षात् विष्णु भगवान्, अव्यक्त परमात्मा और सनातन पुरुष हैं। अपने मायामय रूप से समस्त संसार को मोहित कर रहे हैं। आपकी ही प्रेरणा से लोग शुभ अथवा अशुभ कर्म करते हैं। यह सम्पूर्ण विश्व आप ही के अधीन है, अस्वतंत्र होने के कारण वह स्वयं कुछ भी नहीं कर सकता। जिस प्रकार कृत्रिम नर्तकियाँ (कठपुतलियाँ) सूत्रधार (बाजीगर) की इच्छा के अनुसार ही नाचती हैं, उसी प्रकार नाना आकार धारण करनेवाली यह मायारूपिणी नटी आप ही के अधीन है। हे शत्रुदमन, देवताओं का कार्य सिद्ध करने की इच्छावाले आप ही के द्वारा प्रेरित होकर मुझ पापिनी ने अपनी दुष्ट बुद्धि से यह पापकर्म किया था। आज मैंने पूर्णरूप से जान लिया कि आप देवताओं के भी मन, बुद्धि और वाणी आदि से परे हैं। हे विश्वेश्वर, हे विश्वरूप, हे अनन्त, आप मेरी रक्षा कीजिये। हे जगन्नाथ, आपको नमस्कार है। हे प्रभो, मैं आपकी शरण हूँ। आप अपने ज्ञानाग्निरूप खड्ग से मेरे पुत्र और धन आदि के स्नेह-बन्धन को काट डालिये।''

कैकेयी के इस वचन को सुनकर श्रीरामचन्द्रजी ने मुस्कराकर कहा, ''हे महाभागे, तुमने जो कुछ कहा है, वह ठीक ही है, मिथ्या नहीं। मेरी प्रेरणा से ही देवताओं की कार्य सिद्धि के लिये तुम्हारे मुख से कटु शब्द निकले थे। इसमें तुम्हारा

कोई भी दोष नहीं है। अब तुम जाओ, अहर्निश निरन्तर हृदय में मेरी ही भावना करने से तुम सर्वत्र स्नेहरहित होकर मेरी भक्ति द्वारा शीघ्र ही मुक्त हो जाओगी। मैं सर्वत्र समदर्शी हूँ, मेरा कोई भी प्रिय अथवा अप्रिय नहीं है। मायावी पुरुष जिस प्रकार अपनी ही माया से रचे पदार्थों में राग-द्वेष नहीं करता, उसी प्रकार मेरा भी किसी में राग-द्वेष नहीं है। जो पुरुष जिस प्रकार मेरा भजन करता है, मैं भी उसी प्रकार उसका ध्यान रखता हूँ। हे मातः, मेरी माया से मोहित होकर लोग मुझे सुख-दुःख के वशीभूत साधारण मनुष्य समझते हैं, वे मेरे वास्तविक स्वरूप को नहीं जानते। तुम्हारा बड़ा भाग्य है, जो तुम्हें संसार-भय से दूर करने वाला मेरा तत्त्वज्ञान उत्पन्न हुआ है। तुम मेरा स्मरण करती हुई घर ही रहो, इससे तुम कर्म-बन्धन में नहीं बँधोगी।''

श्रीराम के इस प्रकार कहने पर कैकेयी ने आनन्द और विस्मयपूर्वक उनकी परिक्रमा की। पृथ्वी पर सिर रखकर उन्हें बारम्बार प्रणामकर प्रसन्नतापूर्वक उनसे विदा हुई। श्रीराम ने गुरु वशिष्ठ के चरणों में साष्टांग प्रणाम करके उन्हें चित्रकूट से विदा किया। उन्होंने सभी माताओं को साष्टांग प्रणाम किया। माताओं ने अश्रुपूरित आँखों से श्रीराम, लक्ष्मण एवं सीता का मस्तक सूँघकर उन्हें आशीर्वाद दिया। इसी प्रकार श्रीरामचन्द्रजी ने सभी का विधिवत् आदर-सत्कार कर उन्हें समझा-बुझाकर धैर्य बँधाया। सबके सब भारी मन से चित्रकूट से प्रस्थान कर अयोध्यापुरी की ओर प्रस्थित हुए।

अयोध्यापुरी में भरतजी की रहनी

उदारबुद्धि और महान् तपस्वी भरतजी ने अयोध्या पहुँचकर राज्यकार्य भली-भाँति सँभाल लिया। सुयोग्य और विश्वासपात्र मंत्रियों को शासनव्यवस्था का मूल मंत्र बताकर उन्हें प्रजा की भलाई के कार्यों में नियुक्त किया। सभी माताओं की सेवा का पूर्ण भार छोटे भाई शत्रुघ्न को सौंपा और इस सम्बन्ध में उन्होंने उन्हें विविध प्रकार की शिक्षा दी। फिर भरतजी ने ब्राह्मणों को बुलवाकर उनका पूर्ण आतिथ्य सत्कार किया और उनसे प्रार्थना की, "आप लोग मुझे छोटे-बड़े सभी प्रकार के कार्यों के लिये उचित निर्देश और परामर्श देने की अनुकम्पा करते रहियेगा, किसी भी प्रकार का संकोच मत करियेगा।'' तत्पश्चात् परिजनों, पुरजनों और प्रजा को बुलवाकर उन्हें पूर्ण आश्वासन देकर कहा, "आप लोग, मुझे अपना सेवक समझिये। यदि किसी प्रकार की कोई कठिनाई पड़े, तो मुझसे अवश्य निवेदन कीजियेगा। मैं उन्हें दूर करने की पूर्णतः चेष्टा करूँगा।''

राज्य-संचालन की सुचारु रूप से पूर्ण व्यवस्था कर शत्रुघ्न के साथ वे गुरु वशिष्ठजी के पास पहुँचे। उन्हें साष्टांग प्रणाम करके निवेदन किया, "यदि आपका आदेश हो तो मैं संयम और नियमपूर्वक जीवन-निर्वाह करूँ।''

भरतजी की यह बात सुनकर वशिष्ठजी का सारा शरीर स्नेहभाव से पुलकित हो गया। उन्होंने प्रिय वाणी में कहा, "हे वत्स भरत, तुम जो कुछ सही समझते हो,

वही कहोगे और उसी को अपने नित्य के व्यवहार में प्रयोग भी करोगे, इसमें संशय नहीं। इस प्रकार तुम्हारी कथनी, करनी और रहनी का समन्वय धर्म का गुह्य रहस्य सिद्ध होगा और जगत् के लिये परम कल्याणकारी भी होगा। तुम्हारे इस आचरण का अनुसरण संसार के सभी सात्विक प्राणी करेंगे।"

गुरु वशिष्ठजी का यह आशीर्वाद प्राप्त कर भरतजी ने नन्दिग्राम को प्रस्थान किया। वहाँ उन्होंने एक गुफा का निर्माण कराया। उसी के भीतर उच्च सिंहासन पर उन दोनों पादुकाओं को प्रतिष्ठित कर वे श्रीरामचन्द्रजी के समान ही उनकी नित्यप्रति भक्तिपूर्वक गन्ध, पुष्प एवं अक्षतादि सम्पूर्ण राजोचित सामग्री से पूजा करने लगे। इस प्रकार भरतजी फलमूल खाते, इन्द्रिय दमन करते, जटा-वल्कल धारण किये, पृथ्वी पर शयन करते और ब्रह्मचर्य व्रत का पालन करते हुए निवास करने लगे। राज्य के समस्त कार्य उन पादुकाओं से आज्ञा लेकर करते थे। श्रीरामचन्द्रजी के आगमन की प्रतीक्षा में अवधि के दिन गिनते हुए वे श्रीराम में मन लगाकर साक्षात् ब्रह्मर्षि के समान रहने लगे।

●

अध्याय-नौ

श्रीराम का दण्डकारण्य की ओर प्रस्थान

श्रीरामचन्द्रजी ने मुनियों से घिरे रहकर सीता और लक्ष्मण के साथ चित्रकूट पर कुछ दिन व्यतीत किये। श्रीराम को सीताजी और लक्ष्मण के साथ चित्रकूट पर विराजमान सुनकर आसपास के लोग उनके दर्शन के लिये सदैव आया करते थे। श्रीराम ने उस भीड़-भाड़ को देखकर और अपने दण्डकारण्य में जाने के कार्य को सोच कर उस पर्वत को छोड़ने का विचार किया।

महर्षि अत्रि का दर्शन

वहाँ से चलकर श्रीराम सीता तथा लक्ष्मण के सहित अत्रि ऋषि के अति उत्तम और जनसमूह-शून्य आश्रम में आये, जो सब प्रकार से सुखपूर्वक रहने योग्य था। वहाँ पहुँचने पर उन्होंने अपने आश्रम में विराजमान और सम्पूर्ण तपोवन को प्रकाशित करते हुए मुनीश्वर के पास जाकर उन्हें दण्डवत् प्रणाम करके कहा, "मैं राम आपका अभिवादन करता हूँ। मैं पिताजी की आज्ञा से दण्डकारण्य में आया हूँ। इस समय वनवास के बहाने आपका दर्शन कर मैं कृतार्थ हो गया।"

श्रीराम के ये वचन सुनकर मुनीश्वर ने उन्हें साक्षात् परब्रह्म समझा और उनकी अत्यंत भक्तिपूर्वक विधिवत् पूजा की। फिर वन्य फलों से उनका आतिथ्य-सत्कार किया। इसके पश्चात् आसन पर विराजमान श्रीरामजी, सीताजी, एवं लक्ष्मणजी से प्रसन्नतापूर्वक इस प्रकार कहा, "मेरी भार्या 'अनसूया' नाम से विख्यात है। वह अति वृद्धा है और बहुत दिनों से तपस्या में रत है। वह धर्म को जाननेवाली है और उसी में उसकी निष्ठा और अनुरक्ति है। इस समय वह कुटी के भीतर है। हे शत्रुदमन राम, सीताजी उससे अवश्य मिल लें।" तब श्रीराम ने कहा, "हे शुभे, जाओ, तुम शीघ्र ही देवी अनुसूया को प्रणाम कर आओ।"

अनुसूया ने अपने सम्मुख सीताजी को दण्ड के समान पड़ी देख अति हर्षित हो 'बेटी सीता' कहकर आदरपूर्वक आलिंगन किया और भक्तिपूर्वक उन्हें विश्वकर्मा के बनाये हुए दो दिव्य कुंडल और दो स्वच्छ रेशमी साड़ियाँ दीं। तपस्विनी अनुसूया ने उन्हें दिव्य अंगराग भी दिया और कहा; "हे कमलमुखी सीते, इस अंगराग के लगाने में तेरे शरीर की शोभा कभी कम न होगी। तेरे अंगों की दिव्य कान्ति सदैव अक्षुण्ण

बनी रहेगी। हे जानकी, तुम पातिव्रत्य धर्म का पालन करती हुई सदा राम की अनुगामिनी रहना। श्रीरामचन्द्रजी तुम्हारे साथ कुशलपूर्वक अयोध्या लौटें।" फिर उन्होंने विधिपूर्वक लक्ष्मण और सीता के सहित श्रीरामचन्द्रजी को भोजन कराया। तत्पश्चात् उन्होंने श्रीरामजी से हाथ जोड़कर कहा, "हे राम, सम्पूर्ण भुवनों की रचना करके आप ही इनकी रक्षा के लिये देवता, मनुष्य और तिर्यगादि योनियों में शरीर धारण करते हैं। फिर भी देह के गुणों से आप लिप्त नहीं होते। सम्पूर्ण संसार को मोहित करनेवाली माया भी आपसे सदा डरती रहती है।"

उस दिन अत्रि मुनि के आश्रम में ही रहकर दूसरे दिन प्रातः स्नान करने के पश्चात् श्रीराम ने चलने की तैयारी की। वे बोले, "हे मुने, हम सब मुनिमण्डली से सुशोभित दण्डकारण्य को जाना चाहते हैं। अतः आप हमें आज्ञा प्रदान कीजिये। हमें मार्ग दिखाने के लिये कुछ शिष्यों को भी आज्ञा प्रदान कीजिये।" श्रीराम के कथन पर अत्रि ऋषि हँसकर बोले, "हे राम, हे देवताओं के आश्रयस्वरूप, सबके मार्गदर्शक तो आप हैं, फिर आपका मार्गदर्शक कौन बनेगा ? तथापि इस समय आप लोक-व्यवहार का अनुसरण कर रहे हैं। अतः मेरे शिष्यगण आपको मार्ग दिखाने के लिये अवश्य जायेंगे।"

इसके पश्चात् शिष्यों को आज्ञा देकर मुनिवर अत्रि स्वयं भी कुछ दूर तक श्रीराम के साथ-साथ गये। अत्रि ऋषि के शिष्य उन्हें मार्ग दिखाकर लौट आये।

विराध-वध

श्रीरामजी दण्डकारण्य के पथ पर आगे बढ़ते गये। कुछ दूर चलने पर वे झिल्लियों की झनकार से गुंजायमान, विविध वन्य पशुओं से परिपूर्ण और सिंह-व्याघ्र आदि हिंसक पशुओं से युक्त एक घोर वन में पहुँचे। भयंकर रूपधारी राक्षसों से सेवित उस रोमांचकारी घोर वन में घुस कर श्रीराम ने लक्ष्मण से कहा, "वत्स लक्ष्मण, यहाँ हम दोनों को बहुत सावधान और सतर्क होकर चलना चाहिये। मैं धनुष पर प्रत्यंचा चढ़ाकर और हाथ में बाण लेकर आगे-आगे चलता हूँ और तुम धनुष धारण कर पीछे-पीछे चलो। सीता हम दोनों के बीच में चलें। इस दण्डकारण्य में राक्षसों का अत्यन्त भय दिखाई देता है।"

कुछ दूर चलने पर उन्होंने एक महा बलवान और भयानक राक्षस आता देखा। उसका मुख तीक्ष्ण दाढ़ों वाला था। वह अपनी गर्जना से अत्यन्त भय उत्पन्न करता था। उसके बायें कंधे पर एक त्रिशूल रखा था, जिसमें बहुत से मनुष्य बिंधे हुए थे। वह बहुत से जंगली हाथी, सिंह और भैंसों को खाता हुआ आ रहा था। उसके भयानक रूप को देखकर श्रीराम ने प्रत्यंचा चढ़ाये हुए अपने धनुष को उठाकर लक्ष्मण से कहा, "भाई, देखो हमारे सामने उग्र, भयानक, महाकाय राक्षस आ रहा है। तुम धनुष-बाण चढ़ाकर सतर्क हो जाओ। जानकी, तुम डरना मत।" ऐसा कहकर श्रीरामचन्द्रजी धनुष पर बाण चढ़ाकर पर्वत के समान निश्चल होकर खड़े हो गये।

बिराध ने अट्टहास किया और सब को भयभीत करते हुए उग्र वाणी में कहा, "अरे बालको, बाण, तूणीर और जटा-वल्कल आदि धारण किये हुए तुम कौन हो? तुम्हारे साथ एक स्त्री भी है। तुम बड़े मदोन्मत्त दिखायी पड़ते हो। तुम दोनों अत्यधिक सुन्दर हो और मेरे मुख में जानेवाले ग्रास के समान हो। हाय, हिंस्र जीवों से पूर्ण इस घोर जंगल में तुम किस निमित्त आये हो?"

राक्षस के ये वचन सुनकर श्रीरामचन्द्रजी ने मुसकरा कर कहा, "मेरा नाम राम है और यह मेरा प्यारा छोटा भाई लक्ष्मण है। यह रमणी मेरी प्राण-प्रिया सीता है। हम पिताजी की आज्ञा से तुम जैसे क्रूरों, नरभक्षियों को शिक्षा देने के लिये इस, वन में आये हैं।"

श्रीराम के ये वचन सुनकर वह ठट्ठा मारकर हँसने लगा और उसने मुँह फैला कर तुरंत ही अपने हाथों में त्रिशूल उठा लिया और कहना प्रारंभ किया; "राम क्या तुम मुझे नहीं जानते? मैं जगत्-प्रसिद्ध विराध नामक राक्षस हूँ। मेरे ही भय से समस्त मुनिजन इस वन को छोड़कर चले गये हैं। यदि तुम दोनों को जीने की इच्छा है, तो सीता को यहीं छोड़कर बिना अस्त्र-शस्त्रों के तुरंत भाग जाओ। नहीं तो मैं अभी तुम दोनों को खा जाऊँगा।"

ऐसा कहकर वह राक्षस सीताजी को पकड़ने के लिए उनकी ओर दौड़ा। तब श्रीराम ने हँसते हुए अपने बाण से उसकी दोनों भुजाएँ काट डालीं। इस पर वह क्रोध से अत्यंत संतप्त हो अपना विकराल मुँह फैलाकर श्रीराम की ओर दौड़ा। तब श्रीराम ने अपनी ओर आते हुए विराध के दोनों पैर काट डाले। यह बड़ा ही आश्चर्य सा हो गया। वह राक्षस अपने मुख से श्रीराम को निगल जाने के लिए सर्प की भाँति उनकी ओर बढ़ा। तब भगवान् राम ने एक अर्द्ध-चन्द्राकार बाण से उसका विशाल सिर काट डाला। वह रुधिर से लथपथ होकर तत्काल पृथ्वी पर गिर पड़ा।

उस समय आकाश में देवगण दुन्दुभी बजाने लगे, अप्सराएँ प्रसन्नता से नाचने लगीं और गन्धर्व तथा किन्नरगण गाने लगे।

इसी समय विराध के मृत शरीर से आकाश स्थित सूर्य के समान तेजस्वी, सुन्दर वस्त्रों से सुशोभित और तपाये हुए सोने के अलंकारों से सुसज्जित अति सुन्दर पुरुष प्रकट हुआ। उस दिव्य पुरुष ने प्रसन्न चित्त से शरणागत-वत्सल, दयामय श्रीरामचन्द्रजी को साष्टांग प्रणाम किया। फिर उसने श्रीराम की स्तुति प्रारंभ की, "हे कमलदललोचन श्रीराम, मैं विमलतेजोमय विद्याधर हूँ। मुझे पूर्वकाल में श्रीदुर्वासाजी ने शाप दिया था। आज आपने मुझे शापमुक्त कर दिया। अब आप ऐसी कृपा करें जिससे भविष्य में मुझे संसार-बंधन को दूर करनेवाली आपके चरणारविन्दों की स्मृति सर्वदा बनी रहे। मेरी वाणी सर्वदा आपका नाम-संकीर्तन करती रहे, कान आपका कथामृत पान करते रहें, हाथ आपके चरणकमलों का पूजन करते रहें और इसी प्रकार सिर आपके चरणयुगलों में प्रणाम करता रहे। हे विशुद्ध ज्ञान स्वरूप भगवन्, आपको नमस्कार है। आप अपने स्वरूप में रमण करने वाले होने और प्रत्येक घट में

रमण करनेवाले होने के कारण 'राम' हैं। हे संसार के रचयिता, आपको नमस्कार है। हे राम, मैं आपकी शरण हूँ। आप मेरी रक्षा कीजिये। हे रघुश्रेष्ठ, आपकी आज्ञा से मैं अब देवलोक जा रहा हूँ। आप ऐसी कृपा कीजिये जिससे आपकी माया मुझे आच्छादित न करे।''

विराध के इस प्रकार प्रार्थना करने पर महामति श्रीरामचन्द्रजी ने प्रसन्न होकर उसे यह वर दिया, ''हे विद्याधर, अब तू जा। तूने माया के सम्पूर्ण गुण-दोषों को जीत लिया है। तू ज्ञानियों में श्रेष्ठ है और मेरे दर्शन के प्रभाव से मुक्त हो गया है। संसार में मेरी भक्ति दुर्लभ है, क्योंकि वह जब प्राप्त होती है, तो अवश्य मुक्ति-दायिनी होती है। तू मेरी भक्ति से सम्पन्न है, इसलिये मेरी आज्ञा से तू परमधाम जा।''

इस प्रकार श्रीरामचन्द्रजी ने भयंकर राक्षस का वध किया, उसे शाप से मुक्त किया, उसे वरदान दिया और पुनः विद्याधरत्व प्राप्त कराया।

शरभंग ऋषि का दर्शन

इसके पश्चात् श्रीरामजी शरभंग ऋषि के सर्वसुखदायक आश्रम में प्रविष्ट हुए। मतिमान् शरभंग उन्हें आते देखकर सहसा उठ खड़े हुए और आगे बढ़कर उनकी भलीभाँति पूजा कर उन्हें आसन पर बैठाया तथा कन्दमूल-फ़लादि से उनका आतिथ्य-सत्कार किया। तब उन्होंने भक्तवत्सल भगवान् राम से प्रीतिपूर्वक कहा, ''मैं चिरकाल से आपके दर्शन की आकांक्षा से तपस्या का निश्चय कर यही रहता हूँ। हे राम, आप साक्षात् परमेश्वर हैं। मुझे तपस्या के द्वारा जो बहुत सा पुण्य प्राप्त हुआ है, वह सब आज आपको समर्पित कर मैं मोक्षपद प्राप्त करूँगा।'' ऐसा कहकर महाविरक्त योगिवर शरभंग ने अपनी तपस्या का महान् पुण्यफल श्रीरामचन्द्र जी को समर्पित कर दिया। इसके पश्चात् श्रीराम, सीताजी और लक्ष्मण को प्रणाम कर वे सहसा चिता पर विराजमान हो गये। उस समय वे बहुत देर तक श्रीराम, लक्ष्मण और सीताजी का ध्यान करते रहे। वे मन ही मन कहने लगे, ''अहो, इस संसार में श्रीरामचन्द्रजी को छोड़कर स्मरण करने पर कामनाओं को पूर्ण करनेवाला और कौन दयालु है? मै अनन्य भाव से उनका नित्य स्मरण करता था। अतः मेरी अनन्य निष्ठा को जानकर वे स्वयं ही मेरे पास उपस्थित हो गये। देवेश दशरथनन्दन भगवान राम मेरी ओर देखते रहें। मैं अपना शरीर जलाकर और निष्पाप होकर ब्रह्मलोक जा रहा हूँ। मेरे हृदय में अयोध्यापति श्रीरामचन्द्रजी सर्वदा विराजमान रहें, जिनके वामांक में बिजली के समान सीताजी सुशोभित हैं।''

इस प्रकार श्रीराम का बहुत देर तक ध्यान करते हुए तथा अपने सम्मुख उपस्थित उसके स्वरूप का दर्शन करते हुए मुनिवर शरभंग ने अग्नि प्रज्वलित कर अपना पंचभौतिक शरीर जला डाला तथा दिव्य शरीर धारण कर साक्षात् ब्रह्मलोक चले गये।

श्रीराम द्वारा राक्षसों के वध की प्रतिज्ञा

शरभंग ऋषि के ब्रह्मलोक चले जाने पर प्रज्वलित तेजवाले श्रीरामचन्द्रजी के पास बहुत से मुनियों के समुदाय पधारे। वे सभी तपस्वी ब्रह्मतेज से सम्पन्न थे। सुदृढ़ योग के अभ्यास से उन सब का चित्त एकाग्र हो गया था। वे धर्म के ज्ञाता ऋषि श्रीरामजी से बोले, "रघुनन्दन, आप इस इक्ष्वाकुवंश के साथ ही समस्त भूमण्डल के स्वामी, संरक्षक एवं प्रधान महारथी वीर हैं। जैसे इन्द्र देवताओं के रक्षक हैं, उसी प्रकार आप मनुष्य-लोक की रक्षा करनेवाले हैं। आप अपने यश और पराक्रम से तीनों लोकों में विख्यात हैं। आपमें पिता की आज्ञा के पालन का व्रत, सत्यभाषण एवं सम्पूर्ण धर्म विद्यमान है। नाथ, आप महात्मा, धर्मज्ञ और धर्मवत्सल हैं। हम सब आपके पास प्रार्थी होकर आये हैं। हम स्वार्थ की बात निवेदन करना चाहते हैं। आपको इसके लिये हमे क्षमा करना चाहिये।

"श्रीराम, जो भूपाल प्रजा की रक्षा के कार्य में संलग्न हो अपने राज्य में निवास करनेवाले सब लोगों को प्राणों के समान अथवा प्राणों से भी बढ़कर प्रिय पुत्रों के समान समझकर सदा सावधानी और सतर्कता से उनकी रक्षा करता है, वह बहुत वर्षों तक स्थिर रहनेवाली अक्षय कीर्ति पाता है और अन्त में ब्रह्मलोक में जाकर वहाँ भी विशेष सम्मान का भागी होता है। राजा के राज्य में मुनि फल-मूल का आहार करके जिस उत्तम धर्म का अनुष्ठान करता है, धर्म के अनुसार उसका चौथा भाग प्रजा की रक्षा करनेवाले उस राजा को प्राप्त हो जाता है।

"श्रीराम, इस वन में रहनेवाला तपस्वी-महात्माओं का यह समुदाय राक्षसों के द्वारा अनाथ की भाँति मारा जा रहा है। इस मुनि समुदाय का बहुत अधिक मात्रा में संहार हो रहा है। आइये, देखिये, भयंकर राक्षसों द्वारा बारंबार अनेक प्रकार से मारे गये ये बहुसंख्यक मुनियों के शरीर (शव या कंकाल) दिखायी देते हैं। इन क्रूरकर्मी राक्षसों ने इस वन में तपस्वी मुनियों का ऐसा भयंकर विनाशकांड मचा रखा है, वह हम लोगों से सहा नहीं जाता है, अतः इन राक्षसों से बचने के लिये हम आपकी शरण में आये हैं। श्रीराम, आप शरणागत-वत्सल हैं; अतः इन निशाचरों से मारे जाते हुए हम मुनियों की रक्षा कीजिये। वीर राजकुमार, इस भूमण्डल में हमें आपसे बढ़कर दूसरा कोई सहारा नहीं दिखायी देता। आप इन राक्षसों से हम सब की रक्षा कीजिये।" उन तपस्वी मुनियों की ये बातें सुनकर धर्मात्मा श्रीराम ने उन सब से कहा, "मुनिवरो, आप लोग मुझसे इस प्रकार प्रार्थना न करें। मैं तो तपस्वी महात्माओं का आज्ञापालक हूँ। मुझे अपने कार्य से वन में प्रवेश करना ही है। इसके साथ ही आप लोगों की सेवा का सौभाग्य भी मुझे प्राप्त हो जायगा। राक्षसों के द्वारा जो आप लोगों को यह कष्ट पहुंच रहा है, उसे दूर करने के लिये ही मैं पिता के आदेश का पालन करता हुआ इस वन में आया हूँ। आप लोगों के प्रयोजन की सिद्धि के लिये ही मैं जानबूझ कर यहाँ आया हूँ। आपकी सेवा का अवसर मिलने

से मेरे लिये यह वनवास महान् फलदायक होगा। तपोधनो, मैं तपस्वी मुनियों से शत्रुता रखने वाले उन राक्षसों का युद्ध में संहार करना चाहता हूँ। आप सब महर्षि भाई सहित मेरा पराक्रम देखें।"

इस प्रकार उन तपस्वियों को अभयदान देकर धर्मज्ञ तथा दानवीर श्रीरामचन्द्रजी लक्ष्मण तथा सीतासहित उन महात्माओं के साथ सुतीक्ष्ण मुनि के पास गये।

श्रीराम का सुतीक्ष्ण ऋषि के आश्रम में जाना

सुतीक्ष्ण का आश्रम ऋषियों से भरा हुआ था। वह समस्त ऋतुओं के गुणों से युक्त और सब समय सुखदायक था। वहाँ राममंत्र के परमोपासक और अगस्त्य ऋषि के प्रिय शिष्य सुतीक्ष्ण पद्मासन धारण किये ध्यानमग्न थे। उनके पास पहुँच कर श्रीराम ने कहा, "सत्यपराक्रमी धर्मज्ञ महर्षे, भगवन्, मैं दशरथ-पुत्र राम हूँ और यहाँ आपका दर्शन करने के लिये आया हूँ। अतः आप मुझसे बातचीत कीजिये।" सुतीक्ष्णजी का ध्यान भग्न हुआ। धीर महर्षि सुतीक्ष्ण ने अपनी दोनों भुजाओं से श्रीरामजी का आलिंगन किया और इस प्रकार कहा, "सत्यवादियों में श्रेष्ठ, रघुकुल-भूषण राम, आपका स्वागत है। इस समय आपके पदार्पण करने से यह आश्रम सनाथ हो गया। महायशस्वी वीर, मैं आपकी प्रतीक्षा में था। इसीलिये अब तक इस पृथ्वी पर अपने शरीर को त्यागकर मैं यहाँ से ब्रह्मलोक में नहीं गया। मैंने सुना था कि आप पिता की आज्ञा से राज्य का परित्याग कर चित्रकूट पर्वत पर आकर रहते हैं। रघुकुलभूषण श्रीराम, यहाँ सौ यज्ञों का अनुष्ठान करने वाले देवराज इन्द्र आये थे।"

इसके पश्चात् महर्षि सुतीक्ष्ण ने भावविह्वल होकर श्रीरामजी से इस प्रकार निवेदन किया, "हे अनन्त-गुण-सम्पन्न, अप्रमेय राम, सीतापते, मैं आपका ही मंत्र जपता हूँ। हे अभिराम राम, शिव और ब्रह्मा आपके चरणों के आश्रित हैं। आपके चरण संसार-सागर से पार करने के लिए सुदृढ़ पोत (जहाज) हैं। हे नाथ, मैं सर्वदा आपके दासों का दास हूँ। आप समस्त संसार की इन्द्रियों के अविषय हैं। आप समस्त प्राणियों के हृदय में विराजमान हैं, तथापि जो लोग आपके मंत्रजप से विमुख हैं, उन्हें आप अपनी माया से मोहित करते हैं और जो उस मंत्र के जप में तत्पर हैं, उनकी माया दूर हो जाती है। इस प्रकार राजा के समान आप सब को उसकी सेवा के अनुसार फल देनेवाले हैं। हे ईश, वास्तव में एकमात्र आप ही इस विश्व की उत्पत्ति, स्थिति और प्रलय के कारण होते हुए त्रिगुणमयी माया के कारण ब्रह्मा, विष्णु और महादेव के रूपों में भासते हैं। आप ही मुग्धचित्त पुरुषों की दृष्टि में मनुष्य, पशु, पक्षी आदि नाना प्रकार की आकृतियों से प्रतीत हो रहे हैं, जिस प्रकार जल के पात्रों में प्रतिबिम्बित होने से सूर्य अनेक होकर भासता है। हे राम, आप अज्ञान से सर्वथा परे है तथापि आपके चरणकमलों को आज मैं प्रत्यक्ष देख रहा हूँ। इससे विदित होता है कि सब के साक्षी होने पर भी आप असत्पुरुषों से अगोचर रहते हैं। किन्तु जिनका चित्त आपके मंत्रजप से शुद्ध हो गया है, उन्हें आप प्रत्यक्ष दर्शन देते हैं और उनके

ऊपर सदा प्रसन्न रहते हैं। हे राम, आप रूपरहित हैं, तथापि अपने ही माया-विलास धारण किये आपके मनोहर मनुष्य-वेश-धारी स्वरूप को मैं प्रत्यक्ष देख रहा हूँ। हे राम, जो लोग आपके स्वरूप को देशकाल आदि समस्त उपाधियों से रहित और चिद्घन प्रकाशस्वरूप जानते हैं, वे भले ही वैसा जानें, किन्तु मेरे हृदय में तो आज जो प्रत्यक्ष रूप से मुझे दिखाई दे रहा है, यही रूप सदैव भासमान होता रहे। इसके अतिरिक्त मुझे और किसी रूप की इच्छा नहीं है।"

सुतीक्ष्ण के इस प्रकार स्तुति करने पर श्रीरामचन्द्रजी ने उनसे मुसकरा कर कहा, "हे मुने, मैं यह भलीभाँति जानता हूँ कि तुम्हारा चित्त मेरी उपासना करने से निर्मल हो गया है और मेरे अतिरिक्त तुम्हारा और कोई भी साधन नहीं है। इसीलिये मैं तुम्हें देखने के लिये आया हूँ। संसार में जो लोग मेरे मंत्र की उपासना करते हैं, मेरी ही शरण में रहते हैं, उन्हें मैं नित्यप्रति दर्शन देता हूँ। तुम केवल मेरी उपासना से इस जीवितावस्था में सर्वथा मुक्त हो गये। शरीर छूटने पर तुम निश्चय ही मेरा सायुज्य पद प्राप्त करोगे। अब मैं तुम्हारे गुरु मुनिश्रेष्ठ अगस्त्यजी से मिलना चाहता हूँ। मेरा चित्त उनसे मिलने के लिये उतावला हो रहा है।"

एकान्त में श्रीराम और सीताजी की वार्ता

एकान्त पाकर सीताजी ने श्रीरामचन्द्रजी से अनुरोध किया, "जगत्पति श्रीराम, वन में आकर मैं आपके एक आचरण से उद्विग्न हो उठी हूँ। वह यह है कि आपने राक्षसों के वध की प्रतिज्ञा कर ली है। मैं आपको इससे विरत करना चाहती हूँ। रजोगुण से उत्पन्न संसार में तीन महापातक हैं। एक तो मिथ्याभाषण, दूसरा परस्त्री-गमन और तीसरा बिना बैर के ही दूसरों के प्रति क्रूरतापूर्ण बर्ताव। रघुनन्दन, इनमें से मिथ्याभाषण रूप व्यसन तो न आपमें कभी हुआ है और न आगे होगा ही। परस्त्री विषयक अभिलाषा तो आप में हो ही कैसे सकती है? धर्म का नाश करने वाली यह कुत्सित इच्छा न आपके मन में कभी हुई थी, न है और न भविष्य में कभी होने की संभावना ही है। परन्तु दूसरों के प्राणों की हिंसा रूप जो यह तीसरा भयंकर दोष है, वह आपके सामने उपस्थित है। कहाँ शस्त्रधारण और कहाँ वनवास? कहाँ क्षत्रिय का हिंसामय कठोर कर्म और कहाँ सब प्राणियों पर दया करना रूप तप—ये परस्पर विरुद्ध जान पड़ते हैं।

"राज त्यागकर वन में आ जाने पर यदि आप मुनिवृत्ति से ही रहें, तो इससे मेरी सास और श्वशुर को अक्षय प्रसन्नता होगी। आप अयोध्या चलने पर ही पुनः क्षात्रधर्म का अनुष्ठान कीजियेगा। हम लोगों को देशधर्म का ही आदर करना चाहिये। इस समय हम तपस्वी रूप में तपोवन रूपी देश में निवास करते हैं। अतः यहाँ के अहिंसामय धर्म का पालन करना ही हमारा कर्त्तव्य है।

"मैंने नारी जाति की स्वाभाविक चपलता के कारण ही आपसे ये बातें निवेदन की हैं। वास्तव में आपको धर्म का उपदेश करने में कौन समर्थ है? आप इस

सम्बन्ध में अपने छोटे भाई लक्ष्मणजी के साथ विचार कर लें। फिर आपको जो ठीक जँचे, उसे ही करें।"

सीताजी की सारी बातें श्रीरामचन्द्रजी ने ध्यानपूर्वक सुनीं। तत्पश्चात् उन्हें यह उत्तर दिया, "देवि, धर्म को जानने वाली जनककिशोरी, तुम्हारा मेरे ऊपर अपार स्नेह है, इसलिए तुमने मेरे हित की बात कही है। क्षत्रिय लोग इसलिये धनुष धारण करते हैं कि उससे दोनों, आर्तजनों, धर्मज्ञों की रक्षा हो, और दुष्टों, आततायियों का दमन हो। सीते, दण्डकारण्य में रहकर कठोर व्रत का पालन करनेवाले वे मुनि अत्यधिक दुखी हैं। इसीलिए मुझे शरणागतवत्सल जानकर वे स्वयं मेरे पास आये और शरणागत हुए। मनुष्यों के मांस से जीवन निर्वाह करने वाले ये भयानक राक्षस उन्हें मारकर खा जाते हैं। वे बेचारे मुनि हमारे पास आकर बोले, "प्रभो, हम पर अनुग्रह कीजिये। हम आपकी शरण में हैं; अतः आप हमारी रक्षा कीजिये। आपके सिवा अन्य कोई भी व्यक्ति इस दुस्साध्य कार्य को नहीं कर सकता।" उनके मुख से निकली हुई रक्षा की पुकार सुनकर और उनकी आज्ञा-पालन-रूपी सेवा का विचार मन में लेकर मैंने उनसे यह बात कहीं। उन्होंने कहा था—"निष्पाप रघुनन्दन, अग्निहोत्र का समय आने पर तथा पर्व के अवसरों पर ये अत्यन्त दुर्धर्ष मांसभोजी राक्षस हमें धर दबाते हैं। राक्षसों द्वारा आक्रान्त होने वाले हम तपस्वी सदा अपने लिये कोई आश्रय ढूंढ़ते रहते हैं, अतः आप ही हमारे परम आश्रय हैं। रघुनन्दन, यद्यपि हम तपस्या के प्रभाव से इच्छानुसार इन राक्षसों का वध करने में असमर्थ हैं, तथापि चिरकाल से उपार्जित किये हुए तप को खंडित करना नहीं चाहते; क्योंकि तप में सदा ही वहुत से विघ्न आते रहते हैं तथा इसका सम्पादन बहुत ही कठिन होता है। यही कारण है कि राक्षसों का ग्रास बन जाने पर भी हम उन्हें शाप नहीं देते हैं। इसलिये दण्डकारण्यवासी निशाचरों से पीड़ित हुए हम तापसों की भाई सहित आप रक्षा करें, क्योंकि इस वन में अब आप ही हमारे रक्षक हैं।"

"जनकनन्दिनी, दण्डकारण्य में ऋषियों की यह बात सुनकर मैंने पूर्णरूप से उनकी रक्षा करने की प्रतिज्ञा की है। मुनियों के सामने यह प्रतिज्ञा करके अब मैं जीते-जी इस प्रतिज्ञा को मिथ्या नहीं कर सकूंगा। सत्य का पालन मुझे सदा ही प्रिय है। सीते, मैं अपने प्राण छोड़ सकता हूँ, तुम्हारा और लक्ष्मण का भी परित्याग कर सकता हूँ, किन्तु अपनी प्रतिज्ञा को, विशेषतः ऋषियों के लिये की गयी प्रतिज्ञा को मैं कदापि नहीं छोड़ सकता। इसलिये ऋषियों की रक्षा करना मेरे लिये आवश्यक कर्तव्य है। विदेहनन्दिनि, ऋषियों के बिना कहे ही मुझे उनकी रक्षा करनी चाहिये थी; फिर उन्होंने जब स्वयं कहा और मैंने प्रतिज्ञा भी कर ली, तब अब मैं उनकी रक्षा से कैसे मुंह मोड़ सकता हूँ? सीते, तुमने स्नेह और सौहार्द्रवश जो मुझसे ये बातें कही हैं, इससे मैं बहुत संतुष्ट हूँ, क्योंकि जो अपना प्रिय न हो, उसे कोई हितकर उपदेश नहीं देता।"

मुनिवर अगस्त्यजी का दर्शन

प्रातःकाल होने पर सीता और लक्ष्मण के सहित श्रीरामचन्द्रजी सुतीक्ष्ण मुनि के साथ अगस्त्यजी के दर्शन करने के लिये उत्कण्ठित हो शनैःशनैः उनके छोटे भाई अग्निजिह्व मुनि के आश्रम की ओर चले। वे मध्याह्न के समय अग्निजिह्व के आश्रम में पहुँचे। मुनि ने उनकी भलीभाँति पूजा की। कन्दमूल और फल आदि से उनका आतिथ्य-सत्कार किया। दूसरे दिन प्रातःकाल उठते ही अगस्त्य ऋषि के आश्रम की ओर वे चल पड़े।

उनका आश्रम समस्त ऋतुओं के फल और पुष्पों से परिपूर्ण, विविध वन्य पशुओं से सेवित तथा नाना प्रकार के पक्षियों से गुंजायमान नन्दन वन के समान सुशोभित था। वह ब्रह्मर्षियों और देवर्षियों से सेवित था। उसके चारों ओर विभिन्न ऋषियों के आश्रम सुशोभित थे। वह साक्षात् दूसरे ब्रह्मलोक के समान जान पड़ता था। आश्रम के बाहर खड़े होकर श्रीराम ने सुतीक्ष्ण मुनि से कहा, "हे सुतीक्ष्ण, तुम शीघ्र ही मुनिवर अगस्त्यजी के पास जाकर उन्हें सीता और लक्ष्मण के सहित मेरे आने की सूचना दो।" सव सुतीक्ष्ण 'बड़ी प्रसन्नता की बात है' ऐसा कहकर शीघ्रता से गुरुजी के आश्रम में गये। वहाँ जाकर सुतीक्ष्ण ने देखा कि मुनिश्रेष्ठ अगस्य मुनि-मण्डली से—विशेषतया रामभक्तों से घिरे बैठे हैं और अत्यन्त भक्तिपूर्वक अपने शिष्यों के समक्ष रामतत्व की व्याख्या कर रहे हैं। सुतीक्ष्ण से उनके पास पहुँच विधिवत् साष्टांग प्रणाम कर उनसे निवेदन किया, "ब्रह्मन्, दशरथकुमार श्रीराम सीता और लक्ष्मण के साथ आपके दर्शन के निमित्त आये हैं और अंजलि बाँधे आश्रम के बाहर खड़े हैं।"

सुतीक्ष्ण की बात सुनकर अगस्त्यजी ने बड़ी आतुरता से कहा, "वत्स, तुम्हारा कल्याण हो। तुम शीघ्र ही मेरे हृदयस्थित राम को ले आओ। मैं उनके दर्शन की इच्छा से उन्हीं का ध्यान करता हुआ यहाँ रहता हूँ।" ऐसा कहकर वे शीघ्र ही मुनियों के साथ उठकर स्वयं श्रीरामचन्द्रजी के पास आये और उनसे अत्यन्त भक्ति-पूर्वक, बोले, "हे राम, आइये, आपका कल्याण हो। आज बड़े सौभाग्य से आपका समागम हुआ है। आज का दिन सफल है. आज मुझे मेरे प्रिय अतिथि प्राप्त हुए हैं।"

मुनीश्वर को आते देखकर श्रीरामचन्द्रजी अत्यन्त आनन्दित होकर लक्ष्मण और सीता के सहित पृथ्वी पर लेट गये। तब मुनिराज ने तुरंत ही श्रीराम को उठाकर भक्तिपूर्वक हृदय से लगा लिया और उनके शरीर-स्पर्श से प्राप्त हुए आनन्द से उनके नेत्रों में आँसू भर आये। मुनिश्रेष्ठ अगस्त्यजी एक हाथ से श्रीराम का हाथ पकड़कर उन्हें आह्लादित मन से अपने आश्रम में ले आये। उन्हें सुखपूर्वक आसन पर बैठाकर उनकी विधिविधान से बड़ी पूजा की तथा समयानुकूल नाना प्रकार के वन्य-फल भोजन कराये।

एकान्त में सुखपूर्वक बैठे हुए चन्द्रवन श्रीरामचन्द्रजी से भगवान् अगस्त्य मुनि

ने हाथ जोड़कर कहा, "हे राम, पूर्वकाल में जिस समय क्षीरसागर के समीप ब्रह्माजी ने आपसे भूमि का भार उतारने के लिये रावण का वध करने की प्रार्थना की थी, तभी से आपके दर्शनों की इच्छा से मैं तपस्या करता हुआ और आप ही का चिन्तन करता हुआ आपके की प्रतीक्षा में यहाँ मुनियों के साथ रहता हूँ। सृष्टि के प्रारंभ में विकल्प और उपाधि से रहित आप अकेले ही थे। उस समय और कुछ भी नहीं था। आप में ही आश्रित तथा आप ही को विषय करनेवाली माया आपकी ही शक्ति कही जाती है। जिस समय यह मायाशक्ति आप निर्गुण परब्रह्म को ढँक लेती है, उस समय वेदान्तनिष्ठ पुरुष इसे 'अव्याकृत' कहते हैं। कोई इसे 'मूलप्रकृति' भी कहते हैं और कोई 'माया'। यही अविद्या, संसृति और बंधन आदि अनेक नामों से पुकारी जाती है। आपके द्वारा क्षुभित होने पर इस शक्ति से महत्तत्व उत्पन्न होता है और महत्तत्त्व से आप ही की प्रेरणा से अहंकार प्रकट हुआ है। महत्तत्त्व से ओतप्रोत यह अहंकार तीन प्रकार का हुआ, जो सात्विक, राजस और तामस कहलाता है। हे राम, तामस अहंकार से शब्द, स्पर्श, रूप, रस और गन्ध—ये पाँच सूक्ष्म तन्मात्राएँ हुईं और इन सूक्ष्म तन्मात्राओं से इनके गुणानुसार क्रमशः आकाश, वायु, अग्नि, जल और पृथ्वी ये पाँच स्थूल भूत हुए। राजस अहंकार से दस इन्द्रियाँ और सात्विक अहंकार से इन इन्द्रियों के अधिष्ठाता देवता तथा मन उत्पन्न हुए। इन सबसे मिलकर समष्टि सूक्ष्म-शरीर रूप हिरण्यगर्भ हुआ, जिसका दूसरा नाम सूत्रात्मा भी है। फिर भूतसमूह से विराट् उत्पन्न हुआ तथा विराट् स्वरूप से यह सम्पूर्ण स्थावर-जंगम संसार प्रकट हुआ। हे जगदीश्वर, काल और कर्म के क्रम से आप ही देव, मनुष्य और तिर्यक् आदि योनियों में प्रकट हुए हैं। अपने ही मायिक गुणों के भेद से आप ही रजोगुण द्वारा जगत्कर्ता ब्रह्माजी, सत्वगुण द्वारा जगत् का पालन करनेवाले विष्णु और तमोगुण से उसका लय करने वाले भगवान् रुद्र हुए हैं।

"हे राम, बुद्धि के सत्व, रज और तम—इन तीन गुणों से प्राणी की क्रमशः जाग्रत, स्वप्न और सुषुप्ति—ये तीन अवस्थाएँ होती हैं। पर आप इन तीनों अवस्थाओं से सर्वथा पृथक्, इन तीनों के साक्षी, चित्स्वरूप और अविकारी हैं। हे रघुनन्दन, जिस समय आप सृष्टिरूपी लीला का विस्तार करना चाहते हैं, उस समय माया को अंगीकार कर गुणवान्-से हो जाते हैं। हे राम, आपकी यह माया सदा विद्या और अविद्या दो रूप से भासती है। जो लोग प्रवृत्तिमार्ग में लगे रहते हैं। वे अविद्या के वशीभूत हैं और जो वेदान्तार्थ का विचार करने वाले; निवृत्ति-परायण और आपकी भक्ति में अनुरक्त हैं, वे विद्यामय समझे जाते हैं। इनमें से जो अविद्या के वशीभूत हैं, वे सदा जन्म-मरण रूप संसार में फँसे रहते हैं और जो विद्याभ्यासी हैं, वे ही नित्य-मुक्त हैं।

"संसार में जो लोग आपकी भक्ति में तत्पर और आप ही के मंत्र की उपासना करने वाले होते हैं, उन्हीं के अन्तःकरण में विद्या का प्रादुर्भाव होता है। अतः जो

पुरुष आपकी भक्ति से सम्पन्न हैं, वे निस्सन्देह मुक्त ही हैं। आपकी भक्तिरूपी अमृत के बिना स्वप्न में भी मोक्ष नहीं हो सकता। हे राम, और अधिक क्या कहूँ ? इस विषय में जो सार बात है वह है साधु-संग। संसार में साधु-संग ही मोक्ष का मुख्य कारण माना जाता है।

"संसार में लोग सम्पद्-विपद् में समान-चित्त, स्पृहा-रहित, पुत्र-वित्तादि की इच्छाओं से रहित, इन्द्रियों का दमन करने वाले, शान्तचित्त, आपके भक्त, सम्पूर्ण कामनाओं से शून्य, इष्ट तथा अनिष्ट की प्राप्ति में समान रहनेवाले, सर्वदा ब्रह्म-परायण, यम आदि गुणों से सम्पन्न, संगहीन, समस्त कर्मों के फल को त्याग देने वाले, तथा जो कुछ मिल जाय, उसी में संतुष्ट रहने वाले—ऐसे सद्गुणों से सम्पन्न व्यक्ति साधु कहलाते हैं।

"जिस समय ऐसे साधु पुरुष का दर्शन होता है, उसके सत्संग के प्रभाव से आपके कथा-श्रवण में प्रेम हो जाता है। हे राम, तदनन्तर आप सनातन पुरुष में उसकी भक्ति हो जाती है तथा आपकी भक्ति हो जाने पर आपका स्फुट तथा प्रचुर ज्ञान प्राप्त होता है। चतुर-जन सेवित यही मुक्ति का आदि मार्ग है। अतः हे राघव, आपमें मेरी सदा प्रेम-लक्षणा उत्तम भक्ति बनी रहे। हे हरे, मुझे आपके भक्तों का संग सदैव प्राप्त होता रहे। हे नाथ, आज आपके दर्शनों से मेरा जन्म सफल हो गया। हे प्रभो आज मेरे सम्पूर्ण यज्ञ सफल हो गये। मैंने चिरकाल से अनन्य भाव से आपकी उपासना की है। हे राम, आज जो मैंने आपकी प्रत्यक्ष पूजा की है, यह उस उपासना का ही फल है। हे राघव, सीता के सहित आप सर्वदा मेरे हृदय में निवास करें। मुझे चलते-फिरते सदा आपकी स्मृति बनी।"

लक्ष्मीपति श्रीरघुनाथजी की इस प्रकार स्तुति कर मुनिश्रेष्ठ अगस्त्य ने उन्हें पूर्वकाल में राम ही के लिये देवराज इन्द्र का दिया हुआ धनुष, बाणों से भरे हुए खाली न होने वाले दो तरकस तथा एक रत्नजटित खड्ग दिया और कहा, "हे राघव, पृथ्वी के भारस्वरूप राक्षसों का इनके द्वारा संहार करो। उन्हीं के संहार के लिए आपने माया मानव-रूप से अवतार लिया है। यहाँ से दो योजन की दूरी पर गौतमी नदी के किनारे पवित्र वन से सुशोभित एक पंचवटी नामक आश्रम है। हे रघुनन्दन, आप अपना शेष काल वहीं व्यतीत करें। हे सत्वते, वहीं रह कर आप देवताओं के बहुत से कार्य करेंगे।"

इसके पश्चात् सर्वज्ञ भगवान् राम अगस्त्यजी का यह मनोहर भाषण सुनकर उनकी अनुमति से प्रसन्नतापूर्वक उनके दिखाए हुए मार्ग पर चले।

●

अध्याय—दस

पंचवटी में निवास

मार्ग में जाते हुए श्रीरामचन्द्रजी ने पर्वत-शिखर के समान बैठे हुए वृद्ध जटायु को देखा। उसे देखकर उन्हें बड़ा आश्चर्य हुआ कि यह 'क्या है?' तब वे लक्ष्मणजी से बोले, "सुमित्रानन्दन, मेरा धनुष लाओ। देखो, सामने यह राक्षस बैठा है। ऋषियों को भक्षण करने वाले इस दुष्ट राक्षस को मैं अभी मार डालता हूँ।"

राम का यह वचन सुनकर गृध्रराज ने भय से व्यथित होकर कहा, "राम, मैं तुम्हारे द्वारा मारे जाने योग्य नहीं हूँ। मैं तुम्हारे पिता महाराज दशरथ का प्रिय सखा जटायु नामक गृध्र हूँ। तुम्हारा कल्याण हो, मैं तो तुम्हारा हितकारी हूँ। तुम्हारी ही हितकामना से मैं पंचवटी में रहूँगा। किसी समय जब लक्ष्मणजी भी मृगया के लिये वन में चले जायेंगे, तो मैं जनककुमारी सीताजी की प्रयत्नपूर्वक रक्षा करूँगा।" गृध्रराज के ये वचन सुनकर श्रीराम ने प्रेमपूर्वक कहा, "हे गृध्रराज, आप मेरे पिताजी के मित्र हैं, अत: आप हमारे लिये पिताजी के ही समान हैं। ठीक है, इस पास के वन में रहते हुए आप समीपवर्ती होकर हमारा प्रियसाधन करें।"

इस प्रकार अपनी सम्मति देकर भगवान् राम जटायु का आलिंगन करके भाई लक्ष्मण और सीता के सहित पंचवटी पहुँचे। गौतमी के तट पर पहुँच कर उन्होंने लक्ष्मणजी से एक विशाल पर्णशाला बनवायी। वहाँ से गौतमी के उत्तर तट पर कदम्ब, पनस और आम्र आदि फलवाले वृक्षों से युक्त एक स्वस्थ जनशून्य एकान्त स्थान में बस गये। श्रीरामचन्द्रजी लक्ष्मण के सहित सीताजी का मनोरंजन करते हुए उस देवलोक के समान सुरम्य स्थान में दूसरे इन्द्र के समान सुखपूर्वक रहने लगे। सेवाव्रत-परायण लक्ष्मणजी नित्यप्रति उन्हें कन्दमूल और विविध फल लाकर देते और रात्रि के समय धनुष-बाण धारण कर चारों ओर घूम कर रक्षा करते हुए जागा करते थे। वे तीनों ही नित्यप्रति गौतमी में स्नान किया करते थे। उस समय सीताजी उन दोनों के बीच में रहकर जाया करती थीं। लक्ष्मणजी प्रसन्नचित्त से जल लाकर भक्तिपूर्वक उनकी सेवा किया करते थे। इस प्रकार वे तीनों वहाँ सुखपूर्वक रहने लगे।

श्रीराम द्वारा लक्ष्मणजी को आध्यात्मिक उपदेश

एक दिन लक्ष्मणजी ने एकान्त में बैठे हुए परमात्मा श्रीराम के पास जाकर नम्रतापूर्वक पूछा, "भगवन्, मैं आपके मुखारविन्द से मोक्ष का अव्यभिचारी निश्चित

साधन सुनना चाहता हूँ। अतः हे कमलनयन, आप उसका संक्षेप में वर्णन कीजिये। हे रघुश्रेष्ठ, आप मुझे भक्ति और वैराग्य से युक्त विज्ञान से परिपूर्ण ब्रह्मज्ञान का उपदेश दीजिये। संसार में इस विद्या का उपदेश देनेवाला और कोई नहीं है।''

श्रीरामजी ने कहा, ''वत्स, सुन, मैं तुझे गुह्य से गुह्य परम रहस्य की बात सुन रहा हूँ, जिसके जान लेने पर मनुष्य तुरंत ही विकल्पजनित संसाररूप भ्रम से मुक्त हो जाता है। प्रथम मैं तुमसे माया का स्वरूप बताऊँगा, तत्पश्चात् ज्ञान का साधन कहूँगा और फिर विज्ञान सहित ब्रह्मज्ञान का वर्णन करूँगा। इनके अतिरिक्त ज्ञेय परमात्मा का भी स्वरूप बतलाऊँगा, जिसके जान लेने पर मनुष्य संसार-भय से मुक्त हो जाता है। शरीरादि अनात्म पदार्थों में जो आत्मवृद्धि होती है उसी को माया कहते हैं। उसी के द्वारा इस संसार की कल्पना हुई है। हे कुलनन्दन, माया के दो रूप माने गये हैं। एक विक्षेप और दूसरा आवरण। इनमें से पहली विक्षेप शक्ति ही महत्तत्व से लेकर ब्रह्मा तक समस्त संसार की स्थूल और सूक्ष्म भेद से कल्पना करती है। और दूसरी आवरण-शक्ति है, जो सम्पूर्ण ज्ञान को आच्छादित कर, उस पर आवरण डालकर स्थित रहती है। यह सम्पूर्ण विश्व-रज्जु में सर्प-भ्रम के समान शुद्ध परमात्मा में माया से कल्पित है और विचार करने पर इसका अस्तित्व नहीं रह जाता। मनुष्य जो कुछ सुनते, देखते और स्मरण करते हैं, वह सब स्वप्न और मनोरथों के समान असत्य है। शरीर ही इस संसाररूपी वृक्ष का दृढ़ मूल है। उसी के कारण पुत्र-कलत्रादि का बन्धन है, नहीं तो आत्मा का इनसे क्या संबंध है?

''पाँच स्थूल भूत (आकाश, वायु, अग्नि, जल और पृथ्वी), पंच तन्मात्राएँ (शब्द, स्पर्श, रूप, रस और गंध), अहंकार, बुद्धि, दस इन्द्रियाँ, चिदाभास, मन और मूल प्रकृति इन सबके समूह को क्षेत्र समझना चाहिये। इसी को शरीर भी कहते हैं। निर्दोष परम..मारूपी जीव इन सब से पृथक् है। अब मैं उस जीव के वास्तविक रूप को जानने के लिये कुछ साधन बताता हूँ। इन्हें सावधान होकर सुनो।

''जीव और परमात्मा यह पर्याय शब्द हैं, वास्तव में दोनों का अभिप्राय एक ही है। अतः इसमें देहबुद्धि नहीं करनी चाहिये। अभियान से दूर रहना, दम्भ और हिंसा आदि का त्याग करना, दूसरे के किये हुए आक्षेप आदि को सहन करना, सर्वत्र सरल भाव रखना, मन, वचन और शरीर के द्वारा सच्ची भक्ति से सद्गुरु की सेवा करना, बाह्य और आन्तरिक्त शुद्धि रखना, सत्कर्मों में तत्पर रहना, मन, वाणी और शरीर का संयम करना, विषयों में प्रवृत्त न होना, अहंकार-शून्य रहना, जन्म, मृत्यु, जरा और रोग आदि के कष्टों पर विचार करना, पुत्र, स्त्री और धन आदि में आसक्ति और स्नेह न रखना, इष्ट और अनिष्ट की प्राप्ति में चित्त को सदा समान रखना, मुक्त सर्वात्मा परमात्मा राम में अनन्य बुद्धि रखना, जनसमूह से शून्य पवित्र देश में रहना, संसार के लोगों से सर्वदा उदासीन रहना, आत्मज्ञान की प्राप्ति के लिये सदैव प्रयत्नशील रहना, तथा वेदान्त के अर्थ का विचार करना—इन साधनों से ब्रह्मज्ञान प्राप्त होता है और इनके विपरीत आचरण करने से विपरीत फल (अज्ञान) मिलता है।

"जिससे ऐसा बोध होता है कि मैं देह, प्राण, मन, बुद्धि और अहंकार आदि से परे नित्य, शुद्ध, बुद्ध और चेतन आत्मा हूँ, वही ज्ञान है। जिस समय इसका साक्षात् अनुभव होता है, इसी को विज्ञान कहते हैं। आत्मा सर्वत्र पूर्ण, चिदानन्द-स्वरूप, अविनाशी, अजन्मा, बुद्धि आदि समस्त उपाधियों से रहित तथा परिणाम आदि से शून्य है। यह अपने प्रकाश से देह आदि को प्रकाशित करता हुआ भी स्वयं आवरण शून्य, एक, अद्वितीय, और सत्य ज्ञान, आदि स्वरूप, संगरहित, स्वप्रकाश और सबका साक्षी है—ऐसा विज्ञान से अनुभव किया जाता है। जिस समय आचार्य और शास्त्र के उपदेश से जीवात्मा और परमात्मा की एकता का ज्ञान होता है, उसी समय मूला अविद्या अपने कार्य (शरीरादि) तथा इन्द्रियों सहित (अर्थात् अपने स्थूल और सूक्ष्म कार्य के सहित) परमात्मा में लीन हो जाती है। अविद्या की इस लयावस्था को ही मोक्ष कहते हैं। आत्मा में यह मोक्ष केवल उपचार मात्र है। आत्मा तो सदैव ही मुक्त है। उसका न तो जन्म होता है, न विनाश होता है। वह तो नित्यमुक्त है। इसी ज्ञान की दृढ़ स्थिति को ब्रह्मज्ञान कहा जाता है। हे लक्ष्मण, तुम्हें मैंने यह ज्ञान, विज्ञान और वैराग्य के सहित परमात्मारूप अपना मोक्षस्वरूप सुनाया।

"किन्तु जो पुरुष मेरी भक्ति से विमुख हैं, उनके लिये मैं ज्ञान की उपलब्धि अत्यन्त दुर्लभ मानता हूँ। जिस प्रकार नेत्र होते हुए भी लोग रात्रि के अन्धकार में चोर आदि का चिह्न भली प्रकार नहीं देख पाते, दीपक होने पर ही उस समय वह दिखायी देता है, उसी प्रकार मेरी भक्ति से युक्त पुरुषों को ही आत्मा का सम्यक् साक्षात्कार होता है। अब मैं अपनी भक्ति की प्राप्ति के कुछ साधन बताता हूँ। सावधान होकर सुनो। मेरे भक्त का संग करना, निरन्तर मेरी और मेरे भक्तों की सेवा करना, एकादशी आदि का व्रत रखना, मेरे पर्वदिनों को मनाना, मेरी कथा के सुनने, पढ़ने और उसकी व्याख्या करने में सदा प्रेम करना, मेरी पूजा में तत्पर रहना, मेरा नामकीर्तन करना—इन साधनों से मुझमें अविचल भक्ति अवश्य हो जाती है। भक्ति की प्राप्ति होने पर, फिर शेष ही क्या रहता है? यह निश्चित बात है कि मेरी भक्ति से युक्त पुरुष को ज्ञान, विज्ञान और वैराग्य आदि की शीघ्र प्राप्ति होती है और फिर वह सुगमता से मोक्ष प्राप्त कर लेता है।

"जो पुरुष मेरी सेवा में अनुरक्तचित्त, निर्मल-हृदय, शान्तात्मा, विमलज्ञान-सम्पन्न और मेरे परम भक्त योगिजनों का सत्संग और सेवा करता है, मुक्ति उसके करतलगत रहती है और मैं सर्वदा उसकी दृष्टि के सम्मुख विराजमान रहता हूँ। इसके अतिरिक्त और किसी अन्य साधन से मेरा साक्षात्कार नहीं हो सकता।"

श्रीराम के आश्रम में शूर्पणखा का आना

पंचवटी में निवास करते समय बड़े-बड़े ऋषि-मुनि श्रीराम के पास आकर उनका सत्कार करते थे। ऋषियों के जाने के पश्चात् श्रीरामजी अपने भाई लक्ष्मण के साथ तरह-तरह की बातें किया करते थे। उस समय जबकि श्रीरामचन्द्रजी लक्ष्मण के साथ

बातचीत में संलग्न थे, एक राक्षसी अकस्मात् उस स्थान पर आ पहुँची। वह दशमुख राक्षस रावण की बहिन शूर्पणखा थी। उसने वहाँ आकर देवताओं के रूप को भी लज्जित करने वाले श्रीरामचन्द्रजी को देखा। उनका मुख तेजस्वी, भुजाएँ विशाल और नेत्र प्रफुल्ल कमलदल के समान अति सुन्दर थे। उनके मस्तक पर जटाएँ सुशोभित थीं। परम सुकुमार, महान् बलशाली, राजोचित लक्षणों से युक्त, नीलकमल के समान श्यामवर्ण, कामदेव से भी बढ़कर सुन्दर तथा इन्द्र से भी अधिक तेजस्वी श्रीराम को देखते ही वह राक्षसी काम से मोहित हो गयी।

वह राक्षसी कामभाव से आविष्ट हो, मनोहर रूप बनाकर श्रीराम के पास आयी और बोली, "तपस्वी के वेश में मस्तक पर जटा धारण किये, साथ में स्त्री लिये और हाथ में धनुष-बाण धारण किये, इस राक्षसों के देश में तुम कैसे चले आये? यहाँ तुम्हारे आगमन का क्या प्रयोजन है? यह सब मुझे ठीक-ठीक बताओ।

राक्षसी शूर्पणखा के इस प्रकार पूछने पर श्रीरामचन्द्र ने अपने सरल स्वभाव के कारण सब कुछ बताना आरंभ किया, "साध्वि, दशरथ नाम से प्रसिद्ध एक चक्रवर्ती राजा हो गये हैं। वे देवताओं के समान पराक्रमी थे। मैं उन्हीं का ज्येष्ठ पुत्र हूँ और लोगों में राम-नाम से विख्यात हूँ। ये मेरे छोटे भाई लक्ष्मण हैं, जो सदा मेरी आज्ञा के अधीन रहते हैं और ये मेरी पत्नी हैं, जो विदेहराज जनकजी की पुत्री तथा सीता के नाम से प्रसिद्ध हैं। अपने पिता महाराज दशरथ और माता कैकेयी की आज्ञा से प्रेरित होकर मैं धर्मपालन की इच्छा रखकर धर्मरक्षा के उद्देश्य से इस वन में निवास करने के लिये यहाँ आया हूँ। अब मैं तुम्हारा परिचय प्राप्त करना चाहता हूँ। तुम किसकी पुत्री हो? तुम्हारा नाम क्या है? तुम्हारे अंग इतने मनोहर हैं कि तुम मुझे इच्छानुसार रूप धारण करने वाली कोई राक्षसी प्रतीत होती हो। यहाँ किसलिये तुम आयी हो? यह ठीक-ठीक बताओ।"

श्रीरामचन्द्रजी की बात सुनकर वह राक्षसी काम से पीड़ित होकर बोली, "श्रीराम, मेरा नाम शूर्पणखा है और मैं इच्छानुसार रूप धारण करने वाली राक्षसी हूँ। मैं समस्त प्राणियों के मन में भय उत्पन्न करती हुई इस वन में अकेली विचरती हूँ। मेरे भाई का नाम रावण है, उसका नाम तुम्हारे कानों में अवश्य पहुँचा होगा। रावण विश्रवा मुनि का परम पराक्रमी पुत्र है। मेरा दूसरा भाई महाबली कुंभकर्ण है। मेरे तीसरे भाई का नाम विभीषण है। परन्तु वह धर्मात्मा है। युद्ध में जिनका पराक्रम विख्यात है, वे खर और दूषण भी मेरे भाई ही हैं।

"श्रीराम, बल और पराक्रम में मैं अपने उन सभी भाइयों से बढ़कर हूँ। तुम्हारे प्रथम दर्शन से ही मेरा मन तुममें आसक्त हो गया है। तुम्हारा रूप-सौन्दर्य अपूर्व है। आज से पहले देवताओं में भी किसी का ऐसा रूप देखने में नहीं आया है। तुम्हारे इस अपूर्व रूप के दर्शन से मैं तुम्हारे प्रति कामभाव से आकृष्ट हो गयी हूँ ' यही कारण है कि मैं तुम जैसे पुरुषोत्तम के प्रति पति की भावना रखकर बड़े प्रेम से आयी हूँ। मैं प्रभाव से सम्पन्न हूँ। अपनी इच्छा तथा शक्ति से समस्त लोकों में

विचरण कर सकती हूँ । अतः तुम मेरे पति बन जाओ । इस अबला सीता को लेकर क्या करोगे ? यह विकारयुक्त और कुरूपा है, अतः तुम्हारे योग्य नहीं है । मैं ही तुम्हारे अनुरूप हूँ, अतः मुझे अपनी भार्या के रूप में देखो । मैं सीता को लक्ष्मण सहित खा जाऊँगी । फिर तुम कामभावयुक्त हो मेरे साथ पर्वतीय शिखरों पर नाना प्रकार की शोभा देखते हुए दण्डकारण्य में विहार करना ।"

शूर्पणखा के ऐसा कहने पर श्रीरामचन्द्र जी जोर-जोर से हँसने लगे । फिर उन्होंने कहना प्रारंभ किया, "आदरणीया देवि, मैं विवाह कर चुका हूँ । यह मेरी प्यारी पत्नी विराजमान है । तुम जैसी स्त्रियों के लिये तो सौत का रहना अत्यन्त दुःखदायी होगा । ये मेरे छोटे भाई श्रीमान् लक्ष्मण बड़े शीलवान्, देखने में प्रिय लगने वाले और बल-पराक्रम से सम्पन्न हैं । इनके साथ स्त्री नहीं है । ये अपूर्व गुणों से सम्पन्न हैं । ये तरुण तो हैं ही, इनका रूप भी देखने में बड़ा मनोरम है । अतः इन्हें यदि भार्या की चाह होगी, तो ये ही तुम्हारे योग्य पति होंगे ।"

श्रीराम के इस प्रकार कहने पर काम से मोहिता भयंकर शूर्पणखा ने लक्ष्मण जी के पास जाकर कहा, "हे सुन्दर, अपने भाई की आज्ञा मानकर तुम मेरे पति हो जाओ । आज हम और तुम परस्पर संगमन करें, देरी न करो ।"

उस राक्षसी ने जब लक्ष्मणजी से इस प्रकार कहा, तो वे उससे बोले, "साध्वि, मैं तो उन बुद्धिमान् राम का दास हूँ । मुझे अपना पति बनाने से तुम्हें भी उनकी दासी बनना पड़ेगा । तुम्हारे लिए इससे बढ़कर दुःख की बात क्या होगी ? तुम्हारा कल्याण हो, तुम उन्हीं के पास जाओ, वे महाराज सबके स्वामी हैं ।" यह सुनकर वह दुष्टचित्ता राक्षसी फिर श्रीराम के पास पहुँची और क्रोधपूर्वक बोली, "हे राम, तुम बड़े चंचलचित्त हो । मुझे क्यों इधर-उधर घुमा रहे हो ? मैं अभी तुम्हारे सामने ही इस सीता को खा जाती हूँ ।"

ऐसा कहकर वह विकट रूप धारण कर जानकीजी की ओर झपटी । तब लक्ष्मणजी ने राम की आज्ञा से उसे पकड़कर बड़ी फुर्ती से खड्ग लेकर उसके नाक-कान काट डाले ।

खर-दूषण और त्रिशिरा-वध

नाक-कान कटने पर शूर्पणखा घोर शब्द करती हुई, रुधिर से सनी हुई रोती और दारुण शब्द करती हुई खर के सामने गिर पड़ी । उसे इस दशा में देख खर ने तीक्ष्ण शब्दों में पूछा, "यह क्या बात है ? अरी, मृत्यु के मुख में जानेवाले किस दुष्ट ने तेरी यह दशा की है ? तू बतला तो सही वह साक्षात् काल ही क्यों न हो, मैं उसे क्षण भर में मार डालूंगा ।"

तब राक्षसी शूर्पणखा ने उससे कहा, "यहाँ सीता और लक्ष्मण के सहित राम दण्डकारण्य को निर्भय करता हुआ गोदावरी के तट पर कुटी बना कर रहता है । उसी की प्रेरणा से उसके छोटे भाई लक्ष्मण ने मेरी यह गति की है । यदि तुम अपने को बड़ा

कुलीन और वीर मानते हो, तो उन दोनों भाइयों को मार डालो। मैं उन दोनों का रुधिर पिऊँगी। अन्यथा अपने प्राणों को छोड़कर यमलोक चली जाऊँगी।''

शूर्पणखा का यह कथन सुनकर खर क्रोध से परिपूर्ण हो तुरंत युद्ध के लिये चला और श्रीराम को मारने के लिये उसने महान् पराक्रमी चौदह सहस्र राक्षस उनके पास भेजे। खर, दूषण और त्रिशिरा—ये सभी नाना प्रकार के अस्त्र-शस्त्र लेकर श्रीराम के पास आये। उनका भयंकर कोलाहल सुनकर श्रीरामचन्द्रजी ने लक्ष्मणजी से कहा, ''लक्ष्मण, देखो, बड़ा भयानक कोलाहल सुनायी पड़ रहा है। मालूम होता है, निश्चय ही राक्षसगण आ रहे हैं। अवश्य ही आज मेरे साथ उनका घोर युद्ध होगा। अतः हे महाबली, तुम सीता को लेकर पर्वत की किसी कन्दरा में चले जाओ। आज मैं इन समस्त भयंकर राक्षसों का वध करना चाहता हूँ। तुम्हें मेरी सौगन्ध है, इस विषय में तुम और कुछ न कहना।'' तब लक्ष्मणजी 'जो आज्ञा' कहकर सीताजी को लेकर एक गिरि-गुहा में चले गये।

श्रीरामचन्द्रजी ने अपनी कमर कसी और कठोर धनुष तथा दो अक्षय बाणवाले तरकस बाँध कर युद्ध के लिये सन्नद्ध हो गये। राक्षसगण भी वहाँ आकर राम के ऊपर नाना प्रकार के अस्त्र-शस्त्र, पत्थर और वृक्षादि की वर्षा करने लगे। श्रीरामचन्द्रजी ने क्षणमात्र में लीला से ही उनके अस्त्र-शस्त्रादि को तिल-तिल करके काट डाला। फिर सहस्रों बाणों से उन सम्पूर्ण राक्षसों को मारकर, खर, दूषण और त्रिशिरा को भी मार डाला। इस प्रकार रघुवंशियों में श्रेष्ठ श्रीराम ने क्षणमात्र में ही उन समस्त राक्षसों का संहार कर डाला।

तब लक्ष्मणजी सीता के साथ राम के पास आए। उस समय सम्पूर्ण राक्षसों को मरा हुआ देखकर वे बड़े विस्मित हुए। जनकनन्दिनी सीताजी ने प्रसन्नमुख से श्रीराम का आलिंगन किया और वे उनके शरीर में लगे घावों पर हाथ फेरने लगीं।

शूर्पणखा का रावण के पास जाना

उन सम्पूर्ण भयंकर योद्धा और पराक्रमी राक्षसों को मरा देख राक्षसराज रावण की बहिन शूर्पणखा दौड़ती हुई लंका में पहुँची और राजसभा में पहुँच कर रोती हुई रावण के पैरों के समीप पृथ्वी पर गिर पड़ी। अपनी बहिन को इस प्रकार भयभीत देखकर रावण बोला, ''अरी वत्से, उठ, खड़ी हो। बता तो सही, तुझे किसने कुरूपा किया है? हे भद्रे, यह इन्द्र का काम है अथवा यम, वरुण और कुबेर में से किसी ने किया है? बता, एक क्षण में ही मैं उसे भस्म कर डालूंगा।''

तब राक्षसी शूर्पणखा ने उससे कहा, ''तुम अत्यन्त प्रमादी और मूढ़ बुद्धि हो। तुम मद्यपान में आसक्त, स्त्री के वशीभूत और सब विषयों में नपुंसक के समान दिखायी पड़ते हो। तुम्हारे गुप्तचररूप नेत्र नहीं हैं। फिर तुम राजा कैसे रह सकोगे? युद्ध में खर मारा गया तथा दूषण और त्रिशिरा आदि चौदह सहस्र मुख्य-मुख्य राक्षसों को राक्षस-शत्रु राम ने एक क्षण में ही मार डाला और सारे जनस्थान को मुनीश्वरों के

लिये सर्वथा निर्भय बना दिया। इतना उत्पात हो जाने पर भी तुम्हें अभी तक कुछ पता ही नहीं है, इसीलिये मैं कहता हूँ कि तुम प्रमादी और मूढ़ हो।''

शूर्पणखा को रावण द्वारा आश्वासन और उसकी चिन्ता

शूर्पणखा की बात सुनकर रावण ने उससे पूछा, ''तू बता तो, वह राम कौन है ? उसने किसलिये और किस प्रकार इस राक्षसों को मारा ? तू सब बात विस्तार-पूर्वक बता। मैं उसका मूलोच्छेद कर डालूंगा।''

शूर्पणखा बोली, ''एक दिन जनस्थान में मैं गौतमी के किनारे जा रही थी, वहाँ पूर्वकाल में मुनिजनों से सेवित एक पंचवटी नामक आश्रम है। उस आश्रम में मैंने जटा व वल्कलादि से सुशोभित, धनुषबाणधारी, कमलनयन, शोभाधाम राम को देखा। उसका छोटा भाई लक्ष्मण भी उसी के समान रूपवान् है तथा उसकी विशाल-लोचना भार्या भी रूप में साक्षात् दूसरी लक्ष्मी-सी है। हे राजन्, देव, गन्धर्व, दानव, नाग और मनुष्य आदि में से मैंने किसी की स्त्री ऐसी रूपवती न देखी है और न सुनी है। वह शुभलक्षणा अपनी कान्ति से सम्पूर्ण वन को प्रकाशित कर रही थी। हे अनघ, उसे तुम्हारी पत्नी बनाने के लिये मैंने लाने का प्रयास किया था, इसी से राम के भाई लक्ष्मण ने मेरी नाक काट डाली। तब मैं अत्यंत दुःख से रोती हुई खर के पास गयी। उसने भी अपने राक्षस-सेनापतियों के साथ तुरंत जाकर राम से युद्ध ठाना, किन्तु उस महाधनुर्धर और बलशाली राम ने एक क्षण में ही वे समस्त भीमविक्रम राक्षस नष्ट कर दिये। हे प्रभो, मुझे तो ऐसा प्रतीत होता है कि यदि राम के मन में आ जाय, तो वह निस्सन्देह आधे निमेष में ही सम्पूर्ण त्रिलोकी को भस्म कर सकता है। यदि उसकी स्त्री सीता ही तुम्हारी भार्या हो जाय, तो तुम्हारा जीवन सफल हो जायगा।

''अतः हे राजेन्द्र, तुम ऐसा प्रयत्न करो जिससे सम्पूर्ण लोकों में एकमात्र सुन्दरी कमलनयनी सीता तुम्हारी प्राणप्रिया हो जाय। हे राक्षसेन्द्र, तुम राम के सम्मुख साक्षात् न ठहर सकोगे। इसलिये उस राम को किसी प्रकार मायाजाल से मोहित कर तुम उस सीता को प्राप्त कर सकते हो।''

यह सुनकर राक्षसराज रावण ने सुन्दर वाक्यों और दानमानादि से बहिन शूर्पणखा को धैर्य बँधाया। अपने पराक्रम की अनेक गाथाओं से उसे पूर्ण रूप से आश्वस्त किया। तत्पश्चात् उसने अपने अन्तःपुर में प्रवेश किया। किन्तु चिन्ता और व्यग्रता के कारण उसे रात्रि में नींद नहीं आयी।

वह सोचने लगा—''बड़े आश्चर्य की बात है, अकेले मनुष्य रघुवंशी राम ने बलवीर्य और साहस तथा पराक्रम से सम्पन्न मेरे भाई खर को सेना के सहित कैसे मार डाला ? अथवा यह राम मनुष्य नहीं है, साक्षात् परमात्मा ने ही पूर्वकाल में की हुई ब्रह्माजी की प्रार्थना से मेरी सेना के सहित मुझे वानर-सेनाओं से मारने के लिये इस समय रघुवंश में मनुष्य-रूप में अवतार लिया है। यदि परमात्मा द्वारा मैं मारा

गया, तब तो बैकुण्ठ का राज्य भोगूंगा, नहीं तो चिरकालपर्यन्त राक्षसो का राज्य तो भोगूंगा ही । इसलिये मैं अवश्य राम के पास चलूंगा ।"

सम्पूर्ण राक्षसों के स्वामी रावण ने इस प्रकार विचार कर भगवान् राम को साक्षात् परमात्मा हरि जानकर यह निश्चय किया कि मैं विरोध-बुद्धि से ही राम के पास जाऊँगा, क्योंकि भक्ति के द्वारा भगवान् शीघ्र प्रसन्न नहीं हो सकते ।

सीता-हरण

रात्रि के समय इस प्रकार विचार कर प्रातःकाल होने पर बुद्धिमान् रावण रथ में सवार हुआ और अपने मन ही मन एक कार्य का निश्चय कर वह समुद्र के दूसरे तट पर मारीच के घर गया । वहाँ मारीच मुनियों के समान जटा-वल्कलादि धारण कर प्राकृत गुणों के प्रकाशक निर्गुण भगवान् का ध्यान कर रहा था । समाधि भंग होने पर उसने रावण को अपने घर आया देखा ।

रावण और मारीच की वार्ता

रावण को देखते ही मारीच शीघ्रता से उठ खड़ा हुआ और उससे गले मिलकर उसकी विधिपूर्वक पूजा की । आतिथ्य-सत्कार के अनन्तर जब रावण स्वस्थ होकर बैठा, तो मारीच ने उससे पूछा, हे रावण; इस समय तुम एक ही रथ के साथ अकेले यहाँ आये हो और तुम्हारा चित्त अत्यधिक उद्विग्न और व्यग्र दिखायी पड़ रहा है । यदि गोपनीय न हो, तो मुझे साफ-साफ अपना कार्य बताओ । हे राजेन्द्र, यदि उसे करने में मुझे पाप न लगे और वह न्यायानुकूल हो, तो कहो, मैं तुम्हारा वह प्रिय कार्य अवश्य करूँगा ।"

मारीच के इस प्रकार पूछने पर रावण ने उत्तर दिया, "तात मारीच, राजा दशरथ अयोध्यापुरी का अधिपति था, उसका ज्येष्ठ पुत्र सत्यपराक्रमी राम है । उस अपने प्रियपुत्र को दशरथ ने उसकी स्त्री सीता और छोटे भाई लक्ष्मण के सहित वन में भेज दिया । इस समय वह घोर दण्डकारण्य में पंचवटी नामक शुभ स्थान पर रहता है । उसकी भार्या विशालनयना सीता त्रिलोक को मोहित करने वाली है । वह राम मेरे बड़े पराक्रमी निरपराध राक्षसों को भाई खर, दूषण और त्रिशिरा के सहित मार कर उस तपोवन में निर्भयपूर्वक बड़े आनन्द से रहता है । मेरी बहिन शूर्पणखा ने उसका कुछ नहीं बिगाड़ा था, किन्तु उसके दुष्ट भाई लक्ष्मण ने उसके नाक-कान काट डाले । अब वह और भी निर्भय हो गया है । इसलिये अब तुम्हारी सहायता से मैं राम के तपोवन में न रहने पर उसकी प्राणप्रिया सीता को ले आना चाहता हूँ । तुम माया से मृगरूप होकर राम और लक्ष्मण को आश्रम से दूर ले जाना । उसी समय मैं सीता को हर ले आऊँगा । इस प्रकार मेरी सहायता कर तुम फिर पूर्ववत् अपने आश्रम में आकर रहना ।"

रावण को इस प्रकार कहते सुन मारीच ने विस्मित होकर कहा, "रावण, ये सर्वनाश करने वाली बातें तुम्हें किसने बतायी हैं ? इस प्रकार जो कोई भी तुम्हारा

नाश करना चाहता है, निश्चय ही वह तुम्हारा शत्रु है। वह व्यक्ति वध करने योग्य है। हे रावण, राम के बाल्यकाल के पौरुष को याद करके, जब ये विश्वामित्रजी की यज्ञरक्षा के लिये आये थे और उन्होंने एक बाण से ही मुझे सौ योजन दूर समुद्र के तट पर फेंक दिया था, तब से मैं भय से व्याकुल हो जाता हूँ। बारंबार उसी बात का स्मरण हो जाने से मुझे सब ओर राम ही राम दिखलायी देने लगते हैं।

"एक दिन अपने पूर्व बैर का स्मरण कर मैं दण्डकारण्य मे भी अपने जैसे बहुत से मृगों के साथ मिलकर एक तीखे सींगोंवाले मृग का रूप बनाकर गया था। जब मैं बड़ा फुर्ती से साता और लक्ष्मण के सहित श्रीराम को मारने की इच्छा से आगे बढ़ा, तो मुझे दखकर उन्होने केवल एक बाण छोड़ दिया। हे राक्षसेन्द्र, उसी से हृदय बिंध जाने के कारण मैं आकाश मे चक्कर काटता हुआ समुद्र में जाकर गिरा। तब से मैं अत्यधिक भयभीत होकर इस निर्भय स्थान मे रहता हूँ। राज, रत्न, रमणी और रथ आदि (भोग-सामाग्रयो के प्रथम अक्षर 'र') के कानो में पड़ते ही मुझे ('राम' की याद आ जान स) भय उत्पन्न हो जाता है। इसलिये मैं भोग-समुदाय से भयभीत होकर निरन्तर 'राम' का ही ध्यान करता हूँ। 'यहाँ राम न आ गये हों' इस आशका से मैंने समस्त बाह्य कार्य छोड़ दिये हैं। जिस समय मैं निद्रा के वशीभूत होकर साता हूँ, उस समय मन ही मन राम का स्मरण करता रहता हूँ। इस प्रकार स्वप्न मे दखे हुए श्रीराम को, जब निद्रा टूटने पर जागता हूँ, तब भी नहीं भूलता। अतः हे रावण, तुम भी श्रीरामचन्द्र से विरोध और वैर भाव का हठ छोड़कर अपनी लंकापुरी मे चले जाओ। इस प्रकार चिरकाल से चले आते हुए अपन राक्षस-वंश की तुम रक्षा करो। श्रीरामचन्द्रजी से वैर न करो। उनका तो वैर भाव से स्मरण करने पर भी सर्वस्व नष्ट हो जाता है। मैं तुम्हारे हित के लिए जो कुछ कहता हूँ, उसे मानो। तुम परमात्मा श्रीरामचन्द्रजी से विरोध-बुद्धि छोड़ दो और भक्तिभाव से उनका भजन करो, क्योंकि वे बड़े दयालु हैं। मैंने मुनीश्वरो के मुख से ये सभी बातें सुनी हैं कि पूर्वकाल में ब्रह्माजी के प्रार्थना करने पर परमात्मा श्रीहरिजी ने कहा था कि तुम अपना मनोरथ बताओ मैं उसे पूरा करूँगा। तब ब्रह्माजी ने भगवान् से कहा, "हे कमललोचन हरे, आप मनुष्य-रूप मे पृथ्वी पर अवतार लीजिये और शीघ्र ही दशरथ-नन्दन श्रीराम होकर देवद्रोही दशानन का वध कीजिये। अतः तुम निश्चय मानो, राम सामान्य मनुष्य नहीं हैं। वे साक्षात् अव्ययपुरुष श्रीनारायण हैं। माया से मनुष्य-रूप धारण कर वे निर्भयतापूर्वक पृथ्वी का भार उतारने के लिए वन में आये हैं। अतः हे तात, तुम सुखपूर्वक लंकापुरी लौट जाओ।"

मारीच के ये वचन सुनकर रावण बोला, "यदि ब्रह्माजी की प्रार्थना से परमात्मा ही राम होकर मनुष्य-रूप से मुझे मारने के लिये प्रयत्नपूर्वक यहाँ आये हैं, तो वे शीघ्र ही अवश्य वैसा करेंगे, क्योंकि परमात्मा सत्य संकल्प हैं। इसलिए मैं अवश्य यत्नपूर्वक रघुनाथजी के पास से सीता को ले आऊँगा। हे वीर, यदि मैं युद्ध में उनके हाथ से मारा गया, तो परमपद प्राप्त करूँगा और यदि मैंने ही राम को

रणक्षेत्र में मार डाला, तो निर्भयतापूर्वक सीता को पाऊँगा । हे महाभाग, उठो और शीघ्र ही विचित्र मृगरूप धारण कर राम और लक्ष्मण को आश्रम से अति दूर ले जाओ । फिर पूर्ववत् अपने आश्रम में आकर सुखपूर्वक रहो । यदि मुझे भयभीत करने के लिये अब और कुछ कहोगे तो निश्चय मानो, मैं अभी इस खड्ग से तुम्हें यहीं मार डालूँगा ।''

रावण का यह कथन सुनकर मारीच ने मन ही मन विचार किया, ''यदि श्रीरघुनाथजी ने मुझे मारा, तो मैं संसार-सागर से पार हो जाऊँगा और जो कहीं इस दुष्ट ने मुझे मार डाला, तो निश्चय ही मुझे नरकगामी होना पड़ेगा ।'' इस प्रकार श्रीराम के हाथ से ही अपना मरण निश्चय कर वह शीघ्रता से उठा और रावण से बोला, ''हे राजन्, हे प्रभो, मैं आपकी आज्ञा का पालन करूँगा ।''

मारीच-वध

ऐसा कहकर मारीच रावण के रथ पर चढ़कर श्रीरामजी के आश्रम में आया और चाँदी की बूंदों के सहित शुद्ध सुवर्ण-वर्ण विचित्र मृगरूप धारण किया। उसके सींग रत्नमय, खुर मणिमय और नेत्र नीलरत्नमय थे। इस प्रकार बिजली की सी छटा और मनोहर मुखवाला वह मृग श्रीराम के आश्रम के पास सीताजी के सामने विचरने लगा। किसी क्षण तो वह चौकड़ी भरने लगता और कभी पास आकर ठिठक जाता, फिर भय से भागने लगता ।

इधर अन्तर्यामी श्रीरामचन्द्रजी ने भी रावण का सारा षड्यंत्र जानकर एकांत में श्री जानकीजी से कहा, ''हे प्राणप्रिये सीते, मैं जो कुछ कहता हूँ, उसे ध्यान से सुनो। हे शुभे, रावण तुम्हारे पास भिक्षुक का रूप धारण कर आयेगा। अतः तुम अपने ही समान आकृतवाली अपनी छाया को कुटी में छोड़कर अग्नि में प्रवेश कर जाओ और मेरी आज्ञा से वहाँ अदृश्य रूप में एक वर्ष रहो। तदनन्तर, रावण के मारे जाने पर, तुम मुझे पूर्ववत् पा लोगी ।'' श्रीराम के आदेशानुसार सीताजी ने वैसा ही किया। वे मायामयी सीता को कुटी के बाहर छोड़कर स्वयं अग्नि में अन्तर्धान हो गयीं ।

तब उस माया सीता ने मायामृग को देखकर श्रीरामचन्द्रजी के पास जाकर हँसते हुए बड़ी नम्रता से कहा, ''हे प्राणप्रिय, यह रत्न-विभूषित विचित्र सुवर्ण-मृग देखिये। अहो, इसके शरीर में कैसे अद्भुत बिन्दु हैं और यह कैसी निर्भयता से विचर रहा है। हे प्रभो, आप इसे बाँधकर मुझे ला दीजिये। यह सुन्दर मृग मेरा क्रीड़ामृग हो। अयोध्या लौटने पर मैं इसे अपने साथ ले चलूँगी। वहाँ के सभी लोग इसे देख कर बड़े विस्मित होंगे ।''

तब श्रीराम ने 'बहुत अच्छा' कहकर अपना धनुष उठा लिया और जाते समय लक्ष्मण से कहा, ''लक्ष्मण, तुम प्राणप्रिया सीता की यत्नपूर्वक रक्षा करना। वन

में बड़े मायावी राक्षस विचर रहे हैं। अतः तुम अनिन्दिता साध्वी सीता की बहुत सावधान होकर रक्षा करना।"

लक्ष्मणजी ने श्रीराम से कहा, "देव, यह मृगरूपधारी मारीच है। क्योंकि भला मृग ऐसा कहीं हो सकता है ?"

श्रीराम ने उत्तर दिया, "यदि यह मारीच है, तो इसमें सन्देह नहीं है कि मैं इसे अवश्य मार डालूंगा। और यदि मृग ही है, तो सीता का मन रखने के लिये मैं इसे पकड़ ले आऊँगा। मैं अभी जाकर बहुत शीघ्र ही इस मृग को बाँधकर लिये आता हूँ, तुम सीता की रखवाली करते हुए बहुत सावधान रहना।"

यह विश्वप्रपंचरूपिणी जगन्मोहिनी माया जिनके आश्रित है वे श्रीरामचन्द्र ऐसा कहकर उस मायामृग के पीछे दौड़ते चले गये। वह मृग कभी तो पास ही दिखलायी देने लगता, कभी एक क्षण में दूर भागकर छिप जाता और फिर बहुत दूर पर दिखलायी पड़ता। इस प्रकार वह श्रीराम को बहुत दूर ले गया। तब उन्होंने यह निश्चय जान कर कि यह राक्षस मारीच ही है, उसे एक बाण छोड़कर बींध डाला।

बाण के लगते ही मारीच अपना पूर्वरूप धारण कर लोहू भरे मुख से पृथ्वी पर गिर पड़ा। वह रक्तपायी राक्षस राम की सी बोली में यह कहता हुआ कि 'हे महाबाहो लक्ष्मण, मैं मारा गया; मेरी शीघ्र ही रक्षा करो।'—पृथ्वी पर गिर पड़ा। उसके शरीर से निकला हुआ तेज सब के देखते-देखते श्रीराम में ही समा गया। यह देखकर देवताओं को महान् विस्मय हुआ।

श्रीरामचन्द्रजी सोचने लगे, "इस अधम राक्षस ने मरते समय मेरी सी बोली में 'हा लक्ष्मण' कहकर प्राण क्यों छोड़े ? इन मेरे से वाक्यों को सुनकर बेचारी सीता की क्या दशा होंगी ?" इस प्रकार चिन्ता करते हुए राम बड़ी दूर से लौटे।

इधर सीताजी ने दुरात्मा मारीच का वह शब्द सुनकर अत्यन्त भय और दुःख से व्याकुल हो लक्ष्मण से यों कहा, "तात लक्ष्मण, तुम बहुत शीघ्र जाओ। तुम्हारे भाई राक्षसों से कष्ट पा रहे हैं। क्या तुम अपने भाई का 'हा लक्ष्मण' यह वाक्य नहीं सुनते ?"

लक्ष्मणजी ने कहा, "देवि, यह वाक्य श्रीरामचन्द्रजी का नहीं है। किसी राक्षस ने मरते-मरते श्रीराम की सी ध्वनि में इन शब्दों का उच्चारण किया है। जो रामजी क्रोधित होंने पर एक क्षण में समस्त त्रिलोक को भी नष्ट कर सकते हैं, वे देववन्दित प्रभु भला ऐसे दीन वचन कैसे बोल सकते हैं ?"

लक्ष्मण की बात सुनकर सीताजी ने नेत्रों में जल भरकर क्रोधपूर्वक लक्ष्मणजी की ओर देखते हुए कहा, "रे लक्ष्मण, क्या तू अपने भाई को विपत्ति में पड़े देखना चाहता है ? अरे दुर्बुद्धि, मालूम होता है कि तुझे राम का नाश चाहनेवाले भरत ने ही भेजा है। क्या तू राम के नष्ट हो जाने पर मुझे ले जाने के लिये ही आया है ? किन्तु तू मुझे नहीं पायेगा। देख, मैं अभी तेरे सामने प्राण त्याग किये देती हूँ। राम

तुझे इस प्रकार पत्नीहरण के लिये उद्यत नहीं जानते हैं। श्रीराम के अतिरिक्त मैं भरत या तुझे किसी को भी नहीं छू सकती।"

सीताजी की इस कठोर वाणी को सुनकर लक्ष्मणजी के रोंगटे खड़े हो गये। फिर भी जितेन्द्रिय लक्ष्मणजी ने उनसे विनयपूर्ण ढंग से कहा, "देवि, मैं आपकी बात का उत्तर नहीं दे सकता, क्योंकि आप मेरे लिये आराधनीय देवी के समान पूज्या हैं। विदेहकुमारी जानकी, आपकी यह बात मेरे दोनों कानों में तपाये हुए लोहे के समान लगी है। मैं ऐसी बात सह नहीं सकता। निश्चय ही आज आपकी बुद्धि मारी गयी है। आप नष्ट होना चाहती हैं। धिक्कार है आपको, जो आप मुझ पर ऐसा सन्देह करती हैं। मैं बड़े भाई के आज्ञापालन में दृढ़तापूर्वक तत्पर हूँ और आप केवल नारी होने के कारण साधारण स्त्रियों के दुष्ट स्वभाव को अपना कर मेरे प्रति ऐसी आशंका करती हैं। अच्छा, अब मैं वहीं जाता हूँ, जहाँ भैया श्रीराम गये हैं। सुमुखि, आपका कल्याण हो। विशाललोचने, वन के समस्त देवता आपकी रक्षा करें। इस समय मेरे सामने जो भयंकर अपशकुन प्रकट हो रहे हैं, उन्होंने मुझे संशय में डाल दिया है। क्या श्रीरामचन्द्रजी के साथ लौट कर पुनः मैं आपको सकुशल देख सकूँगा?"

इतना कहकर भारी मन से बारंबार सीता की ओर देखते हुए वे श्रीराम के पास चले गये। इसी समय रावण संन्यासी का वेश धारण कर दण्ड-कमण्डलु के सहित सीता के पास आया।

सीताजी और रावण की वार्ता

सीता ने संन्यासी के वेश में रावण को देखकर उसे आदरपूर्वक प्रणाम किया और भक्तिपूर्वक उसका पूजन कर कन्दमूल-फल आदि देकर स्वागत करते हुए कहा, "हे मुने, ये फल आदि खाकर सुखपूर्वक विश्राम कीजिये। अभी थोड़ी ही देर में मेरे पतिदेव आते होंगे। यदि आपकी इच्छा हो, तो कुछ देर ठहरिये। वे आपका कुछ विशेष सत्कार कर सकेंगे।"

संन्यासी-वेष-धारी रावण ने कहा, "हे कमललोचनि, तुम कौन हो? तुम्हारे पति कौन हैं? हे अनघे, इस राक्षस-सेवित वन में तुम क्यों रहती हो? हे कल्याणि, ये सब बातें बताओ, तब मैं भी तुम्हें अपना सारा वृत्तान्त सुनाऊँगा।"

सीताजी ने उत्तर दिया, "हे संन्यासिन्, श्रीमान् महाराज दशरथ अयोध्या के राजा थे। उनके ज्येष्ठ पुत्र सर्वलक्षण सम्पन्न श्रीरामचन्द्रजी हैं। मैं जनकनन्दिनी सीता उन्ही की धर्मपत्नी हूँ। उनका छोटा भाई लक्ष्मण है। वह अपने भाई श्रीराम का अत्यन्त स्नेही है। श्रीरामचन्द्रजी हम दोनों के साथ पिता की आज्ञा से चौदह वर्ष दण्डकारण्य में रहने के लिये आये हैं। अब मैं आपके विषय में जानना चाहती हूँ। आप भी मुझे अपना परिचय दें।"

सीताजी की बात सुनकर संन्यासी रूपी रावण बोला, "सुमुखि, मैं पुलस्त्य-

नंदन विश्रवा का पुत्र राक्षसराज रावण हूँ। मैं तुझे पाने की इच्छा से संतप्त हूँ। अतः इस समय तुम्हें अपनी राजधानी में ले जाने के लिये यहाँ आया हूँ। उन मुनिवेशधारी राम से तुम्हें क्या मिलेगा ? तुम मुझसे प्रेम करो और इन वनवास के दुःखों से छूटकर मेरे साथ नाना प्रकार के भोग भोगो।"

उसके ये वचन सुनकर सीताजी क्रोध से कदली के पत्ते के समान काँपने लगीं। रावण को फटकारती हुईं, उन्होंने रोषपूर्वक कहना प्रारंभ किया, "पापी निशाचर, तू सियार है और मैं सिंहिनी हूँ। मैं तेरे लिये सर्वथा दुर्लभ हूँ। अरे, जैसे सूर्य की प्रभा पर कोई हाथ नहीं लगा सकता, उसी प्रकार तू मुझे छू भी नहीं सकता। अभागे राक्षस, तेरा इतना साहस ? तू श्रीरघुनाथजी की प्यारी पत्नी का अपहरण करना चाहता है ? क्या तू अपने गले में पत्थर बाँध कर समुद्र को पार करना चाहता है ? वन में रहने वाले सिंह और सियार में, समुद्र और छोटी नदी में तथा अमृत और काँजी में जो अन्तर है, वही अन्तर दशरथनन्दन श्रीराम और तुझमें है। जिस समय सहस्रनेत्रधारी इन्द्र के समान प्रभावशाली श्रीराम हाथ में धनुष और बाण लेकर खड़े हो जायँगे, उस समय तू मेरा अपहरण करके भी मुझे पचा नहीं सकेगा, ठीक उसी तरह जैसे मक्खी घी पीकर उसे पचा नहीं सकती। जरा ठहर तो, भाई के सहित श्रीरामचन्द्रजी अभी आते होंगे। मेरे साथ कौन बलात्कार कर सकता है। क्या सिंह की पत्नी के साथ खरहा भी बल प्रयोग कर सकता है ? श्रीरामजी के बाणों से छिन्न-भिन्न होकर तू अभी पृथ्वीतल पर सोएगा।"

सीताजी के ऐसे कठोर वचन सुनकर रावण ने क्रोधाकुल होकर अपना महापर्वताकार रूप दिखलाया, जिसके दस मुख और बीस भुजाएँ थीं। काले मेघ के समान उसकी आभा थी। उसके उस भयंकर रूप को देखकर वनदेवियाँ और समस्त वन्यजीव भयभीत हो गये। तब रावण ने सीताजी के पैरों के नीचे की पृथ्वी को खोदकर उन्हें अपने हाथों से उठा लिया और रथ में डालकर तुरंत आकाशमार्ग से चल दिया।

रावण द्वारा जटायु-वध और सीताजी को अशोक-वाटिका में रखना

उस समय सीताजी अति भयभीत होकर दीन दृष्टि से पृथ्वी की ओर देखती हुई 'हा राम, हा लक्ष्मण' ऐसा कहकर विलाप करने लगीं। सीताजी का यह आर्तक्रन्दन सुनकर तुरंत ही तीखी चोंचवाला पक्षिश्रेष्ठ जटायु पहाड़ की चोटी पर से उठा और बोला, "अरे, ठहर, ठहर, यज्ञ के मंत्रपूत पुरोडास को ले जाने वाले कुत्ते के समान मेरे सामने ही जगन्नाथ श्रीरामचन्द्रजी की भार्या को सूने तपोवन से तू कौन लिये जाता है।"

जटायु ने ऐसा कहकर अपनी तीक्ष्ण चोंच से रावण के रथ को चूर्ण-चूर्ण कर डाला और अपने पंजों से घोड़ों को मारकर उसके धनुष के टुकड़े-टुकड़े कर दिये। तब रावण ने सीताजी को छोड़कर अपना खड्ग निकाला और झुंझलाकर मतिमान् जटायु के पंख काट डाले। पंख कट जाने से जटायु श्रीराम का स्मरण करते हुए अधमरे होकर

पृथ्वी पर गिर पड़े। फिर रावण तुरंत ही सीताजी को दूसरे रथ पर चढ़ाकर चलता बना।

उस समय सीताजी किसी रक्षक को न देखकर बारंबार श्रीराम को पुकारती हुई रो-रोकर कह रही थीं—"हा राम, हा जगन्नाथ, क्या आप मुझ दुःखिनी को नहीं देखते ? हे राघव, आपकी भार्या को राक्षस लिये जा रहा है, आप छुड़ाइये। हा महाभाग लक्ष्मण, मुझ अपराधिनी की रक्षा करो। हे देवर, मैंने तुम्हें तीखे वाग्बाण मारे थे, तुम मुझे क्षमा करना।" सीताजी के इस प्रकार रुदन करने पर श्रीराम के आने की आशंका से भय-त्रस्त रावण उन्हें लेकर वायु के समान अति तीव्र वेग से चलने लगा।

इस प्रकार आकाशमार्ग से जाती हुई, नीचे की ओर देखती हुई कमलनयना सीताजी ने एक पर्वतशिखर पर पाँच वानरों को बैठे हुए देखा। उन वानरों को देखकर उन्होंने अपने आभूषणादि उतारकर अपने दुपट्टे के टुकड़े में बाँधे और 'ये श्रीराम को मेरा समाचार सुनावें' इस अभिप्राय से पर्वत पर फेंक दिये।

इसके पश्चात् रावण ने समुद्र पारकर लंका में पहुँचकर उन्हें अपने अन्तःपुर के एकान्त देश अशोक वाटिका में रखा और राक्षसियों से घेरे रखकर मातृबुद्धि से उनकी रक्षा करने लगा। उस स्थान में अति कृश और दीनवदना सीताजी सब प्रकार का शृंगार त्यागकर दुःख के कारण शुष्कवदन और अत्यंत विह्वल होकर 'हा राम, हा राम' विलाप करती हुई राक्षसिनियों के बीच में रहने लगीं।

अध्याय—ग्यारह

सीता की खोज

इधर रामचन्द्रजी ने जब कामरूपधारी मायावी मारीच राक्षस को मारकर अपने आश्रम के लिये प्रस्थान किया तो उन्होंने दूर से ही दीन और उदास मुख से लक्ष्मण को आते देखा। तब महामति रघुनाथजी मन ही मन सोचने लगे—"लक्ष्मण को यह पता नहीं है कि मैंने मायामयी सीता बना दी है। मैं यह जानता हूँ, तथापि यह बात लक्ष्मण से छिपाकर मैं साधारण मनुष्य के समान शोक करूँगा। यदि मैं उपराम होकर चुपचाप अपनी कुटी में बैठ गया, तो इन असंख्य राक्षसों के नाश का उपाय कैसे होगा? यदि मैं उसके लिये दुःखातुर होकर कामी पुरुष के समान शोक करूँगा तो क्रमशः सीता की खोज करता हुआ राक्षसराज रावण के यहाँ पहुँच जाऊँगा और उसे कुल-सहित मारकर, अग्नि में स्थापित की हुई सीता को निकाल कर फिर तुरंत अयोध्या चला जाऊँगा। ब्रह्माजी की प्रार्थना पर मैंने मनुष्यावतार धारण किया है। अतः कुछ समय तक मैं पृथ्वी पर मनुष्य-भाव से ही रहूँगा। इससे मुझ माया-मानव के चरित्रों को सुनने वाले भक्तिपरायण पुरुषों की अनायास ही मुक्ति हो जायगी।"

श्रीरामचन्द्रजी ने इस प्रकार निश्चय कर लक्ष्मणजी की ओर देख कर कहा, "लक्ष्मण, तुम मेरी प्रिया सीता को छोड़कर कैसे चले आये? अब राक्षसगण सीता को हर ले गये होंगे अथवा उन्हें खा गये होंगे।"

लक्ष्मणजी ने हाथ जोड़कर सारी घटना का ज्यों का त्यों उल्लेख कर दिया और अपने को निर्दोष बतलाया। इस पर श्रीराम ने कहा, "लक्ष्मण, ठीक है, तथापि तुमने उचित नहीं किया।"

सीता के वियोग में श्रीराम का विलाप

इस प्रकार चिन्ता करते हुए श्रीरामजी बड़ी उतावली से अपने आश्रम में आये और वहाँ जानकीजी को न देखकर अति दुखी हो विलाप करने लगे, "हा प्रिये, आज तुम पूर्ववत् आश्रम में दिखायी नहीं देती हो, हा सीते, तुम कहाँ चली गयी हो? अथवा मुझे मोहित करने के लिये विनोद से कहीं छिप रही हो?"

इस प्रकार विलाप करते हुए उन्होंने सारा वन छान डाला, किन्तु कहीं भी जानकीजी को नहीं देखा। वे फिर विलाप करके कहने लगे—"वनदेवियो, बताओ,

मेरी प्राणवल्लभा सीता कहाँ है। अरे मृग, पक्षी, वृक्षों, लताओं, तुम्हीं मेरी प्रिया को दिखाओ।"

इस प्रकार विलाप करते हुए श्रीराम ने लक्ष्मण के सहित वन का कोना-कोना छान डाला। जैसे-जैसे खोजते जाते, वैसे-वैसे उनका दारुण शोक और भी बढ़ता जाता। सीताजी को ढूँढ़ते हुए कुछ दूर जाने पर उन्होंने पृथ्वी पर टूटे रथ-छत्र, धनुष और कूबर पड़े देखे। उन्हें देखकर भगवान् श्रीराम ने लक्ष्मणजी से कहा, "लक्ष्मण, देखो, यहाँ सीता को ले जाते हुए किसी पुरुष को कोई अन्य व्यक्ति युद्ध में जीतकर उन्हें हर ले गया है।"

जटायु से भेंट और उसका उद्धार

थोड़ी ही दूर जाने पर उन्हें पर्वतशिखर के समान विशाल शरीरवाले पक्षिराज महाभाग जटायु दिखायी पड़े, जो खून से लथपथ होकर पृथ्वी पर पडे थे। उन गृध्रराज को देखकर श्रीराम लक्ष्मण से बोले, "लक्ष्मण, यह गृध्र रूप में अवश्य ही कोई राक्षस जान पड़ता है, जो इस वन में घूमता रहता है। निस्सन्देह इसी ने विदेहराजकुमारी सीता को खा लिया होगा। उन्हें खाकर यहाँ सुखपूर्वक बैठा हुआ है। मैं प्रज्वलित अग्रभागवाले तथा सीधे जानेवाले अपने भयंकर बाणों से इसका वध करूँगा।" इसी समय पक्षी जटायु अपने मुँह से फेनयुक्त रक्त वमन करते हुए अत्यंत दीन वाणी में बोले, "भगवान् श्रीराम, मैं अपने कर्मों से ही मर रहा हूँ। आपका कल्याण हो, आप मुझे न मारें। मैं जटायु हूँ। मैंने आपकी भार्या को ले जानेवाले रावण का पीछा किया था। हे शत्रुदमन, मेरा उससे युद्ध हुआ और मैंने उसके रथ, घोड़े और धनुष भी काट डाले। उसके सारथी को भी मार डाला। किन्तु मैं अब उसके द्वारा घायल किया हुआ पड़ा हूँ। हे जगन्नाथ, आप मेरी ओर देखिये, मैं अब प्राण छोड़ना ही चाहता हूँ।"

यह सुनकर श्रीरामचन्द्रजी ने जटायु के पास जाकर उसे अति दीन अवस्था में देखा। तब वे आँखों में आँसू भरकर उस पर हाथ फेरते हुए बोले, "हे जटायु, कहो, मेरी सुमुखी भार्या सीताजी को कौन ले गया है? अहो, तुम मेरे कार्य के लिये मारे गये। अतः अवश्य ही तुम मेरे प्रिय बन्धु हो।"

जटायु ने रक्त वमन करते हुए लड़खड़ाती आवाज में कहा, "हे श्रीराम, महापराक्रमी राक्षसराज रावण मिथिलेशनन्दिनी सीताजी को दक्षिण की ओर ले गया है। और अधिक कहने की शक्ति मुझमें नहीं है। मैं अभी आपके सामने प्राण छोड़ना चाहता हूँ। हे श्रीराम, आज बड़े भाग्य से मैंने मरते समय आपको देखा है। हे अनघ, आप मायामानवरूप साक्षात् परमात्मा विष्णु ही हैं। हे रघुश्रेष्ठ, वैसे तो अन्त समय आपका दर्शन करने से ही मैं मुक्त हो गया, तथापि आप अपने करकमलों से स्पर्श कीजिये। फिर मैं आपके परमपद को जाऊँगा।"

तब रामचन्द्रजी ने मुसकराते हुए 'बहुत अच्छा' कहकर उसका शरीर अपने

करकमलों से स्पर्श किया। तदनन्तर जटायु प्राण छोड़कर पृथ्वी पर गिर पड़ा। रामचन्द्रजी ने नेत्रों में अश्रु भरकर उसके लिये अपने स्वजन के समान शोक करते हुए लक्ष्मण से लकड़ियाँ मँगवा कर उसका दाह-संस्कार किया। वे बोले, "जटायु, तुम मेरे परमपद को जाओ और आज सबके देखते-देखते मेरा सारूप्य प्राप्त करो।" इसके पश्चात् वह तुरन्त सुन्दर दिव्य रूप धारण कर एक सूर्यसदृश प्रकाशमान विमान पर आरूढ़ हुआ।

उस समय वह सुन्दर पीताम्बर धारण किये, शंख, चक्र, गदा, पद्म और किरीट आदि श्रेष्ठ आभूषणों के सहित अपने प्रकाश से सम्पूर्ण दिशाओं को प्रकाशित कर रहा था। वैसे ही वेषभूषा-वाले चार विष्णु-पार्षद उसकी पूजा कर रहे थे और योगिगण उसकी स्तुति कर रहे थे। इसके बाद वह शीघ्रता से हाथ जोड़कर श्रीरामचन्द्र को सम्बोधित कर उनकी स्तुति करने लगा।

जटायु बोला, "जो अगणित गुणशाली हैं, अप्रमेय हैं, जगत् के आदिकारण हैं तथा उसकी स्थिति और लय आदि के हेतु हैं, उन परम शान्तस्वरूप परमात्मा श्रीरामचन्द्रजी को मैं निरन्तर प्रमाण करता हूँ।

"जो असीम आनन्दमय और श्रीकमलादेवी के कटाक्ष के आश्रय हैं तथा जो ब्रह्मा और इन्द्र आदि देवगणों का दुःख दूर करने वाले हैं, उन धनुषबाणधारी वरदायक नरश्रेष्ठ श्रीरामचन्द्रजी के प्रति मैं अहर्निश प्रणत हूँ।

"जो त्रिलोकी में सबसे अधिक रूपवान् हैं, सबके स्तुत्य हैं, सैकड़ों सूर्यों के समान तेजस्वी हैं तथा वांछित फल देनेवाले हैं उन शरणप्रद और प्रेमी हृदय में रहने वाले श्रीरघुनाथजी की मैं अहर्निश शरण लेता हूँ।

"जिनका नाम संसाररूप वन के लिये दावानल के समान है, जो महादेव शंकर आदि देवताओं के भी पूज्य देव हैं तथा जो करोड़ों दानवेन्द्रों का दलन करनेवाले और श्रीयमुना के समान श्यामवर्ण हैं, उन दयामय श्रीहरि की मैं शरण लेता हूँ।

"हे प्रभो, जल से भरे हुए पात्रों में जैसे एक ही सूर्य प्रतिबिम्बित होता है, वैसे ही सत्व, रज और तम—इन तीनों के साथ सम्बन्धयुक्त होकर आप ही विष्णु, ब्रह्मा और महादेव रूप से भासित होते हैं। देवराज इन्द्र की भी स्तुति के पात्र परमेश्वर स्वरूप आप की मैं स्तुति करता हूँ।"

जटायु के इस प्रकार स्तुति करने पर श्रीरामचन्द्रजी उस पर प्रसन्न होकर बोले, "हे जटायु, तुम्हारा कल्याण हो, तुम मेरे परमधाम विष्णुलोक को जाओ।" पक्षिराज जटायु ने श्रीरामजी का यह कथन बड़े हर्ष से सुना और उन्हीं के समान रूप धारण कर ब्रह्मा से पूजित परमधाम को चला गया।

कबन्धोद्धार

तदनन्तर श्रीरामचन्द्रजी दुखी होकर फिर सीताजी को खोजते हुए लक्ष्मणजी के साथ दूसरे वन को गये। वहाँ उन्होंने एक बड़े ही विचित्र आकार का राक्षस देखा,

जिसके वक्षस्थल में ही एक बड़ा भारी मुख था, जो नेत्र तथा कर्ण आदि से रहित था। उस राक्षस की भुजाएँ एक-एक योजन तक फैली हुई थीं। यह सम्पूर्ण प्राणियों की हिंसा करनेवाला 'कबन्ध' नामक दैत्यराज था। उसकी भुजाओं के बीच चलते हुए, उनसे घिरे हुए राम और लक्ष्मण ने उस महा बलवान् राक्षस को देखा।

श्रीराम ने हँसते हुए कहा, "लक्ष्मण, इस राक्षस को देखो। यह सिर-पैर से रहित है और इसकी छाती ही में मुँह है। अपनी भुजाओं से ही इसे जो कुछ मिल जाता है, उसी को खाकर यह जीवित रहता है। हम दोनों भी निश्चय ही इसकी भुजाओं के बीच फँस गये हैं। हे रघुनन्दन लक्ष्मण, इसके चंगुलों से निकलने का हमें कोई मार्ग नहीं दिखायी पड़ता। अब हमें क्या करना चाहिये? जल्दी विचार करो, नहीं तो यह हमें तुरन्त खा जायगा।"

लक्ष्मणजी ने उत्तर दिया, "हे पुरुषोत्तम श्रीराम, इसमें अधिक विचारने की क्या बात है? हम दोनों सतर्क होकर अभी इसकी एक-एक भुजा काट डालें।" श्रीराम ने कहा, 'बहुत ठीक' और खड्ग से उसकी दायीं भुजा काट डाली। वैसे ही लक्ष्मणजी ने भी तुरन्त उसकी बायीं भुजा उड़ा दी।

तब उस दैत्य ने अति विस्मयपूर्वक कहा, "मेरी भुजाओं को काटनेवाले तुम कौन देवश्रेष्ठ हो? इस लोक में अथवा स्वर्गनिवासी देवताओं में भी किसी का ऐसा समर्थ होना संभव नहीं है।"

इस पर कमलनयन श्रीरामचन्द्रजी ने हँसते हुए कहा, श्रीमान् महाराज दशरथ अयोध्या के स्वामी थे। मैं उन्हीं का ज्येष्ठ पुत्र राम हूँ। और यह बुद्धिमान् मेरा छोटा भाई 'लक्ष्मण' है तथा त्रैलोक्यसुन्दरी जनकनन्दिनी मेरी भार्या हैं। हम मृगया के लिये बाहर गये हुए थे कि इसी बीच किसी राक्षस ने सीता को चुरा लिया। उसी को ढूँढ़ते हुए हम दोनों यहाँ इस घोर वन में आ गये। इतने ही में तुमने हमें अपनी भुजाओं से घेर लिया। तब हमने अपने प्राण बचाने के लिये तुम्हारी भुजाएँ काट डालीं। अब यह बताओ—ऐसे विकटरूप वाले तुम कौन हो?"

कबन्ध ने कहा, "यदि आप श्रीराम हैं और स्वयं मेरे पास आये हैं, तो मैं धन्य हूँ। पूर्वकाल में मैं रूप और यौवन के मद से उन्मत्त एक गन्धर्वराज था। हे रघुश्रेष्ठ, मैंने तपस्या द्वारा ब्रह्माजी से अवध्यता प्राप्त कर ली थी और मैं अपनी रूपकान्ति से सुन्दर स्त्रियों के चित्तों को चुराता हुआ सम्पूर्ण लोकों में घूमा करता था। एक बार अष्टावक्र ऋषि को देखकर मैं उनकी कुरूपता पर हँस पड़ा अतः उन्होंने क्रुद्ध होकर मुझे शाप दिया, "अरे दुष्ट दुर्बुद्धे, तू राक्षस हो जा।" उनके शाप से भयभीत होकर जब मैंने उनकी स्तुति की, तब मुनिवर ने मेरे शाप का अन्त इस प्रकार बताया, "त्रेतायुग में स्वयं नारायण राजा दशरथ के यहाँ अवतार लेंगे। वे तेरे पास आयेंगे और तेरी एक-एक योजन की लम्बी भुजाओं को काट डालेंगे। तब तू शाप से छूटकर मुक्त हो जायगा।" उनके इस प्रकार शाप देने पर मैंने अपने को राक्षस-रूप में देखा।

"हे श्रीराम, एक बार मैं रोषपूर्वक देवराज इन्द्र के पीछे दौड़ा। तब उन्होंने

क्रोधित होकर मेरे शिर पर अपना वज्र मारा। उस वज्र के आघात से मेरे शिर और पैर पेट में घुस गये। किन्तु ब्रह्माजी के वर के प्रभाव से मैं मरा नहीं, मुझे मुखहीन देखकर समस्त देवताओं ने दयावश हो देवराज इन्द्र से कहा, "हे देवेन्द्र, यह बिना मुख के कैसे जीवित रह सकेगा ?" तब इन्द्र ने कहा, "तेरे पेट में ही मुख होगा और तेरी भुजाएँ एक-एक योजन लम्बी हो जायँगी। अब तू यहाँ से चला जा।" इन्द्र के ऐसा कहने पर मैं यहाँ रहकर नित्यप्रति अपनी भुजाओं से वन के प्राणियों को खींच कर खाता रहा हूँ। हे अनघ, अब उन भुजाओं को आपने काट डाला। अब आप मुझे एक अग्नि और इंधन से युक्त गड्ढे में डाल दीजिये। आपके द्वारा अग्नि से दग्ध होने पर मैं अपना पूर्वरूप प्राप्त कर लूंगा।"

उसके इस प्रकार कहने पर श्रीरामचन्द्रजी ने लक्ष्मणजी से तुरंत ही एक बड़ा गड्ढा तैयार कराया और उसे उसमें डालकर लकड़ियों से जला दिया। तब उसके शरीर से एक सर्वालंकारविभूषित कामदेव के समान अति सुन्दर रूप प्रकट हुआ। उसने श्रीराम की परिक्रमा कर उन्हें साष्टांग प्रणाम किया और भक्ति से गद्गद कण्ठ हो हाथ जोड़कर कहने लगा, "हे राम, आप अनन्त, आदि-अन्त से रहित और मन-वाणी के अविषय हैं। तथापि आज मेरा मन आपकी स्तुति करने को बड़े वेग से उत्सुक हो रहा है। हे प्रभो, आपके सूक्ष्म और स्थूल दोनों शरीरों (विराट् और हिरण्यगर्भ) से आपका वास्तविक ज्ञानमय स्वरूप सूक्ष्म अर्थात् योगियों से भी सर्वथा दुर्ज्ञेय है। उससे अतिरिक्त जो कुछ है वह जड़ दृश्य और अनात्मा है। अतः आपसे भिन्न यह जड़ मन आपको कैसे जान सकता है ? बुद्धि और चिदाभास का अन्योन्याध्यासरूप ऐक्य ही जीव कहलाता है। इन बुद्धि आदि सबका साक्षी ब्रह्म ही है; वह उन वाणी आदि किसी का विषय नहीं है। उसी निर्विकार सर्वात्मा में अज्ञानवश इस सम्पूर्ण चराचर जगत् को आरोपित किया जाता है। हे राम, आपका सूक्ष्म देह हिरण्यगर्भ और स्थूल देह विराट् कहलाता है। आपका भावनामय सूक्ष्म रूप, जिसमें भूत, भविष्यत् और वर्तमान यह सम्पूर्ण जगत् दीख पड़ता है, अपने ध्यान करनेवाले का मंगल करनेवाला है।

"आपके स्थूल ब्रह्माण्डशरीर में ही धारणा का आश्रयरूप विराट् शरीर स्थित है। आप ही एकमात्र सर्वमोक्षस्वरूप हैं। सम्पूर्ण लोक आप ही के अवयव हैं। यदि पुरुष आपके इस स्थूल विराट् स्वरूप का ध्यान करे, तो वह अनायास ही मुक्त हो जाता है। परन्तु मुझे उसकी आवश्यकता नहीं है। मैं तो आपके इस रामरूप का ही चिन्तन करूँगा। रघुनन्दन, मेरी यही प्रार्थना है कि लक्ष्मणजी के सहित सीता को खोजता हुआ आपका यह जटा-वल्कल-विभूषित धनुषबाणधारी तरुण वयस्क श्यामरूप सदा मेरे मन में विराजमान रहे। हे रघुश्रेष्ठ, आपके इस दिव्य रूप का पार्वतीजी के सहित सर्वज्ञ श्रीशंकर भगवान् सर्वदा चिन्तन किया करते हैं और काशी में मरनेवालों को ब्रह्मवाचक 'राम-राम' इस तारक मंत्र का उपदेश करते हुए सदा अति आनन्दमग्न रहते हैं। अतः हे जानकीनाथ, आप निश्चय ही परमात्मा हैं। आपकी माया से मोहित होने के कारण सब लोग आपका वास्तविक रूप नहीं जान सकते। हे संसार के रच-

यिता परमात्मा राम, मैं आपको बारंबार नमस्कार करता हूँ। आप मेरी रक्षा कीजिये। आपकी माया मुझे मोहित न करे।''

शबरी पर कृपा

भगवान् राम से वर पाकर उनके परमधाम जाते हुए उस गन्धर्व ने कहा, ''हे रघुनन्दन, सामने वाले आश्रम में शबरी रहती है। वह आपके चरणों में अति अनुराग रखने के कारण भक्तिमार्ग में कुशल है। हे महाभाग, आप वहाँ पधारिये। वह आपको सीताजी के सम्बन्ध में सब बातें बता देगी।'' ऐसा कहकर वह एक सूर्य के समान तेजस्वी विमान पर चढ़कर विष्णुलोक को चला गया।

इसके पश्चात् सिंह, व्याघ्रादि से युक्त उस घोर वन को छोड़कर श्रीरामचन्द्र धीरे-धीरे शबरी के आश्रम पर पहुँचे। लक्ष्मण के सहित श्रीराम को समीप ही आते देख शबरी अत्यन्त हर्ष से तुरन्त उठ खड़ी हुई। उसके नेत्रों में आनन्दाश्रु भर आये और वह भगवान् राम के चरणों में गिर पड़ी तथा उनका विधिवत् स्वागत कर कुशल-प्रश्नादि के अनन्तर उन्हें सुन्दर आसन पर बैठाया। तदनन्तर भक्ति से श्रीराम और लक्ष्मणजी के चरण भलीभाँति धोये और उस चरणोदक को अपने अंगों पर छिड़क कर श्रद्धायुक्त होकर अर्घ्यादि विविध सामग्रियों से राम और लक्ष्मण का विधिवद् पूजन किया। अमृत के समान दिव्य फल उसने श्रीरामचन्द्रजी के लिये, हर्ष से लाकर उन्हें सर्मपित किया और उनके चरणकमलों का चन्दनयुक्त सुगन्धित पुष्पों से पूजन किया।

इस प्रकार आतिथ्य-सत्कार हो चुकने पर जब श्रीराम लक्ष्मण के सहित आसन पर विराजमान हुए, तब शबरी ने भक्तिपूर्वक हाथ जोड़कर उनसे इस भाँति निवेदन किया, ''हे रघुश्रेष्ठ, इस आश्रम में पहले मेरे गुरु महर्षि मतंग रहा करते थे। मैं उनकी सेवा-शुश्रूषा करती हुई यहाँ सहस्रों वर्षों से रहती हूँ। अब वे महर्षि श्रेष्ठ ब्रह्मलोक को चले गये हैं। जाते समय उन्होंने मुझे आदेश दिया था कि ''तू एकाग्र-चित्त होकर यहाँ रह। सनातन परमात्मा ने राक्षसों को मारने और ऋषियों की रक्षा करने के लिये राजा दशरथ के पुत्र राम रूप में अवतार लिया है। वे शीघ्र ही यहाँ आयेंगे। तू एकाग्रचित्त से उनका ध्यान करती हुई यहीं रह। आजकल भगवान् श्रीरामजी चित्रकूट पर्वत के आश्रम में विराजमान हैं। जब तक वे आवें, तब तक तू अपने शरीर की रक्षा और पालन कर। श्रीराम के आने पर उनका दर्शन करती हुई इस शरीर को जलाकर तू उनके परमधाम को चली जायगी।'' हे श्रीराम, गुरुजी के आदेशानुसार मैं तभी से केवल आपका ध्यान करती हुई आपके आने की बाट देख रही थी। आज गुरु महाराज का वह वाक्य सफल हो गया। हे राम, आपका दर्शन तो मेरे गुरुदेव को भी नहीं हुआ। फिर हे अप्रमेय, मैं तो नीच जाति में उत्पन्न हुई एक गँवार नारी हूँ। मेरी तो बात ही क्या ? जो आपके दासों के दास हैं, उनके भी जो उत्तरोत्तर सैकड़ों दासानुदास हैं, मैं तो उनकी दासी होने की भी अधिकारिणी

नहीं हूँ। फिर आपकी साक्षात् दासी कहलाने का तो मेरा मुँह ही कहाँ है ? हे राम, आप तो मन या वाणी के विषय नहीं हैं। फिर न जाने आज मुझे आपका दर्शन कैसे हो गया ? हे देवेश्वर, मैं आपकी स्तुति करना नहीं जानती। अब मैं क्या करूँ ? प्रभो, आप स्वयं ही अपनी दयालुता से मुझ पर प्रसन्न होइये।"

शबरी के ऐसे विनीत वचन सुनकर श्रीरामचन्द्रजी ने उससे कहा, "साध्वि शबरी, पुरुषत्व, स्त्रीत्व का भेद अथवा जाति, नाम और आश्रम—ये कोई भी मेरे भजन के कारण नहीं हैं। उसका कारण तो एकमात्र मेरी भक्ति ही है। जो मेरी भक्ति के विरुद्ध हैं, वे यज्ञ, दान, तप अथवा वेदाध्ययन आदि किसी भी कार्य से मुझे कभी नहीं देख सकते। अतः हे भामिनि, मैं संक्षेप में अपनी भक्ति के साधनों को बताता हूँ। उनमें पहला साधन तो सत्संग ही है। मेरे जन्म-कर्मों की कथा का कीर्तन करना दूसरा साधन है। मेरे गुणों की चर्चा करना यह तीसरा साधन है और उपनिषदादि आर्ष ग्रंथों की व्याख्या करना उसका चौथा साधन है। हे भद्रे, अपने गुरुदेव की निष्कपट होकर भगवद्बुद्धि से सेवा करना पाँचवाँ साधन है। पवित्र स्वभाव, यम-नियमादि का पालन और मेरी पूजा में सदा प्रेम होना छठा साधन माना जाता है। मेरे मंत्र की सांगोपांग उपासना करना सातवाँ साधन कहा जाता है। मेरे भक्तों को मुझसे भी अधिक बढ़कर मानना, समस्त प्राणियों में मेरी भावना करना, बाह्य पदार्थों में वैराग्य होना और शम-दमादि से सम्पन्न होना—यह मेरी भक्ति का आठवाँ साधन है। तत्व-चिन्तन करना नवाँ साधन है। हे भामिनि, इस प्रकार यह नौ प्रकार की भक्ति है। हे शुभलक्षणे, जिस किसी में ये साधन होते हैं, वह स्त्री, पुरुष अथवा पशुपक्षी आदि कोई भी क्यों न हो उसमें प्रेम-लक्षणा भक्ति का आविर्भाव हो ही जाता है।

"भक्ति के उत्पन्न होने मात्र से ही मेरे स्वरूप का अनुभव हो जाता है और उस व्यक्ति की इसी जन्म में मुक्ति हो जाती है। अतः यह सिद्ध हुआ कि मोक्ष का कारण भक्ति ही है। भक्ति के उपर्युक्त नौ साधनों में से जिसमें पहला साधन होता है, उसमें क्रमशः ये सभी साधन अपने-आप आ जाते हैं। फिर उसे भक्ति तथा मुक्ति का प्राप्त होना निश्चित ही है। तू मेरी भक्ति से पूर्णतया सम्पन्न है, इसलिए मैं तेरे पास आया हूँ। मेरा दर्शन हो जाने से, तेरी मुक्ति हो ही जायगी; इसमें तनिक भी सन्देह नहीं है। यदि तुझे पता हो, तो बता इस समय कमललोचना सीता कहाँ है ? मेरी प्रियदर्शना प्रिया को कौन ले गया है ?"

शबरी ने उत्तर दिया, "हे देव, हे सर्वज्ञ, हे विश्वभावन, आप सभी कुछ जानते हैं। तथापि हे प्रभो, लोकाचार का अनुसरण करते हुए यदि आप मुझसे पूछते हैं तो इस समय सीताजी जहाँ हैं, वह मैं आपको बतलाती हूँ। सीताजी को रावण हर ले गया है और इस समय वे लंका में हैं। हे राम, यहाँ से पास ही पम्पा नाम का एक सरोवर है। उसके समीप ऋष्यमूक नामक एक बहुत बड़ा पर्वत है। वहाँ अतुलित पराक्रमी वानरराज सुग्रीव अपने भाई बालि के भय से सदा अत्यन्त डरता हुआ अपने चार मंत्रियों के साथ रहता है। ऋषि-शाप के कारण वह स्थान बालि के

लिये सर्वथा अगम्य है। हे प्रभो, आप वहाँ जाइये और सुग्रीव से मित्रता कीजिये। वह आपका सर्व कार्य सिद्ध करेगा। हे रघुनन्दन, अब मैं आपके सामने ही अग्नि में प्रवेश करूँगी। हे राजेश्वर, हे भगवान्, हे राम, जब तक मैं अपने शरीर को जलाकर आप विष्णु भगवान् के परमधाम को जाऊँ, तब तक आप एक मुहूर्त यहाँ और ठहरिये।''

श्रीरामचन्द्रजी के साथ इस प्रकार सम्भाषण करने के अनन्तर शबरी ने अग्नि में प्रवेश किया और एक क्षण में ही समस्त अविद्याजन्य बन्धनों को नष्ट कर भगवान् राम की कृपा से अति दुर्लभ मोक्षपद प्राप्त किया।

सुग्रीव से भेंट

तदनन्तर श्रीरामचन्द्रजी लक्ष्मण के सहित धीरे-धीरे पम्पासर के तट पर आये। उस सुन्दर सरोवर को देखकर उन्हें बड़ा विस्मय हुआ। उसका विस्तार एक कोस का था और उसमें अति निर्मल अगाध जल भरा हुआ था तथा सब ओर खिले हुए कमल, कुमुद तथा कह्लार आदि सुशोभित हो रहे थे। उस सरोवर में जहाँ-तहाँ हंस और कारण्डव आदि पक्षी विहार कर रहे थे, चक्रवाक उसकी शोभा बढ़ा रहे थे। जलकुक्कुट तथा क्रौंच आदि पक्षियों के कलरव से वह शब्दायमान हो रहा था। वह चित्र-विचित्र पुष्प-लताओं से परिपूर्ण और नाना प्रकार के फलवाले वृक्षों से घिरा हुआ था तथा उसका कमलकेशर से सुवासित जल अति स्वच्छ था।

वहाँ पहुँचने पर छोटे भाई लक्ष्मण के सहित प्रभु श्रीराम ने आचमन कर उस सरोवर का श्रमहारी शीतल जल पिया और फिर उसके किनारे-किनारे शीतल छाया-युक्त मार्ग से चलने लगे। इस प्रकार जटा-वल्कल विभूषित जितेन्द्रिय परम पराक्रमी राम और लक्ष्मण, जब हाथों में धनुषबाण लिये विविध वृक्षों और पर्वत की शोभा निहारते हुए ऋष्यमूक पर्वत के आस-पास में चल रहे थे, उस समय अपने चार मंत्रियों के सहित गिरि-शिखर पर बैठे हुए सुग्रीव ने उन्हें उधर से जाते देखा और वह सबसे ऊँचे शिखर पर चढ़ गया। फिर भयभीत होकर उसने हनुमान्जी से कहा, ''मित्र, देखो, ये दो वीरवर कौन हैं ? तुम ब्राह्मण-ब्रह्मचारी के वेश में उनके पास जाकर यह मालूम तो करो। तुम उनसे बातचीत करके उनके इधर आने का अभिप्राय मालूम करना। ऐसा न हो कि वे बालि के भेजने से मुझे मारने के लिये आ रहे हों। यदि तुम्हें उनका हृदय दूषित प्रतीत हो, तो अपनी अँगुली से मुझे संकेत कर देना। देखो, बड़े विनीत होकर यह सब भेद मालूम कर लेना।''

सुग्रीव के आदेशानुसार हनुमान्जी 'जो आज्ञा' कहकर ब्रह्मचारी का वेश बनाकर रघुनाथजी के पास आये और बड़ी नम्रता से उन्हें नमस्कार कर बोले, ''हे पुरुषव्याघ्र, आप दोनों कौन हैं ? आपकी युवावस्था है और आप बड़े वीर ज्ञात हो रहे हैं। अहो, अपने शरीर की अद्भुत कान्ति से आपने समस्त दिशाओं को सूर्य के समान प्रकाशित कर रखा है। मेरा मन तो यह कहता है कि आप दोनों त्रिलोकी के

रचयिता, संसार के कारणभूत जगन्मय प्रधान और पुरुष ही हैं। आप मानो पृथ्वी का भार उतारने और भक्तजनों की रक्षा के निमित्त ही लीलावश अपनी माया से मनुष्य रूप धारण कर विचर रहे हैं। आप साक्षात् परमात्मा ही क्षत्रियकुमार के रूप में अवतीर्ण होकर पृथ्वी पर घूम रहे हैं। आप लीला से उत्पत्ति, स्थिति और दुष्टों का नाश करने में तत्पर हैं। मेरी बुद्धि में तो यही आता है कि आप सबके हृदय में विराजमान, सबके प्रेरक, परम स्वतंत्र भगवान् नर-नारायण ही इस लोक में विचर रहे हैं।''

हनुमान्‌जी के कथन को सुनकर श्रीरामचन्द्रजी ने लक्ष्मण से कहा, ''लक्ष्मण, इस ब्रह्मचारी को देखो। अवश्य ही इसने सम्पूर्ण शब्दशास्त्र (व्याकरण) का कई बार भलीभाँति अध्ययन किया है। देखो, इसने इतनी बातें कहीं; किन्तु इसके बोलने में कहीं कोई एक भी अशुद्धि नहीं हुई।'' इतना कहने के बाद विज्ञानघन श्रीराम ने हनुमान्‌जी से कहा, ''हे द्विज, मैं महाराज दशरथ का पुत्र राम हूँ और यह मेरा छोटा भाई लक्ष्मण है। मैं पिता की आज्ञा मानकर अपनी स्त्री सीता के सहित वन में आया था। मैं यहाँ दण्डकारण्य में रहता था। यहाँ किसी राक्षस ने मेरी भार्या सीता को हर लिया। उसे ढूँढ़ने के लिये हम यहाँ आये हैं। कहिये, आप कौन हैं और किसके पुत्र हैं?''

हनुमान्‌जी ने उत्तर दिया, ''पुरुषप्रवर भगवान् श्रीराम, मैंने आपको भलीभाँति जान लिया। आप साक्षात् नारायण ही मनुष्य-रूप में पृथ्वी का भार उतारने के लिये अवतीर्ण हुए हैं। आप सम्पूर्ण राक्षसों का विनाश करना चाहते हैं। आपको बारंबार प्रणाम करता हूँ।'' इतना कहकर हनुमान्‌जी ने श्रीराम भगवान् को अत्यंत श्रद्धापूर्वक साष्टांग प्रणाम किया। श्रीराम ने उन्हें बलात् पृथ्वी पर से उठाकर अपने गले लगाया। उनके स्पर्श से हनुमान्‌जी कृतकृत्य हो गये। कुछ देर के बाद प्रकृतिस्थ होकर उन्होंने कहना आरंभ किया, ''हे रघुश्रेष्ठ, महामति सुग्रीव वानरों के राजा हैं। वे अपने चार मंत्रियों के सहित इस पर्वत के शिखर पर रहते हैं। वे दुष्टचित्त बालि के भाई हैं। उस बालि ने उनकी स्त्री छीनकर उन्हें घर से निकाल दिया है। अतः उसके भय से वे इसी ऋष्यमूक पर्वत पर ही रहते हैं। बालि शाप के कारण इस पर्वत पर नहीं आ सकता।

''हे महामते, मैं उन्हीं सुग्रीव का मंत्री और वायु का पुत्र हूँ। मेरा जन्म माता अंजनी के गर्भ से हुआ है और मैं 'हनूमान्' नाम से विख्यात हूँ। हे रघुश्रेष्ठ, आपको महाराज सुग्रीव से मित्रता करनी चाहिये। वे आपकी भार्या चुराने वाले का वध करने में आपके सहायक होंगे। आइये, यदि आपकी इच्छा हो तो अभी उनके पास चलें।''

हनुमान्‌जी की पूरी बात सुनकर श्रीराम ने कहा, ''हे कपीश्वर, मैं भी उनसे मित्रता करने के लिये आया हूँ। उन मित्रवर का भी जो कुछ कार्य होगा, वह मैं निस्सन्देह पूरा करूँगा।''

यह सुनकर हनुमान्‌जी ने अपना रूप धारण कर राम से कहा, "आइये, आप दोनों मेरे कन्धों पर चढ़ जाइये । अब हम पर्वत के ऊपर चलते हैं।" तब रामजी और लक्ष्मण 'बहुत अच्छा' कहकर उनके कन्धों पर चढ़ गये । वानरराज हनुमान् एक क्षण में ही पर्वत-शिखर पर कूदकर पहुँच गये । वहाँ श्रीराम और लक्ष्मण एक वृक्ष की छाया में खड़े हो गये ।

इधर हनुमान्‌जी ने सुग्रीव के पास जाकर उनसे हाथ जोड़कर कहा, "राजन्, अब अपनी शंका दूर कर दीजिये, क्योंकि आपके यहाँ श्रीराम और लक्ष्मणजी पधारे हैं । शीघ्र उठिये, मैंने श्रीराम के साथ आपकी मित्रता होने का योग लगा दिया है । शीघ्र ही अग्नि को साक्षी बनाकर उनसे मित्रता कीजिये ।"

सुग्रीव अति प्रसन्न होकर श्रीरघुनाथजी के पास आये और प्रसन्नमन से अपने हाथ से एक वृक्ष की शाखा तोड़कर उन्हें बैठने के लिये आसन दिया । इसके बाद लक्ष्मणजी ने सारा वृत्तान्त सुग्रीव को सुनाया ।

सुग्रीव ने श्रीरामजी से कहा, "हे राजेश्वर मैं सीताजी की खोज करूँगा और शत्रु का वध करते समय भी मैं आपकी सहायता करूँगा ।" इसके पश्चात् सुग्रीव ने श्रीरामजी को सीताजी के आभूषणों को दिखाया, जो उन्होंने हरे जाते समय पोटली में बाँधकर आकाश से ऋष्यमूक पर्वत पर गिराये थे । श्रीरामचन्द्रजी ने उस पोटली को खोलकर देखा और सीताजी के आभूषणों को पहचान कर छाती से लगा लिया और सामान्य पुरुषों के समान 'हा सीते, हा सीते' कहकर विलाप करने लगे ।

तब भाई लक्ष्मण ने उन्हें ढाढ़स बँधाकर कहा, "रघुश्रेष्ठ, वानरराज सुग्रीव की सहायता से युद्ध में रावण को मारकर आप शीघ्र ही शुभलक्षणा सीताजी को प्राप्त करेंगे ।" सुग्रीव ने भी कहा, "हे श्रीराम, मैं आपसे प्रतिज्ञा करके कहता हूँ कि रावण को युद्ध में मारकर आपको सीताजी दिला दूँगा ।"

इसके पश्चात् हनुमानजी ने उन दोनों के पास अग्नि प्रज्वलित की । तब निष्पाप श्रीराम और सुग्रीव दोनों ही अग्नि को साक्षी बनाकर परस्पर एक-दूसरे से भुजा फैलाकर मिले । तत्पश्चात् सुग्रीव श्रीराम के पास बैठ गये । सुग्रीव ने अपना वृत्तान्त सुनाना आरंभ किया, "मित्र, अब हमारी गाथा सुनो । एक बार अति मदोन्मत्त मय दानव के पुत्र मायावी ने किष्किन्धापुरी में बालि को युद्ध के लिये ललकारा और वह भयंकर सिंहनाद करने लगा । बलि से उसका यह दर्प न सहन हुआ । उसकी आँखें क्रोध से लाल हो गयीं और उसने बाहर आकर उसे बड़े जोर से एक घूंसा मारा । उसके आघात से व्याकुल होकर मायावी अपनी गुफ़ा की ओर दौड़ा । तब बालि और मैं दोनों ने ही उसका पीछा किया । मायावी अपनी गुफा में प्रविष्ट हो गया । इससे बालि को और भी क्रोध आया । उसने मुझसे कहा, "तुम यहीं रहो, मैं गुफा में जाता हूँ ।" ऐसा कहकर वह गुफा में घुस गया । एक मास तक उसमें से वह न निकला । एक मास के पश्चात् उस गुफा के द्वार से बहुत सा रक्त निकला । उसे देखकर मैंने यह समझा कि बालि को मायावी ने युद्ध में मार डाला । इससे मुझे बहुत दुःख और संताप

हुआ। तब उस गुफा के द्वार पर एक शिला रखकर मैं घर लौट आया और सबसे यह कह दिया कि बालि गुफा में राक्षस के हाथ से मारा गया। यह सुनकर सभी अत्यधिक दुखी हुए। मेरी इच्छा न होने पर भी समस्त वानर-मंत्रिमण्डल ने मुझे राज-पद पर अभिषिक्त कर दिया। हे शत्रुदमन श्रीराम, मैंने कुछ ही दिन राज्यशासन किया होगा कि बालि आ गया और क्रोधपूर्वक मुझे जली-कटी सुनाने लगा। मुझे बहुत कुछ भला-बुरा कहकर वह मुझे घूँसों से मारने लगा। तब मैं अत्यन्त भयभीत होकर नगर छोड़कर भाग गया। हे प्रभो, मैंने सम्पूर्ण लोकों में घूमकर अन्त में इस ऋष्यमूक पर्वत की शरण ली है। ऋषि-शाप के भय से वह इस पर्वत पर नहीं आता। तब से मेरी भार्या को वह दुर्मति स्वयं भोगता है। मैं स्त्री तथा घर के छिन जाने से मन ही मन कुढ़ता हुआ यहाँ रहता हूँ और किसी प्रकार जीवन व्यतीत कर रहा हूँ। अब आपके चरण-कमलों का स्पर्श करने से मुझे कुछ चैन मिला है।"

सुग्रीव की बात सुनकर श्रीराम भगवान् ने उसके दुःख से अत्यधिक आतुर होकर उसके सम्मुख प्रतिज्ञा की, "हे तात, तुम अभय हो जाओ। मैं बहुत ही शीघ्र तुम्हारी पत्नी के छीननेवाले तुम्हारे शत्रु को मार डालूँगा।"

सुग्रीव ने कहा, "हे राजेन्द्र, बालि सम्पूर्ण योद्धाओं में अग्रणी है। उसे पराजित करना देवताओं के लिये भी अति कठिन है। फिर आप उसे कैसे मार सकेंगे? हे वीरश्रेष्ठ, सुनिये, मैं आपको उसके बल का वृतान्त सुनाता हूँ। एक बार 'दुन्दिभि' नामक अत्यंत बलशाली और स्थूलकाय दैत्य भैंसे का रूप धारण कर किष्किन्धापुरी में आया। उस महाभयानक असुर ने रात्रि के समय बालि को युद्ध के लिये ललकारा। उसकी ललकार बालि को सहन न हुई और उसने अति क्रोधपूर्वक उस भैंसे के सींग को पकड़कर उसे पृथ्वी पर पटक दिया तथा अपने एक पैर से उसके शरीर को दबाकर उसके विशाल मस्तक को अपने हाथों से मरोड़कर तोड़ डाला और उसे उछाल कर पृथ्वी पर दूर फेंक दिया। हे राम, फिर वहाँ से एक योजन दूर मुनियों के आश्रम-मण्डल में महर्षि मतंग के आश्रम के पास जाकर गिरा। उससे जहाँ-तहाँ बहुत सा रक्त बरसा। उसे देखकर मुनिवर मतंग को बहुत क्रोध आया और उन्होंने क्रोध में भरकर बालि से कहा, "यदि आज से तुम कभी मेरे इस पर्वत पर आओगे, तो निस्सन्देह तुम्हारा सिर फट जायगा और तुम मर जाओगे।" हे रामजी, मुनि के इस प्रकार शाप देने से ही वह तब से ऋष्यमूक पर्वत पर नहीं आता। ऐसा जानकर ही मैं यहाँ निर्भय होकर रहता हूँ। हे राम, जिसे बालि ने मारा था, आप जरा उस दुन्दुभि दैत्य के पर्वताकार सिर को देखिये। यदि आप उसके मस्तक को फेंक सकेंगे तो अवश्य बालि का वध भी कर सकेंगे।

ऐसा कहकर सुग्रीव ने वह पर्वत-सदृश सिर श्रीराम को दिखलाया। उसे देखकर श्रीरामचन्द्रजी ने मुसकराते हुए अपने पैर के अँगूठे से उसे दस योजन दूर फेंक दिया। अपने मंत्रियों के सहित सुग्रीव 'वाह, वाह' करने लगे। फिर वह भक्तों के एकमात्र आश्रय भगवान् श्रीराम से बोले, "हे रघुश्रेष्ठ, देखिये, ताल के ये सात वृक्ष कैसे

सुदृढ़ हैं। किन्तु बालि इनमें से प्रत्येक को हिलाकर अनायास ही पत्रहीन कर दिया करता था। यदि आप एक बाण से ही इन सब को बेधकर इनमें छिद्र कर देंगे, तो मुझे यह विश्वास हो जायगा कि आप अवश्य ही बालि को मार डालेंगे।"

सुग्रीव की बात सुनकर महाबली श्रीराम ने 'बहुत अच्छा' कहकर अपना धनुष लेकर उस पर बाण चढ़ाया और उन सातों तालवृक्षों को वेध दिया। वह बाण सातों ताल, पर्वत और पृथ्वी को वेध कर पहले के समान फिर आकर रामचन्द्रजी के तरकस में स्थित हो गया। तब सुग्रीव महा आश्चर्य में पड़ गये और उन्होंने अत्यंत हर्ष से कहा, "हे देव, आप सम्पूर्ण जगत् के स्वामी परमात्मा हैं—इसमें रंचमात्र संशय नहीं है। मेरे पूर्वकृत पुण्य-पुंज के परिपाक से ही आज आपका अलभ्य दर्शन प्राप्त हुआ है। महात्मागण संसार-बंधन की निवृत्ति के लिये आपका भजन करते हैं। आप ऐसे मोक्षदाता प्रभु को पाकर मैं सांसारिक पदार्थों की कामना कैसे करूँ? हे देवेश्वर, ये स्त्री, पुत्र, धन, राज्य आदि सभी आपकी माया के कार्य हैं। अतः अब आपके अतिरिक्त और किसी अन्य पदार्थ की कामना मुझे नहीं है। अब आप मुझ पर कृपा कीजिये। हे सत्पते, आप आनन्दस्वरूप हैं। मिट्टी खोदते हुए जैसे किसी को अनन्त धनराशि प्राप्त हो जाय, उसी प्रकार बड़े भाग्य से मुझे आपके दर्शन हुए हैं। आपके साक्षात्कार से मेरा अनादि अविद्याजन्य बन्धन कट गया। हे प्रभो, यह संसार-बंधन यज्ञ, दान, तप तथा इष्टापूर्त आदि कर्मों से नहीं कटता, बल्कि उत्तरोत्तर और दृढ़ होता जाता है। किन्तु आपके चरणकमलों का दर्शन करते ही यह तुरंत नष्ट हो जाता है। इसमें संशय नहीं है।

"हे राम, अब मुझे बालि के जीतने अथवा स्त्री आदि का सुख प्राप्त करने की इच्छा नहीं है। मैं तो संसार-बन्धन को काटने वाली आपकी भक्ति ही चाहता हूँ। हे रघुश्रेष्ठ, यह संसार आपकी माया का विलास है। मैं भी आपका ही अंश हूँ; अतः अपने चरणकमलों की भक्ति देकर मुझे इस संसार-बन्धन में न पड़ने दें। पहले जब मेरा चित्त आपकी माया से आच्छादित था, मुझे अपने शत्रु, मित्र और उदासीन दिखायी देते थे। किन्तु हे रघुनाथजी, अब आपके चरणकमलों का दर्शन पाते ही, मुझे सब कुछ ब्रह्मरूप ही भासता है। प्रभो, संसार में मेरा कौन मित्र है और कौन शत्रु? जबतक जीव आपकी माया से बँधा रहता है, तभी तक उस पर सत्वादि गुणों का प्रभाव पड़ता रहता है। जब तक माया का प्रभाव रहता है, तभी तक शत्रु-मित्रादि का भेदभाव रहता है। इसलिये जो पुरुष अविद्या की उपासना करता है, अर्थात् अविद्याजन्य पदार्थों की कामना करता है, वह घोर अंधकार में पड़ता है। ये पुत्र, धनादिक सम्पूर्ण बन्धन मायामय ही हैं। अतः हे रघुश्रेष्ठ, अपनी दासीरूप इस माया को मुझसे दूर कीजिये। हे प्रभो, अब मेरी चित्तवृत्ति सदा आपके चरणों में ही लगी रहे।"

अध्याय—बारह

बालि का वध

जिसके समस्त पाप धुल गये हैं, उस सुग्रीव की ओर देखते हुए श्रीरामचन्द्रजी कार्य सिद्ध करने के लिये उस पर अपनी मोह उत्पन्न करनेवाली माया का विस्तार करते हुए मुसकरा कर बोले, "मित्र, तुमने मुझसे जो कुछ कहा है, वह निस्सन्देह सब ठीक है। तथापि यदि तुम राज्यादि से उपराम हो जाओगे, तो लोग मेरे सम्बन्ध में यही कहेंगे कि राम ने वानरराज सुग्रीव से अग्नि को साक्षी बनाकर मैत्रता की; किन्तु उन्होंने उसका कौन सा काम सिद्ध किया? इस प्रकार लोगों में मेरी अपकीर्ति और निन्दा होगी। अतः तुम्हारा कल्याण हो, तुम अभी जाकर बालि को युद्ध के निमित्त ललकारो। मैं उसे एक ही बाण से मार कर तुम्हें राज्यपद पर अभिषिक्त कर दूँगा।" तब सुग्रीव 'बहुत अच्छा' कहकर तुरंत ही किष्किन्धापुरी के उपवन में गया और अति घोर शब्द से गरज कर बालि को युद्ध के निमित्त ललकारा।

भाई का सिंहनाद सुनते ही बालि के नेत्र क्रोध से लाल हो गये और वह तत्काल अपने घर से निकल कर वानरराज सुग्रीव के पास आया। उसके आते ही सुग्रीव ने तुरंत उसके वक्षस्थल पर प्रहार किया। इस पर बालि ने भी क्रोधातुर होकर सुग्रीव पर अपने दोनों घूंसों से प्रहार किया। वे दोनों ही अति क्रोधपूर्वक एक-दूसरे से लड़ने लगे। इन दोनों का रूप ऐसा समान था कि श्रीरामचन्द्रजी उन्हें देखकर आश्चर्यचकित हो गये और उनमें कौन बालि है और कौन सुग्रीव, यह न पहचान सके। अतः इस आशंका से कि कहीं सुग्रीव ही न मारा जाय, उन्होंने अपना बाण नहीं छोड़ा।

अन्त में सुग्रीव भयातुर होकर रक्तवमन करता हुआ भागा और बालि अपने घर चला गया। तब सुग्रीव ने उलाहना देते हुए श्रीराम से कहा, "हे श्रीराम, क्या अब आप इस भ्रातारूप मेरे काल से मुझे मरवाना चाहते हैं? हे प्रभो, यदि आपकी इच्छा मुझे मरवाने की ही है, तो आप स्वयं ही मार डालिये। हे सत्यवादी शरणागत-वत्सल रघुनाथजी, मुझे इस प्रकार विश्वास दिलाकर अब आप मेरी उपेक्षा क्यों करते हैं?"

सुग्रीव के ये आर्त वचन सुनकर श्रीरामजी ने उसे हृदय से लगा लिया और नेत्रों में अश्रु भरकर कहा, "भैया, डरो मत, तुम दोनों को एकरूप देखकर मैंने इस

भय से कि कहीं मित्र का ही वध न हो जाय, बाण नहीं छोड़ा। अब मैं इस भ्रम को दूर करने के लिये तुम्हारे शरीर में कोई चिह्न बना दूँगा। एक बार तुम फिर जाकर अपने शत्रु को युद्ध के लिये ललकारो। अब की बार तुम बालि को अवश्य मरा हुआ देखोगे। भैया, मैं राम, तुम्हारी शपथ, कहता हूँ कि इस बार मैं अवश्य एक क्षण में ही तुम्हारे शत्रु बालि को मार डालूंगा।''

सुग्रीव को इस प्रकार धैर्य बँधाकर श्रीरामचन्द्रजी ने लक्ष्मण से कहा, ''प्रिय लक्ष्मण, सुग्रीव के गले में एक फूलों की माला डाल दो। हे महाभाग, माला पहनाकर इसे बालि से लड़ने के लिये भेज दो।'' तब लक्ष्मणजी ने सुग्रीव के गले में माला पहना कर उससे आदरपूर्वक 'भाई, जाओ, जाओ' ऐसा कहकर बालि से लड़ने के लिये भेज दिया। सुग्रीव ने भी वहाँ पहुँच कर पहले की भाँति ही फिर भयानक सिंहनाद करते हुए बालि को युद्ध के निमित्त ललकारा।

सुग्रीव की ललकार सुनकर बालि को बड़ा विस्मय और साथ ही अत्यन्त क्रोध हुआ और वह अपनी कमर कसकर चलने के लिये तैयार हो गया। जाते समय उसकी स्त्री तारा ने उसका हाथ पकड़ कर रोका और कहा, ''देव, इस समय आप न जाइये। मेरे हृदय में बड़ी शंका हो रही है। यह अभी-अभी आपसे मार खाकर भागा था, तो भी तुरंत ही लौट आया। इससे मालूम होता है कि इसे अवश्य ही कोई महा बलवान् सहायक मिल गया है।''

बालि ने तारा से कहा, ''हे सुन्दर भृकुटिवाली, तुम इस विषय में कोई शंका न करो। हे प्रिये, मेरा हाथ छोड़कर तुम घर लौट जाओ, मैं अभी जाकर उस शत्रु को मारकर लौट आता हूँ। उस अभागे को भला कौन सहायक मिलेगा? और यदि कोई होगा भी, तो मैं एक क्षण में ही दोनों को मारकर आ जाऊँगा। हे सुन्दरि, तुम किसी प्रकार की चिन्ता न करो। मैं इस समय रुक नहीं सकता। शत्रु को बाहर से ललकारता हुआ जानकर कोई भी शूरवीर अपने घर में कैसे ठहर सकता है? अतः अब मैं उसे मारकर ही लौटूंगा।''

बालि का हठ देखकर तारा ने कहा, ''हे राजेन्द्र, आप मुझसे कुछ और भी वृत्तान्त सुन लीजिये। उसे सुनकर जो उचित समझें, करें। मुझसे आपके प्रिय पुत्र अंगद ने मृगया के समय वन में सुनी हुई यह बात कही थी कि अयोध्यापति दशरथ-नन्दन भगवान् श्रीरामचन्द्रजी अपने भाई लक्ष्मण और भार्या सीता के सहित दण्डकारण्य में आये थे। वहाँ उनकी प्रिया सीताजी को रावण हर ले गया। अब वे अपने भाई के सहित ऋष्यमूक पर्वत पर आकर सुग्रीव से मिले हैं। वहाँ सुग्रीव ने अग्नि को साक्षी बनाकर उनसे मित्रता जोड़ी है। श्रीराम ने लक्ष्मण के सहित सुग्रीव से यह प्रतिज्ञा की है कि मैं बालि को मारकर तुम्हें राजा बना दूंगा। इसी निश्चय के कारण वे दोनों भाई भी सुग्रीव के साथ आये हैं। मेरी बात एकदम सच मानिये। यदि नहीं तो अभी-अभी आपसे मार खाकर भागा हुआ वह कैसे लौट आता और युद्ध के निमित्त आपको ललकारता? इसलिये अब आप सुग्रीव से वैरभाव छोड़कर उसे ले

आइये और उसे तुरंत युवराज के पद पर अभिषिक्त कर श्रीराम की शरण में जाइये। और हे कपिश्रेष्ठ, मेरी, अंगद तथा इस राज्य और कुल को रक्षा कीजिये।'' ऐसा कहकर तारा बालि के चरणों में गिर पड़ी। उस समय उसके मुख पर आँसुओं की धारा बह रही थी। वह भयातुर होकर अपने हाथों से उसके दोनों चरण पकड़ कर फूट-फूट कर रोने लगी।

बालि ने उसका प्रेमपूर्वक आलिंगन करके कहना आरम्भ किया, ''प्रिये, तुम अपने स्त्री-स्वभाव से व्यर्थ डरती हो। मुझे तो भय का कोई भी कारण नहीं दिखायी पड़ता। यदि लक्ष्मण के सहित प्रभु राम यहाँ आये हैं, तो इसमें सन्देह नहीं कि उनसे मेरा प्रेम हो जायगा। हे अनघे, राम तो साक्षात् नारायण हैं। उन्होंने पृथ्वी का भार उतारने के लिये ही अवतार लिया है। यह बात मैंने पहले ही सुन रखी थी। वे तो प्रकृति आदि से परे सब के आत्मा हैं। उनका कोई अपना या पराया पक्ष नहीं है। हे साध्वि, मैं उनके चरणकमलों में प्रणाम कर उन्हें घर ले आऊँगा। वे देवेश्वर भक्ति से प्राप्त होते हैं और जो कोई उनका भजन करता है, उसी के अनुकूल हो जाते हैं। और यदि अकेला सुग्रीव ही आया है, तो उसे मैं एक क्षण में मार डालूंगा। इसके सिवा, तुमने उसे युवराज-पद पर अभिषिक्त करने की बात कही, सो हे शुभ-लक्षणे प्रिये, मैं सम्पूर्ण लोकों में माननीय शूरवीर हैं। भला शत्रु द्वारा युद्ध के लिये ललकारने पर बालि उससे ऐसा अत्यन्त भयपूर्ण वाक्य कैसे कह सकता है? अतः हे सुन्दरि, तुम निश्चिन्त होकर घर में बैठो।''

शोक से आँसू बहाती हुई तारा को धीरज बँधा, बालि सुग्रीव को मारने पर उतारू होकर वायु के समान चला। बालि को आता हुआ देखकर पराक्रमी सुग्रीव गले में पुष्पमाला पहने हुए मदमत्त गजराज के समान उछलने लगा। फिर सुग्रीव ने अपने घूंसों से बालि पर और बालि ने सुग्रीव पर प्रहार किया। इसी प्रकार परस्पर बारंबार एक दूसरे पर मुष्टिकाघात करने लगे। युद्ध करते समय सुग्रीव की दृष्टि श्रीराम पर ही लगी हुई थी।

परम प्रतापी श्रीरघुनाथजी ने उन दोनों को इस प्रकार लड़ते देखकर अपने तरकस से एक बाण निकाला और अपने ऐन्द्र धनुष पर चढ़ाया और एक वृक्ष की आड़ से छिपे-छिपे धनुष को कर्णपर्यन्त तानकर बालि को देख उसके हृदय को लक्ष्य करके वह वज्र के समान कठोर और महावेगशाली बाण छोड़ दिया। उस बाण ने बालि के वक्षस्थल को बेध डाला। बाण के लगते ही बालि घोर चीत्कार करता हुआ उछल कर पृथ्वी पर गिर पड़ा। उसके गिरने पर पृथ्वी डगमगा उठी। उसी समय एक मुहूर्त के लिए वह संज्ञा-शून्य हो गया। पीछे उसे जब चेत हुआ, तो उसने सामने कमलनयन श्रीरामचन्द्रजी को खड़े देखा। वे बायें हाथ से धनुष का सहारा लेकर दाहिने में बाण लिये हुए थे। शरीर पर चीरवस्त्र और सिर पर जटाओं का मुकुट धारण किये हुए थे और उनका विशाल वक्षस्थल मनोहर वनमाला से विभूषित था।

भुजाएँ स्थूल और लंबी थीं। शरीर की कान्ति नवीन दूर्वादल के समान श्यामवर्ण थी। उनके दोनों ओर सुग्रीव और लक्ष्मण उनकी सेवा में खड़े थे।

श्रीराम को देखकर बालि ने उनका तिरस्कार करते हुए मन्द स्वर में कहा, "हे राम, मैंने आपका क्या बिगाड़ा था, जो आपने मुझे मारा ? राजनीति न जानने के कारण ही आपने ऐसा निन्दनीय कार्य किया है। वृक्ष की आड़ में छिपकर मुझ पर बाण छोड़ते हुए चोर के समान युद्ध करने से आपको क्या मिलेगा ? यदि आप क्षत्रियकुमार हैं और आपका जन्म मनुजी के पवित्र वंश में हुआ है, तो मेरे सामने आकर युद्ध किया होता, तब आपको उसका यश अथवा स्वर्गरूप कोई फल भी मिलता। हे राम, सुग्रीव ने आपके साथ ऐसा कौन सा उपकार किया था और मैंने कौन सा आपका अपराध अथवा विरोध किया था ? मैंने तो यही सुना है कि दण्डकारण्य में रावण आपकी भार्या सीता को हर ले गया था, उसे पाने के लिये ही आपने सुग्रीव की शरण ली। किन्तु खेद है कि आपने मेरा विश्व-विख्यात बल और पराक्रम नहीं सुना। हे राघव, यदि मैं चाहूँ, तो आधे मुहूर्त में ही रावण को कुल सहित बाँध कर सीताजी और लंका सहित ले आऊँ। हे रघुनन्दन, आप तो संसार में बड़े धर्मात्मा कहे जाते हैं। बताइये, एक वानर को व्याध के समान मारकर आपको क्या पुण्य मिलेगा ? वानर का मांस भी तो अभक्ष्य है, फिर मुझे मारकर आप क्या करेंगे ?"

बालि के इस प्रकार अनेक बातें कहने पर श्रीरामचन्द्रजी ने कहा, "हे बालि, मैं धर्म की रक्षा करने के लिये ही लोक में धनुष धारण कर विचरता हूँ। अधर्म करने वालों को मारकर सद्धर्म का पालन करता हूँ। पुत्री, बहिन, छोटे भाई की स्त्री और पुत्रवधू—ये चारों समान हैं। जो मूढ़ इनमें से किसी एक के साथ रमण करता है, उसे महापापी समझना चाहिये। क्षत्रिय को उचित है कि ऐसे महापातकी को अवश्य मार डाले। अरे वनचर, तू बलात् अपने छोटे भाई की स्त्री के साथ रमण करता था, इसीलिये मुझ धर्मज्ञ ने तुझे मारा है। तू वानर ही तो है, तुझे इस बात का पता नहीं है कि महापुरुष सदैव अपने आचरणों से लोकों को पवित्र करते हुए विचरा करते हैं, इसलिये उनसे इस प्रकार बढ़-बढ़ कर बातें न करनी चाहिये।"

भगवान् श्रीराम के ये वचन सुनकर बालि उन्हें साक्षात् लक्ष्मीपति नारायण जानकर भयभीत हो गया और उन्हें शीघ्रता से प्रणाम करके बोला, "हे राम, हे राम, हे महाभाग, मैं भली-भाँति जान गया कि आप साक्षात् परब्रह्म परमेश्वर हैं। अज्ञानवश मैं जो कुछ कह गया हूँ, उसे आप क्षमा करें। हे प्रभो, आपका दर्शन तो बड़े-बड़े योगियों को भी अत्यन्त दुर्लभ है। बड़े भाग्य की बात है कि मैं आप ही के बाण से विद्ध होकर, फिर आप ही के सामने प्राण छोड़ रहा हूँ। मरते समय विवश होकर भी जिनका नाम लेने से पुरुष परमपद प्राप्त कर लेता है, वही आप आज इस अन्तिम घड़ी में साक्षात् मेरे सामने विराजमान हैं। हे देव, मैं यह जानता हूँ कि आप साक्षात् परमपुरुष नारायण हैं और जानकीजी लक्ष्मी हैं। ब्रह्माजी की प्रार्थना से रावण का

वध करने के लिये ही आपने अवतार लिया है। हे राम, अब मैं आपके सर्वश्रेष्ठ परम धाम को जा रहा हूँ। आप मुझे आज्ञा दीजिये। मेरा पुत्र अंगद मेरे ही समान बलशाली और पराक्रमी है, उस पर आप दयादृष्टि रखें। हे राम, मेरे हृदय को अपने करकमलों से स्पर्श कर इस बाण को निकाल दीजिये।" तब श्रीराम ने 'बहुत अच्छा' कहकर उसे स्पर्श करते हुए उस बाण को निकाल दिया। उसके निकलते ही बलि वानर-शरीर को छोड़कर इन्द्ररूप हो गया। बालि रघुनाथजी के बाणों से मारा गया था और फिर उसे उनके सुखमय करकमल का स्पर्श भी मिला। अतः वह शीघ्र ही अपना वानर-देह छोड़कर उस परमश्रेष्ठ पद को प्राप्त हुआ, जो और किसी के लिये बहुत ही दुर्लभ है; और तो क्या, महान् परमहंसों को भी इसका मिलना अत्यन्त कठिन है।

तारा का विलाप और श्रीराम का उसे समझाना

परमात्मा राम के द्वारा बालि के मारे जाने पर समस्त वानरगण भय से व्याकुल होकर किष्किन्धापुरी दौड़ गये और तारा से बोले, "हे महाभागे, वानरराज बालि राम के द्वारा मारे गये। अब आप राजकुमार अंगद की रक्षा कीजिये और मंत्रियों को सावधान कर दीजिये। हे भामिनि, हम लोग चारों द्वारों के किवाड़ आदि लगाकर नगर की रक्षा करते हैं। आप कुमार अंगद को वानरों का राजा बनाइये।"

बालि को मरा हुआ सुनकर तारा शोक से मूर्छित हो गयी और अपने सिर तथा छाती को बारंबार हाथों से पीटने लगी और बोली, "अब मुझे अंगद, राज्य, नगर और धन आदि से क्या काम है? मैं तो अभी अपने पतिदेव के साथ प्राण त्याग करूँगी।" ऐसा कहकर वह रोती हुई तुरन्त ही वहाँ गयी, जहाँ उसके पति बालि का मृत शरीर पड़ा हुआ था। उस समय वह अत्यंत शोकाकुल थी और उसके बाल बिखरे हुए थे। वहाँ बालि को रक्त और धूल से लथपथ पड़ा देख वह 'हाय नाथ, हा नाथ' कहकर रोती हुई उसके पैरों पर गिर पड़ी।

इस प्रकार करुण-क्रन्दन करते हुए उसकी दृष्टि श्रीरामचन्द्रजी पर पड़ी। उन्हें देखकर वह बोली, "राम, आपने जिस बाण से मेरे पतिदेव को मारा है, उसी से मुझे भी मार डालिये, जिससे मैं तुरंत ही पतिलोक को चली जाऊँ। वे मेरी बाट देख रहे होंगे। हे रघुनन्दन, मेरे बिना उन्हें स्वर्ग में भी चैन नहीं होगा। हे अनघ, पत्नी के वियोग का दुःख आपने अनुभव किया ही है। अतः आपको उसकी तीव्रता का अनुमान हो सकता है। इसलिये अब आप मुझे तुरंत ही मेरे पतिदेव के पास पहुँचा दीजिये। इससे आपको स्त्री-दान का फल मिलेगा। सुग्रीव, तुम्हें बालि को मारने वाले राम ने तुम्हें राज्य दिला ही दिया है। अब उस निष्कंटक राज्य को तुम रूमा के साथ सुखपूर्वक भोगो।"

इस प्रकार विलाप करती हुई उस तारा को महामना श्रीराम ने दयापूर्वक तत्त्वज्ञान का उपदेश देकर शान्त किया। वे बोले, "भीरु, तेरा पति शोक करने योग्य

नहीं है; तू उसके लिये व्यर्थ शोक क्यों करती है ? तू विचार कर ठीक-ठीक बता, वास्तव में तेरा पति यह देह है या इसमें रहने वाला जीवात्मा ? यदि यह देह ही तेरा पति है, तो यह तो जड़ पंचभूतमय एवं त्वचा, मांस, रुधिर और अस्थियों से बना हुआ है तथा काल, कर्म और गुणों से उत्पन्न हुआ है; और वह तो अब भी तेरे सामने पड़ा हुआ है। फिर उसके लिये शोक क्यों करती है ? और यदि तू जीव को अपना पति मानती है, तो भी तुझे शोक न करना चाहिये, क्योंकि वह निर्विकार है। वह न उत्पन्न होता है, न मरता है, न स्थिर रहता है और न आता-जाता है। जीव सर्व-व्यापी और अव्यय है, वह स्त्री, पुरुष अथवा नपुंसक कुछ भी नहीं है; बल्कि एक अद्वितीय, आकाश के समान निर्लेप, नित्य, ज्ञानमय और शुद्ध है। फिर वह शोच-नीय कैसे हो सकता है ?

तारा ने जिज्ञासा की, "हे राम, देह तो काष्ठ के समान जड़ है और जीव नित्य तथा चैतन्यस्वरूप है, उसका नाश हो नहीं सकता। फिर सुख-दुःखादि का सम्बन्ध किससे होता है, यह मुझे बताइये।"

श्रीरामचन्द्रजी ने उसे उत्तर दिया, 'साध्वि, जब तक देह और इन्द्रियों के साथ 'मैं'—'मेरापन' आदि का सम्बन्ध रहता है, तक तक आत्मा और अनात्मा के विवेक से रहित जीव का सुख-दुःखादि के भोगरूप संसार से सम्बन्ध रहता है। यह संसार आत्मा में मिथ्या ही आरोपित हुआ है, तथापि ज्ञानोदय के बिना यह अपने आप निवृत्त नहीं होता; जिस प्रकार विषयों का निरंतर ध्यान करनेवाले पुरुष को स्वप्न में अनेक पदार्थ दीखते हैं, परन्तु वे होते मिथ्या ही हैं। अनादि अविद्या और उसके कार्य अहंकार के सम्बन्ध से स्थित हुआ यह संसार निरर्थक होते हुए भी राग-द्वेष आदि से पूर्ण है। हे शुभे, मन ही संसार है और मन ही बन्धन है। उस अनात्म वस्तु मन के साथ अन्योन्याध्यास—एक हो जाने से ही यह आत्मा तद्‌गत सुख-दुःखादि के बन्धन में पड़ता है। जैसे स्फटिकमणि स्वभाव से शुक्लवर्ण होने पर भी लाख आदि के समीप होने पर उन्हीं के रंग की प्रतीत होने लगती है, वैसे ही बुद्धि और इन्द्रिय आदि के सान्निध्य से आत्मा को बलात् संसार की प्रतीति होती है। आत्मा अपने लिंग (पहचानने के साधन) मन को स्वीकार कर उससे प्राप्त होनेवाले विषयों का सेवन करता हुआ उसके राग-द्वेषादि गुणों से बँधकर विवश होकर-संसार चक्र में फँसा रहता है। पहले वह रागादि मन के गुणों की रचना करता है और फिर उनके योग से नाना प्रकार के कर्म करता है। वे कर्म शुक्ल (जप, ध्यानादि), लोहित (हिंसामय यज्ञ-यागादि) और कृष्ण (मद्यपानादि पापकर्म) तीन प्रकार के होते हैं। उन कर्मों के अनुसार ही उनकी गतियाँ होती हैं। इस प्रकार यह जीव कर्मों के वशीभूत होकर प्रलयपर्यन्त आवागमन के चक्र में पड़ा रहता है। प्रलयकाल में सब भूतों का लय हो जाने पर भी अपने कर्ता भोक्तापन के अभिनिवेश से यह अपनी वासनाओं और कर्मों के साथ अनादि अविद्या से आच्छादित रहता है। जब नवीन सृष्टि प्रारम्भ होती है, तब वह विवश होकर अपनी पूर्व वासनाओं और संस्कारों से युक्त मन के सहित घटी यंत्र के समान फिर

उत्पन्न हो जाता है। जिस समय किसी विशेष पुण्यपरिपाक से इसे मेरे भक्त और शान्तचित्त महात्माओं की संगति मिलती है, उस समय इसका चित्त मेरी ओर लगता है। उससे मेरी कथा सुनने में इसकी श्रद्धा होती है, जो बहुत ही दुर्लभ है।

"मेरी कथा सुनने से इसे अनायास ही मेरे स्वरूप का ज्ञान हो जाता है। उस समय गुरुकृपा द्वारा तत्त्वमसि आदि महावाक्यों के अर्थ ज्ञान से तथा स्वयं अपने अनुभव से भी यह अपने सच्चिदानन्दस्वरूप अद्वितीय आत्मा को देह, इन्द्रिय, मन, प्राण और अहंकार से पृथक् जानकर एक क्षण में ही तुरंत मुक्त हो जाता है। हे तारे, मैंने यह वास्तविक सत्य तुझसे कह दिया। मेरे कहे हुए इस परमार्थ-ज्ञान का जो अहर्निश मनन करता है, उसे सांसारिक दुःख कभी स्पर्श नहीं करते। तू भी शुद्ध-चित्त होकर मेरे इस उपदेश का मनन कर। ऐसा करने से दुःख संताप तुझे छू भी न सकेंगे और तू कर्म-बन्धन से मुक्त हो जायगी। हे साध्वि, तूने अपने पूर्वजन्म में उत्कृष्ट भक्ति की थी, इसीलिये हे सुन्दरि, तुझे मुक्त करने के लिये मैंने अपना दर्शन दिया है।"

भगवान् राम का यह अद्भुत उपदेश सुनकर तारा को बड़ा ही विस्मय हुआ और उसने देहाभिमान-जनित शोक छोड़कर श्रीरघुनाथजी को प्रणाम किया तथा आत्मानुभव से संतुष्ट होकर तत्काल जीवन्मुक्त हो गयी। परमात्मा राम के क्षणमात्र के सत्संग से वह अनादि अविद्या के बन्धन को काटकर निष्पाप और मुक्त हो गयी। भगवान् श्रीराम के श्रीमुख का वक्तव्य सुनकर सुग्रीव का भी समस्त अज्ञान जाता रहा और वह शान्तचित्त हो गया।

सुग्रीव का राज्याभिषेक

इसके पश्चात् भगवान् राम ने वानरश्रेष्ठ सुग्रीव से कहा, "हे सुग्रीव, तुम मेरी आज्ञा से बेटे अंगद के द्वारा अपने बड़े भाई का जो कुछ शास्त्रोक्त और्ध्वदैहिक कर्म हो, वह सब विधिपूर्वक करो।" तब 'जो आज्ञा' कहकर मुख्य-मुख्य बलवान् वानरों के साथ बालि के शव को फूलों के विमान पर रखकर समस्त राजोचित उप-चारों सहित भेरी और दुन्दुभी आदि का घोष करते हुए ब्राह्मण, मंत्रिवर्ग, यूथपति वानरगण, पुरवासी, तारा और अंगद के साथ उसे ले जाकर सुग्रीव ने बड़े प्रयत्न से शास्त्रानुकूल सब संस्कार किये। फिर स्नानादि करके मंत्रियों के सहित राम के पास लौट आए।

सुग्रीव ने प्रसन्नचित्त से श्रीराम के चरणों में साष्टांग प्रणाम करके कहा, "हे राजराजेश्वर, वानरों के इस समृद्धिसम्पन्न राज्य का शासन आप ही कीजिये। मैं तो आपका दास हूँ। लक्ष्मण के समान मैं भी सदा आपके चरणकमलों की सेवा करूँगा।"

यह सुनकर श्रीरघुनाथजी ने सुग्रीव से मुसकराते हुए कहा, "सुग्रीव, मैं और तू एक ही हैं, इसमें किसी प्रकार का सन्देह नहीं। मेरी आज्ञा से तुम तुरन्त ही जाकर

किष्किन्धा के राजपद पर अपना अभिषेक कराओ। हे सखे, मैं चौदह वर्ष तक किसी भी नगर में प्रवेश नहीं कर सकता। इसलिये तुम्हारे राज्याभिषेक के समय भाई लक्ष्मण नगर में जायेगा। अंगद को तुम आदरपूर्वक यौवराज्य-पद पर अभिषिक्त करना। अब वर्षा के दिनों में भाई लक्ष्मण के साथ यहाँ पास ही पर्वत-शिखर पर रहूँगा। तुम कुछ दिन नगर में रहकर फिर सीता की खोज़ कराने का प्रयत्न करना।"

सुग्रीव ने श्रीराम के चरणों में साष्टांग प्रणाम करके कहा, "भगवन्, आपकी जैसी आज्ञा होगी, मैं वही करूँगा।" भगवान् राम की आज्ञा पाकर सुग्रीव लक्ष्मणजी के साथ किष्किन्धापुरी में गये और जैसे-जैसे श्रीराम ने कहा था, सब कार्य उसी प्रकार किया। तदनन्तर सुग्रीव से यथोचित आदर पाकर लक्ष्मण श्रीराम के पास चले आये और उनके चरणों में प्रणाम कर उनकी सेवा में तत्पर हो गये।

श्रीरामचन्द्रजी तत्काल ही लक्ष्मण के साथ प्रवर्षण पर्वत के ऊपर अति विस्तृत शिखर पर गये। वहाँ उन्होंने स्फटिक की एक स्वच्छ और प्रकाशमान गुफा देखी। उसमें वर्षा, वायु और धूप से बचने का पूरा सुभीता था तथा पास ही कन्द, मूल और फल भी पर्याप्त मात्रा में थे। उसे देखकर श्रीराम और लक्ष्मण ने वहाँ रहना पसंद किया। इस प्रकार वे दिव्य मूल, फल और फूलों से सम्पन्न, मोती के समान स्वच्छ जलवाले सरोवरों से युक्त और चित्र-विचित्र मृग तथा पक्षियों से सुशोभित उस प्रवर्षण पर्वत पर रहने लगे। श्रीराम उस पर्वत पर रहते हुए लक्ष्मणजी को नाना भाँति की शिक्षा देते। कभी उन्हें नीति की सार-युक्त बातें बतलाते, कभी अध्यात्म तत्त्व के सूक्ष्म रहस्य समझाते। इसी प्रकार वर्षा ऋतु, शरद् ऋतु का मनोहारी और सजीव चित्रण करते थे।

श्रीरामचन्द्रजी की विरह-व्यथा और सुग्रीव पर कोप

श्रीरामजी अपनी माया का अवलम्बन कर साधारण पुरुषों के समान जानकीजी के वियोग में अति दुखी दिखायी पड़ते। वर्षा ऋतु का बिताना उन्हें असह्य प्रतीत होता था। शरद ऋतु के प्रारम्भ होते ही प्रकृति में नवीनता प्रतीत होने लगी। निर्मल आकाश, स्वच्छ चाँदनी, तारागणों का शुभ्र प्रकाश, आदि को देखकर वे 'हा सीते, हा सीते' कहकर विरह-व्यथा से विह्वल हो जाते थे। सारी रात यों ही बिता देते थे। सीता के वियोग में उन्हें किसी प्रकार नींद नहीं आती थी।

एक दिन प्रदोषकाल में प्रवर्षण पर्वत के शिखर पर बैठे हुए श्रीरामजी सीताजी के विरहजनित सन्ताप को सहन न कर सकने के कारण लक्ष्मणजी से इस प्रकार बोले, "तात लक्ष्मण, देखो, मेरी सीता को राक्षस बलात् हर ले गये। वह सुन्दरी जीवित है या मर गयी—इसका निश्चय करने के लिये हमें अभी तक कुछ भी पता नहीं लगा। यदि कोई मुझे यह समाचार सुनाये कि 'वह जीवित है' तो वह मेरा बड़ा ही उपकार करेगा। यदि मुझे उस साध्वी के जीवित रहने का पता लग जाय, तो फिर वह कहीं भी क्यों न हो, समुद्र में से अमृत के समान मैं जैसे भी होगा, वैसे उसे अवश्य ही तुरंत

ले आऊँगा। भाई, मेरी प्रतिज्ञा सुनो —'जो दुष्ट मेरी जानकी को ले गया है, उसे पुत्र, सेना और वाहनों के सहित मैं भस्म कर डालूँगा।' हे चन्द्रवदने सीते, मुझे न देखने से अत्यंत दुःखातुर होकर राक्षस के घर में रहती हुई तुम किस प्रकार प्राण धारण करोगी ? चन्द्रमुखी सीता के बिना मुझे चन्द्रमा भी सूर्य के समान तापप्रद जान पड़ता है। हे चन्द्र, तुम अपनी शीतल किरणों से पहले जानकी का स्पर्श करो, फिर मुझे स्पर्श करना।

"हाय, सुग्रीव भी कैसा निर्दयी हो गया है, जो मुझ दुखिया की ओर झाँकता तक नहीं। अहो, निष्कंटक राज्य पाकर मद्यपान में आसक्त हुआ, वह कामकिंकर स्त्रियों से घिरा एकान्त में पड़ा रहता है। इससे वह स्पष्ट ही बड़ा कृतघ्न दिखायी पड़ रहा है। शरद् ऋतु का आगमन देखकर भी वह निष्ठुर और कृतघ्न प्राणप्रिया सीता की खोज कराने के लिये नहीं आया। मैंने पहले उसका उपकार किया है, तथापि वह दुष्ट कृतघ्नी मुझे एकदम भूल गया। जिस प्रकार मुझे सीता को हर ले जानेवाले का नाश करना है, उसी प्रकार मैं सुग्रीव को भी उसके बन्धु-बान्धवों सहित मार डालूँगा और उसके नगर को नष्ट-भ्रष्ट कर दूँगा। जैसे बालि मेरे हाथ से मारा गया, वैसे ही आज सुग्रीव भी मारा जायगा।"

श्रीरामचन्द्रजी को क्रुद्ध देखकर लक्ष्मणजी बोले, "हे रघुश्रेष्ठ, आप मुझे आज्ञा दीजिये, मैं अभी जाकर दुष्टचित्त सुग्रीव को मारकर आपके पास लौट आता हूँ।" ऐसा कहकर हाथ में धनुष और तरकस लेकर लक्ष्मणजी चलने को उद्यत हो गये। तब श्रीराम ने लक्ष्मण से कहा, "वत्स लक्ष्मण, सुग्रीव मेरा प्रिय मित्र है, तुम उसे मारना मत। केवल यह कहकर कि 'तू बालि के समान ही मारा जायगा' उसे डराना और फिर शीघ्र ही उसका उत्तर लेकर आ जाना। उस समय जो कुछ करना होगा, मैं अवश्य वही करूँगा।"

तदनन्तर महापराक्रमी लक्ष्मणजी 'बहुत अच्छा' कहकर तुरंत किष्किन्धापुरी गये।

हनुमान्‌जी का सुग्रीव को समझाना

इसी समय किष्किन्धापुरी में परम बुद्धिमान् हनुमान्‌जी ने वानरराज सुग्रीव से एकान्त में कहा, "हे राजन, सुनिये। मैं आपके परमहित की बात कहता हूँ। देखिये, श्रीरामचन्द्रजी ने पहले आपका कितना महान् उपकार किया है। किन्तु मुझे मालूम होता है कि आप कृतघ्न के समान उसे भूल गये हैं। आपही के लिये जिन्होंने त्रिलोकमान्य वीरवर बालि को मारा और आपको राज्यपद पर बैठाया तथा जिनकी कृपा से आपको परम दुर्लभ तारा मिली, वे ही श्रीराम अपने भाई के साथ पर्वतशिखर पर रहते हुए अपने कार्य की सिद्धि के लिये एकाग्रचित्त से आपके आने की बाट देख रहे हैं। किन्तु आप वानर-स्वभाव के अनुसार स्त्री-लम्पट होकर सब कुछ भूल गये हैं। आपने सीता की खोज के विषय में 'मैं अवश्य करूँगा' ऐसी प्रतिज्ञा करके भी, अभी

तक कुछ भी न किया। आप बड़े ही कृतघ्न हैं। मालूम होता है कि अपने बड़े भाई बालि के समान ही आप भी काल के गाल में जायेंगे।''

हनुमान्जी के वचन सुनकर सुग्रीव भय से व्याकुल हो गये और बोले, ''हनुमान्, तुम बिलकुल ठीक कह रहे हो। अब तुम मेरी आज्ञा से शीघ्रातिशीघ्र दशों दिशाओं में दस हजार वानर भेजो। वे सातों द्वीपों में रहने वाले सम्पूर्ण वानरों को यहाँ ले आवें और जितने मुख्य-मुख्य योद्धा वानर हैं, वे सब एक पखवारे के भीतर यहाँ उपस्थित हों। जो कोई एक पखवारे तक यहाँ न आयेगा, वह निस्सन्देह मेरे हाथों मारा जायेगा।'' हनुमान्जी को इस प्रकार आज्ञा देकर सुग्रीव फिर अपने घर चले गये।

सुग्रीव की आज्ञा पाकर परम बुद्धिमान् मंत्रिवर श्रीहनुमान्जी ने तत्काल ही बहुत से वानर दशों दिशाओं में भेज दिये, जो अगणित गुणवाले और पराक्रमशाली थे तथा वायु के समान वेगवान् और पर्वत के समान विशालकाय थे। उन मुख्य-मुख्य वानर-दूतों को राम-कार्य के लिये अति उतावले पवननन्दन हनुमान्जी ने दान-मान से सन्तुष्ट कर सब ओर भेज दिया।

लक्ष्मणजी का सुग्रीव पर कोप

श्रीरामचन्द्रजी के निर्देशानुसार लक्ष्मणजी किष्किन्धापुरी आये। उस समय क्रोध से उन्होंने ऐसा रौद्ररूप धारण किया था कि मानो सम्पूर्ण वानरों को दग्ध कर देंगे। लक्ष्मणजी ने पुरी के पास पहुँचकर सम्पूर्ण वानरों को भयभीत करते हुए अपने धनुष की प्रत्यंचा चढ़ाकर बड़ा भयंकर टंकार किया। उस समय नगर के परकोटे पर चढ़े हुए कुछ साधारण वानर लक्ष्मणजी को देखकर अपने हाथों में पत्थर और वृक्षादि लेकर किलकारी मारने लगे। उनकी धृष्टता देखकर वीरवर लक्ष्मणजी के नेत्र क्रोध से लाल हो गये। वे धनुष चढ़ाकर उनका मूलोच्छेद करने के लिये तत्पर हो गये।

तब लक्ष्मणजी को आया जानकर युवराज अंगद तुरंत ही उछल कर वहाँ उपस्थित हो गये और उन्होंने सब वानरों को डाँटकर उनके पास जाकर साष्टांग प्रणाम किया। तदनन्तर प्रियवर्धन लक्ष्मणजी ने अंगद को हृदय से लगाकर कहा, ''वत्स, तुम अभी जाकर अपने चाचा सुग्रीव को सूचना दो कि श्रीरघुनाथजी तुमसे अत्यन्त क्रुद्ध हैं और उनकी प्रेरणा से मैं यहाँ आया हूँ।'' यह सुनकर अंगद ने 'बहुत अच्छा' कहकर तुरंत सारा वृत्तान्त सुग्रीव को सुनाया। अंगद ने सुग्रीव से कहा, ''लक्ष्मणजी के नेत्र क्रोध से लाल हैं। वे नगर के द्वार पर खड़े हैं और आपको बुला रहे हैं।''

अंगद की बात सुनकर वानरराज अत्यधिक भयभीत हो गये। उन्होंने मंत्रिप्रवर हनुमान्जी को बुलाकर कहा, ''तुम अंगद के साथ तुरन्त ही लक्ष्मणजी के पास जाओ। उन क्रोधित हुए वीरवर को धीरे-धीरे अति विनयपूर्वक शान्त कर आदरपूर्वक अपने साथ यहाँ ले आओ।'' इस प्रकार हनुमान्जी को भेजकर कपिराज सुग्रीव ने तारा से कहा, ''हे अनघे, तुम आगे जाकर अपनी मधुर वाणी से महाबलशाली

लक्ष्मणजी को शान्त करो और जब वे शान्त हो जायँ, तब उन्हें अन्तःपुर में लाकर मुझसे मिलाओ।"

यह सुनकर तारा बीच की ड्योढ़ी पर आ गयी। इधर अंगद-सहित हनुमान् जी लक्ष्मणजी के पास आये और उन्हें सिर झुकाकर भक्तिपूर्वक स्वागत करते हुए बोले, "हे महाभाग, वीरवर निःशंक होकर आइये, यह घर आप ही का है। इसमें पधार कर राजमहिषियों और महाराज सुग्रीव से मिलिये। फिर आपकी जो आज्ञा होगी, हम वही करेंगे।"

ऐसा कहकर पवननन्दन हनुमान्जी भक्तिपूर्वक लक्ष्मण का हाथ पकड़कर उन्हें नगर के बीच से होकर राजमन्दिर को ले चले। लक्ष्मणजी मार्ग में जहाँ-तहाँ यूथपति वानरों के महल देखते हुए, इन्द्रभवन के समान अति सुन्दर राजभवन में पहुँचे। वहाँ बीच की ड्यौढ़ी में तारा बैठी थी। वह सम्पूर्ण आभूषणों से विभूषिता थी तथा उसके नेत्र मद से कुछ अरुणवर्ण हो रहे थे।

वह मधुरभाषिणी तारा लक्ष्मणजी को प्रणाम कर मुसकराती हुई बोली, "आइये देवरजी, आपका शुभ हो। आप बड़े ही साधु-स्वभाव और भक्तवत्सल हैं। आपने अपने भक्त और अनुचर वानरराज सुग्रीव पर किस कारण इतना कोप किया? उसने तो बहुत दिनों से बिना किसी प्रकार का सहारा मिले दुःख-ही-दुःख भागा है। अब आप लोगों ने ही उसे बड़े दुःख-समूह से निकाला है। आप ही की कृपा से महामति सुग्रीव को यह सुख देखने को प्राप्त हुआ है। वह जाति का वानर है, इसलिये कामासक्त होकर श्रीरघुनाथजी की सेवा में उपस्थित नहीं हुआ। हे प्रभो, अब शीघ्र ही विविध देशों से बहुत से वानर आने वाले हैं। हे रघुश्रेष्ठ लक्ष्मण, अब दिशा-विदिशाओं से बहुत से महान् पर्वत के समान बड़े-बड़े डीलडौल वाले असंख्य वानरों को लाने के लिये दस सहस्र बंदर भेजे गये हैं। सुग्रीव स्वयं जाकर उन सब वानर-यूथपतियों के द्वारा दैत्यदल का संहार करावेगा। और वह स्वयं रावण का वध करेगा। वह कपिश्रेष्ठ आज ही आपके साथ श्रीरामचन्द्रजी की सेवा में उपस्थित होगा। चलिये, अन्तःपुर में पधारिये। वहाँ सुग्रीव अपने पुत्र, स्त्री और सुहृद्गण से घिरा हुआ बैठा है। उससे मिलकर उसे अभयदान दीजिये और अपने साथ श्रीरामजी के पास ले जाइये।"

तारा के मृदु और सार्थक वचन सुनकर लक्ष्मणजी का क्रोध ठंडा पड़ गया और वे अन्तःपुर में, जहाँ वानरराज सुग्रीव थे, गये। लक्ष्मण को देखते ही सुग्रीव भयभीत होकर पलंग पर से उछलकर खड़े हो गये। उनके नेत्र भय से विह्वल हो रहे थे। उन्हें ऐसी दशा में देखकर लक्ष्मणजी ने अति क्रोधित होकर कहा, "अरे दुःशील, तू रघुनाथजी को भूल गया? तू नहीं जानता कि जिस बाण से महाबली बालि मारा गया था, वही आज तेरी प्रतीक्षा कर रहा है? मालूम होता है कि मेरे हाथ से मारा जाकर तू भी बालि के मार्ग जाना चाहता है।"

लक्ष्मणजी को इस प्रकार अति कठोर शब्द उच्चारण करते हुए देख वीरवर

हनुमान्जी बीच में बोल उठे, "महाराज, ऐसी कठोर बाते क्यों कह रहे हैं? ये वानर-राज श्रीरामचन्द्रजी के आप से अधिक भक्त हैं। भगवान् श्रीराम के कार्य की पूर्ति के लिये ये दिन-रात जागते रहते हैं। ये उसे भूल नहीं गये हैं। प्रभो, देखिये, ये करोड़ों वानर इसीलिये सब ओर से आ रहे हैं। ये सब शीघ्रातिशीघ्र सीताजी की खोज के लिये जायेंगे और महाराज सुग्रीव रामचन्द्रजी के समस्त कार्य भलीभाँति सिद्ध करेंगे।"

हनुमान्जी के ये वचन सुनकर लक्ष्मणजी शांत हो गये। इसके पश्चात् सुग्रीव ने अर्घ्यादि से लक्ष्मणजी की भलीभाँति पूजा की तथा उनसे गले मिलकर कहा, "श्रीमान् लक्ष्मणजी, मैं तो राम का दास हूँ। उन्होंने ही मेरी रक्षा की है। वे अपने तेज से आधे क्षण में सम्पूर्ण लोकों को जीत सकते हैं। हे प्रभो, मैं तो अपनी वानर-सेना के साथ केवल उनका सहायक मात्र रहूँगा। मुझसे भला उनका क्या कार्य सिद्ध होगा? वे तो स्वयं ही सर्वसमर्थ हैं।" सुग्रीव की बात सुनकर लक्ष्मणजी ने भी कहा, "हे महाभाग, मैंने भी जो प्रणय-कोपवश आपसे जो कुछ भी अनुचित कहा है, उसे आप क्षमा करें। भगवान् श्रीराम वन में अकेले ही हैं और वे श्रीजानकीजी के विरह से अति व्याकुल हैं। अतः हम तत्क्षण वहाँ चलेंगे।"

तब वानरराज 'हाँ, बिलकुल ठीक है' ऐसा कहकर लक्ष्मणजी के सहित रथ पर आरूढ़ हुए और श्रेष्ठ कपियों के साथ श्रीरामचन्द्रजी के पास चले। उस समय उनकी सवारी की अपूर्व शोभा थी। भेरी और मृदंग आदि नाना प्रकार के बाजे बज रहे थे। बहुत से रीछ, वानर श्वेत छत्र और चँवर लिये उन्हें अत्यन्त सुशोभित कर रहे थे। वानरराज सुग्रीव बड़े ठाटबाट से नील, अंगद और हनुमान् आदि मुख्य-मुख्य वानरों के साथ श्रीरघुनाथजी के पास चले।

●

अध्याय—तेरह

वानरों का किष्किधापुरी से प्रयाण

मृगचर्म और जटामुकुट से सुशोभित, विशालनयन, सस्मित मनोहर मुखारविन्द, शान्तमूर्ति, श्यामशरीर भगवान् राम को सीताजी की विरह-व्यथा से संतप्त होकर मृग और पक्षियों की ओर निहारते हुए, गुफा के द्वार पर एक शिलाखण्ड पर बैठे देखकर सुग्रीव और लक्ष्मण दूर से ही तुरन्त रथ से उतर पड़े और अत्यन्त भक्ति-भाव से श्रीरामचन्द्रजी के चरणों में जा गिरे। धर्मज्ञ श्रीराम ने सुग्रीव को गले लगा कर उनका कुशल-मंगल पूछा तथा अपने पास बैठाकर उनका यथोचित सत्कार किया।

सुग्रीव ने अपने पूर्व प्रमाद से कारण लज्जित और संकुचित होते हुए श्रीराम जी से साष्टांग प्रणाम करते हुए निवेदन किया, "हे नाथ, हे सर्वज्ञ, हे सर्वसमर्थ, सीता की खोज जल्दी न करने में मेरा दोष नहीं है। हे देव, आपकी माया परम प्रबल है। आपकी कृपा से ही इसकी निवृत्ति हो सकती है। हे स्वामी, देवता, ऋषि-मुनि सभी विषयों के वशीभूत हैं। फिर मेरी तो बात ही क्या है? मैं स्वाभाविक पामर हूँ। और दूसरे बन्दर हूँ। आप तो जानते ही हैं कि वानर की जाति अत्यधिक कामी होती है।"

भक्तवत्सल श्रीराम सुग्रीव की विनय सुनकर उससे बोले, "हे प्रिय सुग्रीव, तुम भरत के समान ही मुझे प्राणप्रिय हो। हाँ, अब दत्तचित्त होकर ऐसा प्रयत्न करो कि जिससे प्रिया सीता का समाचार मिल जाय।" श्रीराम भगवान् की बात सुनकर सुग्रीव ने कहना प्रारम्भ किया, "भगवन्, देखिये, वानरों की यह असंख्य सेना आ रही है। प्रभो, हिमालय आदि समस्त पर्वतों पर उत्पन्न हुए भिन्न-भिन्न द्वीप, नदी-तट और पर्वतों के ऊपर रहने वाले तथा पर्वत के समान विशालकाय वानरों का समुदाय आ रहा है। ये इच्छानुसार रूप धारण करने में समर्थ हैं और युद्धकला के मर्मज्ञ हैं। हे प्रभो, इनमें से किन्हीं में एक, किन्हीं में सद, किन्हीं में सो, किन्हीं में हजार और किन्हीं में दस हजार हाथियों का बल है। किन्हीं के बल का तो कोई परिमाण ही नहीं है। देखिये, कोई कज्जलगिरि के समान काले हैं, कोई सुवर्ण के समान सुनहले हैं। किन्हीं का मुख रक्तवर्ण है और किन्हीं के शरीर पर बड़े-बड़े बाल हैं। कोई शुद्ध स्फटिकमणि के समान दिखायी देते हैं और कोई राक्षस जैसे भयंकर प्रतीत होते हैं। ये सभी वानर युद्ध के लिये अति उतावले हैं, इसीलिये गर्जते हुए

इधर-उधर दौड़ रहे हैं। हे प्रभो, ये सब आपकी आज्ञा पालन करनेवाले और फल-मूल आदि ही खानेवाले हैं। इनके निर्वाह के लिये आपको चिन्ता नहीं करनी पड़ेगी।

"ये रीछों के अधिपति जाम्बवान् बड़े ही वीर, पराक्रमी और साथ ही परम बुद्धिमान् हैं। ये एक करोड़ भालुओं के यूथपति हैं और मेरे मंत्रियों में अग्रगण्य हैं। अपने बल और पराक्रम के लिये सर्वत्र विख्यात ये परम तेजस्वी पवन-पुत्र हनुमान्‌जी हैं। ये बुद्धिमानों में श्रेष्ठ और मेरे प्रमुख मंत्री हैं। श्रीरामजी, इनके अतिरिक्त नल, नील, गवय, गवाक्ष, गन्धमादन, शरभ, पैन्दव, गज, पनस, बलीमुख, दधिमुख, तार तथा हनुमान् के पिता महाबली और परमवीर केसरी—ये सब मेरे प्रधान-प्रधान यूथपति हैं। ये सब बड़े महात्मा, वीर और इन्द्र के समान पराक्रमी और तेजस्वी हैं। इनमें से प्रत्येक करोड़ों वानरों के यूथ का यूथपति है। ये सभी आपके आज्ञाकारी और देवताओं के अंश से उत्पन्न हुए हैं। ये बालि के पुत्र परम विख्यात श्रीमान् अंगदजी हैं। ये भी बालि के समान ही बलवान् और राक्षस-दल का दलन करने वाले हैं। इस प्रकार ये सब के सब तथा और भी अनेक वानर-वीर आपके लिये प्राण निछावर करने को कटिबद्ध हैं। ये पर्वत-शिखर लेकर लड़ा करते हैं और शत्रु का नाश करने में परम दक्ष हैं। हे रघुश्रेष्ठ, ये सब आपके अधीन हैं। आप इन्हें इच्छानुसार आज्ञा प्रदान कीजिये।"

सुग्रीव की बात सुनकर श्रीराम ने नेत्रों में आनन्दाश्रु भरकर उसे हृदय से लगा लिया और कहा, "मित्र सुग्रीव, तुम मेरे कार्य की कठिनाई के सम्बन्ध में जानते ही हो। यदि तुम ठीक समझो, तो इन्हें यथायोग्य जानकीजी की खोज के लिये नियुक्त कर दो।"

रामजी का यह वचन सुनकर वानर-श्रेष्ठ सुग्रीव ने बहुत से बलवान् वानरों को सीता की खोज के लिये भेजा। इस प्रकार तुरन्त ही समस्त दिशाओं में असंख्य वानरों को भेजकर दक्षिण-दिशा में अधिक प्रयत्न के साथ महाबली युवराज अंगद, जाम्बवान्, हनुमान्, नल, सुषेण, शरभ, मैन्द्र और द्विविद आदि को भेजा। सुग्रीव ने उन वानरों को आदेश दिया, "मेरी आज्ञा से तुम सब लोग बड़े प्रयत्न से शुभलक्षणा जानकीजी की खोज करो और एक मास के भीतर ही घर लौट आओ। यदि सीताजी को बिना देखे तुम्हें एक मास से एक दिन भी अधिक हो जायगा, तो हे वानरो, याद रखो, तुम्हें मेरे हाथ से प्राणदण्ड भोगना पड़ेगा।"

उन महापराक्रमी वानरों को भेजकर सुग्रीव श्रीरामजी को प्रणाम करके उनके पास जा बैठे। उस समय पवनपुत्र हनुमान् को जाते देखकर भगवान् श्रीराम ने उनसे कहा, "हे कपिश्रेष्ठ हनुमान्, तुम मेरी यह अँगूठी ले जाओ। इस पर मेरे नामाक्षर अंकित हैं। अपने परिचय के लिये तुम इसे एकान्त में जानकीजी को देना। इस कार्य में तुम्हीं समर्थ और दक्ष हो। मैं तुम्हारी बुद्धि से भलीभाँति विज्ञ हूँ। अच्छा जाओ, तुम्हारा मार्ग कल्याणमय हो।"

वानरराज सुग्रीव के भेजे हुए वे अंगदादि वानरगण सीता की खोज करते हुए

पृथ्वी पर जहाँ-तहाँ विचरने लगे। जहाँ कहीं राक्षसों से भेंट हो जाती, उन्हें मारकर वे आगे बढ़ने लगे। घूमते-घूमते उन्होंने विन्ध्याचल के एक गहन वन में प्रवेश किया। वहाँ उन्हें बड़ी प्यास लगी। उनके कंठ, ओठ और तालु सूख गये। किन्तु जल कहीं भी नहीं दिखायी पड़ता था। अकस्मात् उन्होंने वहाँ तृण, गुल्म और लता आदि से ढँकी हुई एक विशाल गुफा देखी। उन्होंने उसमें से निकलते हुए क्रौंच और हंसों को देखा। उनके पंख जल से भीगे हुए थे। उन्होंने अनुमान किया कि यहाँ जल अवश्य होगा। अतः हनुमान्‌जी को आगे करके सब उनके पीछे-पीछे चलने लगे। गुफा अत्यंत भयावनी और अंधकारयुक्त थी। इसलिये पीछे चलने वाले वानर एक दूसरे का हाथ पकड़े हुए जा रहे थे।

बहुत दूर तक अन्धकार ही में जाने के अनन्तर उन वानरों ने देखा कि वहाँ अति स्वच्छ जल से परिपूर्ण कई सरोवर हैं और उनके पास अमृतमय पके फलों के अनेक वृक्ष हैं। उन वृक्षों में शहद के छत्ते भी लगे हैं।

योगिनी स्वयंप्रभा का श्रीराम से साक्षात्कार

उस सरोवर के समीप ही मणिमय वस्त्रालंकारों से युक्त और दिव्य भक्ष्य-भोज्य आदि सामग्रियों से परिपूर्ण सर्वगुण-सम्पन्न एक भवन था। दिव्य भवन में उन वानरों ने आश्चर्यचकित हो एक रमणी देखी। वह सुवर्ण-सिंहासन पर विराजमान थी और योगाभ्यास में तत्पर थी। अपने दिव्य तेज से उस स्थान को प्रकाशित कर रही थी। शरीर पर चीर-वस्त्र धारण किये वह ध्यान-निमग्न थी।

उस तेजस्विनी युवती को देखकर वानरों ने भय और प्रीति से उसे साष्टांग प्रणाम किया। तब उस दवी ने उनकी ओर देखकर पूछा, "तुम लोग क्यों और कहाँ से आये हो? तुम किसके दूत हो? तथा मेरे स्थान को क्यों भ्रष्ट कर रहे हो?"

योगिनी की बात सुनकर हनुमान्‌जी ने श्रीरामजी की समस्त गाथा और सुग्रीव की मैत्री-स्थापना, बालि-वध और सुग्रीव द्वारा सीता की खोज के लिये वानरों का विविध दिशाओं में भेजना आदि सारी बातों का विस्तारपूर्वक उल्लेख किया। और उससे यह जिज्ञासा की, "हे शुभे, आप यहाँ किसलिये रहती हैं? और कौन हैं?" हनुमान्‌जी का प्रश्न सुनकर योगिनी को परम हर्ष हुआ; उसने वानरों को आज्ञा दी, "पहले तुम इच्छानुसार फलमूलादि खाकर अमृतमय जलपान करो। फिर मेरे पास आना। मैं सारा वृत्तान्त तुमलोगों से बताऊँगी।" तब उन वानरों ने 'बहुत अच्छा' कहकर यथेष्ट फलमूलादि खाकर जल पिया। वे सब क्षुधा-पिपासा की पूर्ति के पश्चात् योगिनी के समक्ष आकर श्रद्धापूर्वक खड़े हो गये।

योगिनी का आत्म वृत्तान्त

तदनन्तर वह दिव्यदर्शना योगिनी हनुमान्‌जी से इस प्रकार कहने लगी, "पूर्व-काल में विश्वकर्मा की हेमा नामक एक दिव्यरूपिणी पुत्री थी। उस सुन्दरी ने अपने नृत्य से श्रीमहादेवजी को प्रसन्न किया। प्रसन्न होने पर श्रीशंकर ने उसे यह विशाल

और दिव्य नगर रहने के लिये दिया। यहाँ वह सुन्दर दाँतोंवाली हजारों वर्ष रही। मैं उसकी सखी दिव्य नामक गन्धर्व की पुत्री हूँ। मेरा नाम स्वयंप्रभा है। मुझे मोक्ष की इच्छा है। अतः मैं सदा श्रीविष्णु भगवान् की उपासना में तत्पर रहती हूँ। जब हेमा ब्रह्मलोक को जाने लगी, तब उसने मुझसे कहा कि "तू सब प्रकार के प्राणियों से रहित इस स्थान में ही रहकर तपस्या कर। त्रेतायुग में साक्षात् अव्यय नारायण राजा दशरथ के यहाँ जन्म लेकर पृथ्वी का भार उतारने के लिये वन में विचरेंगे। उनकी भार्या को ढूँढ़ते हुए कुछ वानर तेरी गुफा में आयेंगे। उनका भली प्रकार सत्कार कर, तू श्रीरामचन्द्रजी के पास जाकर प्रयत्नपूर्वक वन्दना और स्तुति करके भगवान् विष्णु के नित्यधाम में चली जायेगी। यह विष्णुधाम योगियों को ही प्राप्त होने योग्य है।" अतः अब मैं तुरंत ही भगवान् राम के दर्शन के निमित्त जाना चाहती हूँ। तुम लोग अपनी-अपनी आँख मूँद लो। अभी गुफा के बाहर पहुँच जाओगे।"

उन वानरों ने योगिनी स्वयंप्रभा के आदेशानुसार वैसा ही किया। और तुरंत ही पहले वन में पहुँच गये। इधर स्वयंप्रभा भी उस गुफा को छोड़कर तत्काल श्रीरघुनाथजी के पास पहुँची, और वहाँ लक्ष्मणजी और सुग्रीव सहित भगवान् राम का दर्शन किया।

स्वयंप्रभा पर भगवान् श्रीराम की कृपा

उस बुद्धिमती ने श्रीरामचन्द्रजी की प्रदक्षिणा कर उन्हें बारंबार प्रणाम किया और फिर पुलकित-शरीर होकर गद्गद वाणी से इस प्रकार कहने लगी, "हे राजाधिराज श्रीराम, मैं आपकी दासी हूँ और आपके दर्शनों के लिये यहाँ आयी हूँ। मैंने आपका दर्शन पाने के लिये ही गुफा में स्थित होकर सहस्रों वर्षों से बड़ी कठोर तपस्या की है। आज मेरा वह तप सफल हो गया। अहो, आज यह कैसा शुभ दिन है कि मैं साक्षात् मायातीत तथा समस्त भूतों में अलक्षित भाव से बाहर-भीतर विराजमान आप परमेश्वर को प्रणाम कर रही हूँ। आप अपने शुद्ध-स्वरूप को योगमाया से आवृत कर मनुष्य-शरीर में प्रकट हुए हैं। अज्ञानीजन आपके शुद्ध-स्वरूप को नहीं देख सकते। हे भगवन्, आपने महान् भगवद्भक्तों के भक्तियोग का विधान करने के लिये ही अवतार धारण किया है। मैं तमोगुणी स्त्री आपको कैसे जान सकती हूँ? हे रघुश्रेष्ठ, संसार में जो कोई आपका परम तत्त्व जानते हों, वे उसे भले ही जाना करें, मेरे हृदय-भवन में तो सदा आपका यही रूप विराजमान रहे।

"हे राम, आज मुझे आपके उन मोक्षदायक चरणकमलों का दर्शन हुआ है, जो संसाररूपी सरिता से पार करनेवाले और सन्मार्ग का ज्ञान करानेवाले हैं। हे आदि-पुरुष, जो मनुष्य धन, पुत्र, कलत्र और विभूति आदि के मद से उन्मत्त हो रहा है, वह आपका सान्निध्य नहीं पा सकता, क्योंकि आप तो अकिंचनों के ही सर्वस्व हैं। जो गुणों की पहुँच के बाहर, अकिंचनों के धन, अपने आत्मस्वरूप में ही रमण करनेवाले, और स्वरूप से निर्गुण तथा आरोप से सगुण, उन आपको मैं बारंबार प्रणाम करती हूँ।

मैं आपको कालरूप से सबका नियन्ता, आदि, मध्य और अन्त से रहित, सर्वत्र समान भाव से व्याप्त तथा परात्पर पुरुष मानती हूँ। हे देव, मानव चरित्रों का अनुकरण करते हुए आप जो-जो लीलाएँ करते हैं, उनका मर्म कोई नहीं जान सकता। हे प्रभो, आपका न कोई प्रिय है, न अप्रिय और न उदासीन। आपकी त्रिगुणात्मक माया से जिनके अन्तःकरण आवृत हैं, वे ही लोग अपनी-अपनी भावना के अनुसार आपको वैसा देखते हैं। आप अजन्मा, अकर्ता और ईश्वर हैं। आपके जो देव, मनुष्य और तिर्यक् आदि योनियों में जन्म और कर्म होते हैं, वह आपकी महान् लीला ही है।

"कहते हैं कि आप अविनाशी ईश्वर ने अपनी कीर्ति फैलाकर कथा-श्रवण की सिद्धि के लिये अवतार लिया है। कोई यह भी कहते हैं कि कोसलाधिपति महाराज दशरथ को उनकी तपस्या का फल देने के लिये आपने जन्म लिया है। किन्हीं लोगों का कथन है कि आप कौशल्याजी की प्रार्थना से प्रकट हुए हैं। किन्हीं-किन्हीं का मत ऐसा भी है कि ब्रह्माजी के प्रार्थना करने पर भूमि के भारभूत राक्षसों का संहार करने के लिये ही आप सर्वव्यापक होते हुए भी मनुष्य-रूप में अवतीर्ण हुए हैं। हे रघुनन्दन, जो लोग आपकी कथाओं को सुनेंगे या कहेंगे, वे अवश्य ही संसार-सागर को पार करने के लिये नौकारूप आपके चरणकमलों का दर्शन करेंगे। हे देवाधिदेव, मैं आपकी माया के गुणों के वशीभूत हूँ। फिर उन गुणों से अत्यन्त पृथक् और उनके आश्रयरूप आपको मैं कैसे जान सकती हूँ? ऐसे ही वाणी का विषय न होने के कारण मैं आप विभु की स्तुति भी कैसे कर सकती हूँ? अतः भाई लक्ष्मण और सुग्रीवादि पार्षदों के सहित आप धनुर्बाणधारी रघुश्रेष्ठ को मैं केवल प्रणाम करती हूँ।"

उसके इस प्रकार स्तुति करने पर प्रणत-पाप-हारी श्रीरामचन्द्रजी अति प्रसन्न हुए और उस अनन्यभक्ता योगिनी से बोले, "तेरी हार्दिक इच्छा क्या है?"

उसने अति भक्तिपूर्वक श्रीरामजी से कहा, "भक्तवत्सल प्रभो, मैं जहाँ-जहाँ भी जन्म लूं, आप मुझे अपनी अविचल भक्ति प्रदान कीजिये। प्रत्येक जन्म में मेरा संग आपके भक्तों से ही हो, सांसारिक लोगों से न हो। मेरी जीभ सदैव भक्तिपूर्वक 'राम, राम' ही रटा करे। हे राम, मेरा मन आपकी उस शोभायमान श्यामल मूर्ति का सीता जी और लक्ष्मण के सहित सदा चिन्तन करता रहे, जो धनुष-बाण धारण किये हुए हैं तथा जो पीताम्बरधारी, मुकुट-विभूषित एवं भुजबन्द, नूपुर, मोतियों की माला, कौस्तुभमणि और कुण्डलों से सुशोभित है। हे प्रभो, इसके सिवा मैं और कोई वर नहीं माँगती।"

श्रीरामचन्द्रजी ने उस पर कृपा करते हुए कहा, "हे महाभागे, ऐसा ही होगा। अब तू बदरिकाश्रम को जा। वहाँ मेरा स्मरण करती हुई तू शीघ्र ही इस पंचभौतिक शरीर को छोड़कर मुझ परमात्मा को प्राप्त हो जायेगी।"

श्रीरामजी के आदेशानुसार स्वयंप्रभा ने बदरी वन की तीर्थभूमि में प्रयाण किया और काल पाकर उसने पंचभौतिक शरीर का परित्याग कर परमधाम को प्रस्थान किया।

वानरों का प्रायोपवेशन और सम्पाति से भेंट

इधर सीताजी की खोज में थके हुए वानरगण उस गुफा के समीप सघन वृक्षों वाले स्थान पर बैठकर सीताजी को न खोज पाकर दुखी होकर बैठे थे। उस समय वानरश्रेष्ठ युवराज अंगद ने अत्यधिक चिन्तित हुए वानरों से कहा, "मालूम होता है कि इस कन्दरा में घूमते-घूमते हमारी एक मास की अवधि पूरी हो गयी। परन्तु अभी तक हमें सीता का पता न चल पाया। हम वानरराज सुग्रीव की आज्ञा का पालन नहीं कर सके। अब यदि हम किष्किंधापुरी को लौट चलें, तो वे हमें अवश्य मार डालेंगे। विशेषतः अपने शत्रु के पुत्र मुझे तो अवश्य ही इसी बहाने से मार डालेंगे। अब मैं किसी न किसी उपाय से यहीं अपने जीवन का अन्त कर दूँगा। वे तो मेरा पहले ही वध कर डालते; पर श्रीराम की कृपा से ही मैं उनसे बच पाया हूँ।"

अंगदजी के वचन से हनुमान्‌जी द्रवीभूत होकर बोले, अंगद, तुम इस प्रकार की दुश्चिन्ता क्यों कर रहे हो ? तुम राम के परम प्रिय हो, अतः महाराज सुग्रीव के भी बहुत लाडले हो। इसके सिवा बेटा अंगद, एक अत्यन्त गुप्त रहस्य बताता हूँ। भगवान् राम कोई साधारण मनुष्य नहीं हैं। वे साक्षात् निर्विकार नारायण देव हैं। भगवती सीताजी उनकी जगन्मोहिनी माया हैं और लक्ष्मणजी साक्षात् नागनाथ शेषजी हैं। ये तीनों ही ब्रह्माजी की प्रार्थना से माया-मानव रूप में अवतरित हुए हैं। इनमें से प्रत्येक त्रिलोक की रक्षा करने में समर्थ है। हम सब भी वैकुण्ठधाम में रहनेवाले भगवान् विष्णु के पार्षद हैं।"

इस प्रकार महावीर हनुमान् ने अंगद को ढाँढस बँधाया। धीरे-धीरे वे सब जानकी की खोज करते हुए समुद्र-तट पर पहुँचे। वहाँ पहुँचने पर अपार, अगाध और भयवर्धक समुद्र को देखकर वे सब भयभीत हो गये। वे आपस में एक दूसरे से कहने लगे, "अब क्या करना चाहिये ? सुग्रीव के हाथों से मरने से तो अधिक श्रेयस्कर प्रायोपवेशन (अन्न-जल छोड़कर मर जाना) ही है।" ऐसा निर्णय करके वे सब के सब जहाँ-तहाँ कुशा बिछाकर मरने का निश्चय करके प्रायोपवेशन पर बैठ गये।

इसी समय महेन्द्रपर्वत की कन्दरा से निकलकर एक विशालकाय गृध्र धीरे-धीरे चलकर वहाँ पहुँचा। उसने धीरे से कहा, "आज मुझे एक साथ ही बहुत-सा भक्ष्य प्राप्त हो गया। अब मैं इन सबको नित्यप्रति क्रमशः एक-एक करके खाऊँगा।"

गृध्र के ये वचन सुनकर सारे वानर अत्यधिक भयभीत हो गये। तब अंगद ने कहना प्रारंभ किया, "अहो, निस्सन्देह अब यह गृध्र हम सबको खा जायगा। हमसे न तो भगवान् राम का ही कुछ हित हुआ और न राजा सुग्रीव का। अहो, धर्मात्मा जटायु धन्य हैं। उन्होंने सीताजी की रक्षा के लिये अपने प्राण दे दिये। देखो उन शत्रुदमन जटायु ने मोक्षपद प्राप्त कर लिया, जो योगियों को भी दुर्लभ है।"

अंगद के कहे हुए इस वचन को सुनकर सम्पाति ने पूछा, "हे कपिश्रेष्ठ, आप लोग कौन हैं। आपके वचन मेरे कानों को अमृत के समान प्रिय लगने वाले हैं। मेरे

भाई जटायु का नाम लेनेवाला मेरा परम प्रिय है। आप लोग मुझसे निर्भय हो जाइये और सारा वृत्तान्त मुझे बताइये।''

अंगदजी ने जटायु के शरीरत्याग, रामजी द्वारा उसके दाह-संस्कार और उसके वैकुण्ठ-प्रयाण आदि घटनाओं का विस्तारपूर्वक विवेचन किया।

अंगद के ये वचन सुनकर संपाति प्रसन्न होकर बोला, ''कपीश्वरो, जटायु मेरा परम प्रिय छोटा भाई था। आज कई सहस्र वर्षों के अनन्तर मैंने भाई का समाचार सुना है। हे वानरो, अब तो मैं अत्यधिक वृद्ध हो गया हूँ। अतः कुछ करने-धरने में असमर्थ हूँ। हाँ, मैं बातों से अवश्य आप लोगों की सहायता करूँगा। पहले भाई को जलांजलि देने के लिये मुझे जल के पास ले चलिये। फिर आप लोगों की कार्य-सिद्धि के लिये, जो कुछ ठीक होगा, वह सब बताऊँगा।''

इस पर सभी वानर मिलकर उसे समुद्र-तट पर ले गये। वहाँ पहुँचकर संपाति ने स्नानकर अपने छोटे भाई जटायु को जलांजलि प्रदान की। तत्पश्चात् उसने कहना आरंभ किया, ''कपीश्वरो, त्रिकूट पर्वत पर लंका नामक एक नगरी है। वहाँ सीताजी अशोकवाटिका में राक्षसियों की देखरेख में रहती हैं। वह लंकापुरी यहाँ से सौ योजन की दूरी पर समुद्र के बीच में स्थित है। मुझे तो सीताजी यहीं से दिखायी पड़ रही हैं। गृध्र होने के कारण मेरी दृष्टि बहुत दूर तक जाती है। आपमें से जो कोई सौ योजन समुद्र को लांघ सकता हो, वही निश्चय जानकीजी को देखकर आ सकता है। मेरे छोटे भाई जटायु के मारनेवाले उस दुरात्मा रावण को मारने में तो मैं अकेला ही समर्थ था, परन्तु क्या करूँ, इस समय अति वृद्ध हो जाने के कारण असमर्थ हूँ। आप लोग किसी न किसी तरह समुद्र लाँघने का प्रयत्न कीजिये, फिर राक्षसराज रावण को तो श्रीरामचन्द्रजी स्वयं मार डालेंगे। आप लोग यह विचार करें कि आपमें ही ऐसा शक्तिशाली कौन है, जो सौ योजन विस्तारवाले समुद्र को लाँघ कर लंका में प्रविष्ट हो और श्रीजानकीजी से मिलकर तथा उनके साथ संभाषण कर फिर समुद्र पार कर लौट आवे।

''इसमें संशय नहीं है कि राम का दूत होने और उनके कार्य में दत्तचित्त होने के कारण आप लोग परम भाग्यशाली हैं। चन्द्रमुनि की बात अक्षरशः सत्य हुई। उन्होंने कहा था कि तुम प्रारब्ध का भोग समझकर अपना शरीर येन-केन प्रकारेण धारण करो। राम के दूत त्रेतायुग में यहाँ आवेंगे। उनसे तुम सीताजी का पता बता देना। उसी समय तुम्हारे पंख फिर जम आयेंगे। परम प्रसन्नता है कि तुम लोगों के पुण्य दर्शन से मेरे पंख जम आये हैं। हे वानरगण, जिनके नाम के स्मरण मात्र से दुष्ट से दुष्ट व्यक्ति भी संसार-सागर को पारकर विष्णुजी के सनातन परम पद को प्राप्त कर लेते हैं, तो आप लोग उनके नाम के स्मरण से इस सांसारिक समुद्र को क्यों न लाँघ सकेंगे? अतः जब आपमें से कोई समुद्र-लंघन के लिये प्रयत्नशील हो, उसे सफलता अवश्य प्राप्त होगी। आप लोगों का मार्ग मंगलमय हो। अब आपलोग विदा हों।''

समुद्रोल्लंघन की मंत्रणा

गृध्रराज सम्पाति के आकाशमार्ग से चले जाने पर सीताजी के दर्शन के लिये अति उत्कण्ठित वानरगण अत्यन्त हर्षित हुए। किन्तु जब उन्होंने नावों, भँवरों आदि के कारण अत्यंत भयंकर उत्ताल तरंगों से उछलते हुए तथा आकाश के समान दुर्लंघ्य समुद्र की ओर देखा, तो वे आपस में कहने लगे, "हम इसे किस प्रकार तर सकेंगे ?" इस पर अंगदजी ने कहा, "हे वानरश्रेष्ठगण, सुनिये। आपलोग सभी अत्यंत बलवान्, शूरवीर और पराक्रमी हैं। अतः आपमें कौन ऐसा है, जो समुद्र लांघकर राजकार्य सम्पन्न करे ? वह निस्सन्देह इन समस्त वानरों का प्राणदाता होगा। अतः जो बलवान् महाबली ऐसा हो, वह शीघ्र ही मेरे पास आये। वही समस्त वानरों की, महाराज सुग्रीव और स्वयं श्रीराम की भी रक्षा करनेवाला होगा।"

युवराज अंगद के इस प्रकार पूछने पर समस्त वानर-सेनापति चुपचाप बैठे रहे। किसी के मुख से एक शब्द भी न निकला। परस्पर एक दूसरे का मुँह देखते रह गये।

अंगद बोले, "अच्छा, इस कार्य को करने के लिये सब लोग अपनी-अपनी शक्ति का वर्णन करो। तब इस बात का पता चल जायगा कि इसे कौन साध सकेगा।"

अंगदजी की यह बात सुनकर सब वानर वीर पृथक्-पृथक् अपनी शक्ति का वर्णन करने लगे। उनमें से एक-एक ने योजन से दस योजन जाने तक की अपनी शक्ति बतलायी। जाम्बवान् ने अपनी शक्ति सौ योजन के भीतर तक जाने की बतायी। उन्होंने कहा, "पूर्वकाल में जब भगवान् ने त्रिविक्रम अवतार लिया था, तो मैं उनके पृथ्वी के बराबर परिमाणवाले चरण की चारों ओर परिक्रमा करने के लिये इक्कीस बार फिरा था। किन्तु अब मुझे वृद्धावस्था ने दबा लिया है, इसलिये मैं समुद्र को लाँघने में असमर्थ हूँ।"

अंगदजी ने भी कहा, "मैं इस महासागर को तो पार कर सकता हूँ, किन्तु फिर लौटने की शक्ति है या नहीं, यह नहीं जानता।" तब वीरवर जाम्बवान् ने उनसे कहा, "अंगदजी, इस कार्य को करने में यद्यपि आप सर्वथा समर्थ हैं तथापि आपको इस कार्य में नियुक्त करना मुझे समीचीन नहीं प्रतीत होता, क्योंकि इस समय आप हमारे नायक और नियामक हैं।"

अंगद ने कहा, "यदि ऐसी बात है, तो हम सबको प्राणोपवेशन करके फिर पूर्ववत् कुशासनों पर ही पड़ रहना चाहिये। क्योंकि यह काम तो किसी से सिद्ध नहीं हुआ, फिर जीवन कैसे रह सकता है ?"

तब वीरवर जाम्बवान् ने कहा, "बेटा, युवराज अंगद, जिसके द्वारा यह कार्य पूर्णरूपेण बहुत शीघ्र ही सिद्ध होगा, उस महाबलशाली को मैं तुझे दिखलाता हूँ।" ऐसा कहकर जाम्बवान् ने वहाँ बैठे हुए हनुमान्‌जी से कहा, "हे हनुमन्, इस महान् कार्य के उपस्थित होने पर आप इस प्रकार अनजान बने चुपचाप क्यों बैठे हैं ? हे महावीर,

आप साक्षात् पवनदेव के पुत्र हैं और उन्हीं के समान पराक्रमी हैं, अतः आज आप अपनी अद्भुत और अलौकिक शक्ति का प्रदर्शन कीजिये। महात्मा वायु ने राम-कार्य की सिद्धि के लिये ही आपको उत्पन्न किया है। जिस समय आपका जन्म हुआ था, उसी समय आप सूर्य को उदय हुआ देखकर 'इस पके लाल फल को लेना चाहिये' इस इच्छा से शिशु रूप में ही पाँच सौ योजन ऊँचे उछलकर पृथ्वी पर गिरे थे। अतः ऐसा कौन व्यक्ति है, जो आपके बल का माहात्म्य वर्णन कर सके? हे सुव्रत, आप खड़े हो जाइये और यह राम-कार्य करके सबकी रक्षा कीजिये।''

जाम्बवान् की बात सुनकर हनुमानजी अति प्रसन्न हुए और उन्होंने समस्त ब्रह्माण्ड को कम्पायमान करते हुए घनघोर सिंहनाद किया। दूसरे त्रिविक्रम भगवान् के समान वे पर्वताकार हो गये। उन्होंने कहा, ''हे वानरों, मैं समुद्र को लाँघकर लंका को भस्म कर डालूँगा। रावण को उसके कुल-सहित मारकर श्रीजानकीजी को ले आऊँगा। अथवा कहो तो, रावण के गले में रस्सी डालकर और लंका को त्रिकूटपर्वत-सहित बायें हाथ पर उठाकर भगवान् श्रीराम के आगे ले जाकर डाल दूँ। अथवा केवल शुभ-लक्षणा जानकीजी को ही देखकर चला आऊँ।''

हनुमान्‌जी के ये ओजस्वी वचन सुनकर जाम्बवान् ने उन्हें उचित सलाह दी, ''हे परमवीर, तुम्हारा कल्याण हो। इस समय तुम केवल शुभलक्षणा जानकीजी को जीती-जागती देखकर लौट आओ। फिर श्रीरामचन्द्रजी के साथ जाकर अपना पौरुष और बलविक्रम दिखलाना। हे भद्र, आकाशमार्ग से जाते हुए तुम्हारा कल्याण हो। राम-कार्य के निमित्त जाते समय वायु तुम्हारा अनुगमन करें।''

इस प्रकार आशीर्वादों से अभिनन्दन करते हुए वानर-यूथपों के विदा करने पर हनुमानजी महेन्द्रपर्वत के शिखर पर चढ़ गये। वहाँ उन्होंने अद्भुत रूप धारण किया। उस समय प्राणियों को वायुपुत्र महात्मा हनुमान्‌जी महान् पर्वत के समान विशालकाय, सुवर्णवर्ण, अरुण बालसूर्य के समान, मनोहर मुखवाले और महान् सर्प-राज के समान दीर्घ भुजाओंवाले दिखलायी देने लगे।

●

अध्याय—चौदह

हनुमान्‌जी का समुद्रोल्लंघन और लंका प्रवेश

आनन्दघन श्रीहनुमानजी सौ योजन तक फैले हुए और मकरादि भयंकर जलजंतुओं से परिपूर्ण समुद्र को लाँघने के लिये उद्यत होकर परमात्मा राम का स्मरण कर इस प्रकार बोले, "हे वानरगण, तुम सब इस ओर देखो। मैं भगवान् राम के छोड़े हुए अमोघ वाण के समान आकाशमार्ग से जाता हूँ। मैं आज ही रामप्रिया जनकनन्दिनी श्रीसीता को देखूँगा। निश्चय ही अब मैं कृतकार्य होकर ही पुनः श्रीरघुनाथजी का दर्शन करूँगा। प्राण-प्रयाण के समय जिनके नाम का एक बार स्मरण करने से ही मनुष्य अपार संसार-सागर को पार कर उनके परमधाम को चला जाता है, फिर मैं उन्हीं का दूत उनके अवयवरूप अंगुली की अँगूठी लिये और अपने हृदय में उन्हीं का ध्यान करता हुआ इस तुच्छ समुद्र को लाँघ जाऊँ, तो इसमें कौन-सी बड़ी बात है? ऐसा कहकर श्रीहनुमान्‌जी ने अपनी बाँहें फैलायीं और पूँछ को सीधा किया तथा तुरंत ही गरदन को सीधा एवं दृष्टि को ऊपर की ओर कर पाँव सिकोड़ लिये और दक्षिण की ओर मुख करके वायु वेग के समान उड़ान भरी। उस समय वे देवताओं को देखते-देखते आकाशमार्ग से बड़े तीव्र वेग से गमन कर रहे थे। उनके गमन के वेग से बड़े बड़े वृक्ष उखड़कर कुछ दूर तक उन्हीं के साथ पीछे-पीछे उड़कर नीचे गिर पड़ते थे।

सुरसा की परीक्षा

पवनपुत्र हनुमान्‌जी को इस प्रकार वायुवेग से उड़ते देखकर देवताओं ने उनकी सामर्थ्य की परीक्षा के लिये आपस में इस प्रकार कहा, "यह परम बलशाली वानर वायु के समान तीव्र वेग से उड़ा जा रहा है। किन्तु पता नहीं, यह लंका में प्रविष्ट हो सकेगा या नहीं? अतः इसके बल और बुद्धि का पता लगाना आवश्यक है।" परस्पर ऐसा विचार कर उन्होंने कुतूहलवश नागमाता सुरसा से कहा, 'सुरसा, तुम अभी जाकर इस वानरश्रेष्ठ के मार्ग में कुछ विघ्न खड़ा करो और इसकी बल-बुद्धि का पता लगाकर तुरन्त लौट आओ।" देवताओं के इस प्रकार कहने पर वह तुरन्त ही हनुमान्‌जी को विघ्न उपस्थित करने के लिये गयी। वह उनका मार्ग अवरुद्ध कर खड़ी हो गयी और बोली, "हे महामते, आओ, शीघ्र ही मेरे मुख में प्रवेश करो। मैं भूख से परम व्याकुल थी, अतः देवताओं ने तुम्हें आज मेरा भक्ष्य बनाया है।" तब हनुमान्‌जी ने उससे विनती भाव से कहा, 'हे मातः, मैं श्रीरामचन्द्रजी की आज्ञा से जानकीजी

को देखने के लिये जा रहा हूँ। वहाँ से शीघ्र ही लौटकर श्रीरघुनाथजी को उनका कुशल-समाचार सुनाकर, फिर मैं तेरे मुख में प्रवेश करूँगा। हे सुरसे, मैं तुझे प्रणाम कर रहा हूँ, तू मेरा मार्ग छोड़ दे।" इस पर सुरसा ने फिर कहा, "मुझे बड़ी भूख लगी है। अतः एक बार मेरे मुख में प्रवेश कर फिर चले जाना, नहीं तो मैं तुझे तुरंत खा जाऊँगी।" तब हनुमान्जी जी ने कहा, "अच्छा, तो शीघ्र ही अपना मुख खोल। मैं अभी तेरे मुख में घुसकर तुरन्त ही लंका को चला जाऊँगा।" ऐसा कहकर हनुमान्जी अपना शरीर एक योजन लंबा-चौड़ा बनाकर सामने खड़े हो गये।

हनुमान्जी का वह रूप देखकर सुरसा ने अपना मुख पाँच योजन फैलाया, तब हनुमान्जी ने अपना शरीर उससे दूना कर लिया। फिर सुरसा ने अपना मुख बीस योजन का किया, तो हनुमान्जी ने अपना देह तीस योजन का कर लिया। इस पर जब सुरसा ने अपना मुख पचास योजन फैलाया, तो हनुमान्जी अँगूठे के समान छोटे-से आकार के हो गये और पट उसके मुंह में प्रविष्ट होकर बाहर निकल आये। उनके सामने खड़े होकर बोले, "हे देवि, मैं तुम्हारे मुख में जाकर, फिर निकल आया हूँ। अब तुम्हें नमस्कार है।" हनुमान्जी के इस प्रकार कहते सुनकर सुरसा बोली, "हे बुद्धिमानों में श्रेष्ठ कपीश्वर, जाओ, श्रीरामचन्द्रजी का कार्य सिद्ध करो। हे वानर. देवता लोग तुम्हारी बल-बुद्धि जानना चाहते थे। अतः उन्होंने मुझे तुम्हारे पास भेजा था। मुझे निश्चय हो गया कि तुम सीताजी को देखकर फिर शीघ्र रघुनाथजी से मिलोगे। तुम्हारा पथ मंगलमय हो। अब तुम शीघ्र ही जाओ।"

श्रीहनुमान्जी के विश्राम के लिये मैनाक-पर्वत का उपस्थित होना

ऐसा कहकर सुरसा देवलोक चली गयी और श्रीहनुमान्जी फिर आकाशमार्ग से पक्षीराज गरुड़ के समान उडने लगे। इसी समय समुद्र ने भी सुवर्ण और मणियों से युक्त मैनाक-पर्वत से कहा, "मैनाक, देखो, ये महाशक्तिशाली पवनपुत्र हनुमान्जी रामकार्य के लिये लंका जा रहे हैं। तुम उनकी सहायता करो। पूर्वकाल में मुझे सगर-पुत्रों ने बढ़ाया था, इसी से मैं 'सागर' कहलाता हूँ। ये दशरथनन्दन राम उन्हीं के वंश में प्रकट हुए हैं और ये कपिराज उन्हीं का कार्य करने के लिये लंका जा रहे हैं। तुम तुरन्त ही जल के ऊपर उठ जाओ, जिससे ये तुम्हारे ऊपर कुछ देर विश्राम कर आगे जायँ।" तब मैनाक 'बहुत अच्छा' कहकर तुरंत अपने मणिमय शिखरों से पानी के ऊपर बहुत ऊँचा निकल आया। और उन शृंगों के ऊपर मनुष्याकार में स्थित होकर उसने जाते हुए हनुमान्जी से कहा, "हे महाकपे, मैं मैनाक हूँ। हे मारुते, समुद्र ने मुझे तुम्हें विश्राम देने के लिये आज्ञा दी है। आओ, मेरे ये अमृततुल्य पके फलों को खाकर कुछ देर यहाँ विश्राम करके फिर आनन्दपूर्वक चले जाना।" मैनाक के इस प्रकार कहने पर पवनपुत्र हनुमान्जी बोले, "मैनाकजी, इस कृपा के लिए आपको बहुत-बहुत धन्यवाद। किन्तु रामकार्य के लिये जाते हुए मैं भोजनादि कैसे कर सकता हूँ? मुझे जल्दी ही जाना है, अतः विश्राम का अवकाश भी कहाँ है?" ऐसा कहकर

कपिश्रेष्ठ हनुमान्‌जी मैनाक का मान रखने के लिये उसके शिखर को केवल अँगुली से छूकर आगे चल दिये ।

सिंहिका राक्षसी द्वारा बाधा और हनुमान्‌जी द्वारा उसका वध

वे कुछ ही आगे बढ़े थे कि उनकी छाया को एक छायाग्रह ने पकड़ लिया । वह सिंहिका नामक भयानक राक्षसी थी । वह सदा जल में रहकर आकाशमार्ग से जाते हुए जीवों की छाया पकड़कर उन्हें खींच लेती थी और खा जाया करती थी। उससे पकड़े जाने पर महापराक्रमी श्रीहनुमान् सोचने लगे, "यह कौन सा विघ्नकारी है, जिसने मेरा वेग रोक लिया ? दिखायी तो यहाँ कोई देता नहीं ? इससे मुझे परम आश्चर्य हो रहा है ।" ऐसा सोचते-सोचते अपनी दृष्टि नीचे की ओर की, तो उन्हें वहाँ बड़े विकराल रूप की स्थूलकाय सिंहिका राक्षसी दिखलायी दी । उसे देखते ही वे तुरंत जल में कूद पड़े और बड़े क्रोध से उसे लातों से मार डाला ।

लंकिनी से साक्षात्कार

इसके पश्चात् हनुमान्‌जी फिर उछलकर दक्षिण की ओर चलने लगे और समुद्र के दक्षिणी तट पर पहुँच गये । वहाँ नाना प्रकार के फलवाले वृक्ष लगे हुए थे। वह स्थान तरह-तरह के पक्षियों और मृगों से परिपूर्ण तथा विविध प्रकार की लताओं से आवृत था । वहाँ पहुँचकर उन्होंने त्रिकूट पर्वत पर बसी हुई लंकापुरी देखा जो सब ओर से अनेक परकोटों और खाइयों से घिरी हुई थी । उसे देखकर वे सोचने लगे कि मुझे किसी प्रकार इस नगर में प्रविष्ट होना चाहिये । फिर उन्होंने निश्चय किया कि मैं रात्रि के समय सूक्ष्म शरीर धारणकर इस रावण प्रतिपालित लंकापुरी में प्रवेश करूँगा । यह विचारकर वे वहीं रुक गये, फिर रात्रि होने पर लंका की ओर अग्रसर हुए ।

जिस समय महाप्रतापी श्रीहनुमान्‌जी ने सूक्ष्म शरीर धारण कर नगर के द्वार में प्रवेश किया, उस समय वहाँ साक्षात् लंकापुरी राक्षसी का रूप धारण किये खड़ी थी । उसने हनुमान्‌जी को नगर में जाते देख डपट कर पूछा, "तू कौन है, जो इस रात्रि के समय मुझ लंकिनी का अनादर कर चोर के समान वानर-रूप में नगर में जा रहा है ? और यहाँ तू क्या करना चाहता है ?" ऐसा कहकर उसने क्रोध से आँखें लाल कर उसको लात मारी । इस पर हनुमान्‌जी ने उसका तिरस्कार और अवज्ञा करते हुए उसे बायें हाथ से घूँसा मारा, जिससे वह बहुत-सा रुधिर वमन करती हुई पृथ्वी पर गिर पड़ी । फिर कुछ देर पश्चात् लंकिनी ने उठकर महाबली हनुमान् से कहा, "हे हनुमन्, जाओ, तुम्हारा कल्याण हो । हे अनघ, तुम लंकापुरी को जीत चुके, पूर्वकाल में मुझसे श्रीब्रह्माजी ने कहा था कि अट्ठाइसवें चतुर्युग के त्रेतायुग में अविनाशी नारायणदेव दशरथकुमार श्रीराम-रूप में अवतीर्ण होंगे और उनकी योग-माया महाराज जनक के घर में सीताजी होकर प्रकट होगी । मैंने पहले कभी उनसे पृथ्वी का भार उतारने के लिये प्रार्थना की थी । वे श्रीरामचन्द्रजी भाई लक्ष्मण और भार्या सीताजी के सहित दण्डकारण्य में जायेंगे । वहाँ महामायारूपिणी सीताजी को

रावण हर ले जायगा। उन्हीं की खोज में एक वानर रात्रि के समय तेरे पास जायगा। वह तुझसे तिरस्कृत होने पर तेरे मुक्का मारेगा। हे अनघे, जिस समय तू उसके प्रहार से व्याकुल हो जायगी, उसी समय रावण का अन्त होगा—इसमें सन्देह नहीं है।

"अतः हे निष्पाप हनुमन्, तुमने मुझ लंका को जीत लिया, तो सभी को जीत लिया। रावण के अन्त.पुर में एक अत्युत्तम क्रीडावन है। उसमें दिव्य वृक्षों से संपन्न एक अशोकवाटिका है। उसके बीचों-बीच एक अति विशाल शिशपा (सीसम) का वृक्ष है। श्रीजानकीजी वहीं भयंकर राक्षसियों के पहरे में रहती हैं। तुम उनका दर्शन कर शीघ्र ही श्रीरघुनाथजी को उनका समाचार सुनाओ। आज बहुत दिनों बाद मुझे श्रीरामचन्द्रजी की संसार-बंधन को नष्ट करनेवाली स्मृति हुई है। साथ ही उनके परम भक्त का अति दुर्लभ सत्संग प्राप्त हुआ है। अतः आज मैं धन्य हूँ। मेरे हृदय में विराजमान वे दशरथनन्दन राम मुझ पर सदा प्रसन्न रहें। अब तुम अपने हृदय में सर्वसमर्थ श्रीराम का स्मरण करते हुए लंकापुरी में प्रविष्ट हो समस्त कार्यों को निर्विघ्न सम्पन्न करो।"

पवननन्दन हनुमान्जी के समुद्र लांघते ही सीताजी और रावण की बायीं भुजा और बायें नेत्र तथा इन्द्रियातीत श्रीरामचन्द्रजी के दायें अंग बड़े जोर से फड़कने लगे।

हनुमान्जी का रावण के अन्तःपुर में प्रवेश

तदनन्तर हनुमान्जी अति सुशोभित लंकापुरी में गये और सूक्ष्म शरीर धारण कर रात्रि में नगर में सब ओर घूमते रहे। सीताजी का पता लगाने के लिये राज-मन्दिरों में घुस गये। रावण के अन्तःपुर में प्रविष्ट होकर उन्होंने अति सुन्दरी स्त्रियों का निरीक्षण किया। उस राक्षस-राज के भवन में कोई साँवली, कोई गोरी, कोई काली और कोई सुवर्ण के समान वर्णवाली सुन्दरी विराजमान थी। उनमें कोई निद्रा में पड़ी थी, कोई मदिरापान किये अर्द्ध-चेतना में करवटें बदल रही थी। उनका काम-मोहित रूप अत्यधिक आकर्षक था।

उन सोती हुई स्त्रियों को देखते-देखते महाकवि हनुमान् धर्म के भय से शंकित हो गये। उनके हृदय में बड़ा भारी सन्देह उत्पन्न हो गया। वे सोचने लगे, "इस तरह सोयी हुई पराई स्त्रियों को देखना अच्छा नहीं है। यह तो मेरे धर्म का अत्यन्त विनाश कर डालेगा। मेरी दृष्टि अब तक कभी परायी स्त्रियों पर नहीं पड़ी थी। यहाँ आने पर इस पापात्मा रावण के कारण मुझे परायी स्त्रियों को एकान्त स्थान में देखना पड़ा। यह जघन्य पाप है।" किन्तु थोड़ी ही देर बाद मनस्वी हनुमान्जी के मन में एक दूसरी विचारधारा उत्पन्न हुई, "मेरा चित्त अपने लक्ष्य में सुस्थिर था। इसमें सन्देह नहीं की रावण की स्त्रियाँ निश्शंक अवस्था में पड़ी थीं और उसी अवस्था में मैंने उन सबको अच्छी तरह देखा है, तथापि मेरे मन में किसी प्रकार का भी विकार नहीं उत्पन्न हुआ है। सम्पूर्ण इन्द्रियों को शुभ और अशुभ अवस्थाओं में लगने

की प्रेरणा देने में मन ही कारण है। किन्तु मेरा मन पूर्णतः स्थिर है। उसमें कहीं भी राग या द्वेष नहीं है। इसलिये मेरा यह परस्त्री-दर्शन धर्म का लोप करनेवाला नहीं हो सकता। इसके अतिरिक्त विदेहनन्दिनी सीता को दूसरी जगह तो मैं ढूँढ़ भी नहीं सकता था, क्योंकि स्त्रियों को ढूंढ़ते समय उन्हें स्त्रियों के बीच ही देखा जाता है।" इसके पश्चात् वे सीताजी के मरने का विचार करके परम दुखी हुए। इतने पर भी उन्होंने सीताजी को ढूंढ़ने में हाट-बाट, गली, चौराहे, अन्य राक्षसों के महलों का कोना-कोना छान डाला, फिर भी वह नहीं दीख पड़ी। तब अकस्मात् उन्हें लंकिनी की कही हुई और सम्पाति गृध्र की कही हुई बातों का स्मरण हुआ कि सीताजी अशोकवाटिका में रावण द्वारा रखी गयी हैं।

रावण की चिन्ता और स्वप्न

रावण को सदा यही चिन्ता रहती थी कि "किस प्रकार श्रीरामचन्द्रजी के हाथों से जल्दी से जल्दी मेरा मरण हो, न जाने क्या कारण है कि वे अभी तक सीता के लिये नहीं आये।' इस प्रकार निरन्तर भगवान् राम का ही हृदय में स्मरण करते रहने से राक्षसराज रावण ने उसी दिन शेष रात्रि में स्वप्न में देखा कि श्रीराम का सन्देह लेकर आया हुआ कोई स्वेच्छारूपधारी वानर सूक्ष्म शरीर से वृक्ष की शाखा पर बैठा हुआ है। इस अद्भुत स्वप्न को देखकर उसने अपने मन में सोचा, "कदाचित् यह स्वप्न ठीक ही हो। अतः अब अशोकवाटिका में चलकर मुझे एक काम करना चाहिये—मैं जानकीजी को अपने वाग्बाणों से बेधकर अत्यन्त दुखी करूँ, जिससे वह वानर यह सब देखकर रामचन्द्रजी को सारी बात बताये।"

हनुमान्जी का अशोकवाटिका में जाकर सीता की दैन्यावस्था देखना

इधर हनुमान्जी सीताजी का पता लगाने के लिये अशोकवाटिका में पहुँचे। वह वाटिका कल्पवृक्षों से परिपूर्ण थी। उसकी बावड़ियों की सीढ़ियाँ रत्नजटित थीं। उसमें नाना प्रकार के पक्षी और मृगगण विहार कर रहे थे। वह वाटिका फलों के भार से झुकी हुई शाखाओं वाले वृक्षों से घिरी हुई थी। वहाँ प्रत्येक वृक्ष के नीचे ढूंढ़ते हुए पवननन्दन हनुमान्जी ने एक देवालय देखा। वह इतना ऊँचा था कि उसके शिखर बादलों से टकराते थे। सैकड़ों मणिमय स्तम्भों से युक्त उस देवालय को देख कर उन्हें बड़ा आश्चर्य हुआ। उससे कुछ और आगे बढ़े, तो उन्होंने एक अत्यन्त घने पत्तोंवाला शिशपा (सीसम) का वृक्ष देखा। उसके नीचे धूप का प्रवेश नहीं होता था। वीरवर हनुमान्जी ने देखा कि उस वृक्ष के नीचे श्रीजानकीजी पृथ्वी पर स्थित शान्त-भाव से राक्षसियों से घिरी हुई बैठी हैं। उनके बालों की जुड़ कर एक वेणी हो गयी है। वे अत्यन्त दुर्बल और दीनावस्था में हैं और मैले-कुचैले वस्त्र धारण किये हुए हैं। ऐसी अवस्था में वे पृथ्वी पर पड़ी हुई 'राम राम' कह रही हैं। उन्हें अपना कोई रक्षक भी नहीं दिखायी देता और वे उपवास करने से अति दुर्बल हो गयी हैं।

कपिश्रेष्ठ हनुमान्जी शाखाओं के पत्तों में छिपकर उन्हें देखने लगे और मन

ही-मन कहने लगे, "आज माता जानकीजी को देखकर मैं कृतार्थ हो गया, कृतार्थ हो गया। अहा, भगवान् श्रीराम का कार्य मेरे ही द्वारा सिद्ध हुआ।" इसी समय अन्तःपुर में कुछ शोरगुल सुनाई पड़ा। तब हनुमान्‌जी ने सोचा कि 'यह क्या गड़बड़ है'। वृक्ष के पत्तों में छिपे-छिपे देखा कि स्त्रियों से घिरा हुआ रावण उसी ओर आ रहा है। उसके दशमुख, बीस भुजा और कज्जल-समूह के समान काले शरीर को देखकर हनुमान् जी को अति विस्मय हुआ। वे पत्तों में अच्छी तरह छिप गये।

सीताजी और रावण का वार्तालाप

रावण अपने स्वप्न की बात सोचकर तुरंत सीताजी के पास गया। उसके साथ की स्त्रियों के नूपुर और किंकिणी आदि की झनकार सुनकर कल्याणी सीताजी घबरा कर नीचे को मुख करके बैठ गयीं। उस समय उनके नेत्रों में जल भर आया और हृदय भगवान् राम में लग गया। सीताजी को देखकर रावण बोला, "हे कमनीय कटिवाली और सुन्दर भृकुटिवाली सीते, मुझे देखकर वृथा क्यों इतना सिकुड़ती है? अब, राम तो अपने भाई के साथ वनचरों में रहता है। वह कभी तो किसी को दिखायी देता है और कभी दिखायी भी नहीं देता।

"मैंने तो उसे देखने के लिये कितने ही लोग भेजे किन्तु बहुत प्रयत्नपूर्वक सब ओर देखने पर भी वह उन्हें कहीं भी नहीं दिखायी पड़ा। अब राम से तुझे क्या काम है? वह तो तुझसे सदा उदासीन रहता है। सदा तेरे पास रहते हुए और सदा तुझसे आलिंगित होते हुए भी उसके हृदय में अभी तक तेरे प्रति स्नेह नहीं हुआ। राम को तुझसे जितने भोग प्राप्त हुए हैं और तुझमें जितने गुण हैं, उन सबको भोगकर भी वह कृतघ्न, गुणहीन और अधम कभी उनकी याद भी नहीं करता। देखो, मैं तुम्हें हर लाया, तुम उसकी सुशीला पत्नी हो और इस समय दुःख-शोक से व्याकुल हो रही हो, तो भी वह अभी तक तुम्हारी खोज-खबर के लिये नहीं आया। जब उसे तुममें प्रेम ही नहीं है, तो आता कैसे? वह सर्वथा असमर्थ, ममताहीन, अभिमानी, मूर्ख और अपने को बड़ा बुद्धिमान् माननेवाला है। हे भामिनि, अपने से उदासीन उस नराधम से तुम्हें क्या लेना है? देख, मैं राक्षसश्रेष्ठ तुमसे अत्यन्त प्रेम करता हूँ। अतः तुम मुझे ही अंगीकार करो। यदि तुम मेरे अधीन रहोगी, तो देव, गन्धर्व, नाग, यक्ष और किन्नर आदि की स्त्रियों पर शासन करोगी। वे सब दासियों के समान तुम्हारी सेवा करेंगी।"

रावण के उपर्युक्त वचन सुनकर सीताजी को परम क्रोध आया। उन्होंने सिर नीचा कर लिया और बीच में तृण रखकर कहा, "अरे नीच, इसमें सन्देह नहीं है कि श्रीरघुनाथजी से डर कर ही तूने भिक्षु का रूप धारण किया था। उन दोनों रघुश्रेष्ठों की अनुपस्थिति में, कुत्ता जिस प्रकार सूनी यज्ञशाला से हवि चुरा ले जाता है, उसी प्रकार तू मुझे हर लाया है। उसका फल तू बहुत शीघ्र पायेगा। जिस समय श्रीराम की बाणवर्षा से विदीर्ण होकर तू यमलोक जायगा, उस समय तू अमानव राम को

जान पायेगा । अरे राक्षसाधम, इसमें सन्देह नहीं, तू शीघ्र देखेगा कि तुझे युद्ध में मारने के लिए भाई लक्ष्मण-सहित भगवान् श्रीराम समुद्र को सुखाकर अथवा उस पर बाणों का पुल बनाकर यहाँ आयेंगे और तुझे पुत्रों और सेना के सहित मारकर मुझे अयोध्या ले जायेंगे ।''

जानकीजी के ये कठोर वचन सुनकर राक्षसराज रावण को अत्यंत क्रोध हुआ और वह क्रोध से नेत्र लाल कर तुरंत ही खड्ग खींचकर सीताजी को मारने पर उतारू हो गया । तब, पति के हित में तत्पर रहनेवाली महारानी मंदोदरी ने अपने पति को रोकते हुए कहा, ''पतिदेव, इस दीना, क्षीणा, दुखिया एवं कातर मानवी को छोड़ दीजिये । आपके लिये तो देवता, गन्धर्व और नागादिकों की ऐसी अनेकानेक मदमत्तनयना मनोहारिणी महिलाएँ हैं, जो बड़े हर्ष और उत्साह से आप ही को वरण करना चाहती हैं ।''

मन्दोदरी की बात सुनकर रावण ने बहुत-सी विकराल वदनवाली राक्षसियों को आज्ञा दी, ''हे निशाचरियों, भय अथवा आदर जिस उपाय से भी सीता कामना-युक्त होकर शीघ्र ही मेरे अधीन हो जाय, तुम सब लोग वही करो । यदि दो महीने के भीतर वह मेरे वशीभूत हो जायेगी, तो सर्वसुखसम्पन्न होकर वह मेरे साथ राज्य भोगेगी । और यति दो महीने तक यह मेरी शय्या पर आना स्वीकार न करे, तो इस मानवी को मार कर मेरा प्रातःकाल का कलेवा बना देना ।''

राक्षसियों को ऐसी आज्ञा देकर रावण अपनी स्त्रियों के साथ अन्तःपुर चला गया । राक्षसियाँ सीताजी के पास आकर उन्हें अपने-अपने उपायों से भयभीत करने लगीं । उनमें से एक बोली, ''जानकी, तेरा यौवन वृथा ही गया । यदि तू रावण का सहवास करे, तो यह सफल हो जाय ।'' दूसरी ने क्रोध दिखाते हुए कहा, ''अब हमारी बात मानने में देर क्यों करती है ?'' इसी प्रकार कोई खड्ग निकालकर जानकीजी को मारने के लिये तैयार होकर बोली, ''इसके अंगों को काट-काटकर अभी अलग-अलग कर डालो ।'' कोई भयंकर मुखवाली राक्षसी अपना मुख फाड़कर डराने लगी ।

त्रिजटा राक्षसी का स्वप्न

सीताजी को इस प्रकार डराती हुई उन विकृतवदना राक्षसियों को रोककर त्रिजटा नाम की एक राक्षसी बोली, ''अरी दुष्टा राक्षसियो, मेरी बात ध्यान से सुनो, इसी में तुम्हारा हित होगा । तुम सब इन रोती-विलखती जानकीजी को मत डराओ, बल्कि इन्हें नमस्कार करो । मैंने अभी-अभी स्वप्न देखा है कि कमललोचन भगवान् राम लक्ष्मण के साथ श्वेत ऐरावत हाथी पर चढ़कर आये हैं और मैंने उन्हें सम्पूर्ण लंकापुरी को जलाकर तथा रावण को युद्ध में मारकर सीताजी को अपनी गोद में लिये पर्वत-शिखर पर बैठे हुए देखा है । रावण गले में मुंडमाला पहने, शरीर में तैल लगाये, नंगा होकर अपने पुत्र-पौत्रों के साथ गोबर कुण्ड में डूबकी लगा रहा है । विभीषण प्रसन्नचित्त से श्रीरामचन्द्रजी के पास बैठा हुआ है और वह अतिभक्तिपूर्वक उनकी

चरण-सेवा कर रहा है। इससे निश्चय होता है कि श्रीरामचन्द्रजी अनायास ही रावण का कुलसहित नाश कर विभीषण को लंका का राज्य देंगे और सुमुखी सीता को गोद में बिठाकर अपने भाई लक्ष्मण सहित निस्सन्देह अपने नगर को चले जायेंगे।"

त्रिजटा के उपर्युक्त वचन सुनकर राक्षसियाँ भयभीत हो गयीं। वे चुपचाप जहाँ-तहाँ बैठ गयीं और कुछ देर बाद उन्हें नींद आ गयी। राक्षसियों के डराने से सीताजी अत्यन्त भयभीत और विह्वल हो गयीं और अपना कोई सहायक न देखकर वे दुःख से मूर्च्छित हो गयीं। तत्पश्चात् आँखों में आँसू भरकर और अति चिन्ताकुल होकर इस प्रकार कहने लगीं, "राक्षसियाँ प्रातःकाल होते ही मुझे मारकर खा जायेंगी। ऐसा कौन-सा उपाय है कि मुझे मृत्यु आ जाय?" मौत का निश्चय करके भी उसका कोई साधन न देखकर कल्याणी सीता वृक्ष की शाखा पकड़े हुए अत्यंत दुःख से भरकर बहुत देर तक फूट-फूट कर रोती रहीं।

हनुमान्जी की सीताजी से भेंट

इस प्रकार रोते-रोते सीताजी ने सोचा, "अच्छा, तो मैं फाँसी लगाकर ही अपना शरीर क्यों न छोड़ दूँ? इन राक्षसियों के बीच में रहकर रघुनाथजी के बिना जीने से लाभ ही क्या है? फाँसी लगाने के लिये मेरी लंबी वेणी पर्याप्त होगी।" जानकीजी को इस प्रकार मरने का निश्चय करते देख सूक्ष्मरूपधारी श्रीहनुमान्जी ने हृदय में कुछ विचारकर उनके कानों में पड़ने योग्य धीमी वाणी से श्रीराम से सम्बन्धित सारी कथा सुना दी। कथा सुनाने के पश्चात् हनुमान्जी मौन हो गये। श्रीराम-संबंधी सारी बातें सुनने के पश्चात् सीताजी को परम विस्मय हुआ। वे कहने लगीं, "मैंने जो आकाश में शब्द सुने हैं, वे क्या वायु के उच्चारण किये हुए हैं? अथवा स्वप्न या मेरे मन की भ्रान्ति है। अथवा यह सब सत्य ही तो नहीं है? दुःख के कारण मुझे तो नींद आती नहीं। फिर स्वप्न कैसे हो सकता है? मैं प्रत्यक्ष सुन रही हूँ, इसलिये यह भ्रम भी कैसे हो सकता है? अतः निश्चय ही यह सब यथार्थ है। जिसने मेरे कानों में यह अमृतवाणी सुनायी है, वह प्रियभाषी महाभाग मेरे सामने प्रत्यक्ष प्रकट हों।"

जानकीजी के ये वचन सुनकर हनुमान्जी शनैः-शनैः उस वृक्ष के पत्रभाग से उतरकर सीताजी के सामने खड़े हो गये। उस समय उन्होंने अरुण-बदन, पीतवर्ण और चटक पक्षी के बराबर आकारवाले वानर के रूप से धीरे से सामने आकर सीताजी को हाथ जोड़कर प्रणाम किया। उन्हें देखकर जानकीजी को भय हुआ कि मुझे फँसाने के लिये माया से वानर-रूप धारण कर रावण ही आया है। यह सोचकर वे चुपचाप नीचे को मुख किये बैठी रहीं। तब हनुमान्जी ने सीताजी से फिर कहा, "देवि, आप जिसकी आशंका कर रही हैं, मैं वह नहीं हूँ। हे माता, मेरे विषय में आपको जो शंका हो रही है, उसे दूर कर दें। हे शुभप्रदे, मैं तो कोसलाधिपति परमात्मा राम का दास

और वानरराज सुग्रीव का मंत्री हूँ । हे शोभने, सम्पूर्ण जगत् के प्राणस्वरूप पवनदेव का मैं पुत्र हूँ ।"

यह सुनकर श्रीजानकीजी ने हाथ बाँधे खड़े हुए हनुमान्‌जी से पूछा, "तुम जो कहते हो कि मैं श्रीरामचन्द्रजी का दास हूँ, तो भला वानर और मनुष्य की मित्रता कैसे हो सकती है ?" तब हनुमान्‌जी ने प्रसन्न होकर जानकीजी से कहा, "शबरी की प्रेरणा से परम तेजस्वी और बुद्धिमान् भगवान् राम ऋष्यमूक पर्वत पर आये । उस पर्वत पर बैठे हुए सुग्रीव ने जब दूर ही से राम और लक्ष्मण को आते देखा, तो मन में भय मानकर मुझे उनका आशय जानने के लिये भेजा । मैं ब्रह्मचारी-वेश धारणकर रामजी के पास पहुँचा । उनका शुद्ध भाव जानकर उन्हें और लक्ष्मणजी को कन्धे पर चढ़ाकर सुग्रीव के पास ले गया तथा श्रीराम और सुग्रीव दोनों की मित्रता करा दी । सुग्रीव की पत्नी उसके बड़े भाई बालि ने छीन ली थी । श्रीभगवान् राम ने उसे एक ही बाण से मारकर सुग्रीव को वानरों के राज्यपद पर अभिषिक्त कर दिया । तब सुग्रीव ने आपकी खोज के लिये बड़े-बड़े वीर और पराक्रमी वानरों को दिशा-विदिशाओं में भेजा । उस समय मुझे चलता देख श्रीरघुनाथजी ने मुझसे स्नेहपूर्वक कहा, "हे पवननन्दन, मेरा सब काम तुम्हारे ऊपर निर्भर है । तुम सीताजी से मेरी और लक्ष्मण की सब कुशल कहना तथा अपनी पहचान के लिये मेरी यह उत्तम अँगूठी, जिस पर मेरे नाम के अक्षर अंकित हैं, सीताजी को अति सावधानी से देना ।" ऐसा कहकर उन्होंने अपनी अँगुली से उतारकर वह उत्तम अँगूठी मुझे दी । मैं उसे बड़ी सावधानी से ले आया हूँ । देवि, अब आप यह अँगूठी दीखिये ।"

ऐसा कह हनुमान्‌जी ने वह अँगूठी भगवती जानकीजी को दे दी । वे नमस्कार कर हाथ जोड़े दूर खड़े हो गये । उस रामनाम-अंकिता मुदरी को देखकर सीताजी अति आनन्दित हुईं । उसे अपने सिर से लगाकर नेत्रों से आनन्दाश्रु बहाने लगीं । तदनन्तर वे कहने लगीं, "हे कपिवर, तुम मेरे प्राणदाता हो । तुम बड़े ही बुद्धिमान् और श्रीराम के परम भक्त और आज्ञाकारी हो । मुझे निश्चय है कि उन्हें भी तुम्हारा पूर्ण विश्वास है । यदि ऐसा न होता, तो तुम परपुरुष को मेरे पास क्यों भेजते ? हनुमन्, मेरी सारी आपदाएँ तुमने भलीभाँति देख ही ली हैं । श्रीरामजी को ये सारी बातें ज्यों की त्यों सुना देना, जिससे उन्हें मुझ पर दया उत्पन्न हो । हे साधुश्रेष्ठ, अब मेरे प्राण दो ही मास रहेंगे । यदि इस बीच में रघुनाथजी न आये, तो यह दुष्ट मुझे खा जायगा। अतः यदि भगवान् राम वानरराज सुग्रीव के सहित अन्य वानर-यूथपों को लेकर तुरंत ही रावण को पुत्रों-पौत्रों और सेना के सहित संग्राम में मारकर मुझे छुड़ाएँगे, तभी उनका महान् पुरुषार्थ सार्थक होता । हे हनुमन्, तुम भी ऐसी युक्ति से सब बातें कहना, जिससे वे शीघ्र ही दुष्ट रावण को मारकर मेरा उद्धार करें । ऐसा करके तुम भी महान् पुण्य के भागी होगे ।"

तब हनुमान्‌जी ने उनसे कहा, "देवि, मैंने जैसा कुछ देखा है उससे तो यही प्रतीत होता है कि लक्ष्मणजी के सहित श्रीरामचन्द्रजी शीघ्र ही अस्त्र-शस्त्र लेकर

सेनायुक्त सुग्रीव के सहित यहाँ आयेंगे। वे रावण को बलपूर्वक मार कर तुम्हें अयोध्या ले जायेंगे। साध्वि, इसमें किसी प्रकार का सन्देह नहीं है।''

इस पर जानकीजी कहने लगीं, ''भगवान् राम अभयात्मा हैं। उनके शरीर का कोई माप नहीं है, वे सर्वव्यापक हैं। किन्तु वानर-यूथपों के साथ वे समुद्र को पार करके किस प्रकार यहाँ आयेंगे ?''

हनुमान् जी बोले, ''ये दोनों नरश्रेष्ठ मेरे कन्धों पर चढ़ कर आयेंगे और वानरराज सुग्रीव सेनासहित इस विस्तीर्ण समुद्र को आकाश-मार्ग से एक क्षण में पार कर तुम्हें प्राप्त करने के लिये सम्पूर्ण राक्षसों को भस्म कर डालेंगे। हे देवि, अब मुझे आज्ञा दो, मैं अभी-अभी अनुजसहित भगवान् राम का दर्शन करने के लिये जा रहा हूँ और उन्हें तुरंत तुम्हारे पास लाने का प्रयत्न करूँगा। देवि, मुझे कोई ऐसा चिह्न दो, जिससे रघुनाथजी मेरा विश्वास करें। उसे लेकर मैं बड़ी सावधानी से उत्सुकतापूर्वक उनके पास जाऊँगा।''

इसके पश्चात् कमललोचना सीताजी ने कुछ सोच-विचारकर अपनी केशराशि में स्थित चूड़ामणि को निकाला और उसे हनुमान्‌जी को देकर कहा, ''हे कपिवर, इनके देने पर भगवान् राम और लक्ष्मण तुम्हारा विश्वास करेंगे। हे सुव्रत, उन्हें विश्वास दिलाने के लिये एक बात और बतलाती हूँ—एक दिन चित्रकूट-पर्वत पर श्रीरघुनाथजी एकान्त में मेरी गोद में सिर रखे सो रहे थे। इसी समय देवराज इन्द्र का पुत्र, जयन्त काक-वेश में वहाँ आया और मांस के लोभ से मेरे पैर के लाल-लाल अंगूठे को अपनी चोंच तथा पंजों से चीर डाला। तदनन्तर जब वे जागे, तो मेरे पैर में घाव हुआ देखकर बोले, ''प्रिये, किस दुरात्मा ने मेरा यह अप्रिय किया है ?'' वे यह कह ही रहे थे कि उन्होंने अपने सामने उस कौए को बारंबार मेरी ओर आते देखा। उसकी चोंच और पंजे रुधिर से सने हुए थे। उसे देखकर उन्हें बड़ा क्रोध आया। उन्होंने तुरंत ही एक तृण उठाया और उसे मंत्र से अभिषिक्त कर दिव्यास्त्र बना दिया। दिव्यास्त्र का प्रयोग करके उस प्रज्वलित अस्त्र को लीला से ही प्रयोग करके उस कौए की ओर छोड़ दिया। वह काक भी भयभीत होकर भागा और त्रिलोक में भटकता फिरा, किन्तु ब्रह्मा, इन्द्र आदि ने भी उसकी रक्षा नहीं की। तब नारदजी ने उसे प्रेरणा दी कि तुम श्रीरामजी की शरण में आर्तभाव से जाओ। वे ही तुम्हारे प्राणदाता होंगे, क्योंकि उनके विरोधी को उनके अतिरिक्त कोई नहीं बचा सकता। वह अत्यधिक डरता-डरता श्रीराम के चरणों में जा पड़ा। उसे शरणागत देख श्रीराम ने उससे कहा, ''मेरा यह अस्त्र अमोघ है। यह कभी व्यर्थ नहीं जा सकता। अतः तू केवल अपनी एक आँख देकर यहाँ से चला जा।'' तब वह काक अपनी बायीं आँख देकर चला गया। जो ऐसे पुरुषार्थी हैं, वे ही श्रीरामचन्द्रजी न जाने इस समय क्यों मेरी उपेक्षा कर रहे हैं ?''

सीताजी का यह कथन सुनकर हनुमान्‌जी ने कहा, ''देवि, जिस समय

श्रीरघुनाथजी को तुम्हारे यहाँ होने का पता चलेगा, उस समय इस राक्षस-मंडल-मंडिता लंका को वे एक क्षण में ही भस्म कर डालेंगे।"

जानकीजी ने कहा, "वत्स, तुम अत्यन्त सूक्ष्म शरीर वाले हो, अतः राक्षसों से कैसे लड़ सकोगे ? और सब वानर भी तो तुम्हारे ही समान होंगे ?"

देवी जानकी की इस आशंका के निवारण के लिए हनुमान्जी ने उन्हें अपना पूर्व रूप दिखलाया, जो मेरु और मन्दर पर्वत के समान अति विशाल और राक्षसों के मन में भय उत्पन्न करनेवाला था। उनके इस पर्वताकार विशाल रूप को देखकर सीताजी को अपार आनन्द हुआ और उनसे कहने लगीं, "हे महासत्व, तुम बड़े हीं सामर्थ्यवान् हो। अच्छा, अब तुम शीघ्र ही श्रीरामचन्द्रजी के पास जाओ, अन्यथा तुझ महाबली को राक्षसियाँ देख लेंगी। तुम्हारा मार्ग कल्याणमय हो।"

अशोक-वाटिका-विध्वंस

हनुमान्जी को भूख लगी हुई थी। वे सीताजी से बोले, "आपका दर्शन कर चुका। अब मुझे आपके सामने लगे हुए फलों से पारण करना है।" तब जानकीजी के 'बहुत अच्छा' कहने पर कपिवर ने वे फल खाये और सीताजी के विदा करने पर उन्हें प्रणाम करके चल दिये। फिर कुछ दूर चलने पर उन्होंने अपने मन में सोचा, "जो दूत अपने स्वामी के कार्य के लिये आकर उसमें किसी प्रकार का विघ्न न करने वाला कोई और कार्य न करके यों ही चला जाता है, वह अधम ही है। अतः मैं कुछ और भी करूँगा। मैं रावण से मिलकर तथा बातचीत कर फिर रघुनाथजी के दर्शनार्थ जाऊँगा।"

मन में ऐसा निश्चय कर महामनस्वी और महाबली हनुमान्जी ने वृक्षों को उखाड़कर अशोकवाटिका को एक क्षण में ही वृक्षविहीन कर दिया। जिसके नीचे श्रीसीताजी बैठी थीं, उस वृक्ष को छोड़कर शेष समस्त वाटिका को उन्होंने उजाड़ डाला। उन्हें वन उजाड़ते देखकर राक्षसियों ने सीताजी से पूछा, "यह वानराकार विकट वीर कौन है ?"

जानकीजी ने कहा, "इस राक्षसी माया को आप ही लोग जानें। दुःख और शोक से आतुर मैं क्या जानूं ?" जानकीजी के इस प्रकार कहने पर भय-पीड़ित राक्षसियों ने रावण के पास जाकर उससे हनुमान्जी की सारी करतूत कह सुनायी। वे कहने लगीं, "देव, एक बड़े पराक्रमी वानराकार प्राणी ने सीताजी से संभाषण कर एक क्षण में ही सारी वाटिका उजाड़ दी है। उस महापराक्रमी ने मन्दिर के प्रासाद को भी नष्ट-भ्रष्ट कर डाला और उसके सब राक्षसों को मारकर इस समय भी वहीं बैठा हुआ है।"

अशोकवाटिका के विध्वंस का यह अप्रिय समाचार सुनकर राक्षसराज रावण तुरंत उठा और उसने दस लाख सेवकों को भेजा। इधर पर्वताकार हनुमान्जी लोहे के खंभों को शस्त्र रूप में लिये हुए उस टूटे-फूटे मन्दिर के प्रथम भाग में बैठे थे।

उनकी पूंछ कुछ-कुछ हिल रही थी, उनका मुख अरुणवर्ण और आकृति भयानक थी। राक्षसों के समूह को आया देख उन्होंने घोर सिंहनाद किया, जिसे सुनकर वे सब स्तब्ध हो गये। फिर सम्पूर्ण राक्षसों को मारनेवाले भीषणाकार हनुमान्‌जी को देखकर राक्षसों ने उन पर नाना प्रकार के अस्त्र-शस्त्र छोड़े। यूथपति गजराज जैसे मच्छरों को मसल डालते हैं, वैसे ही हनुमान्‌जी ने उठाकर लोहे के खंभों से एक क्षण में ही सब को चारों ओर से पीस डाला।

अपने किंकरों का मरण सुनकर रावण क्रोध से पागल हो गया। उसने वहाँ पाँच बड़े बाँके सेनापतियों को अपनी सेना के साथ भेजा। हनुमान्‌जी ने अपने लौह-स्तम्भ से तुरंत ही उन सबको मौत के घाट पहुँचा दिया। तब उसने अति क्रोधित होकर सात मंत्रियों को भेजा। वानराधीश पवननन्दन ने वहाँ आने पर उन सब को भी पहले की भाँति एक क्षण में ही उसी लौह-स्तम्भ से मार डाला और अपने पूर्व स्थान पर बैठकर अन्य राक्षसों के आने की बाट देखने लगे। तब रावण ने अत्यधिक क्रुद्ध होकर अपने प्रिय पुत्र अक्ष को उनके पास भेजा। अक्ष अति बलवान् और प्रतापी था। उसे देखकर हनुमान्‌जी अपना लौह-स्तम्भ लेकर आकाश में उड़ गये और बड़े वेग से ऊपर से ही उनके मस्तक पर उसी से प्रहार किया। इस प्रकार अक्ष को मारकर उसकी सारी सेना का नामो-निशान मिटा दिया।

राजकुमार अक्ष के वध का वृत्तान्त सुनकर राक्षसराज रावण अत्यंत क्रोध में भरकर इन्द्रजीत से बोला, "बेटा इन्द्रजित, जहाँ मेरे पुत्र का मारने वाला मेरा शत्रु है, मैं वहीं जाता हूँ और उसे बाँध कर या मारकर तेरे पास लाता हूँ।" इस पर इन्द्रजित ने अपने पिता रावण से कहा, "हे महामते, शोक न कीजिये, मेरे रहते हुए आप ऐसे दुःखमय वचन क्यों बोलते हैं ? मैं उस बानर को अति शीघ्र ही ब्रह्मपास में बाँध कर आपके समक्ष उपस्थित करता हूँ।" ऐसा कहकर वह महापराक्रमी वीर रथ पर चढ़ा और बहुत से राक्षसों के साथ पवनपुत्र हनुमान्‌जी के पास पहुँचा। तब वीर्य-वान् हनुमान्‌जी भयंकर सिंहनाद कर हाथ में स्तंभ लिये गरुड़ के समान आकाश में उड़ गये। उन्हें आकाश में उड़ते देखकर इन्द्रजित ने आठ बाणों से उनके सिर को बींधा। फिर छः बाणों से उनके हृदय और दोनों चरणों को तथा एक से उनकी पूँछ को बींध कर, वह घोर सिंहनाद करने लगा। तब महाबलशाली हनुमान्‌जी ने अति प्रसन्नता से स्तंभ उठाकर एक क्षण में ही उसके सारथी को मार डाला और घोड़ों सहित उसके रथ को चूर्ण कर दिया। श्रीहनुमान्‌जी ने अपने मुक्के से इन्द्रजित की छाती पर प्रहार किया। वह मूर्च्छित हो गया। मूर्च्छा से उठने पर मेघनाद ने दूसरे रथ पर चढ़कर तुरंत ही वानरश्रेष्ठ हनुमान्‌जी को ब्रह्मपाश से बाँध लिया। वे कुछ सोच-समझ कर ब्रह्मपाश में अबद्ध हो गये। ब्रह्मपाश में बँध जाने पर मेघनाद ने उन्हें रावण के पास उपस्थित किया।

जिनके नाम का निरन्तर जप करने वाले भक्तजन एक क्षण में ही अज्ञानकृत बंधन को काटकर करोड़ों सूर्य के समान प्रकाशमान उनके परम कल्याणमय पद को तत्काल प्राप्त कर लेते हैं; उन्हीं भगवान् राम के चरण-कमलों को सदा अपने हृदय कमल में धारण करने से हनुमान्‌जी सदा ही समस्त बंधनों से मुक्त हैं। उसका ब्रह्म-पाश अथवा और किसी बंधन से क्या बन-बिगड सकता है।

अध्याय — पन्द्रह

हनुमान्‌जी-रावण संवाद तथा लंकादहन

ब्रह्मपाश से बँधे हुए श्रीहनुमान्‌जी अब डरे हुए के समान नगर देखते जा रहे थे, उस समय उन्हें देखने के लिये इधर-उधर से इकट्ठे हुए पुरवासी उनके पीछे-पीछे चलते हुए उन्हें क्रोधपूर्वक घूंमों से मारने लगे। ब्रह्माजी के वर के प्रभाव से ब्रह्मास्त्र हनुमान्‌जी के शरीर का क्षण भर के लिये स्पर्श कर तुरंत चला गया। यह बात जानकर भी वे विशेष कार्य-सम्पादन करने के लिये तुच्छ रस्सियों से बँधे हुए ही रावण के पास चले गये। इन्द्रजित उन्हें सभा में स्थित रावण के सामने ले गया और बोला, "पिताजी, मैं इस वानर को ब्रह्माजी के वर के प्रभाव से बाँध लाया हूँ। इसी ने हमारे बड़े पराक्रमी और महाबलशाली राक्षसों का संहार किया है। महाराज, मंत्रियों के साथ परामर्श कर इसके लिये जैसा उचित समझें, वैसा करें। यह कोई साधारण वानर नहीं है।"

राक्षसराज रावण ने सामने बैठे हुए कज्जलगिरि के समान कृष्ण वर्ण प्रहस्त से कहा, "प्रहस्त, इस बंदर से पूछो तो सही, यह यहाँ क्यों आया है? इसने मेरी सारी अशोकवाटिका क्यों उजाड़ डाली? इसका क्या कार्य है? यह कहाँ से आया है? मेरे राक्षस वीरों का क्यों संहार किया?" प्रहस्त ने हनुमान्‌जी से आदरपूर्वक पूछा, "वानर, तुम्हें किसने भेजा है? तुम डरो मत। राजराजेश्वर के सामने सब बात सच-सच बतला दो। फिर मैं तुम्हें छुड़ा दूँगा।"

तब त्रिलोक के कंटकरूप राक्षसराज रावण को देखकर पवननंदन हनुमान्‌जी ने हृदय में बारंबार श्रीरामचन्द्रजी का स्मरण कर अति हर्षित हो क्रम से रघुनाथजी की सुन्दर कथा कहनी आरम्भ की, "हे देवादि के शत्रु रावण, तुम साफ-साफ सुनो। कुत्ता जिस प्रकार हवि चुरा ले जाता है, उसी प्रकार तू अपना नाश कराने के लिये जिन अखिलेश्वर की साध्वी भार्या हर ले आया है, मैं उन्हीं सर्वान्तर्यामी भगवान् राम का दूत हूँ। उन श्रीरघुनाथजी ने मतंग-पर्वत पर आकर अग्नि को साक्षी बनाकर सुग्रीव से मित्रता की और एक ही बाण से बालि को मारकर सुग्रीव को वानरों का राजा बना दिया। हे रावण, इस समय वे महाबली वानरराज और भी करोड़ों महा-शूरवीर वानर-यूथों के साथ राम और लक्ष्मण के सहित अति क्रोधयुक्त हो प्रवर्षण पर्वत पर विराजमान हैं। उन्होंने सीताजी को ढूंढ़ने के लिये दसों दिशाओं में बड़े-बड़े

वानरेश्वर भेजे हैं। उनमें से एक वानर मैं भी हूँ। मैं वायु का पुत्र हनुमान् हूँ। मैं सीताजी को ढूंढ़ते हुए यहाँ आया हूँ। मैं कमललोचन जानकीजी का दर्शन कर चुका हूँ। फिर मैंने अपने वानर-स्वभाव के कारण अशोकवाटिका उजाड़ दी। जब मैंने राक्षसों को बड़े वेग से धनुष-बाण लेकर अपने को मारने के लिये आते देखा, तो उन्हें मारकर अपने शरीर की रक्षा की। हे राजन्, आप तो जानते ही हैं कि अपना शरीर तो सभी देहधारियों को प्यारा होता है। फिर यह मेघनाद नामक राक्षस मुझे ब्रह्म-पाश में बाँधकर यहाँ ले आया।

"हे रावण, यद्यपि मैं यह जानता था कि ब्रह्माजी के वर के प्रभाव से यह ब्रह्मपास मुझे छूते ही चला जाएगा, तथापि करुणावश तुम्हारे हित की बात बताने के लिए मैं बँधे हुए के समान यहाँ चला आया। हे रावण, तुम विवेकपूर्वक संसार की गति का विचार करो; राक्षसी बुद्धि को अंगीकार मत करो और संसार-बंधन से छुड़ानेवाले प्राणियों की अत्यन्त हितकारिणी दैवी गति का आश्रय लो। तुम ब्रह्माजी के अति उत्तम वंश में उत्पन्न हुए हो। पुलस्त्यनंदन विश्रवा के पुत्र और कुबेर के भाई हो। अतः देखो, तुम तो देहात्म बुद्धि से भी राक्षस नहीं हो। तुम वास्तव में कौन हो, यह मैं तुम्हें बताता हूँ। तुम सर्वथा निर्विकार हो। इसलिये शरीर, बुद्धि, इन्द्रियाँ और दुःखादि --ये सब न तुम्हारे गुण हैं और न तुम स्वयं हो। इन सबका कारण अज्ञान है और स्वप्न दृश्य के समान ये सब असत् हैं। यह बिलकुल सत्य है कि तुम्हारे आत्मस्वरूप में कोई भी विकार नहीं हैं। आत्मस्वरूप अद्वितीय होने के कारण उसमें विकार का होना संभव नहीं है। जिस प्रकार आकाश सर्वत्र होने से किसी प्रकार के गुण-दोष से लिप्त नहीं होता, उसी प्रकार तुम देह में रहते हुए भी सूक्ष्म रूप होने से उसके सुख-दु.खादि विकारों से लिप्त नहीं होते।

"आत्मा देह, इन्द्रिय, प्राण और शरीर से मिला हुआ है, ऐसी बुद्धि ही सारे बन्धनों का कारण है। 'म चिन्मात्र, अजन्मा, अविनाशी तथा आनन्दस्वरूप ही हूँ' इस बुद्धि से जीव मुक्त हो जाता है। पृथ्वी का विकार होने से देह भी अनात्मा है और प्राण वायु-रूप ही है, अतः वह भी आत्मा नहीं है। अहंकार का कार्य मन अथवा प्रकृति के विकार से उत्पन्न हुई बुद्धि भी आत्मा नहीं है। आत्मा तो निर्मल और सर्वदा उपाधि-रहित है। वह अधिकारी तथा देहादिसंघात से पृथक् और उसका स्वामी है। उसका इस प्रकार ज्ञान होते ही मनुष्य संसार से मुक्त हो जाता है। हे महामते, मै तुम्हें मोक्ष का साधन बताता हूँ, सावधान होकर सुनो। भगवान् विष्णु की भक्ति बुद्धि को अत्यन्त शुद्ध करनेवाली है, उसी से अत्यन्त निर्मल आत्मज्ञान होता है। आत्मज्ञान से शुद्ध आत्मतत्व का अनुभव होता है और उसी से दृढ़ बोध हो जाने पर मनुष्य परमपद प्राप्त कर लेता है। इसलिये तुम प्रकृति से परे, पुराण पुरुष, सर्वव्यापक, नारायण, लक्ष्मीपति, हरि भगवान् राम का भजन करो। अपने हृदय में स्थित शत्रुभावरूप मूर्खता छोड़ दो। शरणागतवत्सल श्रीराम का भजन करो। सीताजी को आगे कर अपने पुत्रों और बन्धु-बांधवों के सहित भगवान् राम

की शरण में जाकर उन्हें नमस्कार करो। इससे तुम भय से छूट जाओगे। जो पुरुष अपने हृदय में स्थित अद्वितीय, आनन्दस्वरूप, परमात्मा राम का भक्तिपूर्वक ध्यान नहीं करता, वह दुःख-तरंगावलि से परिपूर्ण इस संसार-सागर को पार कैसे पा सकता है? यदि तुम भगवान् राम का भजन नहीं करोगे, तो अज्ञानरूपी अग्नि से जलते हुए अपने आपको शत्रु के समान सुरक्षित नहीं रख सकोगे और उसे अपने किये हुए पापों से उत्तरोत्तर नीचे की ओर ही ले जाओगे।"

पवनपुत्र हनुमान्‌जी के इस अमृत सदृश मधुर भाषण को सुनकर राक्षसराज रावण सहन न कर सका और अत्यन्त क्रोध से नेत्र लाल-लाल कर मन ही मन जलता हुआ बोला, "अरे दुष्टबुद्धे, तू वानरों में अधम है। मेरे सामने इस प्रकार निर्भय होकर कैसे प्रलाप कर रहा है? यह तुच्छ राम और वनचर सुग्रीव हैं क्या चीज? उस नराधम को तो सुग्रीव सहित मैं ही मार डालूंगा। ऐ वानर, पहले तो आज तुझे ही मारूँगा, फिर जानकी का वध करूँगा। इसके पश्चात् लक्ष्मण के सहित राम को भी मार डालूंगा। और उनसे पहले उस बड़े बली वानरराज सुग्रीव को उसकी वानरसेना के सहित कुछ ही देर में मार डालूंगा।"

रावण के ये वचन सुनकर हनुमान्‌जी अपने बढ़े हुए क्रोध से उसे दग्ध करते हुए बोले, "अरे अधम, मेरी समानता तो करोड़ों रावण भी नहीं कर सकते। तू जानता नहीं कि मैं श्रीरामचन्द्रजी का दास हूँ। मेरे पराक्रम का कोई ठिकाना नहीं है।"

हनुमान्‌जी के ये वचन सुनकर रावण ने अत्यन्त क्रोध से अपने पास खडे हुए एक राक्षस से कहा, "अरे, इस वानर के टुकड़े-टुकड़े कर डालो। सब राक्षस, मित्र-गण तथा बंधु-बांधव इस कौतुक को देखें।"

तब विभीषण ने हथियार लेकर मारने वाले उस महाबलशाली राक्षस को रोककर कहा, "राक्षसेन्द्र, प्रतापी पुरुषों को अन्य राज्य के दूत को किसी प्रकार भी नहीं मारना चाहिये। यदि वह वानर-दूत मारा गया, तो जिनका वध करने के लिये आप उद्यत हुए हैं, उन राम को यह समाचार कौन सुनावेगा? अतः इस वानर के लिये वध के समान ही कोई और दण्ड निश्चय कीजिये, जिसका चिह्न लेकर यह वानर जाय और उसे देखकर सुग्रीव सहित राम तुरंत ही यहाँ आयें और फिर उनसे आपका युद्ध हो।"

विभीषण का कथन सुनकर रावण भी यों बोला, "वानरों की पूंछ पर बड़ी ममता होती है। अतः इसकी पूंछ को वस्त्रादि से खूब लपेट दो और फिर उसमें आग लगाकर इसे नगर में चारों ओर घुमाकर छोड़ दो, जिससे समस्त वानर-यूथपति इसकी दुर्दशा देखें।"

तब राक्षसों ने 'बहुत अच्छा' कहकर हनुमान्‌जी की पूंछ सन के पट्टों से और तेल में भीगे हुए नाना प्रकार के चिथड़ों से बड़ी दृढ़ता से लपेटी। पूंछ के सिरे पर आग लगाकर, उन्हें मजबूती से रस्सी से बांधकर कुछ बलवान् राक्षस उन्हें मारते

और बारंबार तुरही बजाकर यह कहते हुए कि 'यह चोर है' नगर में सब ओर घुमाने लगे। हनुमान्‌जी ने भी कुछ कौतुक करने की इच्छा से यह सब सहन कर लिया। जिस समय वे पश्चिम द्वार पर पहुँचे, उस समय तुरंत ही सूक्ष्म रूप धारण कर उन बंधनों से निकल गये और फिर पर्वताकार होकर उछलकर द्वार के कंगूरे पर चढ़ गये। वहाँ से उन्होंने एक स्तंभ उखाड़कर एक ही क्षण में ही रक्षकों को मार डाला। फिर अपना शेष कार्य निश्चय किया। उस प्रासाद के अग्रभाग से एक घर से दूसरे घर पर छलाँग मारते हुए उन्होंने अपनी जलती हुई लम्बी पूँछ से महल, अटारी और बंदनवार से युक्त समस्त लंकापुरी में आग लगा दी। उस समय 'हा तात, हा पुत्र, हा नाथ, कहकर सारी दैत्य-स्त्रियाँ घनघोर चीत्कार करने लगीं। इस प्रकार निमिष भर में विभीषण के घर को छोड़कर सारी लंकापुरी भस्म कर डाली।

तदनन्तर हनुमान्‌जी उछल कर समुद्र में कूद पड़े और अपनी पूंछ की आग बुझा कर स्वस्थचित्त हो गये। लंकादहन करते समय सीताजी भगवान् राम से प्रार्थना कर रही थीं, "आपके भक्त हनुमान् का बालबाँका भी न होने पावे।" साथ ही अग्निदेव से भी प्रार्थना कर रही थीं, "हे अग्निदेव, आप पवनपुत्र हनुमान्‌जी के लिये शीतल हो जायँ। उन्हें रंचमात्र आपकी उष्णता का बोध न हो।" इस प्रकार अग्निदेव उनके लिये शीतल हो गये थे। जिनके नाम-स्मरण से मनुष्य समस्त पापों से छूटकर तुरन्त ही त्रिताप अग्नि से मुक्त हो जाते हैं, उन्हीं श्रीरघुनाथजी के विशिष्ट दूत को यह प्राकृत अग्नि भला किस प्रकार ताप पहुँचा सकती थी?

हनुमान्‌जी का सीता से विदा होना

लंकापुरी भस्म करने के पश्चात् हनुमान्‌जी ने सीताजी के पास जाकर उन्हें प्रणाम करके कहा, "देवि, अब आप मुझे आज्ञा दीजिये। मैं श्रीरामचन्द्रजी की सेवा में उपस्थित होता हूँ। वे शीघ्र ही भाई लक्ष्मण सहित आपसे मिलने यहाँ आयेंगे।" ऐसा कहकर श्रीहनुमान्‌जी ने सीताजी की तीन परिक्रमाएँ कीं और उन्हें प्रणाम किया। कुछ दूर चलकर वे फिर बोले, "देवि, मैं जाता हूँ। आपका शुभ हो। आप शीघ्र ही सुग्रीव और करोड़ों अन्य वानरों के सहित भगवान् राम और लक्ष्मण को देखेंगी।"

तब दुःख से आतुर हुई जानकीजी ने कहा, "हे कपीश्वर, तुम्हें देखकर मैं अपना दुःख भूल गयी थी। अब मेरे लिये फिर वही दुःख-भरी रातें और कष्टप्रद दिन हैं। तुम तो जा रहे हो, अब श्रीराम का समाचार सुने बिना मैं कैसे रहूँगी?"

सीताजी की दैन्य वाणी सुनकर हनुमान्‌जी ने कहा, "हे देवि, यदि ऐसी बात है और आप स्वीकार करें, तो हे जनकनन्दिनी, आप मेरे कन्धे पर चढ़ जाइये। मैं एक क्षण में आपको श्रीरामचन्द्रजी के पास पहुँचा दूंगा।"

सीताजी ने उत्तर दिया, "हे कपिप्रवर, मैं तुम्हारे पुरुषार्थ को भलीभाँति जानती हूँ। पर मैं अनेक कारणों से तुम्हारे साथ न चल सकूँगी। पहला कारण तो

यह है कि मैंने अभी तक अपनी जानकारी में किसी भी परपुरुष का जानबूझ कर स्पर्श नहीं किया है। दूसरा कारण यह है कि समुद्र लाँघते समय मैं भयभीत होकर समुद्र में गिर पड़ी, तो सब कुछ चौपट हो जायगा। तीसरा कारण यह है कि मुझे ले जाते समय राक्षसों ने देख लिया, तो वे निश्चय ही तुम्हारा पीछा करेंगे। युद्ध होना अनिवार्य है और युद्ध में विजय किसकी होगी, यह संशयात्मक रहता है। चौथा कारण यह है कि इस प्रकार तुम्हारे साथ चलने पर, भगवान् श्रीराम की लोकविश्रुत कीर्ति में धब्बा लगेगा। लोग यही कहने लगेंगे कि श्रीराम पुरुषार्थहीन थे, तभी तो सीता को उनके एक वानर-दूत ने अपने कंधे पर बैठाकर उनके पास पहुँचाया। अतः यदि श्रीरामचन्द्रजी समुद्र को सुखाकर या उसे अपने बाणों से बाँधकर यहाँ वानरों के साथ आयें और दुष्ट रावण को युद्ध में मारकर मुझे ले जायँ, तो इससे उन्हें अमर कीर्ति प्राप्त होगी। इसलिये तुम जाओ, मैं जैसे-तैसे प्राण धारण करूँगी।"

हनुमान्जी की लंकापुरी से वापसी और वानरों से भेंट

सीताजी से इस प्रकार विदा होकर वीरवर हनुमान्जी ने उन्हें प्रणाम किया और महासागर पार जाने के लिये पर्वत-शिखर पर चढ़ गये। वहाँ पहुँच कर वे अपने पैरों से पर्वत को दबाकर वायुवेग से चले। उनके दबाने से वह ऊँचा पर्वत पृथ्वी में घुसकर समतल हो गया। उन्होंने आकाशमार्ग से जाते समय बड़ा घोर शब्द किया। उसे सुनकर सब वानरगण यह जानकर कि हनुमान्जी लौट रहे हैं, बड़े आनन्द में भरकर घोर शब्द करने लगे। वे आपस में कहने लगे, "इस सिंहनाद से स्पष्ट प्रतीत होता है कि हनुमान्जी कार्य सिद्ध करके लौटे हैं। हे वानरगण, देखो, देखो, ये कपि-श्रेष्ठ हनुमान्जी ही तो हैं।" वानरवीरों के इस प्रकार कहते-कहते हनुमान्जी उस गिरि-शिखर पर उतर आये और उनसे यों कहने लगे, "हे वानरवीरो, मैंने सीताजी को देखा, अशोकवाटिका उजाड़ी, लंकापुरी भी जलायी और रावण से बातचीत की। उसके पश्चात् मैं यहाँ आया हूँ। अब हम इस समय श्रीराम और सुग्रीव के पास चलेंगे।" हनुमान्जी के इस प्रकार कहने पर सब वानरों ने अत्यन्त हर्ष से उनका गाढ़ आलिंगन किया। किन्हीं ने उनकी पूंछ चूमी, किन्हीं ने उन्हें सहलाया और कोई अति उत्साह से नाचने लगे। इसके पश्चात् हनुमान्जी के साथ वे सब प्रस्रवण पर्वत पर गये।

जिस समय वे वीर वानरगण जा रहे थे, उनकी दृष्टि सुग्रीव द्वारा सुरक्षित मधुवन पर पड़ी। उसे देखकर वे अंगदजी से बोले, "हे युवराज, हमें अत्यधिक भूख लगी है। अतः हे महामते, हमें आज्ञा दीजिये कि हम इस वन के फल खाकर अमृत-तुल्य मधु पियें। इसके पश्चात् हम तृप्त होकर भाई लक्ष्मण-सहित श्रीराम के दर्शन करने के लिये चलेंगे।"

अंगदजी बोले, "हनुमान्जी ने कार्य सिद्ध किया है, अतः हे वानरश्रेष्ठगण, इनकी कृपा से तुम शीघ्र ही फलमूल खाओ और मधुपान करो।" अंगदजी की आज्ञा

पाकर वानरगण सुग्रीव प्रतिपालित मधुवन में घुसकर दधिमुख के भेजे हुए वनरक्षकों की उपेक्षा कर फल खाकर मधु पीने लगे। जब उन रक्षक वानरों ने उन्हें मधुपान करते देखकर मारा, तो वे उन्हे लात और घूंसों से कुचल कर मधु पीते रहे। तब सुग्रीव का मामा दधिमुख अन्य वनरक्षकों के साथ अति क्रुद्ध होकर, जहाँ वानरराज सुग्रीव थे, वहाँ गया। वहाँ पहुँच कर वह बोला, "राजन्, तुमने चिरकाल से जिस मधुवन की रक्षा की थी, उसे आज युवराज अंगद और हनुमान्जी ने उजाड़ डाला।" दधिमुख की बात सुनकर सुग्रीव प्रसन्न होकर कहने लगे, "अब इसमें तनिक भी संशय नहीं है कि पवनकुमार हनुमान्जी सीताजी को देख आये हैं; नहीं तो मेरे मधुवन की ओर देखने की भला किसकी सामर्थ्य थी! और निस्सन्देह यह दुष्कर कार्य किया हनुमान्जी ने ही है।"

सुग्रीव के वचन सुनकर भगवान् राम ने प्रसन्न होकर उनसे पूछा, "राजन्, यह सीता-संबंधी तुम क्या बात कह रहे हो?" सुग्रीव ने कहा, "भगवन्, मालूम होता है कि भूमिसुता जानकीजी का पता लग गया है, क्योंकि हनुमान् आदि समस्त वानर-गण मधुवन में घुसकर उसके फल खा रहे हैं और उसके रक्षकों को मार रहे हैं। बिना आपका कार्य किये, तो वे मेरे मधुवन की ओर देख भी नहीं सकते थे। अतः यह निश्चय होता है कि वे देवी सीताजी से मिल आये हैं। रक्षको, तुम डरो मत, शीघ्र जाकर उन्हें मेरी आज्ञा सुनाओ और उन अंगदादि को मेरे पास ले आओ।"

सुग्रीव की आज्ञा सुनकर रक्षकगण वायुवेग से चले। वहाँ पहुँचकर उन्होंने कहा, "महाराज सुग्रीव की आज्ञा है आप लोग शीघ्र वहाँ जाइये, क्योंकि राम-लक्ष्मण के सहित महाराज सुग्रीव आपसे मिलना चाहते हैं। हे महावीरगण, आप लोगों से प्रसन्न होकर वे आपको बहुत शीघ्र बुला रहे हैं।" इस पर वे वानरगण 'बहुत अच्छा' कहकर आकाशमार्ग से चलने लगे। वे सब वानर हनुमान् और युवराज अंगद को आगे करके चले और तुरंत ही श्रीराम और सुग्रीव के सामने पृथ्वी पर उतर आये।

श्रीरामचन्द्रजी और हनुमान्जी की वार्ता

हनुमान्जी ने पहले श्री रघुनाथजी को और फिर वानरराज सुग्रीव को साष्टांग प्रणाम किया। इसके पश्चात् उन्होंने कहा, "भगवान् श्रीराम, मैं सीताजी को सकुशल देख आया हूँ। हे राजेन्द्र, शोकमग्ना जानकीजी ने आपको अपना कुशल-समाचार सुनाने के लिये कहा है। वे अशोक वाटिका में शिंशपा वृक्ष के नीचे बैठी हैं और हे प्रभो, सदा राक्षसियों से घिरी रहती हैं। अन्नजल छोड़ देने के कारण वे अत्यन्त दुर्बल हो गयी हैं। निरन्तर 'हा राम' हा राम' कहकर शोक करती रहती हैं। उनके वस्त्र मलिन हो गये हैं तथा बालों की मिलकर एक वेणी हो गयी है—ऐसी अवस्था में मैंने जानकी-जी को देखा और धीरे-धीरे उन्हें ढाढ़स बँधाया। वहाँ जाकर पहले मैंने सूक्ष्मरूप से वृक्ष के पत्तों में छिपे-छिपे संक्षेप में आपकी सब कथा सुनायी।

मेरी सारी बातें सुनकर सीताजी के नेत्र खिल गये और वे कहने लगीं, "मुझे

ये कर्णामृत शुभ संवाद किसने सुनाया है ? यदि यह सब सत्य है, तो इस संवाद को सुनानेवाला मेरे सामने आवे।" हे प्रभो, तब मैं सूक्ष्मरूप से बन्दर के आकार में उनके सामने उपस्थित हुआ और दूर ही से प्रणाम कर हाथ जोड़कर खड़ा हो गया। तब जानकीजी ने मुझसे 'तुम कौन हो ?' इत्यादि बहुत-सी बातें पूछीं। और हे शत्रुदमन, मैंने उन्हें क्रमशः सारी बातें विस्तारपूर्वक बतला दीं। इसके पश्चात् मैंने आपकी दी हुई अँगूठी प्रदान की। इससे उन्हें मुझ पर पूर्ण विश्वास हो गया। मुझसे इस प्रकार कहने लगीं, "हनुमान, जिस प्रकार इन राक्षसियों के त्रास से तुमने मुझे अहर्निश दुःख भोगते देखा है, वह सब ज्यों का त्यों श्री रघुनाथ को सुना देना।" मैंने उनसे कहा, "देवि, श्रीरामजी तुम्हारी चिन्ता से सदैव ग्रस्त रहते हैं। तुम्हारा समाचार न मिलने से रातदिन तुम्हारी चिन्ता करते रहते हैं। मैं अभी जाकर उन्हें तुम्हारी स्थिति सुनाऊँगा। और श्रीरामजी उसे सुनते ही सुग्रीव, लक्ष्मण और अन्यान्य वानर सेनापतियों के साथ तुम्हारे पास आयेंगे। रावण को कुटुम्बसहित मारकर तुम्हें अपनी राजधानी अयोध्या को ले जायेंगे। हे देवि, तुम मुझे कोई ऐसा चिह्न दो, जिससे भगवान् राम मेरा विश्वास करें।" मेरे इस प्रकार कहने पर उन्होंने अपने केशपाश में स्थित अपनी प्रिय चूड़ामणि दी और पहले चित्रकूट पर्वत पर काक से साथ जो कुछ हुआ था, वह सब भी सुनाया। उन्होंने नेत्रों में अश्रु भर कर कहा, "श्रीरघुनाथजी से मेरी कुशल कहना और लक्ष्मणजी से कहना कि हे कुलनन्दन, मैंने पहले जो कुछ कठोर वचन कहे थे, उन अज्ञानवश कहे हुए वाक्यों के लिये मुझे क्षमा करें। इसके अतिरिक्त जिस प्रकार रघुनाथजी कृपा करके मेरा उद्धार करें, वही चेष्टा करना।"

"ऐसा कहकर सीताजी महान् दुःख से रोने लगीं। मैंने भी आपका सब वृत्तांत सुनाकर उन्हें ढाढ़स बंधाया और उनसे विदा होकर आपके पास चला आया। आती बार मैंने रावण की प्रिय अशोकवाटिका उजाड़ दी और एक क्षण में ही बहुत से राक्षस मार डाले। रावण के पुत्र अक्ष को भी मार डाला। रावण से वार्तालाप कर लंका को सब ओर से जलाकर फिर क्षण भर में ही यहाँ चला आया।"

हनुमान्जी के ये वचन सुनकर श्रीरामचन्द्रजी अति प्रसन्न होकर कहने लगे, "हनुमन्, जो तुमने असाध्य कार्य सम्पन्न किया है, वह देवताओं से भी होना कठिन है। मैं इसके बदले में तुम्हारा क्या उपकार करूँ ? लो, अभी मैं तुम्हें अपना सर्वस्व सौंपता हूँ।" ऐसा कहकर उन्होंने वानरश्रेष्ठ हनुमानजी को खींचकर गाढ़ आलिंगन किया। उनके नेत्रों में जल भर आया और हृदय में परम प्रेम उमड़ने लगा। इसके बाद भक्तवत्सल श्रीराम ने हनुमान्जी से कहा, 'हे कपिश्रेष्ठ, संसार में मुझ परमात्मा का आलिंगन मिलना अत्यन्त दुर्लभ है। हे वानरश्रेष्ठ, तुम्हें यह सौभाग्य प्राप्त हुआ है। अतः तुम मेरे परम भक्त और अत्यधिक प्रिय हो।"

जिनके चरणारविन्द-युगल तुलसीदल आदि से पूजकर भक्तजन अतुलनीय विष्णुपद प्राप्त करते हैं, उन्हीं श्रीराम ने जिनके शरीर का आलिंगन किया, उन पवित्र कर्म करने वाले पवनपुत्र के विषय में क्या कहा जाय ?

अध्याय—सोलह

वानर सेना का प्रस्थान

हनुमान्‌जी द्वारा सीताजी की घोर आपदा सुनकर श्रीरामचन्द्रजी उनके वियोग में तड़पने लगे। किन्तु शोक से संतप्त हुए दशरथनन्दन श्रीराम से सुग्रीव ने उनके शोक का निवारण करने वाली बात कही, "हे रघुकुलभूषण, आप बुद्धिमान्, शास्त्रज्ञ, विचार-कुशल और पंडित हैं। अतः कृतात्मा पुरुष की भाँति इस अर्थदूषक प्राकृत बुद्धि का परित्याग कर दीजिये। रघुनन्दन, जब सीताजी का समाचार मिल गया, तब मुझे आपके इस दुःख और चिन्ता का कारण नहीं दिखायी देता। समुद्र को लाँघ कर हम लोग लंका पर चढ़ाई करेंगे और आपके शत्रु दुष्ट रावण को परिवार-सहित नष्ट कर देंगे।

"जो पुरुष उत्साह शून्य, दीन और मन ही मन शोक से व्याकुल रहता है, उसके सारे काम बिगड़ जाते हैं और वह बड़ी विपत्ति में पड़ जाता है। मनुष्य को जिसका आश्रय लेना चाहिये, उस शौर्य का ही वह अवलम्बन ग्रहण करे, क्योंकि वह कर्त्ता को शीघ्र ही सिद्धि से अलंकृत कर देता है। उसके अभीष्ट फल की प्राप्ति करा देता है। श्रीराम, मुझे तो तीनों लोकों में ऐसा कोई भी वीर नहीं दिखायी पड़ता, जो रणभूमि में खड़े हुए आपके सामने ठहर सके।

"हे रघुकुलश्रेष्ठ, ये वानर संग्राम में अति शूरवीर हैं और इच्छानुसार रूप धारण कर सकते हैं। ये पत्थरों और पेड़ों की वर्षा करके ही समस्त शत्रुओं का संहार कर डालेंगे। शत्रुसूदन, यदि किसी प्रकार मैं इस वानर-सेना को समुद्र के पार देख सकूँ, तो मैं दुष्ट रावण को युद्ध में मरा ही समझता हूँ। बहुत कहने से क्या लाभ ? मेरा तो पूर्ण विश्वास है कि आप युद्ध में विजयी होंगे।"

सुग्रीव के युक्तियुक्त और उत्तम अभिप्राय से पूर्ण वचन को सुनकर श्रीरामजी ने उन्हें स्वीकार किया और फिर हनुमान्‌जी से लंका की सामरिक शक्ति के सम्बन्ध में पूछा। हनुमानजी ने लंका के दुर्गों, खाइयों, फाटकों, परकोटों, संक्रमों (लकड़ी के पुलों) और सैन्य शक्ति का विस्तृत विवरण प्रस्तुत किया और साथ ही यह भी कहा, "किन्तु मैंने उन सब संक्रमों को तोड़ डाला है, खाइयाँ पाट दी हैं, लंकापुरी को जला दिया है और उसके परकोटों को भी धराशायी कर दिया है। इतनी ही नहीं, वहाँ के विशालकाय राक्षसों की सेना का एक चौथाई भाग नष्ट कर दिया है। हम लोग

किसी न किसी मार्ग या उपाय से एक बार समुद्र पार कर लें, फिर तो लंका को वानरों के द्वारा नष्ट हुई ही समझिये। ऐसा समझ कर आप शीघ्र ही समस्त सैनिकों को सम्पूर्ण आवश्यक वस्तुओं को संग्रह करके कूच करने की आज्ञा दीजिये और उचित मुहूर्त्त में प्रस्थान कीजिये।"

हनुमान्जी के वचनों की सुनकर सत्यपराक्रमी महातेजस्वी राम ने कहा, "हनुमन्, मैं तुमसे सत्य कहता हूँ—तुमने उस भयानक राक्षस की जिस लंकापुरी का वर्णन किया है, उसे मैं शीघ्र ही नष्ट कर डालूंगा। सुग्रीव, तुम इसी मुहूर्त्त में प्रस्थान की तैयारी करो। सूर्यदेव दिन के मध्यभाग में जा पहुँचे हैं। अभिजित् मुहूर्त्त प्रारंभ है। यह यात्रा के लिये बहुत उत्तम मुहूर्त्त है। इसलिये इस विजय नामक मुहूर्त्त में हमारी यात्रा सर्वथा मंगलदायिनी होगी। इस समय जो शकुन प्रकट हो रहे हैं और जिन्हें मैं देख रहा हूँ, उनसे यह विश्वास होता है कि मैं अवश्य ही रावण का वध करके जनकनन्दिनी सीता को ले आऊंगा। इसके अतिरिक्त मेरी दाहिनी आंख का ऊपरी भाग फड़क रहा है। वह भी मानों मेरी विजय-प्राप्ति और मनोरथ-सिद्धि को सूचित कर रहा है।"

श्रीरामचन्द्रजी की यह बात सुनकर वानरराज सुग्रीव तथा लक्ष्मणजी ने उनका बड़ा आदर किया। इसके पश्चात् फिर श्रीरामचन्द्रजी ने निर्देश दिया, "इस सेना के आगे-आगे एक लाख वानरों से घिरे हुए सेनापति नील मार्ग देखने के लिये चलें। सेनापति नील, तुम सारी सेना को ऐसे मार्ग से शीघ्रतापूर्वक ले चलो, जिसमें फलमूल की अधिकता हो, शीतल छाया से युक्त सघन वन हों, ठंडा जल मिल सके और मधु भी उपलब्ध हो। संभव है कि दुरात्मा राक्षस रास्ते के फलमूल और जल आदि को विषादि से दूषित कर दें। अतः तुम मार्ग में सतत सावधान रहकर उनसे इन वस्तुओं की रक्षा करना।"

रघुनाथजी का यह आदेश सुनकर महापराक्रमी वानरराज सुग्रीव ने सभी वानर-यूथपों को पृथक् पृथक् आदेश और निर्देश दिये। सुग्रीव की आज्ञा पाकर वानरों में उत्साह की लहरें व्याप्त हो गयीं। सभी ने परमोल्लसित हो दक्षिण दिशा में प्रस्थान किया। उनमें कुछ वानर सेना की रक्षा के लिये उछलते-कूदते हुए चारों ओर चक्कर लगाते थे, कुछ मार्गशोधन के लिये कूदते-फाँदते आगे बढ़ जाते थे, कुछ वानर मेघों के समान गर्जते, कुछ सिंहों के समान दहाड़ते और कुछ किलकारियाँ भरते हुए दक्षिण दिशा की ओर अग्रसर हो रहे थे। वे सुगन्धित मधु पीते, और मीठे फल खाते हुए, मंजरीपुंज धारण करनेवाले विशाल वृक्षों को उखाड़ कर कंधों पर लिये हुए चल रहे थे। कुछ मनमौजी और विनोदी वानर मनोरंजन के निमित्त एक दूसरे को अपने कंधे पर ढो रहे थे। कोई अपने ऊपर चढ़े हुए वानर को झटककर दूर फेंक देते थे। कोई चलते-चलते ऊपर को उछल पड़ते थे और दूसरे वानर दूसरों-दूसरों को ऊपर से धक्के देकर नीचे गिरा देते थे। श्रीरामचन्द्रजी के समीप चलते हुए वानर यह

कहते हुए गर्जना करते थे, "हमें रावण को तत्काल मार डालना चाहिये, समस्त निशाचरों का भी संहार कर देना चाहिये।"

उस सेना में कुछ रीछ थे और कुछ सिंह के समान पराक्रमी वानर। नख और दाँत ही उनके शस्त्र थे। वे सभी हाथों और पैरों की उँगलियों से बड़ी धूल उड़ा रहे थे। उनकी उड़ायी हुई उस भयंकर धूल ने सूर्य की प्रभा को ढँककर सम्पूर्ण जगत् को छिपा-सा दिया। उस सेना के सभी वानर और रीछ प्रसन्न मुख तथा वायु के समान वेगवाले थे। रघुनाथजी की कार्यसिद्धि के लिये उनका पराक्रम और शौर्य उबला पड़ता था। वे जवानी के जोश और अभिमानजनित दर्प के कारण रास्ते में एक दूसरे को उत्साह, पराक्रम तथा नाना प्रकार के बल-संबंधी उत्कर्ष दिखा रहे थे। इस प्रकार वह सारी सेना रातदिन चलती रही। वे सह्य तथा मलय पर्वत को लाँघ कर क्रमशः महेन्द्र पर्वत के समीपवर्ती समुद्र के तट पर जा पहुँचे। वहाँ समुद्र का भयानक गर्जन हो रहा था।

समुद्र को देखकर श्रीरामजी ने कहा, "सुग्रीव, लो, हम लोग समुद्रतट पर पहुँच गये। इसलिये यहाँ सेना का पड़ाव पड़ जाय। अब हम लोग आगे की बात सोचें। इस समय कोई भी सेनापति किसी भी कारण से अपनी-अपनी सेना छोड कर कहीं अन्यत्र न जाय। समस्त शूरवीर अपनी सेना की रक्षा के लिये यथास्थान चले जायँ। सबको यह भलीभाँति जान लेना चाहिये कि हम लोगों पर राक्षसों की माया से गुप्त भय आ सकता है।" श्रीरामचन्द्रजी का यह वचन सुनकर लक्ष्मण सहित सुग्रीव ने वृक्षावलियों से सुशोभित सागर-तट पर सेना को ठहरा दिया।

वानर-यूथपति समुद्र के तट पर पहुँच कर उसकी भयंकरता और दुरूहता देखकर मन ही मन विषाद करने लगे और वे सब चिन्ताग्रस्त हो श्रीरामजी के पास बैठ गये। इधर श्रीराम भी सीताजी की याद कर महान् दुःख में डूब गये। वे यद्यपि एक अद्वितीय, चिन्मात्र, परमात्मा, सनातन पुरुष थे, तथापि कार्यवश मनुष्याकार होने के कारण जानकीजी के लिये विलाप करने लगे। जो पुरुष परमात्मा राम का वास्तविक स्वरूप जानता है; उसे भी दुःखादि स्पर्श नहीं कर सकते, फिर आनन्द-स्वरूप, अविनाशी भगवान राम की तो बात ही क्या है?

रावण की मंत्रियों से मंत्रणा

इधर लंका में श्री हनुमान्जी के दुष्कर कृत्य देखकर रावण ने अपने समस्त मंत्रियों को बुलाकर लज्जा से सिर नीचा करके कहा, "हनुमान् ने जो-जो कर्म किये, वे सब तुम लोगों ने देख ही लिये। वह दुष्प्रवेश्य लंका में घुसकर सर्वथा दुष्प्राप्य सीता से मिला तथा उसने बड़े पराक्रमी राक्षसवीरों के साथ मन्दोदरी के पुत्र अक्ष को मारकर सम्पूर्ण लंका को जला दिया और फिर तुम लोगों का तिरस्कार कर कुशलपूर्वक समुद्र लाँघकर लौट गया। तुम सब नीतिनिपुण हो; अतः अब हमें क्या

करना चाहिये और क्या करने में हमारा हित हो सकता है—इसका प्रयत्नपूर्वक विचार करो ।''

रावण की बात सुनकर राक्षस-मंत्रियों ने उससे कहा, ''राजेन्द्र, आपको तुच्छ मानव राम से क्या शंका है ? आपने तो युद्ध में समस्त लोकों को जीत लिया । आपके पुत्र ने इन्द्र को बाँधकर अपनी राजधानी में डाल दिया था और आप स्वयं भी कुबेर को जीतकर उसका पुष्पक विमान लाकर भोगते हैं । हे प्रभो, आपने यमराज को भी जीत लिया । उसके कालदण्ड से भी आपको भय नहीं हुआ तथा वरुण और समस्त राक्षसों को अपने हुंकार से ही जीत लिया था । और महासुरों की तो बात ही क्या है, स्वयं मयासुर भी आपके भय से अपनी कन्या देकर आज तक आपके अधीन बना हुआ है ।

''हनुमान् ने जो हमारा तिरस्कार किया है, वह हमारी ही उपेक्षा से हुआ है । हमने यह सोचकर कि यह वानर है, इसे पुरुषार्थ दिखाने में क्या रखा है, उसकी उपेक्षा कर दी थी । नहीं तो वह हमारी अवज्ञा क्या कर सकता था ? अतः असावधान रहने के कारण यदि हमें हनुमान् ने ठग लिया, तो इससे क्या हुआ ? यदि हम सब उसे जानते, तो वह जीवित कैसे लौट सकता था ? आप हमें आज्ञा प्रदान कीजिये, हम सब अभी जाकर पृथ्वी को वानरों और मनुष्यों से शून्य कर आते हैं । अथवा हममें से एक-एक को इस कार्य के लिये नियुक्त कीजिये ।''

इसके पश्चात् राक्षसराज रावण से कुंभकर्ण बोला, ''हे राक्षसाधिपति, आपने जो कार्य प्रारंभ किया है, वह केवल आपका नाश करने के लिये ही है । सौभाग्य से इतना ही अच्छा हुआ कि सीताजी को चुराने के समय महात्मा राम ने आपको नहीं देखा । हे रावण, यदि उस समय राम आपको देख लेते, तो आप जीते-जागते नहीं लौट सकते थे । राम कोई साधारण पुरुष नहीं हैं । वे साक्षात् अव्यय नारायणदेव हैं । भगवान् राम की पत्नी यशस्विनी सीताजी साक्षात् भगवती लक्ष्मी हैं । उस सुन्दरी को आप राक्षसों के नाश के लिये लाये हैं । जिस प्रकार कोई महामत्स्य विष का पिंड निगल जाय, उसी प्रकार आप अपने और समस्त रासक्षों के नाश के लिये जानकीजी को ले आये हैं । न जाने आगे क्या होना है ? यद्यपि आपने अनजान में यह बड़ा अनुचित कार्य किया है, तथापि आप शान्त होइये, मैं सब काम ठीक किये देता हूँ ।''

कुंभकर्ण के ये वचन सुनकर इन्द्रजित बोला, ''प्रभो, आप मुझे आज्ञा दीजिये । मैं अभी लक्ष्मण के सहित राम, सुग्रीव और समस्त वानरों को मारकर आपके पास लौट आता हूँ ।''

इसी समय वहाँ भागवत-प्रधान, बुद्धिमानों में श्रेष्ठ विभीषण जी आये । उनके अन्तःकरण की वृत्ति एकाग्रतापूर्वक भगवान् श्रीराम के चरण-युगल में लगी हुई थी । वहाँ आकर वे देवशत्रु रावण को प्रणाम कर उसके पास बैठ गये । वहाँ बैठकर उन्होंने एक बार कुंभकर्ण आदि समस्त मदोन्मत्त राक्षसों को अति विस्मयपूर्वक देखा । फिर यह भी देखा कि रावण किसी की भी बात माननेवाला नहीं है । फिर भी निर्मल-

बुद्धि होने के कारण वे अपने कर्त्तव्य में सावधान थे। इसलिये उन्होंने रावण से कहा, "हे राजन्, युद्ध में श्रीराम के सामने कुंभकर्ण, इन्द्रजित्, महापार्श्व, महोदर, निकुंभ, कुंभ तथा अतिकाय आदि कोई भी नहीं ठहर सकते। आपको सीता नामक एक प्रबल ग्रह ने ग्रस्त कर लिया है, इससे आपका छुटकारा इस तरह नहीं हो सकता। अब आप उसे सत्कारपूर्वक बहुत से धन के साथ श्रीरामचन्द्रजी को लौटा दीजिये और सुखी हो जाइये। जब तक श्रीरामचन्द्रजी के तीक्ष्ण बाण लंका में व्याप्त होकर राक्षसों के सिर नहीं काटते, तब तक उचित है कि उन्हें जानकीजी को सौंप दें। नख और दाढ़ों से लड़ने वाले, सिंह के समान महाबलवान् वे पर्वताकार वानरगण जब तक लंका में फैलकर उसे नष्ट-भ्रष्ट नहीं करते, आप सीताजी को जल्दी से जल्दी श्रीरघुनाथजी को सौंप दीजिये। नहीं तो, भले ही इन्द्र और शंकर भी आपकी रक्षा करें अथवा देवराज इन्द्र और मृत्यु भी आपको गोद में लेकर बचायें या आप पाताल में भी घुस जायँ, तो भी राम से आप जीवित नहीं बच सकते।"

विभीषण के इन शुभ, हितकर और पवित्र वचनों को दुष्ट रावण ने उसी प्रकार नहीं ग्रहण किया, जैसे मरने वाला पुरुष औषधि नहीं ग्रहण करता। बल्कि वह दुष्ट काल की प्रेरणा से इस प्रकार कहने लगा, "देखो, यह कृतघ्न मेरे ही दिये हुये भोगों से पुष्ट होकर और मेरे ही पास रहकर भी मुझ अपने हितकर्त्ता के ही विरुद्ध चलता है; निस्सन्देह यह भाई-रूप से मेरा शत्रु हो प्रकट हुआ है। इस अनार्य और कृतघ्न का मेरे साथ रहना ठीक नहीं है। प्रायः यह देखने में आता है कि जातिवाले अपने ही जाति-भाइयों के सर्वनाश की सदा इच्छा किया करते हैं। यदि कोई राक्षस ऐसा एक भी वाक्य कहता, तो मैं उसे उसी क्षण मार डालता। अरे नीच, तू राक्षस-कुल में अत्यन्त अधम है, तुझे धिक्कार है।"

रावण के इस प्रकार कटुवचन कहने पर महाबली विभीषण हाथ में गदा लेकर उड़े। अपने चार मंत्रियों के साथ आकाश में स्थित होकर अत्यन्त क्रोध में भरकर दशशीश रावण से कहा, "मैं तुम्हारे हित की बात कहने वाला हूँ, फिर भी तुम मुझे धिक्कारते हो। मैं चाहता हूँ कि तुम्हारा नाश न हो, क्योंकि तुम मेरे बड़े भाई हो; अतः पिता के समान हो। तुम्हारा काल श्रीरामचन्द्रजी के रूप में महाराज दशरथ के घर में प्रकट हो गया है और महाशक्ति काली 'सीता' नाम से जनकजी की पुत्री हुई हैं। ये दोनों पृथ्वी का भार उतारने के लिये ही यहाँ आये हैं। उन्हीं की प्रेरणा से तुम मेरा हितकर वचन नहीं सुनते। भगवान् राम साक्षात् अव्यय नारायण हैं और प्रकृति से सर्वथा परे हैं। वे प्राणियों के बाहर-भीतर सर्वत्र समान भाव से स्थित हैं और नित्य, निर्मल, अविनाशी होते हुए भी नाम-रूप आदि भेद से विभिन्न से भासते हैं। जिस प्रकार अज्ञानी पुरुषों को दृष्टि में एक ही महाग्नि नाना प्रकार के वृक्षों में उनके आकार-भेद से भिन्न-भिन्न प्रतीत होती है, अथवा जैसे शुद्ध स्फटिक मणि नील-पीतादि रंगों के सान्निध्य से ही नील-पीतादि वर्णों वाली प्रतीत होती है, वैसे ही पंचकोश आदि के भेद से आत्मा तद्रूप सा भासता है। श्री भगवान् राम की नित्यमुक्त

होकर भी अपनी माया के गुणों से प्रतिबिम्बित होकर काल, प्रधान, पुरुष और अव्यक्त इन प्रकार के नामों से कहे जाते हैं। वे अजन्मा होकर भी प्रधान और पुरुष रूप से सम्पूर्ण जगत् की सृष्टि करते हैं और अविनाशी होकर भी कालरूप से उसका संहार करते हैं।

"वे ही कालरूपी भगवान् ब्रह्माजी की प्रार्थना से तुम्हारा वध करने के लिये माया से राम का रूप धारण कर यहाँ आये हैं। ईश्वर सत्य-संकल्प हैं, इसलिये अपनी की हुई प्रतिज्ञा को अन्यथा कैसे कर सकते हैं? अतः राम भगवान् अवश्य ही तुम्हें पुत्र-पौत्र, सेना और वाहनादि सहित मारेंगे। हे रावण, मैं श्रीराम द्वारा सम्पूर्ण राक्षस-वंश और तुम्हारा संहार होता नहीं देख सकता। अतः मैं उन्हीं श्रीरामचन्द्रजी की शरण में जाता हूँ। मेरे चले जाने पर तुम आनन्दपूर्वक अपने महल में बहुत समय तक भोग भोगना।"

इस प्रकार संतुष्टचित्त विभीषण रावण के कठोर भाषण से एक क्षण में ही समस्त सामग्री के सहित अपना घर छोड़कर भगवान् राम की सेवा की कामना से उनके पास चले गये।

विभीषण की शरणागति

विभीषण अपने चार मंत्रियों के साथ आकाश-मार्ग से आकर आकाश में ही स्थित होकर श्रीरामचन्द्रजी के सामने उपस्थित हुए और उच्च स्वर से कहने लगे, "हे कमलनयन प्रभो राम, मैं आपकी भार्या का हरण करने वाले रावण का छोटा भाई हूँ। मेरा नाम विभीषण है। मुझे भाई ने निकाल दिया है। इसलिए मैं आपकी शरण में आया हूँ। हे देवाधिदेव, मैंने उस अज्ञानी के हित की बात कही थी। उससे बार-बार कहा कि 'तुम विदेहनन्दिनी सीताजी को भगवान् श्रीरामचन्द्रजी को सौंप दो', तथापि काल के वशीभूत होने के कारण वह कुछ सुनता ही नहीं है। बल्कि वह राक्षसाधम मुझे तलवार से मारने दौड़ा। तब मैं भय से तुरंत ही अपने चार मंत्रियों के सहित संसार-पाश से मुक्त होने के लिये आपकी शरण में आया हूँ।"

विभीषण के ये वचन सुनकर सुग्रीव ने कहा, "हे श्रीराम, इस मायावी राक्षसाधम का कुछ विश्वास नहीं करना चाहिये। यदि कोई और होता, तो कोई विशेष चिन्ता की बात नहीं थी; किन्तु यह तो सीताजी के हरण करने वाले रावण का ही छोटा भाई है और वैसे भी बड़ा बलवान दिखायी देता है। यह अपने सशस्त्र मंत्रियों के साथ किसी समय एकान्त में हमें मार डालेगा। अतः हे प्रभो, मुझे आज्ञा दीजिये, मैं इसे वानरों से मरवा डालूं। हे रामजी मुझे तो ऐसा ही जँचता है। आपकी इस सम्बन्ध में क्या धारणा है? उसे भी कहिये।"

सुग्रीव के उपर्युक्त वचन सुनकर श्रीरामचन्द्रजी ने मुसकराकर कहा, "हे कपि-श्रेष्ठ, यदि मेरी इच्छा हो, तो मैं आधे निमेष में ही लोकपालों के सहित सम्पूर्ण लोकों को नष्ट कर सकता हूँ और आधे निमेष में ही सबको रच सकता हूँ। अतः, तुम किसी

प्रकार की चिन्ता न करो । मैं इस राक्षस को अभयदान देता हूँ । तुम इसे शीघ्र ही मेरे पास ले आओ । मेरा यह नियम और स्वभाव है कि जो एक बार भी मेरी शरण में आकर 'मैं तुम्हारा हूँ' ऐसा कह कर मुझसे अभयदान की भीख माँगता है, उसे मैं समस्त प्राणियों से निर्भय कर देता हूँ । इसके अतिरिक्त जो शुद्ध-हृदय और निर्मल-चित्त है, वही मेरी शरण में आता है, क्योंकि मुझे छल-कपट पसन्द नहीं है ।''

श्रीरामचन्द्रजी के ये वचन भक्तप्रवर हनुमान्‌जी को अत्यधिक प्रिय लगे । सुग्रीव ने अति प्रसन्नचित्त से विभीषण को लाकर रघुनाथजी से मिलाया । विभीषण ने रघुनाथजी को साष्टांग प्रणाम किया और गद्‌गद-कंठ होकर भगवान् राम और लक्ष्मण की स्तुति की । तब भक्तवत्सल भगवान् राम ने प्रसन्न होकर कहा, ''विभीषण, तेरा कल्याण हो । मैं तुझे वर देना चाहता हूँ । अतः तेरी जो इच्छा हो, वही वर माँग ले ।''

विभीषण ने कहा, ''हे रघुनन्दन, मैं तो आपके चरणकमलों का दर्शन पाकर ही धन्य और कृत्यकृत्य हो गया; मुझे जो पाना था, वह प्राप्त हो गया । अब तो मैं निस्सन्देह मुक्त हो गया । हे श्रीराम, आपकी मनोहर मूर्ति का दर्शन करने से आज मेरे समान कोई धन्य और पवित्र नहीं है । अब इस संसार में किसी भी प्रकार मेरी समता करनेवाला कोई नहीं है । हे रघुनन्दन, कर्मबंधन को नष्ट करने के लिये आप मुझे अपनी भक्ति से प्राप्त होनेवाला ज्ञान और अपने परमार्थ-स्वरूप का साक्षात्कार करानेवाला ध्यान दीजिये । हे राजराजेश्वर राम, मुझे विषयजन्य सुख की इच्छा नहीं है । मैं तो यही चाहता हूँ कि आपके चरणकमलों में सर्वदा मेरी आसक्तिरूपा भक्ति बनी रहे ।''

इस पर रघुनाथजी ने 'तथास्तु' कहकर विभीषण से प्रसन्न होकर कहा, ''भद्र, सुनो, मैं तुम्हें अपना निश्चित रहस्य सुनाता हूँ । जो मेरे शान्त-स्वभाव, विरक्त और योगनिष्ठ भक्त हैं, मैं उनके हृदयकमल में सीताजी के सहित सदैव विराजमान रहता हूँ । अतः तुम सदैव शान्ति और निष्पाप रहकर मेरा ध्यान करो । इससे घोर संसार-सागर से पार हो जाओगे ।''

विभीषण से ऐसा कहकर भक्तवत्सल श्रीराम ने लक्ष्मण से कहा, ''लक्ष्मण, यह अभी मेरे दर्शन का प्रत्यक्ष फल देखे । तुम समुद्र से जल ले आओ । मैं अभी इसे लंका के राज्य-पद पर अभिषिक्त किये देता हूँ ।'' ऐसा कहकर श्री रमापति ने लक्ष्मण से कलश में जल मँगवाया और मंत्रियों तथा विशेषतः लक्ष्मणजी से उसे लंका के राज्यपद पर अभिषिक्त कराया । उस समय समस्त वानर प्रसन्न होकर 'धन्य है, धन्य है' ऐसा कहने लगे । सुग्रीव ने विभीषण को गले लगाकर कहा, ''प्रिय विभीषण, हम सब परमात्मा राम के दास हैं, तथापि तुम हम सब के प्रधान हो । तुमने केवल भक्ति से ही उनकी शरण ली है । अब तुम्हें रावण का नाश कराने में हमारी सहायता करनी चाहिये ।''

विभीषण ने कहा, ''मैं परमात्मा राम की क्या सहायता कर सकता हूँ ।

तथापि मुझसे जैसा कुछ भी बन पड़ेगा, मैं निष्कपट होकर भक्ति-भाव से उनकी सेवा करता रहूँगा।"

शुक का आगमन

इसी समय रावण का भेजा हुआ शुक नामक महादैत्य आकाश में स्थित होकर सुग्रीव से इस प्रकार बोला, "राक्षसराज रावण तुम्हें अपने भाई के समान मानते हैं। उन्होंने तुम्हारे लिये कहा है कि तुम बड़े कुल में उत्पन्न हुए हो और वानरों के राजा हो। तुम मेरे भाई के समान हो और तुम्हारा कोई स्वार्थघात भी नहीं हुआ है। यदि मैंने किसी राजकुमार की स्त्री को हर लिया, तो उससे तुम्हें क्या ? अतः तुम अपने वानरों-सहित किष्किधा लौट जाओ। लंका को पाना तो देवताओं के लिये भी कठिन है, फिर अल्पशक्तियुक्त मनुष्य और वानर-यूथपों की तो बात ही क्या है ?

जिस समय शुक इस प्रकार संदेश सुना रहा था, वानरों ने अपने सुदृढ़ घूँसों से मारने के लिये, उसे तुरंत ही उछल कर पकड़ लिया। वानरों के मारने पर शुक ने श्रीरामचन्द्रजी से गिड़-गिड़ा कर कहा, "हे राजेन्द्र, विज्ञजन दूत को मारा नहीं करते, अतः हे प्रभो, इन वानरों को रोकिये।" शुक की यह करुण वाणी सुनकर श्रीराम ने 'इसे मत मारो' ऐसा कहकर वानरों को रोक दिया। तब शुक ने आकाश में चढ़कर सुग्रीव से फिर कहा, "हे राजन्, मैं जाता हूँ। कहिये, रावण को आपकी ओर से क्या उत्तर दूँ ?"

सुग्रीव ने कहा, "उस राक्षसाधम दुष्ट से कहना कि जिस प्रकार मैंने अपने भाई बालि को मारा था, उसी प्रकार तू भी अपने पुत्र-पौत्र, सेना और वाहनादि के सहित मेरे हाथ से मारा जायगा। तू हमारे रामचन्द्रजी की भार्या का हरण करके अब कहाँ जा सकता है ?" तदनन्तर भगवान् राम की आज्ञा से शुक को पकड़कर उन्होंने उसे बंधन में डालकर वानरों की रक्षा में छोड़ दिया।

शुक के पहले ही शार्दूल नामक राक्षस ने वानरों की महान् सेना देखकर रावण से उसका यथावत् वर्णन कर दिया था। यह सब सुनकर रावण को बड़ी चिन्ता हुई और वह दीर्घ निश्वास छोड़ता अपने महल में बैठा रहा।

सेतुबन्ध

इसी समय भगवान् राम ने समुद्र की ओर देखकर क्रोध से नेत्र लाल कर कहा, "लक्ष्मण, देखो यह समुद्र कैसा दुष्ट है ? मैं इसके तट पर आया हूँ। किन्तु, हे अनघ; इस दुरात्मा ने दर्शन करके भी मेरा अभिनन्दन नहीं किया। यह समझता है, 'यह एक मनुष्य ही तो है ! वानरों के साथ मिल करके भी यह मेरा क्या बिगाड़ सकता है ?' अतः हे महाबाहो, देखो, आज मैं इसे सुखाये डालता हूँ। फिर वानरगण निश्चिन्त होकर पैदल ही इसके पार चले जायेंगे।"

ऐसा कहकर भगवान् राम ने क्रुद्ध होकर अपना धनुष चढ़ाया और तरकस से एक कालाग्नि के समान तेजोमय बाण निकाल कर उसे धनुष पर रखकर खींचते हुए

कहा, "समस्त प्राणी राम के बाण का पराक्रम देखें। मैं इसी समय नदीपति समुद्र को भस्म किये डालता हूँ।"

भगवान् राम के ऐसा कहते ही वन और पर्वतादि सहित सम्पूर्ण पृथ्वी हिलने लगी। आकाश और दिशाओं में अंधकार छा गया। समुद्र क्षुब्ध हो उठा और भय के कारण अपने तट से एक योजन आगे बढ़ आया। बड़े-बड़े मत्स्य, नाकें, मकर और मछलियाँ संतप्त होकर भयभीत हो गये। इसी समय नाना प्रकार के दिव्य आभूषण धारण किये, दिव्य रूपधारी समुद्र श्रीरामजी के सम्मुख आकर उपस्थित हुआ। वह अपने हाथों में अनुपम रत्न लिये हुए था। उन्हें उसने भगवान् श्रीरामचन्द्रजी के चरणों में समर्पित किया। उन रघुनाथजी को साष्टांग प्रणाम करके बोला, "हे त्रैलोक्यरक्षक जगत्पति राम, मेरी रक्षा करो, रक्षा करो। हे राम, सम्पूर्ण संसार की रचना करते समय आपने मुझे जड़ ही बनाया था, फिर आपके बनाये स्वभाव को कोई कैसे बदल सकता है? पाँचों स्थूल भूतों को आपने जड़ ही बनाया है, अतः वे आपकी आज्ञा का उल्लंघन नहीं कर सकते। हे नाथ, लीलावश माया से आच्छन्न होकर मनुष्यरूप हुए आप निर्गुण परमात्मा को मैं जड़ बुद्धि मूर्ख कैसे समझ सकता हूँ? हे अमरश्रेष्ठ प्रभो, पशुओं को जैसे लाठी ठीक-ठीक मार्ग पर ले जाती है, उसी प्रकार मुझ जैसे मूर्ख जीवों के लिये तो दण्ड ही सन्मार्ग पर लाने वाला होता है। हे भक्तवत्सल राम, आप शरणागत-रक्षक की मैं शरण में हूँ। आप मुझे अभयदान दीजिये। मैं आपको लंका में जाने का मार्ग दूँगा।"

समुद्र का कथन सुनकर श्रीरामचन्द्रजी ने कहा, "मेरा यह बाण अमोघ है। यह व्यर्थ जानेवाला नहीं है। अतः मैं इसे किस ओर चलाऊँ, शीघ्र ही मुझे इस अमोघ बाण का लक्ष्य बताओ।" राम का यह वचन सुनकर और उनके हाथ में वह महाबाण देखकर महातेजस्वी समुद्र ने रघुनाथजी से कहा, "हे राम, उत्तर की ओर एक द्रुमकुल्य नामक देश है। वहाँ बहुत से पापी रहते हैं। वे मुझे रातदिन पीड़ा पहुँचाते हैं। हे रघुश्रेष्ठ, अपना यह बाण वहीं गिराइये।" तदनन्तर राम का छोड़ा वह महाबाण एक क्षण में ही समस्त आभीर-मंडल को मारकर फिर पूर्ववत् तरकस में लौट आया।

समुद्र ने श्रीरघुनाथजी से अति विनीत भाव से कहा, "हे श्रीराम, विश्वकर्मा का पुत्र नल मेरे जल पर सेतु निर्माण करे। वह चतुर वानर वर के प्रभाव से इस कार्य को करने में सर्वथा समर्थ है। इससे सब लोग आपकी संसार-मलापहारिणी कीर्ति को जान जायेंगे।" श्रीराम से इस प्रकार कहकर समुद्र उन्हें प्रणाम कर अन्तर्धान हो गया।

इसके पश्चात् सुग्रीव और लक्ष्मण के सहित श्रीरामचन्द्र ने नल को वानरों की सहायता से तुरंत पुल बाँधने की आज्ञा दी। तब नल ने, महापर्वत के समान अन्य वानर-यूथपतियों के साथ एक सौ योजन लंबा पुल बनाया। वह अति विस्तीर्ण और सुदृढ़ था। वानरश्रेष्ठ नल ने पहले दिन चौदह योजन, दूसरे दिन बीस योजन, तीसरे दिन इक्कीस योजन, चौथे दिन बाईस योजन और पाँचवें दिन तेईस योजन पुल बाँधा। उस अद्भुत कार्य को देखने के लिये देवता, गंधर्व, सिद्ध और महर्षि आकाश में आकर

खड़े थे। वे सब इसकी रचना देख कर किंकर्तव्यविमूढ़ हो गये। वानरलोग भी इधर-उधर उछल-कूद कर गर्जना करते हुए उस अचिन्त्य, अद्भुत और रोमांचकारी पुल को कौतूहलमयी दृष्टि से देख रहे थे। पुल तैयार हो जाने पर अपने सचिवों के साथ विभीषण हाथ में गदा लेकर समुद्र के दूसरे तट पर खड़े हो गये। ताकि यदि शत्रु-पक्षीय राक्षस उसे तोड़ने के लिये आवें, तो उन्हें दण्ड दिया जा सके। धीरे-धीरे वानरों की सारी सेना उस पुल से समुद्र के उस पार पहुँच गयी। राजा सुग्रीव ने फल-मूल और जल की अधिकता देखकर सागर के तट पर ही सेना का पड़ाव डाला।

भगवान् श्रीराम का वह अद्भुत और दुष्कर कर्म देखकर सिद्ध, चारण और महर्षियों के साथ देवतागण उनके पास उपस्थित हुए तथा उन्होंने अलग-अलग पवित्र एवं शुभ जल से उनका अभिषेक किया। फिर बोले, "नरदेव, तुम शत्रुओं पर विजय प्राप्त करो और समुद्र-पर्यन्त सारी पृथ्वी का पालन करते रहो।" इस प्रकार भाँति-भाँति के मंगलसूचक वचनों द्वारा भगवान् श्रीराम का उन्होंने अभिनन्दन किया।

श्रीराम द्वारा लंका देखना

श्रीराम की लंका देखने की इच्छा होने पर रामचन्द्रजी हनुमान् के और लक्ष्मणजी अंगद के कंधे पर बैठ कर महान् पर्वत पर चढ़ गये। उन्होंने देखा कि लंकापुरी अति विस्तीर्ण है। वह नाना प्रकार की ध्वजाओं, विचित्र प्रासादों तथा सुवर्णनिर्मित परकोटों एवं तोरणों से सुसज्जित है। वह सब ओर से खाइयों, तोपों और सुरंगों से सुशोभित है। उसके एक राजभवन के ऊपर अति विस्तृत भाग में अपने वीर मंत्रियों के सहित रावण बैठा है। उसके सिरों पर दस मुकुट सुशोभित हैं। वह नीलांचल के शिखर के समान आकारवाला एवं श्याम मेघ की सी आभा-वाला है। नाना प्रकार के रत्नदण्डयुक्त श्वेत छत्रों से उसकी अपूर्व शोभा हो रही है।

रावण और शुक का संवाद

इसी समय भगवान् राम द्वारा बांध कर छोड़ा हुआ शुक नामक दैत्य वानरों से भली प्रकार मार खाकर रावण के पास पहुँचा। उसे देखकर रावण ने हँसते हुए पूछा, "शुक, क्या शत्रुओं ने तुम्हें कुछ कष्ट पहुँचाया है?"

रावण के वचन सुनकर शुक ने कहा, "समुद्र के उत्तरी तट पर जाकर ज्यों ही मैं आपका संदेश सुनाने लगा, त्यों ही कुछ वानरों ने उछल कर मुझे पकड़ लिया। वे मुझे घूंसों से मारने लगे तथा नखों और दाँतों से काटने लगे। तब 'हे राम, मेरी रक्षा करो' इस प्रकार मुझे पुकारते सुन रघुश्रेष्ठ राम ने कहा, 'इसे छोड़ दो।' इससे उन वानरों ने मुझे छोड़ दिया। मैं वानरों की विशाल सेना देखकर बहुत डरते-डरते यहाँ आया हूँ। हे प्रभो, वे शीघ्र ही नगर के परकोटे पर आनेवाले हैं। आप दो में से एक काम कीजिये—या तो आदरपूर्वक उन्हें सीताजी को दे दीजिये या उनके साथ युद्ध कीजिये। राम ने मुझसे कहा कि 'हे शुक, मेरी ओर से दुष्ट रावण से कहना कि जिस शक्ति के भरोसे तुमने हमारी जानकी को हरा है, उसे अपनी सेना और बंधु-

बाँधवों के सहित मुझे भलीभाँति दिखलाना। तू कल ही प्राकार और तोरणादि के सहित लंकापुरी और राक्षसों की सेना को मेरे बाणों से विध्वस्त हुई देखेगा। रावण, उस समय मैं भयंकर क्रोध छोड़ूँगा। तू अपने बल को स्थिर रखना।' ऐसा कहकर कमल नयन भगवान् राम चुप हो गये।

"हे प्रभो, और सब वानर एक ओर रहें, तो भी एक साथ मिल जाने पर, लंका की जड़ से उखाड़ कर उसे भस्म और नष्ट करनें में तो राम, लक्ष्मण, सुग्रीव और विभीषण--ये चार-पुरुषश्रेष्ठ ही पर्याप्त हैं। मैंने जैसे उनके बल, पराक्रम, शौर्य और अस्त्र-शस्त्रादि देखे हैं, उससे तो यही मालूम होता है कि और तीनों अन्यत्र रहें, अकेले राम ही समस्त नगर को नष्ट कर सकते हैं। अंगद, नील, हनुमान्, रंभ, शरभ, नल, पनस, मैन्द, द्विविद आदि अति शूर, पराक्रमी हैं। इस प्रकार के अनेक वानरों का विशाल समुदाय है। ये सभी बड़े शूरवीर, विशालकाय और युद्ध के अत्यधिक उत्सुक और उतावले हैं। राक्षसों के सहित लंका को नष्टभ्रष्ट करने में ये सभी समर्थ हैं। वानरों की सेना की गणना करने में कोई समर्थ नहीं हो सकता।

"हे राक्षसेश्वर, राम भी कोई साधारण मनुष्य नहीं हैं। वे साक्षात् आदि नारायण परमात्मा हैं, और सीताजी जगत् की कारणरूपा साक्षात् चित्-शक्ति हैं। इन दोनों से ही समस्त स्थावर-जंगम संसार उत्पन्न हुआ है। अतः सीता और राम स्थावर-जंगम के माता और पिता हैं। हे पृथ्वीपते, सोचो तो, उनका बैरी कोई कैसे हो सकता है? आप जिस जानकी को नासमझी से ले आये हैं, वे साक्षात् जगन्माता ही हैं।

"आज से आप सब प्रकार का संग छोड़कर अति भक्तिभाव से सदा परमात्मा राम का ही आश्रय लीजिये और सीताजी को भगवान् राम को अर्पण कर उनके चरण-कमलों की सेवा कीजिये। मैं आपके हित की बात करता हूँ, आप इसे स्वीकार कीजिये।"

शुक के ये वचन रावण को तीखे बाण के समान कष्टदायक प्रतीत हुए। वह क्रुद्ध होकर बोला, "अरे दुर्बुद्धे, मेरे ही टुकड़ों से पलकर इस प्रकार गुरु की भाँति तू कैसे बोलता है? तीनों लोकों का शासन करनेवाला तो मैं हूँ, मुझे उपदेश देते हुए तुझे लज्जा नहीं आती? तू यद्यपि वध करने योग्य है और मैं तुझे अभी मार डालता, परन्तु तेरे पूर्व-कृत्यों को स्मरण कर, मैं तुझे छोड़ देता हूँ। मूढ़, तू तुरंत यहाँ से हट जा। मैं ऐसी ऊलजलूल बातें नहीं सुनना चाहता।" रावण के ये वचन सुनकर शुक 'महाराज की बड़ी कृपा है' ऐसा कहकर काँपता हुआ अपने घर चला गया। वास्तव में शुक परम तेजस्वी मुनि थे। महर्षि अगस्त्य के शाप से वे राक्षस बन गये थे। भगवान् राम का दर्शन कर और रावण को उपदेश करने पर शुक शाप से मुक्त हो गये और पूर्ववत् मुनिवृत्ति अपना कर वानप्रस्थियों के साथ रहने लगे।

माल्यवान् का रावण को समझाना

शुक के चले जाने पर अति बुद्धिमान् और नीतिनिपुण वृद्ध माल्यवान् रावण के पास उपस्थित हुआ। वह रिश्ते में रावण का नाना लगता था। वह शान्तचित्त से उस राक्षसवीर रावण से बोला, "हे राजन्, मेरी प्रार्थना सुनिये, फिर आपकी जैसी इच्छा हो, उसे कीजियेगा। हे दशानन, जब से नगर में राम की भार्या जानकी का प्रवेश हुआ है, तभी से यहाँ बड़े भयंकर अपशकुन दिखायी दे रहे हैं। वे सब मैं आपको बताता हूँ—अति भयंकर मेघगण तीक्ष्ण कड़क के साथ गर्जते हैं और सर्वदा लंका के ऊपर गरम-गरम रक्त की वर्षा करते हैं। देवमूर्तियाँ रोती हैं, उनके शरीर में पसीना आ जाता है और वे अपने स्थान से स्खलित हो जाती हैं। कालिका राक्षसों के आगे अपने पीले दाँत निकाल कर हँसती हैं। गौओं के गधे उत्पन्न होते हैं और चूहे, नेवले, आदि बिल्ली से एवं सर्प गरुड़ से युद्ध करते हैं। समस्त राक्षसों के घरों को समय-समय पर काले और पीले रंग का एक महा भयंकर, विकरालवदन, मुण्डित-केश काल-पुरुष देखा करता है। इस प्रकार ये तथा अन्य बहुत से अपशकुन दिखायी पड़ते हैं।

"अतः हे दशशीश, अपने कुल की रक्षा के लिये इनकी शान्ति कीजिये और तुरंत ही सीताजी को सत्कारपूर्वक बहुत से धन के सहित रघुनाथजी को दे दीजिये। राम को आप साक्षात् नारायण समझिये, इसलिये, उनसे द्वेष-भाव और विरोध छोड़ दीजिये। इन रघुनाथजी के चरणकमलरूपी नौका का आश्रय लेकर भक्ति से पवित्र अन्तःकरण वाले योगीजन संसार-सागर को पार कर जाते हैं। अतः ये कोई साधारण पुरुष नहीं हैं। ये सबके अन्तःकरणों में विराजमान हैं। आप भक्तिभाव से इन रामचन्द्रजी का भजन कीजिये। यद्यपि आपका आचरण शुद्ध नहीं है, तथापि उनकी भक्ति से आप पवित्र हो जायेंगे। हे राजेन्द्र, अपने कुल की कुशलता के लिये मेरी यह बात आप मान लीजिये।"

परन्तु माल्यवान् के ये हितकर वाक्य दुष्टचित्त रावण को सहन नहीं हुए, क्योंकि वह काल के वशीभूत हो रहा था। वह बोला, "अरे शठ माल्यवान्, इस बेचारे एक तुच्छ मनुष्य राम को तुम किस बात में समर्थ मानते हो? उसके तुच्छ आचरण से क्षुब्ध होकर उसके पिता ने घर से निकाल दिया है। उस दीन मनुष्य ने अपनी सहायता के लिये वानरों की शरण ली है। वह तो केवल वनवासी मुनियों का ही प्यारा है। मालूम होता है कि वृद्ध होने के कारण तुम्हारी बुद्धि भ्रष्ट हो गयी है। अथवा तुम्हें राम ने ही मेरे पास भेजा है। इसलिये तुम इस प्रकार की ऊटपटांग बातें कर रहे हो। जाओ, तुम बूढ़े और अपने सगे सम्बन्धी हो, इसलिए मैंने तुम्हारी सब बातें सहन कर ली हैं।" ऐसा कहकर वह अपने समस्त मंत्रियों सहित वहाँ से चल दिया। अपने राजभवन के सर्वोच्च तल पर बैठकर वानर-सैनिकों को देखता हुआ अपने आसपास बैठे हुए राक्षसों को युद्ध के लिये नियुक्त करने लगा।

इधर भगवान् राम ने रावण को ठाटबाट से बैठा देखकर अति क्रोधातुर होकर

लक्ष्मणजी का लाया हुआ धनुष उठाया। रावण सिर पर मुकुट धारण किये अपने मंत्रियों से घिरा हुआ बैठा था। भगवान् राम ने आधे निमेष में ही एक अर्द्धचन्द्राकार बाण से उसके हजारों श्वेत छत्र और दसों मुकुट काट डाले। यह बड़ा आश्चर्य-सा हो गया। इससे लज्जित होकर रावण तुरंत अपने घर में घुस गया। इसके बाद उस दुष्ट ने शीघ्र ही प्रहस्त आदि मुख्य-मुख्य राक्षसों को युद्ध करने की आज्ञा दी।

●

अध्याय—सत्रह

युद्ध

रावण की आज्ञा से राक्षसगण भेरी, मृदंग, पणव, आनक और गोमुख आदि बाजे बजाने, भैंसों, ऊँटों, गधों, सिंहों और व्याघ्रों पर चढ़कर, खड्ग, शूल, धनुष, पाश, यष्टि (लाठी), तोमर और शक्ति आदि अस्त्र-शस्त्रों से सुसज्जित हो लंका के प्रत्येक द्वार पर आ गये।

यद्यपि देवताओं के लिये भी लंका पर आक्रमण करना बहुत कठिन काम था, तो भी श्रीराम की आज्ञा से प्रेरित होकर वानरों ने यथास्थान उस पुरी पर घेरा डाल दिया और उसके भीतर प्रवेश करने लगे। लंका का उत्तरी द्वार पर्वत-शिखर के समान ऊँचा था। श्रीराम और लक्ष्मण ने धनुष हाथ में लेकर उसका मार्ग रोक लिया। वहीं रहकर वे अपनी सेना की रक्षा करने लगे। उत्तरी द्वार पर स्वयं रावण खड़ा था, वहीं वे दोनों भाई डट गये। श्रीराम के सिवा दूसरा कोई उस द्वार पर अपने सैनिकों की रक्षा नहीं कर सकता था। वानर-सेनापति पराक्रमी नील मैन्द और द्विविद के साथ लंका के पूर्वी द्वार पर जाकर डट गये। महाबली अंगद ने ऋषभ, गवाक्ष, गज और गवय के साथ दक्षिण द्वार पर अधिकार जमा लिया। प्रमाथी, प्रघस तथा अन्य वानर-वीरों के साथ बलवान् कपिश्रेष्ठ हनुमान् ने पश्चिमी द्वार का मार्ग अवरुद्ध कर लिया। उत्तर और पश्चिम के मध्यभाग (वायव्य कोण) में, जो राक्षस-सेना की छावनी थी, श्रेष्ठ वानर-वीरों के साथ सुग्रीव ने आक्रमण किया। श्रीराम की आज्ञा से विभीषणसहित लक्ष्मण ने लंका के प्रत्येक द्वार पर एक-एक करोड़ वानरों को नियुक्त कर दिया। सुषेण और जाम्बवान् बहुत-सी सेना के साथ श्रीरामचन्द्रजी के पीछे थोड़ी दूर पर रहकर बीच के मोर्चे की रक्षा करते रहे। वे वानर-सिंह बाघों के समान बड़े-बड़े दाढ़ों से युक्त थे। वे हर्ष और उत्साह में भरे हुए थे। हाथों में वृक्ष और पर्वत-शिला लिये युद्ध के लिये डट गये। सभी वानरों की पूंछें क्रोध के कारण अस्वाभाविक रूप से हिल रही थीं। दाढ़ें और नख ही उन सब के आयुध थे। उन सबके मुख आदि अंगों पर क्रोध के कारण विचित्र चिह्न परिलक्षित होते थे एवं सबके मुख विकट एवं विकराल दिखायी देते थे।

मेघ के समान काले और अरुण-प्रभा के तुल्य लाल वानरों और काले रीछों ने चारों ओर से लंकापुरी में प्रवेश किया। वे बड़े-बड़े बलवान् और पराक्रमी राक्षसों

को पीड़ित करने लगे। उनके इस अद्भुत कृत्य से राक्षसों को अत्यधिक भय और विस्मय हुआ। वानरों के महान् कोलाहल से परकोटों, फाटकों, पर्वतों, वनों तथा काननों सहित समूची लंकापुरी में हलचल मच गयी।

श्रीराम द्वारा अंगद को रावण को समझाने के लिए भेजना

राजधर्म के परम ज्ञाता श्रीरामचन्द्रजी ने मंत्रियों सहित विभीषण से परामर्श कर अंगद को बुलाकर यह कहा, "सौम्य, कपिप्रवर अंगद, तुम दशमुख रावण के पास जाओ और सीता को लौटा देने को कहो। रावण राज्यलक्ष्मी से भ्रष्ट हो चुका है। अब उसका ऐश्वर्य समाप्त हो चुका है। उसकी चेतनाशक्ति नष्ट हो चुकी है। अब वह मरना ही चाहता है। अतः अन्तिम प्रयास कर लो।"

अनायास ही महान् कर्म करने वाले भगवान् श्रीराम के ऐसा कहने पर मूर्तिमान् अग्नि के सदृश अंगद आकाश-मार्ग से चल दिये। अंगद एक ही मुहूर्त में परकोटा लाँघ कर रावण के राजभवन में जा पहुँचे। रावण अपने मंत्रियों के साथ निश्चिन्त-भाव से बैठा था। अंगद निश्शंक होकर उसके समीप पहुँच कर खड़े हो गये।

रावण के पास पहुँच कर उन्होंने पहले अपना संक्षिप्त परिचय दिया। तत्पश्चात् वे श्रीराम का संदेश रावण को सुनाने लगे, "निशाचरराज, तुमने मोहवश घमंड में आकर ऋषि, देवता, गन्धर्व, अप्सरा, नाग, यक्ष और राजाओं का बहुत अपराध किया है। ब्रह्माजी का वरदान पाकर तुम्हें जो अभिमान हो गया था, निश्चय ही उसके नष्ट होने का अब समय आ गया है। तुम्हारे उस पाप का दु:सह फल आज उपस्थित है। यदि तुम मिथिलेशकुमारी सीता को लेकर मेरी शरण में नहीं आये, तो मैं अपने तीखे बाणों द्वारा इस भूमण्डल को राक्षसों से विहीन कर दूँगा।

"राक्षसों में श्रेष्ठ ये विभीषण भी मेरे साथ यहाँ आये हैं। निश्चय ही लंका का निष्कंटक राज्य इन्हें प्राप्त होगा। निशाचर, मेरी दृष्टि में आने के पश्चात् यदि तुम पक्षी होकर तीनों लोकों में उड़ते और छिपते फिरो, तो भी तुम अपने घर को जीवित नहीं लौट सकोगे। नृशंस रावण, जरा मर्द बनो और घर से बाहर निकल कर मेरा सामना करो। मैं मंत्रियों, पुत्र-पौत्रों और बन्धु-बाधवों के सहित तुम्हारा वध करूँगा, क्योंकि तुम्हारे मारे जाने से तीनों लोकों के प्राणी निर्भय हो जायेंगे।

"तुम देवता, दानव, यक्ष, गन्धर्व, नाग और राक्षस सभी के शत्रु हो। ऋषियों के लिये तो कंटकरूप ही हो। अतः आज मैं तुम्हें उखाड़ फेंकूँगा। यदि तुम मेरे चरणों में गिर सीता को नहीं लौटाओगे, तो तुम्हारे मारे जाने पर लंका का सारा ऐश्वर्य विभीषण को प्राप्त होगा।"

वानरशिरोमणि अंगद के वचन सुनकर रावण अत्यन्त अमर्ष से भर गया। उसने महाबलवान् राक्षसों को आज्ञा दी "पकड़ लो इस दुर्बुद्धि वानर को। इसे तुरंत मार डालो।" रावण की आज्ञा सुनते ही चार भयंकर राक्षसों ने अग्नि के समान तेजस्वी अंगद को पकड़ लिया। आत्मबल से सम्पन्न अंगद ने उस समय राक्षसों

को अपना बल दिखाने के लिये स्वयं ही अपने-आपको पकड़ा दिया। फिर वे गरुड़ की भाँति अपनी दोनों भुजाओं से जकडे हुए उन चारों राक्षसों को लिये-दिये ही उछले और उस महल की छत पर, जो पर्वत-शिखर के समान ऊँची थी, चढ़ गये। उनके उछलने के वेग से वे सब राक्षस, राक्षसराज रावण के देखते-देखते पृथ्वी पर गिर पड़े।

इसके पश्चात् प्रतापी अंगद उस महल की चोटी पर पैर पटकते हुए घूमने लगे। उनके पैरों से आक्रान्त होकर वह छत रावण के देखते-देखते फट गयी। इस प्रकार महल की छत तोड़कर उन्होंने श्रीराम की जयजयकार करते हुए बड़े जोर से सिंहनाद किया। उनकी इस दहाड़ से राक्षसगण भयभीत हो गये। तुरंत ही वे आकाश-मार्ग से उड़ चले। राक्षसों को पीड़ा देते हुए और समस्त वानरों का हर्ष बढ़ाते हुए वे वानरसेना के बीच श्रीरामचन्द्रजी के पास लौट आये और सारे समाचार सूचित कर दिये।

अपने महल के टूटने से रावण को बड़ा क्रोध आया। परन्तु विनाश की घड़ी आयी देखकर वह लम्बी साँस छोड़ने लगा। इधर श्रीरामचन्द्रजी हर्ष से भरकर गर्जना करते हुए बहुसंख्यक वानरों से घिर कर युद्ध के लिये डटे रहे। वे अपने शत्रु के वध का निश्चय कर चुके थे। अब उन्होंने वानरों को युद्ध करने की आज्ञा दे दी। वानर लोग पर्वतों की शिलाएँ, और नाना प्रकार के वृक्ष उखाड़ कर युद्ध के लिए अग्रसर हुए। रावण की पृथक्-पृथक् सेना देखकर वे श्रीराम का प्रिय कार्य करने के लिये लंका पर चढ़ गये। उन वानरों ने उछलते-कूदते और गर्जते हुए वृक्ष, पर्वतशिला और मुट्ठियाँ तानकर नगर को सब ओर से घेर लिया। 'महाबली राम और वीरवर लक्ष्मण की जय हो, रघुनाथजी से सुरक्षित राजा सुग्रीव की जय हो' इस प्रकार शब्द करते हुए वे राक्षसों से लड़ने लगे। हनुमान्, अंगद, कुमुद, नल, नील, शरभ, मैन्द, द्विविद, जाम्बवान्, दधिमुख, केसरी, तार तथा अन्य बलवानों ने उछल-उछल कर लंका के सब द्वारों को चारों ओर से घेर लिया। वे महाकाय वानरगण वृक्ष, पर्वतशिला एवं नखों तथा दाँतों से अति वेगपूर्वक उन राक्षसों को मारने लगे।

तब महाभयानक और बड़े-बड़े डील-डौलवाले महाबली राक्षसगण भी अति रोषपूर्वक सब द्वारों से निकल कर भिन्दिपाल, खड्ग, शूल और परशु आदि विविध अस्त्र-शस्त्रों से वानर-सेना पर प्रहार करने लगे। इसी प्रकार वानर-वीर भी राक्षसों को मारने लगे। उस समय राक्षसों और वानरों का विचित्र युद्ध छिड़ गया, जिससे रणभूमि में रक्त और मांस की कीच हो गयी। वीर राक्षस-केशरी घोड़ों, हाथियों, और सुवर्णमय रथों पर चढ़कर अपने शब्द से दसों दिशाओं को गुंजायमान करते हुए लड़ रहे थे और राक्षस तथा वानर दोनों ही परस्पर एक-दूसरे को जीतना चाहते थे। विष्णुरूप भगवान् राम की दृष्टि पड़ने से देवताओं के अंश से उत्पन्न हुए वानर-गण बड़े प्रबल हो गये। वे अपनी प्रबल और असह्य मार से राक्षसों का संहार करने लगे। धीरे-धीरे राक्षसों की सेना नष्ट होकर केवल एक चौथाई रह गयी।

इन्द्रजित् का मायामय युद्ध

अपनी सेना का भीषण संहार होते हुए देख रावण-पुत्र इन्द्रजित् आगे बढ़कर बड़े वेग से वानरों का संहार करने लगा। अंगद को अत्यधिक क्रोध हुआ, इन्द्रजित् के सम्मुख पहुँच कर उन्होंने इन्द्रजित् को घायल कर दिया। उसके सारथी और घोड़ों को यमलोक पहुँचा दिया। अंगद के द्वारा घोड़े और सारथी के मारे जाने पर इन्द्रजित् महान् संकट में पड़ गया। वह रथ छोड़कर वहीं अन्तर्धान हो गया। अंगद के उस पराक्रम की देवताओं, ऋषियों, श्रीराम-लक्ष्मण तथा सभी वानरगण भूरि-भूरि प्रशंसा करने लगे। सुग्रीव और विशीषण भी बड़े प्रसन्न हुए और अंगद को साधुवाद देने लगे।

युद्ध में अधिक कष्ट पाने से इन्द्रजित् क्रोध से अचेत हो गया। किन्तु ब्रह्माजी के वर से उसने अन्तर्धान होकर वज्र के समान तेजस्वी और कठोर बाण बरसाने आरंभ किये। उसने सर्पमय बाणों से श्रीराम और लक्ष्मण को घायल कर दिया। वे दोनों रघुवंशी बन्धु अपने सभी अंगों में चोट खाकर क्षत-विक्षत हो गये थे। माया से आवृत्त हो समस्त प्राणियों के लिये अदृश्य होकर इन्द्रजित ने श्रीराम और लक्ष्मण को मोह में डालते हुए उन्हें सर्पाकार बाणों के बन्धन में बाँध लिया। उस समय वानरों ने उन दोनों भाइयों को नागपाश में बद्ध देखा। युद्ध के मुहाने पर बाण के बंधन से बँधे हुए वे दोनों बन्धु पलक मारते-मारते ऐसी दशा को पहुँच गये कि उनमें आँख उठाकर देखने की भी शक्ति नहीं रह गयी। वे महान् धनुर्धर वीर भूपाल मर्मस्थल के भेदन से विचलित एवं कृशकाय होकर पृथ्वी पर गिर पड़े। वास्तव में यह उनकी मनुष्यता का नाट्य करनेवाली लीलामात्र थी। वे तो काल के भी काल हैं। उन्हें कौन बाँध सकता था ? नागपाश में बँधकर वीर-शय्या पर सोये हुए उन दोनों भाइयों को चारों ओर से घेरकर सब वानर खड़े हो गये। वहाँ आये हुए हनुमान् आदि मुख्य वानर व्यथित होकर बड़े विषाद में पड़ गये।

समस्त वानर सम्पूर्ण दिशाओं और आकाश में बारंबार दृष्टिपात करने पर भी मायाच्छन्न इन्द्रजित् को रणभूमि में नहीं देख पाते थे। तब विभीषण ने राक्षसी माया का आश्रय लेकर उसी से देखना प्रारम्भ किया। माया से छिपे हुए विभीषण ने अपने उस भतीजे इन्द्रजित् को सामने खड़े देखा, जिसके कर्म अनुपम थे और युद्धस्थल में जिसका सामना करनेवाला कोई योद्धा नहीं था। श्रीराम और लक्ष्मण को युद्धभूमि में सोते देख इन्द्रजित् को बहुत प्रसन्नता हुई। उसने दोनों भाइयों को मृत समझ लिया।

इन्द्रजित् अपने पराक्रम का इस प्रकार वर्णन करने और राक्षसों का हर्ष बढ़ाने लगा, ''वह देखो, जिन्होंने खर, दूषण और त्रिशिरा का वध किया था, वे दोनों भाई महाबली राम और लक्ष्मण मेरे बाणों से मारे गये। यदि सारे मुनि-समूहों सहित समस्त देवता और असुर भी आ जायँ, तो वे इस बाण-बंधन से इन दोनों को

छुटकारा नहीं दिला सकते। जिसके कारण चिन्ता और शोक से पीड़ित हुए मेरे पिता को सारी रात शय्या का स्पर्श किये बिना ही बितानी पड़ती थी तथा जिसके कारण यह सारी लंका वर्षाकाल में नदी की भाँति व्याकुल रहा करती थी, हम सब की जड़ काटनेवाले उस अनर्थ को आज मैंने शान्त कर दिया।" इतना कह कर उसने बड़े-बड़े वानर-यूथपों को मारना आरम्भ किया। उसने किसी के प्राण लिये और किसी को क्षत-विक्षत कर दिया। इन्द्रजित् ने यह देखा कि दोनों भाई पृथ्वी पर निश्चेष्ट पड़े हैं तथा उनकी साँसें भी नहीं चल रही हैं, उसने उन दोनों को निश्चय ही मरा हुआ समझ लिया।

रावण के पास पहुँच कर इन्द्रजित् ने उसे हाथ जोड़कर प्रणाम किया और श्रीराम-लक्ष्मण के मारे जाने का प्रिय संवाद सुनाया। राक्षसों के बीच अपने दोनों शत्रुओं के मारे जाने का समाचार सुनकर रावण हर्ष से उछल पड़ा और उसने अपने पुत्र को हृदय से लगाकर गाढ़ आलिंगन किया। फिर उसने इन्द्रजित् का मस्तक सूंघा और घटना का पूरा विवरण पूछा। इन्द्रजित् ने सारी बात आद्योपान्त विस्तार से बता दी। महारथी इन्द्रजित् से सारा वृत्तान्त सुनकर रावण की अन्तरात्मा हर्ष के उद्रेक से खिल उठी। दशरथनन्दन श्रीराम की ओर से जो उसे भय और चिन्ता प्राप्त हुई थी, उसे उसने त्याग दिया और प्रसन्नतापूर्ण वचनों द्वारा अपने पुत्र का बारंबार अभिनन्दन किया।

वानरों की निराशा और विभीषण का उन्हें समझाना

श्रीराम और लक्ष्मण के शरीरों और सभी अंग-उपांगों को बाणों से व्याप्त देख सभी वानर हताश हो गये और सुग्रीव के मन में भय समा गया। उनके मुख पर दीनता छा गयी, आँसुओं की धारा बह चली और नेत्र शोक से व्याकुल हो गये। उस समय विभीषण ने उन्हें धैर्य बँधाते हुए कहा, "वानरराज सुग्रीव, डरो मत। डरने से कोई लाभ नहीं। आँसुओं का यह वेग रोको। यदि हम लोगों का भाग्य शेष होगा, तो ये दोनों महाबली महात्मा अवश्य मूर्च्छा त्याग देंगे। जो लोग सत्य-धर्म में अनुराग रखते हैं, उन्हें मृत्यु का भय नहीं होता है।" ऐसा कहकर विभीषण ने जल से भीगे हुए हाथ से सुग्रीव के दोनों नेत्र पोंछ दिये और कहा, "वानरराज, इस घबराहट को छोड़ो। श्रीरामचन्द्रजी जिनके अगुवा और स्वामी हैं, उन सेनाओं के हित का विचार करो। जब तक श्रीराम और लक्ष्मण को चेत न हो, तब तक बडी सतर्कता से इनकी रक्षा करनी चाहिये। श्रीराम के लिये यह संकट कुछ भी नहीं है। ये मर नहीं सकते। ये इस अवस्था में भी लक्ष्मी से युक्त हैं। मुख की कान्ति ज्यों की त्यों बनी हुई है। होश में आने पर ये दोनों भाई हमारा सारा भय दूर कर देंगे।

"कपिश्रेष्ठ, देखो, इन वानरों के मन में भय समा गया है। इसलिये ये आँखें फाड़-फाड़ कर देखते हैं और आपस में कानाफूंसी करते हैं। अतः मैं इन्हें आश्वासन

देने जाता हूँ।" इस प्रकार सुग्रीव को धैर्य बँधा कर विभीषण ने भागने के लिये उद्यत हुई वानर-सेना को बारंबार सांत्वना दी।

गरुड़ का आना और श्रीराम लक्ष्मण को नागपाश से मुक्त करना

देवताओं के मुख से श्रीराम-लक्ष्मण को नागपाश में बद्ध सुनकर गरुड़ तत्क्षण वहाँ आ विराजमान हुए। उन्हें आया देखकर जिन महाबली नागों ने बाण के रूप में आकर उन दोनों महापुरुषों को बाँध रखा था, वे सब के सब उन्हें देखते ही वहाँ से भाग खड़े हुए। तत्पश्चात् गरुड़ ने उन दोनों रघुवंशी बन्धुओं को स्पर्श करके अभिनंदन किया और अपने हाथों से उनके चन्द्रमा के समान कान्तिमान् मुखों को पोंछा। गरुड़जी का स्पर्श पाते ही श्रीराम और लक्ष्मण के सारे घाव भर गये और उनके शरीर तत्काल ही सुन्दर कान्ति से युक्त एवं स्निग्ध हो गये। फिर महातेजस्वी गरुड़ ने उन दोनों भाइयों को उठाकर हृदय से लगा लिया। तब श्रीराम ने प्रसन्न होकर गरुड़ से कहा, "इन्द्रजित् के कारण हम लोगों पर जो महान् संकट आ गया था, उसे हम आपकी कृपा से लाँघ गये। आप विशिष्ट उपाय के ज्ञाता हैं। अतः आपने हम दोनों को तुरन्त ही पूर्ववत् बल से सम्पन्न कर दिया। जैसे पिता दशरथ और पितामह अज के पास जाने से मेरा मन प्रसन्न हो सकता था, वैसे ही आपको पाकर मेरा हृदय हर्ष से खिल उठा है।"

गरुड़ ने कहा, "धर्म के ज्ञाता सत्यपराक्रमी श्रीराम, समरांगण में संहार करनेवाले अपने भाई लक्ष्मण के साथ ही आप बड़े भाग्यशाली हैं, जो अनायास ही इस नागपाश से मुक्त हो गये। आप अत्यन्त सरल स्वभाव के हैं। अपने शत्रुओं पर भी दया करते हैं। पर राक्षस क्रूर, मायावी और कपटी होते हैं। अतः रणक्षेत्र में राक्षसों का कभी विश्वास नहीं करना चाहिये। आप समुद्र की लहरों के समान अपने बाणों की झड़ी से लंका की ऐसी दशा कर देंगे कि यहाँ केवल बालक और बूढ़े ही शेष रह जायेंगे। इस तरह अपने शत्रु रावण का संहार कर आप सीताजी को अवश्य प्राप्त कर लेंगे।"

ऐसी बातें कहकर शीघ्रगामी और शक्तिशाली गरुड़ ने वानरों के बीच उनकी परिक्रमा की और उन्हें हृदय से लगाकर वायु-गति से आकाश में चले गये।

श्रीराम और लक्ष्मण को नीरोग हुआ देखा सारे वानर-यूथपति हर्ष से सिंहनाद करने और पूँछ हिलाने लगे। वे हर्षोल्लास.से भरकर पहले की भाँति गर्जने और ताल ठोंकने लगे। वृक्षों और शिलाओं से युक्त होकर वे जोर-जोर से गर्जने और निशाचरों को डराने लगे। युद्ध की आकांक्षा से वे लंका के सभी दरवाजों पर आकर डट गये।

युद्ध के लिये रावण का अनेक सेनापतियों को भेजना

रावण को जब यह समाचार मिला कि राम और लक्ष्मण नागपाश से मुक्त होकर पूर्ण स्वस्थ हो गये हैं, तो वह चिन्ता और शोक के वशीभूत हो गया। उसका चेहरा उतर गया और मुख की कान्ति फीकी पड़ गयी। वह मन ही मन सोचने लगा,

"जो विषधर सर्पों के समान भयंकर, वरदान में प्राप्त हुए और अमोघ थे, जिनका तेज सूर्य के समान था, उन्हीं बाणों द्वारा युद्धस्थल में इन्द्रजित ने जिन्हें बाँध लिया था, वे मेरे दोनों शत्रु यदि उस अस्त्र-बंध में पड़कर भी उससे छूट गये, तब तो मैं अपनी सारी सेना को संशयापन्न ही देखता हूँ ।" ऐसा सोचकर रावण अत्यन्त कुपित होकर बारी-बारी से पराक्रमी, शूरवीर सेनापतियों को युद्ध करने के लिये भेजने लगा । धूम्राक्ष अत्यधिक पराक्रमी था । वह अपने समस्त सैन्यदल और अस्त्र-शस्त्र से सुसज्जित होकर युद्ध-भूमि में पहुँचा । उसने महाभयंकर युद्ध किया और वानर-सेना का महान् संहार किया । पर महाबली हनुमान् से उसे मौत के घाट पहुँचा दिया । इसके बाद वज्रदंष्ट्र नामक राक्षस सेनापति बड़ी भारी सेना के साथ भेजा गया । उसने भी भयंकर युद्ध किया पर अंत में अंगद ने उसे मार गिराया । इसी प्रकार अकम्पन, प्रहस्त आदि सेनापति भेजे गये । उन्होंने घनघोर युद्ध किया । पर अंत में सब के सब मारे गये और उनकी सेना भी मारी गयी । बचे-खुचे सैनिक युद्धस्थल से विमुख हो प्राणरक्षा के लिये लंका में जा छिपे ।

रावण का युद्ध के लिए स्वयं जाना

सेनापति महाबली नील द्वारा प्रहस्त के मारे जाने पर रावण अत्यधिक क्रुद्ध होकर स्वयं युद्ध के मुहाने पर जा डटा । उसके साथ बड़े-बड़े पराक्रमी और शूरवीर सैनिक चले । इन्द्रजित्, महोदर, कुंभ, निकुम्भ, नरान्तक आदि प्रधान सेनापति थे । रावण के पहुँचते ही सुग्रीव ने उस पर आक्रमण किया । तुमुल युद्ध करने के पश्चात् रावण ने अपने पैने बाणों से सुग्रीव को क्षत-विक्षत करके घायल कर दिया । तब गवाक्ष, गवय, सुषेण, ऋषभ, ज्योतिर्मुख और नल आदि वानर सेनापतियों ने एक साथ मिलकर वृक्षों और शिलाओं से रावण पर आक्रमण किया । पर देवद्रोही रावण ने अपने तीखे ओर तेजस्वी बाणों की झड़ी से घायल कर दिया । सब के सब अचेत होकर धरती पर गिर पड़े । उनके गिरने पर महाबली रावण ने भयानक गर्जन किया । उसने अपने बाण-समूहों से उस भयंकर वानर-सेना को आच्छादित कर दिया । उसके बाणों से पीड़ित होकर डरे हुए वीर वानर जोर-जोर से चीत्कार करते हुए धराशायी होने लगे । वानरगण भक्तवत्सल श्रीरामचन्द्रजी के पास पहुँचे और उनसे आर्तभाव से निवेदन किया, "प्रभो, यह दुष्ट रावण काल के समान हमारी सेना का संहार कर रहा है ।" इतना सुनते ही श्रीरामचन्द्रजी उस स्थल पर पहुँचने के लिये तत्पर हुए । पर लक्ष्मण ने उन्हें रोक दिया और वे धनुषबाण लेकर रावण के पास चल पड़े ।

इधर वानरों को भयभीत और त्रस्त देखकर वीरवर हनुमान्जी रावण से भिड़ गये । राक्षसराज रावण ने हनुमान्जी की छाती में एक घूँसा मारा । उसके घूँसे की चोट से हनुमान्जी इधर-उधर चक्कर काटने लगे । पर थोड़ी ही देर में स्वस्थ

होकर उन्होंने उस देवद्रोही पर घूंसे से ही प्रहार किया। चोट खाकर दशमुख रावण उसी तरह काँप उठा, जैसे भूकम्प आने पर पृथ्वी काँपने लगती है। कुछ देर तक चेतनाशून्य रहने के बाद प्रकृतिस्थ होकर रावण ने कहा, "शाबाश वानर, शाबाश, तुम पराक्रम की दृष्टि से मेरे प्रशंसनीय प्रतिद्वन्द्वी हो।" रावण के ऐसा कहने पर हनुमान् जी ने कहा, "रावण, तू अब भी जीवित है, इसलिये मेरे पराक्रम को धिक्कार है।" रावण और नील का भी घोर संग्राम हुआ। उस संग्राम में उसने अपने आग्नेयास्त्र से नील को विचलित कर दिया।

इसी बीच लक्ष्मणजी भी रावण के पास पहुँच गये। लक्ष्मण और रावण के बाणों के घात-प्रतिघात हुए। रावण ने बड़े-बड़े तीखे बाणों का प्रहार लक्ष्मणजी पर किया। पर लक्ष्मण ने उसके प्रहारों को निष्फल कर दिया। उनकी इस फुर्ती से रावण आश्चर्यचकित रह गया। फिर रावण ने ब्रह्माजी के दिये हुए कालाग्नि के समान बाण से लक्ष्मणजी के मस्तक पर चोट की। उसकी चोट खाकर लक्ष्मण विचलित हो गये। तत्पश्चात् स्वस्थ होकर उन्होंने रावण का धनुष काट डाला और उस पर तेज बाणों से प्रहार किया। उन बाणों की चोट से रावण व्याकुल हो गया। इसके बाद ब्रह्माजी की दी हुई अत्यन्त शक्तिशालिनी शक्ति से लक्ष्मण पर उसने चोट की। वह शक्ति लक्ष्मणजी के वक्षस्थल में घुस गयी। वे मूर्च्छित होकर पृथ्वी पर गिर पड़े। ऐसी अवस्था में रावण उन्हें उठाने चला। लक्ष्मण को उठाने का उसने बड़ा प्रयास किया, पर सफल न हो सका। लक्ष्मण को उठाते देख हनुमान्जी रावण की ओर दौड़े और मुक्के से उसकी छाती में चोट की। उस मुक्के की मार से राक्षस-राज रावण ने धरती पर घुटने टेक दिये। वह काँपने लगा और अन्त में पृथ्वी पर गिर पड़ा।

इसके पश्चात् तेजस्वी हनुमान् रावण-पीड़ित लक्ष्मण को उठाकर श्रीरघुनाथ जी के निकट ले आये। हनुमान्जी के सौहार्द और उत्कट भक्तिभाव के कारण लक्ष्मणजी उनके लिये हल्के हो गये। शत्रुओं के लिये तो वे अब भी अकम्पनीय थे। वे उन्हें हिला नहीं सकते थे।

युद्ध में मूर्च्छित लक्ष्मण को छोड़कर वह शक्ति पुनः रावण के रथ पर लौट आयी। थोड़ी देर में होश आने पर रावण ने फिर विशाल धनुष उठाया और पैने बाण हाथ में लिये।

शत्रुसूदन लक्ष्मणजी भगवान् विष्णु के अचिन्तनीय अंशरूप से अपना चिन्तन करके स्वस्थ और नीरोग हो गये। वानरों की विशाल-वाहिनी के बड़े-बड़े वीर गिरे देख, रणभूमि में श्रीरामचन्द्रजी ने रावण पर धावा बोल दिया। उस समय हनुमान्जी ने उनके पास आकर कहा, "प्रभो, जैसे भगवान् विष्णु गरुड़ पर चढ़कर दैत्यों का संहार करते हैं, उस प्रकार आप मेरी पीठ पर चढ़कर इस राक्षस को दण्ड दें।" श्रीरघुनाथजी सहसा उनकी पीठ पर चढ़ गये। उन्होंने अपने धनुष की तीव्र टंकार की, जो वज्र की गड़गड़ाहट से भी अधिक कठोर थी। इसके पश्चात् भगवान् राम

राक्षसराज रावण से गंभीर वाणी में बोले, "राक्षसों में बाघ बने हुए रावण, खड़ा रह, खड़ा रह। मेरा ऐसा अपराध करके तू कहाँ जाकर प्राण-संकट से छुटकारा पा सकेगा ? यदि तू इन्द्र, यम अथवा सूर्य के पास, ब्रह्मा, अग्नि या शंकर के समीप अथवा दसों दिशाओं में भाग कर जायगा, तो भी अब मेरे हाथ से बच नहीं सकेगा। तूने आज ब्रह्म-प्रदत्त शक्ति के द्वारा जिन लक्ष्मण को आहत किया और जो उस शक्ति की चोट से सहसा मूर्च्छित हो गये थे, उन्हीं के तिरस्कार का बदला लेने के लिये आज मैं युद्धभूमि में तुम्हारे सामने उपस्थित हुआ हूँ। राक्षसराज, मैं पुत्र-पौत्रों सहित तेरी मृत्यु बन कर आया हूँ। रावण, तेरे सामने खड़े हुए इसी रघुवंशी राजकुमार ने अपने बाणों द्वारा जनस्थान-निवासी उन चौदह हजार राक्षसो का संहार कर डाला था, जो अद्भुत एवं दर्शनीय योद्धा थे और उत्तमोत्तम अस्त्र-शस्त्रों से सम्पन्न थे।"

श्रीरामचन्द्रजी की यह बात सुनकर महाबली राक्षसराज रावण महान् रोष से भर गया। उसे पहले के वैर का स्मरण हो आया। उसने कालाग्नि-शिखा के समान दीप्तिशाली बाणों द्वारा रणभूमि में श्रीरघुनाथजी के वाहन बने हुए महान् वेगशाली हनुमान् को अत्यंत घायल कर दिया। युद्धस्थल में रावण के बाणों से आहत होने पर भी स्वाभाविक तेज से सम्पन्न हनुमान्जी का शौर्य और पराक्रम और भी अधिक बढ़ गया। वानर-शिरोमणि हनुमान् को घायल देखकर महातेजस्वी श्रीराम क्रोध के वशीभूत हो गये। फिर तो उन भगवान् श्रीराम ने रावण पर आक्रमण करके पहिये, घोड़े, ध्वजा, छत्र, पताका, सारथी, अशनि, शूल और खड्ग-सहित उसके रथ को अपने पैने बाणों से तिल-तिल करके काट डाला। तत्पश्चात् प्रभु श्रीरामचन्द्रजी ने वज्र के समान तेजस्वी बाण से देवशत्रु रावण की विशाल छाती में वेगपूर्वक आघात किया। जो राक्षसेन्द्र वज्र और अशनि के आघात से भी कभी क्षुब्ध एवं विचलित नहीं हुआ था, वही वीर उस समय श्रीराम के बाणों से घायल हो अत्यंत आर्त एवं कंपित हो उठा। उसके हाथ से धनुष छूटकर गिर पड़ा। इसके बाद एक चमचमाते चन्द्राकार बाण से श्रीरामचन्द्रजी ने राक्षसराज का देदीप्यमान मुकुट भी काट डाला।

रावण की इस दयनीय दशा को देखकर भगवान् राम ने उससे कहा,' रावण, तुमने आज बड़ा भयंकर कर्म किया है। मेरी सेना के प्रधान-प्रधान वीरों को मार डाला है। इतने पर भी थका हुआ समझ कर मैं बाणों द्वारा तुझे मौत के अधीन नहीं कर रहा हूँ। निशाचरराज, मैं जानता हूँ कि तू युद्ध से पीड़ित है। इसीलिये आज्ञा देता हूँ, जा, लंका में प्रवेश करके कुछ देर विश्राम कर ले। फिर रथ और धनुष के साथ निकलना। उस समय रथारूढ़ रहकर तू फिर मेरा बल देखना।"

भगवान् श्रीराम के ऐसा कहने पर राजा रावण सहसा लंका में घुस गया। उसका हर्ष और अभिमान ध्वस्त हो गया। उसका धनुष काट दिया गया था, घोड़े तथा सारथि मार डाले गये थे। महान् किरीट खंडित हो चुका था और स्वयं भी बाणों की चोट से बहुत आहत और पीड़ित था। देवराज इन्द्र का शत्रु जब युद्धस्थल से भाग

गया, तब उसके पराभव का विचार करके देवता, असुर, भूत, दिशाएँ, समुद्र, ऋषि-गण, नाग, भूचर और जलचर प्राणी भी बहुत प्रसन्न हुए।

कुंभकर्ण का जगाया जाना

सोने के बने हुए दिव्य एवं श्रेष्ठ सिंहासन पर बैठ कर राक्षसों को देखता हुआ रावण उस समय इस प्रकार कहने लगा, "मैंने जो बड़ी उग्र तपस्या की थी, वह सब अवश्य ही व्यर्थ हो गयी। आज महेन्द्रतुल्य मुझ पराक्रमी रावण को एक मनुष्य ने परास्त कर दिया। ब्रह्माजी ने मुझसे कहा था कि 'तुम्हें मनुष्यों से भय प्राप्त होगा। इस बात को अच्छी तरह जान लो।' उनका कहा हुआ यह घोर वचन इस समय सफल होकर मेरे समक्ष उपस्थित हुआ है। मैंने तो देवता, दानव, गन्धर्व, यक्ष, राक्षस और नागों से अबध्य होने का वर माँगा था; मनुष्यों से अभय होने की वर-याचना नहीं की थी। पूर्वकाल में इक्ष्वाकुवंशी राजा अनरण्य ने मुझे शाप देते हुए कहा था कि 'राक्षसाधम, कुलाङ्गनर, दुर्मते, मेरे ही वंश में एक ऐसा श्रेष्ठ पुरुष उत्पन्न होगा, जो तुझे पुत्र-पौत्र, बन्धु-बांधव, मंत्री, सेना, अश्व और सारथि के सहित समरांगण में मार डालेगा।' मालूम होता है कि अनरण्य ने जिसकी ओर संकेत किया था, यह दशरथकुमार राम वही मनुष्य है। इसके सिवा वेदवती ने भी मुझे शाप दिया था, क्योंकि मैंने उसके साथ बलात्कार किया था। जान पड़ता है कि वही यह महाभागा जनकनन्दिनी सीता होकर प्रकट हुई है। इसी तरह उमा, नन्दीश्वर, रम्भा और वरुण-कन्या ने भी जैसे-जैसे कहा था, वैसा परिणाम मुझे प्राप्त हुआ है। सच है, ऋषियों की बात कभी झूठी नहीं होती। ये शाप ही मुझ पर भय अथवा संकट लाने के कारण हुए हैं। इस बात को भलीभाँति जानकर अब तुमलोग आये हुए संकट को टालने का पूर्ण प्रयत्न करो। अब कुंभकर्ण को जगाया जाना चाहिये। प्रहस्त आदि महाबली निशाचर-सेनापति मारे गये। मैं भी समरांगण में परास्त हो गया। तुम लोग नगर के दरवाजों पर रहकर उनकी रक्षा के लिये पूर्ण प्रयत्न करो।

"मैं तो दुखी, चिन्तित और अपूर्णकाम होकर जाग रहा हूँ और वह निद्रा से अचेत होकर बड़ी निश्चिन्तता के साथ सुखपूर्वक सो रहा है। वह कभी नौ, कभी सात, कभी आठ और कभी दस मास तक सोता रहता है। वह आज से नौ महीने पहले मुझसे सलाह करके सोया था। अतः तुम लोग महाबली कुंभकर्ण को शीघ्र जगा दो। महाबाहु कुंभकर्ण सभी राक्षसों में श्रेष्ठ है। वह युद्धस्थल में वानरों और उन दोनों राजकुमारों को भी शीघ्र ही मार डालेगा। समस्त राक्षसों में प्रधान यह कुंभकर्ण समरभूमि में हमारे लिये विजय-वैजयन्ती के समान है। यदि वह जगा दिया जाय, तो इस भयंकर संग्राम में मुझे राम से पराजित होने का क्षोभ और शोक नहीं होगा।"

राक्षसराज रावण की यह बात सुनकर समस्त राक्षस बड़ी घबराहट में पड़कर कुंभकर्ण के घर गये। कुंभकर्ण एक विशाल गुफा में रहता था। उसकी लंबाई-चौड़ाई एक-एक योजन थी। वह गुफा बड़ी ही सुंदर बनवायी गयी थी। उसके जगाने के लिये

राक्षसों को अत्यधिक प्रयास करना पड़ा। पहले उन्होंने सामूहिक रूप से घोर गर्जन किया, फिर शंख बजाये, फिर भेरी और पणव की भयंकर ध्वनि की। इतने पर भी नहीं जगा, तो उन राक्षसों ने पर्वत-शिलाओं, मुसलों, गदाओं, मुद्गरों से प्रहार किया, तब भी वह नहीं जगा। इसके बाद वे घोड़ों, ऊँटों, गदहों और हाथियों को मार-मार कर उस पर दौड़ाने लगे। कुंभकर्ण फिर भी नहीं जगा। तब राक्षसों ने काँटेदार मुद्-गरों से उसके अंग-प्रत्यंग पर प्रहार किये, तत्पश्चात् उसके शरीर पर हजारों हाथी दौड़ाये गये। इस पर उसने स्पर्श का अनुभव किया और जाग पड़ा। नींद से उठे हुए कुंभकर्ण का अत्यंत उग्र और भयानक रूप था। उसे प्रबल भूख लगी थी। उसके सामने प्रचुर मात्रा में खाद्य-सामग्री रखी गयी। बात की बात में वह अनेक भैंसों और सूअरों को चट कर गया। उसने भरपेट मांस खाया और तृषा-शान्ति के लिये उसने हजारों घड़े रक्तपान और मदिरापान किया।

तत्पश्चात् उसने अपने जगाये जाने का कारण पूछा। राक्षसों ने सारी बातें विस्तार से उसे बता दीं। राक्षसों की प्रेरणा से वह तुरंत रावण के पास पहुँचा। रावण ने उसका अत्यधिक सत्कार किया। उसने उसे खाने के लिये फिर मांस मँगाया। मांस खाकर दो हजार घड़े मदिरा उसने पी। कुंभकर्ण को दूर से देखते ही वानरों में हलचल मच गयी। कुछ वानर उसके विकराल आकार को देखकर व्यथित होकर गिर पड़े, कुछ भगवान् राम की शरण में चले गये, कुछ भय से पीड़ित होकर धरती पर लेट गये, कुछ प्राण-रक्षा के लिये इधर-उधर भागने लगे।

इधर रावण ने अपनी सारी विपत्ति-गाथा कुंभकर्ण को सुनायी। कुंभकर्ण ने रावण को फटकार बतायी और उसके पुराने कुकृत्यों का स्मरण कराया। अपनी बात न मानने के लिये भी रावण को उलाहना दिया। इस पर रावण ने उससे आर्तभाव से निवेदन किया, "तात, कुंभकर्ण, मैंने भ्रम से, चित्त के मोह से अथवा अपने बल-पराक्रम से जो तुमलोगों की बात नहीं मानी थी, उसकी इस समय पुनः चर्चा करना व्यर्थ है। जो बात बीत गयी, वह तो बीत ही गयी। बुद्धिमान् लोग बीती बात के लिये शोक नहीं करते। अब तुमसे मेरा यही अनुरोध है कि अपने पराक्रम से मेरे अनीतिजनित दुःख को शान्त कर दो। शत्रुदमन, आज से पहले कभी किसी बन्धु-बांधव से मैंने ऐसी अनुनय-विनय नहीं की थी। तुम्हारे ऊपर मेरा बड़ा स्नेह है और मुझे तुमसे बड़ी आशा है। राक्षसशिरोमणे, तुमने देवासुर-संग्राम के अवसरों पर अनेक बार रणभूमि में देवताओं और असुरों को परास्त किया है। अतः भयंकर पराक्रमी वीर, तुम्हीं यह सारा पराक्रमपूर्ण कार्य सम्पन्न करो। समस्त प्राणियों में तुम्हारे समान बलवान् मुझे दूसरा कोई नहीं दिखायी पड़ता। इस समय तुम मेरा यही प्रिय और उत्तम हित करो। अपने तेज, बल और पराक्रम से शत्रुओं की सेना को नष्ट-भ्रष्ट कर दो।"

रावण की बात सुनकर कुंभकर्ण ने उसे सांत्वना देते हुए कहा, "पृथ्वीनाथ, आप दुखी न हों। आपको जो मैंने पहले और अब समझाया है, वह बन्धुभाव और स्नेहभाव के कारण है। इस समय एक सहोदर को स्नेहवश जो कुछ करना उचित है,

मैं वही करूँगा। राक्षसराज, पहले मेरा वध करके ही राम तुम्हें मार सकेंगे। मैं अपने विषय में राम से संताप या भय नहीं मानता। तुम्हारे महाबली शत्रु इन्द्र, यम, अग्नि, वायु, कुबेर और वरुण हों, तो मैं उनसे भी युद्ध करूँगा तथा उन सबको उखाड़ फेंकूँगा। राजन्, मेरे जीवित रहते हुए तुम किसलिये चिन्ता की आग में झुलस रहे हो? तुम्हें राम से जो घोर भय हो रहा है, उसे त्याग दो। मैं रणभूमि में राम, लक्ष्मण और सुग्रीव को अवश्य मार डालूंगा। भाई रावण, अब तुम मौज करो, मदिरा पीओ और मानसिक दुःख दूर करके सब कार्य करो। आज मेरे द्वारा राम यमलोक को पहुँचा दिये जायेंगे।''

रावण कुंभकर्ण के बल और पुरुषार्थ को अच्छी तरह से जानता था, इसलिये वह निर्मल चन्द्रमा के समान परम आह्लाद से भर गया।

कुंभकर्ण का युद्ध के लिये प्रस्थान

रावण ने उसका अभिवादन करके उसे युद्ध में जाने का आदेश दिया। बलोन्मत्त और मदोन्मत्त कुंभकर्ण सारी राक्षस-सेना को पीछे छोड़ अकेले ही चल दिया। वह गंभीर गर्जना करने लगा। उसके भैरव नाद को सुनकर पर्वत कांप उठे और समुद्र थर्रा गया। उस भयानक पर्वताकार विकट राक्षस को आते देख सभी वानर भाग खड़े हुए। युवराज अंगद ने सभी वानर-यूथपतियों को समझाया। सब अनमने और चिन्तित भाव से लौट आये। कुंभकर्ण क्रोधातुर हो महाबली वानरों की सेनाओं को उसी प्रकार रौंदने लगा, जैसे बढ़ा हुआ दावानल बड़े-बड़े जंगलों को जलाकर भस्म कर देता है। वानर ऊँची-नीची भूमि को लाँघते हुए जोर-जोर से भागने लगे। कितने वानर और भालू समुद्र में डूब गये कितने ही वानर और रीछ वृक्षों पर जा चढ़े और कितनों ही ने पर्वतों की शरण ली।

अपनी सेना की ऐसी दैन्यावस्था देखकर अंगद ने उन्हें फिर समझाया। उनमें से कुछ ने अंगद को उत्तर दिया, ''राक्षस कुंभकर्ण ने हमारा घोर संहार मचा रखा है; अतः यह ठहरने का समय नहीं है, क्योंकि हमें अपनी जान प्यारी है।'' तब अंगद ने उन सबको सांत्वना और आदर-सम्मान के साथ लौटाया। तदनन्तर ऋषभ, शरभ, मैन्द, धूम्र, नील, कुमुद, सुषेण, गवाक्ष, रंभ, तार, द्विविद, पनस और वायुपुत्र हनुमान् आदि श्रेष्ठ वानर-वीर तुरंत ही कुंभकर्ण का सामना करने के लिये रणक्षेत्र की ओर अग्रसर हुए। अब वानर मरने का निश्चय करके बड़े हर्ष के साथ आगे बढ़े और जीवन का मोह छोड़कर अत्यंत भयंकर युद्ध करने लगे। उन विशालकाल वानर-वीरों ने वृक्ष तथा बड़ी-बड़ी शिलाएँ लेकर तुरंत ही कुंभकर्ण पर धावा किया। परंतु अत्यंत क्रोध से भरे हुए विक्रमशाली महाकाय कुंभकर्ण ने गदा उठाकर शत्रुओं को घायल करके उन्हें चारों ओर बिखेर दिया। वह सोलह, आठ, दस, बीस और तीस-तीस वानरों को अपनी दोनों भुजाओं में समेट-समेट कर खाने लगा। वह चारों ओर दौड़कर वानरों का भक्षण करने लगा। इसके पश्चात् अपने त्रैलोक्य-संहारी शूल से, वानर-सेना का

विनाश करने लगा। हनुमान्‌जी से यह सहन नहीं हुआ। वे एक विशाल पर्वत-शिला लेकर उसका सामना करने के लिये आगे बढ़े। उन्होंने कुपित होकर उस शिला से कुंभकर्ण पर प्रहार किया। उनकी उस मार से कुंभकर्ण व्याकुल हो उठा। उसका सारा शरीर चर्बी से गीला हो गया और वह रक्त से नहा गया। फिर उसने उस भयंकर शूल से हनुमान् जी की छाती में प्रहार किया। वे व्याकुल हो गये और रक्त वमन करने लगे। पीड़ा से उन्होंने घनघोर चीत्कार किया। राक्षसों के हर्ष की सीमा न रही। वे सहसा जोर-जोर से कोलाहल करने लगे। इधर कुंभकर्ण के भय से पीड़ित हुए वानर युद्धभूमि छोड़कर भागने लगे।

कुंभकर्ण का अंगद और सुग्रीव से युद्ध

वानरों को भागते हुए देखकर अंगद उस महासमर में कुंभकर्ण की ओर बड़े वेग से दौड़े। उन्होंने विशाल गर्जना करके एक वृहत् शिला से कुंभकर्ण पर प्रहार किया। उस शिला की चोट खाकर कुंभकर्ण व्यथा से पीड़ित होकर तिलमिला उठा। फिर कुंभकर्ण ने बड़े रोष से अंगद पर त्रिशूल से प्रहार किया। किन्तु युद्ध-मर्मज्ञ अंगद ने फुर्ती से हटकर उस शूल से अपने आपको बचा लिया। साथ ही बड़े वेग से उछल कर उन्होंने कुंभकर्ण की छाती में एक घूंसा मारा। क्रोधपूर्वक चलाये हुए उस घूंसे की मार से वह पर्वताकार राक्षस मूर्छित हो गया। थोड़ी देर बाद जब उसे होश हुआ, तो उसने बायें हाथ से मुक्का बाँधकर अंगद पर प्रहार किया, जिससे वे अचेत होकर पृथ्वी पर गिर पड़े।

अंगद के अचेत और धराशायी हो जाने पर कुंभकर्ण वही शूल लेकर सुग्रीव की ओर दौड़ा। महाबली कुंभकर्ण को अपनी ओर आते देखकर सुग्रीव तत्काल ऊपर की ओर उछले। महाकपि सुग्रीव ने एक शिला उठा ली और उसे उठाकर कुंभकर्ण पर वेगपूर्वक धावा किया। सुग्रीव ने कुंभकर्ण से कहा, "राक्षस, तुमने बहुत से वीरों को मार डाला, अत्यन्त दुष्कर कर्म कर दिखाया और कितने सैनिकों को अपना आहार बना लिया। इससे तुम्हें शौर्य का महान् यश प्राप्त हुआ है। अब इन वानरों की सेना को छोड़ दो। इन साधारण बंदरों से लड़कर क्या करोगे? यदि शक्ति हो, तो मेरी चलायी हुई इस शिला की एक ही चोट सह लो।" इतना कहकर सुग्रीव ने उस शिला से कुंभकर्ण की छाती पर भीषण प्रहार किया। इससे उसकी छाती में गहरी चोट लगी। किन्तु उसके विशाल वक्षस्थल से टकराकर वह शिला सहसा चूर-चूर हो गयी। यह देखकर वानर तत्काल विषाद में डूब गये और राक्षस बड़े हर्ष से गर्जना करने लगे।

सुग्रीव की चलायी हुई शिला की चोट से क्रुद्ध कुंभकर्ण ने अपना भयानक त्रिशूल उन पर चलाया। किन्तु हनुमान्‌जी ने अत्यधिक लाघव से उसे बीच ही में थाम लिया और उसके टुकड़े-टुकड़े कर दिये। हनुमान्‌जी द्वारा उस विशाल शूल को तोड़ा गया देख वानर-सेना बड़े हर्ष से गर्जना करने लगी। इससे कुंभकर्ण ने अत्यन्त

क्रुध होकर एक विशाल शिला उठा कर सुग्रीव पर प्रहार किया। सुग्रीव उस भयानक प्रहार से अपनी सुध-बुध खो बैठे और अचेत होकर भूतल पर गिर गये। फिर कुंभकर्ण ने उन्हें उठा कर दबोच लिया। उन्हें दबोचे-दबोचे ही वह लंका की ओर अग्रसर हुआ। सभी राक्षस हर्ष से उसकी स्तुति करने लगे और वानरों में विषाद छा गया। वानरों की सेना इधर-उधर भागने लगी। किन्तु हनुमान्‌जी ने वानरों को आश्वस्त करके उन्हें रोक लिया। लंका पहुँचने पर कुंभकर्ण का अक्षत, लावा और सुगंधित फूलों से बड़ा स्वागत हुआ। इधर सुग्रीव फूलों की सुगन्धि और शीतलता के कारण होश में आ गये। कुंभकर्ण की भुजाओं में दबे हुए सुग्रीव सोचने लगे, "इस बलवान् राक्षस की पकड़ में आकर, अब मैं इसका भरपूर बदला किस प्रकार ले सकता हूँ। मैं वही करूँगा, जिससे वानरों का अभीष्ट और हितकर कार्य हो।" ऐसा निश्चय करके वानरराज सुग्रीव ने सहसा हाथ के तीखे नखों द्वारा कुंभकर्ण के दोनों कान नोच लिये और दाँतों से उसकी नाक काट ली और अपने पैरों के नखों से उस राक्षस की दोनों पसलियां फाड़ डालीं। सुग्रीव के दाँतों और नखों से दोनों कानों का निम्न भाग और नाक कट जाने तथा पार्श्वभाग के विदीर्ण हो जाने से कुंभकर्ण का सारा शरीर लहूलुहान हो गया। तब उसे बड़ा अमर्ष और रोष हुआ। उसने सुग्रीव को घुमाकर पृथ्वी पर पटक दिया और रगड़ने लगा। किन्तु सुग्रीव सहसा गेंद की भाँति उछले और पुनः श्रीरामचन्द्रजी से आ मिले।

महाकाय कुंभकर्ण रक्त से नहाकर और भी भयानक दिखायी देने लगा। वह राक्षस पुनः शत्रु के सामने जाकर युद्ध करने का विचार कर दौड़ पड़ा। उसने एक बड़ा भयंकर मुद्‌गर हाथ में ले लिया था।

कुम्भकर्ण और लक्ष्मणजी का युद्ध

वह भयंकर राक्षस उस समय क्षुधा से पीड़ित था। अतः वह सैकड़ों वानरों को एक साथ खाकर युद्धभूमि में इधर-उधर दौड़ने लगा। साथ ही अपने विशाल मुद्‌गर से मार-मार कर वानरों और रीछों को तहस-नहस करने लगा। उसकी इस भयंकरता को देखकर लक्ष्मणजी तुरंत उसके सम्मुख उपस्थित हुए। उन पराक्रमी लक्ष्मण ने कुंभकर्ण के शरीर में सात बाण धँसा दिये। फिर दूसरे बाण लिये और उस पर छोड़े। पर कुंभकर्ण ने उन्हें निःशेष कर दिया। इस पर लक्ष्मण को अत्यधिक क्रोध आया। उन्होने कुंभकर्ण के सुवर्ण-निर्मित कवच को अपने बाणों से ढँककर उसी तरह अदृश्य कर दिया, जैसे प्रचण्ड वायु ने संध्याकालीन मेघ को उखाड़ कर अदृश्य कर दिया हो।

तब उस भयंकर कुंभकर्ण ने लक्ष्मणजी का तिरस्कार करते हुए कहा, "लक्ष्मण मैं युद्ध में यमराज को भी बिना कष्ट उठाये ही जीत सकता हूँ। तुमने मेरे साथ निर्भय होकर युद्ध करते हुए अपनी अद्‌भुत वीरता का परिचय दिया है। तुमने बालक होते हुए भी आज अपने पराक्रम से मुझे संतुष्ट किया है। अतः मैं तुम्हारी अनुमति लेकर

युद्ध के लिये राम के पास जाना चाहता हूँ। तुमने अपने वीर्य, बल, पराक्रम और उत्साह से रणभूमि में मुझे पूर्ण संतुष्ट किया है। इसलिये अब मैं केवल राम को ही मारना चाहता हूँ। उनके मारे जाने पर सारी शत्रु-सेना स्वतः मर जायगी।"

कुंभकर्ण की बात सुनकर लक्ष्मणजी ठठा कर हँस पड़े और उससे प्रशंसा-मिश्रित कठोर वाणी में बोले, "वीर कुंभकर्ण, तुम महान् पौरुष पाकर जो इन्द्र आदि देवताओं के लिये भी असह्य हो, वह तुम्हारा कथन बिल्कुल ठीक है, झूठ नहीं। मैंने स्वयं अपनी आँखों से आज तुम्हारा पराक्रम देख लिया। ये रहे दशरथनंदन भगवान् श्रीराम, जो पर्वत के समान अविचल भाव से खड़े हैं, उनका भी पराक्रम और शौर्य देख लो।"

श्रीराम और कुंभकर्ण का युद्ध और कुंभकर्ण की मृत्यु

महाबली कुंभकर्ण ने लक्ष्मण का तिरस्कार करते हुए उन्हें लाँघ कर श्रीराम पर धावा बोल दिया। उसके पैरों की धमक से पृथ्वी इस प्रकार काँपने लगी, मानो भूकम्प आ गया हो। उसे आते देखकर भगवान् श्रीराम ने रौद्रास्त्र का प्रयोग किया। श्रीराम के बाणों से पीड़ित होकर कुंभकर्ण घोर गर्जना करता हुआ वानरों को खदेड़ता हुआ उनकी ओर दौड़ा। श्रीराम ने तीखे बाणों से उस पर चोट की। वे कुंभकर्ण की छाती में धँस गये। वह चोट से अत्यधिक व्याकुल हो गया। उसके हाथ से गदा छूट कर पृथ्वी पर गिर पड़ी। उसके अन्य सब आयुध पृथ्वी पर गिर गये। वह खून से लथपथ और दुःसह क्रोध से व्याकुल होकर वानरों, भालुओं तथा राक्षसों को भी खाता हुआ चारों ओर दौड़ने लगा। फिर उसने क्रोधावेश में एक भयंकर शिला उठा कर श्रीराम पर फेंकी। श्रीराम ने अपने पैने बाणों से उसे चूर्ण कर डाला। इसके पश्चात् बहुत से विशालकाय वानर-सेनापति उसके शरीर पर चढ़कर उसे नोचने लगे। पर उसने झटका देकर वानरों को गिरा दिया और वानरों को खाने लगा।

भगवान् श्रीराम उसकी ओर बढ़कर बोले 'राक्षसराज, आओ, विषाद न करो। मुझे रावणवंश का विनाश करनेवाला समझो। अब तुम कुछ ही क्षणों के मेहमान हो।" श्रीराम की यह बात सुनकर कुंभकर्ण अत्यन्त क्रुद्ध होकर उनसे बोला, "राम, मुझे विराध, कबंध और खर मत समझो। मैं मारीच और बाली भी नहीं हूँ। यह कुंभकर्ण तुमसे लड़ने आया है। मेरे नाक-कान नीचे कट गये हैं, ऐसा समझ कर तुम्हें मेरी अवहेलना नहीं करनी चाहिये। इन दोनों अंगों के नष्ट होने से मुझे थोड़ी सी भी पीड़ा नहीं होती है। मेरे अंगों पर अपना पराक्रम दिखाओ। तुम्हारा पौरुष और बल-विक्रम देख लेने के बाद मैं तुम्हें खाऊँगा?"

कुंभकर्ण की यह बात सुनकर श्रीराम ने उसके ऊपर सुन्दर पंख वाले बहुत से बाण मारे।। वज्र के समान वेगवाले उन बाणों की गहरी चोट खाने पर भी वह देवद्रोही राक्षस न तो क्षुब्ध हुआ और न व्यथित ही। जिन बाणों से श्रेष्ठ ताल के सातों वृक्ष बेधे गये और बालि का वध हुआ, वे ही वज्रोपम बाण उस समय कुंभकर्ण

के शरीर को व्यथा न पहुँचा सके। वह भयंकर वेगशाली मुद्गर को चारों ओर से घुमा-घुमा कर उनके बाणों के महान् वेग को नष्ट करने लगा। तदनन्तर वह मुद्गर घुमा-घुमाकर वानर-सेना को फिर नष्ट करने और भगाने लगा।

यह देखकर भगवान् राम ने वायव्य नामक दूसरे अस्त्र से कुंभकर्ण की मुद्गर-सहित दाहिनी भुजा काट डाली। बाँह कट जाने पर वह राक्षस भयानक आवाज में चीत्कार करने लगा। फिर उसने बायें हाथ से एक ताड़ का वृक्ष उखाड़ लिया और उसे लेकर रणभूमि में श्रीराम पर धावा किया। श्रीराम ने ऐन्द्रास्त्र से उसकी बायीं भुजा भी काट डाली। कुंभकर्ण की वह कटी हुई बाँह पर्वत-शिखर के समान पृथ्वी पर गिरी और छटपटाने लगी। उसने कितने ही वृक्षों, शैलशिखरों, शिलाओं, वानरों और राक्षसों को भी कुचल डाला।

दोनों भुजाओं के कट जाने पर कुंभकर्ण मुँह फैला कर श्रीराम को निगल जाने को दौड़ा। पर श्रीराम ने दिव्यास्त्रों द्वारा उसके दोनों पैर भी उड़ा दिये। उसके दोनों पैर दिशा-विदिशा, पर्वत की कन्दरा, महासागर, लंका, तथा वानरों और राक्षसों की सेनाओं को प्रतिध्वनित करते हुए पृथ्वी पर गिर पड़े। फिर भी वह अपने बगराये मुँह से वानरों को निगलने लगा। तब श्रीराम ने ब्रह्मदण्ड अस्त्र से उसका वध कर डाला। उसका कुण्डलों से अलंकृत विशाल मस्तक धड़ से अलग हो गया। राक्षस का वह पर्वताकार मस्तक लंका में जा गिरा। उसने अपने धक्के से सड़क के आसपास कितने ही मकानों, दरवाजों और ऊँचे परकोटों को भी धराशायी कर दिया।

उसके मारे जाने पर पृथ्वी डोलने लगी, पर्वत हिलने लगे, समुद्र चलायमान हो गया। देवता हर्ष से भर कर तुमुल नाद करने लगे। युद्ध देखने के लिये आकाश में खड़े हुए देवर्षि, महर्षि, देवता, नाग, असुर, भूतगण, यक्ष, किन्नर, गुह्यक, गन्धर्व श्रीराम का अद्भुत पराक्रम देखकर बहुत प्रसन्न हुए। वानरों की सेना विकसित कमल की भाँति खिल उठी। राक्षसों की सेना में महान् उदासी छा गयी।

कुंभकर्ण के वध पर रावण का शोक और विलाप

'महाबली कुंभकर्ण युद्धस्थल में राम द्वारा मारा गया' यह सुनकर रावण शोक से संतप्त और मूर्च्छित हो गया। वह तत्काल पृथ्वी पर गिर पड़ा। अपने चाचा के वध का समाचार सुनकर देवान्तक, नरान्तक और अतिकाय आदि दुःख से पीड़ित होकर फूट-फूट कर रोने लगे। तदनन्तर बड़े कष्ट से होश में आने पर राक्षसराज रावण विलाप करने लगा। उसकी सारी इन्द्रियाँ शोक से व्याकुल हो उठी थीं। वह रो-रोकर आर्त स्वर में कहने लगा, "हा वीर, हा महाबलशाली कुंभकर्ण, मुझे असहाय छोड़कर यमलोक को चले गये। महाबली, तुम मेरा तथा इन भाई-बन्धुओं का संकट और कंटक दूर किये बिना शत्रु-सेना को संतप्त करके मुझे छोड अकेले कहाँ जा रहे हो? इस समय अवश्य ही नहीं के बराबर हूँ। तुम मेरी दाहिनी भुजा थे।

तुम्हारा ही भरोसा करके मैं देवता और असुर किसी से नहीं डरता था। भाई, तुम्हें तो वज्र का प्रहार भी कभी कष्ट नहीं पहुँचा सकता था। वही तुम राम के अस्त्र से पीड़ित होकर भूतल पर कैसे सो रहे हो? आज समरांगण में तुम्हें मारा गया देख आकाश में खड़े हुए ये ऋषियों सहित देवगण हर्षनाद कर रहे हैं। अब मुझे राज्य से कोई प्रयोजन नहीं है। तुम्हारे बिना जीने का मेरा मन नहीं। मैंने महात्मा विभीषण की कही हुई जिन उत्तम बातों को अज्ञानता और मोहवश स्वीकार नहीं किया था, वे मेरे ऊपर प्रत्यक्ष रूप से घटित हो रही हैं। मैंने धर्मपरायण श्रीमान् विभीषण को जो घर से निकाल दिया था, उसी कर्म का यह शोकदायक परिणाम अब मुझे भोगना पड़ रहा है।" इस प्रकार भाँति-भाँति से दीन विलाप करके व्याकुलचित्त हुआ दशमुख रावण अपने छोटे भाई कुंभकर्ण के वध का स्मरण करके बहुत ही व्यथित हो पृथ्वी पर गिर पड़ा।

रावण के भाइयों, पुत्रों आदि का युद्ध के लिए जाना और उनकी मृत्यु

इसके पश्चात् दुर्धर्ष रावण ने युद्ध के लिये अपने भाइयों और पुत्रों तथा अन्य राक्षसों को भेजा। वे सब के सब आकाश में विचरण करनेवाले, मायाविशारद, रणदुर्मद तथा देवताओं का भी दर्प दलन करनेवाले थे। उन सबकी कीर्ति तीनों लोकों में फैली हुई थी। उन्होंने उग्र तपस्या द्वारा वरदान प्राप्त किया था। उन राक्षसों के गर्जन-तर्जन, ताल ठोंकने और सिंहनाद करने से पृथ्वी काँपने लगी और आकाश फटने लगा। उन्होंने क्षण भर में वानर-यूथपतियों की बहुत बड़ी सेना का संहार कर डाला। भयानक युद्ध के पश्चात् अंगद ने नरान्तक, हनुमान्‌जी ने देवान्तक, नील ने महोधर, ऋषभ ने महापार्श्व, लक्ष्मणजी ने अतिकाय का वध कर डाला।

रावण की घोर चिन्ता और इन्द्रजित् का उसे आश्वासन

घनघोर निशाचरों का संहार हो जाने पर रावण अत्यधिक चिन्तित हो गया और इस प्रकार बोला, "अनायास महान् कर्म करनेवाले राम ने नाना प्रकार के अस्त्र-शस्त्रों के ज्ञान में निपुण मेरे विशालकाय और अत्यंत पराक्रमी राक्षसों का सेना के सहित संहार कर डाला। मेरी आज्ञा से जो-जो शूरवीर योद्धा राक्षस युद्ध करने के लिये गये, उन सबों को समरांगण में महाबली वानरों ने मार डाला। मैं आज ऐसे किसी वीर को नहीं देखता, जो युद्ध में लक्ष्मण-सहित राम को और सेना तथा सुग्रीवसहित वीर विभीषण को नष्ट कर दे। अहो, राम बड़े बलवान् हैं, निश्चय ही उनका अस्त्रबल महान् है। उनके बलविक्रम का सामना करके असंख्य राक्षस काल के गाल में पड़ गये। मैं उन वीर रघुनाथ को रोग-शोक से सहित साक्षात् नारायणरूप मानता हूँ, क्योंकि उन्हीं के भय और आतंक से लंकापुरी के सभी दरवाजे सदा बन्द रहते हैं।

'राक्षसो, तुम लोग सैनिकसहित हर समय सावधान और सतर्क रह कर इस पुरी की और जहाँ सीता रखी गयी हैं, उस अशोकवाटिका की भी विशेष रूप से रक्षा करो। अशोकवाटिका में कब कौन प्रवेश करता है और कब वहाँ से बाहर निकलता

है, इसकी हमें सदा ही जानकारी रखनी चाहिये। निशाचरो, प्रदोषकाल, आधी रात तथा प्रातःकाल में भी सर्वथा वानरों के आने-जाने पर दृष्टि रखना। वानरों की ओर से कभी उपेक्षा-भाव नहीं रखना चाहिये।"

लंकापति का यह आदेश सुनकर समस्त महाबली राक्षस उन सारी बातों का यथावत् रूप से पालन करने लगे। राजा रावण को शोक के समुद्र में निमग्न एवं दीन हुआ देख महारथी इन्द्रजित् ने यह बात कही, "तात, राक्षसराज, जब तक इन्द्रजित् जीवित है, तबतक आप चिन्ता और मोह में न पड़िये। इस इन्द्रशत्रु के बाणों से घायल होकर कोई भी समरभूमि में अपने प्राणों की रक्षा नहीं कर सकता। देखिये, आज मैं राम और लक्ष्मण के शरीर को बाणों से छिन्नभिन्न करके उनके सारे अंगों को सायकों से भर देता हूँ। वे दोनों भाई गतायु होकर सदा के लिये धरती पर सो जायँगे। अब बहुत कहने से कोई लाभ नहीं। मेरा अलौकिक पुरुषार्थ देखियेगा।"

इन्द्रजित के ब्रह्मास्त्र से वानर सेना-सहित श्रीराम-लक्ष्मण का मूर्च्छित होना

ऐसा कहकर इन्द्रजित ने राजा रावण से विदा ली। समस्त अस्त्र-शस्त्र और सैनिकों से सुसज्जित होकर वह युद्धभूमि की ओर अग्रसर हुआ। राक्षस रावण ने उसे आशीर्वाद दिया, "बेटा, त्रैलोक्य में कोई भी ऐसा प्रतिद्वन्द्वी रथी नहीं है, जो युद्ध के मुहाने पर तुम्हारा सामना कर सके। फिर आसानी से जीत लेने योग्य एक मनुष्य को परास्त करना तुम्हारे लिये कौन बड़ी बात है ? तुम अवश्य रघुवंशी राम और लक्ष्मण का वध करोगे।" रावण के इस आशीर्वाद को इन्द्रजित् ने नतमस्तक होकर स्वीकार किया। युद्धभूमि में पहुँच कर उसने अग्नि की स्थापना की और उसका विधिवत् पूजन किया, तथा अग्निदेव की परिक्रमा की। इसके बाद उसने अपने रथ की भी पूजा की। तदनन्तर इन्द्रजित् ने ब्रह्मास्त्र का आवाहन किया और अपने धनुष तथा रथ आदि सब वस्तुओं को वहाँ सिद्ध ब्रह्मास्त्र से अभिमंत्रित किया। जब अग्नि में आहुति देकर उसने ब्रह्मास्त्र का आवाहन किया, तब सूर्य, चन्द्रमा, ग्रह तथा नक्षत्रों के साथ अंतरिक्ष लोक के सभी प्राणी अत्यंत भयभीत हो गयें। उस अचिन्त्य पराक्रमी इन्द्रजित् ने धनुष, बाण, रथ, खड्ग, घोड़े और सारथिसहित अपने-आप को आकाश में अदृश्य कर लिया।

तत्पश्चात् उस अत्यंत दुर्जय और दुर्धर्ष महाबली ने सूर्यतुल्य तेजस्वी बाणों द्वारा समर-भूमि में वानरों को मथ डाला। वे अचेत होकर पृथ्वी पर गिर पड़े। अवशिष्ट वानरों ने भगवान् श्रीराम के लिये अपने जीवन का मोह छोड़ दिया। वे पराक्रमपूर्वक गर्जना करते हुए शिलाओं और वृक्षों सहित युद्धभूमि में डटे और राक्षसों का संहार करते रहे।

इन्द्रजित् ने अदृश्य होकर वानरों पर इतनी अधिक बाण-वर्षा की कि वे इधर-उधर भागने लगे। उसके बाणों से विदीर्ण होकर श्रेष्ठ से श्रेष्ठ वानर-यूथपति एक दूसरे के सामने जाकर विकृत स्वर में चीत्कार करते हुए धराशायी हो जाते थे। इन्द्रजित् ने दिव्य मंत्रों से अभिमंत्रित प्रासों, शूलों और तीखे बाणों द्वारा हनुमान्, सुग्रीव,

अंगद, गंधमादन, जाम्बवान्, सुषेण, वेगदर्शी, मैंद, द्विविद, नील, गवाक्ष, गवय, केसरी, हरिलोमा, विद्युद्दंष्ट्र, सूर्यानन, ज्योतिर्मुख, दधिमुख, पावकाक्ष, नल और कुमुद आदि सभी श्रेष्ठ वानरों को घायल कर दिया। तत्पश्चात् वह लक्ष्मण-सहित श्रीराम पर सूर्य की किरणों के समान चमकीले बाण-समूहों की वर्षा करने लगा। इस पर श्रीराम उन बाणों की कोई परवाह न करके लक्ष्मण की ओर देखते हुए बोले, "लक्ष्मण, ब्रह्माजी से वरदान पाकर सदा सावधान रहने वाले इस महामनस्वी वीर ने अपने भीषण शरीर को अदृश्य कर लिया है। युद्ध में उसका शरीर तो दिखायी ही नहीं देता। पर यह भीषण अस्त्रों का प्रयोग करता ही जा रहा है। ऐसी दशा में इसे हम लोग किस तरह मार सकते हैं। स्वयंभू भगवान् ब्रह्मा का स्वरूप अचिन्त्य है। वे ही इस जगत् के आदि कारण हैं। मैं समझता हूँ कि उन्हीं का यह अस्त्र है। अतः बुद्धिमान् लक्ष्मण, तुम मन में किसी प्रकार की घबराहट न लाकर मेरे साथ यहाँ चुपचाप खड़े हो इन बाणों की मार सहो।

'जब हम दोनों हर्ष और रोष से रहित तथा युद्ध से निरत हो अचेत-से होकर गिर जायेंगे, तब हमें उस अवस्था में देख युद्ध के मुहाने पर विजय-लक्ष्मी पाकर अवश्य ही यह लंकापुरी लौट जायगा।" वे दोनों भाई श्रीराम और लक्ष्मण इन्द्रजित् के बाण समूहों से बहुत घायल होकर अचेत हो गये। उस समय इन्द्रजित ने अपनी विजय की बड़े हर्ष के साथ गर्जना की और वह लंकापुरी चला गया। समस्त निशाचर उसकी स्तुति करने लगे। वहाँ पहुँच कर उसने अपने पिता से प्रसन्नतापूर्वक अपनी विजय का सारा समाचार बताया।

हनुमानजी का हिमालय से दिव्य औषधियों का पर्वत लाना

युद्ध के मुहाने पर जब श्रीराम-लक्ष्मण, सुग्रीव नील, अंगद आदि मूर्छित हो गये थे और उन्हें कुछ नहीं सूझता था, उस समय परम बुद्धिमान विभीषण ने सुग्रीवादि को आश्वासन देते हुए कहा, "वानरवीरों, आप लोग भयभीत न हों। यहाँ विषाद का अवसर नहीं है, क्योंकि इन दोनों भाइयों ने ब्रह्माजी के वचनों का आदर और पालन करते हुए स्वयं ही हथियार नहीं उठाये थे; इसीलिये इन्द्रजित् ने इन दोनों को अपने अस्त्र-समूहों से आच्छादित कर दिया था। अतएव श्रीराम और लक्ष्मणजी केवल मूर्छित हो गये हैं। इनके प्राणों पर संकट नहीं आया है। स्वयंभू ब्रह्माजी ने यह उत्तम अस्त्र इन्द्रजित् को दिया था। ब्रह्मास्त्र नाम से इसकी प्रसिद्धि है और इसकी शक्ति अमोघ है। संग्राम में उसका समादर—उसकी मर्यादा की रक्षा के लिये ये दोनों राजकुमार धराशायी हुए हैं। अतः इसमें खेद की कौन सी बात है?"

तत्पश्चात् विभीषण और हनुमान्‌जी ने युद्धभूमि का निरीक्षण करते हुए मशाल के प्रकाश में सभी को धैर्य बँधाया। फिर वृद्ध जाम्बवान् के पास पहुँचे और उनसे पूछा, "आर्य, इन तीखे बाणों के प्रहार से आपके प्राण निकल तो नहीं गये?' विभीषण की बात सुनकर ऋक्षराज जाम्बवान् बड़ी कठिनाई से इस प्रकार बोले,

"महापराक्रमी राक्षसराज, मैं केवल स्वर से तुम्हें पहचान रहा हूँ। मेरे सभी अंग पैने बाणों से बिंधे हुए हैं। अतः मैं आँख खोलकर तुम्हें नहीं देख सकता। विभीषण, यह तो बताओ, वायुपुत्र हनुमान् कहीं जीवित हैं।"

जाम्बवान् का यह प्रश्न सुनकर विभीषण ने पूछा, "ऋक्षराज आप केवल पवनकुमार हनुमान को ही क्यों पूछ रहे हैं? आपने न तो श्रीराम-लक्ष्मण, न सुग्रीव और न अंगद आदि किसी पर इतना स्नेह नहीं दिखाया, जितना हनुमान् के प्रति आपका प्रगाढ़ प्रेम लक्षित हो रहा है।" विभीषण की बात का जाम्बवान् ने उत्तर दिया, "रासक्षराज, सुनो, मैं पवनकुमार हनुमान्‌जी को क्यों पूछता हूँ। बात यह है कि यदि वीरवर हनुमान् जीवित हों, तो यह मरी हुई सेना भी जीवित ही है और यदि उनके प्राण निकल गये हों, तो हम लोग जीते हुए भी मृतक तुल्य हैं। तात, यदि वायु के समान वेगशाली और अग्नि के समान तेजस्वी और पराक्रमी हनुमान् जीवित हैं, तो हम सबके जीवित होने की आशा की जा सकती है।"

बूढ़े जाम्बवान् के इतना कहते ही पवनपुत्र हनुमान्‌जी उनके पास आ गये और दोनों पैर पकड़ कर उन्होंने विनयभाव से जाम्बवान् को प्रणाम किया। उनका स्पर्श पाकर जाम्बवान् ने अपना पुनर्जन्म हुआ सा माना।

जाम्बवान् ने हनुमान्‌जी से कहा, "वानरसिंह, आओ, सम्पूर्ण वानर-सेनाओं और दोनों राजकुमारों के प्राणों की रक्षा करो। तुम हिमालय पर्वत जाओ। वहाँ तुम्हें ऋषभ और कैलाश पर्वत का दर्शन होगा। वीर, उन दोनों पर्वतों के बीच एक औषधियों का पर्वत दिखायी देगा। वह अत्यंत दीप्तिमान है। वह पर्वत सब प्रकार की औषधियों से सम्पन्न है। वहाँ मृतसंजीवनी, विशल्यकरणी, सुवर्णकरणी और संधानी नामक चार विशेष बूटियाँ हैं, वे चारों अपनी प्रभा से दसों दिशाओं को प्रकाशित किये रहती हैं। हनुमान्, पवनकुमार, तुम उन सब औषधियों को लेकर तुरन्त लौट आओ और सभी को प्राणदान दो।"

जाम्बवान् की बात सुनकर हनुमान्‌जी ने महान् बृहदाकार रूप धारण किया और आनन-फानन में हिमालय पर जा पहुँचे। हनुमान्‌जी अपने तीव्र वेग से कितने ही वृक्षों, पर्वत-शिखरों, शिलाओं और वहाँ रहनेवाले साधारण वानरों को भी साथ-साथ उड़ाते गये। वे उस पर्वत पर पहुँचे, जहाँ वे औषधियाँ थीं। सम्पूर्ण औषधियों ने यह सोचा कि हमें कोई लेने आ रहा है—ऐसा समझकर वे सब अदृश्य हो गयीं। हनुमान्‌जी ने अत्यधिक कुपित होकर पर्वत को उखाड़ लिया और भयंकर वेग से आकाश में उड़े। सूर्य के समान चमकते हुए उस पर्वत शिखर को हाथ में लेकर हनुमान्‌जी सूर्य के ही पथ पर जा पहुँचे। उस समय सूर्यदेव के समीप होने के कारण वे दूसरे सूर्य के समान प्रतीत होते थे। उन्हें लौटा देखकर, सब वानर हर्ष में भरकर जोर-जोर से गर्जना करने लगे। उनके तुमुल गर्जन को सुनकर लंकानिवासी निशाचर और भी भयानक स्वर से चीत्कार करने लगे।

विभीषण हर्षातिरेक में हनुमान्‌जी से गले मिले। वे दोनों राजकुमार उन

महौषधियों की सुगन्ध से स्वस्थ हो गये। उनके शरीर से बाण निकल गये और सारे घाव भर गये। इसी प्रकार सारे वानर भी निरोग और स्वस्थ हो गये। तत्पश्चात् हनुमान्जी ने उसी वेग से पर्वत को यथास्थान पहुँचा दिया और फिर लौटकर वे श्रीराम से आ मिले।

लंकापुरी का दहन तथा राक्षसों और वानरों का भयंकर युद्ध

सुग्रीव के आज्ञानुसार वानर-यूथपति और उनकी सेना मशाल लेकर लंकापुरी की ओर बढ़े। सूर्य ढल चुका था। उल्काधारी वानरों ने सब ओर से आक्रमण कर दिया। यद्यपि रात्रि का समय था और उस समय राक्षसों का बल बहुत अधिक बढ़ जाता है, फिर भी वानर-सेना के उस विशाल दल को देखकर द्वार-रक्षा के लिये नियुक्त सभी राक्षस भाग खड़े हुए। वानरों ने चारों ओर से लंकापुरी में आग लगानी शुरू कर दी। वानरों की लगायी गयी वह आग अत्यंत प्रचण्ड हो गयी। सहस्रों घरों को जलाने लगी। पर्वताकार प्रासाद धराशायी होने लगे। अश्वशाला आदि जलने लगीं। सभी प्रकार के ऊनी, रेशमी वस्त्र भी दग्ध होने लगे। कितनी ही राक्षसियाँ उस भयंकर अग्नि में जल कर स्वाहा हो गयीं। वे 'हाय, हाय' करती हुई उच्च स्वर से चीत्कार करने लगीं। जिनके शरीर जल गये थे, उन राक्षसों के ऊपर क्रुद्ध वानर टूट पड़ते। वानरों की घनघोर गर्जना और राक्षसों के भीषण आर्तनाद से दसों दिशाएँ, समुद्र और पृथ्वी गूँज उठी। शरीर से बाण निकल जाने पर स्वस्थ श्रीराम ने धनुष उठाकर घनघोर टंकार किया। उस टंकार ने सभी राक्षसों को भयभीत और त्रस्त कर दिया। भगवान् श्रीराम के धनुष के छूटे हुए बाणों द्वारा लंकापुरी का विशाल नगर-द्वार टूट-फूट कर भूतल पर बिखर गया।

यह सब देखकर रावण ने क्रोध से विक्षिप्त होकर यूपाक्ष, शोणिताक्ष, प्रजंघ, कंपन और कुंभकर्ण के दोनों पुत्रों—कुंभ और निकुंभ को युद्ध करने की आज्ञा दी। वे सबके सब मदोन्मत्त होकर युद्ध करने के लिये निकले। उन्होंने घोर संग्राम करके वानरों की सारी सेना को क्षत-विक्षत कर दिया। अंत में अंगद ने प्रजंघ और कम्पन, द्विविद ने शोणिताक्ष; मैन्द ने यूपाक्ष, सुग्रीव ने कुंभ और हनुमान् ने निकुंभ का वध कर डाला। फिर रावण की आज्ञा से मकराक्ष युद्धभूमि में आया। उसने अद्भुत पराक्रम दिखाया। श्रीराम ने उसका संहार कर दिया।

रावण की आज्ञा से इन्द्रजित् का घोर युद्ध

सभी पराक्रमी राक्षस सेनापतियों के वध का समाचार सुनकर रावण ने अत्यधिक क्रोधावेश में आकर इन्द्रजित् को आज्ञा दी, "बेटा, युद्धभूमि में जाकर महापराक्रमी राम और लक्ष्मण को मारकर मुझे शान्त करो।" इन्द्रजित् 'तथास्तु' कह कर युद्ध करने के लिये प्रस्थित हुआ। माया का आश्रय लेकर श्रीराम और लक्ष्मण पर पैने बाणों की झड़ी लगा दी। वानरों की सेना को तहस नहस कर दिया। तब लक्ष्मणजी अत्यंत कुपित हो भगवान् श्रीराम से बोले, "भगवन्, अब मैं समस्त राक्षसों

के संहार के लिये ब्रह्मास्त्र का प्रयोग करूँगा ।" तब श्रीराम ने मुस्करा कर कहा, "भाई, एक के कारण भूमण्डल के समस्त राक्षसों का वध करना तुम्हारे लिये उचित नहीं है ।"

दोनों भाइयों को युद्ध के लिये तत्पर देखकर इन्द्रजित् ने मायामयी सीता को प्रकट किया। मायामयी सीता रोती-बिलखती रहीं, पर इन्द्रजित ने उनकी ओर ध्यान नहीं दिया और अपने खड्ग से सीता को टुकड़े-टुकड़े कर दिया। मायामयी सीता का वध करके, वह जोर-जोर से गर्जना करने लगा। मायामयी सीता के मारे जाने पर श्रीरामजी शोक से विह्वल होकर नाना प्रकार से विलाप करने लगे। उस समय लक्ष्मण ने उन्हें धैर्य बँधाया । भगवान् राम बेहोश होकर पृथ्वी पर गिर पड़े। वानरों में घोर उदासी छा गयी । विभीषण ने आकर श्रीराम को पृथ्वीतल पर पड़े हुए देखकर उन्हें समझाना आरंभ किया, "भगवन, इन्द्रजित् ने हमलोगों को मोह में डालने के लिये इस माया का प्रयोग किया है। महाबाहो, दुरात्मा रावण का सीता के प्रति क्या भाव है, यह मैं अच्छी तरह जानता हूँ। वह उनका वध कदापि नहीं होने देगा। सीताजी को दूसरा कोई पुरुष, साम, दाम और भेदनीति के द्वारा नहीं देख सकता; फिर युद्ध के द्वारा कैसे देख सकता है ? अतः इन्द्रजित् ने जिसका वध किया है, वह मायामयी जानकीजी थीं। इसे आप ध्रुव निश्चय समझिये। नरश्रेष्ठ, झूठे ही प्राप्त हुए इस संताप को त्याग दीजिये। प्रभो, आपको शोक से संतप्त होते हुए देख सारी सेना दुःख में पड़ी हुई है। प्रभो, इन्द्रजित् निकुंभिशिला में भयानक अपायन यज्ञ कर रहा है। लक्ष्मणजी को आज्ञा दीजिये, वे वानरों की सेना को लेकर वहाँ पहुँचें और उसका वध कर दें। अतः हे महाबाहो, जैसे वज्रधारी इन्द्र दैत्यों के वध के लिये वज्र का प्रयोग करते हैं, उसी प्रकार आप उस महामायावी राक्षस के विनाश के लिये शुभलक्षण-सम्पन्न लक्ष्मण को जाने की आज्ञा दीजिये। वह राक्षस-शिरोमणि इन्द्रजित् जब अपना अनुष्ठान पूरा कर लेगा, तब समरांगण में देवता और असुर भी उसे देख नहीं सकेंगे। फिर आपके द्वारा भी उसका मारना अत्यंत कठिन होगा।"

विभीषण के वचन सुनकर भगवान् श्रीराम ने शोक का परित्याग करके कहा, "सत्यपराक्रमी विभीषण, उस भयंकर राक्षस की माया को मैं भलीभाँति जानता हूँ। वह ब्रह्मास्त्र का ज्ञाता, बुद्धिमान्, बहुत बड़ा मायावी, धैर्यवान् एवं महान् बलवान् है। वरुण-सहित सम्पूर्ण देवताओं को भी वह युद्ध में अचेत कर सकता है ।" तत्पश्चात् उन्होंने लक्ष्मण से कहा, "लक्ष्मण, वानरराज सुग्रीव की जो भी सेना है, वह सब साथ ले हनुमान आदि यूथपतियों, ऋक्षराज जाम्बवान् तथा अन्य सैनिकों से सुरक्षित होकर तुम मायाबल से सम्पन्न इन्द्रजित् का वध करो।"

श्रीरघुनाथजी का यह आदेश सुनकर विभीषण-सहित भयानक पराक्रमी लक्ष्मण ने अपना श्रेष्ठ धनुष हाथ में लिया। वे युद्ध की समस्त सामग्री से तैयार हो गये। उन्होंने श्रीराम के चरणों का स्पर्श किया और हर्षयुक्त वाणी में कहा, "इस विशाल धनुष से छूटे हुए मेरे भयंकर बाण आज ही उस महामायावी प्रचण्ड राक्षस के शरीर

को विदीर्ण करके उसे काल के गाल में पहुँचा देंगे।'' इतना कहकर उन्होंने, भगवान् राम के चरणों में प्रणाम किया, फिर उनकी परिक्रमा की। श्रीराम ने उनका स्वस्ति-वाचन किया। इसके पश्चात् विभीषण-सहित राजकुमार लक्ष्मण ने बड़ी उतावली में निकुंभिशिला मन्दिर की ओर प्रस्थान किया।

इन्द्रजित्-वध

निकुंभिशिला नामक स्थान पर दुरात्मा रावण ने राक्षसों का प्रबल व्यूह खड़ा कर दिया था। विभीषण ने कहा, ''महातेजस्वी लक्ष्मण, वानर सैनिकों को इस राक्षस-व्यूह के साथ भिड़ने दीजिये और आप अपना लक्ष्य उस महामायावी इन्द्रजित् को निर्धारित कीजिये। अतः आप इस हवन-कर्म की समाप्ति के पहले ही वज्र-तुल्य बाणों की वर्षा करते हुए शत्रु पर धावा बोल दीजिये। वीर, दुरात्मा इन्द्रजित् बड़ा ही अधर्मी, क्रूरकर्मा और सम्पूर्ण लोकों के लिये अति भयंकर है। अतः इसका वध कीजिये।''

विभीषण की यह बात सुनकर लक्ष्मण ने इन्द्रजित् को लक्ष्य कर बाणों की वर्षा प्रारंभ कर दी। साथ ही बड़े-बड़े वृक्ष लेकर वानर और रीछ राक्षस-सेना पर एक साथ ही टूट पड़े। इस प्रकार वानरों और राक्षसों में भयंकर युद्ध होने लगा। राक्षसों का संहार होते देखकर दुर्धर्ष वीर इन्द्रजित् अनुष्ठान समाप्त होने के पहले ही युद्ध करने के लिये उठ खड़ा हुआ। उस समय उसके मन में बड़ा क्रोध उत्पन्न हुआ। वह वृक्षों के अंधकार से निकल कर एक सुसज्जित रथ पर सवार हुआ। वह रथ बहुत ही सुदृढ़ था। इन्द्रजित् ने देखा कि पवनकुमार हनुमान् पर्वत के समान अचल होकर शत्रुओं का संहार कर रहे हैं। यह देखकर उसने अपने सारथि से कहा, ''जहाँ वह वानर युद्ध कर रहा है, वहीं चलो। यदि उसकी उपेक्षा की गयी, तो वह हम सब राक्षसों का विनाश कर डालेगा।'' वहाँ पहुँच कर उस दुर्जय राक्षस ने हनुमान्‌जी के मस्तक पर बाणों, तलवारों, पट्टिशों और फरसों की वर्षा प्रारंभ कर दी। उसके प्रहारों की भयंकर चोटों को हनुमान्‌जी झेल गये और मेघनाद को मल्ल-युद्ध के लिये ललकारा। इतने ही में विभीषण ने लक्ष्मणजी को मेघनाद की ओर इशारा करके कहा, ''लक्ष्मणजी, यह हनुमान्‌जी का वध करना चाहता है। अतः अपने प्राणान्तकारी भयंकर बाणों द्वारा उस दुर्धर्ष राक्षस को तुरंत मार डालिये।''

इतना कहकर विभीषण ने लक्ष्मणजी को उसकी यज्ञशाला दिखाकर फिर कहा, ''सुमित्रानन्दन, यह बलवान् रावणकुमार प्रतिदिन यहाँ आकर पहले भूतों की बलि देता है। उसके पश्चात् युद्ध में प्रवृत्त होता है। इसी से यह राक्षस संग्रामभूमि में सम्पूर्ण भूतों के लिये अदृश्य हो जाता है। अतः जब तक इन्द्रजित् इस बरगद के नीचे आये, उसके पहले ही आप अपने तेजस्वी बाणों द्वारा इसका विनाश कर दीजिये।'' इतने में इन्द्रजित् अपने रथ सहित वहाँ दिखायी पड़ा। लक्ष्मण ने उससे कहा, ''राक्षस-

कुमार, मैं तुम्हें युद्ध के लिये ललकारता हूँ। तुम भलीभाँति सम्हल कर मेरे साथ युद्ध करो।"

लक्ष्मणजी की बात सुनकर अमर्षशील इन्द्रजित् ने रोषपूर्ण शब्दों में कहा, "शत्रुओ, आज मेरा पराक्रम देखना। जैसे आग रुई के ढेर को जला देती है, उसी प्रकार इस विशाल धनुष से छूटे हुए मेरे बाण आज तुम्हारे शरीरों की धज्जियाँ उड़ा देंगे। तुम सब लोगों को यमलोक पहुँचा दूँगा। लक्ष्मण, तुम उस रात्रि के युद्ध को भूल गये। तुम्हारे बड़े भाई राम और समस्त सेना को युद्ध में बाणों की मार से मैंने अचेत कर दिया था। मालूम होता है कि तुम उसे भूल गये, तभी तो काल के गाल में जाने के लिये मेरे सम्मुख फिर उपस्थित हुए हो।"

इन्द्रजित् की बात सुनकर लक्ष्मणजी ने रोषपूर्वक कहा, "दुर्मते, बहुत शेखी मत बघार। सावधान होकर मुझसे लोहा ले। उस दिन संग्राम में अपने को छिपा कर तुमने जिसका आश्रय लिया था, वह चोरों का मार्ग है। वीर पुरुष उसका सेवन नहीं करते। आज तुम अपना सारा तेज दिखाओ। केवल बढ़-बढ़ कर बातें क्यों बना रहे हो?"

इसके पश्चात् लक्ष्मणजी और इन्द्रजित् के बीच भयंकर युद्ध छिड़ा। वे परस्पर एक दूसरे पर घात-प्रतिघात करते थे। कभी इन्द्रजित् का पलड़ा भारी पड़ता और कभी लक्ष्मणजी का। एक ओर पुरुषसिंह लक्ष्मण थे, तो दूसरी ओर राक्षससिंह इन्द्रजित्। दोनों युद्धस्थल में एक-दूसरे पर विजय पाना चाहते थे। उन दोनों का वह तुमुल संग्राम महा भयंकर था।

लक्ष्मणजी ने कुपित होकर अत्यंत तीखे बाण इन्द्रजित् पर चलाये। उनके धनुष की प्रचण्ड टंकार से इन्द्रजित् का मुँह उदास हो गया और वह चुपचाप लक्ष्मण की ओर देखने लगा। इस पर विभीषण ने लक्ष्मण से कहा, "महाबाहो, इस समय इन्द्रजित् में मुझे जो लक्षण दिखायी दे रहे हैं, उनसे जान पड़ता है कि निस्सन्देह उसका उत्साह भंग हो गया है। अतः आप इसके वध के लिये शीघ्रता करें।"

लक्ष्मणजी ने इन्द्रजित् पर बड़े वेग से बाणों का प्रहार करना प्रारंभ किया, पर युद्धमर्मज्ञ इन्द्रजित् उन प्रहारों को बचाता हुआ लक्ष्मण पर भी बाणों की वर्षा करता रहा। आकाश उनके बाणों से व्याप्त होकर तिमिराच्छन्न हो गया। उस समय न तो वायु चलती और न आग ही प्रज्वलित होती थी। इसके पश्चात् लक्ष्मणजी ने पैने बाणों से उसके रथ के घोड़ों को बींध दिया और उसके सारथि को भी मार डाला। इस अवस्था में इन्द्रजित् सारथि का कार्य स्वयं करने लगा और साथ ही युद्ध भी। उसकी फुर्ती देखते ही बनती थी। वह घोड़ों पर भी काबू रखता था और फिर धनुष को भी चलाता था। समरभूमि में सारथि को मारा गया देख रावणकुमार का युद्ध-विषयक उत्साह भंग हो गया। वह विषाद में डूब गया। ऐसी अवस्था में प्रमाथी, शरभ, रभस और गन्धमादन—इन चार वानर यूथपतियों ने इन्द्रजित् के रथ के चारों घोड़ों को मार कर उसका रथ भी तहस-नहस कर दिया।

घोड़ों के मारे जाने पर महातेजस्वी इन्द्रजित् का क्रोध बहुत बढ़ गया। उसने लड़ते हुए राक्षसों से कहा, "निशाचरों, इस समय महान् अंधकार है। अपना-पराया कुछ भी नहीं सूझ पड़ रहा। मैं दूसरा रथ लेने लंका जा रहा हूँ। तब तक तुम लोग वानरों से युद्ध करते रहो।" इतना निर्देश देकर वह तुरंत ही लंका में प्रविष्ट होकर एक श्रेष्ठ रथ पर सवार होकर आया। इन्द्रजित् ने अपने वेगशाली घोड़ों द्वारा विभीषण के सहित लक्ष्मण पर बलपूर्वक धावा किया। उसे रथ पर बैठा देखकर लक्ष्मण, विभीषण और पराक्रमी वानरों को अत्यधिक विस्मय हुआ। उसकी असाधारण फुर्ती देखकर सभी दंग रह गये। इन्द्रजित् ने अमर्ष में भरकर वानरों का तेजी से संहार करना प्रारम्भ कर दिया। तब लक्ष्मणजी क्रोध से भड़क उठे। उन्होंने इन्द्रजित् का विशाल धनुष काट दिया। उसने दूसरा धनुष उठाकर लक्ष्मणजी पर पैने बाणों की चोट की। पर लक्ष्मणजी ने उसके प्रहारों को धैर्यपूर्वक रोक लिया। तत्पश्चात् दोनों ही युद्धमर्मज्ञों ने दिव्यास्त्रों का प्रयोग आरम्भ किया। एक अपने दिव्यास्त्र से दूसरे के चलाये हुए दिव्यास्त्र को निरस्त कर देता था।

लक्ष्मणजी ने अभिमंत्रित करके ऐन्द्रास्त्र का संधान किया और कहा "यदि दशरथनन्दन भगवान् श्रीराम धर्मात्मा और सत्यप्रतिज्ञ हैं तथा पुरुषार्थ में उनकी समानता करनेवाला दूसरा कोई वीर नहीं है, तो हे अस्त्र, तुम इस रावणपुत्र का वध कर डालो।" धनुष के छूटते ही ऐन्द्रास्त्र ने जगमगाते हुए कुंडलों से युक्त इन्द्रजित् के शिरस्त्राण सहित दीप्तिमान् मस्तक को धड़ से काटकर धरती पर गिरा दिया। जैसे वृत्रासुर का वध होने पर देवतागण प्रसन्न हुए थे, उसी प्रकार महामायावी इन्द्रजित् के मारे जाने पर विभीषण सहित सारे वानर हर्ष से भर गये और जोर-जोर से गर्जना करने लगे। राक्षसों की यह विशाल सेना विजयोल्लसित वानरों की मार खा कर सम्पूर्ण दिशाओं में भाग खड़ी हुई। इन्द्रजित् के समरभूमि में गिर जाने पर सारे संसार की अधिकांश पीड़ा नष्ट हो गयी।

सबका शत्रु मारा गया और सभी हर्ष से भर गये। सम्पूर्ण महर्षियों के साथ देवराज इन्द्र को महान् प्रसन्नता हुई। आकाश में अप्सराएँ नृत्य करने लगीं, गन्धर्वों ने सुन्दर गान किया और देवगण दुंदुभियाँ बजाने लगे और वे लक्ष्मणजी पर पुष्पवृष्टि करने लगे। सभी वानर-यूथपति एवं विभीषण लक्ष्मणजी का अभिनंदन करने लगे। वे सब उनकी भूरि-भूरि प्रशंसा करने लगे। सभी वानर एक-दूसरे का गाढ़ आलिंगन करने लगे।

इन्द्रजित् वध पर भगवान राम द्वारा लक्ष्मणजी की प्रशंसा

इन्द्रजित् के वध के पश्चाद् विभीषण सहित समस्त वानर भगवान् राम के पास पहुँचे। विभीषण ने हर्षयुक्त वाणी में श्रीराम से निवेदन किया, "प्रभो, इन्द्रजित् के वध का भयंकर कार्य लक्ष्मण द्वारा सम्पन्न हो गया।" इस समाचार को सुनकर श्रीरामचन्द्रजी हर्षित होकर बोले, "शाबाश, शाबाश, लक्ष्मण, मैं तुम पर बहुत प्रसन्न

हूँ। आज तुमने अत्यंत दुष्कर पराक्रम किया। रावण-पुत्र इन्द्रजित् के मारे जाने से तुम यह निश्चय समझ लो कि अब हमलोग युद्ध में जीत गये।"

लक्ष्मणजी उस समय अपनी प्रशंसा सुनकर लजा रहे थे; किन्तु पराक्रमी रामचन्द्रजी ने उन्हें बलपूर्वक खींचकर गोद में ले लिया और बड़े स्नेह से उनका मस्तक सूँघा। शस्त्रों के आघात से पीड़ित हुए स्नेही बन्धु लक्ष्मण को गोद में बिठाकर और हृदय से लगाकर वे बड़े प्यार से उनकी ओर बारंबार देखने लगे। भगवान् राम ने लक्ष्मण को संबोधित करते हुए फिर कहा, "वीर, तुमने अपने दुष्कर पराक्रम से परम कल्याणकारी कार्य सम्पन्न किया है। आज बेटे के मारे जाने पर युद्धस्थल में रावण को भी मैं मारा गया ही मानता हूँ। उस दुरात्मा महामायावी इन्द्रजित् का वध हो जाने पर आज मैं वास्तव में विजयी हो गया। सौभाग्य की बात है कि तुमने इन्द्रजित् का वध करके रावण की दाहिनी भुजा काट डाली; क्योंकि वही उसका सबसे बड़ा सहारा था। अब रावण ही युद्ध के लिये निकलेगा। पुत्र के वध से शोक से संतप्त होकर निकले हुए उस दुर्जय राक्षस को मैं अपनी बड़ी भारी सेना द्वारा घेर कर मार डालूंगा।"

इतना कहने के बाद सुषेण द्वारा उन्होंने लक्ष्मणजी, विभीषण और अन्य वानर यूथपतियों की औषधि कराके उन्हें पूर्ण स्वस्थ करा दिया। श्रीराम उन्हें स्वस्थ और निरोग देखकर बड़े प्रसन्न हुए। वानरराज सुग्रीव को भी बहुत प्रसन्नता हुई।

रावण का शोक तथा सुपार्श्व के समझाने पर उसका सीता-वध से निवृत्त होना

रावण के मंत्रियों ने उसके पास जाकर निवेदन किया, "महाराज, युद्ध में विभीषण की सहायता पाकर लक्ष्मण ने आपके महातेजस्वी पुत्र को हमारे सैनिकों के देखते-देखते मार डाला।" युद्ध में अपने प्रिय पुत्र इन्द्रजित् के भयानक वध का घोर एवं दारुण समाचार सुनकर, रावण को भारी मूर्छा ने धर दबाया। दीर्घकाल के बाद होश में आकर राक्षसप्रवर रावण पुत्रशोक से व्याकुल हो गया। उसकी सारी इंद्रियाँ अकुला उठीं और वह दीनतापूर्वक विलाप करने लगा, "हा पुत्र, हा राक्षस-सेना के महाबली और सुयोग्य कर्णधार, तुम तो पहले इन्द्र पर भी विजय पा चुके थे; फिर आज लक्ष्मण के वश में कैसे पड़ गये? बेटा, तुम तो कुपित होने पर अपने बाणों से काल और अन्तक को भी विदीर्ण कर सकते थे; फिर लक्ष्मण को मार गिराना तुम्हारे लिये कौन-सी बड़ी बात थी? महाबाहो, आज सूर्य के पुत्र प्रेतराज यम का महत्व मुझे अधिक जान पड़ने लगा है, जिन्होंने तुम्हें भी कालधर्म से संयुक्त कर दिया। आज समस्त देवगण, लोकपाल तथा महर्षि इन्द्रजित् का मारा जाना सुनकर निडर हो सुख की नींद सो सकेंगे। वीर, होना तो यह चाहिये था कि मैं पहले यमलोक में जाता और तुम यहाँ रहकर मेरा प्रेत-संस्कार करते; परन्तु तुम विपरीत अवस्था में स्थित हो गये। हाय, राम, लक्ष्मण और सुग्रीव अभी जीवित हैं; ऐसी अवस्था में मेरे हृदय का काँटा निकाले बिना ही तुम हमें छोड़कर कहाँ चले गये?"

इस प्रकार आर्तभाव से विलाप करते हुए रावण के हृदय में अपने पुत्र के वध का स्मरण करके महान् क्रोध का आवेश हुआ। एक तो वह स्वभाव से ही क्रोधी था, दूसरे पुत्र के वध से उसकी क्रोधाग्नि भड़क कर अपनी पराकाष्ठा पर पहुँच गयी। उसने विदेहकुमारी सीता को मार डालना ही अच्छा समझा।

रावण की आँखें क्रोध से लाल हो गयीं और आकृति अत्यंत भयानक दिखायी पड़ने लगी। उसने निशाचरों से कहा, "निशाचरों, मेरे बेटे ने वानरों को चकमा देने के लिए मायामयी सीता का वध किया था। आज मैं उस झूठ को सत्य कर दिखाऊँगा। उस क्षत्रियाधम राम में अनुराग रखनेवाली सीता का मैं नाश कर डालूंगा।" ऐसा कहकर वह अपनी भयंकर तलवार लेकर सीताजी को मारने के लिये बड़े वेग से आगे बढ़ा। उसके साथ उसकी पत्नियाँ और मंत्रीगण भी चल रहे थे। पुत्र के शोक से उसकी चेतना अत्यंत आकुल हो रही थी। वह नंगी तलवार लेकर सीताजी को मारने दौड़ा। उसके सुहृद् मंत्री ऐसा अप्रिय कार्य करने से उसे रोक रहे थे। पर वह सबकी बातों को अनसुनी करके सीता को मारने के लिए कटिबद्ध था। इधर सीताजी उसके इस विकट रूप को देखकर अत्यंत व्याकुल होकर नाना प्रकार से विलाप करने लगीं।

तपस्विनी सीताजी को इस प्रकार विलाप करती हुई देख रावण के सुशील एवं शुद्ध आचार-विचार वाले सुपार्श्व नामक बुद्धिमान् मंत्री ने दूसरे सचिवों के मना करने पर भी उस समय राक्षसराज रावण से यह बात कही, "महाराज दशग्रीव, तुम तो धर्मात्मा कुबेर के भाई हो; फिर क्रोध के आवेश में धर्म को तिलांजलि दे विदेहकुमारी के वध की इच्छा कैसे कर रहे हो? वीर राक्षस, तुम विधिपूर्वक ब्रह्मचर्य का पालन करते हुए वेदविद्या का अध्ययन करके गुरुकुल से स्नातक होकर निकले थे और तब से सदा अपने कर्तव्यपालन में लगे रहे, तो भी आज अपने हाथ से एक स्त्री का वध करना तुम कैसे ठीक समझते हो? पृथ्वीनाथ, इस मिथिलेशकुमारी के दिव्य रूप की ओर देखो। देखकर इस पर दया करो। युद्ध में हमलोगों के साथ चलकर राम पर ही अपना क्रोध उतारो। तुम शूरवीर, बुद्धिमान् और महारथी वीर हो। एक श्रेष्ठ रथ पर आरूढ़ हो खड्ग और धनुषबाण लेकर युद्ध करो। दशरथ-नंदन राम का वध करके तुम सीता को प्राप्त कर लोगे।"

सुपार्श्व के कहे हुए उस उत्तम धर्मानुकूल वचन को स्वीकार करके बलवान् दुरात्मा रावण महल में लौट गया और वहाँ से फिर अपने सुहृदों के साथ उसने राजसभा में प्रवेश किया।

श्रीराम द्वारा राक्षस-सेना का संहार

राजसभा में पहुँचकर रावण पुत्रशोक से अत्यधिक संतप्त होकर हाथ जोड़कर वह प्रधान-प्रधान सेनापतियों से बोला, "वीरो, तुम लोग अस्त्र-शस्त्र से पूर्ण रूप से सुसज्जित होकर नगर से बाहर निकलकर समरभूमि में चलो और एकमात्र राम को

चारों ओर से घेर कर मार डालो। अथवा मैं ही कल महासमर में तुम्हारे साथ रह-कर अपने तीखे बाणों से राम के शरीर को छिन्न-भिन्न करके सब लोगों को देखते-देखते उन्हें मार डालूँगा।"

रावण का आदेश सुनकर समस्त सेनापति परिघ, पट्टिश, बाण, तलवार एवं फरसे आदि शरीरनाशक अस्त्र-शस्त्रों का प्रहार वानरों पर करने लगे। वानरों की ओर से भी भीषण आक्रमण हुआ। वानरों और राक्षसों के रक्तप्रवाह से रक्त की कितनी नदियाँ बह चलीं। वे नदियाँ काष्ठ-समूह की भाँति शरीर-समुदाय को बहाये जा रही थीं। गिरे हुए रथ और हाथी उन नदियों के किनारे जान पड़ते थे। बाण मत्स्य के समान प्रतीत होते थे और ऊँचे-ऊँचे ध्वज ही उनके तटवर्ती वृक्ष थे। राक्षसों द्वारा मारी जाती हुई वानरों की वह विशाल सेना शरणागतवत्सल भगवान् राम की शरण में गयी। तब श्रीराम अत्यंत कुपित होकर युद्ध के मुहाने पर गये और उन्होंने अपने अत्यंत तीखे शरों की झड़ी लगा दी। राक्षसों का भयंकर संहार होने लगा।

निशाचरगण रणभूमि में श्रीरामचन्द्रजी के द्वारा किये गये अत्यंत घोर और दुष्कर कर्मों को ही देख पाते थे, उनके स्वरूप को नहीं। महात्मा श्रीराम ने गांधर्व नामक दिव्य अस्त्र के प्रयोग से राक्षसों को मोहित कर दिया था। अतः उन्हें सब कुछ राममय ही दिखायी पड़ने लगा था। अतः वे सब राम के ही भ्रम से क्रोधावेश में आपस में एक-दूसरे को मारने लगते थे। श्रीराम ने अकेले ही दिन के आठवें भाग में (डेढ़ घंटे में) आग की ज्वाला के समान तेजस्वी बाणों द्वारा इच्छानुसार रूप धारण करनेवाले राक्षसों के वायु के समान वेगशाली दस हजार रथों की, चौदह हजार सवारों-सहित घोड़ों की, अठारह हजार वेगवान् हाथियों की तथा पूरे दो लाख पैदल निशाचरों की सेना का संहार कर डाला। जब घोड़े और रथ नष्ट हो गये तथा ध्वज तोड़ डाले गये, तब मरने से बचे हुए निशाचर शान्त हो लंकापुरी में भाग गये। उस समय धर्मात्मा श्रीराम ने अपने पास खड़े हुए सुग्रीव, विभीषण, हनुमान्, जाम्बवान्, मैन्द तथा द्विविद से कहा, "यह दिव्य अस्त्र-शस्त्र मुझमें हैं या भगवान् शंकर में।"

रावण का समरभूमि के लिये प्रस्थान

राक्षसों का भयंकर आर्तनाद सुनकर रावण के क्रोध का ठिकाना नहीं रहा। उसने दाँतों से ओठ दबा लिया। उसकी आँखें रोष से लाल हो गयीं। वह मूर्तिमान् प्रलयाग्नि के समान दिखायी देने लगा। राक्षसों को भी उसकी ओर देखना कठिन हो गया। उसने कहा, "निशाचरों, महोदर, महापार्श्व तथा विरूपाक्ष से तुरंत जाकर कहो—'तुम लोग मेरी आज्ञा से तुरन्त सेनाओं को कूच करने का आदेश दो'।" भय से पीड़ित उन राक्षसों ने शीघ्र ही जाकर रावण का संदेश सुनाया। देखते-देखते ही विशालवाहिनी युद्ध के लिये सन्नद्ध हो गयी। तत्पश्चात् स्वयं रावण भी परम तेजस्वी रथ पर आरूढ़ होकर समरभूमि के लिये चला। चलते समय उसने भयंकर नाद

किया। उस महानाद से पृथ्वी काँप उठी तथा सब वानर सैनिक सहसा भय से भाग चले।

वह महारथी दुरात्मा रावण लंका के उसी द्वार से निकला, जिस पर श्रीराम और लक्ष्मण मौजूद थे। रावण के प्रस्थित होते ही भयंकर अपशकुन प्रकट होने लगे। उस समय सूर्य की प्रभा फीकी पड़ गयी। दिशाओं में अंधकार छा गया। बादल रक्त की वर्षा करने लगे। घोड़े लड़खड़ा कर गिर गये। ध्वज के अग्रभाग पर गीध आकर बैठ गया। गीदड़ियाँ चीत्कार करने लगीं। उसकी बायीं आँख जोर-जोर से फड़कने लगी। बायीं भुजा सहसा काँप उठी। उसके चेहरे का रंग फीका पड़ गया और आवाज बदल गयी। आकाश से उल्कापात हुआ। अमंगलसूचक पक्षी गीध, कौओं से मिलकर अशुभ बोली बोलने लगे। इन भयंकर उत्पातों और अपशकुनों को सामने उपस्थित देखकर भी रावण ने उनकी कोई परवाह नहीं की। वह काल से प्रेरित हो मोहवश अपने ही वध के लिये निकल पड़ा।

समरभूमि में पहुँचकर रावण ने वानरों की सेना में प्रलय मचा दी। उसने कितने ही वानरों के सिर काट लिये, कितनों की छाती छेद डाली और बहुत के कान उड़ा दिये। कितनों ने घायल होकर प्राण त्याग दिये। कितने ही वानरों की पसलियाँ फाड़ डालीं, कितनों के मस्तक कुचल डाले और कितनों की आँखें चौपट कर दीं। वह अपने रथ से युद्धस्थल में जहाँ-जहाँ गया, वहाँ-वहाँ के वानर-यूथपति उसके बाणों का वेग न सह सके।

रावण का यह संहार सुग्रीव को सहन नहीं हुआ। वे सुषेण को सेना की रक्षा का भार सौंपकर जहाँ रावण युद्ध कर रहा था, वहाँ पहुँचे। विरूपाक्ष उनका सामना करने के लिये आया। पर सुग्रीव ने अपनी अद्भुत चातुरी से उसका वध कर डाला। फिर सुग्रीव से भिड़ने महोदर उनके पास पहुँचा। पर सुग्रीव ने अपने पराक्रम से उसे भी मौत के घाट उतार दिया। रावण द्वारा नियोजित तीसरा सेनापति महापार्श्व अत्यधिक उत्साह से भरा हुआ वानरों का भयंकर संहार करने लगा। अंगद से यह देखा नहीं गया। उन्होंने घनघोर युद्ध करके उसे मार डाला।

श्रीराम और रावण का युद्ध

विरूपाक्ष, महोदर और महापार्श्व—तीनों प्रमुख सेनापतियों को मारा गया देखकर रावण की क्रोधाग्नि में घृताहुति पड़ गयी। उसने अपने सारथी से कहा, "सूत, मेरे मंत्री मारे गये, भाई कुंभकर्ण, पुत्र इन्द्रजित् और राक्षसों के प्रमुख सेनापति भी मार डाले गये। लंकापुरी चारों ओर से घेर ली गयी है। इसके लिये मुझे परम दुःख है। आज राम और लक्ष्मण का वध करके ही मैं अपने इस दुःख को दूर करूँगा।"

ऐसा कहकर महान् अतिरथी वीर रावण बड़ी तेजी से श्रीराम की ओर बढ़ा। उस समय रावण ने तामसास्त्र नामक अत्यंत भयंकर अस्त्र प्रकट कर वानरों का नाश करना प्रारंभ किया। सब ओर उनकी लाशें गिरने लगीं। यह देख भगवान् राम लक्ष्मण-

सहित सुस्थिर भाव से खड़े हो गये। लक्ष्मण ने रावण पर अनेक अस्त्रों का प्रयोग किया। पर रावण उन अस्त्रों को काट कर श्रीराम की ओर बढ़ा। उसने श्रीराम पर अनेक दिव्यास्त्रों का प्रयोग किया किन्तु श्रीराम ने उन्हें निरस्त कर दिया। लक्ष्मणजी अपने बड़े भाई की सहायता करने के लिये उनके पास पहुँचे। उन्होंने रावण के सारथि का सिर काट डाला। साथ ही उसकी ध्वजा के टुकड़े-टुकड़े कर दिये। इसके बाद विभीषण ने कूदकर अपनी गदा से उसके घोड़ों को मार डाला। रावण ने अत्यधिक क्रुद्ध होकर वज्र के समान प्रज्वलित शक्ति चलायी। वह शक्ति विभीषण तक पहुँचने नहीं पायी थी कि लक्ष्मणजी ने तीन बाण मार कर उसे बीच में ही रोक दिया। यह अद्भुत कर्म देखकर वानरों ने उत्साह में भरकर हर्षनाद किया।

रावण द्वारा लक्ष्मण पर शक्ति-प्रहार और उनका मूर्च्छित होना

तदनन्तर रावण ने विभीषण को मारने के लिये दूसरी शक्ति उठायी। वह शक्ति अपनी अमोघता के लिये विशेष विख्यात थी। काल भी उसके वेग को नहीं सह सकता था। इसी बीच में विभीषण को प्राण-संशय की अवस्था में देख वीर लक्ष्मण ने तुरन्त उनकी रक्षा की। उन्हें पीछे करके वे स्वयं शक्ति के सामने खड़े हो गये। विभीषण की रक्षा के लिये लक्ष्मणजी अपने धनुष को खींचकर हाथ में शक्ति लिये खड़े हुए रावण पर बाणों की वर्षा करने लगे। लक्ष्मणजी के बाण-समूहों का निशाना बनकर वह अपने भाई विभीषण को मारने के पराक्रम से विमुख हो गया। अब उसके मन में प्रहार करने की इच्छा नहीं रह गयी।

रावण ने लक्ष्मण की ओर आकृष्ट होकर उन पर अत्यंत क्रुद्ध होकर कहा, "अपने बल पर घमंड करनेवाले लक्ष्मण, तुमने अपने प्रयास से भ्रातृद्रोही विभीषण को बचा लिया, इसलिये अब मैं उसे छोड़कर तुम्हारे ऊपर ही इस शक्ति का प्रहार करता हूँ। मेरे हाथ से छूटते ही यह तुम्हारे हृदय को विदीर्ण करके तुम्हें यमलोक पहुँचा देगी।" ऐसा कहकर लक्ष्मणजी को लक्ष्य करके वह शक्ति उन पर चला दी। वज्र और अशनि के समान गर्जना करती हुई वह परम शक्तिशालिनी शक्ति लक्ष्मणजी के हृदय में लगी।

लक्ष्मण की ओर आती हुई उस भयंकर शक्ति को देखकर भगवान् श्रीराम ने कहा, "लक्ष्मण का कल्याण हो, तेरा प्राणनाशक उद्योग नष्ट हो; अतएव तू व्यर्थ हो जा।" पर उस शक्ति से विदीर्ण हो जाने के कारण लक्ष्मण पृथ्वी पर गिर पड़े। श्रीरामजी उनके पास ही खड़े थे। वह शक्ति लक्ष्मणजी के हृदय को विदीर्ण कर धरती तक पहुँच गयी थी। श्रेष्ठ वानरगण ने अत्यंत प्रयत्न-पूर्वक उस शक्ति को लक्ष्मणजी के हृदय से निकालना चाहा; लेकिन वे अपने प्रयास में सफल न हुए। तब महाबली श्रीरामचन्द्रजी ने उस भयंकर शक्ति को अपने दोनों हाथों से पकड़कर लक्ष्मण के शरीर से निकाला और कुपित हो उसे तोड़ डाला।

लक्ष्मणजी के शरीर से शक्ति निकालते समय रावण श्रीराम पर बाणों की वर्षा

कर रहा था। पर श्रीराम ने उसकी परवाह किये बिना, उस शक्ति को निकाल कर कहा, "हनुमान् और सुग्रीव, तुम दोनों श्रेष्ठ वानरों को लेकर लक्ष्मण की रक्षा करते रहो। अब मेरे लिये उस पराक्रम का अवसर आया है, जो मुझे चिरकाल से अभीष्ट था। पापी रावण आज युद्ध में मेरे सामने उपस्थित है। मेरे दृष्टिपथ में आकर अब यह जीवित रहने योग्य नहीं है। आज संग्राम में देवता, गन्धर्व, सिद्ध, ऋषि और चारणों सहित तीनों लोकों के प्राणी राम का रामत्व देखें।

इतना कहकर श्रीराम ने दुरात्मा रावण पर बाणों की झड़ी लगा दी। महात्मा श्रीराम के बाणों को निरस्त करने का प्रयास रावण ने बहुत किया। लेकिन वह सफल न हो सका। अंत में वह भय के कारण वहाँ से भाग गया।

श्रीराम का विलाप तथा हनुमान्‌जी द्वारा लायी हुई औषधि द्वारा लक्ष्मण का सचेत होना

लक्ष्मणजी को लहूलुहान और मूर्छित देखकर भगवान् राम शोक से व्याकुल होकर विलाप करने लगे, "ये वीर लक्ष्मण मुझे प्राणों से भी बढ़कर प्रिय हैं। यदि इन्हें कुछ हो गया, तो मुझे इन प्राणों के रखने और सुख भोगने से क्या प्रयोजन है ? शूरवीर लक्ष्मण, अब संग्राम में विजय भी मिल जाय, तो मुझे प्रसन्नता नहीं होगी। अब लडने-भिड़ने की कोई आवश्यकता नहीं है। वन में जाते समय जैसे महातेजस्वी लक्ष्मण मेरे पीछे-पीछे चले आये थे, उसी तरह स्वर्गलोक जाते समय मैं भी इसके पीछे-पीछे जाऊँगा। जगत् में सब कुछ मिल सकता है, पर लक्ष्मण ऐसे सहोदर भाई कहाँ मिल सकते हैं ? माता सुमित्रा से मैं किस तरह बात कर सकूंगा ? भरत और शत्रुघ्न को मैं अपना मुँह किस प्रकार दिखाऊँगा ? अतः अब मेरे लिये मर जाना ही श्रेयस्कर है।

श्रीराम को इस प्रकार विलाप करते देख सुषेण ने उन्हें ढाढ़स बँधाते हुए कहा, "पुरुषसिंह श्रीराम, आपके भाई ने शरीर नहीं छोड़ा है। उनके मुख की कांति ज्यों की त्यों है। उनकी साँस चल रही है और हृदय बार-बार कंपित हो रहा है।" ऐसा कहकर सुषेण ने हनुमान्‌जी से पुनः उन औषधियों को ले आने का निर्देश किया, जिन्हें वे जाम्बवान् के आदेशानुसार पहले ले आ चुके थे। हनुमान्‌जी बड़े वेग से आकाशमार्ग से उड़े और आनन-फानन में उन औषधियों के पर्वत को उखाड़ लाये।

उन्होंने पहुँचकर सुषेण से कहा, कपिश्रेष्ठ सुषेण, मैं उन औषधियों को पहचानता नहीं हूँ। इसलिये उस पर्वत को उखाड़ लाया हूँ।" सुषेण ने हनुमान्‌जी की भूरि-भूरि प्रशंसा करते हुए उन औषधियों को निकाला। उन्हें कूट-पीसकर लक्ष्मणजी की नाक में डाल दिया। उस औषधिको सूंघते ही लक्ष्मणजी के शरीर से बाण निकल गये, वे निरोग और स्वस्थ होकर भूतल से उठकर प्रसन्नमुद्रा में खड़े हो गये। उन्हें खड़ा हुआ देखकर श्रीराम को अपार हर्ष हुआ। उन्होने छोटे भाई का गाढ़ आलिंगन करते हुए कहा, "वीर बड़े सौभाग्य की बात है कि मैं तुम्हें मृत्यु के मुंह से पुनः

लौटा हुआ देखता हूँ। तुम्हारे बिना मुझे जीवन की रक्षा से, सीता से अथवा विजय से भी कोई मतलब नहीं है। जब तुम्हीं नहीं रहोगे, तब मैं इस जीवन को रखकर क्या करूँगा?''

भगवान् श्रीराम के ऐसा कहने पर लक्ष्मणजी खिन्न हो शिथिल वाणी में बोले, ''आर्य, आप सत्यपराक्रमी हैं। आपने पहले रावण का वध करके विभीषण को लंका का राज्य देने की प्रतिज्ञा की थी। वैसी प्रतिज्ञा करके अब किसी ओछे और निर्बल मनुष्य की भाँति आपको ऐसी बात नहीं कहनी चाहिये। सत्यवादी पुरुष झूठी प्रतिज्ञा नहीं करते हैं। प्रतिज्ञा पालन बड़प्पन का लक्षण है। निष्पाप रघुवीर, मेरे लिये आपको इतना निराश नहीं होना चाहिये। रावण का वध करके आप अपनी प्रतिज्ञा पूरी कीजिये। सूर्यास्त होने के पूर्व मैं उस दुरात्मा रावण का वध देखना चाहता हूँ। अतः आप शीघ्र ही देवद्रोही रावण को मारकर मेरी प्रार्थना सफल करें।''

श्रीराम के लिए देवराज द्वारा अपना रथ भेजना

दशमुख रावण रथ पर बैठकर वज्रोपम बाणों द्वारा भगवान् राम को बींधने लगा। श्रीरामचन्द्रजी भी एकाग्रचित हो रावण पर प्रज्वलित अग्नि के समान तेजस्वी बाणों की वर्षा करने लगे। देवराज इन्द्र ने अपने सारथि को बुलाकर कहा, ''सारथे, मातलि, रघुकुलतिलक श्रीरामचन्द्रजी भूमि पर खड़े हैं। मेरा रथ लेकर तुम शीघ्र उनके पास जाओ। भूतल पर पहुँचकर श्रीराम को पुकार कर कहो—'भगवन, यह रथ देवराज ने आपकी सेवा में भेजा है। आप इस पर आरूढ़ होकर रावण का वध कीजिये।' इस तरह उन्हें रथ पर बिठाकर तुम देवताओं के महान् हित का कार्य सिद्ध करो।''

इन्द्र का आदेश पाकर मातलि ने परम तेजस्वी रथ सजाकर युद्धभूमि में श्रीराम के सम्मुख खड़े होकर निवेदन किया, ''महाबली शत्रुसूदन श्रीमान् रघुवीर, सहस्रनेत्रधारी देवराज इन्द्र ने विजय-प्राप्ति के निमित्त आपको यह अपना रथ समर्पित किया है। यह इन्द्र का विशाल धनुष है। यह अग्नि के समान तेजस्वी कवच है। ये सूर्यसदृश प्रकाशमान बाण हैं तथा यह कल्याणमयी निर्मल शक्ति है। वीरवर महाराज, आप इस रथ पर आरूढ़ हो मुझ सारथि की सहायता के राक्षसराज रावण का उसी तरह वध कीजिये, जैसे महेन्द्र दानवों का संहार करते हैं।''

मातलि के ऐसा कहने पर भगवान् राम ने उस रथ की परिक्रमा की और उसे प्रणाम करके वे उस पर हर्षपूर्वक सवार हुए। उस समय वे अपनी शोभा से समस्त लोकों को प्रकाशित करने लगे।

तत्पश्चात् महाबाहु श्रीराम और रावण में द्वैरथ युद्ध प्रारंभ हुआ। वह युद्ध बड़ा ही अद्भुत और रोंगटे खड़े कर देनेवाला था। श्रीराम ने रावण के चलाये हुए गान्धर्व अस्त्र को गान्धर्व अस्त्र से और दैव-अस्त्र को दैव-अस्त्र से नष्ट कर दिया। तब राक्षसराज ने अत्यन्त कुपित हो पुनः परम भयानक राक्षसास्त्र का प्रयोग किया। वे

बाण विषैले सर्प होकर श्रीरामजी के निकट पहुँचने लगे। उनका स्पर्श वासुकि नाग के समान असह्य था। वे अपने मुखों से जलती आग उगल रहे थे। उनके फन प्रज्वलित हो रहे थे और महान् विष से भरे हुए थे। उन सर्पों को आते देख भगवान् श्रीराम ने अत्यंत भयंकर गारुड़ास्त्र को प्रकट किया। फिर तो वे अग्नितुल्य तेजस्वी बाण गरुड़ बनकर सब ओर विचरने लगे। उन्होंने रावण के महान् वेगशाली उन समस्त सर्पाकार सायकों का संहार कर डाला। इस प्रकार अपने अस्त्र के प्रतिहत हो जाने पर राक्षसराज रावण क्रोध से जल उठा। रावण ने इन्द्र के रथ की ध्वजा काट डाली और उसके घोड़ों को घायल कर दिया। यह देख देवता, गन्धर्व, चारण आदि महान् विषाद में डूब गये। सिद्धों और महर्षियों के मन में बड़ी व्यथा हुई। विभीषण-सहित सारे वानर-यूथपति बहुत दुखी हो गये।

यह देख भगवान् राम परम क्रुद्ध हुए। उनकी भौंहें टेढ़ी हो गयीं। नेत्र लाल हो गये। ऐसा प्रतीत होने लगा कि वे समस्त राक्षसों का संहार कर डालेंगे। उनके रौद्र रूप को देखकर समस्त प्राणी भय से थर्रा उठे और पृथ्वी काँपने लगी। सरिताओं के स्वामी समुद्र में ज्वार आ गया। आकाश में बादल गर्जने लगे और चारों ओर चक्कर लगाने लगे। रावण के मन में भी भय छा गया।

इसी समय दुष्टात्मा रावण ने क्रोध में आकर श्रीराम पर प्रहार करने की इच्छा से एक भयंकर हथियार उठाया। वह वज्र के समान शक्तिशाली, सम्पूर्ण शत्रुओं का संहारक था। उसे नष्ट करना काल के लिये भी कठिन एवं असंभव था। उसका नाम था 'शूल'। शूल उठाकर महाबली रावण ने घोर गर्जना की। उसके भयंकर गर्जन ने पृथ्वी, आकाश, दिशाओं और विदिशाओं को भी कंपित कर दिया। सम्पूर्ण प्राणी थर्रा उठे और सागर भी विक्षुब्ध हो उठा। दुरात्मा रावण ने बड़े जोर से गर्जना करके श्रीराम से कठोर वाणी में कहा, "राम, यह शूल वज्र के समान कठोर और शक्तिशाली है। यह लक्ष्मण सहित तुम्हारे प्राणों को तत्काल हर लेगा। ठहरो, अभी इस शूल के द्वारा तुम्हें मौत के घाट उतारता हूँ।" ऐसा कहकर उसने वह शूल श्रीराम पर चला दिया। भगवान् श्रीराम ने उसका वेग रोकने के लिए अनेक तीखे बाणों का संधान किया, पर वे सब शूल की प्रलयाग्नि में दग्ध हो जाते थे। तब उन्हें बड़ा क्रोध आया और उन रघुवीर ने मातलि की लायी हुई देवेन्द्र द्वारा सम्मानित शक्ति हाथ में ले ली। वह शक्ति प्रलयकाल में प्रज्वलित होनेवाली उल्का के समान प्रकाशमान थी। उससे भयंकर घंटानाद होने लगा। श्रीराम ने जब उसे चलाया, तब वह प्रबल शक्ति राक्षसराज के उस शूल पर ही पड़ी। उसके प्रहार से टूक-टूक और निस्तेज हो, वह महान् शूल पृथ्वी पर गिर पड़ा।

इसके बाद श्रीराम ने वज्रतुल्य पैने बाणों द्वारा रावण के अत्यंत वेगशाली घोड़ों को घायल कर दिया। फिर अत्यंत सावधान होकर उन्होंने तीन तीखे तीरों द्वारा रावण की छाती छेद डाली और तीन बाणों से उसके ललाट पर भी चोट पहुँचायी। उन बाणों की मार से रावण के सारे अंग क्षत विक्षत हो गये। वह लहू-

लुहान हो गया। उसे बड़ा खेद और महान् क्रोध भी हुआ। तदन्तर रावण ने तीखे बाणों से श्रीराम को बहुत चोट पहुँचायी। उनका सारा शरीर बाणों से विद्ध हो गया। पर वे अविचल भाव से समरभूमि मे अचल पर्वत की भाँति खड़े रहे।

श्रीराम का रावण को फटकारना

फिर वे दोनों परस्पर रोषावेश से युक्त हो बाण चलाने लगे। समरांगण में बाणों से अंधकार छा गया। उस समय श्रीराम और रावण दोनों एक-दूसरे को देख नहीं पाते थे। इसी समय क्रोध में भरे हुए वीर दशरथकुमार श्रीराम ने रावण से हँसते हुए कठोर वाणी में कहा, "नीच राक्षस. तू मेरे अनजान में दण्डकारण्य से मेरी असहाय स्त्री को हर ले आया है, इसलिये तू बलवान् तथा पराक्रमी तो कदापि नहीं है। असहाय अबलाओं पर वीरता दिखानेवाले निशाचर, परस्त्री-अपहरण जैसे कापुरुषोचित कार्य करके तू अपने को शूरवीर मानता है?

"धर्म की मर्यादा भंग करनेवाले पापी, निर्लज्ज और सदाचारशून्य राक्षसाधम, तूने बल के घमंड से वैदेही के रूप में अपनी मौत बुलायी है। क्या अब भी तू अपने को शूरवीर समझता है? तू बड़ा शूरवीर, बलसम्पन्न और साक्षात् कुबेर का भाई है! इसीलिये तूने यह परम प्रशंसनीय और महान् यशोवर्द्धक कर्म किया है! खोटी बुद्धिवाले निशाचर, तू अपने को शूरता से सम्पन्न समझता है; किन्तु सीता को चोर की तरह चुराते समय तुझे तनिक भी लज्जा नहीं आयी?

"यदि मेरे समीप तू सीता का बलपूर्वक अपहरण करता, तो तत्काल मेरे सायकों से मारा जा कर अपने भाई खर का दर्शन करता होता। मन्दबुद्धि, सौभाग्य की बात है कि आज तू मेरी आँखों के सामने आ गया है। मैं अभी तुझे तीखों बाणों द्वारा यमलोक पहुँचाता हूँ। आज मेरे बाणों से विदीर्ण और प्राणशून्य होकर पड़े तेरे शरीर की आँतों को मांस-भक्षी पक्षी उसी तरह खींचेंगे, जैसे गरुड़ सर्पों को खींचते हैं।"

ऐसा कहते हुए शत्रुओं का नाश करनेवाले श्रीराम ने पास ही खड़े हुए राक्षसराज रावण पर बाणों की वर्षा प्रारंभ कर दी। उस समय युद्धस्थल में शत्रुवध की इच्छा रखनेवाले श्रीराम का बल, पराक्रम, उत्साह और अस्त्रबल बढ़कर दूना हो गया। आत्मज्ञानी रघुनाथजी के सामने सभी अस्त्र अपने-आप प्रकट होने लगे। हर्ष और उत्साह के कारण महातेजस्वी भगवान् श्रीराम का हाथ बड़ी तेजी से चलने लगा।

अपने में ये शुभ लक्षण प्रकट हुए जानकर राक्षसों का अन्त करनेवाले भगवान् श्रीराम पुन: रावण को पीड़ित करने लगे। वानरों के चलाये हुए प्रस्तरसमूहों और श्रीराम के छोड़े हुए बाणों की वर्षा से आहत होकर रावण का हृदय व्याकुल एवं विभ्रान्त हो उठा। जब हृदय की व्याकुलता के कारण उसमें अस्त्र उठाने, धनुष खींचने और श्रीराम के पराक्रम का सामना करने की क्षमता नहीं रह गयी, तब उसकी ऐसी अवस्था देख उसका रथचालक सारथि उसके रथ को रणभूमि से दूर हटा ले गया।

रावण का सारथि को फटकारना

रावण काल की शक्ति से प्रेरित हो रहा था, अतः मोहवश अत्यंत कुपित हो क्रोध से लाल आँखें करके अपने सारथि से बोला, दुर्बुद्धि, क्या तूने मुझे पराक्रमशून्य, असमर्थ, पुरुषार्थविहीन, डरपोक, ओछा, धैर्यहीन, निस्तेज, मायारहित और अस्त्रों के ज्ञान से वंचित समझ रखा है, जो मेरी अवहेलना करके तू अपनी बुद्धि से मनमाना काम कर रहा है ? तूने मुझसे पूछा क्यों नहीं ? अनार्य, आज तूने मेरे चिरकाल से उपार्जित यश, पराक्रम, तेज और विश्वास पर पानी फेर दिया । मेरे शत्रु राम का बल-पराक्रम, जगत्-विख्यात है । उसे अपने बल विक्रम द्वारा सन्तुष्ट करना मेरे लिये समीचीन है । मैं युद्ध का लोभी हूँ, तो भी तूने रथ हटाकर शत्रु की दृष्टि में मुझे कायर सिद्ध कर दिया ।

'दुर्मते, यदि तू इस रथ को मोहवश किसी तरह भी शत्रु के सामने नहीं ले जाता है तो मेरा यह अनुमान सत्य है कि शत्रु ने तुझे घूस देकर फोड़ लिया है । हित चाहने वाले मित्र का यह काम नहीं है । तूने जो कार्य किया है, वह शत्रुओं के करने योग्य है । यदि तू मेरे साथ बहुत दिनों से रहा है और यदि मेरे गुणों का तुझे स्मरण है, तो मेरे इस रथ को शीघ्र लौटा ले चल । कहीं ऐसा न हो कि मेरा शत्रु भाग जाय ।''

सारथि के उत्तर से रावण का संतुष्ट होकर रणभूमि में फिर पहुंचना

यद्यपि सारथि रावण का परम हितैषी था, पर जब उसने ऐसी कठोर बातें रावण से सुनीं, तो सारथि ने विनयपूर्वक उत्तर दिया, ''महाराज, मैं डरा नहीं हूँ । मेरा विवेक भी नष्ट नहीं हुआ है और न मुझे शत्रुओं ने ही बहकाया है । मैं असावधान भी नहीं हूँ । आपके प्रति मेरा स्नेह भी कम नहीं हुआ है । आपने जो मेरा उपकार किया है, उसे भी मैं नही भूला हूँ । मेरा हृदय आपके प्रति स्नेह से आर्द्र है । इस कार्य से आपका हित होगा— यह सोचकर ही मैंने इसे किया है । भले ही यह आपको अप्रिय लगा हो । महाराज, मैं आपके प्रिय और हित में तत्पर रहनेवाला हूँ । अतः इस कार्य के लिये आप किसी ओछे और अनार्य पुरुष की भाँति मुझ पर दोषारोपण न करें । उस समय मैंने यही समझा था कि आप महान् युद्ध के कारण थक गये हैं । शत्रु की अपेक्षा मैंने आपकी प्रबलता नहीं देखी, आप में अधिक पराक्रम नहीं पाया । शत्रु का पलड़ा भारी पड़ रहा था ।

''मेरे घोड़े भी थककर चूर हो गये थे । इनके पाँव लड़खड़ा रहे थे । ये गौओं के समान दुखी हो गये थे। सारथी को देशकाल, रथी की चेष्टाओं का, उत्साह, अनुत्साह, खेद तथा बलाबल का भी ज्ञान रखना चाहिये । शत्रु के समीप जाने, दूर हटने, युद्ध में स्थिर रहने तथा युद्धभूमि से अलग हो जाने का उपयुक्त अवसर कब आता है, इन सब बातों का समझना रथ चलाने वाले सारथी का परम कर्त्तव्य है ।

अतः आपको तथा रथ के इन घोड़ों को थोड़ी देर तक विश्राम देने और खेद दूर करने के लिये मैंने जो अपने सारथि-धर्म का कार्य किया है, वह सर्वथा समीचीन है।

"वीर, प्रभो, मैंने मनमानी करने के लिये नहीं, बल्कि स्वामी के स्नेहवश उनकी रक्षा के लिये इस रथ को युद्धभूमि से दूर हटाया है। शत्रुसूदन वीर, अब आज्ञा दीजिये। आप ठीक समझकर जो कुछ कहेंगे, उसे मैं मन से आपके ऋण से उऋण होने के लिये करूँगा।"

सारथी के इस कथन से रावण बहुत संतुष्ट हुआ और उसने सारथी को पुरस्कारस्वरूप अपने हाथ का सुन्दर आभूषण उतार कर दे दिया। वह सारथी से बोला, "बुद्धिमान् सूत, अब तुम इस रथ को मेरे परम शत्रु राम के सामने ले चलो। रावण समर में शत्रुओं को मारे बिना घर नहीं लौटेगा।"

रावण की आज्ञा से प्रेरित हो सारथी तुरंत ही उस विशाल रथ को लेकर समरभूमि की ओर प्रस्थित हुआ।

अगस्त्य ऋषि द्वारा श्रीराम को विजय-प्राप्ति के निमित्त आदित्य-हृदय के पाठ की सम्मति देना

उधर श्रीरामचन्द्रजी युद्ध में थककर चिन्ता करते हुए रणभूमि में खड़े थे। यह देख महर्षि अगस्त्य, जो देवताओं के साथ युद्ध देखने के लिये आये थे, श्रीराम के पास जाकर बोले, "सबके हृदय में रमण करने वाले राम, अब तुम इस सनातन गोपनीय स्तोत्र 'आदित्य-हृदय' का श्रवण करो। इसका पाठ करो। यह स्तोत्र परम पवित्र और सम्पूर्ण शत्रुओं का नाश करने वाला है। इसके जप से सदा विजय की प्राप्ति होती है। यह सम्पूर्ण मंगलों का भी मंगल है।" ऐसा कहकर महर्षि ने 'आदित्य-हृदय' स्तोत्र भगवान् श्रीराम को बतलाया। साथ ही यह भी सम्मति दी, "इस आदित्य-हृदय का तीन बार जप करने से तुम युद्ध में निश्चय ही विजय प्राप्त करोगे। तुम इसी क्षण रावण का वध कर सकोगे।" यह कहकर अगस्त्यजी जैसे आये थे, उसी प्रकार चले गये।

भगवान् श्रीराम ने आचमन करके सूर्य की ओर देखते हुए उस महान् स्तोत्र का एकाग्रचित्त से तीन बार जप किया। उस समय सूर्यदेव ने अत्यधिक प्रसन्न होकर श्रीराम से कहा, "रघुनन्दन, अब जल्दी करो। उस दुरात्मा रावण के वध का समय आ पहुँचा है।"

रावण के रथ को देखकर श्रीराम का मातलि को सावधान करना

श्रीरामचन्द्र ने सहसा रावण के विशाल रथ को आते हुए देखा। यह विशाल रथ ध्वज से अलंकृत था। घोर घर्घर ध्वनि कर रहा था। उसमें काले रंग के घोड़ जुते हुये थे। उसकी कान्ति बड़ी भयंकर थी। वह आकाश में प्रकाशित होनेवाले सूर्यतुल्य तेजस्वी विमान के समान दृष्टिगोचर होता था। उन्होंने मातलि को सावधान करते हुए कहा, "मातलि देखो, अधम निशाचर रावण का रथ बड़ी तेजी से आ रहा है।

अतः तुम सावधान हो जाओ और आगे बढ़ो । आज मैं शत्रु के रथ का विध्वंस करना चाहता हूँ । भय तथा घबराहट छोड़कर मन और नेत्रों को स्थिर रखते हुए घोड़ों की बागडोर काबू में रखो और रथ को तेज चलाओ । तुम्हें देवराज इन्द्र के रथ हाँकने का पूर्ण अभ्यास है अतः तुमको कुछ सिखाने की आवश्यकता नहीं है । मैं एकाग्रचित्त होकर युद्ध करना चाहता हूँ । इसीलिये तुम्हारे कर्तव्य का स्मरणमात्र करा रहा हूँ । तुम्हें शिक्षा नहीं देता हूँ ।"

श्रीराम के इस वचन से मातलि को परम संतोष हुआ और उन्होंने रावण के विशाल रथ को दाहिने रखते हुए अपने रथ को आगे बढ़ाया । उसके पहिये से इतनी धूल उड़ी कि रावण उसे देखकर काँप उठा। इससे क्रोध में भरकर रथ के सामने हुए श्रीराम पर बाणों की वृष्टि करने लगा । तत्पश्चात् एक दूसरे के वध की इच्छा रखकर श्रीराम और रावण दोनों में भयंकर युद्ध प्रारंभ हुआ । उस समय रावण के विनाश की इच्छा रखनेवाले देवता, सिद्ध, गन्धर्व और महर्षि उन दोनों के द्वैरथ युद्ध को देखने के लिये वहाँ आकाश में एकत्र हो गये । युद्ध के समय ऐसे भयंकर उत्पात होने लगे, जो रोंगटे खड़े कर देनेवाले थे । उनसे रावण के विनाश और श्रीराम के अभ्युदय के संकेत मिलते थे । बहुत से भयानक और दारुण उत्पात प्रकट हुए, जो रावण के विनाश की सूचना दे रहे थे । श्रीराम के सामने भी अनेक शुभ शकुन प्रकट हुए, जो सब प्रकार से मंगलयम एवं विजय के सूचक थे । श्रीरघुनाथजी अपनी विजय की सूचना देनेवाले इन शुभ शकुनों को देखकर बहुत प्रसन्न हुए और उन्होंने रावण को मरा ही हुआ समझा ।

श्रीराम और रावण का घनघोर युद्ध

तदनन्तर श्रीराम और रावण में अत्यंत क्रूरतापूर्ण महान् द्वैरथ युद्ध प्रारंभ हुआ । वह समस्त लोकों के लिये अति भयंकर था । उस समय राक्षसों और वानरों की विशाल सेनाएँ हाथ में हथियार लिये रहने पर भी निश्चेष्ट खड़ी थीं । इस अद्‌भुत संग्राम को देखकर दोनों पक्ष की सेनाएँ आश्चर्यचकित होकर किंकर्तव्यविमूढ़ हो गयीं । वे चित्रलिखित-सी जान पड़ती थीं । सबके सब सैनिक आश्चर्य-विभोर होकर दोनों महाधनुर्धरों का अद्‌भुत युद्ध देखने लगे ।

श्रीराम को यह विश्वास था कि युद्ध में मेरी ही जीत होगी । उधर रावण को भी यह निश्चय हो गया था कि मुझे अवश्य मरना होगा । रावण ने श्रीराम के रथ के ध्वज को काटने के लिये पैने बाण चलाये, पर उसके बाण रथ तक पहुँचे ही नहीं । इधर श्रीराम ने अपने तीक्ष्ण बाणों से रावण के रथ-ध्वज को काटकट धराशायी कर दिया । ध्वज कट जाने पर रावण ने राम के रथ के घोड़ों को मारने के लिए अत्यंत भयंकर बाण छोड़े । वे घोड़ों को लगे भी । परन्तु वे घोड़े दिव्य थे, इसलिये वे न तो लड़खड़ाये, न अपने स्थान से विचलित ही हुए । वे पूर्ववत् स्वस्थचित्त बने रहे ।

घोड़ों की ऐसी अवस्था देखकर रावण का क्रोध अपनी पराकाष्ठा पर पहुँच

गया। वह पुनः बाणों की वर्षा करने लगा। गदा, चक्र, परिघ, मूसल, पर्वतशिखर, वृक्ष, शूल, फरसे तथा मायानिर्मित अन्यान्य शस्त्रों की वृष्टि करने लगा। उसकी शस्त्रवर्षा श्रीरामचन्द्रजी के रथ को छोड़कर सब ओर से वानर-सेना पर पड़ने लगी। तत्पश्चात् रावण को बाण चलाने में अधिक परिश्रम करते देखकर श्रीराम ने हँसते हुये तीखे बाणों का संधान किया और उन्हें सैकड़ों तथा हजारों की संख्या में छोड़ा। उन बाणों को देखकर रावण ने पुनः अपने बाण बरसाये और आकाश को इतना भर दिया कि उसमें तिल रखने की भी जगह नहीं रह गयी।

दोनों महावीरों का युद्ध निरन्तर चलता रहा। श्रीराम ने रावण के घोड़ों तथा रावण ने श्रीराम के घोड़ों को घायल कर दिया। वे दोनों एक दूसरे के प्रहार का बदला चुकाने के लिये परस्पर आघात करते रहे। दो घडी तक तो उन दोनों का ऐसा संग्राम हुआ, जो रोंगटे खड़े कर देनेवाला था। युद्ध में लगे हुए श्रीराम तथा रावण को सम्पूर्ण प्राणी चकितचित्त से निहारने लगे। उन दोनों के वे श्रेष्ठ रथ तथा उन दोनों में बैठे हुए रथी समरभूमि में अत्यंत क्रोधपूर्वक एक दूसरे को पीड़ा देने और परस्पर धावा करने लगे। एक दूसरे के वध के प्रयत्नों में लगे हुए वे दोनों वीर अत्यंत भयंकर दिखायी पड़ते थे। उइ दोनों के सारथि कभी रथ को चक्कर काटते हुए ले जाते, कभी सीधे मार्ग से दौड़ाते और कभी आगे की ओर बढा कर पीछे की ओर लौटाते थे। इस तरह वे दोनों अपने रथ हाँकने में विविध प्रकार के ज्ञान का परिचय देने लगे। श्रीराम रावण को पीडित करने लगे और रावण श्रीराम को पीड़ा देने लगा। इस प्रकार युद्धविषयक प्रवृत्ति और निवृत्ति में वे दोनों तदनुरूप गतिवेग का आश्रय लेते थे।

तत्पश्चात् श्रीराम ने अपने धनुष के छूटे हुए चार पैने बाणों से रावण के चारों घोड़ों को पीछे हटने के लिये विवश कर दिया। घोड़ो के पीछे हटने पर दशमुख रावण क्रोध के वशीभूत हो गया और श्रीराम पर तीखे बाणों की वर्षा करने लगा। बलवान् दशानन के द्वारा अत्यंत घायल किये जाने पर भी श्रीरघुनाथजी के चेहरे पर शिकन न आयी और न उनके मन में व्यथा ही हुई। तत्पश्चात् रावण ने इन्द्र के सारथि मातलि को लक्ष्य करके वज्र के समान बाण छोड़े। वे महान् वेगशाली बाण मातलि के शरीर पर पड़ कर थोड़ा-सा भी मोह या व्यथा न पहुँचा सके।

रावण द्वारा मातलि पर आक्रमण से श्रीरामचन्द्र को जैसा क्रोध हुआ, वैसा अपने पर किये गये आक्रमण से नहीं हुआ था। अतः उन्होंने अपने बाणों का जाल बिछा कर रावण को युद्ध से विमुख कर दिया। तब रथ पर बैठा हुआ राक्षसराज भी कुपित हो उठा और गदा तथा मूसलों की वर्षा से श्रीराम को पीड़ा देने लगा। इस प्रकार उन दोनों में परस्पर अत्यंत भयंकर और रोमांचकारी युद्ध होने लगा। समुद्र, वनों और काननों सहित पृथ्वी काँप उठी। सूर्य की प्रभा लुप्त हो गयी और वायु की गति भी रुक गयी।

वह भयंकर युद्ध देखकर देवता, गन्धर्व, यक्ष, किन्नर, सिद्ध, महर्षि और बड़े-

बड़े नाग सभी चिन्ता में पड़ गये। सबके मुँह से यही बात निकलने लगी—"गौ और ब्राह्मणों का कल्याण हो, इन लोकों की रक्षा हो और श्रीरघुनाथजी युद्ध में राक्षसराज रावण पर विजय पावें।" गन्धर्वों और अप्सराओं के समुदाय उस अनुपम युद्ध को देखकर कहने लगे—"आकाश-आकाश के तुल्य है, समुद्र-समुद्र के ही समान है तथा राम और रावण का युद्ध राम और रावण के युद्ध के ही सदृश है।" ऐसा कहते हुए वे सब लोग राम-रावण का युद्ध देखने लगे।

तदनन्तर महाबाहु श्रीरामचन्द्रजी ने कुपित होकर एक विषधर बाण का संधान किया और उसके द्वारा डगमगाते हुए कुंडलों से युक्त रावण का एक सुंदर मस्तक काट डाला। उसका वह मस्तक पृथ्वी पर गिर पड़ा। पर उसकी जगह रावण को वैसा ही दूसरा नया सिर उत्पन्न हो गया। फिर श्रीराम ने तत्काल ही रावण का वह दूसरा सिर भी काट डाला। उसके कटते ही पुनः नया सिर उत्पन्न दिखायी देने लगा, किन्तु उसे भी श्रीराम के वज्रतुल्य सायकों ने काट डाला। इस प्रकार एक से तेजवाले उसके सौ सिर काट डाले गये, पर उसके जीवन का नाश होने के लिये उसके मस्तकों का अन्त होता नहीं दिखायी पड़ता था।

तदनन्तर सम्पूर्ण अस्त्रों के ज्ञाता वीर श्रीरामचन्द्रजी अनेक प्रकार के बाणों से युक्त होने पर इस प्रकार चिन्ता करने लगे, "अहो; मैंने जिन बाणों से मारीच, खर और दूषण को मारा, क्रौंचवन के गड्ढे मे विराध का वध किया, दण्डकारण्य में कबन्ध का मौत के घाट उतारा, सालवृक्ष और पर्वतों को विदीर्ण किया, बालि के प्राण लिये और समुद्र को भी क्षुब्ध कर दिया, अनेक बार के संग्राम में परीक्षा करके जिनकी अमोघता का विश्वास कर लिया गया है, वे ही मेरे सब सायक आज रावण के ऊपर निस्तेज और कुंठित हो गये हैं, इसका क्या कारण हो सकता है ?"

इस तरह चिंता में पड़े होने पर भी श्रीरामचन्द्रजी युद्ध में सतत सतर्क और सावधान रहे। उन्होंने रावण की छाती पर बाणों की झड़ी लगा दी। तब रथ पर बैठे हुए रावण ने भी कुपित होकर श्रीराम को गदा और मूसलों से पीड़ित करना आरंभ किया। उस महा-युद्ध ने बड़ा भयंकर रूप धारण किया। वह युद्ध कभी आकाश में, कभी भूतल पर और कभी-कभी पर्वत के शिखर पर होता था। वह महान् संग्राम सारी रात चलता रहा। एक क्षण के लिये भी उसका विराम नहीं हुआ। श्रीराम और रावण के युद्ध में श्रीराम की युद्ध में विजय होती न देख देवराज के सारथि महात्मा मातलि ने युद्धपरायण श्रीराम से कहा, "भगवान् श्रीराम, आप अनजान की तरह क्यों इस राक्षसाधम का अनुसरण कर रहे हैं ? वह जो अस्त्र चलाता है, उसके निवारण करने वाले अस्त्र प्रयोग मात्र करके आप रह जाते हैं।"

श्रीराम के द्वारा रावण का वध

मातलि ने पुनः श्रीराम को स्मरण दिलाया, 'प्रभो, आप इसके वध के लिये ब्रह्माजी के अस्त्र का प्रयोग कीजिये। देवताओं ने इसके विनाश की जो बेला बतायी

है, वह अब आ पहुँची है।" मातलि के इस वाक्य से श्रीरामचन्द्रजी को उस अस्त्र का स्मरण हो आया। फिर तो उन्होंने फुफकारते हुए महाविषधर सर्प के समान एक तेजस्वी बाण हाथ में लिया। यही वह बाण था, जिसे पहले ब्रह्मर्षि अगस्त्य ने श्रीराम को दिया था। वह विशाल बाण ब्रह्माजी का दिया हुआ था और युद्ध में अमोघ था। अमिततेजस्वी ब्रह्माजी ने पहले इन्द्र के लिये उस बाण का निर्माण किया था और तीनों लोकों पर विजय पाने की इच्छा रखनेवाले देवेन्द्र को ही पूर्वकाल में अर्पित किया था। उस बाणके वेग में वायु की, धार में अग्नि और सूर्य की, शरीर में आकाश की तथा भारीपन में मेरु और मन्दराचल की प्रतिष्ठा की गयी थी। वह सम्पूर्ण शक्तिशाली भूतों के तेज से बनाया गया था। देखने में बड़ा भयंकर था। वज्र के समान कठोर, महान् शब्द से युक्त सबको त्रास देनेवाला तथा फुँफकारते हुए वासुकि के समान भयंकर था। युद्ध में वह यमराज का रूप धारण कर लेता था। उस महान् सायक को वेदोक्त विधि से अभिमंत्रित करके महाबली श्रीराम ने अपने धनुष पर रखा। श्रीरघुनाथ जब उस अमोघ बाण का संधान करने लगे, तब सम्पूर्ण प्राणी थर्रा उठे और धरती डोलने लगी। श्रीरामचन्द्रजी ने अत्यंत कुपित हो बड़े यत्न से धनुष को पूर्णरूप से खींच कर उस मर्मभेदी, अमोघ बाण को रावण पर चला दिया। वज्रधारी इन्द्र के हाथों से छूटे हुए वज्र के समान अनिवार्य वह बाण रावण की छाती पर जा लगा। शरीरान्तक उस महान् श्रेष्ठ बाण ने छूटते ही दुरात्मा रावण के हृदय को विदीर्ण कर डाला।

रावण का वध करके खून से रंगा हुआ वह भयंकर बाण अपना काम पूरा करके के बाद पुनः विनीत सेवक की भाँति श्रीरामचन्द्रजी के तरकस में लौट आया। श्रीराम के अमोघ बाण की चोट खाकर रावण प्राणविहीन होकर पृथ्वी पर गिर पड़ा, उसका धनुष भी छूट कर गिर गया। रावण को पृथ्वी पर पड़ा देख बचे हुए सम्पूर्ण निशाचर भयभीत होकर सब ओर भाग गये। रावण का वध हुआ देख विजय से सुशोभित होनेवाले वानर गर्जना करते हुए उन राक्षसों पर टूट पड़े। उन हर्षोल्लासित वानरों द्वारा पीड़ित किये जाने पर वे राक्षस भय के मारे लंकापुरी की ओर भाग गये।

वानरगण विजय-लक्ष्मी से सुशोभित हो अत्यंत हर्ष और उत्साह से भर गये। वे श्रीरामचन्द्रजी की विजय और रावण के वध की घोषणा करते हुए जोर-जोर से गर्जना करने लगे। इसी समय आकाश में मधुर स्वर से देवताओं की दुन्दुभियाँ बजने लगीं। वायु दिव्य सुगन्ध बिखेरती हुई मन्द-मन्द गति से प्रवाहित होने लगी। अन्तरिक्ष से भूतल पर श्रीरघुनाथजी के रथ पर फूलों की वर्षा होने लगी, जो दुर्लभ तथा मनोहर थी।

रौद्र राक्षस रावण के मारे जाने पर देवों, महर्षियों, यक्षों, किन्नरों, नागों, सिद्धों, चारणों एवं तीनों लोकों के प्राणियों को महान् हर्ष हुआ। आकाश से राम के लिए साधुवाद की ध्वनि सुनायी पड़ने लगी। श्रीरघुनाथजी ने राक्षसराज रावण को मारकर सुग्रीव, अंगद तथा विभीषणको सफलमनोरथ किया और स्वयं भी उन्हें बड़ी प्रसन्नता हुई। देवताओं और ऋषि-मुनियों को बड़ी शान्ति मिली। सम्पूर्ण दिशाएँ

प्रसन्न हो गयीं। उनमें प्रकाश छा गया। आकाश निर्मल हो गया। पृथ्वी का भार उतर गया। हवा स्वाभाविक गति से चलने लगी तथा सूर्य की प्रभा भी स्थिर हो गयी।

सुग्रीव, विभीषण, अंगद, हनुमान् तथा लक्ष्मण अपने सुहृदों के साथ युद्ध में भगवान् श्रीराम की विजय से अत्यधिक आह्लादित हुए। इसके बाद उन सबने मिलकर नयनाभिराम श्रीराम की विधिवत् पूजा की।

•

अध्याय—अठारह

विभीषण का राज्याभिषेक और सीताजी की अग्नि-परीक्षा

रावण को मृत देखकर विभीषण का हृदय शोक से व्याकुल हो गया और वे नाना प्रकार से विलाप करने लगे, "हा विख्यात पराक्रमी वीर भाई दशानन, हा कार्य-कुशल नीतिज्ञ, तुम तो सदा बहुमूल्य बिछौने पर सोया करते थे, आज इस तरह मारे जाकर भूमि पर क्यों पड़े हो ? हे वीर, तुम्हारी ये बाजूबन्द-विभूषित दोनों विशाल भुजाएँ निश्चेष्ट हो गयी हैं। तुम्हारे मस्तक का सूर्य के समान तेजस्वी मुकुट यहाँ फेंका पड़ा है। वीरवर, आज तुम्हारे ऊपर वही संकट आकर पड़ा है, जिसके लिये मैंने तुम्हें पहले से आगाह कर दिया था। किन्तु उस समय काम और मोह के वशीभूत होने के कारण तुम्हें मेरी बातें नहीं रुचीं। किन्तु क्षत्रिय-वृत्ति से रहनेवाला वीर पुरुष यदि युद्ध में मारा गया हो, तो वह शोक के योग्य नहीं है; यही शास्त्र का सिद्धान्त है।

"तुमने याचकों को दान दिये, भोग भोगे, भृत्यों का भरण-पोषण किया है। तुम अग्निहोत्री, महातपस्वी तथा यज्ञादि कर्मों में श्रेष्ठ रहे हो। पर अपनी हठवादिता के कारण भगवान् राम द्वारा युद्धभूमि में मारे गये।"

इसके बाद रावण की स्त्रियों ने उसके गुणों की प्रशंसा करते हुए भाँति-भाँति से विलाप किये। मन्दोदरी ने विलाप करते हुए कहा, "जब मैंने यह सुना कि जनस्थान में बहुतेरे राक्षसों से घिरे रहने पर भी आपके भाई खर को श्रीराम ने मार डाला है, तभी मुझे विश्वास हो गया कि श्रीरामचन्द्रजी कोई साधारण पुरुष नहीं हैं। राक्षस-राज, आपने अपने ऐश्वर्य का, शरीर का तथा स्वजनों का विनाश करने के लिये ही सीताजी की कामना की थी। विभीषण को अपने शुभ कर्मों के कारण ही सुख प्राप्त हुआ है। परन्तु आप काम के वशीभूत हो मोहवश इस बात को समझ नहीं पाते थे। मैंने बारंबार आपसे कहा था कि प्राणनाथ, आप रघुनाथजी से वैर-विरोध न कीजिये; परन्तु आपने मेरी बात नहीं मानी, उसी का आज यह फल मिला है। राजन्, आज आप जिस अत्यन्त दुर्गम एवं विशाल मार्ग पर गये हैं, वहीं मुझ दुखिया को भी ले चलिये। मैं आपके बिना जीवित नहीं रह सकूँगी। आपकी मृत्यु हो जाने पर भी मेरे शोकपीड़ित हृदय के हजारों टुकड़े क्यों नहीं हो जाते ? मुझ पाषाणहृदया नारी को बार-बार धिक्कार है।"

इसी समय श्रीरामचन्द्रजी ने शोक से व्याकुल विभीषण से कहा, "भाई

विभीषण, इन स्त्रियों को धैर्य बँधाओ और अपने भाई रावण का दाह-संस्कार करो। यह सुनकर विभीषण ने राम से कहा, "भगवन् जिसने, धर्म और सदाचार का त्याग कर दिया, जो क्रूर, निर्दयी, असत्यवादी और परस्त्री-गामी रहा हो, उसका दाह-संस्कार करना मैं उचित नहीं समझता हूँ। श्रीराम, मेरी बात सुनकर संसार के मनुष्य मुझे क्रूर अवश्य कहेंगे; परन्तु जब रावण के दुर्गुणों को सुनेंगे, तब सब लोग मेरे इस विचार को उचित ही बतायेंगे।"

विभीषण की यह बात सुनकर धर्म-मर्मज्ञ श्रीरामचन्द्र ने कहा, "राक्षसराज मुझे तुम्हारा भी प्रिय करना है। रावण भले ही अधर्मी, क्रूर और असत्यवादी रहा हो; परन्तु संग्राम में सदा ही तेजस्वी, बलवान्, पराक्रमी तथा शूरवीर रहा है। इन्द्र आदि देवता भी इसे परास्त नहीं कर सके थे। समस्त लोकों को रुलानेवाला रावण बल-पराक्रम से समम्पन्न तथा महामनस्वी था। वैर मरने तक ही रहता है। मरने के बाद उसका अन्त हो जाता है। अब हमारा प्रयोजन भी सिद्ध हो चुका है। अतः इस समय जैसे यह तुम्हारा भाई है, वैसे ही मेरा भी है। इसलिये इसका दाह-संस्कार करो। ऐसा करने से तुम यज्ञ के भागी होओगे।"

भगवान् श्रीराम की आज्ञा पाकर विभीषण ने रावण का विधिवत दाह-संस्कार करके तिल, कुश और जल के द्वारा उसे जलांजलि दी। स्त्रियों को सांत्वना देकर वे उन्हें लंकापुरी में लौटा लाये। तदनन्तर इन्द्र के दिये हुए धनुष, बाण और विशाल कवच को त्याग कर, रोष को भी छोड़कर भगवान् श्रीराम ने शान्तभाव धारण कर लिया। इसके बाद महाबाहु श्रीराम ने इन्द्र के दिये हुए दिव्य रथ को ले जाने की आज्ञा देकर मातलि का बहुत सम्मान किया। मातलि ने श्रीरामचन्द्रजी की परिक्रमा कर देवलोक को प्रस्थान किया।

इसके पश्चात् प्रसन्नवदन श्रीरघुनाथजी ने लक्ष्मण से इस प्रकार कहा, "प्रिय लक्ष्मण, मैंने तो पहले ही विभीषण को लंका का राज्य दे दिया है, तथापि तुम लंका में जाकर विभीषण का ब्राह्मणों के द्वारा मंत्रपाठपूर्वक विधिवत् अभिषेक कराओ।" भगवान् राम की ऐसी आज्ञा पाकर वानरों के सहित लक्ष्मणजी तुरंत ही लंकापुरी गये तथा समुद्र के जल से भरे हुए सुवर्ण-कलशों से महाबुद्धिमान् राक्षसराज विभीषण का मंगलमय अभिषेक किया।

तदनन्तर पुरवासियों के साथ लक्ष्मणजी के सहित विभीषण ने बहुत सी भेंट आगे रख मर्यादापुरुषोत्तम भगवान् श्रीराम को साष्टांग प्रणाम किया। विभीषण को राज्यासीन देख श्रीरामचन्द्रजी बहुत प्रसन्न हुए और भाई लक्ष्मण सहित अपने को कृतकृत्य समझने लगे। इसके पश्चात् भगवान् राम ने सुग्रीव को हृदय से लगा कर कहा, "हे वीर, तुम्हारी सहायता से ही मैंने महाबली रावण को जीता है और हे अनघ, उसी से विभीषण को भी लंका के राज्य पर अभिषिक्त किया है।" फिर पास ही बड़े विनीत भाव से खड़े हुए हनुमान्जी से कहा, "कपिवर हनुमान्, तुम विभीषण की सम्मति से रावण के महल में जाओ और उनकी अनुमति से अशोक-वाटिका में

जाकर जानकीजी को रावण के वध आदि का समस्त वृत्तान्त सुनाओ; फिर वे जो कुछ कहें, उसे मुझे सुनाना।''

बुद्धिमान् पवननन्दन ने भगवान् श्रीराम का आदेश पाकर राक्षसों से पूजित हो लंकापुरी में प्रवेश किया। तत्पश्चात् अशोक-वाटिका में जाकर शिशपा वृक्ष के तले बैठी हुई अति दुर्बल और दुखिया अनिन्दिता जनकनंदिनी सीता को देखा। वे राक्षसियों से घिरी हुई थीं और एकमात्र भगवान् श्रीराम का ध्यान कर रही थीं। पवनकुमार ने अति विनयावनत होकर उन्हें प्रणाम किया। वे अत्यंत नम्रतापूर्वक भक्तिभाव से हाथ जोड़कर उनके सामने खड़े हो गये। उन्हें देखकर जानकीजी पहले तो कुछ देर तक चुप रहीं, फिर उन्हें पूर्व-स्मृति हो आयी। उन्हें राम का दूत समझ कर उनका मुख हर्ष से खिल गया।

हनुमान्जी ने उन्हें प्रसन्नमुखी देख उनसे श्रीराम का सारा सन्देश कहना प्रारंभ किया, ''देवि, विभीषण जिनके सहायक हैं, वे श्रीरामचन्द्रजी लक्ष्मण, सुग्रीव और वानरसेना के सहित कुशलपूर्वक हैं। उन भगवान् श्रीराम ने पुत्र, सेना और मंत्रियों सहित रावण को मारकर एवं लंका का राज्य विभीषण को देकर तुम्हें अपना कुशल-समाचार भेजा है।''

पति का यह प्रिय संदेश सुनकर श्री सीताजी हर्ष से गद्गद वाणी मे बोलीं, ''भैया, मैं तुम्हारा क्या प्रिय करूँ? तुम्हारे प्रिय वाक्यों के समान मुझे त्रिलोक में कोई रत्न, भूषण आदि दिखायी नहीं देते, जिन्हें देकर मैं तुमसे उऋण होऊँ।'' जानकीजी के इस प्रकार कहने पर वानरश्रेष्ठ पवनपुत्र बोले, ''मातः, मैं शत्रु के नष्ट होने पर स्वस्थ चित्त से विराजमान विजयी भगवान् श्रीराम का दर्शन करता हूँ— यह मेरे लिये नाना प्रकार की बहुमूल्य रत्नराशि और देवराज्य से भी बढ़कर है।'' उनके ये वचन सुनकर मिथिलेशकुमारी ने मारुति से कहा, ''हे सौम्य, जितने भी शुभ एवं सात्विक गुण हैं, वे सब तुम्हीं में विद्यमान हैं। अब मैं श्रीरघुनाथजी के दर्शन करूँगी। वे शीघ्र ही मुझे भी आज्ञा दें।'' तब हनुमान्जी 'बहुत अच्छा' कहकर उन्हें प्रणाम कर श्रीरघुनाथजी के दर्शनों के लिये चल दिये।

श्रीरामचन्द्रजी के पास पहुँच कर जानकीजी का सारा संभाषण कह सुनाया और फिर उन्होंने निवेदन किया, ''भगवन्, जिनके लिये यह युद्धादि संपूर्ण कर्म प्रारंभ हुए थे और जो उन समस्त कर्मों की फलस्वरूपा हैं, अब उन शोकसंतप्ता मिथिलेशनंदिनी सीताजी को आप देखिये।'' हनुमान्जी के इस प्रकार कहने पर ज्ञानियों में श्रेष्ठ भगवान् राम ने माया-सीता को त्यागने के लिये और अग्निस्थित जानकीजी को ग्रहण करने के लिये मन से विचार करते हुए विभीषण से कहा, ''राजन्, तुम जाओ और तुरंत ही जानकीजी को स्नान करा, शुद्ध निर्मल वस्त्र पहना तथा सम्पूर्ण आभूषणों से सुसज्जित कर मेरे पास ले आओ।''

यह सुनकर विभीषण हनुमान्जी को साथ ले तुरंत ही चले और शुभलक्षणा जानकीजी को बड़ी-बूढ़ी राक्षसियों द्वारा स्नान करा, सम्पूर्ण वस्त्राभूषणों से सुसज्जित

होने पर एक बहुत सुंदर पालकी पर चढ़ाया। फिर उन्हें, जामा-पगड़ी आदि से सज्जित बहुत से छड़ीदारों से सुरक्षित कर ले चले। उस समय सीताजी को देखने के लिये सब वानर उमड़ पड़े। उन्हें चारों ओर से रोकते तथा 'हटो, हटो' का कोलाहल करते वे छड़ीदार माता सीता को श्रीराम के पास ले आये। श्रीरामचन्द्रजी ने दूर से ही सीताजी को पालकी में बैठी देखकर कहा, "विभीषण, तुम्हारे ये छड़ीदार वानरों को क्यों रोकते हैं। समस्त वानरगण जानकीजी का माता के समान दर्शन करें। जानकीजी मेरे पास पैदल चलकर आयें।"

श्रीरामचन्द्रजी के ये वचन सुनकर सीताजी पालकी से उतर पड़ीं और धीरे-धीरे पैदल भगवान् राम के पास पहुँचीं। उन्होंने अपने अलौकिक और गुह्य कार्य की सिद्धि के लिये सीताजी को देखकर बहुत-सी न कहने योग्य बातें कह कर उनके चरित्र के संबंध में भी सन्देह प्रकट किया। श्रीरघुनाथजी द्वारा कहे हुए उन वाक्यों को सहन न कर सकने के कारण सीताजी ने लक्ष्मणजी से कहा; "तात लक्ष्मण, भगवान् श्रीराम के विश्वास के लिये और लोकों को मेरी अखण्ड पवित्रता का निश्चय कराने के लिये मेरे लिये अग्नि प्रज्वलित करो।"

श्रीरामजी की भी सम्मति समझ कर शत्रुदमन लक्ष्मणजी ने उसी समय वहाँ भारी काष्ठसमूह इकट्ठा किया और उसमें अग्नि प्रज्वलित कर चुपचाप रामजी के पास खड़े हो गये। तब सीताजी ने भक्तिपूर्वक श्रीरामजी की परिक्रमा की। पुन: श्रीमिथिलेशकुमारी समस्त लोकों तथा देव और राक्षसों की स्त्रियों को देखते-देखते देवता और ब्राह्मणों को प्रणाम करके अग्नि के पास उपस्थित हुईं। उन्होंने हाथ जोड़कर इस प्रकार कहा, "यदि मेरा हृदय श्रीरघुनाथजी को छोड़कर कभी अन्यत्र नहीं गया हो, तो समस्त लोको के साक्षी अग्निदेव इसका निर्णय करें।" ऐसा कह सतीशिरोमणि श्रीसीताजी अग्नि की परिक्रमा कर निर्भय चित्त से उस प्रज्वलित अग्नि में घुस गयीं।

उस समय सीताजी को महाप्रचंड अग्नि में प्रविष्ट हुई देख समस्त सिद्ध और भूतगण अत्यंत व्याकुल हो गये और आपस में कहने लगे, "अहो, सब कुछ जानते हुए भी श्रीरामचन्द्रजी ने भगवती सीताजी पर कैसे संदेह किया?"

देवताओं का भगवान राम की स्तुति करना

इसी समय सहस्राक्ष इन्द्र, यम, वरुण, कुबेर, महातेजस्वी वृषभवाहन महादेवजी, मुनि, सिद्ध, चारणोंसहित ब्रह्माजी, पितृगण, ऋषि, साध्य, गन्धर्व, यक्ष, किन्नर और नागगण – ये सब तथा और भी अन्यान्य देवगण श्रेष्ठ विमानों पर चढ़कर भगवान् श्रीराम के पास उपस्थित हुए। वे सब हाथ जोड़कर परमात्मा श्रीराम से बोले, "आप सब लोकों के कर्त्ता, सबके साक्षी और विशुद्ध विज्ञान-स्वरूप हैं, वसुओं में अष्टम वसु और रुद्रों में श्रीमहादेव शंकर हैं। आप ही समस्त लोकों के आदिकर्ता चतुर्मुख ब्रह्माजी हैं, अश्विनीकुमार आपकी घ्राणेन्द्रिय हैं और सूर्य तथा चन्द्रमा आपके नेत्र हैं। सब

लोकों के आदि, मध्य और अन्त आप ही हैं। आप नित्यस्वरूप, एक, सदोदित, नित्य-बुद्ध, नित्यमुक्त, निर्गुण और अद्वितीय हैं।

हे, राम, जो लोग माया से आच्छादित हैं, उन्हें आप मनुस्वरूप प्रतीत होते हैं, किन्तु जो आपका नामस्मरण करते हैं और आप में अनन्य भक्ति रखते हैं, उन्हें तो आप सर्वदा चैतन्यस्वरूप ही भासते हैं। रावण ने हमारे तेजसहित हमारा स्थान भी छीन लिया था; वह दुष्ट आपके हाथ मारा गया और हम सबको फिर अपना पद प्राप्त हो गया।''

देवताओं के इस प्रकार स्तुति करने पर साक्षात् पितामह ब्रह्माजी अति विनम्र होकर सत्यपथ पर स्थित भगवान् राम से बोले, ''हे राम, सम्पूर्ण प्राणियों की स्थिति के कारण, आत्मज्ञानियों द्वारा हृदय में ध्यान किये जाने वाले, त्याज्य और ग्राह्य रूप द्वन्द्वों से रहित, सबसे परे, अद्वितीय, सत्तामात्र, सबके हृदय में विराजमान, साक्षी-स्वरूप आप विष्णु भगवान् को मैं प्रणाम करता हूँ।

''मोहहीन संन्यासीगण निश्चित बुद्धि के द्वारा प्राण और अपान को रोककर एवं अपने सम्पूर्ण संशय-बंधन और विषय-वासनाओं का छेदन कर जिस परमात्मा का दर्शन करते हैं, उन रत्नकिरीटधारी परम तेजस्वी भगवान् राम को मैं प्रणाम करता हूँ। जो माया से परे, लक्ष्मी के पति, सबके आदिकारण, जगत् के उत्पत्तिस्थान, प्रत्यक्षादि, प्रमाणों से परे, मोह का नाश करनेवाले, मुनिजनों से वन्दनीय योगियो से ध्यान किये जाने योग्य, योगमार्ग के प्रवर्तक, सर्वत्र परिपूर्ण और सम्पूर्ण संसार को आनन्दित करनेवाले हैं, उन परम सुन्दर भगवान् श्रीराम को मैं प्रणाम करता हूँ।

''हे राम, आप मेरे प्रभु हैं और मेरे सम्पूर्ण प्रार्थित कार्यों को पूर्ण करनेवाले हैं। आप देशकाल, परिमाण से रहित, नारायण-स्वरूप, अखिल विश्व को धारण करनेवाले, भक्ति से प्राप्य, अपने स्वरूप का ध्यान किये जाने पर संसार-भय को दूर करनेवाले और योगाभ्यास से शुद्ध हुए चित्त में विहार करनेवाले हैं। आप महर्षियों के माननीय हैं तथा कृष्णावतार के समय वृन्दावन में अखिल देवसमूह की वन्दना करते हुए भी, रामरूप से शिव आदि देवताओं के स्वयं वन्दनीय हैं। मैं ऐसे आनन्दघन भगवान् राम को प्रणाम करता हूँ।

''जिन्होंने मेरा कार्य पूरा करने के लिये मनुष्यरूप धारण किया है, उन मरकतमणि के समान नीलवर्ण भगवान् राम को मैं प्रणाम करता हूँ।''

लोकगुरु ब्रह्माजी की यह स्तुति सुनकर लोकसाक्षी अग्निदेव अपनी गोद में निर्मल अरुण कान्ति से सुशोभित एवं लाल तथा दिव्य आभूषणों से सुशोभित जगज्जननी भगवती सीताजी को लेकर प्रकट प्रकट हुए। उन्होंने शरणागत दुःखहारी भगवान् श्रीराम से इस प्रकार निवेदन किया, 'रघुवीर, पहले दण्डकारण्य तपोवन में मुझे सौंपी देवी जानकी को अब ग्रहण कीजिये। हे हरे, रावण का प्राण हरण करने के लिये अपने मायामयी सीता रचकर रावण को उसके पुत्र और बन्धु-बान्धवों सहित मार डाला है। हे प्रभो, ऐसा करके आपने पृथ्वी का समस्त भार उतार दिया। वह प्रतिबिम्बरूपिणी

माया-सीता, जिस कार्य के लिये रची गयी थी, उसे पूरा करके अदृश्य हो गयी है।'' अग्निदेव के ये वचन सुनकर श्रीरामचन्द्र अत्यधिक प्रसन्न हुए और उनका विधिवत् पूजन और सत्कार किया। इसके पश्चात् प्रसन्नवदना जानकीजी को ग्रहण किया। फिर लक्ष्मीपति भगवान् राम ने अपने से कभी विलग न होनेवाली जगज्जननी जानकी को गोद में बैठा लिया।

देवराज इन्द्र की स्तुति

जनकनन्दिनी सीताजी के सहित भगवान् राम को कान्ति से सुशोभित देख देवराज इन्द्र अति प्रसन्नतापूर्वक हाथ जोड़कर भक्ति-गद्गद वाणी से भगवान् राम की स्तुति करने लगे, ''जो नीलकमल की सी आभावाले हैं, संसाररूपी वन के लिये जिनका नाम दावानल के समान है, श्रीपार्वतीजी जिनके आनन्दरूप का हृदय में ध्यान करती हैं, जो जन्म-मरणरूप संसार से छुड़ानेवाले हैं और शंकर आदि देवों के परमाश्रय हैं, उन भगवान् राम को मैं भजता हूँ।

''जो देवमण्डल के दुःखसमूह नाश करने के एकमात्र कारण हैं तथा जो मनुष्य-रूपधारी, आकारहीन एवं स्तुति किये जाने योग्य हैं, पृथ्वी का भार उतारनेवाले उन परानन्दरूप पूजनीय भगवान् श्रीराम को मैं भजता हूँ। जो शरणागतों को सब प्रकार आनन्द देनेवाले और उनके आश्रय हैं, जिनका नाम शरणागत भक्तों के सम्पूर्ण दुःखों को दूर करनेवाला है, जिनका तप और योग बड़े-बड़े योगीश्वरों की भावनाओं द्वारा चिन्तन किया जाता है तथा जो सुग्रीवादि के मित्र हैं, उन मित्ररूप भगवान् राम को मैं भजता हूँ। जो भोगपरायण लोगों से सदा दूर रहते और योगनिष्ठ पुरुषों के सदा समीप ही विराजते हैं, जो श्रीजानकीजी के लिये आनन्दस्वरूप हैं, उन चिदानन्दघन श्रीरघुनाथजी को मैं सर्वदा भजता हूँ।

''प्रभो, मैं तो सम्मान और सोमपान के उन्माद से मतवाला हो रहा था, सर्वेश्वरता के अभिमान में मैं अपने आगे किसी को कुछ भी नहीं समझता था। अब आपके चरणकमलों की कृपा से मेरा त्रिलोकाधिपतित्व का अभिमान चूर-चूर हो गया। अतः जो चमचमाते रत्नजटित भुजबन्ध और हारों से सुशोभित हैं, पृथ्वी के भारस्वरूप राक्षसों के लिये दावानल के समान हैं, जिनका शरच्चन्द्र के समान मुख और अति मनोहर नेत्रकमल हैं, उन भगवान् श्रीरामचन्द्रजी को मैं भजता हूँ।''

तदनन्तर आकाश में विमान पर बैठे हुए भवानी-सहित भगवान् शंकर ने कमलदललोचन श्रीरामचन्द्रजी से निवेदन किया, ''हे रघुनन्दन, मैं आपका राज्याभिषेक देखने के लिये अयोध्यापुरी में आऊँगा। इस समय अपने इस मानवी शरीर के पिता श्रीदशरथजी का दर्शन कीजिये।'' तब श्रीराम ने अपने सामने बैठे हुए महाराज दशरथ को देखा। उन्हें देखते ही श्रीराम ने प्रसन्न होकर भाई लक्ष्मण के सहित भक्तिपूर्वक चरणों में सिर रखकर प्रणाम किया। दशरथजी ने श्रीराम और लक्ष्मणजी को हृदय से लगा लिया और उनका सिर सूँघकर कहा, ''बेटा, तुमने मुझे

संसाररूप दुःख-समुद्र से पार कर दिया।'' ऐसा कहकर श्रीराम और लक्ष्मण को फिर हृदय से लगाकर चले गये।

तब श्रीरामचन्द्रजी ने देवराज इन्द्र को हाथ जोड़े देखा। इन्द्रजी ने भगवान् राम से अत्यंत भक्तिपूर्वक निवेदन किया, ''प्रभो, मैं आपकी इस समय क्या सेवा करूँ?'' इस पर भगवान् श्रीराम ने इन्द्रजी से कहा, ''हे सहस्राक्ष, इस समय आप मेरी यही सेवा कीजिये कि आप अमृत की वर्षा करके मेरे लिये युद्ध में मरकर पृथ्वी पर गिरे हुए वानरों को तुरंत जीवित कर दीजिये।'' ऐसा सुनकर देवराज इन्द्र ने 'बहुत अच्छा' कह अमृत बरसा कर उन सब वानरों को जीवित कर दिया। जो-जो वानर युद्ध में राक्षसों द्वारा मारे गये थे, वे सभी सोकर उठे हुए के समान पहले की भाँति ही बलवान् और प्रसन्नमुख होकर भगवान् श्रीराम के पास चले आये।

किन्तु वहाँ युद्ध में मरकर गिरे हुए राक्षसगण अमृत का स्पर्श होने पर भी नहीं उठे। इसका कारण यह है कि साक्षात् भगवान् राम के द्वारा मारे जाने के कारण राक्षसगण मुक्त होकर सांसारिक बन्धनों से छुटकारा पा चुके थे।

विभीषण का श्रीराम से निवेदन

इसी समय विभीषण ने श्रीराम को साष्टांग प्रणाम करके प्रार्थना की, ''प्रभो, आपकी मुझ पर अत्यंत प्रीति है। अतः इतनी कृपा कीजिये कि आज सीताजी के सहित मंगल-स्नान कीजिये और समर के श्रम को दूर कीजिये। फिर कल भाई लक्ष्मण के सहित वस्त्राभूषणों से अलंकृत हो हम सब के साथ अयोध्यापुरी चलिए।'' विभीषण के वचन सुनकर श्रीराम ने उन्हें उत्तर दिया, ''हे विभीषण, तुम मेरे अनन्य भक्त हो और मुझमें अखंड प्रीति रखते हो। अतः तुम्हारा सब कुछ मेरा ही है। पर मेरा भाई भरत अति सुकुमार और मेरा भक्त है। वह जटा-वल्कल धारण किये मेरे ही नाम के जप में तत्पर हुआ मेरी प्रतीक्षा बड़ी उत्कटता से कर रहा होगा। यदि वनवास की अवधि समाप्त होते ही उसके पास नहीं पहुँचता, तो वह मेरे वियोग में अपने शरीर का त्याग कर देगा। उससे मिले बिना मैं कैसे स्नान अथवा वस्त्राभूषण धारण कर सकता हूँ? अतः तुम शीघ्र सुग्रीवादि वानरों और जाम्बवान् आदि रीछों का विशेष सत्कार करो। सबका सत्कार होने पर मेरा भी सत्कार होगा—इसमें सन्देह नहीं है।''

भगवान् श्रीराम के ऐसा कहने पर राक्षसश्रेष्ठ विभीषण ने वानरों को उनकी इच्छा और रुचि के अनुसार बहुत से रत्न और वस्त्रादि मुक्तहस्त से दिये। इस प्रकार उन सब वानर-यूथपतियों को रत्नादि से अलंकृत और सत्कृत देख श्रीरामजी बहुत प्रसन्न हुए। उन्होंने सबकी यथायोग्य प्रशंसा की एवं उन्हें अपनी भक्ति का अनुपम वरदान देकर विदा किया।

फिर भगवान् श्रीराम सकुचाती हुई यशस्विनी जानकीजी को गोद में ले महा-पराक्रमी धनुर्धर भाई लक्ष्मण के सहित, विभीषण के लाये हुये सूर्य के समान तेजस्वी,

रत्नादि से सुशोभित, सभी ऋतुओं के अनुकूल, सभी सांसारिक वैभवों से सम्पन्न, मनोगामी पुष्पक विमान पर आरूढ़ हुए। विमान पर बैठकर भगवान् राम ने वानर-राज सुग्रीव, रीछराज जाम्बवान्, अंगद, विभीषण और समस्त श्रेष्ठ वानरों से कहा, "आप लोगों ने अन्य समस्त वानरों के सहित, मित्र का जो कुछ कर्तव्य होता है, उसे जी-जान से निभाया है । अब मेरे आदेशानुसार आप अपने-अपने इच्छित स्थानों को जाइये । सुग्रीव, तुम अपने समस्त सैनिकों के सहित शीघ्र ही किष्किन्धापुरी को जाओ । विभीषण, तुम मेरी भक्ति में तत्पर रहकर अपने राज्य लंका में रहो । अब इन्द्र के सहित देवतागण भी तुम्हारा बाल बाँका नहीं कर सकते । अब मैं अपने पिताजी की राजधानी अयोध्यापुरी को जाना चाहता हूँ ।"

श्रीराम के ऐसा कहने पर वे समस्त महाबली वानरगण तथा राक्षसराज विभीषण हाथ जोड़कर बोले, "हे रघुश्रेष्ठ, हम सब आपके साथ अयोध्या चलना चाहते हैं । प्रभो, हम आपको राज्याभिषिक्त हुआ देखकर फिर अपना राज्य ग्रहण करेंगे । अत: आप हमें साथ चलने की आज्ञा दीजिये ।" तब श्रीरामजी ने कहा, "बहुत अच्छा । सुग्रीव, अब तुम वानरों के सहित शीघ्र ही विभीषण और हनुमान् को साथ लेकर इस विमान पर चढ़ो ।" तब सेना के सहित सुग्रीव और मंत्रियों के सहित विभीषण—ये सभी बड़ी शीघ्रता से दिव्य विमान पुष्पक पर चढ़ गये ।

इन सबके आरूढ़ हो जाने पर कुबेरजी का परम दिव्य यान भगवान् राम की आज्ञा पाकर आकाशमार्ग से उड़ चला । उस तेजस्वी विमान पर जाते हुए भगवान् राम बहुत प्रसन्न हुए और ऐसे सुशोभित हुए, मानो दूसरे ब्रह्माजी हंस पर चढ़े जा रहे हों । तपस्या से प्राप्त हुआ कुबेर का वह दिव्य पुष्पक विमान सूर्यबिम्ब के समान सुशोभित होने लगा । सीताजी और भाई लक्ष्मण के सहित भगवान् राम के कारण तो उसकी शोभा और भी अधिक बढ़ गयी ।

●

अध्याय—उन्नीस

श्रीराम का अयोध्या लौटना

पुष्पकविमान पर आरूढ़ होकर, आकाशमार्ग से जाते समय भगवान् श्रीराम ने जानकीजी से कहना आरंभ किया, "प्रिये, त्रिकूट पर्वत की चोटी पर बसी हुई यह परम प्रकाशमयी लंकापुरी देखो। यह मांसमयी कीचड़ से भरी हुई रणभूमि देखो। यहाँ राक्षसों और वानरों का महान् संहार हुआ है। यहीं मेरे हाथ से मर कर राक्षसराज रावण गिरा था। यहीं कुंभकर्ण, इन्द्रजित् आदि समस्त राक्षसवीर मारे गये हैं। यह मैंने समुद्र पर पुल बाँधा था। देखो, इस विशाल समुद्र पर सेतुबन्धु नाम से विख्यात तीर्थ दिखायी देता है, जो तीनों लोकों में पूजनीय है। यह अत्यंत पवित्र है और दर्शनमात्र से ही संपूर्ण पापों को नष्ट करनेवाला है। यहाँ मैंने श्रीरामेश्वर महादेव की स्थापना की है। यहीं मंत्रियों-सहित विभीषण मेरी शरण में आये थे। देखो, यह विचित्र उपवनोवाली सुग्रीव की राजधानी किष्किन्धापुरी है।"

किष्किन्धा पहुँचने पर भगवान् राम की आज्ञा से सीताजी को प्रसन्न करने के लिये सुग्रीव अपनी तारा आदि स्त्रियों को ले आये। वे सब भी विमान पर सवार होकर अयोध्यापुरी चलीं। विमान के चलने पर, श्रीराम सीताजी से कहने लगे, "सीते, यह ऋष्यमूक पर्वत देखो, यहाँ मैंने बालि को मारा था। इधर पंचवटी है, जहाँ मैंने खरदूषण आदि राक्षसों का संहार किया था। देखो, यह मुनिवर अगस्त्य और सुतीक्ष्ण के अति पवित्र आश्रम हैं।

"हे सुन्दर वर्णवाली, देखो, ये सब तपस्वीगण दिखायी दे रहे हैं। हे देवि, यह पर्वत श्रेष्ठ चित्रकूट दीख रहा है। यहीं मुझे मनाने और अयोध्या को लौटाने के लिये प्रिय भरत आये थे। देखो, वह गंगा-यमुना के तट पर महर्षि भरद्वाज का आश्रम दिखायी दे रहा है। ये त्रिलोकपावनी गंगाजी दीख रही हैं। हे सीते, सूर्यवंशी राजाओं द्वारा किये हुए यज्ञों के यूपों (यज्ञस्तंभों) से युक्त वह सरयू नदी दिखायी पड़ रही है। हे सुन्दरी, देखो, वह दूर पर अयोध्यापुरी दीख रही है, उसे प्रणाम करो।"

महर्षि भरद्वाज का दर्शन

श्रीरघुनाथ चौदहवें वर्ष के समाप्त होने पर लक्ष्मण और सीता-सहित मुनि भरद्वाज के आश्रम पर पहुँचे और उन्हें भक्तिपूर्वक प्रणाम किया। फिर श्रीराम ने

महर्षि भरद्वाज से अति नम्रतापूर्वक पूछा, "भगवन् आपने कुछ सुना है, भाई शत्रुघ्न-सहित भरत कुशल से हैं न ? अयोध्यापुरी में सुकाल तो है ? हमारी माताएँ सकुशल हैं न ?"

भगवान् राम के वचन सुनकर भरद्वाज मुनि ने प्रसन्न होकर कहा, "वत्स राम, आपके यहाँ सब कुशलपूर्वक है । महामना भरतजी तो जटा वल्कल धारण किये फल-मूलादि से निर्वाह करते हुए राज्य का सारा भार आपकी पादुकाओं को सौंप कर आप ही की प्रतीक्षा कर रहे हैं। हे रघुनन्दन, आपने दण्डकारण्य में जो-जो अलौकिक कार्य किये हैं तथा सीता-हरण होने पर जैसे-जैसे राक्षसों का वध किया है, वह सब आपकी कृपा से मैंने तपोबल से जान लिया है । आप आदि, अन्त और मध्य से रहित साक्षात् परब्रह्म हैं । आप समस्त भूतों को रचने वाले हैं । आपके नाभिकमल से उत्पन्न हुए ब्रह्माजी सम्पूर्ण लोकों के पितामह हैं । आप साक्षात् विष्णु भगवान् हैं, जानकीजी लक्ष्मी हैं और ये लक्ष्मणजी शेषनाग हैं । हे रघुनन्दन, समस्त प्राणियों के भीतर और बाहर आप ही व्याप्त हैं । हे रघुश्रेष्ठ, जो कुछ भी दिखायी देता है तथा जो कुछ सुना और स्मरण किया जाता है, वह सब आप ही हैं। आपके अतिरिक्त और कुछ भी नहीं है । हे रघुनन्दन, आपके विराट् स्वरूप से ही ये सहस्रों अवतार उत्पन्न होते हैं और अपना कार्य समाप्त कर फिर उसी में लीन हो जाते हैं ।

"हे राघव, पूर्वकाल में ब्रह्माजी ने आपसे पृथ्वी का भार उतारने की प्रार्थना की थी । उनकी तपस्या से प्रसन्न होकर आपने रघुकुल में अवतार लिया है । हे राम, जो अत्यन्त दुष्कर था, देवताओं का वह सब काम आपने सुचारु ढंग से पूर्ण कर दिया । अब कई सहस्र वर्ष तक इसी देह में स्थित रहकर दोनों लोकों के कल्याण के लिये बहुत से कठिन और पापनाशक कार्य करते हुए आप सम्पूर्ण लोकों को अपने सुयश से परिपूर्ण करेंगे ।

"हे जगन्नाथ, मेरी यह प्रार्थना है कि आज सेनासहित यहाँ ठहर कर और भोजन कर मेरा यह आश्रम पवित्र कीजिये । फिर कल अपनी राजधानी पधारिये ।" महर्षि भरद्वाज के कथन से अत्यन्त संतुष्ट होकर श्रीराम ने कहा, "भगवन्, आपका आदेश शिरोधार्य है ।" मुनिवर भरद्वाज से सत्कृत हो सेना, सीताजी और लक्ष्मणजी के सहित श्रीराम उस अत्युत्तम आश्रम में ठहर गये ।

हनुमानजी को अयोध्या भेजना

तत्पश्चात् कुछ समय सोचकर भगवान् श्रीराम ने मारुति से कहा, "हनुमन्, तुम शीघ्र ही यहाँ से अयोध्या को जाओ और यह मालूम करो कि राजमन्दिर में सब कुशल से तो हैं । शृंगवेरपुर में जाकर मेरे मित्र निषादराज गुह से बातचीत करना । उन्हें जानकी और लक्ष्मण सहित मेरे आने की सूचना देना । तत्पश्चात् नन्दिग्राम में जाकर मेरे भाई भरत से मिलकर उन्हें स्त्री और भाई-सहित मेरी कुशल

सुनाना। वहाँ वत्स भरत से सीताहरण से लेकर रावण के वध तक आदिपर्यन्त मेरी समस्त लीलाएँ क्रम से सुनाना और कहना कि रामचन्द्र समस्त शत्रुओं को मारकर सफल-मनोरथ हो स्त्री और लक्ष्मण सहित रीछ और वानरों के साथ आ रहे हैं। यह सारा वृत्तान्त सुनाकर और भरत की सभी चेष्टाओं का पता लगाकर तुरन्त ही मेरे पास लौट आना।''

तदनन्तर हनुमान्‌जी 'बहुत अच्छा' कहकर मनुष्य-शरीर धारण कर शीघ्र ही वायुवेग से नन्दिग्राम की ओर चले। शृंगवेरपुर पहुँचने पर श्रीमारुति ने गुह के पास जा अति प्रसन्नचित्त से मधुर वाणी में कहा, ''तुम्हारे मित्र दशरथकुमार श्रीराम ने सीताजी और लक्ष्मणजी के सहित अपनी कुशल कही है। आज महर्षि भरद्वाज की आज्ञा लेकर रघुनाथजी आयेंगे।''

जिसे हर्ष और रोमांच हो रहा था, ऐसे गुह से इस प्रकार कहकर महातेजस्वी और अत्यंत वेगशाली हनुमान्‌जी फिर वायुवेग से उड़े। कुछ दूर जाने पर उन्होंने अयोध्या ओर पुण्यसलिला सरयू के दर्शन किये। उसे भी पार कर हनुमान्‌जी ने भरत को देखा। भरतजी अति दीन और दुर्बल अवस्था में थे। उन्होंने चीर-वस्त्र और कृष्ण मृगचर्म धारण कर रखा था। वे शरीर में भस्म रमाये तथा जटाजूट और वल्कल-वस्त्र धारण किये थे। फल-मूलादि पर अपना जीवन व्यतीत करते थे और सदैव भगवान् राम के ध्यान में लीन रहते थे। श्रीराम की उन दोनों पादुकाओं को आगे रखकर पृथ्वी का शासन करते थे। वे काषायधारी मंत्रियों और मुख्य-मुख्य पुरवासियों से घिरे हुए साक्षात् मूर्तिमान् धर्म के समान दृष्टिगोचर होते थे। पवन-कुमार हनुमान्‌जी हाथ जोड़कर बोले, ''जिन दण्डकारण्य-वासी तपोनिष्ठ राम का आप सदैव चिन्तन करते हैं तथा जिनके लिए आप इतना अनुताप करते हैं, उन कुकुत्स्थनन्दन श्रीराम ने आपको अपनी कुशल कहला भेजी है। देव, आप यह दारुण शोक त्यागिये। मैं आपको अति प्रिय समाचार सुनाता हूँ। आप इसी मुहूर्त में अपने भाई श्रीराम से मिलेंगे। भगवान् राम युद्ध में रावण को मार कर और सीताजी को प्राप्त कर सफल-मनोरथ हो सीताजी और लक्ष्मण के साथ आ रहे हैं। साथ में राक्षसराज विभीषण, वनराज सुग्रीव और रीछों के अधिपति जाम्बवान् तथा अन्य प्रमुख वानरगण भी आ रहे हैं।

हनुमान्‌जी के ऐसा कहने पर महातेजस्वी भरतजी हर्षातिरेक से मूर्छित हो अपनी सुध-बुध खोकर पृथ्वी पर गिर पड़े। चेत आने पर उठे और हनुमान्‌जी को अपने गले से लगा लिया। आनन्द के कारण उनके नेत्रों से अश्रुवृष्टि होने लगी। और अपने अश्रुजल से कपिश्रेष्ठ मारुति को सींचने लगे। इसके बाद भरतजी बोले, ''भैया, तुम कोई देवता हो या मनुष्य हो, जो दया करके यहाँ आये हो? हे सौम्य, तुम्हारे दर्शन मात्र से इस महान् दुःख की समाप्ति हो गयी। तुम राम के परम प्रिय एवं अनन्य भक्त हो। ऐसी अमृतमय वाणी सुनाने के लिये तुम्हें मैं कौन सी वस्तु भेंट करूँ? मैंने अपने मन में भलीभाँति सोच-विचार कर यह धारणा बना ली है कि इस सन्देश से

बढ़कर संसार में मेरे लिये और कोई वस्तु प्रिय नहीं है। हे तात, मैं तुमसे उऋण नहीं हो सकता। अब यह बताओ कि भगवान् राम अपना सेवक समझ कर मेरा कभी स्मरण भी करते हैं?"

भरत के ये वाक्य सुनकर हनुमान् जी ने कहा, "भरतजी, श्रीरघुनाथजी आपका स्मरण निरन्तर करते रहते हैं। भरे समाज में आपके अनन्य प्रेम और भक्ति की भूरि-भूरि प्रशंसा करते हैं। हे आर्य, आप राम को प्राणों से भी बढ़ कर प्यारे हैं। आप कुछ अन्यथा न सोचिये।" ऐसा कहकर उन्होंने भक्तिपूर्वक भरत के चरण-कमलों में प्रणाम किया और तुरंत ही रामजी के समीप उपस्थित होकर सारी बातें ज्यों की त्यों सुना दीं।

हनुमान् जी द्वारा सारी बातें सुनकर श्रीरामचन्द्रजी मुनिवर भरद्वाजजी से आज्ञा लेकर तुरंत विमान पर सवार हुए और वह चल पड़ा।

निषादराज गुह से साक्षात्कार

गंगाजी को लाँघकर विमान शृङ्गवेरपुर पहुँचा। वहाँ पहुँचने पर श्रीराम ने विमान को पृथ्वी पर उतरने की आज्ञा दी। पृथ्वी पर उतरने पर श्रीरामजी सभी के साथ विमान से उतर पड़े। सीताजी ने गंगाजी की विधिवत् पूजा की और अत्यन्त भक्तिभाव से उन्हें साष्टांग प्रणाम किया। अत्यंत प्रसन्न होकर गंगाजी ने सीताजी को आशीर्वाद दिया, "देवि सीते, तुम्हारा अहिवात सदैव अभंग रहे। तुम्हारी सारी अभिलाषाएँ पूर्ण हों।"

गुह श्रीरामचन्द्रजी के आगमन का समाचार सुनकर प्रेमभाव से दौड़ पड़ा और आनन्दघन भगवान् श्रीराम के निकट पहुँच कर उनके चरणकमलों में गिर पड़ा। उसे अपने तन और मन की सुधि न रह गयी। श्रीरामचन्द्रजी ने उसकी अलौकिक प्रीति देखकर उसे उठाकर गाढ़ आलिंगन किया। अत्यंत स्नेह से उसे अपने पास बैठा लिया और पूछा, "निषादराज गुह, सब आनन्द-मंगल है न?" गुह ने उत्तर दिया, "भगवन्, आपके चरण-कमलों का दर्शन कर मैं कृतकृत्य और धन्य हो गया। मैं सभी भाँति से अधम हूँ। किन्तु आपने मेरे ऊपर असीम कृपा और स्नेह प्रदर्शित कर मुझे गले से लगाया। अतः मेरे भाग्य की समता कौन कर सकता है?"

इसके बाद गुह को भी पुष्पकविमान पर बिठा लिया गया। वह तुरंत अयोध्यापुरी की ओर प्रस्थित हुआ। अयोध्यापुरी को देखकर भगवान् श्रीराम ने कहना प्रारम्भ किया, "सुग्रीव, विभीषण और अंगद आदि महाबलशाली, सुनो, देखो, यही मेरी परमपावनी जन्मभूमि अयोध्या है। इस पवित्रभूमि के समान मुझे अपना वैकुण्ठलोक भी रुचिकर नहीं प्रतीत होता है। इसकी उत्तरदिशा में पुण्यसलिला सरयू प्रवाहित होती हैं। उनमें स्नान करने से बिना किसी प्रयास के किये, सहजभाव से प्राणी मेरे निकट पहुँच जाते हैं। इसके तट-निवासी प्राणी मुझे अत्यधिक प्रिय हैं।" श्रीराम की यह वाणी सुनकर विमान में स्थित सभी लोग अति आनन्दित हुए। तब

श्रीरघुनाथजी ने पुष्पक यान को वहाँ उतरने का आदेश दिया। उसके पृथ्वी पर उतरते ही प्रभु श्रीराम ने उसे कुबेरजी के पास पहुँचने की आज्ञा दी। श्रीराम का आदेश पाकर वह हर्षवियोग दोनों की स्थिति में वहाँ से चलकर अपने आदि-स्वामी कुबेर के पास पहुँच गया।

अयोध्यापुरी में भगवान् श्रीरामचन्द्रजी का स्वागत

हनुमान्जी से श्रीराम के आने का समाचार सुनकर भरतजी ने अत्यधिक आह्लादित होकर अयोध्यापुरी में प्रवेश किया। गुरु वशिष्ठ के पास पहुँचकर उन्हें यह शुभ समाचार सुनाया। फिर राजमहल में पहुँचकर इस बात की जानकारी दी कि भगवान् राम कुशलपूर्वक अभी-अभी अयोध्यापुरी पहुँच रहे हैं। इसे सुनते ही सारी माताएँ स्नेहवश उठकर आतुरभाव से दौड़ पड़ीं। अयोध्या-निवासी इसे सुनते ही राम के दर्शन के निमित्त दौड़ पड़े। वहाँ के सभी स्त्री-पुरुष परम आह्लादित हुए। गजगामिनी स्त्रियाँ सोने के थालों में फल-फूल, दधि, अक्षत, रोली आदि मांगलिक वस्तुएँ रखकर उनका स्वागत करने के लिये शीघ्रतापूर्वक चल पड़ीं। वे मांगलिक गीत गाने लगीं। वे श्रीरामजी के दर्शन के लिये इतनी व्यग्र और उत्सुक थीं कि उन्होंने वृद्धाओं को अपने साथ नहीं लिया। पुरवासीगण एक दूसरे से जिज्ञासा करते थे, "भाई, तुमने कृपाल श्रीरामचन्द्र को देखा है ?"

भगवान् राम के आगमन का शुभ समाचार सुनकर सारी अयोध्यापुरी शोभा की राशि बन गयी। शीतल, मंद और सुगंध वायु बहने लगो। सरयू नदी भी परम स्वच्छ जल से परिपूर्ण हो गयी।

सूत, वैतालिक, वन्दीजन और प्रमुख वारांगनाएँ, सैकडों की संख्या में टोली बनाकर श्रीराम के स्वागत में निकल पड़ीं। इसके अतिरिक्त मंत्रिगण, हाथी, घोड़े और पदाति सेना, ब्राह्मणगण, तथा राजागण भी श्रीराम का मुखचन्द्र निहारने के लिये चल पड़े। पुरवासियों ने अपने विशाल गृहों को उज्ज्वल मोतियों और रत्नों की वन्दनवारों एवं चित्रविचित्र पताकाओं से पुरी को सुसज्जित कर दिया। शत्रुघ्नजी के सहित भरतजी सिर पर भगवान् की पादुकाएँ रखकर हाथ जोड़े हुए पैदल चले।

'राम ये हैं, राम ये हैं' ऐसा कहने से स्त्री, बालक, युवा और वृद्धों का हर्ष के कारण ऐसा शब्द हुआ कि आकाश गूंज उठा। इतने में भरत के साथ अन्य लोग भी श्रीराम के समीप पहुँच गये। मुनिवर वशिष्ठजी, वामदेव आदि मुनियों को साथ लिये श्रीराम के पास उपस्थित हुए। गुरु वशिष्ठ को देखते ही दौड़कर अत्यंत श्रद्धाभाव से भगवान् श्रीराम ने उनके चरण-कमलों में नमन किया। इसके बाद वशिष्ठजी ने उनसे कुशल-मंगल पूछा। श्रीराम ने विनीत भाव से उत्तर दिया, "मुनिवर, आपकी कृपा से सब कुशल-मंगल है।" इसी प्रकार सब मुनियों और ब्राह्मणों से मिलकर उन्हें संतुष्ट किया।

तत्पश्चात् भरतजी भी पादुकाएँ सिर पर रखे हुए श्रीराम के पास पहुँचे।

भरतजी ने उन पादुकाओं को श्रीरामजी के चरणों में पहना दिया। भक्तिभाव से उनके चरण-कमलों में गिर पड़े। उनके चरणों के परम सुखद स्पर्श से भरतजी बहुत आनन्दित हुए। वे उन चरणों से उठना ही नहीं चाहते थे। किन्तु श्रीरामजी ने उन्हें बलात् उठाकर अपने हृदय से लगाकर गाढ़ आलिंगन किया। भरतजी का सारा शरीर पुलकित हो गया और उनके कमलवत् नेत्रों से आँसुओं की झड़ी लग गयी। इसके बाद श्री भगवान् राम ने उनसे कुशल-मंगल पूछी। भरत का कण्ठ आनन्द के कारण अवरुद्ध हो गया और वाणी मूक हो गयी। फिर बड़ी कठिनाई से बोल पाये, "भक्त-वत्सल, भगवान् श्रीराम, आपके दर्शन और स्पर्श से अब मेरे लिये सब कुछ मंगलमय हो गया। आपने मुझ पर अत्यधिक कृपा की। मैं विरह-समुद्र में डूब-उतरा रहा था। आपने मेरे हाथ पकड़ कर मुझे उबार लिया।"

उन्होंने फिर निवेदन किया, "प्रभो, आपकी धरोहर इस राज्य को मैं फिर आपको ही सौंपता हूँ। आज मैं आपको अयोध्या में आया देख कृतकृत्य हो गया। इससे मेरा जन्म सफल हो गया और मेरी सारी कामनाएँ पूरी हो गयीं। हे जगन्नाथ, आपके प्रताप से मैंने अन्न-भण्डार, सैन्य-शक्ति और कोशादि पहले से दस गुने कर दिये हैं। अब आप अपने नगर का स्वयं पालन कीजिये।" फिर प्रेम से विह्वल हुए भरतजी ने लक्ष्मण से मिलकर श्रीसीताजी को अपने नाम का उच्चारण करते हुए भक्तिपूर्वक प्रणाम किया। सुग्रीव, जाम्बवान्, अंगद, मैन्द, द्विविद, नील, ऋषभ, सुषेण, नल, गवाक्ष, गन्धमादन, शरभ और पनस को भी हृदय से लगाया। इसके बाद भरतजी ने सुग्रीव का आलिंगन कर उनसे कहा, "वानरराज सुग्रीव, आपकी सहायता से महासमर में भगवान् श्रीराम की विजय हुई और कुलसहित रावण मारा गया, अतः हम चारों के आप पाँचवें भाई हैं।"

भगवान् श्रीराम का दर्शन कर सभी पुरवासी अत्यधिक हर्षित हुए और उनका विरह-जन्य दुःख समाप्त हो गया। पर वे सबके सब व्यक्तिगतरूप से राम से मिलना चाहते थे। श्रीराम ने उनकी इस प्रबल उत्सुकता और आतुरता को देखकर अपने अमित रूप प्रकट कर एक क्षण में सबसे मिल लिये। उनके ऊपर महान् कृपादृष्टि करके सभी नर-नारियों को संतुष्ट कर शोक-विमुक्त कर दिया। श्रीराम की इस रहस्यमयी गोपनीय क्रिया को कोई भी नहीं जान सका।

इस प्रकार सभी पुरवासियों को संतुष्ट और आनन्दित करके भगवान् आगे बढ़े। उन्हें आया हुआ सुनकर कौशल्या आदि सभी माताएँ उनसे मिलने के लिये आतुर भाव से दौड़ पड़ीं। सुमित्राजी से भेंट कर उनके चरणों में श्रीराम ने प्रणाम किया। जब वे कैकेयी से मिले, तो वह अपने पूर्व-कृत्यों का स्मरण कर बहुत लज्जित हुईं, पर श्रीरामजी ने अत्यधिक सांत्वना देकर उन्हें पूर्णतया संतुष्ट किया।

अध्याय—बीस

राज्याभिषेक

कैकेयी के पुत्र भरत ने सिर झुकाये अंजलि बाँधकर अति भक्तिपूर्वक ज्येष्ठ भ्राता श्रीरामचन्द्र से निवेदन किया, "हे राम, आपने मुझे राज्य दिया था, इससे मेरे पिता की प्रतिज्ञा की पूर्ति हो गयी। साथ ही मेरी माता का भी सत्कार हो गया। अब जैसे आपने मुझे दिया था, वैसे ही मैं फिर आपको उसे सौंपता हूँ।" ऐसा कहकर उन्होंने श्रद्धापूर्वक साष्टांग प्रणाम कर राज्य स्वीकार करने के लिये कैकेयी और गुरु वशिष्ठ के सहित प्रार्थना की। भगवान् श्रीराम ने 'बहुत अच्छा' कहकर भरतजी से राज्य ग्रहण कर लिया। जिन्हें प्रत्येक क्षण अलौकिक स्वर्गीय अनुभव होता है, उन एकमात्र सुख और ज्ञानस्वरूप, समस्त विषयानन्दों से रहित, परमानन्दमूर्ति, परमात्मा, जगदीश्वर श्रीराम को तुच्छ मानवी राज्य से क्या प्रयोजन है? जिनके भृकुटिविलास मात्र से तीनों लोक क्षणमात्र में नष्ट हो जाते हैं, जिनकी कृपा से इन्द्र को राज्यलक्ष्मी प्राप्त होती है तथा जिन्होंने लीला से यह महान् सृष्टि रची है, उन लक्ष्मीपति श्रीराम के लिये यह अयोध्या का राज्य कितना है? तथापि अपने भक्तों की कामनाओं की पूर्ति के लिये वे माया-मानव शरीर से सर्वदा सभी कुछ अभिनय करते हैं।

सत्यपराक्रमी, सत्यप्रतिज्ञ भगवान् राम ने भरतजी से कहा, "तात भरत, मेरा सर्वसम्पत्तिसम्पन्न श्रेष्ठ महल मेरे मित्र वानरराज सुग्रीव को दो। तथा और सबके लिये भी सुखपूर्वक रहने योग्य महलों का प्रबन्ध करो।" श्रीरघुनाथजी की आज्ञा से भरतजी ने उनके निर्देशानुसार वैसा ही किया। फिर महातेजस्वी भरतजी ने सुग्रीव से कहा—"वानरराज सुग्रीव, श्रीरामचन्द्रजी के राज्याभिषेक के लिये चारों समुद्रों का मंगलमय जल लाने के लिये तुरंत ही शीघ्रगामी महाबली शूरवीरों को भेजिये।" तब सुग्रीव ने जाम्बवान्, हनुमान्, अंगद और सुषेण को चारों समुद्रों का जल लाने के लिये भेजा। वे तुरंत ही वायुवेग से जाकर सुवर्ण के कलशों में पवित्र जल भर कर ले आये। उनके लाये हुए तीर्थजल को मंत्रियों के सहित शत्रुघ्नजी ने भगवान् राम के अभिषेक के लिये श्रीवशिष्ठजी को अर्पित कर दिया।

शत्रुघ्नजी की आज्ञा से कुशल नाई बुलाया गया और भगवान् राम के अभिषेक के लिये सारी राजोचित सामग्री इकट्ठी की गयी। पहले भरतजी ने और फिर लक्ष्मणजी ने स्नान किया। तदुपरान्त वानरराज सुग्रीव और राक्षसराज विभीषण ने स्नान

किया। फिर जटाजूट कट जाने पर भगवान् राम ने स्नान किया। रंगबिरंगी मालाओं, अंगरागों तथा बहुमूल्य वस्त्रों एवं आभूषणों से सुशोभित हो वे अपनी कान्ति से देदीप्यमान हो कर विराजमान हुए। महामति लक्ष्मण और भरतजी ने श्रीरामचन्द्रजी को विभूषित कराया और राजमहिलाओं ने सीताजी का श्रृंगार किया, उन्होंने सीताजी को नाना प्रकार के बहुमूल्य वस्त्र और दिव्य आभूषणों से सुसज्जित किया। तदनन्तर पुत्रवत्सला शोभामयी कौशल्या ने अति प्रसन्न होकर समस्त वानर-यूथपत्नियों का श्रृंगार कराया।

ब्राह्मणों ने श्रीरामचन्द्रजी को दिव्य रत्नसिंहासन पर बैठाया और फिर वशिष्ठ, बामदेव, जाबालि, गौतम तथा वाल्मीकि आदि महर्षियों ने अति प्रसन्न होकर कुश और तुलसी के सहित पवित्र गन्धयुक्त जल से भगवान् राम का अभिषेक किया। फिर ऋत्विजों, श्रेष्ठ ब्राह्मणों, कन्याओं और मंत्रियों के सहित उन महर्षियों ने आकाश-स्थित देवताओं तथा अपने गणों के सहित चारों लोकपालों (वरुण, कुबेर, इन्द्र और यमराज) की स्तुति करते हुए सर्वौषधि के रसों से भी श्रीरामचन्द्रजी का इस प्रकार अभिषेक किया, जैसे वसुओं ने इन्द्र का किया था।

उस समय शत्रुघ्न ने भगवान् राम के ऊपर अति सुन्दर श्वेत छत्र लगाया। सुग्रीव तथा विभीषण ने श्वेत चामर धारण किये। इनकी प्रेरणा से वायुदेव ने सुवर्णमयी माला दी। तत्पश्चात् स्वयं देवराज इन्द्र ने अत्यंत श्रद्धापूर्वक महाराज राम को सम्पूर्ण रत्नों से युक्त, मणियों से विभूषित दिव्य हार प्रदान किया। इसके पश्चात् देवताओं और गन्धर्वों ने गान प्रारंभ किया और अप्सराएँ नृत्य करने लगीं। आकाश से देव-दुन्दुभियों के घोष के साथ पुष्पों की वर्षा होने लगी।

नवीन दूर्वादल के समान श्यामवर्ण, कमल के समान विशाल नयन, करोड़ों सूर्यों के समान प्रकाशयुक्त मुकुट से सुशोभित, करोड़ों कामदेव के समान कमनीय, पीताम्बर-परिवेष्टित, दिव्याभरण-विभूषित, दिव्यचंदन-चर्चित, हजारों सूर्य के समान तेजस्वी, सबसे अधिक शोभायमान द्विभुज श्रीरामचन्द्रजी दिव्य सिंहासन पर आरूढ़ हुए। उनके वामाङ्ग में सीताजी आसीन हुईं। वे अपने करकमल में लाल कमल लिये हुए थीं। सुवर्ण-वर्णा सीता जी दिव्य आभूषणों से विभूषित थीं। उनके इस अलौकिक और दिव्य स्वरूप को देखकर भगवान् शंकर सभी देवताओं-सहित वहाँ उपस्थित हुए और स्तुति करने लगे।

देवताओं द्वारा भगवान् श्रीराम की स्तुति

श्री शंकर भगवान् बोले, "नीलकमल के समान सुकोमल श्याम शरीरवाले, किरीट, हार और भुजबन्ध आदि से विभूषित तथा अपनी आद्या शक्ति श्रीसीताजी के सहित सिंहासन पर विराजमान महातेजस्वी श्रीरामचन्द्रजी को नमस्कार है। हे राम, आप आदि, मध्य और अन्त से रहित अद्वितीय और एक हैं। अपनी माया से आप ही सम्पूर्ण लोकों की रचना, पालन और संहार करते हैं। फिर भी उसमें लिप्त

नहीं होते, क्योंकि आप निरन्तर स्वानन्दनिमग्न और अनिन्द्य हैं। अपनी माया के गुणों से आवृत्त होकर आप अपने शरणागत भक्तों को मार्ग दिखाने के लिये देव, मनुष्यादि नाना प्रकार के अवतार लेकर विचित्र लीलाएँ करते हैं। उस समय ज्ञानी-जन ही आपके वास्तविक स्वरूप को जान पाते हैं। आप अपने अंश से सम्पूर्ण लोकों की रचना करके उन्हें शेषरूप होकर नीचे से धारण करते हैं तथा सूर्य, वायु, चन्द्र, अग्नि, औषधि और वृष्टि-रूप होकर उनका नाना प्रकार से ऊपर से पालन करते हैं। आप ही जठराग्नि-रूप होकर पाँच प्राणों (प्राण, अपान, व्यान, उदान और समान) की सहायता से प्राणियों के खाये हुए अन्न पचाकर उसके द्वारा सर्वदा सम्पूर्ण जगत् का पालन करते हैं। हे ईश, सूर्य, चन्द्र और अग्नि के जो तेज हैं, समस्त प्राणियों में जो चेतनांश है एवं देहधारियों में जो धैर्य, शौर्य और आयुर्बल-सा दिखायी देता है, वह सब कुछ आपकी ही सत्ता है। हे राम, भिन्न-भिन्न ईश्वरवादियों को एक आप ही ब्रह्मा, महादेव तथा विष्णु के एवं काल, चन्द्रमा और सूर्य के भेद से पृथक्-पृथक् से भासते हैं; किन्तु इसमें सन्दह नहीं कि वास्तव में आप हैं एक अद्वितीय ब्रह्म ही।

"जिस प्रकार वेद, पुराण और लोक में आप एक ही मत्स्यादि अनेक रूपों में प्रसिद्ध हैं, उसी प्रकार संसार में जो कुछ सत्-असत्-रूप विभाग हैं, वह आप ही हैं, आपसे भिन्न और कुछ नहीं है। इस अनन्त सृष्टि में जो कुछ उत्पन्न हुआ है और जो हो रहा है, उस स्थावर-जंगमादिरूप सम्पूर्ण प्रपच में आपके बिना और कोई दिखायी नहीं देता। अतः आप प्रकृति आदि पर स भी परे हैं। हे राम, आपकी माया से मोहित होने के कारण सब लाग आपके परमात्मास्वरूप का तत्व नहीं जानते; किन्तु जिनका अन्तःकरण आपके भक्तों की सेवा के प्रभाव से निर्मल हो गया है, उन्हीं को आपका अद्वितीय परमात्मा-स्वरूप भासता है।

"जिनकी बाह्य पदार्थों में सत्यबुद्धि है, वे इन्द्रादि भी आपके चित्-स्वरूप को नहीं जानते, फिर औरों का तो कहना ही क्या है! अतः बुद्धिमान् पुरुष इस श्यामसुन्दर-स्वरूप से ही आपका भक्तिपूर्वक भजन करके दुःखों से पार होकर मोक्ष प्राप्त कर लेता है। प्रभो, आपके नामोच्चारण से कृतार्थ होकर मैं अहर्निश पार्वतीजी के साथ काशी में रहता हूँ और वहाँ मरणासन्न पुरुषों को उनके मोक्ष के लिये आपके तारक-मंत्र 'राम' नाम का उपदेश करता हूँ। उस मन्त्र के प्रभाव से वे पुरुष संसार के आवागमन से छुटकारा पाकर परमानन्द-स्वरूप आप ही में लीन हो जाते हैं।"

भगवान् शंकर की स्तुति के पश्चात् देवराज ने स्तुति करनी आरंभ की 'हे देव, ब्रह्माजी के वर के प्रभाव से राक्षसराज रावण ने मेरे समस्त देवोचित सुखों को हर लिया था। अब उस दुष्ट शत्रु रावण के मारे जाने पर, आपकी कृपा से मुझे वह सुख फिर प्राप्त हो गया। शरणागतवत्सल भगवान् राम को बारंबार प्रणाम है।"

देवगण बोले, "हे मुरारे, हे विष्णु, इस दुष्ट राक्षस रावण ने हमारे समस्त

यज्ञभागों को हर लिया था। अब आपने उसे मार डाला। अतः आपकी कृपा से अब हमें पहले के समान ही यज्ञों में भाग मिलने लगेंगे। आपकी इस महती कृपा के लिये, हम देवगण बारम्बार आपको प्रणाम करते हैं।"

पितृ-देवताओं ने कहा, "हे महात्मन्, यह दुष्ट राक्षस गया आदि पुण्यक्षेत्रों में मनुष्यों के दिये हुए हमारे पिण्डोदकादि को बलात् छीनकर खा लेता था। आपने इसे मार डाला। आपने हम लोगों पर बड़ी कृपा की। अतः अपना भाग प्राप्त करके, हम फिर शक्ति प्राप्त कर लेंगे। आपको हम पितरगण बार-बार नमस्कार कर रहे हैं।

यक्षों ने विनीतभाव से निवेदन किया, "हे रघुनाथजी, यह पातकी रावण हमें अपनी हठ-धर्मिता से बेगार में लगा देता था। और हम सब इसकी पालकी आदि में जुतकर बहुत कष्ट मानकर उसे ले चलते थे। अतः उस दुरात्मा को मारकर आपने हमें अनेक दुःखों से छुटकारा दिला कर, बहुत ही कल्याण किया। हे परदुःखहारी श्रीराम, आपको बारंबार प्रणाम है।"

इसके पश्चात् गंधर्वगण बोले, "प्रभो, हम सब संगीतकुशल लोग आपकी अमृततुल्य कथाओं का गुणगान करते हुए पहले आनन्दामृतसमूह से युक्त होकर निमग्न रहते थे। फिर दुरात्मा रावण द्वारा त्रस्त और आक्रान्त होकर हम सब उसी के गुणगान और उसी की सेवा में तत्पर हो गये। इससे हम लोगों को अत्यधिक पीड़ा होती थी। इस दुष्ट राक्षस का संहार करके आपने हमें भी बचा लिया। हे दुष्टदमनकारी भगवान् राम, हम सब आपको कोटिशः प्रणाम करते हैं।

इसी प्रकार महानाग, सिद्ध, किन्नर, मरुत, वसु, मुनि, गौ, गुह्यक, पक्षी, प्रजापति और अप्सराओं के समूह सभी भगवान् राम के पास अयोध्या में आये और उन नयनानन्दवर्धन प्रभु के दर्शन कर उनकी पृथक्-पृथक् स्तुति की तथा उनसे प्रशंसित हो अपने-अपने लोकों को चले गये। तदनन्तर ब्रह्माजी आदि भी आनन्दपूर्वक भगवान् राम की प्रशंसा करते, उनकी लीलाओं का गान करते और सिंहासन पर विराजमान अभिषेक से आर्द्र राजराजेश्वर श्रीरामचन्द्रजी का सीताजी और लक्ष्मणजी के सहित हृदय में ध्यान करते हुए वहाँ से विदा हुए।

सिंहासन पर बैठे भगवान् श्रीराम की छवि दर्शनीय थी। उनकी कान्ति करोड़ों सूर्य की भाँति देदीप्यमान हो रही थी। उनके मुखमण्डल पर दिव्य और आनन्दयुक्त मुसकान थिरक रही थी। वाम अंग में बैठी हुई सीताजी अपूर्व शोभा की वृद्धि कर रही थीं। भरत, लक्ष्मण, शत्रुघ्न, सुग्रीव, विभीषण, हनुमान्, मुनिजन एवं वानर-रीछों से सेवित होकर वे अत्यंत सुशोभित हो रहे थे। उस समय आकाश में मधुर वाद्यध्वनि हो रही थी। देवगण उनकी स्तुति में तन्मय थे, साथ ही निरन्तर पुष्पवृष्टि भी हो रही थी। महर्षि-मण्डल चारों ओर स्थिर होकर उनकी स्तुति कर रहा था।

वानरों की विदाई

श्रीराम के सिंहासन पर विराजते ही अयोध्यापुरी मंगलमयी हो गयी। वहाँ नित्य नये-नये मंगलमय उत्सव होने लगे। पुरवासी सभी आनन्द में निमग्न हो गये। श्रीराम की मोक्षदायिनी भक्ति में वे तन्मय हो गये। बहुत से भिक्षुकों को धन-धान्य और वस्त्रादि से परिपूर्ण कर दिया और ब्राह्मणों को नाना भाँति के दान देकर उन्हें पूर्णरूप से संतुष्ट कर दिया।

ऐसे वातावरण में श्रेष्ठ कपिगण अपने को धन्य और कृतार्थ समझने लगे। वे सब ब्रह्मानंद में निमग्न हो गये। इस प्रकार उन्हें रहते हुए पूरे छह महीने बीत गये। वे सब परमानन्द में इतने अधिक डूब गये थे कि उन्हें घर-बार की सारी सुधि भूल गयी। भगवान् राम ने अपने समस्त सहायकों को बुलवाया। वे सब आकर श्रीरामजी को भक्तिपूर्वक प्रणाम करके उनके समीप बैठ गये। श्रीराम ने प्रीतिपूर्वक प्रिय वाणी में कहा, "भाई तुमलोगों ने मेरी बड़ी सेवा की। सामने तुम्हारी किस प्रकार प्रशंसा करूँ? तुम्हारी सहायता से हमने राक्षसों पर विजय प्राप्त की है। मेरे निमित्त तुम लोगों ने अपने गृह, परिवार और स्नेहियों का परित्याग किया, यहाँ तक कि अपने शरीर के मोह को भी छोड़ दिया। अतः तुम लोग मेरे परमप्रिय हो। यद्यपि मेरे सभी भाई, सीताजी, परिवार के सभी सदस्य, राज्य, संपत्ति, गृह, सुहृद् जन सभी मुझे प्रिय हैं। पर तुम्हारे समान वे भी प्रिय नहीं हैं। यह बात मिथ्या नहीं कह रहा हूँ। मुझे अपने अनन्य सेवक पर अत्यधिक प्रीति रहती है। यह मेरा स्वभाव है। मित्रो, अब तुम अपने-अपने घर जाओ। मुझे सर्वगत, सर्वहितैषी समझ कर नियमपूर्वक मेरा भजन करना।

प्रभु श्रीराम के वचन सुनकर सुग्रीवादि अपनी शरीर-भावना को एकदम भूल गये और ब्रह्मानन्द में स्थित हो गये। भगवान् राम ने अपनी अनन्य भक्ति का वरदान देकर उन्हें नाना प्रकार और अनेक विधियों से ब्रह्मज्ञान का उपदेश किया। वे सब भगवान् श्रीराम के सम्मुख कुछ कहने में असमर्थ थे। बार-बार उनके चरणकमलों की ओर ही दृष्टि गड़ाये थे। तब श्रीराम ने नाना प्रकार के बहुमूल्य वस्त्रों और आभूषणों को मँगवा कर उनका यथोचित आदर-सत्कार किया।

फिर भक्तवत्सल श्रीरघुनाथ के आदेश से भरतजी ने वानरराज सुग्रीव को वस्त्र-आभूषणों से सुसज्जित कर दिया। उन्होंने स्वयं सब प्रकार के रत्नों से युक्त सूर्य की कान्ति से युक्त एक माला अत्यंत स्नेहपूर्वक सुग्रीव को दी। उनके आदेश से लक्ष्मणजी ने राक्षसराज विभीषण को वस्त्राभूषणों को धारण कराया। स्वयं भगवान् राम ने विभीषण को बहुमूल्य रत्नादिक प्रदान किये और युवराज अंगद को दो दिव्य भुजबन्ध दिये।

तदनन्तर रघुकुलतिलक श्रीरामचन्द्रजी ने अपने गले से उतार कर करोड़ों चन्द्रमाओं के समान देदीप्यमान अमूल्य मणि और रत्नों से विभूषित एक दिव्य हार

अति प्रेमभाव से जनकनन्दिनी श्रीसीताजी को दिया। जानकीजी उस हार को अपने गले से उतारकर बारंबार अपने पतिदेव और वानरों की ओर देखने लगीं। श्रीराम चन्द्रजी ने उनका मनोभाव पूर्णरूप से समझ लिया और फिर उनकी ओर देखते हुए कहा, "हे सुमुखि, जनकनन्दिनि, तुम जिससे प्रसन्न हो, उसे यह हार दे दो।" सीताजी ने सबके सामने ही उसे कपिश्रेष्ठ हनुमान्जी को दे दिया। हनुमान् ने उसे शिरोधार्य किया तथा उसे पहनकर वे परम गौरवान्वित हो अत्यन्त शोभा को प्राप्त हुए।

भगवान् राम ने सामने खड़े हुए हनुमान्जी से, उनकी अनन्य भक्ति से अत्यंत प्रसन्न होकर कहा, "हनुमान्, मैं तुमसे बहुत प्रसन्न हूँ। तुम्हें जिस वर की इच्छा हो, माँग लो। जो वर त्रिलोकी में देवताओं को भी मिलना कठिन है, वह भी मैं तुम्हें अवश्य दूँगा।" हनुमान्जी ने अत्यंत हर्षित होकर उससे प्रार्थना की, "हे रामजी, आपका नाम-स्मरण करते हुए मेरा चित्त तृप्त नहीं होता। अतः मैं निरन्तर आपका नाम-स्मरण करता हुआ पृथ्वी पर रहूँ। हे राजेन्द्र, मेरा मनोवांछित वर यही है कि जब तक संसार में आपका नाम रहे, तब तक मेरा शरीर भी रहे।"

श्रीरामचन्द्रजी ने कहा, "ऐसा ही हो। तुम जीवन-मुक्त होकर संसार में सुखपूर्वक रहो। कल्प का अंत होने पर तुम मेरा सायुज्य प्राप्त करोगे। इसमें सन्देह नहीं है।" फिर जानकीजी ने उनसे कहा, "हे मारुते, तुम जहाँ भी रहोगे, वहीं मेरी आज्ञा से सम्पूर्ण भोग उपस्थित हो जायेंगे।" अपने प्रभु भगवान् राम और सीताजी के इस प्रकार कहने पर हनुमान्जी अत्यंत प्रसन्न हुए। इसी प्रकार जो-जो वानरश्रेष्ठ अयोध्या में आये थे, श्रीरामचन्द्र ने उन सबका भी अमूल्य वस्त्राभूषणों से पूर्ण सत्कार किया।

तदन्तर भगवान् राम ने हाथ जोड़े खड़े हुए गुह के पास जाकर कहा, "मित्र, अब तुम अपने परम रमणीय ग्राम श्रृंगवेरपुर को जाओ। वहाँ मेरा ही चिन्तन करते हुए अपने शुभ कर्मों से प्राप्त हुए भोगों को भोगो। इसमें संशय नहीं है कि अन्त में तुम मेरा ही सारूप्य प्राप्त करोगे।" ऐसा कहकर भगवान् राम ने उसे दिव्य आभूषण, बहुत सा राज्य और तत्वज्ञान का उपदेश दिया। फिर रघुनाथजी से आलिंगित होकर गुह अपने घर गया।

विभीषण के सहित सुग्रीव आदि समस्त वानरगण परमात्मा राम से पूर्ण सत्कार पाकर अपने-अपने स्थानों को चले गये। सुग्रीवादि समस्त वानरगण प्रसन्नचित्त से किष्किन्धा और भगवान् राम से सत्कृत हो आनन्दित विभीषण अपना निष्कंटक राज्य पाकर प्रीतिपूर्वक लंका को गये।

अपने शत्रुओं का वध करके परम उदार महायशस्वी श्रीरघुनाथजी बड़े आनन्द से समस्त राज्य का शासन करने लगे। उन धर्मात्मा राम ने महात्मा भरत को युवराज के पद पर अभिषिक्त किया।

भगवान् श्रीराम ने अनेक बार पौण्डरीक, अश्वमेध, वाजपेय तथा अन्य नाना प्रकार के यज्ञों का अनुष्ठान किया। अश्वमेध यज्ञों में उत्तम अश्व छोड़े गये थे एवं

ऋत्विजों को बहुत अधिक दक्षिणाएँ बाँटी गयी थीं। उन्होंने ग्यारह हजार वर्षों तक राज्य पर शासन कर प्रजा का पुत्र के समान पालन किया।

राक्षसों का संहार करने के अनन्तर जब भगवान् श्रीराम ने अपना राज्य प्राप्त कर लिया, तब सम्पूर्ण ऋषि-महर्षि उनका अभिनन्दन करने के लिये अयोध्या में आये। पूर्व दिशा में निवास करनेवाले कौशिक, यवक्रीत, गार्ग्य, गालव और कण्व आदि प्रमुख ऋषि थे। दक्षिण दिशा में रहनेवाले स्वस्त्यात्रेय, नमुचि, अत्रि, सुमुख और विमुख अगस्त्य ऋषि को आगे करके आये। पश्चिम दिशा का आश्रय लेकर रहनेवाले ऋषियों में नृषंगु, कवष, धौम्य और महर्षि कौशेय भी अपने शिष्यों के सहित वहाँ पधारे। इसी तरह उत्तर दिशा के नित्य-निवासी वशिष्ठ, कश्यप, अत्रि, विश्वामित्र, गौतम, जमदग्नि और भरद्वाज—ये सात ऋषि जो सप्तर्षि कहलाते हैं, अयोध्यापुरी में आये। ये सभी अग्नि के समान तेजस्वी, वेद-वेदाङ्गों के विद्वान् तथा नाना प्रकार के शास्त्रों का विचार करने में अति प्रवीण थे। उन महर्षियों को उपस्थित देख श्रीरामचन्द्रजी हाथ जोड़कर खड़े हो गये। फिर अर्घ्य, पाद्य द्वारा उनका आदरपूर्वक पूजन किया। पूजन के पहले उन सबके लिये एक-एक गाय भेंट की।

श्रीराम ने शुद्ध भाव से प्रणाम करके उन्हें बैठने के लिये आसन दिये। वे आसन विचित्र आकारवाले थे। उन पर कुश के आसन रखकर ऊपर से मृगचर्म बिछाये गये थे। श्रीराम ने उन सब का कुशल-मंगल पूछा। उनके पूछने पर वेदवेत्ता ऋषियों ने कहा, "महाबाहु रघुनंदन, हमारे लिये तो सर्वत्र कुशल ही कुशल है। सौभाग्य की बात है कि हम आपको सकुशल देख रहे हैं और आपके सारे शत्रु मारे जा चुके हैं। राजन्, आपने सम्पूर्ण लोकों को रुलानेवाले रावण का वध किया, यह सबके लिए बड़े कल्याण की बात है। प्रहस्त, विरूपाक्ष, महोदर, दुर्धर्ष, अकम्पन, अतिकाय, देवान्तक, नरान्तक, यज्ञकोष, धूम्राक्ष, कुंभ, निकुंभ आदि महापराक्रमी, वरदान-प्राप्त अत्यंत मायावी राक्षसों का युद्ध में वध हुआ, यह अत्यंत कल्याण की बात है। रणोन्मत्त अत्यंत बलवान् राक्षस कुंभकर्ण का वध भी कम आनन्द की बात नहीं। युद्ध में आपके द्वारा जो रावण का संहार हुआ, वह कोई बड़ी बात नहीं है परन्तु द्वन्द्वयुद्ध में लक्ष्मण के द्वारा जो रावणपुत्र इन्द्रजित् का वध हुआ है, वही सबसे बढ़कर आश्चर्य की बात है। वह महामायावी राक्षस युद्ध में सभी प्राणियों के लिये अबध्य था। उस इन्द्रजित् के वध का वृतान्त सुनकर हम सब बहुत आनन्दित हुए और हमें महान् आश्चर्य हुआ।"

उन पवित्रात्मा मुनियों की बात सुनकर श्रीरामचन्द्रजी को आश्चर्य हुआ। वे हाथ जोड़कर पूछने लगे, "पूज्यपाद महर्षियो, निशाचर रावण तथा कुंभकर्ण दोनों ही महान् बल-पराक्रम से पूर्ण सम्पन्न थे। उन दोनों को छोड़कर आप रावणपुत्र इन्द्रजित् की ही प्रशंसा क्यों करते हैं? उसका प्रभाव कैसा था? उसमें कौन सा बल-पराक्रम था? अथवा किस कारण वह रावण से भी बढ़कर सिद्ध होता है? यह मेरे सुनने योग्य हो, तो मैं इसे सुनना चाहता हूँ। यह मेरा विनम्र निवेदन है। मैं आप लोगों को आज्ञा नहीं दे रहा हूँ।"

श्रीरामचन्द्रजी के ऐसा प्रश्न करने पर महर्षि अगस्त्य ने इन्द्रजित् की तपस्या. इन्द्र को बन्दी बनाकर लंकापुरी ले जाना, ब्रह्माजी का अनेक असामान्य वरों को इन्द्रजित् को देकर उसे अवध्य बना कर देवराज इन्द्र को मुक्त करना आदि बातें विस्तारपूर्वक बतलायीं। इसी प्रसंग में महर्षि अगस्त्य ने पुलस्त्य कुल की पवित्रता, रावण इत्यादि की तपस्या, ब्रह्माजी द्वारा अनेक वरदानों की प्राप्ति, उसके अनाचारों और अत्याचारों की सम्पूर्ण गाथा आद्योपान्त विस्तार से बतलायी। उन सबको सुनकर श्रीरामजी को अत्यधिक आश्चर्य हुआ। फिर महर्षि अगस्त्य ने हनुमान्‌जी की, बालि एवं सुग्रीव आदि की भी बातें विस्तारपूर्वक सुनायीं।

इसके पश्चात् अगस्त्यजी ने भगवान् राम से प्रीतिपूर्वक कहा, "हे भगवान् राम, आपके हाथ से अपना वध कराने की इच्छा से ही रावण ने आपको परमात्मा जानते हुए भी श्रीसीताजी को चुरा लिया और माता के समान उनका पालन किया। हे राम, आप परमेश्वर हैं, आप त्रिकालदर्शी हैं। अपनी ज्ञानदृष्टि से भूत, भविष्य और वर्तमान सब कुछ जानते हैं। हे स्वामिन्, आप अपने भक्तों को मार्ग दिखाने के लिये, संसार के कल्याण के निमित्त ही ये सारी लीलाएँ रचते हैं। आप संपूर्ण लोकों में पूजित होकर भी मनुष्यरूप से हम जैसे मुनियों के वचन सुनते हुए दिखलायी दे रहे हैं।"

इस प्रकार भक्तवत्सल श्रीरामजी की स्तुति कर और उनसे सत्कार पा श्री अगस्त्यजी अन्य ऋषियों के साथ प्रसन्नचित्त से अपने-अपने आश्रमों को चले गये।

लक्ष्मीपति भगवान् राम सीताजी, भाइयों तथा मंत्रियों के सहित सांसारिक पुरुषों के समान आचरण करते हुए अयोध्यापुरी का शासन करते हुए वहाँ आनन्दपूर्वक रहने लगे। वे सदा ही हनुमान्‌जी आदि श्रेष्ठ वानरों से घिरे रहते थे। एक बार पहले के ही समान भगवान् राम के पास पुष्पकविमान आया और बोला, "भगवन्, मुझे कुबेरजी ने अपने यहाँ से फिर आप ही की सेवा में भेजा है। वे कहते हैं कि पहले तुझे रावण ने जीता था और फिर उससे श्रीराम ने जीता है। अतः जब तक वे इस भूमण्डल पर रहें, तब तक तू उन्हीं को धारण कर। जिस समय श्रीरघुनाथजी वैकुण्ठ को चले जायें, उस समय तू मेरे पास आ जाना।" यह सुनकर श्रीरामचन्द्रजी ने सूर्य के समान देदीप्यमान पुष्पक से कहा, "तेरा कल्याण हो, जिस समय मैं तेरा स्मरण करूँ, उसी समय तू मेरे पास आ जाना। अब तू जा और मेरी आज्ञा से अदृश्य रूप में आकाश में विचरण कर।" पुष्पक को इस प्रकार आज्ञा दे भगवान् श्रीराम अपने भाइयों और मन्त्रियों के साथ मिलकर पुरवासियों और प्रजाजन के संपूर्ण कार्य यथा-योग्य रीति से करने लगे।

भगवान् राम सीताजी, भाइयों और वानरों के साथ पुष्पकविमान पर चढ़कर पृथ्वी पर घूमा करते थे। उन्होंने संसार में बहुत अमानवीय लीलाएँ कीं। एक बार एक ब्राह्मण-पुत्र को बाल्यावस्था में असमय ही मरा देख और उस ब्राह्मण को शोक करते हुए जान रघुश्रेष्ठ परमात्मा राम ने शम्बूक शूद्र को उसका कारण मानकर मार

डाला तथा ब्राह्मण के मृत बालक को जीवित कर दिया। उस शूद्र को भी अत्युत्तम स्वर्गलोक प्रदान किया।

उन्होंने लोगों को उपदेश देने के लिये स्थान-स्थान पर करोड़ों शिवलिंग स्थापित किये। साथ ही सीताजी का सब प्रकार के भोगों से अनुरंजन किया। इस प्रकार परम धार्मिक भगवान् राम धर्मपूर्वक राज्यशासन करते रहे। उन्होंने सम्पूर्ण लोकों के पापों को दूर करनेवाली अपनी पवित्र कीर्ति-कथा संसार में स्थापित की।

सीताजी की प्रार्थना

राजर्षि भगवान् राम एक-पत्नीव्रत का पालन करनेवाले थे। वे पवित्र-चरित्र श्रीरामजी लोगों को शिक्षा देते हुए गृहस्थाश्रम के समस्त धर्मों का सुचारु रूप से पालन करते रहे। साध्वी सीताजी भी उनके हृदय का रुख पालन करनेवाली थीं। उन्होंने अपने अलौकिक प्रेम, नम्रता, आज्ञापालन, इन्द्रियसंयम, लज्जा, भीरुता आदि गुणों से पति श्रीराम का मन हर लिया था।

एक दिन श्रीरघुनाथजी अपने क्रीड़ावन के सम्पूर्ण भोगों से सम्पन्न भवन में एकान्त में आनन्दपूर्वक बैठे थे। उनका मुख प्रसन्न और भाव गंभीर था। उस समय सर्वालंकार-सुसज्जिता कमललोचना श्रीसीताजी ने अपने करकमलों से भगवान् श्रीराम की चरणसेवा करते हुए उनसे प्रार्थना की, "हे देवाधिदेव, हे चिदानन्दघन, देवताओं ने आकर मुझसे एकान्त में बहुत कुछ प्रार्थना करते हुए आपके वैकुण्ठ पधारने के विषय में निवेदन किया है। उन्होंने मुझसे इस प्रकार प्रार्थना की है, 'परमात्मा की आद्याशक्ति, तुझ चिच्छक्ति से युक्त होकर ही भगवान् श्रीराम हम सब को छोड़कर और अपने सनातन स्थान वैकुंठ को त्यागकर भूमण्डल में ठहरे हुए हैं। हे जगद्धात्रि, भगवान् श्रीराम सदा तेरे साथ ही रहते हैं। यदि तू पहले वैकुंठ चली जाय, तो श्रीरघुनाथजी भी वहाँ पधार कर हमलोगों को सनाथ कर देंगे।' मुझसे उन देवताओं ने जो कुछ कहा, उसे मैंने आपसे ज्यों का त्यों निवेदन कर दिया। हे प्रभो, मेरा कोई आदेश तो है नहीं। अब आप जैसा उचित समझें, वैसा करें।"

सीताजी के ये वचन सुनकर रघुनाथजी ने कुछ देर सोचकर कहा, "देवि, मैं यह सब जानता हूँ। उसके लिये मैं तुम्हें उपाय बतलाता हूँ। मैं तुमसे संबंध रखनेवाले लोकापवाद के बहाने तुम्हें लोकनिन्दा से डरने वाले अन्य सांसारिक पुरुषों के समान वन में त्याग दूँगा। वहाँ श्रीवाल्मीकि के आश्रम में तुम्हारे दो पुत्र जन्म लेंगे। बालकों को उत्पन्न कर तुम मेरे पास फिर आओगी और लोगों की प्रतीति के लिये आदरपूर्वक शपथ करके तुरंत ही पृथ्वी के फटने पर उसके छिद्र द्वारा वैकुण्ठ को चली जाओगी। इस समय तुम्हारे शरीर में गर्भावस्था के चिह्न भी दृष्टिगोचर हो रहे हैं। तुम्हारे वैकुण्ठलोक चले जाने के पश्चात् मैं भी वहाँ जाऊँगा। बस, अब यही निश्चय रहा।"

सीताजी का परित्याग

एकमात्र ज्ञानस्वरूप भगवान् राम ने सीताजी से कहकर उन्हें अन्तःपुर में भेज दिया। वे स्वयं नीतिनिपुण मंत्रियों, भाइयों एवं मुख्य-मुख्य सेनापतियों से घिरकर राज्य-सिंहासन पर विराजमान हुए। सुहृद्गण वहाँ बैठे हुए नाना प्रकार की राज्यविषयक मंत्रणा दे रहे थे। तब श्रीरामजी ने प्रसंगवश विजय नामक एक गुप्तचर से पूछा, "मेरे, सीता के, मेरी माताओं, मेरे भाइयों, अथवा कैकेयी के संबंध में पुरवासी लोग क्या कहते हैं? मैं तुम्हें अपनी शपथ दिलाता हूँ। तुम बिना किसी संकोच के, निर्भय होकर सच-सच सारी बातें बतलाना।"

भगवान् श्रीराम के ऐसा पूछने पर विजय ने विनीत भाव से निवेदन किया, "हे देवाधिदेव, सभी लोगों का कहना है कि आत्मज्ञानी श्रीराम ने जो कार्य किये हैं, वे सभी दुष्कर हैं। देवताओं के लिये भी ऐसा दुष्कर कार्यों का करना संभव नहीं था। किन्तु उन्होंने रावण को मारकर सीताजी को बिना किसी प्रकार का सन्देह किये ही अपने साथ लाकर घर रख लिया, यह ठीक नहीं किया। भला, जिस सीता को दुरात्मा रावण ने निर्जन वन में हर लिया था, न जाने उसके साथ भोगते हुए उन्हें क्या सुख मिलता है? अब हमें भी अपनी स्त्रियों की दुश्चरित्रता को सहन करना पड़ेगा, क्योंकि जैसा राजा होता है, प्रजा भी निस्सन्देह वैसी ही होती हैं।"

उसके ये वचन सुनकर श्रीरामजी ने अपने आत्मीयों से पूछा। उन्होंने भी श्रीरघुनाथजी को प्रणाम करके कहा कि निस्सन्देह ऐसी ही बात है। तब श्रीरामजी ने मन्त्रीगण, विजय और सुहृदों को विदाकर अपने भाइयों को बुलवाया। उन्होंने लक्ष्मण जी से इस प्रकार कहा, "भैया लक्ष्मण, सीता के कारण मेरी बड़ी लोक-निन्दा हो रही है। अतः तुम कल सवेरे ही सीता को रथ पर बैठाकर वाल्मीकि ऋषि के आश्रम के समीप छोड़ आओ। इस विषय में यदि तुम कुछ कहोगे, तो मानो मेरी हत्या ही करोगे।"

भगवान् की ऐसी आज्ञा पाकर लक्ष्मणजी भयभीत हो गये। उन्होंने सवेरे उठते ही सुमंत जी से रथ जुतवाया और उसमें जानकीजी को चढ़ाकर तुरंत वन को चल दिये। वाल्मीकिजी के आश्रम के समीप पहुँचते ही उन्होंने सीताजी को उतार दिया और उनसे कहा, "हे मातः, भगवान् श्रीराम ने लोकापवाद से आपका परित्याग कर दिया है। इसमें मेरा कोई दोष नहीं है। अब आप मुनीश्वर वाल्मीकि के आश्रम पर चली जाइये।" सीताजी से इस प्रकार कहकर लक्ष्मणजी तुरंत श्रीरामचन्द्रजी के पास चले आये।

उस समय सीताजी अत्यंत दुखी होकर अति मूर्खा स्त्रियों के समान विलाप करने लगीं। महर्षि वाल्मीकिजी ने जब शिष्यों के मुख से यह बात सुनी कि एक स्त्री अत्यंत दुखी होकर विलाप कर रही है, तो दिव्य-दृष्टि से जान लिया कि वह सीताजी ही हैं। मुनि भविष्य में होनेवाली सब बातें जानते थे। अतः उन्होंने अर्घ्यादि से

सीताजी का पूजन किया और उन्हें समझा-बुझा कर सांत्वना दी। महर्षि ने सीताजी को मुनिपत्नियों को सौंप दिया। वे मुनिपत्नियाँ मुनीश्वर के कहने से उन्हें साक्षात् परमात्मा की भार्या लक्ष्मीजी जानकर नित्यप्रति भक्तिभाव से उनकी पूजा करतीं और सदा ही अत्यंत आदर से नम्रतापूर्वक उनकी सेवा करती थीं।

इधर सीताजी को त्याग देने पर विज्ञानचक्षु, अद्वितीय, आदिदेव, परमात्मा राम भी समस्त भोगों को छोड़कर वैराग्यपूर्वक मुनियों के समान जीवन व्यतीत करने लगे।

●

अध्याय—इक्कीस

भगवान् श्रीराम की शेष लीलाएँ

एक दिन यमुना-तट पर रहनेवाले समस्त मुनिजन लवण राक्षस से भयभीत होकर श्रीरामचन्द्रजी का दर्शन करने के लिये आये। वे अगणित मुनि भृगुपुत्र मुनि-श्रेष्ठ च्यवन ऋषि को आगे कर भगवान् राम से अभय-लाभ करने की इच्छा से आये। रघुकुलश्रेष्ठ श्रीरामजी ने उन मुनीश्वरों का अत्यंत भक्तिभाव से पूजन किया और उन्हें प्रसन्न करते हुए मधुर वाणी में कहा, "हे मुनिश्रेष्ठगण, आपके यहाँ पधारने का क्या कारण है? मुझे जो आज्ञा हो, मैं वैसा ही करूँगा। यदि आप लोग मुझे देखने के लिये यहाँ आये हैं, तो मैं धन्य हूँ। आपका जो अत्यंत दुष्कर कार्य होगा, उसे मैं अवश्य पूरा करूँगा। आप मुझ सेवक को आज्ञा दीजिये, क्योंकि ब्राह्मण ही मेरे इष्टदेव हैं।"

भगवान् श्रीराम के ये श्रेष्ठ वचन सुनकर महर्षि च्यवन ने सहसा प्रसन्न होकर कहा, "प्रभो, पहले मतयुग में मधु नामक एक बड़ा ही धर्मात्मा दैत्य था। वह देवताओं और ब्राह्मणों का बड़ा पुजारी था। उससे प्रसन्न होकर भगवान् शंकर ने उसे एक अत्युत्तम त्रिशूल दिया और कहा कि इससे तू जिस पर प्रहार करेगा, वही भस्मीभूत हो जायेगा। सुना जाता है कि रावण की छोटी बहिन कुंभीनसी थी। वह विश्रावसु की संतान थी। उसका जन्म अनला के गर्भ से हुआ था। उसका पुत्र महापराक्रमी लवण है। लवण का स्वभाव बहुत भयंकर और उद्दण्ड है। वह बचपन से केवल पाप में ही प्रवृत्त रहता है। लवण का पिता मधु अपने पुत्र के स्वभाव से बहुत दुखी रहता था। अंत में मधु उसे छोड़कर समुद्र में रहने के लिये चला गया। परन्तु मधु ने शंकरजी के उस शक्तिशाली और वरदानी शूल को लवण को देकर उसके वरदान की बात भी बता दी। लवण महापराक्रमी, दुष्टचित्त और दुर्जय है। त्रिशूल को प्राप्त कर वह मदोन्मत्त हो गया है और सदैव ब्राह्मणों, देवताओं तथा ऋषियों को संताप देता रहता है। हे राजन्, लवण के अत्याचार से हम सब ऋषि अत्यंत पीड़ित और दुःखी हैं। उसी से त्राण पाने के लिये हम आपकी शरण आये हैं। च्यवन ऋषि की यह बात सुनकर भगवान् श्रीराम ने आश्वासन देते हुए उनसे निवेदन किया, "हे मुनिश्रेष्ठ, आप लोग किसी प्रकार का भय न करें। आप निश्चिन्त होकर पधारें। मैं लवण को अवश्य मार डालूंगा।"

शत्रुघ्न द्वारा लवण का वध और मथुरापुरी बसाना

मुनीश्वरों से ऐसा कह भगवान् राम ने अपने भाइयों से पूछा, ''तुममें कौन लवण राक्षस का वध करेगा और ब्राह्मणों एवं ऋषियों को महान् अभय देगा ?'' यह सुनकर भरतजी ने हाथ जोड़कर कहा, ''देव, लवण को मैं ही मारूँगा। प्रभो, इसके लिये मुझे ही आज्ञा प्रदान कीजिये।'' फिर शत्रुघ्नजी ने भगवान् राम को प्रणाम करके कहा, ''हे राघव, श्रीलक्ष्मणजी लंका के युद्ध में बड़ा भारी कार्य कर चुके हैं। महामति भरतजी ने भी नन्दिग्राम में रहकर अत्यधिक तपस्या कर भारी कष्ट सहन किया है। अतः लवण का वध करने के लिये तो मैं ही जाऊँगा। हे रघुश्रेष्ठ, आपकी कृपा से मैं उस राक्षस को युद्ध में अवश्य मार डालूँगा।''

शत्रुघ्न के ये वचन सुनकर शत्रुदमन श्रीराम ने उन्हें अपनी गोद मे बैठा लिया और प्रीतिपूर्वक कहा, ''मैं आज ही तुम्हारा लवण की राजधानी मथुरा के राज्य पर अभिषेक करूँगा।'' ऐसा कहकर लक्ष्मणजी से अभिषेक की सामग्री मँगाकर शत्रुघ्नजी की इच्छा न होने पर भी श्रीरामचन्द्रजी ने उनका स्नेहपूर्वक अभिषेक कर दिया। फिर उन्हें दिव्य बाण देकर कहा, ''तुम संसार के कंटकरूप लवण को इस बाण से मार डालना। राक्षस लवण अपने घर में ही उस वरदान-प्राप्त त्रिशूल की पूजा कर नाना प्रकार के जीवों को मारने और खाने के लिये वन को जाया करता है। अतः जब वह वन में ही हो, तो तुम नगर के द्वार पर धनुष धारण कर खड़े हो जाना। लौटने पर वह क्रोधपूर्वक तुमसे लड़ेगा और उसी समय मारा जायगा। इस प्रकार महाक्रूर लवणासुर को मारकर उसके मधुवन में नगर बसाकर मेरी आज्ञा से वहीं रहो। तुम पहले जाकर उस राक्षस को ठीक करो, फिर तुम्हारे पीछे वहाँ पाँच हजार घोड़े, ढाई हजार रथ, छह सौ हाथी और तीस हजार पैदल भी पहुँचेंगे।''

ऐसा कहकर श्रीराम ने शत्रुघ्न का सिर सूँघकर तथा मुनियों के सहित आशीर्वाद से उनका अभिनन्दन कर उन्हें विदा किया। शत्रुघ्नजी ने भी, भगवान् श्रीराम ने जैसी आज्ञा दी थी, वैसा ही किया। उन्होंने मधुपुत्र लवणासुर को मारकर मथुरापुरी बसायी और दान-मान से लोगों को संतुष्ट कर मथुरा को समृद्धिशाली नगर बना दिया।

सीताजी के गर्भ से कुश और लव का जन्म

इसी बीच में सीताजी को वाल्मीकि मुनि के आश्रम में दो जोड़वाँ पुत्र उत्पन्न हुए। मुनि ने उनमें बड़े का नाम कुश और छोटे का नाम लव रखा। धीरे-धीरे सीताजी के दोनों पुत्र विद्यासम्पन्न हो गये। मुनि के उपनयन-संस्कार करने पर वे वेदाध्ययन में तत्पर हुए। श्रीवाल्मीकिजी ने उन्हें सम्पूर्ण रामायण-काव्य पढ़ाकर कण्ठाग्र करा दिया। वे अश्विनीकुमार के समान अति सुन्दर कुमार उसे वीणा बजाकर स्वर-सहित गाते हुए वन में विचरा करते थे।

उन देवस्वरूप बालकों को जहाँ-तहाँ मुनियों के समाज में गाते देख वे मुनिगण

अत्यंत विस्मित हो कहने लगते थे, हम चिरजीवियों ने बहुत दिनों से सभी दिशाएँ देखीं, किन्तु गन्धर्व, किन्नर, भूलोक, देवलोक, देवालय, पाताल अथवा ब्रह्मलोक आदि किसी लोक में भी गाने-बजाने की ऐसी कुशलता न कभी जानी, न देखी और न सुनी ही है।'' इस प्रकार प्रतिदिन प्रशंसा करनेवाले समस्त मुनियों के साथ वे दोनों बालक बहुत समय तक श्रीवाल्मीकिजी के एकान्त आश्रम में सुखपूर्वक रहे।

इधर परम तेजस्वी श्रीरामचन्द्रजी ने सुवर्ण की सीता बनवाकर अश्वमेध आदि बहुत से बड़ी-बड़ी दक्षिणावाले यज्ञ किये। उस यज्ञशाला में यज्ञोत्सव देखने के लिये उत्सुक होकर सभी ऋषि, राजर्षि, ब्राह्मण, क्षत्रिय एवं वैश्य आदि आये थे। मुनिश्रेष्ठ वाल्मीकिजी भी कुश और लव को अपने साथ वहाँ ले आये थे। जहाँ मुनियों का ठहरने का स्थान था, वहाँ वाल्मीकिजी दोनों कुमारों के साथ उतरे। कुश और लव गानविद्या में अति प्रवीण थे। समस्त रामायण का गान वीणा की तंत्री पर करते थे, जो अत्यधिक आकर्षक और मनोहर होता था।

भगवान् राम के यज्ञ में कुश और लव का गान

वाल्मीकिजी ने उन महाबुद्धिमान् सीताजी के दोनों पुत्रों से कहा, ''तुम दोनों जहाँ-तहाँ नगर की गलियों में सब ओर गाते हुए विचरो। यदि महाराज श्रीरामचन्द्रजी को सुनने की इच्छा हो, तो उनके सामने भी गाओ। हाँ, एक बात का स्मरण रखना, यदि वे कुछ देने लगें, तो लेना मत।''

मुनि की ऐसी आज्ञा होने पर कुश और लव गाते हुए विचरने लगे। वाल्मीकि ऋषि ने जहाँ-जहाँ गान करने को कहा था उन्हीं-उन्हीं स्थानों पर उन्होंने गान किया। तब भगवान् राम ने जहाँ-तहाँ अपने पूर्व-चरित्र के गाये जाने का समाचार सुना। भगवान् राम को यह सुनकर कि उन बालकों की गान-विधि निराली और स्वर-ताल-सम्पन्न है, बड़ा ही कुतूहल हुआ। अतः नरशार्दूल महाराज राम ने यज्ञकर्म के विश्राम-समय में सम्पूर्ण मुनीश्वरों, पंडितों, शास्त्रज्ञों, राजाओं, पौराणिकों, शब्द-शास्त्रियों, बड़े-बूढ़ों और द्विजातियों को बुलवाया। इन सबको बुला चुकने पर उन्होंने गायक बालकों कुश और लव को भी बुलवाया। वे सब राजा और ब्राह्मण एवं अन्य जन प्रसन्न-चित्त से महाराज राम और उन दोनों बालकों को देखकर आश्चर्यचकित हो गये और उनकी टकटकी बँध गयी। तब वहाँ एकत्र हुए वे सब आपस में कहने लगे, ''ये दोनों बालक तो, बिम्ब से प्रकट हुए प्रतिबिम्ब के समान ही दिखायी देते हैं। यदि वे जटाजूट और वल्कल धारण न किये होते, तो इनमें और रघुनाथजी में कोई अन्तर ही न जान पड़ता।'' इस प्रकार जब वे सब लोग आश्चर्यचकित होकर आपस में बातचीत कर रहे थे, उन दोनों मुनिकुमारों ने गाने की तैयारी की और कुछ ही देर में वहाँ अत्यंत मधुर एवं अलौकिक गान होने लगा।

वह मधुर गान सुनकर श्रीरघुनाथजी ने दिन ढलने पर भरतजी से कहा, 'भरत, इन्हें दश सहस्र सुवर्ण-मुद्रा दो।' किन्तु उन बालकों ने उस दिये हुए सुवर्ण को

ग्रहण नहीं किया। कुश और लव ने कहा, "हे राजन् हम तो वन के कन्दमूल-फलादि खानेवाले हैं। हम यह द्रव्य लेकर क्या करेंगे?" ऐसा कहकर वे सुवर्ण-राशि को वहीं छोड़कर मुनि के निकट चले आये।

सीताजी का पृथ्वी में प्रवेश

भगवान् राम ने कुश और लव को सीताजी के पुत्र समझकर शत्रुघ्न, हनुमान्, सुषेण, विभीषण और अंगदादि से कहा, "देवतुल्य, मुनिश्रेष्ठ भगवान् श्रीवाल्मीकि मुनि को सीता के सहित यहाँ लाओ। इस सभा में जानकीजी सबको विश्वास कराने के लिये शपथ करें, जिससे सब लोग सीता को निष्कलंक जान जायँ।" भगवान् राम के ये वचन सुनकर वे सब लोग अति आश्चर्यचकित हो वाल्मीकिजी के पास उपस्थित हुए और जैसा श्रीरामचन्द्रजी ने कहा था, वह सब उनसे निवेदन कर दिया। इससे भगवान् राम का अभिप्राय समझकर श्रीवाल्मीकिजी ने कहा, "सीताजी कल जन-साधारण के बीच शपथ करेंगी। स्त्रियों के लिये सबसे बड़ा देव पति ही है।"

मुनि के ये वचन सुनकर उन सबने तुरंत जाकर वे सब बातें रघुनाथजी से कह दीं। तब श्रीरामचन्द्रजी ने मुनि का सन्देश सुनकर कहा, "हे नृपतिजन और मुनिजन, आप सबलोग सीताजी की शपथ सुनें और उससे उनका शुभाशुभ जान लें।"

भगवान् राम के इस प्रकार कहने पर ब्राह्मण, क्षत्रिय, वैश्य, शूद्र, महर्षि और वानर आदि सभी कुतूहलवश सीताजी की शपथ सुनने के लिए वहाँ उपस्थित हुए। मुनीश्वर वाल्मीकिजी भी सीताजी को लेकर वहाँ विराजमान हुए। श्रीसीताजी वाल्मीकिजी के पीछे-पीछे चल रही थीं। साक्षात् लक्ष्मी के समान वाल्मीकि ऋषि के पीछे-पीछे सीताजी को आती देख, सभी लोगों ने बड़े जोर से शब्द किया, "जानकीजी धन्य हैं, धन्य हैं, धन्य हैं।"

तदनन्तर सीताजी के सहित मुनिश्रेष्ठ वाल्मीकिजी ने उस जन-समूह में प्रविष्ट होकर भगवान् राम से कहा, "हे दशरथनन्दन श्रीराम, इस पतिव्रता, धर्मपरायणा, निष्कलंक सीता को तुमने, कुछ समय हुआ, लोकापवाद से डरकर भयंकर वन में मेरे आश्रम के पास छोड़ दिया था। अब वह अपना विश्वास देना चाहती है। आप उसे आज्ञा दीजिये। ये दोनों (कुश और लव) सीता के एक साथ उत्पन्न हुए पुत्र हैं। हे राघव, मैं प्रजापति प्रचेता का दसवाँ पुत्र हूँ। मैंने कभी मिथ्या भाषण किया हो, ऐसा मुझे स्मरण नहीं है। वही मैं आपसे सत्य कहता हूँ कि ये दोनों बालक—कुश और लव आप ही के पुत्र हैं। मैं सच कहता हूँ, ये दोनों दुर्जय वीर आप ही की सन्तान हैं। मैंने चिरकाल तक उग्र तपस्या की है। यदि इस मिथिलेशकुमारी में कोई दोष हो, तो मुझे उस तपस्या का कोई फल न मिले।"

वाल्मीकिजी के इस प्रकार कहने पर श्रीरघुनाथजी बोले, "हे महाप्राज्ञ, हे सुव्रत, आप जैसा कहते हैं, वह अक्षरशः सत्य है। मुझे तो आपके निर्दोष वाक्यों से ही विश्वास हो गया। जानकीजी ने लंका में देवताओं के सामने बड़ी विकट अग्निपरीक्षा

दी थी, इसीलिये मैंने उन्हें अपने घर में रख लिया था। किन्तु हे ब्रह्मन्, उन्हीं परम पवित्र सती सीताजी को सर्वथा निर्दोष होते हुए भी मैंने लोकनिन्दा के भय से कुछ दिन हुए छोड़ दिया। अतः आप मेरा यह अपराध क्षमा करें। मैं यह भी पूर्णरूप से जानता हूँ कि ये दोनों पुत्र कुश और लव मुझ ही से उत्पन्न हुए हैं। संसार में परम साध्वी सीता में मेरी अखण्ड प्रीति हो।"

उस समय, रामजी का वास्तविक अभिप्राय समझ कर देवगण अति उत्सुक हो ब्रह्माजी को आगे कर सहस्रों की संख्या में उस यज्ञशाला में उपस्थित हुए। बहुत से प्रजाजन भी प्रसन्नचित्त से वहाँ एकत्र हो गये। तब कौशेय वस्त्र धारण किये उत्तर की ओर मुख और नीचे को नेत्र किये खड़ी हुई श्रीसीताजी ने हाथ जोड़ कर कहा, "यदि मैं भगवान् के अतिरिक्त अन्य पुरुष का मन से भी चिन्तन नहीं करती, तो पृथ्वी देवी मुझे आश्रय दे।"

सीताजी के इस प्रकार शपथ करते ही भूमितल से एक अति अद्भुत, परम दिव्य एवं अत्यंत श्रेष्ठ सिंहासन प्रकट हुआ। वह सूर्य के समान परम तेजस्वी सिंहासन दिव्यशरीरधारी नागराजा द्वारा धारण किया हुआ था। पृथ्वीदेवी ने जानकीजी को अपनी दोनों भुजाओं से स्नेहपूर्वक ग्रहण कर उनका स्वागत किया और उन्हें दिव्य आसन पर बिठा लिया। जब सीताजी सिंहासन पर बैठकर रसातल को जाने लगीं, तब उन पर दिव्य पुष्पों की निरन्तर वर्षा होने लगी और देवताओं के मुख से साधुवाद का अति अद्भुत और महान् घोष होने लगा।

आकाश में स्थित देवगण नाना प्रकार की स्तुति करने लगे। सीताजी के शपथ करने से आकाश और भूमण्डल के समस्त स्थावर-जंगम प्राणियों और विशालकाय वानरों में से कोई चिन्ता करने लगे और कोई ध्यानस्थ हो गये। कुछ लोग भगवान् राम की और कुछ लोग सीताजी की ओर देखकर संज्ञाशून्य होकर अचेत हो गये। कुछ लोग महासमाधि में स्थित हो गये। एक मुहूर्त के लिये वह सारा समाज स्तब्ध और चेतनाशून्य हो गया।

सीताजी का पृथ्वी-प्रवेश देखकर सारा संसार चकित और मोहित हो गया। भगवान् राम आगामी कार्य का सम्पूर्ण महत्व भलीभाँति समझते थे, तथापि अनजान के समान सीताजी के लिये शोक करने लगे। ऋषियों के सहित ब्रह्माजी ने श्रीरघुनाथजी को समझाया। तत्पश्चात् उन्होंने सोकर उठे हुए के समान यज्ञ का अवशेष कर्म विधिवत् समाप्त किया। यज्ञ के ऋत्विक होकर जो ऋषिगण आये थे, उन सबको रत्न और प्रचुर धन आदि से भली प्रकार संतुष्ट कर विदा किया। सभी आत्मीयों, भाइयों और दोनों कुमारों को लेकर अयोध्यापुरी में आये। तब से श्रीरामचन्द्रजी सब भोगों से विरक्त होकर निरन्तर आत्मचिन्तन करते हुए एकान्त में रहने लगे।

माता कौशल्या को उपदेश

एक दिन जब रघुनाथजी एकान्त में ध्यानमग्न थे, प्रियभाषिणी कौशल्याजी

उनके पास उपस्थित हुईं। उन्होंने भक्तिभाव से श्रीराम से कहा, ''हे राम, तुम संसार के आदि कारण हो तथा स्वयं आदि, मध्य और अन्त से रहित हो। तुम परमात्मा, परानन्दस्वरूप, सर्वत्र पूर्ण, जीवरूप से शरीररूप पुर में निवास करनेवाले और सबके स्वामी हो। मेरे प्रबल पुण्य के उदय होने से ही तुमने मेरे गर्भ से जन्म लिया है। हे रघुश्रेष्ठ, हे विभो, मुझे संक्षेप में कुछ ऐसा उपदेश दो, जिससे मुझे भव-बंधन काटनेवाला ज्ञान हो जाय।''

उनके ये वचन सुनकर मातृभक्त, दयामय, धर्मपरायण भगवान् राम ने अराजर्जरित शुभलक्षणा माता कौशल्या से कहा, ''मातः, मैंने पूर्वकाल में मोक्षप्राप्ति के साधनरूप तीन मार्ग बतलाये हैं—कर्मयोग, ज्ञानयोग और सनातन भक्तियोग। साधक के गुणानुसार भक्ति के तीन भेद हैं—तामस भक्ति, राजस भक्ति और सात्विक भक्ति।

''जो पुरुष, हिंसा, दंभ या मात्सर्य के उद्देश्य से भक्ति करता है, भेद दृष्टि-वाला और क्रोधी होता है, वह तामस भक्त माना गया है। जो फल की इच्छावाला, धन, भोग, ऐश्वर्य, नाम-यश की आकांक्षावाला और भेद-दर्शी होता है, वह रजोगुणी भक्त है। सात्विक भक्त शुभाशुभपरित्यागी, अपने सभी कर्मों को मुझ परमात्मा में समर्पित करनेवाला, निर्द्वन्द्व, निष्काम और सर्वसंकल्प-विहीन होता है। वह सर्वत्र मेरा ही दर्शन करता है। अंत में उसे सालोक्य, सामीप्य, सारूप अथवा सायुज्य मुक्तियों में से कोई भी एक मुक्ति प्राप्त हो जाती है। इस सात्विकी अथवा निर्गुणी भक्ति को प्राप्त कर साधक त्रिगुणातीत हो जाता है और मेरे ही स्वरूप में पूर्णतः स्थित हो जाता है।

''अब मैं इस निर्गुण भक्ति के साधन बताता हूँ। स्वधर्म का निष्काम भाव से प्रतिपादन, असत्य के परित्याग, महापुरुषों में अखण्ड भक्ति, दुखियों पर दया, सभी प्राणियों में मेरा ही दर्शन, वेदान्त-वाक्यों का भावपूर्वक श्रवण, अहंकार का सर्वथा त्याग, मेरे गुणों का निरन्तर श्रवण, कीर्तन, स्मरण आदि के प्रतिपादन से मेरी यह निर्गुण भक्ति प्राप्त होती है। इसकी प्राप्ति से भेद-बुद्धि नष्ट हो जाती है और अभेद-बुद्धि की प्राप्ति होती है। फिर वह भक्त अहर्निश मेरा ही दर्शन करता है। उसकी दृष्टि में द्वैत रहता ही नहीं, सब कुछ एक, अद्वैत, अखंड और आनन्दघन हो जाता है। यही मोक्ष है। इससे जीव पुनः भव-बन्धन में नहीं पड़ता।

''मातः, मैंने तुमसे संक्षेप में भक्तियोग और ज्ञानयोग को बता दिया। इनमें एक का भी श्रद्धापूर्वक आचरण करने से साधक परक-पद, मोक्ष को प्राप्त कर लेता है। इसमें संशय नहीं है। अतः हे मातः, मुझे सब प्राणियों के अन्तःकरण में स्थित जानते हुए अथवा पुत्ररूप से भक्तियोग के द्वारा नित्यप्रति स्मरण करने रहते से तुम परमशान्ति प्राप्त कर लोगी।''

भगवान् राम के ये वचन सुनकर कौशल्याजी आनन्द से भर गयीं। हृदय में निरन्तर भगवान् राम का ध्यान करती हुईं संसार-बन्धन को काटकर परम गति को प्राप्त हुईं।

कैकेयी ने भी श्रीरामजी द्वारा पहले (चित्रकूट पर्वत पर) कहे हुए योग को हृदयंगम कर श्रद्धा और भक्तिभाव से शान्तिपूर्वक हृदय में भगवान् राम का ध्यान करती हुई प्राणत्याग किया और स्वर्गलोक में जाकर दशरथजी के साथ रहने लगीं। इसी प्रकार लक्ष्मणजी की माता अत्यंत विमल बुद्धिवाली सुमित्रा ने भी अपने पति का सामीप्य प्राप्त कर लिया।

कुछ समय बीतने पर उग्रपराक्रमी भरतजी अपने मामा युधाजित् द्वारा बुलाये जाने पर भगवान् राम की आज्ञा लेकर सेनासहित उनके यहाँ गये। वहाँ पहुँच कर भरतजी ने प्रमुख गंधर्वों को मारकर दो नगर बसाये। उनमें से भरतजी ने पुष्करावती में अपने एक पुत्र पुष्कर और तक्षशिला में दूसरे पुत्र तक्ष को राज्यपद पर अभिषिक्त किया। उन दोनों को धनधान्य तथा मित्र-मंडल से पूर्णरूप से सम्पन्न कर दिया। तत्पश्चात् वे अयोध्यापुरी लौट आये और भगवान् राम की सेवा में तत्पर हो गये।

इसके पश्चात् राम ने प्रसन्न होकर स्नेहपूर्वक लक्ष्मणजी से कहा, 'हे सुमित्रानन्दन, तुम अपने दोनों कुमारों—अंगद और चित्रकेतु को लेकर पश्चिम दिशा में जाओ। वहाँ सबका अपकार करनेवाले दुष्ट भीलों पर विजय प्राप्त करो। और दोनों के लिये दो नगर बसाओ। महाबलवान् और परम पराक्रमी अंगद और चित्रकेतु का हाथी, घोड़े, रथ, धन और रत्नादि उपकरणों से राज्याभिषेक कर तुरंत ही मेरे पास लौट आओ।" भगवान् श्रीराम की इस आज्ञा को शिरोधार्य कर लक्ष्मणजी हाथी, घोड़े, रथ और पैदल सैनिकों से युक्त दलबल के सहित वहाँ पहुँचे और समस्त शत्रुओं का संहार कर दोनों कुमारों को राजपद पर अभिषिक्त कर लौट आये तथा फिर श्रीराम की सेवा में तत्पर हो गये। शत्रुघ्नजी को तो उन्होंने पहले ही मथुरापुरी के राजपद पर अभिषिक्त कर दिया था।

भगवान् राम के पास काल का आगमन

बहुत समय व्यतीत होने पर भगवान् राम का दर्शन करने के निमित्त ऋषिवेश धारण कर काल आया और लक्ष्मणजी से यों बोला, "हे बुद्धिमान लक्ष्मण, तुम पुरुषोत्तम महाराज श्रीराम से निवेदन करो कि महर्षि अतिबल का दूत आपके दर्शन की इच्छा से आया है। मुझे बहुत देर तक उन महर्षिश्रेष्ठ का संदेश सुनाना है।"

ये वचन सुनकर लक्ष्मणजी ने बहुत शीघ्रता से श्रीरामजी को उन तपोधन के आने की सूचना दी। लक्ष्मणजी के ऐसा कहने पर श्रीराम ने उनसे कहा, "भैया, मुनिराज को तुरंत ही बहुत सत्कारपूर्वक भीतर ले आओ।"

लक्ष्मणजी "बहुत अच्छा" कह कर घृताहुति से प्रज्वलित हुए अग्नि के समान अपने तेज से देदीप्यमान उन तपस्वी को भीतर ले गये। अपनी कान्ति से प्रकाशमान उन मुनि ने अति मधुर वाणी में 'आपका अभ्युदय हो' इस प्रकार कहा। तब श्रीरामचन्द्र ने उन मुनि की विधिपूर्वक पूजा की और फिर शान्तभाव से उन्होंने मुनि

से और मुनि ने रामचन्द्रजी से कुशल-मंगल पूछा। तदनन्तर दिव्यासन पर विराजमान महाराज राम ने मुनि से कहा, "आप जिस लिये पधारे हैं. वह संदेश मुझसे कहिये।"

भगवान् राम के इस वाक्य से प्रेरित होकर मुनि ने कहा, "वह बात किसी दूसरे को प्रकट न करते हुए हम दोनों के बीच ही कही जा सकती है। उसे न तो कोई सुने और न वह किसी के प्रति कहा जाय। यदि उसे कोई सुने अथवा हम दोनों को बातचीत करते हुए देखे; तो हे प्रभो आपको उस व्यक्ति को मारना होगा।"

तब श्रीरामचन्द्रजी ने 'बहुत अच्छा' कह लक्ष्मणजी से कहा, "लक्ष्मण, तुम द्वार पर रहो। इस एकान्त में मेरे पास कोई न आवे। यदि यहाँ कोई भी आया, तो वह अवश्य मेरे हाथ से मारा जायगा।" फिर उन्होंने मुनि से कहा, "आपको जिसने भेजा है, आपके मन में जो बात है, वह निश्चिन्त होकर कहें।"

तब मुनि ने कहना प्रारंभ किया, "हे राम, जो वास्तविक बात है, आप उसे सुनिये ! हे ईश, हे प्रभो, मुझे एक परमावश्यक कार्य के लिये ब्रह्माजी ने आपके पास भेजा है। हे देव, हे शत्रुदमन, मैं आपका ज्येष्ठ पुत्र हूँ। हे वीर, माया के साथ आपका संगम होने पर मैं प्रकट हुआ। मैं सबका नाश करनेवाला हूँ और 'काल' नाम से प्रसिद्ध हूँ। समस्त देवर्षियों से पूजित भगवान् ब्रह्माजी ने आपके लिये कहा है "हे महामत, अब आपका स्वर्गलोक की रक्षा करने का समय है। पूर्वकाल में समस्त लोकों का संहार कर एकमात्र आप ही रह गये थे। फिर आपने अपनी माया के संयोग से सबसे पहले अपने पुत्र (काल) मुझको तथा जल में शयन करनेवाले 'अनन्त' नामक फणधारी शेषनाग को रचा। इस प्रकार माया से मुझे उत्पन्न कर आपने महाबली और अत्यंत शूरवीर मधु और कैटभ नामक दो महादैत्यों को मारा तथा उनके मेद और अस्थियों के समूहरूप इस पर्वतादि से युक्त पृथ्वी की रचना की। हे पुरुष-श्रेष्ठ, फिर अपनी नाभि से प्रकट हुए दिव्य सूर्य के समान तेजस्वी कमल से मुझे उत्पन्न कर और मुझे ही प्रजापति बनाकर सृष्टि-रचना का सारा भार मुझे ही सौंप दिया। हे जगत्पते, इस प्रकार सृष्टि-रचना का भार ग्रहण करने पर मैंने आपसे कहा, "जो प्राणी मेरे वीर्य (प्रजा) का नाश करनेवाले हैं, उनसे रक्षा कीजिये।" तब आप कश्यपजी के यहाँ वामन-रूपधारी विष्णु भगवान् होकर प्रकट हुए और राक्षसों का नाश करके आपने पृथ्वी का भार उतारा। हे धरणीधर, इस समय भी सारी प्रजा को उच्छिन्न होते हुए देख आप रावण का वध करने के लिये मर्त्यलोक में पधारे हैं। यहाँ रहने के लिये आपने पूर्वकाल में ग्यारह सहस्र वर्ष समय निश्चित किया था। आपके मानव-शरीर की आयु पूर्ण होने के साथ ही आपका वह मनोरथ पूर्ण हो चुका है। अब तापसरूप में काल आपके पास आया है। यदि अभी आपका विचार कुछ दिन और राज्य करने का हो, तो वैसा ही कीजिये।" ऐसा पितामह ब्रह्माजी ने कहा है। हे जितेन्द्रिय, यदि आपका विचार भी देवलोक चलने का हो, तो आप विष्णु-भगवान् से सनाथ होकर देवगण निश्चिन्त हो जायँ।"

काल के मुख से ब्रह्माजी के ये वचन सुनकर भगवान् राम हँसे। फिर सबका

अन्त करनेवाले काल से बोले, "मैंने तुम्हारी सब बातें सुन लीं। वे मुझे भी अत्यन्त इष्ट हैं। तुम्हारे आने के कारण मुझे बहुत सन्तोष हुआ है। मेरा अवतार तीनों लोकों का कल्याण करने के लिये ही होता है। तुम्हारा कल्याण हो, अब मैं जहाँ से आया था, वहीं फ़िर चला जाऊँगा। मेरा सारा मनोरथ पूर्ण हो गया। अब इसमें मुझे कुछ सोचना-विचारना नहीं है। हे पुत्र, देवगण मेरे सेवक हैं; मुझे जैसा कि ब्रह्माजी ने कहा है, माया से उनके सब कार्यों की पूर्ति में अवश्य तत्पर रहना चाहिये।"

उनसे इस प्रकार वार्तालाप करते समय मुनिवर दुर्वासाजी भगवान् राम का दर्शन करने की इच्छा से शीघ्रता के साथ राजद्वार पर पहुँचे। वहाँ दुर्वासा मुनि ने लक्ष्मण के पास जाकर कहा, "मुझे तुरन्त ही महाराज राम से मिलाओ। मेरा उनसे एक अत्यंत आवश्यक कार्य है।" यह सुनकर लक्ष्मणजी ने उन अग्नि के समान तेजस्वी मुनि से कहा, "महर्षि, इस समय महाराज राम से आपको क्या काम है? क्या इच्छा है? उसे मैं ही पूरा करूँगा। इस समय महाराज राम एक और परमावश्यक कार्य में संलग्न हैं, कुछ देर ठहरिये।"

यह सुनते ही दुर्वासाजी ने क्रोध से व्याकुल होकर लक्ष्मणजी से कहा, "लक्ष्मण यदि इसी क्षण तुमने मुझे भगवान् राम से न मिलाया, तो इसमें सन्देह नहीं, मैं देश के सहित तुम्हारे वंश को अभी भस्म कर डालूंगा।"

दुर्वासा मुनि का यह भयंकर वाक्य सुनकर लक्ष्मणजी ने उसके स्वरूप पर भलीभाँति विचार किया और यह निश्चय कर कि एक के कारण सबके नाश से तो अकेले मेरा ही नष्ट होना श्रेयस्कर है। उन्होंने रामचन्द्रजी के पास जाकर सारा वृत्तांत कह सुनाया। लक्ष्मणजी के वचन सुनकर भगवान् राम ने काल को विदा किया और शीघ्र बाहर आकर अत्रिनंदन दुर्वासाजी से मिले। रघुश्रेष्ठ श्रीरामचन्द्रजी ने प्रणाम कर चित्त में प्रसन्न होकर उनसे आदरपूर्वक पूछा, "हे मुने, मैं आपका क्या प्रिय कार्य करूँ? आदेश देने की कृपा कीजिये।" श्रीराम के वचन सुनकर दुर्वासाजी ने कहा, "श्रीराम, आज मेरा एक हजार वर्ष का उपवास समाप्त हुआ है। इसलिए हे रघुश्रेष्ठ, आपके यहाँ जो भोजन तैयार हो, मुझे उसी की इच्छा है।" मुनि के ये वचन सुनकर श्रीरामचन्द्रजी ने संतुष्ट होकर उन्हें विधि-पूर्वक सिद्ध अन्न (पकाया हुआ भोजन) दिया। दुर्वासामुनि उस अमृततुल्य अन्न को खाकर तृप्त होकर चले गये।

लक्ष्मणजी का परित्याग

जब दुर्वासा मुनि अपने आश्रम चले गये, तब श्रीराम को काल के कहे हुए वचनों का स्मरण हुआ। इससे वे शोक और दुःख से आर्त तथा अत्यधिक उदास और व्याकुल हो गये। रघुकुलभूषण राम ने मन ही मन लक्ष्मण को मरा हुआ मान लिया। किन्तु वे दीनचित्त से नीचे को मुख किये बैठे रहे, लक्ष्मणजी से कुछ कह न सके। सर्वेश्वर राम नीचे मुख किये चुपचाप रह गये। श्रीलक्ष्मणजी ने उनकी स्थिति को तुरंत ताड़ लिया। लक्ष्मणजी ने भगवान् श्रीराम से इस प्रकार निवेदन किया, "हे

रघुनन्दन; मेरे लिये आप रंचमात्र भी संताप न कीजिये। मुझे तुरंत ही मार दीजिये। प्रभो, मैंने पहले ही निश्चय कर लिया था कि काल की गति ऐसी ही है। आपके प्रतिज्ञा-भंग करने से तो मुझे भी नरक भोगना पड़ेगा। अतः यदि आपका मुझ पर प्रीति और स्नेह हैं एवं मैं अनुग्रह करने योग्य हूँ, तो हे मूर्तिवान धर्मज्ञ रामजी, शंका छोड़कर मुझे मार डालिये। प्रभो, धर्म का त्याग न कीजिये।"

लक्ष्मणजी का यह कथन सुनकर भगवान् राम का चित्त चंचल हो गया। उन्होंने सब मंत्रियों, सुहृदों को बुलाकर सारा वृत्तांत महर्षि वशिष्ठजी को सुनाया। प्रभु राम ने दुर्वासा मुनि का आगमन, काल का भाषण और अपनी प्रतिज्ञा ये सब बातें वशिष्ठजी से कहीं। रामचन्द्रजी का कथन सुनकर मंत्रियों ने पुरोहित वशिष्ठजी के सहित अनायास ही सब कार्य करनेवाले भगवान् राम से हाथ जोड़कर कहा, "प्रभो, पृथ्वी का भार उतारनेवाले आपका लक्ष्मणजी से पहले ही वियोग होना निश्चित है—यह बात हमने ज्ञानदृष्टि से जान ली है। अतः हे रामजी, तुरन्त ही लक्ष्मणजी को त्याग दीजिये। प्रभो, अपनी प्रतिज्ञा भङ्ग न कीजिये, क्योंकि प्रतिज्ञा भंग करने से सारा धर्म निष्फल हो जाता है। हे रामजी, सम्पूर्ण धर्म का नाश होने पर निश्चय ही त्रिलोक का नाश हो जाता है। हे रघुश्रेष्ठ, आप तो सम्पूर्ण लोकों के रक्षक हैं। अतः अकेले लक्ष्मणजी को ही त्यागकर आपको त्रिलोक की रक्षा करनी चाहिये।"

भगवान् श्रीराम ने उनके धर्मार्थयुक्त वचन [illegible] तुरंत ही लक्ष्मणजी से कहा, "लक्ष्मण, तुम्हारी जहाँ इच्छा हो, वहाँ जाओ, जिससे धर्म में संशय न उपस्थित हो। सत्पुरुषों के लिये त्याग और वध दोनों समान ही हैं।" रघुश्रेष्ठ भगवान् राम के ऐसा कहने पर लक्ष्मणजी की आँखें दुःख और शोक से डबडबा आयीं। वे शीघ्र ही उन्हें प्रणाम कर घर आये।

लक्ष्मणजी वहाँ से सरयू-तट पर पहुँचे। उन्होंने आचमन किया। तत्पश्चात् हाथ जोड़कर अपने नवों इंद्रिय-गोलकों को रोककर प्राणों को ब्रह्मरंध्र में स्थिर किया। फिर जो वासुदेव नामक अव्यय और अविनासी परब्रह्म पद है, उस परमधाम का चित्त में ध्यान किया। इस प्रकार प्राणनिरोध करने पर ऋषियों और देवताओं ने लक्ष्मणजी पर पुष्प बरसाये और उनकी स्तुति की। इसी समय देवराज इन्द्र किसी भी देवता को दिखाई न देते हुए उन्हें सशरीर लेकर स्वर्गलोक में चले आये। तब विष्णुभगवान् के चतुर्थांशरूप उन लक्ष्मणदेव को देखकर समस्त देवताओं एवं देवर्षियों ने उनका विधिवत् पूजन किया। भगवान् लक्ष्मणजी के स्वर्ग पधारने पर ब्रह्माजी के सहित सिद्धलोकनिवासी समस्त योगीजन अति प्रसन्न होकर महासर्प (शेष भगवान्) रूपधारी श्रीलक्ष्मणजी का दर्शन करने आये।

अध्याय—बाईस

महाप्रयाण

लक्ष्मणजी के त्याग के बाद भगवान् श्रीराम ने अत्यंत दुःखातुर हो मंत्रियों, वेदवेत्ताओं और वशिष्ठजी से इस प्रकार कहा, "आज महामति भरत को राज्यपद पर आसीन कर, मैं भी लक्ष्मण के मार्ग का अनुसरण करूँगा।" श्रीराम के इस प्रकार कहने पर पुरवासी तथा देशवासी—सभी लोग दुःखातुर होकर जड़ से कटे हुए वृक्ष के समान पृथ्वी पर गिर पड़े। रामजी का यह कथन सुनकर भरतजी को भी मूर्च्छा आ गयी। उन्होंने रघुनाथजी से राज्य की निन्दा करते हुए इस प्रकार कहा, "हे रघुश्रेष्ठ, मैं सत्य की शपथ करके कहता हूँ, हे प्रभो, मुझे आपके चरणों की सौगन्ध है, मैं आपके बिना स्वर्गलोक या भूलोक कहीं के भी राज्य की इच्छा नहीं करता। हे महाराज राम, इन कुश और लव को ही राज्यभार सौंपिये। अवध में वीरवर कुश को और उत्तर में लव को राजा बनाइये। शीघ्र ही शत्रुघ्न को लाने के लिये दूत जाने चाहिये, जिससे वह भी हमारे स्वर्गवास-प्रयाण करने का सारा वृत्तान्त जान लें।"

भरतजी का कथन सुन और उनकी ओर देखकर सम्पूर्ण प्रजा भयभीत तथा रामजी के वियोग से व्याकुल होकर पृथ्वी पर गिर पड़ी। इसके पश्चात् महर्षि वशिष्ठजी ने श्रीरामजी से करुणायुक्त वचन कहा, "हे तात राम, सारी प्रजा पृथ्वी पर पड़ी हुई है, उसे कृपादृष्टि से देखो। हे राम, उनके प्रेम-भावानुसार तुम्हें इन पर भी कृपा करनी चाहिये।"

वशिष्ठजी के ये वचन सुनकर रघुनाथजी ने उन सब को उठाया और उनका सत्कार कर उनसे प्रेमपूर्वक पूछा, "कहो, मैं तुम्हारे लिये क्या करूँ?" तब प्रजाजन हाथ जोड़कर भगवान् श्रीराम से बोले, "प्रभो, आप जहाँ जाना चाहते हैं, हम भी वहीं आपका अनुगमन करेंगे। यही हमारी सबसे बड़ी प्रसन्नता और अक्षय धर्म है। हे राम, हमारे मन में आपका अनुगमन करने का ही दृढ़ विचार है। अतः हे रघुनन्दन, आप तपोवन, नगर, स्वर्ग आदि कहीं भी जायें, अब हम सब स्त्री-पुत्रादि के सहित सर्वथा आप ही का अनुसरण करेंगे।"

भगवान् श्रीराम ने उनके अनन्य प्रेम, भक्ति और उनके मन की दृढ़ता और काल का वचन समझ कर उन भक्त पुरवासियों से 'बहुत अच्छा' ऐसा ही करो,' यह कह दिया। फिर ऐसा निश्चय कर कुश और लव को अपने-अपने राज्यपदों पर

अभिषिक्त कर दिया। इसी समय उन्होंने शत्रुघ्नजी को लाने के लिये शीघ्र-गामी दूत भेजे।

उन दूतों ने तुरंत ही जाकर काल का आगमन, दुर्वासाजी की करतूत, लक्ष्मणजी का महाप्रयाण, श्रीरामजी की प्रतिज्ञा, पुत्रों का अभिषेक और अब श्रीराम क्या करना चाहते हैं—ये सब विस्तृत समाचार शत्रुघ्नजी से बता दिये। इस प्रकार दूतों के मुख से अपने कुल के नाश का समाचार सुनकर शत्रुघ्नजी अत्यधिक व्याकुल हो गये। फिर धैर्य धारण कर उन्होंने अपने दोनों पुत्रों को बुलवाया। उनमें से महाबली सुबाहु को मथुरा के और यूपकेतु को विदिशानगरी के राज्यपद पर अभिषिक्त कर स्वयं बड़ी शीघ्रता से श्रीरामचन्द्रजी का दर्शन करने अयोध्या को चले।

वहाँ पहुँचने पर उन्होंने अग्नि के समान देदीप्यमान भगवान् श्रीराम को दो वस्त्र धारण किये और चिरजीवी ऋषियों से घिरे हुए देखा। महामति शत्रुघ्नजी ने लक्ष्मीपति श्रीरघुनाथजी को प्रणाम किया। तत्पश्चात् उन्होंने श्रीरामजी से यह निवेदन किया, "हे कमलनयन, मैं अपने राज्यों पर दोनों पुत्रों का अभिषेक कर आया हूँ। हे महाराज, अब मैंने भी आप ही का अनुगमन करने का निश्चय कर लिया है—ऐसा आप जानें। हे वीर, मैं आपका भक्त हूँ। अतः आपको मुझे छोड़ना न चाहिये।" शत्रुघ्न का यह दृढ़ निश्चय समझ कर श्रीरामजी ने कहा, "अच्छी बात है, तुम आज दोपहर को तैयार रहो।"

श्रीरामजी और शत्रुघ्न की बात समाप्त होते ही इच्छानुसार रूप धारण करनेवाले वानर, रीछ और राक्षसों के समुदाय बहुत बड़ी संख्या में उनके पास वहाँ आ पहुँचे। साकेतधाम को जाने के लिये उद्यत हुए श्रीराम के दर्शन की इच्छा मन में लिये वे सभी वानर सुग्रीव को आगे करके वहाँ पधारे थे। उनमें से कितने ही देवताओं के पुत्र थे, कितने ही ऋषियों की सन्तान थे और कितने ही गंधर्वों से उत्पन्न हुए थे। भगवान् श्रीराम का लीला-संवरण का समय जानकर वे सबके सब वहाँ आये थे। उक्त सभी वानर और राक्षस श्रीराम को प्रणाम करके बोले, "राज-राजेश्वर भगवान् श्रीराम, हम सब भी आपके साथ चलने का निश्चय कर यहाँ आये हैं। पुरुषोत्तम श्रीराम, यदि आप हमें साथ लिये बिना ही चले जायेंगे, तो हम समझेंगे कि आपने यमदण्ड उठाकर हमें मार गिराया है।"

इसी बीच महाबली सुग्रीव भी भगवान् श्रीराम को विधिपूर्वक प्रणाम करके अपना अभिप्राय निवेदन करने के लिये उद्यत हो बोले, "नरेश्वर, मैं महाबलशाली अंगद का राज्याभिषेक करके यहाँ आया हूँ। आप समझ लें कि मेरा भी आपके साथ चलने का दृढ़ निश्चय है।" उनकी बात सुनकर पुरुषश्रेष्ठ श्रीराम ने वानरराज सुग्रीव की मित्रता का विचार करके उनसे कहा, "सखे सुग्रीव, मेरी बात सुनो। मैं तुम्हारे बिना देवलोक में अथवा महान् परमपद या परमधाम में भी नहीं जा सकता।" पूर्वोक्त वानरों और राक्षसों की भी बात सुनकर महायशस्वी श्रीराम 'बहुत अच्छा' कहकर मुसकराये और राक्षसराज विभीषण से बोले, "महापराक्रमी राक्षसराज विभीषण,

जब तक संसार की प्रजा जीव धारण करेगी, तब तक तुम भी लंका में रहकर अपने शरीर को धारण करोगे। तुम धर्मपूर्वक प्रजा की रक्षा करो। तुम्हें मेरे कथन का प्रतिवाद नहीं करना चाहिये।" राक्षसराज विभीषण ने भगवान् श्रीराम की आज्ञा शिरोधार्य की।

इसके बाद हनुमान्‌जी को भी अपने साथ चलने को उत्सुक देखकर श्रीरामजी ने उनसे कहा, "तुमने तो पहले मुझसे दीर्घकाल तक जीवित रहने का निश्चय कर वरदान माँगा है। अपनी इस प्रतिज्ञा को व्यर्थ और झूठी न करो। हरीश्वर, जब तक संसार में मेरी कथाओं का प्रचार रहे, तब तक तुम भी मेरी आज्ञा का पालन करते हुए प्रसन्नतापूर्वक विचरते रहो।"

महात्मा श्रीराम के ऐसा कहने पर हनुमान्‌जी को बहुत हर्ष हुआ और वे इस प्रकार बोले, "भगवन्, संसार में जब तक आपकी पावन कथा का प्रचार रहेगा, तब तक आपके आदेश का पालन करता हुआ, इस पृथ्वी पर ही रहूँगा।"

तदनन्तर भगवान् राम ने ब्रह्माजी के पुत्र जाम्बवान् एवं मैन्द और द्विविद से भी कहा, "जाम्बवान्, तुम पाँचों व्यक्ति (जाम्बवान्, विभीषण, हनुमान्, मैन्द और द्विविद) तब तक जीवित रहो, जब तक कि प्रलय एवं कलियुग न आ जाय।" (इनमें से विभीषण और हनुमान् तो प्रलयकाल तक रहनेवाले हैं और शेष तीन व्यक्ति द्वापर और कलि की संधि में श्रीकृष्णावतार के समय मारे गये अथवा मर गये।)

उन सबसे ऐसा कहकर श्रीरघुनाथजी ने शेष सभी रीछों और वानरों से कहा, "बहुत अच्छा, तुम लोगों की बातें मुझे स्वीकार हैं। तुम सब अपने इच्छानुसार मेरे साथ चलो।"

परमधाम जाते हुए श्रीराम के साथ समस्त अयोध्या-निवासियों का प्रस्थान

रात बीतने पर जब सबेरा हुआ, तब विशाल वक्षस्थलवाले, महायशस्वी भगवान् रामजी ने पुरोहित महर्षि वशिष्ठजी से निवेदन किया, "श्रेष्ठ मुने, मेरे अग्निहोत्र की प्रज्वलित अग्नि ब्राह्मणों के साथ आगे-आगे चले। महाप्रयाण के पथ पर इस यात्रा के समय मेरे वाजपेय यज्ञ का सुन्दर छत्र भी चलना चाहिये।" उनके इस प्रकार कहने पर तेजस्वी वशिष्ठ मुनि ने महाप्रस्थान के लिये उचित समस्त धार्मिक क्रियाओं का विधिपूर्वक पूर्णतः अनुष्ठान किया। उस समय करोड़ों चन्द्रमाओं के समान कान्तिमान् भगवान् राम कौशेय वस्त्र धारण कर, कुशा की पवित्री हाथ में पहने, महाप्रयाण में चित्त लगाये नगर से इस प्रकार निकले, जैसे श्वेत बादलों से चन्द्रमा निकलता हो। उस समय वे परमब्रह्म के प्रतिपादक वेदमंत्रों का उच्चारण करते हुए सरयूनदी के तट पर चले। वे वेदपाठ के सिवा कहीं किसी से और कोई बात नहीं करते थे।

भगवान् श्रीराम के दाहिने पार्श्व में कमल हाथ में लिये श्रीदेवी उपस्थित थीं। वामभाग में हाथ में लाल कमल लिये अत्यंत दीप्तिशालिनी श्यामवर्णा पृथ्वी चलीं। तथा आगे-आगे उनकी व्यवसाय (संहार) शक्ति चल रही थी। भगवान् के आगे

सम्पूर्ण शास्त्र, शस्त्र और उनके धनुषबाण मूर्तिमान् होकर चले। इसी प्रकार समस्त वेद, समस्त दिव्य मुनिजन तथा ओंकार और व्याहृतियों के सहित वेदमाता गायत्री ये सब भी उत्तम शरीर धारण कर श्रीहरि के साथ चलीं।

अन्तःपुर की स्त्रियाँ भी बालकों, वृद्धों, दासियों, खोजों और सेवकों के साथ-साथ निकल कर सरयू-तट की ओर जाते हुए श्रीराम के पीछे-पीछे जा रही थीं। भरतजी और शत्रुघ्नजी अन्तःपुर की स्त्रियों के साथ अपने आश्रयस्वरूप श्रीराम के पीछे-पीछे चले। वे सब महामनस्वी श्रेष्ठ पुरुष एवं ब्राह्मण अग्निहोत्र की अग्नि तथा स्त्री-पुरुषों के साथ इस महायात्रा में सम्मिलित हो परम बुद्धिमान् श्रीरघुनाथजी का अनुगमन कर रहे थे।

समस्त मंत्री और भृत्यवर्ग भी अपने स्त्री-पुत्रों, पशुओं, बन्धुओं एवं अनुचरों के सहित हर्षपूर्वक श्रीराम के पीछे-पीछे जा रहे थे। हृष्ट-पुष्ट मनुष्यों से भरे हुए समस्त प्रजाजन भगवान् श्रीरामजी के अलौकिक गुणों पर मुग्ध थे। इसीलिये वे स्त्री-पुरुष, पशु-पक्षी तथा बन्धु-बांधवों-सहित उस महायात्रा में श्रीराम के अनुगामी हुए। उन सबके हृदय में प्रसन्नता थी और वे सभी पाप से रहित थे।

सम्पूर्ण हृष्ट-पुष्ट वानरगण भी स्नान करके बड़ी प्रसन्नता के साथ किलकारियाँ मारते हुए भगवान् श्रीराम के साथ जा रहे थे। वह सारा समुदाय ही श्रीराम का भक्त था। सारा वातावरण 'राम-मय' हो रहा था। उसमें से कोई भी ऐसा नहीं था, जो दीन-दुखी अथवा लज्जित हो। सब लोगों के हृदय में आनन्द का समुद्र-हिलोरें ले रहा था। वह जनसमुदाय अत्यंत आश्चर्य-जनक जान पड़ता था। जनपद के लोगों में से, जो श्रीराम की यात्रा देखने के लिये आये थे, वे भी यह सब समारोह देखते ही भगवान् श्रीराम के साथ परमधाम जाने को तैयार हो गये।

रीछ, वानर, राक्षस, पुरवासी और सभी मनुष्य बड़ी भक्ति के साथ श्रीरामचन्द्रजी के पीछे-पीछे एकाग्रचित्त होकर चले जा रहे थे। अयोध्या-नगर में जो अदृश्य प्राणी रहते थे, वे भी साकेत-धाम जाने के लिये उद्यत हो गये और भगवान् श्रीराम के पीछे-पीछे चलने लगे। चराचर प्राणियों में से जो-जो श्रीरघुनाथजी को जाते देखते, वे सभी उस यात्रा में उनके पीछे-पीछे चल देते थे। उस समय उस अयोध्या में साँस लेनेवाला कोई छोटा से छोटा प्राणी भी रह गया हो, ऐसा नहीं देखा जाता था। तिर्यक्-योनि के समस्त जीव भी श्रीराम में भक्तिभाव रखकर उनके पीछे-पीछे चले जा रहे थे। महाराज श्रीराम के महाप्रयाण करते ही सारा नगर सूना हो गया।

भाइयों सहित श्रीराम का विष्णु-स्वरूप में प्रवेश

अयोध्या से डेढ़ योजन दूर जाकर रघुकुलनंदन भगवान् श्रीराम ने पश्चिमाभिमुख हो निकट प्राप्त हुई पुण्य-सलिला सरयू का दर्शन किया। पुण्य-सलिला सरयू का दर्शन कर आनन्दघन श्रीराम अत्यधिक आह्लादित हुए और सम्पूर्ण जगत् को अपने हृदय में

देखने लगे। वहाँ सब ओर घूम-फिर कर रघुनन्दन राजा श्रीराम प्रजाजनों के साथ एक अत्युत्तम स्थान पर आये।

उसी समय लोकपितामह ब्रह्माजी सम्पूर्ण देवताओं तथा महात्मा ऋषि-मुनियों से घिरे हुए उस स्थान पर आ पहुँचे। उनके साथ करोड़ों दिव्य विमान सुशोभित हो रहे थे। आकाश दिव्य तेज से व्याप्त हो अत्यंत ज्योतिर्मय हो रहा था। पुण्यकर्म करनेवाले स्वर्गवासी स्वयं प्रकाशित होनेवाले अपने दिव्य और अलौकिक तेज से उस स्थान को उद्भासित कर रहे थे। परम पवित्र, सुगन्धित एवं सुखदायिनी हवा चलने लगी। देवताओं द्वारा गिराये गये राशि-राशि दिव्य-पुरुषों की भारी वर्षा होने लगी। उस समय सैंकड़ों प्रकार के बाजे बजने लगे। गंधर्वों तथा अप्सराओं से वह स्थान भर गया। इतने में भगवान् श्रीराम सरयू के जल में प्रवेश करने के लिये आगे बढ़े।

तब ब्रह्माजी आकाश से ही बोले, "श्रीविष्णुस्वरूप रघुनन्दन आइये, आपका कल्याण हो। हमारा बड़ा सौभाग्य है, जो आप अपने परमधाम को पधार रहे हैं। हे परमात्मन्, आप सबके स्वामी, नित्यानन्दमय, सर्वत्र परिपूर्ण और साक्षात् विष्णु-भगवान् हैं। अपने एकमात्र ईश्वरीय तत्व को आप स्वयं ही जानते हैं; तथापि हे अखिलेश्वर, आपने मुझ दास की प्रार्थना पूर्ण कर दी। यह ठीक ही है, क्योंकि हे विद्वान्, सर्वव्यापी, आप भक्तवत्सल हैं।

"महाबाहो, आप देवतुल्य तेजस्वी भाइयों के साथ अपने स्वरूपभूत लोक में प्रवेश करें। आप जिस स्वरूप में प्रवेश करना चाहें, अपने उसी स्वरूप में प्रवेश करें। परमतेजस्वी परमेश्वर, आपकी इच्छा हों, तो चतुर्भुज विष्णुरूप में ही प्रवेश करें अथवा अपने सनातन आकाशमय अव्यक्त ब्रह्मरूप में ही विराजमान हों। देव, आप ही सम्पूर्ण लोकों के आश्रय हैं। आपकी पुरातन पत्नी योगमाया सीतादेवी हैं। उनको छोड़कर दूसरा कोई आपको यथार्थ रूप में नहीं जानता है, क्योंकि आप अचिन्त्य, अविनाशी, त्रिकालातीत परब्रह्म हैं। अतः महातेजस्वी राघवेन्द्र, आप जिसमें चाहें, अपने उसी स्वरूप में प्रवेश करें।

पितामह ब्रह्माजी की प्रार्थना से महातेजोमय राम सब देवताओं के देखते-देखते उनकी दृष्टि को चुराते हुए चक्रादि आयुधों से युक्त चतुर्भुज-रूप हो गये। लक्ष्मणजी अद्भुत फण धारणकर भगवान् की शय्यारूप शेषनाग हो गये तथा कैकेयी-पुत्र भरत और लवणान्तक शत्रुघ्न दिव्य चक्र और शंख हो गये। सीताजी तो पहले ही लक्ष्मीजी हो गयी थीं। भगवान् राम पुराणपुरुष विष्णुभगवान् ही हैं। वे भाइयों के सहित अपने पूर्वशरीर से तेजोमय दिव्य स्वरूप हो गये।

फिर तो इन्द्र और अग्नि आदि सब देवता, साध्य तथा मरुद्गण भी विष्णु-रूप में स्थित हुए भगवान् श्रीराम की स्तुति करने लगे। तदनन्तर दिव्य ऋषि, गन्धर्व, अप्सरा, गरुड़, नाग, यक्ष, दैत्य, दानव और राक्षसगण भी भगवान् का गुणगान करने लगे। वे सब अपना मनोरथ पूर्ण हो जाने से मन ही मन परम आनन्दित हुए। वे बोले, "प्रभो' यहाँ आपके पदार्पण करने से देवलोक-वासियों का सारा समुदाय सफल-

मनोरथ होने के कारण आनन्दमग्न हो गया है। सबके पाप-ताप नष्ट हो गये हैं। प्रभो, आपको हमारा शतशः प्रणाम और साधुवाद है।"

अन्य सब लोगों को संतानक-लोक की प्राप्ति

तत्पश्चात् विष्णुरूप में विराजमान महातेजस्वी राम ने ब्रह्माजी से कहा, "उत्तम व्रत का पालन करनेवाले पितामह, इस सम्पूर्ण जन-समुदाय को भी आप उत्तम लोक प्रदान करें। ये सब लोग भक्तिपूर्वक और स्नेह-वश मेरे पीछे आये हैं। ये सबके सब यशस्वी और मेरे भक्त हैं। इन्होंने मेरे लिये अपने लौकिक सुखों का परित्याग कर दिया है। अतः ये सब सर्वथा मेरे अनुग्रह के पात्र हैं।"

भगवान् विष्णु का यह वचन सुनकर लोकगुरु भगवान् ब्रह्माजी ने कहा, "प्रभो, यहाँ आये हुए ये सब लोग 'संतानक' नामक लोकों में जायेंगे। पशु-पक्षियों की योनि में पड़े हुए जीवों में से भी जो कोई आपका ही भक्तिभाव से चिन्तन करता हुआ प्राणों का परित्याग करेगा, वह भी संतानक लोकों में निवास करेगा। यह संतानक लोक ब्रह्मलोक के ही निकट है और साकेतधाम का ही एक अंग है। वह मेरे सत्य-संकलपत्व आदि सभी उत्तम वैभवों से सम्पन्न है। उसी में ये आपके भक्तजन निवास करेंगे।"

जिन वानरों और रीछों की उत्पत्ति जिन-जिन देवताओं से हुई थी, वे सब जिन-जिन देवताओं से प्रकट हुए थे, उन्हीं में प्रविष्ट हो गये। सुग्रीव ने सूर्य-मण्डल में प्रवेश किया। इसी प्रकार अन्य वानर भी सब देवताओं के देखते-देखते अपने-अपने पिता के स्वरूप को प्राप्त हो गये।

देवेश्वर ब्रह्माजी ने जब-संतानक-लोक की प्राप्ति की घोषणा की, तब सरयू के गोप्रतारघाट पर आये हुए उन सब लोगों ने आनन्दाश्रु बहाते हुए सरयू के जल में डुबकी लगायी। जिस-जिसने भी जल में गोता लगाया, वही-वही बड़े हर्ष के साथ प्राणों और मनुष्य-शरीर को त्याग कर विमान में जा बैठा। पशु-पक्षी की योनि में पड़े हुए असंख्य प्राणी सरयू के जल में गोता लगाकर तेजस्वी शरीर धारण करके दिव्यलोक में जा पहुँचे। वे दिव्य शरीर धारण कर, दिव्य अवस्था में स्थित हो, देवताओं के समान दीप्तिमान हो गये।

स्थावर और जंगम सभी तरह के प्राणी सरयू के जल में प्रवेश करके उस जल से अपने शरीर को भिगोकर दिव्यलोक—संतानक लोक में जा पहुँचे। जो देशवासी यह सब कौतुक देखने के लिये आये थे, वे भी भगवान् श्रीरामचन्द्रजी का विष्णुभगवान् के रूप में दर्शन कर संसार की समस्त आसक्तियों का परित्याग कर लोकगुरु परमेश्वर भगवान् का स्मरण करते हुए जलस्पर्श कर अनायास संतानक लोक को चले गये।

इस प्रकार वहाँ आये हुए सब प्राणियों को संतानक-लोक में स्थान देकर लोकगुरु ब्रह्माजी हर्ष और आनन्द से भरे हुए देवताओं के साथ अपने महान् धाम में चले गये।

अध्याय—तेईस

राम-राज्य का स्वरूप

भगवान् श्रीराम के जिस प्रकार सभी कर्म अलौकिक और दिव्य थे, उसी प्रकार उनका राज्यशासन भी अनुपम और आदर्शस्वरूप था। उनके राज्य-सिंहासन पर विराजते ही सारे राज्य में सात्विक चेतना का अपूर्व संचार हो गया। इसका कारण यह है कि वे पूर्ण ब्रह्म के अवतार थे। उन्होंने जन-कल्याण के लिए ही अवतार धारण किया था। वे सर्वशक्तिमान्, सर्वज्ञ, सर्वनियन्ता थे। श्री, वैराग्य से पूर्ण सम्पन्न थे। पूर्णकाम होने के कारण सर्वथा निःस्पृह थे। उन्हें राज्य के सुखों से तो कोई प्रयोजन था नहीं। निर्विकार-भाव से लोकमर्यादा निभाने के लिए आदर्श राजा का अभिनय करते थे। उनके सभी मंत्री जितेन्द्रिय-संयमी, कर्मठ, निःस्पृह, प्रजावत्सल थे। उनकी सम्मति से सारे कार्य संपादित होते थे। इसलिए राज्य में प्रजातंत्र-राज्यप्रणाली की पूर्ण आदर्श व्यवस्था थी। इसका परिणाम यह हुआ कि मानवी प्रकृति और दैवी प्रकृति दोनों ही सर्वथा अनुकूल हो गयीं।

वाल्मीकि रामायण के अनुसार जितेन्द्रिय, शस्त्रशास्त्र-कुशल, सुदृढ़, पराक्रमी, यशस्वी तथा सावधान एवं राजाज्ञानुसार कार्य करनेवाले, तेजस्वी, क्षमावान्, कीर्तिमान्, मृदुभाषी और प्रसन्नचित्त मंत्री थे। इन गुणों से सम्पन्न मंत्रियों में धृष्ट, जयन्त, विजय, सुराष्ट्र, राष्ट्रवर्धन, अकोप, धर्मपाल तथा सुमंत—ये आठ मंत्री थे। वशिष्ठ, वामदेव, सुयज्ञ, जाबालि, कश्यप, गौतम, मार्कण्डेय तथा कात्यायन—इन आठ महर्षियों का परामर्श सर्वोपरि होता था। श्रीराम के मंत्री कामक्रोधविहीन, सत्यवादी तथा स्वार्थरहित थे। वे स्वराष्ट्र एवं परराष्ट्र के ज्ञाता, वर्तमान के अनुभविता तथा अनागत के अनुमाता थे। स्वराष्ट्र एवं परराष्ट्र का इतिवृत्त जानने से अतीत का ज्ञान होता है। वृत्तपत्रों एवं गुप्तचरों द्वारा स्वराष्ट्र और परराष्ट्र की वर्तमान स्थिति ज्ञात होती है। अतीत तथा वर्तमान के अनुसार ही भविष्य का अनुमान लगाया जा सकता है। आत्मदोष एवं प्रजा के गुप्त भावों के जानने में भी गुप्तचरों का उपयोग होता है। राम की ओर से ऐसे गुप्तचर क्रियाशील रहते थे।

राम के मंत्री पूर्ण परीक्षित थे। वे अन्यायशील अपने पुत्रों को भी दंडित करने में हिचकते नहीं थे तथा निरपराध शत्रुओं को कभी दंडित नहीं करते थे। वे उत्साही, शूरवीर, राजनीतिज्ञ, सत्पुरुषों के रक्षक, न्यायोचित ढंग से राजकोशपूरक तथा यथोचित

दंड के विधावज्ञ थे। वे सन्धि-विग्रह के अवसर पर दूरदर्शी, मंत्रसंवरण में समर्थ, सूक्ष्म बुद्धिसम्पन्न, नीतिशास्त्र विशेषज्ञ तथा प्रियवादी थे।

श्रीराम भगवान् जातिधर्म, देशधर्म, श्रेणीधर्म एवं कुलधर्मों को यथावत् जानते थे एवं उनका पालन करते थे। भारतीय नीति एवं राजधर्म में राजा का आचरण ही राजधर्म का मेरुदण्ड होता है और वही आदर्श राज्य की आधारशिला होता है। राजा चाहे व्यक्ति हो चाहे दल, वह अपने व्यवहार से समाज का उन्नायक होता है। अतएव श्रीरामचन्द्रजी ने अपने दैवी आचरण द्वारा प्रजा तथा समाज को आदर्शरूप में ढाल दिया था। यद्यपि वैयक्तिक आचरण का निजी जीवन से ही संबंध होता है, परन्तु श्रीराम का वैयक्तिक जीवन भी समाज के लिये ही था।

जैसे गर्भिणी स्त्री का निजी व्यवहार भी गर्भस्थ शिशु के हित की दृष्टि से होता है, वैसे ही श्रीरामजी लोकाराधन के लिये ही वैयक्तिक स्नेह, दया, सुख, जानकीजी तक को त्यागने के लिये तैयार थे। यज्ञ आदि द्वारा भगवान् राम निरन्तर दान तथा त्याग में ही लगे रहे। वर्तमान युग में जहाँ देने में संकोच है, और चारों ओर से लेने का ही संघर्ष है, पर रामराज्य में श्रीराम के आदेशानुसार सब में देने ही की प्रतिस्पर्द्धा थी, लेने का संघर्ष समाप्त था। संग्रह-वृत्ति में ही संघर्ष होता है, त्याग-वृत्ति में सदैव शान्ति और सन्तोष बना रहता है। तुलसीदासजी के अनुसार प्रजा के सुभाग से ही भानु जैसा भूपति होता है। भानु धरती से कब कितना रस खींचता है, यह किसी को भी नहीं मालूम पड़ता है, पर भानुजनित मेघ से रसमय जल बरसते देखकर सभी हर्षित होते हैं। भगवान् श्रीराम इसी प्रकार के राजा थे, जो अपनी प्रजा को सब कुछ लुटा देना चाहते थे।

रामराज्य में विधि या संविधान ही थे। आर्ष धर्मग्रन्थ एवं नीतिग्रंथ उनकी व्याख्या थे। भगवान् श्रीरामचन्द्रजी ने श्रुतिसिद्ध-प्रतिपादित पथ का पालन किया, क्योंकि वे धर्मधुरन्धर थे। उन्होंने अनादि श्रुतिसिद्ध धर्म के सर्वमान्य रूप को, उसका पालन करके, व्यवहार की वस्तु बनाया। श्रीरामजी ने विधान नहीं बनाया, किन्तु आदर्श आचरण उपस्थित किया। उन्होंने राजधर्म का सर्वस्व यही कहा था—

मुखिया मुख सो चाहिअइ, खान पान कहुँ एक।
पालइ पोसइ सकल अंग, तुलसी सहित विवेक॥

प्रजा के विभिन्न वर्गों का उनकी स्थिति, क्षमता तथा संस्कार के अनुसार पालनपोषण करना राजा का कर्त्तव्य है, परन्तु विवेक के साथ। मुख द्वारा भक्षित अन्न रसरूप से हस्त, पाद, नेत्र, श्रोत्र, हृदय आदि सबको प्रभावित करता है। परन्तु सबकी योग्यता एवं आवश्यकता एक नहीं है। सबको एक लाठी से हाँकना विवेक नहीं है। 'हाथी को मन भर, चींटी को कन भर' की कहावत प्रसिद्ध ही है। धर्मनियंत्रित विवेकी राजा ही विभिन्न परिस्थितियों, व्यक्तियों एवं श्रेणियों के साथ यथोचित कुशलता के साथ व्यवहार कर सकता है। श्रीराम उतने शासक नहीं थे, जितने प्रजा के हित के

परामर्शदाता। श्रीराम प्रजा को आत्मीयता की दृष्टि से उपदेश करते हैं, अधिकार-मद से नहीं—

जौ अनीति कछु भाखौं भाई।
तौ मोहि बरजउ भय बिसराई॥

यहाँ 'राजा करे सो न्याय' को कोई स्थान नहीं है। श्रीराम प्रजा के हृदय-सिंहासन के अधीश्वर थे। उनके राज्य में जनता को निर्भीकता के साथ उनके व्यक्तिगत जीवन की भी समालोचना करने की पूर्ण स्वतंत्रता थी। किसी की जुबान पर ताला नहीं था। श्रीराम दण्ड के बल पर किसी का मुँह नहीं बन्द करते थे, बल्कि अपने विशुद्ध और दिव्य आचरण द्वारा ही प्रजा के अनुरागभाजन थे। वे विनयी, सच्छास्त्र तथा सत्पुरुषसेवी, आत्मनिष्ठ, लोक-कल्याणकारी, मर्यादापुरुषोत्तम थे। उनके समस्त कार्य लोक-शिक्षा के निमित्त होते थे। निर्विकार, सर्वसाक्षी, सर्वनियन्ता, आप्तकाम होने के कारण विषय-भोगों से सर्वथा परे थे। तभी रामराज्य में सारे प्रजाजन सुखी थे और सभी शोकरहित थे। सारी मानवी प्रकृति परिवर्तित होकर दैवीप्रकृति में परिणत हो गयी थी।

गोस्वामी तुलसीदासजी ने रामचरितमानस के उत्तरकाण्ड में इसका उत्कृष्ट चित्रण किया है।

"राम के राज्य पर आसीन होते ही तीनों लोक हर्षित हो गये। उनके पाप-ताप नष्ट हो गये। कोई भी मनुष्य किसी दूसरे से वैर-विरोध नहीं करता था। श्रीराम के अलौकिक प्रताप से समस्त विषमताओं की समाप्ति हो गयी। सभी लोग अपने-अपने वर्ण के नियमों के दृढ़तापूर्वक पालन में तत्पर हो गये। वे श्रुति-सम्मत मार्ग में अनुरक्त हो गये। सारा समाज वेद-प्रतिपादित स्वधर्म के अनुष्ठान में तत्पर हो गया। इसका परिणाम यह हुआ कि सारा समाज सुखी हो गया। सब निर्भय, शोक-रहित और निरोग हो गये। दैहिक, दैविक और भौतिक—त्रितापों की समाप्ति हो गयी। सभी मनुष्य आपस में सहज स्नेह करने लगे। सारा समाज धर्म के चारों चरणों से युक्त हो गया। स्वप्न में भी अघ (पाप) का नाम नहीं सुना जाता था। सभी लोगों की भगवान् श्रीराम के चरणकमलों में अनन्य भक्ति प्रतिष्ठित हो गयी। इससे उन्हें सांसारिक भोगों से वैराग्य हो गया। अत: वे सभी परमपद—ब्रह्मपद—आत्मपद के पूर्ण अधिकारी हो गये। उच्च धर्म—ब्रह्मनिष्ठा का ही परिणाम था कि किसी की अपमृत्यु नहीं होती थी। किसी को कोई पीड़ा नहीं होती थी। सब सुन्दर एवं निरोग होते थे। कोई दुखी, दरिद्र एवं दीन नहीं होता था। कोई मूर्ख एवं दुर्लक्षणवाला नहीं होता था।"

भौतिक समानता में भी आध्यात्मिक, आधिदैविक और आधिभौतिक तापों की निवृत्ति नहीं होती। त्रिताप-निवृत्ति ब्रह्मनिष्ठा से संभव है। कर्मनिष्ठा से ही ब्रह्म-निष्ठा का जागरण होता है। ब्रह्मनिष्ठा से भौतिक प्रपंच बाधित हो जाते हैं।

भगवान् श्रीराम ने श्रुति-मार्ग पर ही राष्ट्र का निर्माण किया था, जिसमें वशिष्ठादि जैसे ब्रह्मवर्चसी ब्रह्मण थे। लक्ष्मण, शत्रुघ्न, भरत जैसे शूरवीर राजन्य थे।

उनके राज्य में पर्याप्त दूध देनेवाली गायें थीं और महान् भार वहन करनेवाले बैल उत्पन्न होते थे। यजमान सभा में बोलने में वाक्पटु होते थे। समय-समय पर वृष्टि होती थी। औषधियाँ फलदायिनी एवं परिपुष्ट होती थीं। योग एवं क्षेम (अप्राप्त की प्राप्ति एवं प्राप्त की रक्षा) की पूर्ण व्यवस्था थी।

धार्मिक-आध्यात्मिक उत्थान के बिना केवल भौतिक समानता एवं सौविध्य से वह संभव नहीं था। भगवान् श्रीराम त्यागी, उदार एवं आदर्श चरित्रवाले थे, इसलिये सारी प्रजा भी उन्हीं के अनुरूप बन गयी थी। यह स्वाभाविक बात है कि श्रद्धेय बड़े लोग जैसा आचरण करते हैं, जनता भी वैसे ही आचरणवाली हो जाती है। तभी रामराज्य की जनता भी उदार, परोपकारी एवं विप्रचरणरत थी। श्रीराम के समान ही सब एकनारीव्रत थे। नारियाँ भी मनसा, वाचा और कर्मणा पतिहितैषिणी थीं—

सब उदार सब पर उपकारी।
बिप्रचरन सेवक नर नारी।
एकनारिब्रत रत सब झारी।
ते मन बच क्रम पतिहितकारी॥

रामराज्य में दण्ड यतियों के ही हाथ में दिखता था। भेद, गतिभेद, ताल, मूर्च्छना आदि के रूप में नर्तक-नृत्य-समाज में ही परिलक्षित होते थे। मन की विजय ही 'विजय' शब्द सुनायी पड़ता था—

दंड जतिन्ह कर भेद जहँ, नर्तक नृत्य समाज।
जीतहु मनहि सुनिअ अस, रामचंद्र के राज॥

रामराज्य में मानवी प्रकृति सात्त्विकता की चरमसीमा पर पहुँच गयी। इसी प्रकार उनके शासनकाल में दैवी प्रकृति भी उनकी आज्ञाकारिणी बन गयी। गोस्वामी तुलसीदासजी ने उसका हृदयग्राही चित्रण किया है—

"बागबगीचों के वृक्ष सदैव फूल-फलों से परिपूर्ण रहते थे। हाथी और सिंह वैरभाव का परित्याग कर साथ-साथ रहने लगे। पशु-पक्षी भी वैर छोड़कर प्रीति-भाव से रहने लगे। नाना प्रकार के पक्षी उद्यानों में कलरव करते थे। मृग वनों में निर्भय होकर विचरण करते हुए चरते थे। शीतल, मंद एवं सुगन्ध हवा बहती थी। अलिमण्डली मकरन्द लेकर गुंजार करती इधर-उधर उडती-फिरती थी। लताएँ और वृक्ष माँगने पर मधु प्रदान करते थे। गाएँ इच्छानुसार दूध देती थीं। पृथ्वी विविध प्रकार के अनाजों से सम्पन्न दिखायी पड़ती थी। इस प्रकार रामराज्य में त्रेतायुग में सत्ययुग बरतने लगा। पर्वतों की खानों में बहुमूल्य मणियाँ प्रकट होने लगीं। समस्त नदियों में स्वच्छ, सुस्वादु और स्वास्थ्यवर्द्धक जल प्रवाहित होने लगा। सारे समुद्र अपनी-अपनी मर्यादा के अन्तर्गत रहते थे। वे अमूल्य रत्नों को तट पर छोड़ देते थे और लोग सहज रीति से उन्हें प्राप्त कर लेते थे। सारे सरोवर सुन्दर कमल के पुष्पों से सुशोभित हो गये। समस्त दिशाएँ निर्मल और प्रसन्नचित्त दिखलायी पड़ने लगीं। चन्द्रमा अपनी

अमृत-रश्मि से पृथ्वी को आप्यायित करते थे। सूर्य आवश्यकता के अनुसार ही ताप पहुँचाते थे। बादल मनचाही वर्षा करते थे।''

भगवान् श्रीराम के राज्यशासन में सारा वातावरण राममय-ब्रह्ममय हो गया। लोग जहाँ-तहाँ बैठकर श्रीराम के अलौकिक और दिव्य गुणों की चर्चा करते थे। उन्हीं का श्रवण, कीर्तन और स्मरण करते थे। उन्हे यह पूर्ण बोध हो गया था कि समस्त वैभव, ऐश्वर्य, सुख-समृद्धि, योगक्षेम की बहुलता भगवान् श्रीराम के कारण है। इसीलिये वे एक दूसरे को यही शिक्षा देते थे कि भाई, राम के भजन और चिंतन में सदैव निमग्न रहना चाहिये।

रामराज्य की प्रमुख विशेषता यह थी कि वह श्रुतिपथ—वैदिक मार्ग पर पूर्णतः प्रतिष्ठित था। उसकी आधारशिला भौतिक न होकर धार्मिक और आध्यात्मिक थी। वह निज स्वरूप में प्रतिष्ठित थी। बहिर्मुखी न होकर अन्तर्मुखी थी। साथ ही उसमें सांसारिक सुखों की भी बहुलता थी। योग और क्षेम से पूर्णतः सम्पन्न थी।

रामराज्य में ब्रह्मज्ञान का सूर्य पूर्णरूप से प्रकाशित हो गया था और उसके प्रकाश से तीनों लोक प्रकाशित हो गये थे। उसके दिव्य प्रकाश से अविद्या-रूपी रात्रि नष्ट हो गयी थी। पापरूपी उलूको का कहीं पता नहीं चलता था। काम-क्रोध-रूपी कुमुदिनी संकुचित हो गयी थी। अहंकार, मद, मोह एवं अभिमान-रूपी चारों की चतुराई किसी ओर नहीं दृष्टिगोचर होती थी। धर्मरूपी तड़ागों में ज्ञान-विज्ञान-रूपी नाना प्रकार के कमल विकसित हो गये। सुख, संतोष, विवेक-वैराग्य-रूपी चक्रवाक अविद्या रूपी रात्रि के समाप्त हो जाने पर और ब्रह्मज्ञान-रूपी सर्वोदय हो जाने से शोक-विहीन हो कर यत्र-तत्र आनन्दित होकर विचरण करने लगे थे। अतः रामराज्य में सर्वत्र शान्ति, सुख, संतोष, आत्मतृप्ति, भगवद्-भक्ति का साम्राज्य था। उनके राज्य में सनकादिक, नारद आदि देवर्षि आनन्दित होकर सदैव आकर ज्ञान-वैराग्य और भक्तिभावना के माहात्म्य का विशद निरूपण किया करते थे। स्वयं भगवान् राम अपने भाइयों और समस्त प्रजाजन से आत्मतत्व के गूढ़ तत्वों का विवेचन किया करते थे। इसके अतिरिक्त परम तेजस्वी महर्षि वशिष्ठ भी सदा ब्रह्मतत्व का प्रतिपादन करते रहते थे।

इसीलिए 'रामराज्य' के रूप में राष्ट्रपिता महात्मा गाँधी ने भारत की राजनीति, समाजनीति एवं अर्थनीति का आदर्श साकार करने की कल्पना की थी।

●

अध्याय—चौबीस

श्रीराम का रामत्व

हिन्दू जाति के धार्मिक, सांस्कृतिक एवं पारिवारिक जीवन पर मर्यादा-पुरुषोत्तम राम का अमिट प्रभाव है। हिन्दू-परिवार में जन्म एवं विवाह के मांगलिक अवसरों पर राम-जन्म और राम-विवाह-संबंधी गीत गाये जाते हैं। शरीर की अंतिम यात्रा भी 'राम नाम सत्य' की ध्वनि के साथ होती है। भारत के कोने-कोने में भगवान् श्रीराम और उनके अनन्य भक्त और सेवक हनुमान् के असंख्य मंदिर हैं। लाखों व्यक्ति प्रतिदिन रामायण का पाठ करते हैं और राम के अलौकिक जीवन से प्रेरणा ग्रहण कर अपने लौकिक एवं पारलौकिक जीवन को सुधार कर ऊर्ध्व गति प्राप्त करते हैं। प्रत्येक आस्तिक हिन्दू अयोध्या, रामेश्वर, पंचवटी, चित्रकूट आदि की तीर्थयात्रा करके अपने को आत्मतृप्त समझता है। करोड़ों हिन्दुओं के ही नहीं, श्याम, थाइलैण्ड आदि देशों के निवासियों के नाम भी रामायण से संबंधित होते हैं। राम प्रत्येक हिन्दू के जीवन में चिरकाल से रम रहे हैं। ईश्वर के नामों में सर्वप्रसिद्ध नाम राम ही है। भारत के बच्चे-बच्चे की जबान पर 'राम-नाम' रहता है। काशी में जीवों की मुक्ति के लिये शिवजी राम-नाम का उपदेश करते हैं। संसार के इतिहास में ऐसी प्रसिद्धि किसी की भी नहीं है। भारत में ही नहीं, सुदूर देशों में भी राम के चरित्रों के आधार पर अनेक लीलाएँ तथा नाटक होते हैं।

आदि-कवि वाल्मीकि ने करुणा के क्षणों में कविता के जिस छन्द-विधान को स्वयं की वाणी में मुखरित पाया, उसकी सार्थकता और उसके उपयोग के लिये उनकी व्यग्रता ने जिसे खोजा, वह 'राम' थे। बाद में भी यह परम्परा अक्षुण्ण बनी रही। शायद ही कोई ऐसा महाकवि संस्कृत-साहित्य में हुआ हो, जिसने अपनी काव्य-प्रतिभा का अर्घ्य राम के चरणों में अर्पित न किया हो। भवभूति, कालिदास जैसे सुकृती राम के गुणों का गायन कर धन्य बने। काव्य, नाटक, चम्पू आदि में सर्वत्र राम के जयघोष का स्वर गूंजा। पर राम केवल काव्य के जननायक न होकर सम्पूर्ण जनजीवन के नायक हैं।

राम सूर्य हैं, उनमें सच्चे सद्गुण हैं, क्योंकि वे दूसरे को प्रकाशित कर देते हैं। उनसे यदि किसी को भय हो सकता है, तो उन्हें, जो तामसी अंधकार में अपनी सत्ता सुरक्षित समझते हैं। राजमहलों से लेकर दरिद्र की झोपड़ी तक को समान रूप से

प्रकाश का वितरण करनेवाला वह सूर्य सच्चे अर्थ में सद्गुणों के मूर्तिमान स्वरूप राम हैं। वे सबको प्रकाश और आनन्द का वितरण करते हैं। राम के सम्पर्क में आकर साधारण जन भी महत्ता के शिखर पर जा पहुँचता है। गुह, शबरी आदि इसके प्रत्यक्ष प्रमाण हैं।

राम का रामत्व सूर्य-सा दीप्तिमान्, पर साथ ही चन्द्रजैसा सुशीतल और आह्लादक है। उन्होंने नाम मात्र के लिये सूर्यवंश में जन्म नहीं लिया था। सचमुच ही उनके चरित्र में इस शब्द की पूर्ण सार्थकता प्राप्त हुई है। पर सूर्य का प्रखर प्रकाश हमें स्वयं से दूर ही रखता है। उसके बहुत पास जाने की तो कल्पना ही क्या, उसे सीधी दृष्टि से देखना भी कठिन है। इसलिये 'राम' के साथ जुड़ा हुआ 'चन्द्र' उनके व्यक्तित्व की समग्रता की ओर इंगित करता है।

धर्म और आदर्श का सच्चा रूप देखना हो, तो दूर्वादल श्याम राम का चित्र हमारे मानस-पटल पर उभरे बिना नहीं रह सकता है। संघर्ष के क्षणों में आजानुबाहु धनुर्धर राम हमारे समक्ष वीरवेश में हमारा नेतृत्व कर रहे होते हैं। समुद्र राम की क्रोधभरी वंकिम दृष्टि से भयभीत हो जाता है, और उन्हें लंकापार उतरने का मार्ग देता है। स्नेह और प्रीति में पगे राम जब प्रिया-प्रेम में व्यग्र हो जाते हैं, तो उनके उस स्वरूप को कौन विस्मृत कर सकता है? प्रजापालन के कठिन कर्तव्य का पालन करते हुए वज्रादपि कठार राम का व्यक्तित्व तो निराला है ही। सारी संस्कृति, शील, गरिमा राम के व्यक्तित्व में साकार हो उठी है।

जो व्यापक, ब्रह्म, अविनाशी, निरंजन, निर्गुण, अभेद, अनादि, त्रिगुणातीत निरुपाधिक, अनुपमेय, चिदानन्दघन, अज, अव्यक्त हैं, वही कौशल्या के गर्भ से राम के रूप में प्रकट हुए थे। वे राम अनन्त-अनन्त कोटि कामदेव से सुन्दर हैं। कोटि दुर्गा से भी अधिक अरिमर्दन में निपुण हैं। राम में कोटि इन्द्रों से भी अधिक विलास और कोटि आकाश से भी अधिक अवकाश है। शत कोट मरुत देवताओं से भी अधिक बलवान्, शत कोटि सूर्य से अधिक प्रकाशवान्, शत कोटि चन्द्र से भी अधिक शीतल हैं। भगवान् शंकर ने उन्हें अनन्त कोटि ब्रह्माण्डों की कल्पनाओं का अधिष्ठान माना है, जिसको जान लेने से जगत् 'हिराय' (लुप्त) जाता है, जैसे स्वप्नोत्थित का स्वप्न मिट जाता है, वही राम हैं।

शब्द, स्पर्श, रूप, रस और गन्ध इनकी भासक ज्ञानेन्द्रिय, अन्तःकरण उनके सहायक देवता एवं जीव एक दूसरे के प्रकाशक हैं, किन्तु जो सबका प्रकाशक है, वही राम हैं।

सब कर परम प्रकाशक जोई। राम अनादि अवधपति सोई ॥

तात्पर्य यह है कि वेदान्ती का महातात्पर्यभूत शुद्ध और निर्विकार ब्रह्म ही राम हैं। उन सर्वाधिष्ठान-स्वरूप राम का साक्षात्कार होते ही जगत् बाधित हो जाता है—

जेहि जाने जग जाइ हेराई। जागे यथा सपन भ्रम जाई ॥

भगवान् श्रीराम के तीन रूप दृष्टिगोचर होते हैं—पूर्ण ब्रह्म, महाविष्णु एवं मर्यादा-पुरुषोत्तम। तीनों के सामंजस्य से वे पूर्ण परम आराध्य हैं। उनके इन तीन रूपों में किसी एक रूप का चिन्तन करने से साधक अध्यात्म-तत्त्व की उच्च भूमिका में स्थित हो जाते हैं। यहाँ उनके तीनों रूपों की संक्षिप्त झाँकी देख लेना अप्रासंगिक न होगा—

निर्गुण ब्रह्म के रूप में

श्रीराम जी निर्गुण ब्रह्म के रूप में परमार्थ-साधकों के लिये परम आराध्य हैं। निर्गुण ब्रह्म की दृष्टि से वे एक, अनीह, अरूप, अनाम, अज, सच्चिदानन्द, अगुन, अखण्ड, अनंत, अनादि, चिदानंदस्वरूप, निरुपाधि और अद्वितीय हैं—

एक अनीह अरूप अनामा। अज सच्चिदानन्द परधामा॥
अगुन अखण्ड अनंत अनादी। जेहि चिन्तहिं परमारथवादी॥
नेति नेति जेहि वेद निरूपा। चिदानंद निरुपाधि अनूपा॥

उनके इस स्वरूप का निरूपण वेद की श्रुतियाँ भी नहीं कर सकतीं। तभी तो वे 'नेति-नेति' कह कर मौन हो जाती हैं। इस निर्गुण ब्रह्म और राम में तादात्म्य है। राम और निर्गुण ब्रह्म एक-रूप हैं, उनमें कुछ अन्तर नहीं।

राम ब्रह्म परमारथ रूपा। अविगत अलख अनादि अनूपा॥
सकल-बिकार रहित गतभेदा। कहि नित नेति निरूपहिं वेदा॥

निर्गुण ब्रह्म समस्त विकारों से रहित होता है। वह अखण्ड, अज और अद्वैत है। अतः सजातीय, विजातीय और स्वगत भेदों से रहित है। जो निर्गुण ब्रह्म है, वही राम हैं। दोनों एक हैं।

राम का यह स्वरूप मन, वाणी और बुद्धि से परे है। उस रूप का वर्णन किया ही नहीं जा सकता—

राम सरूप तुम्हार, वचन अगोचर बुद्धि पर।
अविगत अकथ अपार, नेति-नेति नित निगम कह॥

इस निर्गुण ब्रह्म (निर्गुण राम) में जब कोई गुण ही नहीं, तब वह किस भाँति समझा जाय? अतः सगुण का सहारा लिये बिना निर्गुण का वर्णन किया ही नहीं जा सकता। अतः वही राम निर्गुण और सगुण दोनों ही हैं—

(१) **सगुन अगुन गुनमन्दिर सुंदर। भ्रमतम प्रबल प्रताप दिवाकर।**
(२) **जय सगुन निर्गुनरूप रूप अनूपभूप सिरोमने।**
(३) **जय निर्गुन जय-जय गुनसागर। सुखमन्दिर सुंदर अति नागर॥**
(४) **जय राम रूप अनूप निर्गुन सगुन गुन प्रेरक सही।**

इस प्रकार राम चाहे निर्गुण और चाहे सगुण हों, इतना तो निश्चित है कि वे सर्वव्यापी हैं। जब वे सर्वव्यापी हैं, तो वे निराकार भी होंगे, क्योंकि आकार में एक-

देशीयता आ जाती है और जो सर्वदेशीय है, वह केवल एकदेशीय नहीं हो सकता। इस लिये जहाँ राम ब्रह्म के रूप में वर्णित हैं, वहीं विश्वरूप में भी चित्रित किये गये हैं—

बिस्वरूप रघुबंस मनि, करहु बचन बिस्वासु।
लोक कल्पना बेद कर, अंग-अंग प्रति जासु ॥

सगुण का अर्थ होता है हेय गुणों से रहित, और कल्याणकारी गुणगणों का आकर। उन भगवान् राम में अनन्त कल्याणकारी गुण विद्यमान् हैं। मानव-समाज के लिये जो गुण विशेष उपयोगी एवं विशेष आकर्षक हैं, राम के उन्हीं गुणों की चर्चा कवियों, आचार्यों और भक्तजनों ने की है।

श्रीराम का महाविष्णुत्व

राम की दूसरी झाँकी है उनका महाविष्णुत्व। जो राम निराकार, निर्विकार और सर्वदेशीय हैं, वे ही इस झाँकी में साकार और एकदेशीय बन गये हैं। जो विश्वरूप हैं, वे ही सुर-रूप होकर भक्तों के सामने अवतीर्ण होते हैं। जिनके अनन्त नाम हैं, अनन्त रूप हैं, अनन्त लीलाएं हैं और अनन्त धाम हैं, वे ही विशिष्ट रूप, विशिष्ट लीलाएँ, विशिष्ट नाम और विशिष्ट रूप में प्रकट होते हैं।

परमात्मा सृजक, पालक और संहारक तीनों ही हैं। परन्तु आत्मकल्याण और लोककल्याण की भावनाएँ रखनेवाले भक्त उनके पालक-भाव की ओर ही विशेष रूप से आकृष्ट होते हैं। इस पालक-तत्व को भक्तों ने कल्याणधाम शिव के रूप में नहीं, वरन् जगद्भर्ता विष्णु-रूप में देखा है। इसीलिये उन्होंने अपने आराध्य राम का तादात्म्य विष्णु-रूप में किया है। परन्तु राम देवाधिदेव—महाविष्णु के रूप में निरूपित किये गये हैं। इसलिये निश्चय ही वे अद्वितीय हैं। वाल्मीकि रामायण, अध्यात्म रामायण एवं तुलसीकृत रामचरित-मानस में श्रीराम के देवाधिदेव-रूप को स्पष्ट रूप में स्वीकार किया गया है, जैसे—

वाल्मीकि रामायण के युद्धकाण्ड के एक सौ सत्रहवें सर्ग में श्रीब्रह्माजी ने श्रीराम की स्तुति करते हुए कहा है—"आप तीनों लोकों के आदिकर्त्ता स्वयं प्रभु हैं।"

"रघुनन्दन, आप अविनाशी परब्रह्म हैं। सृष्टि के आदि, मध्य एवं अन्त में सत्य-रूप से विद्यमान हैं।"

"आप ही बुद्धि, सत्व, क्षमा, इन्द्रियनिग्रह तथा सृष्टि और प्रलय के कारण हैं।"

अध्यात्म रामायण में तो अनेक स्थलों पर श्रीराम को देवाधिदेव-महाविष्णु का ही स्वरूप बतलाया गया है। युद्धकाण्ड में श्रीराम द्वारा कुंभकर्ण के वध के अनन्तर देवर्षि नारद ने भगवान् श्रीराम की स्तुति करते हुए कहा है—

"हे राम, आप नेत्र खोलकर ही इस सम्पूर्ण त्रिलोकी की रचना कर देते हैं और आपके नेत्र मूंदते ही इस सबका लय हो जाता है। जिसमें यह सम्पूर्ण सचराचर

जगत् भास रहा है, जिससे इसकी उत्पत्ति हुई है तथा जिसके अतिरिक्त संसार में और कुछ नहीं है, वह ब्रह्म आप ही हैं; आपको नमस्कार है।''

तुलसीदासजी के रामचरितमानस में तो रामचन्द्रजी के महाविष्णुत्व-रूप को अनेक स्थलों पर चित्रित किया गया है। उन्होंने स्पष्ट रूप से कहा कि भगवान् श्रीराम महाविष्णु हैं और उन्हीं देवाधिदेव से ब्रह्मा, विष्णु, महेश प्रकट होते हैं और वे तीनों देव उनकी आराधना और वन्दना करते हैं—

(१) देखे सिव बिधि बिस्नु अनेका। अमित प्रभाउ एक तें एका॥
वंदत चरन करत प्रभु सेवा। बिबिध वेष देखे सब देवा॥

(२) देखरावा मातहि निज, अद्भुत रूप अखंड।
रोम रोम प्रति लागे, कोटि कोटि ब्रह्मंड॥

(३) अगनित रबि ससि सिव चतुरानन। बहुगिरि सहित सिंधु महि कानन॥
लोक लोक प्रति भिन्न बिधाता। भिन्न बिस्नु सिव मनु दिसि त्राता॥

× × × ×

भिन्न भिन्न मैं देखि सब, अति बिचित्र हरि जान।
अगनित भुवन फिरेउँ, प्रभु राम न देखेउँ आन।

रामचरितमानस के अनुसार त्रिदेव—ब्रह्मा, विष्णु और महेश श्रीराम की शक्ति, स्वरूप और गुणों पर विमुग्ध हैं—

ब्रह्मा—ब्रह्मा सब जाना मन अनुमाना मोर कछू न बसाई।
जाकरि तैं दासी सो अबिनासी हमरउ तोर सहाई॥

विष्णु—हरि हित सहित रामु जब जोहे। रमा समेत रमापति मोहे॥

महेश—जय सच्चिदानंद जग पावन। अस कहि चलेउ मनोज नसावन॥

भगवान् श्रीराम की लीलाएँ अद्भुत और अचिन्त्य हैं। उनकी एक-एक लीला पर विचार करने से उनके महाविष्णुतत्व रूप का सहज अनुमान हो जाता है।

मर्यादापुरुषोत्तमत्व

इस झाँकी में श्रीराम आकृति, प्रकृति और परिस्थिति तीनों दृष्टियों से आदर्श पुरुष हैं। भारतवर्ष के परम प्रख्यात सूर्यकुल में उनका जन्म हुआ। इन्द्र की भी सहायता करने वाले चक्रवर्ती सम्राट् दशरथ उनके पिता थे। परम विवेकिनी कौशल्या उनकी माता थीं। वशिष्ठ के समान अद्वितीय ब्रह्मर्षि से उन्होंने शास्त्र की शिक्षा पाई। विश्वामित्र ऐसे परम तेजस्वी ऋषि ने उन्हें शस्त्र-विद्या प्रदान की। लक्ष्मण के सदृश परम पराक्रमी एवं भरत के समान साधु उन्हें भाई मिले। सीता के समान परम सुन्दरी सती-शिरोमणि पत्नी उन्हें मिली। परम विवेकी, ब्रह्म-विद्या-सम्पन्न विदेहराज जनक उनके श्वसुर थे। पवनपुत्र परम पराक्रमी हनुमान्‌जी जीवनपर्यन्त उनके दास और अनन्य सेवक रहे। सुग्रीव और विभीषण ऐसे बुद्धिमान्; नीतिज्ञ उनके मित्र बने। यहाँ तक कि त्रिलोक को रुलानेवाला रावण उन्हें शत्रु के रूप में प्राप्त हुआ। ऐसी उत्तम परिस्थिति आदर्श नहीं तो और क्या है?

उनकी आकृति (स्वरूप) ऐसी थी कि सभी उस पर मुग्ध हो जाते थे—

(१) राम लखन सिय रूप निहारी। होहिं सनेह बिकल नर नारी ।।
(२) मुदित नारि नर देखहिं सोभा। रूप अनूप नयन मनु लोभा ।।
(३) अस को जीव जंतु जग माही। जेहि रघुनाथ प्रानप्रिय नाहीं ।।

यहाँ तक कि उनके सौन्दर्य से आकर्षित हो साँप और बिच्छू जैसे विषैले जीव भी अपने विषम विष का परित्याग कर देते हैं—

जिन्हहिं निरखि मन साँपिन बीछी। तजहिं विषम विष तामस तीछी ।।

उनके प्राणघाती शत्रु भी उनके रूप-सौन्दर्य पर विमुग्ध होकर टकटकी लगाकर देखने लगते हैं और उनके प्रहार रुक जाते हैं—

प्रभु बिलोकि सर सकहिं न डारी। थकित भई रजनीचर धारी ।।
सचिव बोलि बोले खरदूषन । यह कोउ नृप बालकु नरभूषन ।।
नाग असुर सुर नर मुनि जेते। देखे जिते हते हम केते ।।
हम भरि जनमु सुनहु सब भाई । देखी नहिं असि सुन्दरताई ।।

इसी प्रकार समुद्र पर जब सेतु निर्मित हो गया, तो श्रीराम उस पर चढ़कर उसका निरीक्षण करने लगे। समुद्र में निवास करनेवाले मकर, मक्र, मछली और सर्पादि—समुद्र से निकल कर उनकी रूपमाधुरी का पान करने लगे और परस्पर का वैर-भाव भूल गये—

सेतबंध ढिग चढ़ि रघुराई । चितव कृपाल सिंधु बहुताई ।।
देखन कहुँ प्रभु करुना कंदा। प्रगट भए सब जलचर बृन्दा ।।
मकर मक्र नाना झष ब्याला। सत जोजन तन परम बिसाला ।।
अइसेउ एक तिन्हहिं जे खाहीं। एकन्ह के उर तेषि डेराहीं ।।
प्रभुहिं बिलोकहिं टरहिं न टारे। मन हरषित सब भए सुखारे ।।
तिन्ह की ओट न देखिअ बारी। मगन भए हरि रूप निहारी ।।

अब मर्यादा-पुरुषोत्तम की मानवी प्रकृति पर विचार करें। श्रीराम वीर्यवान् असूयारहित थे। वे नित्य शान्तात्मा, मृदुभाषी एवं स्मितपूर्वभाषी थे। दूसरों के परुष वचन बोलने पर भी वे परुष उत्तर नहीं देते थे। वे किसी के द्वारा किये गये एक उपकार से ही संतुष्ट हो जाते थे और आत्मवान् होने के कारण उसके सैकड़ो अपराधों का स्मरण नहीं करते थे।

वे शीलवृद्ध, ज्ञानवृद्ध एवं वयोवृद्ध सज्जनों से अस्त्र-शस्त्रादि श्रम के मध्य में भी वेद-वेदान्त एवं नीति-संबंधी चर्चा करते ही रहते थे। अन्य अवसरों पर सज्जन पुरुषों से शास्त्र-रहस्य की चर्चा ही करते थे। श्रीराम परम बुद्धिमान् थे। वे सभागत लोगों से पहले कुशलक्षेम आदि पूछते थे। वे शब्दतः मधुराभिभाषी एवं अर्थतः प्रियंवद थे। महान् वीर्यवान् और पराक्रमी होने पर भी, उन्हें अपने अमित वीर्य का गर्व नहीं था। वे अनृत कथा कभी नहीं करते थे। वे परम विद्वान् थे तथा वृद्धों का सदैव सम्मान करते थे। राम सदैव प्रजाजन का अनुरंजन करते थे। वे दीन-दुखियों पर दयार्द्र

रहते थे। वे दीनहीनों पर कृपा करनेवाले धर्मज्ञ थे। दुष्टनिग्रह तथा इन्द्रिय-निग्रह में वे सदा तत्पर एवं पवित्रात्मा थे। अपने कुल के अनुसार दया, दाक्षिण्य, शरणागत-रक्षण आदि धर्मों के प्रति उनकी बुद्धि का सदा झुकाव रहता था। श्रेय के विपरीत कर्म में उनकी कदापि अभिरुचि नहीं होती थी एवं धर्मविरुद्ध कथा की ओर भी उनकी रुचि नहीं थी।

ऐसा प्रतीत होता था कि मानो श्रीब्रह्माजी द्वारा श्रीराम संसार में एकमात्र सर्वगुण-सम्पन्न साधु पुरुष निर्मित हुए थे। वे श्रेष्ठ गुणों से युक्त प्रजाजनों के बहिश्चर प्राणों के तुल्य परमप्रिय थे। वे यथावत् सांगोपांग वेदों के ज्ञाता थे एवं तत्तत् क्रियाओं के लिये अपेक्षित व्रतों का अनुष्ठान कर व्रतस्नात हुए थे। वे अखिल कल्याणों के उत्स थे एवं परकार्य-साधक श्रेष्ठ पुरुषों में अग्रगण्य थे। क्षोभहेतु के उपस्थित होने पर भी उनका अन्तःकरण कभी क्षुब्ध नहीं होता था। वे कृच्छ्रकाल में भी सत्य ही बोलते थे। वे धर्म, अर्थ और काम के गूढ़ रहस्यों के मर्मज्ञ थे। साथ ही स्मृतिमान तथा प्रतिभा-सम्पन्न थे। वे लौकिक कार्यों को करने में सामर्थ्य-सम्पन्न थे। वे विनीत, गूढ़ अभिप्राय वाले तथा फलनिष्पत्ति-पर्यन्त मंत्रणा को गुप्त रखनेवाले थे। वे मित्रत्वेन सर्वसाधारण को अज्ञात मित्रों के सुरक्षित थे एवं उन्हीं के द्वारा परराष्ट्र-भेद जानने में पूर्ण सहायता प्राप्त करते थे। उनके क्रोध और हर्ष दोनों अमोघ थे। जिस पर प्रसन्न होते थे, उसे निहाल कर देते थे। सत्पात्र में वित्तदान एवं न्यायपूर्वक अर्थ-संग्रह के वे कालज्ञ थे। वे गुरु आदि में दृढ़भक्ति-सम्पन्न तथा स्थिरप्रज्ञ थे। वे आलस्य-रहित, सावधान एवं स्वदोष तथा परदोष के ज्ञाता थे। वे शास्त्रज्ञ, कृतज्ञ तथा पुरुषों के तारतम्य को जाननेवाले थे। न्यायानुकूल निग्रह, प्रग्रह और अनुग्रह करने में दक्ष थे। वे सत्पुरुषों के संग्रह तथा सपरिवार सत्पुरुषों के पालन एवं दुष्टों के निग्रह का देश और काल जानते थे। वे शास्त्रसमूहों तथा प्राकृतादि भाषा-मिश्रित नाटकादि मे निपुण थे। निरालस्य होकर धर्म और अर्थ का संग्रह कर धर्म और अर्थ के अविरोधी का भी आदर करते थे। क्रीड़ा-प्रयोजनवाले गीत, वाद्य, चित्रकर्म आदि के विज्ञाता थे तथा अर्थ के "धर्माय यशसेऽर्थाय कामाय स्वजनाय च" इस पंचधा विभाग के ज्ञाता एवं अनुष्ठाता थे। अश्व, हस्ति आदि के आरोहण, नियंत्रण एवं गत्यादिशिक्षण में वे सावधान थे।

वे धनुर्वेदवेत्ताओं में श्रेष्ठ एवं अतिरथियों में समादृत थे। वे परसेना के अभिमुख अभियान करनेवाले एवं शत्रुओं पर प्रहार करनेवाले थे। सेनाओं के व्यूहादि-निर्माण में वे निपुण थे। समरांगण में क्रुद्ध हुए वे देवताओं तथा दानवों के द्वारा भी अप्रधृष्य थे। असूया, क्रोध, घमण्ड तथा मत्सर से वे सर्वथा रहित थे। कोई भी प्राणी उनकी अवज्ञा नहीं कर सकता था।

वे अपने क्षमाप्रधान गुणों के कारण पृथ्वी के तुल्य, बुद्धि में बृहस्पति के सदृश एवं वीर्य में देवराज इन्द्र के समान थे। सभी प्रजाजनों के अभीष्ट उत्तम गुणों से राम इस प्रकार प्रदीप्त हुए, जैसे अंशुजालों से सूर्य दीप्त होते हैं।

संस्कृत के समस्त राम-साहित्य में राम के सत्य, न्याय, क्षमा, उदारता, कृपा और स्नेह आदि उच्चतम मनोभाव प्रदर्शित किये गये हैं। मानव के सद्‌गुणों का समन्वय एक ही चरित्र - श्रीराम में है, जिससे समाज, वर्ग, परिवार और व्यक्ति की मर्यादा सुरक्षित रहे। इस प्रकार मर्यादा के संरक्षण में श्रीराम पुरुषों में सर्वोत्तम हैं।

श्रीराम का चरित्र लोकोत्तर था। उनके चरित्र की कुछ विशेषताओं की चर्चा की जा रही है।

पितृ-भक्ति

पिता की आज्ञा से श्रीरामचन्द्रजी के वनगमन के लिये प्रस्तुत होने पर माता कौशल्या ने कहा, "वत्स, तुम्हारे पिताजी ने वनगमन की आज्ञा प्रदान की है, परन्तु माता, पिता से हजारगुना अधिक गौरवमयी मानी गयी है। अतः मैं तुम्हे वनगमन से रोकती हूँ, वन मत जाओ।" इस पर श्रीराम ने माता कौशल्या से कहा, "माँ, पिता के वचन उल्लंघन करने की मुझमें क्षमता नहीं है। मैं किसी प्रकार भी पिता के वचनों का उल्लंघन नहीं कर सकता। मैं आपके चरणों में प्रणाम कर आपको प्रसन्न करता हूँ। मैं अवश्य वन जाना चाहता हूँ। सत्य ही लोक में ईश्वर है। सत्य में धर्म सदा आश्रित है। संसार की सभी वस्तुएँ सत्यमूलक हैं। सत्य से बढ़कर कोई पद नहीं। वेद सत्य में ही प्रतिष्ठित हैं, अतः सत्यपरायण होना चाहिये। अतएव मैं पिता के आदेश का पालन क्यों न करूँ ?

"मैं किसी भी लोभ से, मोह से अथवा अज्ञान से सत्य-सेतु का कदापि भेदन नहीं कर सकता। पूज्य महाराज दशरथ मेरे पिता हैं, जन्मदाता हैं। अतः उन्होंने मेरे लिये जो आज्ञा प्रदान की है, वह कदापि मेरे द्वारा मिथ्या न होगी। हमारे पूर्वज महाराज सगर के पुत्र पिता की आज्ञा मानकर भूमि का खनन करते हुए विनाश को प्राप्त हुए। परशुरामजी ने पूज्य पिता की आज्ञा से ही अपनी माता रेणुका का फरसे से गला काट डाला। इन लोगों ने तथा देवसदृश अन्यान्य लोगों ने भी पिता की आज्ञा का बिना किसी हिचकिचाहट के पालन किया; और वे स्मरणीय आदर्श पुत्र माने जाने लगे। अतः मैं पिता का वचनपालन अवश्य करूँगा। चन्द्रमा से उसकी शोभा भले ही पृथक् हो जाय, हिमवान भले ही हिमविहीन हो जाय एवं सागर भले ही अपनी मर्यादा त्याग दे, परन्तु मैं पिता की आज्ञा नहीं टाल सकता। पूज्यतम पिताजी के लिये जो भी प्रिय कार्य किया जा सकता है, मैं प्राणों का परित्याग करके भी वह सब करने के लिये कृत-संकल्प हूँ। पितृ-चरणों की शुश्रूषा और उनके वचन के आज्ञापालन से बढ़कर पुत्र के लिये दूसरा कोई महत्तर धर्माचरण है ही नहीं। पूज्य पिताजी न भी कहें, तो आपकी आज्ञा से मैं निर्जन वन में चौदह वर्ष निवास कर सकता हूँ।"

मातृ-भक्ति

कौशल्या के प्रति राम में जितना अधिक सम्मान था, कैकेयी के प्रति उससे

भी अधिक था। कैकेयी स्वयं कहती है, "मैंने यह बहुत बार सुना है कि राम मुझे कौशल्या से अधिक श्रद्धा और प्रीति करते हैं।"

अन्य माताओं ने भी अनुभव किया था कि "राम झूठा कलंक लगाने पर भी क्रोध नहीं करते और स्वयं भी क्रोध उत्पन्न करानेवाली बातें नहीं करते। क्रुद्ध लोगों को भी प्रसन्न कर लेनेवाले तथा दूसरों के दुःख में समान दुःखवाले राम अब कहाँ चले जा रहे हैं? महातेजस्वी राम जिस प्रकार माता कौशल्या में भक्ति रखते हैं, वैसे ही हम सब में भक्ति रखते हैं।

माता सुमित्रा, कौशल्या को समझाती हुई कहती हैं, "हे आर्ये, तुम्हारे पुत्र राम सद्गुणों से युक्त पुरुषोत्तम हैं। उन्हें कहीं भय और क्लेश नहीं। तुम क्यों विलाप करती हो? तुम्हारे महाबलवान् पुत्र अपने पिता को सत्यवादी सिद्धसंकल्प करते हुए राज्य का त्याग कर वन में गये हैं। श्रेष्ठ श्रीराम शिष्टपुरुषों द्वारा आचरित धर्म में स्थित हैं। उनके लिये शोक करना व्यर्थ है। लक्ष्मी के तुल्य सीताजी जिनकी अनुगत हैं एवं महाधनुर्धारी लक्ष्मण जिनके साथ चल रहे हैं, उनके लिये क्या दुर्लभ है? ऐसे राम के लिये शोक करना व्यर्थ है।"

भ्राता स्नेह

रावण-वध के अनन्तर राम को अयोध्यागमन के लिये उद्यत देखकर विभीषण ने अति विनय-भाव से प्रार्थना की, "भगवन्, यदि मैं आपका अनुग्राह्य हूँ, आप मेरे गुणों और सेवाओं का स्मरण करते हैं, मुझ पर आपका सौहार्द है तो आपका सारा कार्य सम्पन्न हो गया है, अब आप कुछ समय मेरे यहाँ निवास करें तथा मेरा सत्कार स्वीकार करें। मैं बड़े प्रणय, सम्मान एवं सौहार्द से विनय करता हूँ। मैं आपका सेवक हूँ। आज्ञा नहीं, प्रार्थना करता हूँ। मेरी सेवा ग्रहण करने के अनन्तर ही आप अयोध्या को प्रस्थान करें।

श्रीराम ने सब वानरों और राक्षसों के बीच में कहा, "वीर, मैं तुम्हारे परम सौहार्द, उत्कृष्ट प्रयत्नों तथा उत्कृष्ट मंत्रणाओं से पूजित हो चुका हूँ। मैं तुम्हारी बात न मानूं, यह संभव नहीं। किन्तु राक्षसराज, अपने उस भ्राता भरत को देखने के लिये मेरा मन अत्यंत आतुर हो रहा है। वह मुझे लौटाने के लिये सपरिवार चित्रकूट आया था और पादलग्न फिर से लौटाने की मुझसे प्रार्थना कर रहा था। फिर भी उसकी बात मैंने अंगीकार नहीं की। कौशल्या, सुमित्रा तथा कैकेयी आदि माताओं एवं सुहृद गुहराज तथा पुरवासियों को देखने के लिये मेरा मन त्वरित है। अब मुझे शीघ्र ही जाने के लिये अनुमति दो। सौम्य, अन्यथा मत समझना। मैं तुमसे अनुमति देने की प्रार्थना करता हूँ।"

तुलसीदासजी ने रामचरित-मानस में इस प्रसंग का अत्यंत हृदयग्राही चित्रण किया है। विभीषण के आग्रह पर श्रीराम इस प्रकार उत्तर देते हैं—

तोर कोस गृह मोर सब, सत्य वचन सुनु तात।
भरत दसा सुमिरत मोहि, निमिष कलप सम जात॥

तापस बेष गात कृस, जपत निरंतर मोहि ।
देखौं बेगि सो जतन करु, सखा निहोरउँ तोहि ।।
बीते अवधि जाउँ जो, जिअत न पावउँ बीर ।
सुमिरत अवधि प्रीति प्रभु, पुनि-पुनि पुलक सरीर ।।

भाइयों के स्नेह के प्रति श्रीराम का यह कथन कितना मार्मिक है ! वे लक्ष्मणजी से इस प्रकार कहते हैं—लक्ष्मण, मैं प्रतिज्ञापूर्वक कहता हूँ कि मैं धर्म, अर्थ और काम और पृथ्वी का राज्य तुम भाइयों के लिये ही चाहता हूँ । भ्राताओं के संग्रहार्थ एवं सुखार्थ मैं राज्य चाहता हूँ । यह मैं आयुध-स्पर्श कर सत्य कहता हूँ । बिना भरत के, बिना तुम्हारे और बिना शत्रुघ्न के जो भी मेरा सुख हो, अग्निदेव उसे जला कर भस्म कर दें ।" इससे बढ़कर भ्रातृस्नेह और कहाँ उपलब्ध हो सकता है ?

एक-पत्नीव्रत

'आनन्द-रामायण' के अनुसार श्रीराम की प्रतिज्ञा है, "सीता के सिवा अन्य स्त्री मेरे समक्ष माता कौशल्या-तुल्य है । अन्य पत्नी का परिग्रह मुझसे नहीं किया जा सकता । परिग्रह करना तो दूर, मैं मन से भी अन्य स्त्री के परिग्रह की बात तक नहीं सोच सकता ।"

यज्ञार्थ आवश्यक होने पर भी श्रीराम ने सीताजी से भिन्न भार्या का वरण नहीं किया । इसीलिये यज्ञों में पत्नी के स्थान में सीताजी की काँचनी प्रतिमा ही प्रयुक्त होती थी ।

'उत्तर रामचरित' में श्रीराम का स्मरण कर सीता के विह्वल होने पर, सीता की सखी वासंती ने उनसे कहा, "सखि सीते, तुम ऐसे निष्ठुर राम का स्मरण कर क्यों दीर्घ और उष्ण उच्छ्वास लेती हो ?" वासंती को जानकी जी ने इस प्रकार उत्तर दिया, "सखि वासंती, राम निष्ठुर नहीं हैं । मैं बहिरंग दृष्टि से ही उनसे दूर हूँ । वस्तुतः उनके हृदय की रानी मैं ही हूँ ।"

राम की हृदयसिंहासनाधीश्वरी सीताजी ही रहीं । इस सन्दर्भ में कुन्दमाला-कार ने कितने सुन्दर शब्दों में राम के भाव का चित्रण किया है—"हे देवि, चित्त में स्थापित, सदा चित्त में रमी हुई, अविस्मृत, तुम्ही मेरी गृहदेवी हो, स्वप्न में आयी हुई तुम्हीं मेरी शय्या में सहचरी हो । अन्य पत्नी के परिग्रह की मुझे तनिक भी स्पृहा नहीं है । यज्ञयागों में धर्मपत्नी की आवश्यकता होने पर तुम्हारी कांचनी प्रतिमा ही यज्ञ में मेरी धर्मपत्नी है ।"

सुहृत्-स्नेह

श्रीराम के वनवासार्थ गंगातट पर पहुँचने पर निषादराज गुह ने राम का पूर्ण स्वागत-सत्कार किया और कहा, "नाथ, मेरा सारा राज्य आपका है । हम सभी आपकी आज्ञाओं का अनुवर्तन करेंगे । आप स्वामी, हम सब आपके सेवक हैं । ये भक्ष्य, भोज्य, पेय, लेह्य, खाद्य-पदार्थ तथा ये शय्याएँ एवं घोड़ों के लिये घास, चारा, अन्न

आदि सामग्री भी उपस्थित है।" परिस्थिति के अनुसार यद्यपि राम ने निषादराज के दिये गये भोजन आदि को स्वीकार नहीं किया, तथापि अपने व्यवहार एवं स्नेह से उन्हें निहाल कर दिया। उन्होंने कहा, "सुहृद्वर, आप मेरे समीप पैदल ही चले आये, आपके इस परमोत्कृष्ट प्रेम से हम अत्यंत प्रसन्न एवं अर्चित हो गये हैं।" तत्पश्चात् अपनी दोनों सुन्दर भुजाओं से निषादराज का गाढ़ आलिंगन करते हुए फिर कहा, "प्रियवर, हम कितने भाग्यशाली हैं, जो स्वस्थ एवं प्रसन्न बान्धवों से युक्त आप जैसे मित्र का दर्शन कर रहे हैं। आपके मित्रों, वनों एवं राज्य में कुशल तो है। आप मेरे लिये जो कुछ लाये हैं, वह सब मुझे स्वीकार है, किन्तु मैंने इस समय वनचारी तपस्वी का व्रत धारण कर रखा है। इन व्रत के दिनों में मैं वल्कलवसन, कुश एवं अजिन धारण करके कन्द, मूल फल अशन करता हूँ। अतः आप अन्य सब वस्तुएँ लौटा ले जायँ। केवल घोड़ों के लिये चारा, दाना ही मुझे अपेक्षित है। ये घोड़े मेरे पिताजी के अत्यंत प्रिय हैं। इनको खिलाने-पिलाने से ही मेरा पूर्ण सत्कार हो जायगा।"

शरणागत-रक्षण व्रत

विभीषण की शरणागति प्रसिद्ध है। श्रीराम के सुहृद् सचिव सुग्रीव आदि विभीषण को शरण देने के विरुद्ध थे। वे कहते थे, "भगवान् श्रीराम, यह रावण का अनुज रावण का प्रणिधि बनकर हमारा भेद लेने या हममें फूट डालने अथवा यदि मौका मिले, नो हममें से किसी पर सांघातिक प्रहार करने के लिये आया है। यदि रावण का प्रणिधि न भी हो, उसका विरोधी ही हो, तो भी यह ग्राह्य नहीं है, क्योंकि ऐसे विपत्तिकाल में, जो अपने सहोदर भाई का त्याग कर सकता है, अपने सगे भाई का अपना नहीं हुआ, तो किसका विश्वस्त या आत्मीय हो सकता है?"

श्रीराम ने उत्तर दिया "यदि वह प्रणिधि भी हो, हमारा भेद लेने आया हो, तो भी वह रजनीचर हमारा सूक्ष्मातिसूक्ष्म भी अहित नहीं कर सकता। पृथ्वी भर में जितने निशाचर, दानव, यक्ष तथा राक्षस हैं, उन सभी का यदि इच्छा करूँ तो एक अँगुली के अग्रभाग से संहार कर सकता हूँ—

"रन्ध्र मिलने पर विभीषण प्रहार कर सकता है, इस भीति को दूर कर शरणागत की रक्षा करना परम धर्म है। सुना जाता है कि कपोत ने शरण में आये हुए शत्रुरूप व्याध का यथान्याय अर्चन किया और अपना मांस भोजन करने की उससे प्रार्थना की। इस प्रकार जब कि शरणागत भार्याहर्ता की तिर्यक्-प्राणी कपोत ने भी उपेक्षा नहीं की, तो मेरे समान सकल धर्मों के रहस्य को जाननेवाला क्षत्रिय अपकार न करनेवाले शरणागत की उपेक्षा कैसे कर सकता है?

"सत्यवादी महर्षि कण्डु ने शरणागत-रक्षा-संबंधी एक गाथा गायी है—हाथ जोड़े हुए, दीनता से शरण माँगते हुए शत्रु को भी आश्रित रक्षण-रूप परम धर्म की सिद्धि के लिये नहीं मारना चाहिये। इतना ही नहीं, आर्त हो अथवा दीन हो, जो भी शत्रुओं के भय से शरणागत हुआ हो, भले वह शत्रु ही क्यों न हो, कृतात्मा प्राणी को चाहिये

कि वह अपने प्राणों की बाजी लगा कर भी उसकी रक्षा करे। शरण में आया हुआ व्यक्ति यदि रक्षक की दृष्टि के सामने विनष्ट होता है, तो वह अरक्षित अरक्षक का सब पुण्य लेकर चला जाता है। इस प्रकार प्रपन्न के अरक्षण से महान् दोष होता है। अतः मैं कण्डु के धर्मिष्ठ यशस्य तथा फलोदयकाल में स्वर्ग्य वचन का अवश्य पालन करूँगा। ऐसा न करने से वह अस्वर्ग्य, अयशस्य और बलवीर्य का विनाशक होता है। इसके अतिरिक्त मुझे परम दयालु राम का तो सर्वभूतों के लिये अभय-प्रदान करना एक व्रत ही है।

"सब प्राणियों के लिये एवं सब भूतों से भयभीत सभी प्राणियों के लिये अभय प्रदान करना मेरा नित्य सत्-सहज धर्म है।"

कोटि बिप्रबध लागे जाही। आये सरन तजहुँ नहिं ताही॥

श्रीराम का कथन सुनकर आश्चर्य एवं सौहार्द से परिपूर्ण होकर सुग्रीव ने कहा, "धर्मज्ञ, लोकनाथशिरोमणे, आप सत्यवान एवं सत्पथ में स्थित हैं। अतः आपका ऐसा कल्याण भाषण आश्चर्यजनक नहीं है। आपका पुण्यकथन सुनकर मेरी भी अन्तरात्मा विभीषण को ग्राह्य मानने लगी।" विभीषण ने राम के निकट आते ही राम के चरणों में गिरकर प्रणाम किया और कहा, "भगवन्, सब भूतों के शरण्यभूत परम पुरुष मैं आपकी शरण में आया हूँ।"

सत्य-प्रतिज्ञ

श्रीरामजी ने अभय-प्राप्ति के लिये अपनी पुण्य संनिधि में समागत दण्डकारण्यवासी ऋषियों के अभिरक्षण के लिये राक्षसों के वध की प्रतिज्ञा की थी। परन्तु सीताजी को बिना वैर पर-प्राणों की हिंसा रुचिकर नहीं प्रतीत हुई। इसीलिये ऐहिक सुख एवं पारलौकिक निःश्रेयस् के लिये शस्त्रास्त्रों को अपने निकट न रखने का निवेदन करते हुए उन्होंने एक प्राचीन गाथा श्रीरामजी को सुनायी।

श्रीरामजी ने सीताजी के कथन की प्रशंसा करते हुए भी इस प्रकार कहा, "हे सीते, मैं अपने जीवन का त्याग कर सकता हूँ एवं लक्ष्मणसहित तुम्हारा भी त्याग कर सकता हूँ, परन्तु मैं की हुई प्रतिज्ञा का, विशेषतः ब्राह्मणों के प्रति की गयी प्रतिज्ञा का, त्याग नहीं कर सकता।

सीताजी ने राम को परम धार्मिक, सत्यप्रतिज्ञ और पिता की आज्ञा पालन करनेवाला दृढ़व्रती कहा है। वाल्मीकिजी ने नारदजी से राम को धर्मज्ञ एवं सत्यप्रतिज्ञ कहा।

शत्रुओं के प्रति असाधारण व्यवहार

श्रीराम का शत्रुओं के प्रति व्यवहार भी आदर्श था। उनकी दृष्टि में यदि घोर से घोर शत्रु भी आर्त होकर शरण में आ जाय, तो उसकी रक्षा अवश्य करनी चाहिये।

महर्षि वशिष्ठ, विश्वामित्रजी एवं अगस्त्यजी से श्रीराम को उत्तमोत्तम

शस्त्रास्त्र प्राप्त हुए थे। वे चाहते तो उन्हें प्रयोग में लाकर अनायास ही सब राक्षसों का संहार कर सकते थे। किन्तु उन्होंने कभी भी उन शस्त्रास्त्रों का प्रयोग नहीं किया।

मेघनाद छलपूर्वक ऐसे दिव्यास्त्रों का प्रयोग कर रीछों, वानरों और श्रीराम-लक्ष्मणजी सबको परेशान करता था। एक बार लक्ष्मणजी ने ब्रह्मास्त्र का प्रयोग करने की आज्ञा चाही, पर श्रीराम ने कहा, "लक्ष्मण, एक के लिये पृथ्वी भर के, अबद्ध्यमान् प्रच्छन्न प्रांजलि शरणागत, सबको मारना उचित नहीं है। इन्द्रजित् को मारने के लिये मैं प्रयत्न करता हूँ।"

इतना ही क्यों, श्रीराम ने तो श्रान्त, विरथ तथा निःशस्त्र रावण को भी अवसर दिया कि वह स्वस्थ, रथी और धन्वी होकर आये, तब उससे युद्ध किया जाये।

रावणवध के पश्चात् विभीषण ने पहले शोक व्यक्त करते हुए रावण के गुणों का वर्णन किया। परन्तु अन्त में जब उसकी अत्येष्टि का प्रसंग आया, तब उसके सीताहरण आदि दुष्कृत्यों का स्मरण करके अत्येष्टि करना उन्होंने अस्वीकार कर दिया। तब श्रीराम ने विभीषण से कहा, "प्रिय विभीषण, मरने तक ही वैर रहता है। हमारा प्रयोजन सिद्ध हो चुका है। अब यह जैसा तुम्हारा भाई है वैसा मेरा भी है। तुम इसका दाह्यादि संस्कार विधिपूर्वक करो।" श्रीराम ने रावण की प्रशंसा भी की, "रावण अधर्मी, असत्यवादी होने पर भी संग्राम में तेजस्वी, शूरवीर और बलवान् रहा है। इन्द्रादि देवता भी इसे परास्त नहीं कर सके थे। इसने अनेक प्रकार के दान दिये और बहुत से यज्ञ और श्रेष्ठ कर्म भी किये थे।"

विराध के इच्छानुसार श्रीराम ने विराध का गर्त में निक्षेप कर तथा कबन्ध के इच्छानुसार उसका दाह कर दोनों राक्षसों को कृतार्थ किया था। अतः शत्रुओं के प्रति भी उनका असाधारण व्यवहार श्लाघनीय है।

इस प्रकार भगवान् श्रीराम निर्गुण ब्रह्म. महाविष्णु और मर्यादा-पुरुषोत्तम सभी दृष्टियों से लोकोत्तर थे। इसलिये उनके पावन चरित्र का गुणगान अनादि काल तक चलता रहेगा। वे भारतीय संस्कृति के अंग-प्रत्यंग में रम रहे हैं।

●

अध्याय–पचीस

श्रीराम-दर्शन

श्रीराम संबंधी दार्शनिक सिद्धान्तों के विवेचन के लिये वाल्मीकि रामायण, अध्यात्म रामायण, योगवासिष्ठ एवं तुलसीदास कृत रामचरितमानस अपेक्षित ग्रंथ हैं। वाल्मीकि रामायण में तो श्रीराम मर्यादापुरुषोत्तम के रूप में निरूपित किये गये हैं। उनके ईश्वररूप का चित्रण यत्र-तत्र स्फुट रूप में ही पाया जाता है। अध्यात्म रामायण में आद्योपान्त उनके ब्रह्मस्वरूप का सांगोपांग विवेचन किया गया है। यह विवेचन विविध पात्रों द्वारा किया गया है, जैसे—कौशल्या, वशिष्ठजी, विश्वामित्रजी, परशुरामजी, जनकजी, नारदजी, भरद्वाजजी, वाल्मीकिजी, अत्रिजी, सुतीक्ष्णजी, अगस्त्यजी, देवताओं और ब्रह्माजी आदि द्वारा। हाँ, योगवासिष्ठ ही एक ऐसा ग्रंथ है, जिसमें श्रीराम और वशिष्ठ के संवाद के माध्यम से ब्रह्मतत्व-संबंधी समस्त तत्वों का विधिवत् निरूपण किया गया है। रामचरितमानस में भी यत्र-तत्र श्रीराम-संबंधी तात्विक सिद्धान्तों की सुन्दर आख्या की गयी है। हम इन्हीं ग्रंथों के आधार पर श्रीराम के दार्शनिक सिद्धान्तों की व्याख्या करने का प्रयास कर रहे हैं।

परम ब्रह्म अथवा आत्मा

ब्रह्म क्या है? परमात्म-तत्व क्या है? आत्मा क्या है? इन प्रश्नों का संतोष जनक उत्तर देना ही सब ज्ञानों, विज्ञानों और दर्शनों का ध्येय है। अपनी-अपनी समझ और बुद्धि के अनुसार आत्मा को कोई देह समझता है, कोई प्राण, कोई मन, कोई बुद्धि। कोई इन सबसे परे और इनसे पृथक्, कोई सूक्ष्म तत्व समझता है। कोई आत्मा को परम ब्रह्म ही समझते हैं। आत्मा के स्वरूप-निरूपण-का सर्वोत्तम तरीका अपने पूर्ण अनुभव का विश्लेषण करना है। हमें चार अवस्थाओं का अनुभव होता है। इसलिये हमारा अस्तित्व वह है, जो चारों अवस्थाओं में निरन्तर विद्यमान रह सके क्योंकि इन अवस्थाओं का अनुभव हमको ही तो होता है। वे चार अवस्थाएँ ये हैं—

जाग्रत् : ज्ञानेन्द्रियों द्वारा बाहर की ओर प्रवृत्त होकर जब मनुष्य अपने भीतर नाना प्रकार के बाह्य जगत् का अनुभव करता है और उस अनुभव में स्थित रहकर व्यवहार करता है, तब की अवस्था का नाम जाग्रत् है।

स्वप्न : स्वप्न उस अवस्था का नाम है, जबकि जीव बाह्य ज्ञान और ज्ञाने-

न्द्रियों एवं कर्मेन्द्रियों के व्यवहार के बिना ही अपने अन्तर्गत क्षुब्ध होकर उनके व्यवहार का अनुभव करता है। जीव जिस-जिस अवस्था के वशीभूत होता है, उस-उस अवस्था की पूर्ति का अपने अन्दर हो अनुभव करता है। जो-जो वासना उसके भीतर उदय होती है, वही-वही पूरी होती हुई उसके समक्ष दिखायी पड़ती है। इस अवस्था को स्वप्नावस्था कहा जाता है।

सुषुप्ति : गाढ़ निद्रा में जब जीव न कोई कामना करता है और न किसी स्वप्न को ही देखता है, वही सुषुप्ति अवस्था है। इस अवस्था में शरीर से मन, वचन और कर्म से कोई भी क्रिया नहीं होती, जीव अपने रूप में शान्तभाव से स्थित रहता है, प्राणों की क्रियाओं में समता आ जाती है, हृदय में स्थित, उसमें किसी प्रकार का क्षोभ नहीं उत्पन्न होता। जिस प्रकार वायु-रहित स्थान में प्रकाश-युक्त दीपक क्षोभ-रहित होकर स्थित रहता है, उसी प्रकार जीव भी शान्त रहता है। उस समय वह ज्ञानेन्द्रियों एवं कर्मेन्द्रियों की ओर नहीं दौड़ता है। इस कारण इन इन्द्रियों में चेतना का अभाव रहता है और उनकी क्रियाएँ बाहर की ओर नहीं प्रवृत्त होतीं। उस समय चेतना जीव के भीतर ही ऐसी रहती है, जैसे कि तिलों में तेल। प्राणों के सौम्य हो जाने पर, बाह्य ज्ञान के लुप्त हो जाने पर, जीवाकार वाली चित्ति सुषुप्ति की दशा में होती है।

तुरीयावस्था : अहंभाव और अनहंभाव दोनों से रहित जो असक्त, सम और शुद्ध स्थिति है, उसे चौथी अवस्था—तुरीयावस्था कहते हैं। जो स्वच्छ, सम और शान्त, साक्षी रूप से जीवन्मुक्त-भाव में स्थिति है वही तुरीय अवस्था कही जाती है। वह न जाग्रत् है, न स्वप्न है, क्योंकि इस अवस्था में संकल्पों का अभाव रहता है। यह न सुषुप्ति है, क्योंकि इसमें जड़ता का अभाव रहता है। तुरीयावस्था का अनुभव तभी होता है, जबकि अहंकार का त्याग, समता की प्राप्ति और चित्त की शान्ति हो जाती है। इस प्रकार संकल्प-विकल्प से रहित चित्त की स्थिति का नाम चौथी अवस्था तुरीयावस्था है।

इन चार अवस्थाओं का अनुभव यह सिद्ध करता है कि हमारा अपना स्वरूप न शरीर है, न प्राण है, न मन है, न बुद्धि है और न वैयक्तिक जीवात्मा है, जिसका संकेत हम अहं (मैं) से करते हैं। वास्तव में आत्मा पूर्ण ब्रह्म के अतिरिक्त और कुछ नहीं है।

जो यह समझता है कि मैं दिक्, काल और क्रियावाला अनन्त, अनादि और अपार, सर्वत्र व्याप्त, चिदाकाश हूँ, वह ठीक समझता है। जो यह समझता है कि मैं चित्त नहीं हूँ, वह आत्मा हूँ जिसमें जगत् की सारी वस्तुएँ इस प्रकार पिरोई गयी है, जैसे कि माला के तागे में मोती पिरोये गये हैं, वही ठीक समझता है। जो यह समझता है कि मैं सब वस्तुओं के भीतर रहनेवाला सर्वशक्तिमान् अन्तरात्मा हूँ, वही ठीक समझता है। जो यह समझता है कि जैसे तरंग समुद्र का एक अंग है, वैसे ही तीनों लोकों में जो कुछ भी है, वह मेरा ही अंग है, वही ठीक समझता है।

उपर्युक्त सिद्धान्त योगवासिष्ठ के हैं, जिन्हें महर्षि वसिष्ठ ने श्रीरामचन्द्र को

समझाया है। उन्हीं सिद्धान्तों को और भी अधिक स्पष्ट करने के लिये उन्होंने स्थल-स्थल पर आत्मा के स्वरूप का विशद चित्रण किया है।

योगवासिष्ठ के अनुसार आत्मा का स्वरूप

व्यवहार के लिये विद्वानों ने उस महान् आत्मा को 'कर्ता', 'आत्मा', परब्रह्म', 'सत्य' आदि नामों से पुकारा है। ये सब नाम कल्पित हैं (३।१।१२)। वह परब्रह्म सब प्रकार की शक्तियों से संपन्न है और उसमें सब वस्तुएँ हैं। वह सदा ही सब प्रकार से सब कुछ है। वह सब के साथ, सब में एवं सब जगह है (६२।१४।८)। जिससे सब प्राणी प्रकट होते हैं, जिसमें सब स्थित हैं और जिसमें सब लीन हो जाते हैं, उस सत्यरूप तत्त्व को नमस्कार है (१।१।१)। जिसमें ज्ञाता, ज्ञेय और ज्ञान का, द्रष्टा, दर्शन और दृश्य का तथा कर्ता, हेतु और क्रिया का उदय होता है, उस ज्ञान-स्वरूप तत्त्व को नमस्कार है (१।१।२)। जिससे पृथ्वी और स्वर्ग में आनन्द की वर्षा होती है और जिसके ऊपर सबका जीवन निर्भर है, उस ब्रह्मानंदस्वरूप तत्व को नमस्कार है (१।१।३)। वह सब कुछ है, सब की आत्मा है और सब भावों से रहित है (६५।५२।३६)। वह सब भूतों की आत्मा शून्य, सत् तथा असत् दोनों ही है (६५।५२।२७)। वह सब जगह है, सब वस्तुओं से युक्त है तथा सब भावों से मुक्त और निर्विकार है (६२।१४।१४)। वह सब कुछ, सर्वात्मक है और सबसे रहित है (६२।५२।३६)। वह न सत् है, न असत् न दोनों का मध्य; वह कुछ भी नहीं है, तो भी सब कुछ है। वह मन और वचन मे आनेवाली कोई वस्तु नहीं है। वह शून्य से शून्य और आनन्द से भी अधिक आनन्दस्वरूप है (३।११९।२३)। न वह दिखायी देता है, न उसका वर्णन किया जा सकता है। वह न समीप है और न दूर। शुद्धात्मा का चिद्रूप केवल अनुभव ही किया जा सकता है (६१।४८।११)।

सारांश यह कि इस विशाल विश्व के अन्तर्गत देश और काल से विभक्त भूत, भविष्य और वर्तमान में होनेवाली कोई भी वस्तु ऐसी नहीं है, जो आत्मा से पृथक् रह सके—आत्मा से भिन्न हो। अतः संसार में कोई भी ऐसा पदार्थ नहीं, जो आत्मा से व्याप्त न हो। प्रत्येक अनुभव में हमें आत्मा की ही अनुभूति होती है। आत्मा विषय-रूप है और वही विषयी-रूप भी है। वह भीतर भी है और बाहर भी है; कर्त्ता भी है, कर्म भी है। इस जगत् में एक ही सत्ता सर्वत्र परिलक्षित हो रही है। वह अखण्ड है और सबका अधिष्ठान भी है। जगत् के सभी पदार्थों का अधिष्ठान आत्मा ही है। विषयी-विषय का यह पार्थक्य वास्तविक नहीं है, बल्कि व्यवहार के निमित्त ही कल्पित किया गया है।

आत्मा अथवा ब्रह्म के इसी निर्विकार, अनादि और अखण्ड तत्व को राम-काव्यों में राम के स्वरूप में पूर्णरूप में प्रतिष्ठित किया गया है। दुष्ट जनों के संहार, साधुपुरुषों की रक्षा एवं लोककल्याण करने के निमित्त निर्गुण ब्रह्म अपनी अभिन्न शक्ति माया का आश्रय लेकर अवतार के रूप में प्रकट होता है। वह अजन्मा होते

होते हुए भी जन्म लेता हुआ सा दृष्टिगोचर होता है। असंग होते हुए भी संग करता हुआ-सा जान पड़ता है। अवतार की यही सबसे बड़ी विशेषता है कि उसके वास्ततिक तत्व और रहस्य को सभी नहीं समझ सकते। अब हम पूर्ण ब्रह्म राम के वास्तविक दर्शन को समझने का प्रयास करेंगे।

निर्गुण ब्रह्म

निर्गुण ब्रह्म का प्रतिपादन असंभव है, क्योंकि वह ज्ञानेन्द्रियों, वाणी, मन, बुद्धि की पहुँच के बाहर है। इसीलिये केनोपनिषद् के प्रथम खण्ड के तृतीय मंत्र में इसकी गूढ़ता की ओर इस प्रकार संकेत किया गया है—

न तत्र चक्षुर्गच्छति न वाग्गच्छति नो मनो न विद्मो न विजानीमो यथैतदनुशिष्यादन्यदेव तद्विदितादथो अविदिताधि। (केनोपनिषद् खंड १, मंत्र ३)

अर्थात्, उस सच्चिदानन्द परब्रह्म को प्राकृत अन्तःकरण, मन और इन्द्रियाँ नहीं जान सकतीं। वे वहाँ तक पहुँच ही नहीं पातीं। ऐसी अवस्था में मन, इन्द्रियों और वाणी के द्वारा कोई कैसे बतलाये कि ब्रह्म 'ऐसा है।' इस प्रकार ब्रह्म-तत्त्व के उपदेश का कोई तरीका न तो हमने किसी के द्वारा समझा है और न हम स्वयं अपनी बुद्धि से विचार कर समझ सकते हैं।

भगवान् श्रीराम निर्गुण ब्रह्म के पर्याय हैं। उनके इस निर्गुण-तत्व की व्यंजना अध्यात्म रामायण और गोस्वामी तुलसीदासजी के रामचरितमानस में स्थल-स्थल पर की गयी है—

सीताजी ने पवनपुत्र हनुमान को उपदेश देते हुए कहा, "वत्स हनुमान्, तुम राम को साक्षात् अद्वितीय सच्चिदानन्दघन परब्रह्म समझो। ये निस्सन्देह समस्त उपाधियों से रहित, सत्तामात्र, मन तथा इन्द्रियों के अविषय, आनन्दघन, निर्मल, शान्त, निर्विकार, निरंजन, स्वयंप्रकाश एवं पापहीन परमात्मा ही हैं।"

(अध्यात्म रामायण, बालकाण्ड, सर्ग १, श्लोक ३२ और ३३)

श्रीराम के अवतार लेने पर कौशल्या उनसे कहती हैं, "हे देव-देव, आपको नमस्कार है। हे शंख-चक्र-गदाधर, आप अत्त्युत और अनन्त परमात्मा हैं तथा सर्वत्र पूर्ण पुरुषोत्तम हैं। वेदवादीगण आपको मन, वाणी आदि के अविषय तथा इन्द्रियों से अतीत सत्तामात्र एवं एकमात्र ज्ञानस्वरूप बतलाते हैं। आप ही अपनी माया से सत्त्व, रज और तम—इन तीनों गुणों से युक्त होकर इस विश्व की रचना, पालन और संहार करते हैं, तथापि वास्तव में आप सदा निर्मल तुरीय पद में स्थित हैं। आप कर्ता नहीं हैं तथापि करते से प्रतीत होते हैं, चलते नहीं है, फिर भी चलते से मालूम होते हैं, न सुनते हुए भी सुनते से दिखायी पड़ते हैं और न देखकर भी देखते हुए से प्रतीत होते हैं। भगवती श्रुति भी कहती है कि आप प्राण और मन से रहित तथा शुद्ध हैं। आप समस्त प्राणियों में समान भाव से स्थित हैं।"

(अध्यात्म रामायण, बालकाण्ड, सर्ग ३, श्लोक २० से २४ तक)

"आप आकाश के समान बाहर-भीतर सब ओर विराजमान, निर्मल, असंग, अचल, नित्य, शुद्ध, बुद्ध, सत्यस्वरूप और अव्यय हैं ।"

(अध्यात्म रामायण, बालकाण्ड, सर्ग ५, श्लोक ५६)

परशुरामजी ने भी श्रीराम के निर्गुण स्वरूप का वर्णन करते हुए कहा है, "हे प्रभो, आज मेरा जन्म सफल हो गया, जो मैंने आपको पहचान लिया, क्योंकि आप तो ब्रह्मा आदि से अप्राप्य और प्रकृति से परे हैं । आप गमनादि से रहित निर्विकार और पूर्ण हैं ।" (अध्यात्म रामायण, बालकाण्ड, सर्ग ७, श्लोक ३० और ३१)

नारदजी ने भी श्रीरामचन्द्रजी के निर्गुण स्वरूप के संबंध में इस प्रकार कहा है, "हे रघुश्रेष्ठ, जाग्रत, स्वप्न और सुषुप्ति ऐसी जो तीन प्रकार की सृष्टि है, उससे आप विलक्षण हैं और उसके आप चेतनमात्र साक्षी हैं । यह सम्पूर्ण जगत् आप ही से उत्पन्न हुआ है, आप ही में स्थित है और आप ही में लीन होता है । इसलिये आप ही सबके कारण हैं । रज्जु में सर्प-भ्रम के समान अपने को जीव मानने से मनुष्य को भय होता है, पर वही जब यह समझ लेता है कि मैं पूर्ण ब्रह्म परमात्मा हूँ, तो सम्पूर्ण भय और दुःखों से छूट जाता है । चिन्मात्र, ज्योतिस्वरूप आप ही सबके शरीरों मे स्थित होकर उनकी बुद्धि को प्रकाशित कर रहे है; इसलिये आपही सबकी आत्मा है ।"

(अध्यात्म रामायण, अयोध्याकाण्ड, सर्ग १, श्लोक २४ से २७ तक)

इस प्रकार के और भी बहुत से उदाहरण प्रस्तुत किये जा सकते हैं, जिनमें श्रीराम के निर्गुण ब्रह्म के स्वरूप का पूर्णतया प्रतिपादन किया गया है ।

अब रामचरितमानस के कतिपय उदाहरणों द्वारा इसकी पुष्टि की जायेगी—

सीताहरण-प्रसंग में सती को यह भ्रम हो गया कि अपनी भार्या सीता का हरण होने पर राम उनके वियोग में नाना प्रकार के विलाप कर उन्हें ढूँढ़ते फिरते हैं, उन्हीं नृप-सुत राम को शंकर भगवान् 'जय सच्चिदानंद' संबोधित कर प्रणाम कर रहे हैं । भला निर्गुण ब्रह्म दशरथनन्दन राम कैसे हो सकता है ?—

'ब्रह्म जो व्यापक बिरज अज, अकल अनीह अभेद ।
सो कि देह धरि होइ नर, जाहि न जानत बेद ॥'

(रामचरितमानस, बालकाण्ड, दोहा ५०)

इस शंका के कारण, सती को जितना कष्ट उठाना पड़ा, उससे तो विज्ञजन भलीभाँति परिचित हैं ।

काकभुशुण्डि ने गरुड़ को समझाते हुए भगवान् श्रीराम के निर्गुणत्व की झाँकी विशदरूप से अंकित की है —

'सोइ सच्चिदानंद घन रामा । अज बिग्यान रूप बल धामा ॥
ब्यापक ब्याप्य अखंड अनन्ता । अखिल अमोघसक्ति भगवंता ॥
अगुन, अदभ्र गिरा गोतीता । सबदरसी अनवद्य अजीता ॥
निर्मम निराकार निरमोहा । नित्य निरंजन सुख संदोहा ॥'
प्रकृति पार प्रभु सब उर बासी । ब्रह्म निरीह बिरज अबिनासी ॥'

(रामचरितमानस, उत्तरकाण्ड, ७२ दोहे के बाद की चौपाइयाँ)

इसी भाँति लोमश ऋषि ने काकभुशुण्डि को पहले निर्गुण ब्रह्म के ही स्वरूप का उपदेश दिया—

लागे करन ब्रह्म उपदेसा। अज अद्वैत अगुन हृदयेसा॥
अकल अनीह अनाम अरूपा। अनुभव गम्य अखंड अनूपा॥
मन गोतीत अमल अबिनासी। निर्विकार निरवधि सुख रासी॥
सो तैं ताहि तोहि नहिं भेदा। बारि बीचि इव गावहिं बेदा॥

(रामचरितमानस, उत्तरकाण्ड, ११० दोहे के बाद की चौपाइयाँ)

इस प्रकार श्रीराम-काव्य में उनके निर्गुण-तत्व का सम्यक् रूप से अनेक स्थानों पर विशद चित्रण किया गया है।

सगुण ब्रह्म

श्रीराम के सगुण स्वरूप का वर्णन दो रूपों में किया गया है—एक तो उनके रूप-सौंदर्य का और दूसरे उनके विराट्-स्वरूप का। अध्यातम रामायण और रामचरितमानस में उनके दोनों रूपों का वर्णन मिलता है। सारांश यहाँ प्रस्तुत है।

रावण के घोर अत्याचारों से पीड़ित होकर पृथ्वी देवताओं और ब्रह्माजी के सहित क्षीरसागरशायी विष्णु भगवान् के समीप क्षीरसागर तट पर गई। वहाँ पहुँच कर देवताओं और ब्रह्माजी ने विविध स्तोत्रों द्वारा विष्णु भगवान् की स्तुति की। वे अपने चतुर्भुज रूप में प्रकट हुए—

"तब सहस्रों देदीप्यमान सूर्यों के समान प्रभावशाली भगवान् हरि अपने तेज से सब दिशाओं के अन्धकार को दूर करते हुए पूर्वदिशा में प्रकट हुए। पुण्यहीन पुरुषों के लिये अत्यंत दुदर्शनीय भगवान् हरि को उनके अमित तेज के कारण ब्रह्माजी ने भी बड़ी कठिनता से देखा। इन्द्रनील मणि के सामने उनका तेजोमय श्याम वर्ण था। मुख पर मधुर मुसकान थी और कमल के समान विशाल और मनोहर नेत्र थे। वे किरीट, हार, केयूर, कुण्डल और कटक आदि आभूषणों से सुशोभित तथा श्रीवत्स और कौस्तुभमणि की प्रभा से युक्त थे। स्तुति करते हुए सनकादि पार्षद उन्हें चारों ओर से घेरे हुए थे। शंख, चक्र, गदा, पद्म एवं वनमाला से उनकी अपूर्व शोभा हो रही थी। वे सोने के यज्ञोपवीत और पीताम्बर से सुशोभित एवं लक्ष्मी और भूमि के सहित गरुड़ पर विराजमान थे।"

(अध्यातम रामायण, बालकाण्ड, सर्ग २, श्लोक ८ से १२ तक)

अध्यातम रामायण में स्थल-स्थल पर भगवान् राम के अद्वितीय अलौकिक सौन्दर्य का विशद चित्रण मिलता है, जैसे उनके आविर्भाव के समय उनकी बाललीला के प्रसंग में (अध्यातम रामायण, सर्ग ३, श्लोक ४४ और ४५), शूर्पणखा के उनके सौन्दर्य पर मुग्ध होने पर (अध्यातम रामायण, अरण्यकाण्ड, सर्ग ५, श्लोक २), प्राण त्याग करते समय जटायु की स्तुति में (अध्यातम रामायण, अरण्यकाण्ड, सर्ग ८, श्लोक ५१), कबन्ध की स्तुति में (अध्यातम रामायण, अरण्यकाण्ड, सर्ग ९, श्लोक ४९),

श्रीराम के राज्य-सिंहासनारूढ़ होते समय, (अध्यातम रामायण, युद्धकाण्ड, सर्ग ६, श्लोक ४५ से ५०), परमधाम पधारने के समय, (अध्यातम रामायण, उत्तरकाण्ड, सर्ग ९, श्लोक ५६ से ५८ तक) आदि अवसरों पर उनके स्वरूप की अद्भुत झाँकी अंकित की गयी है।

गोस्वामी तुलसीदासजी द्वारा रचित रामचरितमानस में भी अनेक स्थलों पर उनके अलौकिक सौन्दर्य का भव्य चित्रण किया गया है। मनु-शतरूपा की तपस्या से पूर्ण संतुष्ट विश्वरूप, सर्वव्यापी परमात्मा ने संतुष्ट होकर उनको वरदान माँगने को कहा, तो उन्होंने पहला वरदान यही माँगा, "हे कृपालु, हम दोनों आपके उस स्वरूप को अपने नेत्रों से देखना चाहते हैं, जिस अलौकिक विग्रह का दर्शन भगवान् शंकर अपने हृदय कमल में करते हैं, जो स्वरूप काकभुशुण्डि के मनरूपी मानसरोवर में हंस के समान विराजमान रहता है, और जिसे देखने के लिये बड़े-बड़े संयमी योगिवृन्द जीवन-पर्यन्त तपस्यारत रहते हैं।" मनु-शतरूपा की यह प्रार्थना भक्तवत्सल, कृपा-निधान, विश्वरूप भगवान् को बड़ी रुचिकर प्रतीत हुई। वे अपने अलौकिक दिव्य स्वरूप में उन दोनों के सम्मुख प्रकट हो गये—

नील सरोरुह नील मनि, नील नीरधर स्याम।
लाजहिं तन सोभा निरखि, कोटि कोटि सत काम ।।
सरद मयंक बदन छबि सींवा। चारु कपोल चिबुक दर ग्रीवा ।।
अधर अरुन रद सुंदर नासा। बिधु कर निकर बिनिंदक हासा ।।
नव अंबुज अंबक छबि नीकी। चितवनि ललित भावँती जी की ।।
भृकुटि मनोज चाप छबि हारी। तिलक ललाट पटल दुतिकारी ।।
कुण्डल मकर मुकुट सिर भ्राजा। कुटिल केस जनु मधुप समाजा ।।
उर श्रीवत्स रुचिर बनमाला। पदिक हार भूषन मनिजाला ।।
केहिर कंधर चारु जनेऊ। बाहु बिभूषन सुन्दर तेऊ ।।
करि कर सरिस सुभग भुजदंडा। कटि निषंग कर सर कोदंडा ।।
तड़ित बिनिंदक पीत पट, उदर रेख बर तीनि।
नाभि मनोहर लेत जनु, जमुन भँवर छबि छीनि ।।
पद राजीव बरनि नहिं जाहीं। मुनि मन मधुर बसहिं जेन्ह माहीं ।।
बाम भाग सोभति अनुकूला। आदिसक्ति छबिनिधि जगमूला ।।
जासु अंस उपजहिं गुनखानी। अगनित लच्छि उमा ब्रह्मानी ।।
भृकुटि बिलास जासु जग होई। राम बाम दिसि सीता सोई ।।
छबि समुद्र हरि रूप बिलोकी। एकटक रहे नयन पट रोकी ।।
चितवहिं सादर रूप अनूपा। तृप्ति न मानहिं मनु सतरूपा ।।

(रामचरितमानस, बालकाण्ड, दोहा १४६, १४७ तथा उसके बाद की चौपइयाँ)

उसी प्रकार रामचरितमानस के अनेक प्रसंगों में राम के स्वरूप का चित्रण

किया गया है। रामचरितमानस में प्रसंग है, धनुष-भंग के अवसर पर लोग अपने भावानुसार अपने-अपने अनुरूप श्रीराम का दर्शन करते हैं—

जिन्ह के रही भावना जैसी। प्रभु मूरति तिन्ह देखी तैसी ॥
देखहिं रूप महा रनधीरा। मनहुँ बीर रसु धरें सरीरा ॥
डरे कुटिल नृप प्रभुहिं निहारी। मनहु भयानक मूरति भारी।
रहे असुर छल छोनिप बेषा। तिन्ह प्रभु प्रकट कालसम देखा ॥
पुर बासिन्ह देखे दोउ भाई। नरभूषन लोचन सुखदाई ॥
नारि बिलोकहिं हरषि हियँ, निज निज रुचि अनुरूप।
जनु सोहति सिंगार धरि, मूरति परम अनूप ॥
बिदुषन्ह प्रभु बिराटमय दीसा। बहु मुख कर पग लोचन सीसा ॥
जनक जाति अवलोकहिं कैसें। सजन सगे प्रिय लागहिं जैसें ॥
सहित बिदेह बिलोकहिं रानी। सिसु सम प्रीति न जाति बखानी ॥
जोगिन्ह परम तत्वमय भासा। सांत सुद्ध सम सहज प्रकासा ॥
हरिभगतन्ह देखे दोउ भ्राता। इष्टदेव इव सब सुख दाता ॥

× × ×

एहि बिधि रहा जाहि जस भाऊ। तेहिं तस देखेउ कोसल राऊ ॥

(रामचरितमानस, बालकाण्ड, दोहा २४१ के पहले और बाद की चौपाइयाँ)

श्रीराम का विराट् स्वरूप

श्रीराम के विराट् स्वरूप का राम-काव्य में उत्कृष्ट चित्रण प्राप्त होता है। उदाहरणार्थ, अध्यातम रामायण में अपने वध के अनंतर कबंध ने यक्ष-रूप धारण कर श्रीराम की स्तुति की। उस स्तुति में उसने श्रीराम के विराट् स्वरूप का मनोहारी वर्णन किया है—

"सम्पूर्ण लोक आपही के अवयव हैं। पाताल आपका चरणतल (तलुआ) है, महातल एँड़ी है। हे राम, रसातल गुल्फ (टखने) हैं, तलातल जानु हैं तथा सुतल आपकी जंघाएँ और वितल आपके दो उरु हैं। अतल और पृथ्वी आपके जघन-भाग (कटिदेश) हैं; भूर्लोक नाभि है, स्वर्गलोक वक्षस्थल है तथा महर्लोक आपकी ग्रीवा है। हे रघुश्रेष्ठ, जनलोक आपका मुख है, तपः-लोक ललाट है तथा हे प्रभो, सत्यलोक आपका मस्तक है। हे राम, इन्द्रादि लोकपालगण आपकी भुजाएँ हैं, दिशाएँ कर्ण हैं, अश्विनीकुमार नासिका हैं और अग्नि आपका मुख है। हे राम, सूर्य आपके नेत्र हैं, चन्द्रमा मन है, काल भ्रू-भंगी है और बृहस्पति आपकी बुद्धि हैं। हे निर्विकार, रुद्र आपका अंहकार है, वेद आपकी वाणी हैं। यम आपकी दाढ़ें हैं और नक्षत्रगण आपकी दन्तावलि है। सबको मोहित करनेवाली माया आपका हास्य है। सृष्टि आपका कटाक्ष है, धर्म आपका अग्रभाग है और अधर्म पृष्ठ-भाग (पीछे का भाग) है। हे रघूत्तम, रात और दिन आपके निमिषोन्मेष हैं। हे प्रभो, सातों समुद्र आपकी कुक्षि और नदियाँ

नाड़ियाँ हैं। हे प्रभो, वृक्ष और औषधियाँ आपके रोम, दृष्टि आपका वीर्य और ज्ञान-शक्ति आपकी महिमा है। यही आपका विराट् स्वरूप है।

(अध्यात्म रामायण, अरण्यकाण्ड, सर्ग ६, श्लोक ३६ से ४५ तक)

रामचरितमानस में वह प्रसंग स्मरणीय है, जब श्रीराम ने अपने बाण से रावण के छत्र सहित मुकुट को एवं मंदोदरी के श्रवण ताटंक को काट कर धराशायी कर दिया। उस समय मंदोदरी ने रावण को समझाते हुए श्री राम के विराट् स्वरूप का हृदयग्राही वर्णन किया है। इसी प्रकार श्रीराम ने कौशल्या को अपना विराट् रूप दिखलाया है। सतीमोह-प्रसंग में तथा काकभुशुण्डि के श्रीराम के उदर में जाने पर भी श्रीराम के विराट् स्वरूप की सुन्दर झाँकी दृष्टिगोचर होती है।

सूत्रात्मा

अध्यात्म रामायण में स्थान-स्थान पर श्रीराम को 'सूत्रात्मा' कहा गया है। सूत्रात्मा का अभिप्राय 'हिरण्यगर्भ' है। निर्गुण ब्रह्म में, जब माया और माया के कार्यों का मिश्रण न हुआ हो, तब 'चित्' कहलाता है। माया का योग हो जाने पर वह परमात्मा 'अन्तर्यामी' कहलाता है। जब उसका सूक्ष्म सृष्टि से योग हो जाता है, अथवा जब उसे अपंचीकृत भूतों से बना हुआ समष्टि सूक्ष्म शरीर मिल जाता है, तब वही 'सूत्रात्मा' कहलाता है। स्थूल सृष्टि अथवा पंचीकृत भूतों से बने हुए समष्टि स्थूल शरीर के कारण वही परमात्मा अन्त में 'विराट्' कहलाने लगता है।

अन्तर्यामी

श्रीराम अनेक स्थलों पर अन्तर्यामी भी कहे गये हैं। जैसे—"आप अन्तर्यामी, जगत्-व्यवहार के प्रवर्तक और मन-वाणी के अविषय हैं। स्वेच्छा से यह शुद्ध सत्वमय शरीर धारण कर इस लोक में अपनी योगमाया से मनुष्य के समान प्रतीत होते हैं।"

(अध्यात्म रामायण, अयोध्याकाण्ड, सर्ग २, श्लोक २७ और २८)

इस विवेचन से यह निष्कर्ष निकलता है कि भगवान् श्रीरामचन्द्रजी के चार स्वरूप हैं—(१) निर्गुण ब्रह्म, चेतन मात्र (२) अन्तर्यामी, (३) सूत्रात्मा तथा (४) विराट्। स्वयं तो निर्गुण ब्रह्म होने के कारण मात्र 'चेतन' हैं। माया का आश्रय लेने पर 'अंतर्यामी' हैं। सूक्ष्म सृष्टि की दृष्टि से देखें तो वे 'सूत्रात्मा' हैं। स्थूल सृष्टि पर विचार करें, तो 'विराट्' कहलायेंगे।

माया

निर्विशेष, निरलक्षण निर्गुण ब्रह्म से सविशेष और सलक्षण जगत् की कैसे उत्पत्ति हुई? एक ब्रह्म से विविध नामरूपात्मक सृष्टि कैसे हुई? इन प्रश्नों का एक-मात्र उत्तर यही है कि माया से ही नामरूपात्मक सृष्टि हुई। माया अविद्या अथवा अज्ञान है, जो हमारी प्रकृति में ही निहित है और परम सत्य को हमसे छिपा देती है तथा हमें अहंकार और संसार के कर्तृत्व के द्वारा संसार-चक्र में आबद्ध कर देती है। माया ही जगत् की प्रकृति है। 'माया', प्रकृति', 'अविद्या', 'अव्यक्त', 'अव्याकृत' सब

समानार्थक शब्द हैं। यह भगवान् की अव्यक्त शक्ति है, जिसके आदि का पता नहीं चलता। वह गुणत्रय से युक्त होकर अविद्यारूपिणी है। उसका पता उसके कार्य से चलता है। वही इस जगत् को उत्पन्न करती है। वह अत्यंत अद्भुत और अनिर्वचनीय हैं। वह ऐसी है, जो कही न जा सके। अग्नि की अभिन्न दाहिका-शक्ति के समान ही माया निर्गुण ब्रह्म की अभिन्न शक्ति है।

राम-काव्य में माया का विवेचन विविध रूपों में किया गया है। माया श्रीराम की अभिन्न शक्ति मानी गयी है—

"अहो, जल के फेन-समूह और अग्नि के धुएँ के समान आपके आश्रित और आपही को विषय करनेवाली माया नाना प्रकार के विचित्र कार्यों की रचना करती है। मनुष्य जब तक माया से आवृत्त रहते हैं, तब तक आपको नहीं जान सकते।"

(अध्यात्म रामायण, बालकाण्ड, सर्ग ७, श्लोक ३२, ३३)

माया से ही सृष्टि की उत्पत्ति होती है। उसकी एक विक्षेप-शक्ति होती है, और दूसरी आवरण-शक्ति। इन्हीं शक्तियों से वह जीव को मोहित और भ्रमित किये रहती है। उदाहरण—

"प्रथम मैं तुमसे माया का स्वरूप बतलाता हूँ। शरीरादि अनात्म पदार्थों में जो आत्म-बुद्धि होती है, उसी को माया कहते हैं। उसी माया के द्वारा इस संसार की कल्पना हुई। माया के दो रूप हैं। एक तो विक्षेप रूप दूसरा आवरण। इनमें पहली—विक्षेप-शक्ति ही महत्त्व से लेकर ब्रह्म पर्यन्त समस्त संसार की स्थूल और सूक्ष्म भेद से कल्पना करती है। उसकी दूसरी—आवरण-शक्ति सम्पूर्ण ज्ञान को आवृत्त करके स्थित रहती है। यह सम्पूर्ण विश्व रज्जु में सर्प-भ्रम के समान शुद्ध परमात्मा में माया से कल्पित है। विचार करने पर यह कुछ भी नहीं ठहराता।"

(अध्यात्म रामायण, अरण्यकाण्ड, सर्ग ४, श्लोक २१ से २४ तक)

माया, भगवान् राम के सान्निध्य से समस्त सृष्टि की रचना करती है। वह अपनी त्रिगुणात्मक शक्ति से सात्विकी, रजोगुणी एवं तमोगुणी मनुष्यों की उत्पत्ति करती है—

"हे प्रभो, आपकी सन्निधिमात्र से उस माया से ब्रह्मा आदि सब प्रजाएँ उत्पन्न होती हैं। वह सत्व-रज-तमोमयी त्रिगुणात्मिक माया सदा आपके आश्रित होकर भासमान होती है तथा स्वगुणानुरूप शुक्ल (सात्विकी), लोहित (राजसी) और कृष्णवर्ण (तापसी) प्रजा उत्पन्न करती है।"

(अध्यात्म रामायण, अयोध्याकाण्ड, सर्ग १, श्लोक ११, १२)

साधना की दृष्टि से माया के दो रूप माने गये हैं - विद्यागत और अविद्यागत। अविद्यागत माया अपनी विशेष और आवरण शक्ति से जीव को बाँधे रहती है पर विद्यागत माया उसकी मुक्ति का कारण बन जाती है—

"मैं देह हूँ' इस बुद्धि का नाम ही अविद्या है और 'मैं देह नहीं चेतन आत्मा हूँ', इसी को विद्या कहते हैं। अविद्या जन्म-मरण रूप संसार का कारण है और विद्या

उसे निवृत्त करनेवाली है। अतः मोक्षाभिलाषियों को सदा विद्यागत माया की शरण लेनी चाहिये।'' (अध्यात्म रामायण, अयोध्याकाण्ड, सर्ग ४, श्लोक ३३, ३४)

अविद्यागत माया के अंतर्गत समस्त आसुरी प्रवृत्तियाँ—राजसी और तामसी वृत्तियाँ आ जाती हैं और विद्यागत माया के अंतर्गत समस्त सात्विक गुणों का समावेश हो जाता है।

रामचरितमानस के अरण्यकाण्ड में लक्ष्मण को अध्यात्म-तत्व का उपदेश देते हुए भगवान् श्रीराम ने माया का विवेचन करते हुए कहा है, ''हे लक्ष्मण, मैं संक्षेप में माया का स्वरूप बताता हूँ। इसे ध्यान देकर सुनो। मैं और मेरा, तुम और तुम्हारा, जो यह नाना प्रकार का भेद उत्पन्न करती है और जीव को अहंकारबद्ध करके संसार के चक्र में भ्रमित कराती रहती है, उसी का नाम माया है। इन्द्रियों और इन्द्रियों से परे जहाँ तक मन जा सकता है, वह सब माया के ही अन्तर्गत समझना चाहिये। इसी माया के वशीभूत सारा संसार है। इस माया के दो भेद हैं—पहली विद्यागत माया और दूसरी अविद्यागत माया। अविद्यागत माया अत्यंत दुष्टा है। इसी के वशीभूत संसार के समस्त प्राणी हैं। इसी के कारण जीव संसार-चक्र में बुरी तरह फँसे हुए हैं। विद्यागत माया से समस्त संसार की उत्पत्ति होती है। वह परमब्रह्म के अधीन है, उसके सान्निध्य से ही वह जगत-रचना में समर्थ होती है। वह परमब्रह्म की अभिन्न शक्ति है। विद्यागत माया की शरण लेने से जीव में भक्ति की उत्पत्ति होती है, जिससे सद्गुणों, विवेक, वैराग्य और ज्ञान की प्राप्ति होती है। उन्हीं के फलस्वरूप अपने सहज स्वरूप—आत्मज्ञान को प्राप्त कर जीव मुक्त हो जाता है और प्रपंचों और दुःखों से उसकी निवृत्ति हो जाती है।''

(रामचरितमानस, अरण्यकाण्ड, दोहा १४ से १६ तक)

सृष्टि-उत्पत्ति

अध्यात्म रामायण में सृष्टि-उत्पत्ति के मूल कारण भगवान् राम ही माने गये हैं। उन्हीं भगवान् राम के सान्निध्य से माया द्वारा इस प्रपंचात्मक नामरूपात्मक सृष्टि की उत्पत्ति हुई—

''सृष्टि के प्रारंभ में विकल्प और उपाधि से रहित आप अकेले ही थे। उस समय और कुछ भी नहीं था। आप में आश्रित तथा आपही को विषय करनेवाली माया आपकी ही शक्ति कही जाती है। जिस समय यह मायाशक्ति आप निर्गुण को ढँक लेती है, उस समय वेदान्तनिष्ठ पुरुष इसे 'अव्याकृत' कहते हैं। कोई इसे 'मूलप्रकृति' कहते हैं और कोई 'अविद्या'। यही 'माया', संस्कृति' और 'बन्धन' आदि अनेक नामों से संबोधित की जाती है। हे राम, आपके द्वारा क्षुभित होने पर इस मायाशक्ति से महतत्त्व उत्पन्न होता है। आपही की प्रेरणा से महतत्त्व से अहंकार प्रकट हुआ। महतत्त्व से ओत-प्रोत वह अहंकार तीन प्रकार का हुआ, जो सात्विक, राजस और तामस कहलाता है। हे राम, तामस अहंकार से शब्द, स्पर्श, रूप, रस, गंध—ये पाँच

सूक्ष्म तन्मात्राएँ हुईं। इन सूक्ष्म तन्मात्राओं से इनके गुणानुसार क्रमशः आकाश, वायु, अग्नि, जल और पृथ्वी ये पाँच स्थूल भूत हुए। राजस अहंकार से दस इन्द्रियाँ (पाँच ज्ञानेन्द्रियाँ—त्वचा, श्रवणेन्द्रिय, नेत्र, घ्राणेन्द्रिय जिह्वा और पाँच कर्मेन्द्रियाँ—वाक्, पाणि (हाथ), पाद (पैर), वायु तथा उपस्थ (जननेन्द्रिय) उत्पन्न हुई। सात्विक अहंकार इन्द्रियों के अधिष्ठाता देवता तथा मन उत्पन्न हुए और इन सबसे समष्टि सूक्ष्म शरीर रूप हिरण्यगर्भ हुआ। इसका दूसरा नाम 'सूत्रात्मा' भी है। फिर स्थूल भूत-समूह से 'विराट्' उत्पन्न हुआ तथा विराट् पुरुष से यह सम्पूर्ण स्थावर-जंगम संसार प्रकट हुआ है। हे जगदीश्वर राम, काल और कर्म के क्रम से आपही देव, मनुष्य और तिर्यक् आदि योनियों में प्रकट हुए हैं। अपने मायिक गुणों के भेद से आपही रजोगुण द्वारा जगत्कर्ता ब्रह्माजी, सत्वगुण द्वारा जगत् की रक्षा करनेवाले विष्णु और तमोगुण से उसका लय करनेवाले भगवान् रुद्र हुए हैं; ऐसा विद्वान् पुरुष कहते हैं। हे रघुनन्दन, जिस समय आप सृष्टिरूपी लीला का विस्तार करना चाहते हैं, उस समय माया को अंगीकार कर आप गुणवान् से हो जाते हैं।"

(अध्यात्म रामायण, अरण्यकाण्ड, सर्ग ३, श्लोक २० से ३१ तक)

जीव

अविद्या अथवा अन्तःकरणोपाधिक 'जीव' कहलाता है। शरीरेन्द्रिय-संघात का शासक एवं कर्मफलभोक्ता आत्मा को ही जीव कहा जाता है। यहाँ यह प्रश्न स्वाभाविक रूप से उठ खड़ा होता है कि जो नित्य, शाश्वत आत्मा है, उसकी उत्पत्ति किस प्रकार स्वीकार की जानी चाहिये? इसका समुचित उत्तर यह है कि शारीरिक उपाधियाँ उत्पन्न होती हैं; आत्मा नित्य होने से कभी उत्पन्न नहीं होता। जीव अनादि सत्तावान् है। वह आगन्तुक नहीं है, किन्तु एक सनातन सत्ता है, जिसकी व्याख्या उद्भवरूप में नहीं की जा सकती।

परम ब्रह्म और जीव वास्तव में एक ही हैं। इसलिए जीव भी शुद्ध चैतन्य, अकर्ता, विभु, पूर्ण और सर्वशक्तिमान् है। किन्तु मायाकृत उपाधियों के संबंध से वह अपने को अमित से मित, सर्वव्यापी से परिच्छिन्न समझ कर अपने आपको कर्त्ता, भोक्ता, अपूर्ण एवं अशक्त समझने लगता है। इसका परिणाम यह होता है कि वह शुभाशुभ कर्म के चक्र में फँस कर नाना प्रकार के कर्मों के सम्पादन में जुटा रहता है। जीवों को कर्मफल देनेवाला ईश्वर भी व्यवहारदशा में सत्य है। अतः ईश्वर जीवों के कर्मानुसार उन्हें शुभाशुभ कर्मों का फल देता है।

रामचरितमानस के उत्तरकाण्ड में उपर्युक्त तथ्य संक्षेप में समझाया गया है—

ईस्वर अंस जीव अबिनासी। चेतन अमल सहज सुख रासी॥
सो मायाबस भयहु गोसाईं। बंध्यो कीर मरकट की नाईं॥
जड़ चेतनहि ग्रंथि परि गई। जदपि मृषा छूटत कठिनई॥
तब ते जीव भयउ संसारी। छूट न ग्रंथि न होइ सुखारी॥

(रामचरितमानस, उत्तरकाण्ड, ११६वें दोहे के बाद की चौपाइयाँ)

अध्यात्म रामायण में भी इसी से मिलता-जुलता सिद्धान्त पाया जाता है—

'वह लिंगदेहाभिमानी चेतनाभास ही जगत् में तन्मय हुआ 'जीव' नाम से विख्यात है। अनिर्वचनीय और अनादि अविद्या ही इस जीव की कारण उपाधि कही जाती है। शुद्ध चेतन की स्थूल, सूक्ष्म और कारण —ये तीन उपाधियाँ हैं। इन उपाधियों से युक्त होने से वह जीव कहलाता है और इनसे रहित होने से परमेश्वर कहा जाता है।''

(अध्यात्म रामायण, अयोध्याकाण्ड, सर्ग १, श्लोक २२ और २३)

जीव की बहिर्मुखी और अन्तर्मुखी दो वृत्तियाँ होती हैं। जब वृत्तियाँ बहिर्मुखी होती हैं, तब विषयों को प्रकाशित करती हैं। इससे जीव नाना प्रकार के कर्मों के संपादन में इतना अधिक व्यस्त हो जाता है कि वह अपने सहज स्वरूप को एकदम विस्मृत कर संसार के चक्र में फँस कर आवागमन –(जन्म-मृत्यु) करता रहता है। जीव अपनी अंतर्मुखी प्रवृत्ति में अपने वास्तविक स्वरूप को समझ कर कृतकृत्य और तृप्त हो जाता है। ज्ञानमार्ग, निष्काम कर्मयोग, योग एवं भक्तियोग के जितने भी साधन हैं, वे जीव (मनुष्य) को अन्तर्मुख ही बनाने के लिये हैं।

मन

राम-साहित्य में दार्शनिक दृष्टि से योग वासिष्ठ का सर्वोपरि महत्त्व है। वशिष्ठजी ने श्रीराम को तत्वबोध कराने के निमित्त बहुत से उपदेश दिये। उन्होंने मन के स्वरूप का बड़ा विशद और मनोहारी चित्रण किया है। वास्तव में श्रीराम तो पूर्णब्रह्म परमेश्वर ही थे। उन्हें निमित्त बनाकर साधकों के लिये ही ये उपदेश दिये गये हैं—

सर्वशक्तिमान् परम अनन्त और महान् पुरुष आत्मतत्व का संकल्पमय रूप मन है (३।६९।३)। चित्त की चेत्य कल्पना मन कहलाती है। मन में और संकल्प में कोई भेद नहीं है। (३।९१।३१) तथा (३।४।४४)।

मन में सब प्रकार की शक्तियाँ हैं और मन सब कुछ कर सकता है (३।९१।१६)। मन ही जगत् का उत्पादक है। वह जैसा-जैसा संकल्प करता है, उसी के अनुसार असत् अथवा सदसत् जगत् की उत्पत्ति होती है (६२।३९।१)। प्रत्येक मन में इस प्रकार के जगत् के उत्पादन की शक्ति है (३।४०।२९)। मन जो कुछ चाहता है, वह सब अपने आप ही सम्पादित कर लेता है (३।५४।१२)। दृढ़ भावना से युक्त होकर मन जिस वस्तु की जैसी कल्पना करता है, उससे उसे उसी आकार में उतने ही समय तक और उसी प्रकार का फल देनेवाला अनुभव होता है (४।२१।५७)। मन के दृढ़ निश्चय को मिटाने या रोकने की शक्ति किसी में नहीं है (३।८८।१८)। जैसे रेशम का कीड़ा अपने रहने के लिये अपने आपही कोश तैयार कर लेता है; वैसे मन ने भी यह भौतिक शरीर अपनी वासनाओं की पूर्ति के लिये बनाया है (४।४५।७)।

वास्तव में मन ही सब कुछ है। मन के भीतर ही चिकित्सा करने से सारे संसार का जाल ठीक हो जाता है (४।५।५)।

मन को पवित्र और अपने अधीन कर लेने पर सब सिद्धियाँ और शक्तियाँ प्राप्त हो जाती हैं। शुद्ध मन जिस वस्तु की जिस रूप से भावना करता है, वह शीघ्र ही और अवश्य ही उसी प्रकार की हो जाती है, जैसे जल भँवर का रूप धारण कर लेता है (४।१७।४)।

योगवासिष्ठ के अनुसार, मन के निरोध का विशेष महत्त्व है। आत्मा देशकाल आदि से अनवच्छिन्न है और परमानन्द तथा चित्स्वरूप है। वह अपनी लीला से अपने को मन के आकार में परिमित करके उसके द्वारा विश्व की रचना करता है। समस्त विश्व और शरीर तथा इन्द्रियाँ और उनके विषय सब मन के ही बनाए हुए हैं। अपनी वासना के अनुसार मन जगत्, शरीर और विषयों की रचना, स्थिति और संहार करता है। सारी रचनाएँ स्वप्न के समान कल्पित हैं।

तीनों जगत् मन के विचारों से ही बने हुए हैं (४।११।२३)। स्वर्ग, पृथ्वी, वायु, आकाश, पर्वत, नदियाँ और दिशाएँ सब मन के संकल्प से इस प्रकार बने हैं, जैसे कि स्वप्न बन जाता है। (३।१०१।३५)।

मन की शुद्धि पर योगवासिष्ठ में अत्यधिक महत्व दिया गया है। मन की शुद्धि स्वाध्याय, सत्संग, सन्तोष और वैराग्य से होती है। मन के शुद्ध होने पर हम अपने आत्मस्वरूप में पूर्ण रूप से प्रतिष्ठित हो जाते हैं और हमारा जीव-भाव नष्ट हो जाता है।

भगवान् श्रीराम की प्राप्ति के साधन

देहाभिमानी जीव संसार-चक्र में पड़कर अविद्या के कारण अपने वास्तविक आत्मस्वरूप को भूलकर नाना कष्टों को भोगता है। संसार का रोग बहुत ही दुःख-दायी है। वह साँप की भाँति डसता है, तलवार के समान काटता है, भालों की तरह बींधता है, रस्सी के सदृश लपेटता है। आग की तरह जलाता है, रात्रि के समान अंधकार करता है। जो इसमें शंकारहित होकर पड़ जाते हैं, उन्हें पत्थर की भाँति दबा देता है, बुद्धि को हर लेता है, स्थिरता को नष्ट कर देता है, मोह के अंधकूप में डाल देता है, तृष्णा से मनुष्य को जर्जर कर देता है। इस प्रकार ऐसा कोई भी दुःख नहीं है, जो बद्ध जीव को न सहन करना पड़ता हो। संसार के समस्त दुःख अज्ञानियों को ही होते हैं। आत्मज्ञानी मनुष्य तो राम के स्वरूप-आत्मस्वरूप में स्थित होकर पूर्ण शान्त और निर्लिप्त रहते हैं एवं प्रारब्धानुसार प्राप्त सुख-दुखों को असंग भाव से भोगकर सदैव के लिए रामस्वरूप – आत्मस्वरूप में लीन हो जाते हैं।

भगवान् श्रीराम के स्वरूप से साक्षात्कार करना सभी सांसारिक दुःखों से निवृत्ति पाना है। उनके स्वरूप के साक्षात्कार के लिये हमारी साधना-प्रणाली में चार मार्गों का निर्देश किया गया है। वे चार मार्ग इस प्रकार हैं-- (१) योग, (२) निष्काम कर्मयोग, (३) ज्ञानयोग और (४) भक्तियोग। यहाँ यह बात स्पष्ट समझ लेनी चाहिये कि भक्ति अन्य सभी साधनों में उसी प्रकार ओत-प्रोत है, जिस प्रकार मणि

की माला में सूत्र ओत-प्रोत रहता है। अब प्रत्येक मार्ग का पृथक्-पृथक् विवेचन किया जायगा।

योगमार्ग

योग भारतवर्ष का सबसे प्राचीन एवं महत्वपूर्ण साधन है। शुक्ल यजुर्वेद, श्रीमद्भागवत, श्रीमद्भगवद्गीता, योगवासिष्ठ आदि प्राचीन ग्रंथों में योग का विवेचन मिलता है। पातंजलि का योगदर्शन तो योग का स्वतंत्र ग्रंथ ही है। इसमें हठयोग के अष्टांग साधनों की विस्तृत चर्चा की गयी है।

राम-साहित्य में योग की बात कम ही मिलती है। जो मिलती है, वह भक्ति से पूर्णरूप से मिश्रित है। हाँ, योगवासिष्ठ ऐसा ग्रंथ है, जिसमें योग का स्पष्ट उल्लेख है। पर योगवासिष्ठ के योग को 'सहज योग' की संज्ञा दी जा सकती है। अष्टांग योग की साधना के लिये उसमें कोई स्थान नहीं है। इस सहज योग की साधना के द्वारा साधक आत्म-स्वरूप—राम के स्वरूप का साक्षात्कार कर मोक्षपद प्राप्त कर लेता है।

योगवासिष्ठ के अनुसार संसार से पार उतरने की युक्ति का नाम योग है। जीव की परमात्मा में उस प्रकार की स्थिति का नाम 'तुरीय' (चौथी अवस्था) है जो जाग्रत, स्वप्न, सुषुप्ति आदि अवस्थाओं के बीज से रहित है। जो चिति और आनन्द का अनुभव है, वही योग की निष्ठा है।

योग शब्द के तीन अर्थ हैं—(१) एकतत्व (अद्वैत) का गहरा अभ्यास, (२) प्राणों का अभ्यास और (३) मन का निग्रह। इनमें से किसी एक का अभ्यास हो जाने पर तीनों ही सिद्ध हो जाते हैं।

एकतत्व (अद्वैत) के गहरे अभ्यास से मन सहज ही शान्त हो जाता है और मन के स्वभाव में लीन हो जाने पर प्राण भी शान्त हो जाता है। प्राण की शक्ति का निरोध हो जाने पर मन अवश्य ही विलीन हो जाता है। वैराग्य, कारण का अभ्यास, परमार्थ का ज्ञान, इनके गहन चिन्तन से प्राणों का निरोध अवश्य हो जाता है।

यह संसार मन के सहारे पर ही चल रहा है। मन के जीत लेने पर सब कुछ जीता जाता है (५/२५/१४)। मन की सत्ता से जगत् की सत्ता है। जगत् की सत्ता से मन की सत्ता है। एक का अभाव होने पर दोनों का अभाव हो जाता है और यह होता है सत्य के विचार से (४/१७/१९)।

वायु का चलना बन्द हो जाने पर जैसे गंध का आना बन्द हो जाता है, वैसे ही मन के स्पन्दन के शान्त हो जाने पर प्राणों की गति भी रुक जाती है। चित्त के त्याग और लीन हो जाने पर द्वैत के विचार सब प्रकार से लीन हो जाते हैं; केवल एक, शान्त और निर्विकार परम तत्व ही शेष रहता है।

सब प्रकार के उपद्रवों को पैदा करनेवाले संसाररूपी दुःख से छूटने का एक ही उपाय है वह है मन का निग्रह (४/३५/२)। मन के विलीन होने मात्र से ही

सब दुःखों की शान्ति हो जाती है और शान्ति से ब्रह्म का अनुभव होने लगता है। अपने ही पुरुषार्थ से इच्छित होने वाले, इच्छित वस्तुओं के मन के त्याग बिना शुभ गति—मुक्ति प्राप्त नहीं होती (३/१११/७२)।

विचार के लय हो जाने पर ही कल्याण होता है। मन के क्षीण होने पर प्राणी जीवन्मुक्त हो जाता है और दूसरा जन्म नहीं होता (३/९७/११)।

मन पर विजय प्राप्त करने की निश्चित युक्तियां हैं—आध्यात्मिक ग्रंथों का अध्ययन, संत पुरुषों की संगति, वासनाओं का त्याग और प्राणों का निरोध (५/९२/३६)। मन मेरा वास्तविक रूप नहीं है, बनावटी रूप है। इसलिये मैं मन नहीं हूँ। इस प्रकार संकल्प के त्याग देने पर मन शान्त हो जाता है और जीव सनातन ब्रह्म हो जाता है (४/१७/२७)।

इस प्रकार योगवासिष्ठ का यह योग 'सहज योग' अथवा 'राजयोग' कहा जा सकता है। इसका मुख्य उद्देश्य है, अपनी बहिर्मुखी प्रवृत्तियों को किसी भी साधन का आश्रय लेकर उन्हें अन्तर्मुखी करना। वृत्तियों के अन्तर्मुखी हो जाने पर आत्म-स्वरूप—भगवान् श्रीराम का स्वरूप स्वतः प्रकट हो जाता है।

निष्काम कर्मयोग

निष्काम कर्मयोग का अभिप्राय है, स्वधर्मानुसार विहित कर्मों का, फल की प्राप्ति की आकांक्षा से रहित होकर संपादन करना। इस दृष्टि से ज्ञानयोग एवं भक्ति-योग की साधन-संबंधी सभी क्रियाएँ इसके अन्तर्गत आ जाती हैं। राम-काव्य में ऐसी क्रियाएं स्थान-स्थान पर बिखरी हुई हैं। भगवान् श्रीराम के अन्तर्गत पाये जाने वाले समस्त लोकोत्तर श्रेष्ठतम गुणों की गणना निष्काम कर्मयोग के भीतर ही की जा सकती है। उनका समस्त जीवन इसका आदर्श रूप है। उदाहरणार्थ—समस्त प्राणियों के ऊपर दया करना, क्षमा करना, दुःखी व्यक्ति की रक्षा करना, घमण्ड न करना, लोक में बाह्य तथा आभ्यांतर शुचि रखना, उपार्जित धन के विषय में कार्पण्य न करना, पर-स्त्री की स्वप्न में भी इच्छा न करना–ये सब ऐसे आचरण हैं, जिनके सम्पादन से मनुष्य का चित्त शुद्ध होता है। अभिप्राय यह है कि नित्य-नैमित्तिक शुभ कर्मों के अनुष्ठान करते रहने के अनन्तर ही विशुद्ध अन्तःकरण द्वारा जीव को सत्यस्वरूप ज्ञानात्मक ब्रह्म का साक्षात्कार होता है। इसलिये निष्काम कर्मयोगयुक्त जीवात्मा ही उस परम एवं शाश्वत ब्रह्मतत्व को प्राप्त कर सकता है।

वर्ण-व्यवस्था के अनुसार ब्राह्मण, क्षत्रिय, वैश्य और शूद्र के कर्म पृथक्-पृथक् निर्धारित किये गये हैं। ब्राह्मणों का कर्त्तव्य है कि दान दें, यज्ञों द्वारा देवताओं का भजन करें, स्वाध्यायशील हों, नित्य स्नानतर्पण करें। ब्राह्मण का कर्त्तव्य है कि वृत्ति के लिये दूसरों से यज्ञ करायें, औरों को पढ़ायें और सदाचारी लोगों से न्यायानुकूल द्रव्य संग्रह करें। ब्राह्मण को कभी किसी का अहित नहीं करना चाहिये। सर्वदा समस्त

प्राणियों से मैत्री रखना ही उसका परम धर्म है। पत्थर में और पराये धन में ब्राह्मण को समान बुद्धि रखनी चाहिये।

क्षत्रिय को उचित है कि ब्राह्मणों को यथेच्छ दान दे, विविध यज्ञों का अनुष्ठान करे और अध्ययन करे। शस्त्र धारण करना और पृथ्वी की रक्षा करना ही क्षत्रिय की उत्तम आजीविका है। इनमे भी पृथ्वी-पालन ही उत्कृष्ट है। पृथ्वी-पालन से ही क्षत्रियगण कृतकृत्य हो जाते हैं। जो क्षत्रिय अपने वर्ण में स्थिर रहता है, वह दुष्टों को दंड देने और साधुजनों का पालन करने से अपने अभीष्ट लोकों को प्राप्त कर लेता है।

वैश्यों की पशुपालन, वाणिज्य और कृषि जीविका बतलायी गयी है। अध्ययन यज्ञ, दान और नित्य-नैमित्तिक कर्मों का अनुष्ठान, ये कर्म भी उसके लिये विहित हैं।

शूद्र का कर्तव्य है कि द्विजातियों को प्रयोजनसिद्धि के लिये कर्म करे और उसी से अपना पालन-पोषण करे। आपात्काल में जब उक्त उपाय से जीविका न चल सके, तो वस्तुओं के लेने-बेचने तथा कारीगरी के कामों से निर्वाह करे। नम्रता, शौच, स्वामी की निष्कपट सेवा, मंत्रहीन यज्ञ, अस्तेय, सत्संग और तीनों वर्णों की रक्षा करना उसके प्रधान कर्म हैं।

इसके अतिरिक्त समस्त प्राणियों पर दया, सहनशीलता, अमानिता, सत्य, शौच, मंगल आचरण, प्रियवादिता, मैत्री, निष्कामता, अकृपणता और किसी के दोष न देखना—ये समस्त वर्णों के सामान्य गुण हैं।

निष्काम कर्म के संपादन में पुरुषार्थ की नितांत आवश्यकता है। योगवासिष्ठ में पुरुषार्थ को अत्यधिक महत्व दिया गया है। जो पुरुष किसी पदार्थ को पाने की इच्छा करता है और उसको प्राप्त करने के निरन्तर प्रयत्न करता है, यदि बीच में ही प्रयत्न को न छोड़ दे, तो वह उसे अवश्य प्राप्त कर लेता है (२/४/१२) जो उद्योग को छोड़कर भाग्य के ऊपर भरोसा करते हैं, वे अपने ही शत्रु हैं और वे धर्म, अर्थ है काम और मोक्ष सब नष्ट कर देते हैं (२/७/३) दैव मूर्खों की कल्पना हैं (२/८/३)। इस कल्पना के भरोसे रहकर वे लाग अपना सर्वनाश कर लेते हैं (२/८/१६)। बुद्धिमान् लोग पुरुषार्थ द्वारा आत्मोन्नति कर परमपद—आत्मपद, को प्राप्त कर लेते हैं (२/८/१६)। अपने ही पूर्वकाल में किये हुए पुरुषार्थ (कर्मों) के अतिरिक्त दैव और कोई वस्तु नहीं है ! पूर्वकृत पुरुषार्थ का नाम ही दैव है। (२/६/३५)।

इस प्रकार निष्काम कर्मयोग का अभिप्राय यह नहीं है कि व्यक्ति हाथ पर हाथ रखकर बैठा रहे और अन्यमनस्क वृत्ति से कुछ करता रहे। उसका अभिप्राय यह है कि वह अपनी सम्पूर्ण शक्ति से शास्त्र-विहित एवं संसार के कल्याण के निमित्त कर्मों का पूर्ण दक्षता, क्षमता, सावधानी और जागरूकता से संपादन करे। 'योगः कर्मसु कौशलम्, कर्म में कुशलता ही का नाम योग है।

निष्काम-कर्मयोग के संपादन में यह अवश्य है कि साधक अपनी दृष्टि ब्रह्म-

मयी रखने का प्रयत्न करे, क्योंकि जो व्यक्ति सब कार्यों को परमात्मा में अर्पण करके एवं आसक्ति को त्यागकर कर्म करता है, वह जल से कमल के पत्ते के सदृश पाप से लिपायमान नहीं होता। निष्काम कर्मयोगी की यह दृढ़ धारणा होती है कि संसार के सम्पूर्ण पदार्थ मायिक और अनित्य हैं। एक सच्चिदानंद परमात्मा सर्वत्र समभाव से परिपूर्ण हैं। यह धारणा उसकी सूक्ष्म वासनाओं के अहंभाव को सर्वथा निर्मूल कर देती है, इसके फलस्वरूप उसके अन्तःकरण से संसार के समस्त काल्पनिक चित्र भी मिट जाते हैं एवं शरीर में अहंभाव का सर्वथा नाश हो जाता है। उसके मन, वाणी और शरीर द्वारा होनेवाले सम्पूर्ण कर्मों में कर्तापन के अभिमान का लेश भी नहीं रहता। अतः इस निष्काम कर्मयोग का अवलम्बन लेकर साधक आत्मपद - रामपद की प्राप्ति कर अपने आत्मस्वरूप में पूर्णतः स्थित हो जाता है।

ज्ञानयोग

आत्म सर्वत्र पूर्ण, चिदानंदस्वरूप, अविनाशी, बुद्धि आदि उपाधियों से शून्य तथा परिणामादि से रहित है। यह अपने प्रकाश से देह, मन, बुद्धि आदि को प्रकाशित करता हुआ भी स्वयं आवरणशून्य, एक अद्वितीय, सच्चिदानन्द, संगतरहित स्वयंप्रकाश और सबका साक्षी है (अध्यात्म रामायण, अरण्यकांड, सर्ग ४, श्लोक ४० और ४१)। यह भगवान् राम का निर्गुण स्वरूप है और इसी निर्गुण स्वरूप में स्थित होना ज्ञान-योग है। भगवान् राम के इस स्वरूपका निरूपण अध्यात्म रामायण और रामचरितमानस में स्थल-स्थल पर किया गया है। इस पद की प्राप्ति के लिये विविध साधनों का उल्लेख भी किया गया है। श्रीरामचन्द्रजी लक्ष्मणजी को इससंबंध में उपदेश देते हुए इस प्रकार कहते हैं—"वत्स लक्ष्मण, जीव और परमात्मा ये पर्याय शब्द हैं—दोनों का अभिप्राय एक ही है; अतः इनमें भेद-बुद्धि नहीं करनी चाहिये। अभिमान से दूर रहना, दम्भ और हिंसा आदि का त्याग करना, दूसरों के द्वारा हुए आक्षेपादि को सहन करना; सर्वत्र सरल भाव रखना, मन, वचन और शरीर के द्वारा सच्ची भक्ति से सद्गुरु की सेवा करना, बाह्य और आंतरिक शुद्धि रखना, सत्कर्मों में तत्पर रहना; मन, वाणी और शरीर का संयम करना; विषयों में प्रवृत्त न होना, अहंकारशून्य रहना; जन्म, मृत्यु, रोग और बुढ़ापे आदि के कष्टों पर विचार करना, पुत्र, स्त्री और धनादि में आसक्ति न रखना; मुझ सर्वात्मा राम में अनन्य बुद्धि रखना, जनसमूह से शून्य पवित्र देश में रहना; संसारी लोगों से सर्वदा उदासीन रहना; आत्मज्ञान-प्राप्ति के लिए निरन्तर प्रयत्नशील रहना एवं वेदान्त के अर्थ का सदैव चिन्तन करना—इन उक्त साधनों से तो आत्मज्ञान प्राप्त होता है और इनके विपरीत आचरण करने से विपरीत फल (अज्ञान) मिलता है।

(अध्यात्म रामायण, अरण्यकांड, सर्ग ४, श्लोक ३१ से ३७)

भक्तियोग

राम-साहित्य में भक्तियोग पर अत्यधिक बल दिया है। वास्तव में निष्काम

कर्मयोग, योग और ज्ञानयोग सभी भक्ति के सूत्र में पिरोये हुए से प्रतीत होते हैं। भगवान् श्रीराम में निरतिशय एवं निर्हेतुक प्रेम ही भक्ति है। निष्काम भाव से स्वाभाविकी प्रवृत्ति सत्यमूर्ति भगवान् राम में लग जाय, वही तो भक्ति है। भक्ति में प्रेम का भाव अवश्यम्भावी है। यदि राम-संबंधी काव्य पर दृष्टि डाली जाय, तो हम इस निष्कर्ष पर पहुँचेंगे कि उसके सभी पात्र—कौशल्या, दशरथ, भरत, लक्ष्मण, सुमित्रा, वशिष्ठ, जनक, हनुमान्, सुग्रीव, विभीषण, त्रिजटा; सभी ऋषि—नारद, विश्वामित्र, भरद्वाज, वाल्मीकि, अत्रि, सुतीक्ष्ण, अगस्त्य एवं ब्रह्माजी भगवान् शंकर, काकभुशुण्डि, गरुड़ आदि सभी राम के अनन्य भक्त हैं। उन्होंने अपने भक्ति-संबंधी उद्गार बड़े मनोहर ढंग से अभिव्यक्त किए हैं। यदि उन सबका उल्लेख किया जाय तो एक पृथक् ग्रंथ ही बन सकता है।

यहाँ हम केवल एकाध स्थल का उदाहरण देकर संतोष करेंगे। शबरी भगवान् श्रीराम की अनन्य उपासिका थी। वह उनके दर्शन की अभिलाषा में उत्कट प्रतीक्षा में थी। राम का साक्षात्कार होने पर वह अत्यंत भावविह्वल, गद्गद एवं दीन हो गयी। उस समय भगवान् श्रीराम ने उसे अत्यधिक सांत्वना देकर भक्ति के सिद्धान्तों की सुन्दर ढंग से व्याख्या की। यह प्रसंग अध्यात्म रामायण एवं रामचरितमानस में आया है।

शबरी को भगवान् श्रीराम इस प्रकार उपदेश देते हैं—"हे भामिनी, पुरुषत्व, स्त्रीत्व का भेद अथवा जाति, नाम और आश्रम—ये कोई भी मेरे भजन के कारण नहीं हैं। उसका कारण तो एकमात्र मेरी भक्ति ही है। जो मेरी भक्ति से विमुख हैं, वे यज्ञ, दान, तप अथवा वेदाध्ययन आदि किसी भी कर्म से मुझे कभी नहीं देख सकते। अतः हे भामिनि, मैं संक्षेप में अपनी भक्ति के साधनों का वर्णन कर रहा हूँ। उनमें पहला साधन तो सत्संग ही है। मेरे जन्म-कर्मों की कथा का कीर्तन करना दूसरा साधन है। मेरे गुणों की चर्चा करना—यह तीसरा उपाय है। उपनिषदादि आदि का स्वाध्याय एवं उनकी व्याख्या करना उसका चौथा साधन है। हे भद्रे, अपने गुरुदेव की निष्कपट होकर भगवद्-बुद्धि से सेवा करना पाँचवाँ, पवित्र स्वभाव, यम-नियमादि का पालन और मेरी पूजा में सदा प्रेम होना छठीं युक्ति है। मेरे 'राम' नाम मंत्र की साङ्गोपांग उपासना करना सातवाँ माना जाता है। मेरे भक्तों की मुझसे भी अधिक, समस्त प्राणियों में मेरी भावना करना, बाह्य पदार्थों में वैराग्य करना और शमदमादि से युक्त होना—ये मेरी भक्ति के आठवें साधन हैं। तत्वविचार करना और उसी में अहर्निश रमण करना नवाँ साधन हैं। हे भामिनी, इस प्रकार यह नौ प्रकार की भक्ति है। हे शुभलक्षणे, जिस किसी में ये साधन होते हैं, वह स्त्री, पुरुष, अथवा पशु-पक्षी आदि कोई भी क्यों न हो, उसमें प्रेमलक्षणा-रागात्मिका भक्ति का आविर्भाव हो ही जाता है। भक्ति के उत्पन्न होने मात्र से ही मेरे स्वरूप का अनुभव हो जाता है। इससे उसकी उसी जन्म में निःसन्देह मुक्ति हो जाती है। अतः यह सिद्ध हुआ

कि मोक्ष का कारण भक्ति ही है।……तू मेरो भक्ति से युक्त है, इसलिये मैं तेरे पास आया हूँ। मेरा दर्शन होने से तेरी मुक्ति हो ही जायगी—इसमें सन्देह नहीं।"

(अध्यात्म रामायण, अरण्यकाण्ड, सर्ग १०, श्लोक २० से ३१ तक)

उक्त कथन में भक्ति के नौ साधन इस प्रकार हैं—(१) सत्संग, (२) श्रीराम की कथाओं का कीर्तन करना, (३) श्रीराम के गुणों की चर्चा करना, (४) सद्ग्रंथों का स्वाध्याय, (५) गुरु की निष्कपट भाव से सेवा, (६) पवित्र स्वभाव एवं यम नियमादि का पालन करना, (७) राम-नाम की उपासना, (८) राम से अधिक राम के दासों को समझना तथा (९) तत्वविचार करना।

इसी प्रकार रामचरितमानस में श्रीरामचन्द्रजी लक्ष्मण को भक्ति-तत्व का रहस्य समझाते हुए उसके साधनों का उल्लेख करते हुए कहते हैं—

जाते बेगि द्रवउँ मैं भाई। सो मम भगति भगत सुखदाई॥
भगति कि साधन कहउँ बखानी। सुगम पंथ मोहि पावहिं प्रानी॥
प्रथमहिं विप्रचरन अति प्रीती। निज-निज कर्म निरत श्रुति रीती॥
एहि कर फल पुनि विषय विरागा। तब मम धर्म उपज अनुरागा॥
श्रवणादिक नव भगति दृढ़ाहीं। मम लीला रति अति मन माहीं॥
संत चरन पंकज अति प्रेमा। मन क्रम बचन भजन दृढ़ नेमा॥
गुरु पितु मातु बंधु पति देवा। सब मोहि कहँ जानै दृढ़ सेवा॥
मम गुन गावत पुलक सरीरा। गदगद गिरा नयन बह नीरा॥
काम आदि मद दंभ न जाकें। तात निरन्तर बस मैं ताकें॥
बचन कर्म मन मोरि गति, भजनु करहिं निःकाम।
तिन्हके हृदय कमल महुँ, करउँ सदा बिश्राम॥

उक्त कथनानुसार भक्ति के नौ साधन इस प्रकार हैं—(१) संतों के चरण में दृढ़ प्रीति, (२) श्रीराम की लीलाओं के प्रति दृढ़ प्रीति, (३) दृढ़ सेवा, (४) भगवान् राम के गुणगान से शरीर का पुलकित होना आदि, (५) मनसा, वाचा और कर्मणा भजन के प्रति दृढ़ नियम, (६) कामादि का अभाव, (७) गुरु, पितु आदि में मेरे समान प्रीति, (८) निष्काम भाव से भजन करना, (९) मनसा, वाचा और कर्मणा भगवान् श्रीराम में आत्मसमर्पण।

इस प्रकार भक्तियोग से परमात्मा श्रीराम की प्राप्ति सहज ही हो जाती है।

ॐ तत् सत्